KB203305

聖書朝鮮 2

일러두기

○ 이 책은 《성서조선》 24~47호를 영인본으로 만든 것이다.
○ 24~31호와 33호의 표지 다음 면은 모두 백면(白面)이다.
○ 35호에는 본문 맨 뒤와 〈성서통신(城西通信)〉 사이에 〈부록〉이 있다.
○ 37호부터 〈마태복음 시역(試譯)〉이 연재되는데, 이후 이 꼭지가 끝나는 부분(혹은 시작되는 부분과 끝나는 부분)이 명확하지 않게 나타난 곳들이 있어 인쇄나 제본이 잘못된 것처럼 보일 수 있지만 내용의 흐름과 연결에는 이상이 없다.

聖書朝鮮 2

김교신선생기념사업회

1931~1932

홍성사

『성서조선』 영인본 간행에 부쳐

이만열 (김교신선생기념사업회장)

김교신선생기념사업회는 『성서조선』 영인본 전체를 다시 간행한다. 최근 『성서조선』에 대한 학술적 수요가 증가함에 따라 영인본을 간행하되, 이번에는 그 영인본에 색인을 첨부하기로 했다. 7권으로 분류된 『성서조선』의 색인은 김철웅, 박상익, 양현혜, 전인수, 박찬규, 송승호 여섯 분이 맡아서 지난 몇 달 동안 수고했고, 송승호 님은 이 색인을 종합하는 최종적인 책임을 맡았다.

색인을 포함한 영인본 재간행 작업은 2017년부터 시작하여 2018년 초반에 출판하기로 했으나 간행 시기가 몇 번 미뤄졌다. 이유는 색인 작업의 지연 때문인데, 간행 당시 철자법이 통일되지 않은 상황이다 보니 색인 작업이 의외로 더디 이뤄질 수밖에 없었다. 이번에 색인집을 따로 내기는 하지만, 색인 작업이 완벽하게 이뤄졌다고는 할 수 없다. 그 정도로 색인 작업 자체가 어려웠다는 것을 이해해 주기 바란다. 이런 어려움에도 불구하고 영인본이 간행되어 독자 여러분과 함께 기뻐한다. 수익을 기약할 수 없는 『성서조선』 영인본 간행을 위해 노력해 주신 홍성사의 정애주 대표님을 비롯하여 출판사의 사우 여러분께 책머리에 먼저 감사의 말씀을 드린다.

『성서조선』 전권이 복사·간행된 것은 1982년 노평구 님에 의해 이뤄졌다. 해방 후 글다운 글이 없는 상황에서 『성서조선』에 게재된 글이 교과서에 등장하여 학생 지도에 응용되기도 했지만, 전권을 구하기가 매우 힘들었다. 복사판 간행을 맡았던 노평구 님과 동역자들은 고서점과 전국의 『성서조선』 독자들을 수소문하여 그 전질을 구해 재간행했다.

그동안 『성서조선』은 많은 사람들이 구해보려고 애썼지만 접하기가 쉽지 않았다. 완질의 복사판이 간행된 후에는 이를 이용하는 곳이 많아졌다. 해외에서도 수요가 있었다. 특히 신학을 전공하는 유학생들 사이에서는 그런 요구가 컸다. 필자 역시 해외여행을 하는 동안 유학생들의 집에서 『성서조선』을 소장하고 있는 경우를 더러 보았다. 소장한 이유는 한국 교회와 한국 신학에 대한 지도교수와 외국 학생들의 요청 때문인 것으로 들었다. 하여튼 각계의 이런 요청에 따라 김교신선생기념사업회는 이번에 『성서조선』을 다시 간행하기로 했다.

『성서조선』은 1927년 7월부터 간행된 동인지 형태의 신앙잡지다. 일본의 무교회주의자 우치무라 간조(內村鑑三) 선생의 감화를 받은 김교신(金敎臣), 송두용(宋斗用), 류석동(柳錫東), 양인성(梁仁性), 정상훈(鄭相勳), 함석헌(咸錫憲) 등 여섯 신앙 동지들이 1926년부터 도쿄에서 성서연구활동을 시작했다. 그들은 조국 조선에 줄 수 있는 최고의 선물을 성서로 보고, 〈조선을 성서 위에〉 세우기 위해 그들이 수행한 성서 연구의 결과물을 발표하는 동인지를 갖게 되었다. 그 이름을 〈성서조선〉이라 했다. 『성서조선』 창간사에는 간행 경위를 이렇게 시작한다.

> 걱정을 같이 하고 소망을 일궤(一軌)에 붙이는 우자(愚者) 5-6인이 동경 시외 스기나미촌(杉並村)에 처음으로 회합하여 〈조선성서연구회〉를 시작하고 매주 때를 기(期)하여 조선을 생각하고 성서를 강(講)하면서 지내온 지 반세여(半歲餘)에 누가 동의하여 어간(於間)의 소원 연구의 일단을 세상에 공개하려 하니 그 이름을 〈성서조선〉이라 하게 되도다.

이어서 창간사는 이 동인지의 성격과 지향점을 다음과 같이 밝혔다.

> 명명(命名)의 우열과 시기의 적부(適否)는 우리의 불문(不問)하는 바라. 다만 우리 염두의 전폭(全幅)을 차지하는 것은 〈조선〉 두 자이고, 애인에게 보낼 최진(最珍)의 선물은 〈성서〉 한 권뿐이니 둘 중의 하나를 버

리지 못하여 된 것이 그 이름이었다. 기원(祈願)은 이를 통하여 열애의 순정을 전하려 하고 지성(至誠)의 선물을 그녀에게 드려야 함이로다. 〈성서조선〉아, 너는 우선 이스라엘 집집으로 가라. 소위 기성 신자의 손을 거치지 말라. 그리스도보다 외인을 예배하고, 성서보다 회당을 중요시하는 자의 집에는 그 발의 먼지를 털지어다. 〈성서조선〉아, 너는 소위 기독신자보다도 조선혼을 소지(所持)한 조선 사람에게 가라. 시골로 가라, 산촌으로 가라, 거기에 나무꾼 한 사람을 위로함으로 너의 사명으로 삼으라. 〈성서조선〉아, 네가 만일 그처럼 인내력을 가졌거든 너의 창간 일자 이후에 출생하는 조선 사람을 기다려 면담하라. 상론(相論)하라. 동지(同志)를 한 세기 후에 기(期)한들 무엇을 탓할손가.

창간사는 〈성서〉와 〈조선〉을 합하여 만든 동인지 명칭의 연유를 설명한다. 〈조선〉은 자기들의 마음 전부를 차지하는 존재이고, 〈성서〉는 자기들이 가장 사랑하는 사람에게 보낼 제일 좋은 선물이기 때문에, 이 둘 중에 어느 하나도 버릴 수 없어 〈성서조선〉이라고 명명했다고 했다.

또 성서조선이 갈 곳은 〈이스라엘 집〉이지, 그리스도보다 사람을 예배하는 〈기성 신자〉나 성서보다 예배당을 중요시하는 곳도 아니고 교권화·세속화되어 가고 있던 기존 조선교회도 아님을 강조한다. 또 〈성서조선〉은 〈소위 기독교 신자〉에게 갈 것이 아니라 〈조선의 혼을 가진 조선 사람〉에게로 가라고 가르친다. 그곳은 아직 세속적인 교회의 때가 묻지 않은 영적인 〈시골〉이요 〈산골〉이다. 그들은 살찐 몸매와 번지르르한 기름으로 치장한 도회인이 아니라 영적인 〈나무꾼 한 사람〉임을 의미한다. 여기에 『성서조선』이

지향하는 바가 있다. 기성 교회와 야합할 것이 아니라 그 비리를 비판하고 〈기독교라는 때〉가 묻지 않은 민중 속으로 파고 들어가 그들을 성서적인 신앙으로 각성시키자고 강조한다. 이것이 성서를 조선에 주고, 조선을 성서 위에 세우려는, 『성서조선』 동인들의 창간 의도라 할 것이다.

『성서조선』 간행 취지가 조선과 성서를 다 같이 사랑하는 〈동인들〉이 성서 위에 조선을 세우겠다는 공통된 일념에 있다는 점을 강조했지만, 김교신은 8년 뒤 〈성서조선의 간행 취지〉(1935년 10월)를 요약해서 다음 두 가지로 설명한 적이 있다. 하나는 〈유물주의자의 반종교운동에 항변〉하기 위함이고 또 하나는 〈순수한 조선산 기독교를 해설〉하기 위함이라고 했다. 그의 말이다. 『신앙이라고 하면 과학적 교양도 없고 근대 사조 특히 유물론적 사상을 호흡치 못한 우부(愚夫) 우부(愚婦)들이나 운위할 것인 줄로 아나 이는 대단히 천박한 인사들의 소행이다. 그러므로 소위 인텔리층의 경박과 유물주의자의 반종교운동에 대하여 신앙의 입장을 프로테스트(항변)하고자 함이 본지 발간의 일대 취지였다.』 이어서 그는 『조선의 기독교가 전래한 지 약 반세기에 이르렀으나 아직까지는 선진 구미 선교사 등의 유풍(遺風)을 모방하는 역(域)을 불탈(不脫)하였음을 유감으로 알아, 순수한 조선산 기독교를 해설하고자 하여 『성서조선』을 발간한 것이다.』라고 했다. 김교신이 쓴 발간 취지는 『성서조선』이 동인지 형태에서 김교신 1인 체제로 바뀐 뒤에 표현된 것이어서 주목되는 바다. 이는 8년 전 동인지 형태로 간행할 때보다는 훨씬 분명한 내용을 담고 있음을 알 수 있다. 그러면서도 그는 『조선에다 기독교의 능력적 교훈을 전달하고 성서적인 진리의 기반 위에 영구 불멸할 조선을 건립하고자 하는 소원』이라는, 창간 당시의 목적을 잊지 않았다.

『성서조선』은 창간 당시에는 도교에 있던 동인들이 편집하고 서울에서 인쇄했다. 김교신이 귀국한 1927년 4월 이후에도 대부분의 동인들은 도교에 머물러 있었다. 『성서조선』 창간호 판권에는 편집인 정상훈과 발행인 유석동은 도교에 거하는 것으로 되어 있고, 발행소인 〈성서조선사〉도 도교로 나와 있다. 그러나 인쇄인 김재섭(金在涉)의 주소는 서울 견지동 32이고, 인쇄소는 한성도서(주)다. 『성서조선』은 창간 후 초기에는 연 4차 계간 형식으로 발행되다가 1929년 8월(8호)부터는 월간이 되었다. 그러다가 제16호(1930년 5월)에는 다음과 같은 짤막한 사고(社告)가 실렸다. 『지금까지 6인의 합작으로 경영해 오던 〈성서조선사〉는 이번에 형편에 의하여 해산하였습니다. 이번 호까지 정상훈 명의로 발행되었으나, 금후의 경영은 김교신 단독히 당하겠습니다.』 그다음 17호(1930년 6월호)부터는 편집·발행 겸 인쇄인이 김교신으로 바뀌었다. 성서조선사의 발행소 주소도 〈경성부 외 용강면 공덕리 130〉으로 옮겨졌고, 인쇄소는 기독교창문사로 되었다. 김교신은 뒷날 동인제(同人制) 폐간이 일시적 사변에 의한 것이기 때문에 불원한 장래에 이 일을 전담할 자가 나오기를 기대하는 마음으로 맡았지만 성서조선이 폐간될 때까지 자기 책임하에 간행하였다.

『성서조선』 간행을 전담한 김교신은 함남 함흥 출신으로, 1919년 3월 일본으로 건너가 도교(東京) 세이소쿠(正則)영어학교를 거쳐 도교 고등사범학교에 진학했는데, 1921년부터 7년간 우치무라 간조(內

村鑑三)의 문하에서 성경 강의를 들었다. 그는 학업을 마치고 1927년 4월 귀국, 함흥 영생여자고등보통학교와 양정고등보통학교, 제일고등보통학교(경기중학)와 송도고등보통학교에서 교편을 잡았으나 1942년 3월 소위 〈성서조선 사건〉으로 구속되어 15년간의 교사생활을 끝냈다. 『성서조선』 16호(1930년 5월호)부터 간행 책임을 맡게 된 김교신은 원고 집필과 편집, 인쇄는 물론 발송 사무와 수금 등 독자 관리의 허드렛일까지 혼자 다 맡았다. 그야말로 불철주야 『성서조선』에 매달린 것이다. 그는 삶의 전부라고 할 『성서조선』 출판에 모든 것을 바쳤지만 매호 적자를 면치 못했다. 그 무렵 그는 『의식의 여분으로 잡지 출판을 한 것이 아니라 출판의 여분으로 생활을 해야 했다』고 술회했다. 1936년 1월 31일(금)자 그의 일기에는 당시 짊어졌던 『성서조선』일 등이 얼마나 그를 짓누르고 있었던가를 보여준다.

1월 31일(금) 청(晴). 영하 18도 7분으로 기온 점강(漸降). 등교 수업을 마친 후에 2월호 출래(出來)하여 발송사무. 피봉(皮封) 쓰는 일, 부치는 일, 우편국 및 경성역에 반출하는 일은 물론이요, 시내 서점에 배달하여 수금하는 일까지 단독으로 하다. 서점에서는 「선생이 이처럼 친히 다니시느냐」고 하나 대체 위로의 말인지 조롱의 뜻인지 모르겠다. 주필 겸 발행자 겸 사무원 겸 배달부 겸 수금인 겸 교정계 겸 기자 겸 일요강사 등등, 그 외에 박물 교사 겸 영어·수학 교사(열등생도에게) 겸 가정교사(기숙 생도에게) 겸 농구부장 겸 농구협회 간사 겸 박물학회 회원 겸 박물연구회 회원 겸 지력(地歷)학회 회원 겸 외국어학회 회원 겸 직원 운동선수 겸 호주(戶主) 겸 학부형 등등. 월광에 비추이는 가엾은 자아를 헤아리면서 귀댁(貴宅)한

> 때는 삼수(參宿)가 중천에 솟았다.[노평구 엮음, 『김교신 전집 6』(부·키, 2001, 17-18)]

이런 상황에서도 그는 『성서조선』 간행을 통해 감사했다. 『성서조선』 간행 만 10주년을 맞아 그는 오로지 주 예수의 무한한 은총으로 된 일임을 새롭게 감격했다. 또 만 14주년을 맞은 제150호(1941년 7월호)에서는 그동안 우리의 눈이 하늘을 향하여 주 예수 그리스도의 헤아릴 수 없는 기이한 섭리를 우러러보며 찬송과 감사가 넘친다고 하면서 「모든 영광은 주 예수께로, 욕된 것은 나에게로」라고 다짐했다. 그는 이날까지 『성서조선』이 버티어 온 것은 인력에 의해서가 아니라 하나님의 은총에 의한 것이라고 고백했다.

> 외국인 선교사들의 식양(式樣)으로 된 조선기독교회의 다대한 배척과 비방을 감수하면서 아무 단체의 배경도 찬조도 없이, 주필된 자의 굳은 의지나 뛰어난 필재에 의함도 없이, 적립된 자금으로 시작한 것도 아닌 잡지가, 창간호로부터 150호에 이르기까지 인쇄 실비에도 결손되는 잡지가 속간된 것은 아무리 보아도 인력으로 된 일은 아니다.

김교신에게는 원고 집필과 편집, 인쇄 등의 일상적인 일 외에 더 시달려야 하는 것이 있었다. 『성서조선』을 향한 호사가들의 시비는 물론 〈친애하는 형제들 중에서 『성서조선』의 사명과 태도 등을 두고 충고와

질의〉를 하는 경우도 있었고, 이 못지않게 기성 교회의 『성서조선』에 대한 비판이 있었다. 무엇보다 괴로운 것은 일제 당국의 검열이었다. 검열을 위해 며칠씩 대기하다가 출판 기일을 넘겨야 하는 경우도 있었고, 검열에 걸려 원고를 삭제해야 할 경우도 있어서 더욱 난감했다. 그런 상황에서 그는 종간호가 되는 줄로 안 것이 한두 번이 아니었다. 그럴 때마다 의외로 원조를 주께서 예비해 주시사 오늘에 이르기까지 한 번도 휴간 없이 발간하게 되었다. 그런 수난적인 경험을 통해 〈내가 약함을 통탄할 때에 도리어 강한 것을 발견케〉 되었으니 그는 모든 영광과 찬송을 주께 돌린다고 했다. (1937년 5월)

전시체제(戰時體制)가 강화되면 조선에서 간행하는 신문 잡지는 일본의 전승(戰勝)을 기원하는 글이나 시국에 관한 표어를 실어야만 했다. 검열을 통과하기 위해서는 「황국신민(皇國臣民)의 서사(誓詞)」를 잡지 앞머리에 넣지 않으면 안 되었다. 경무국으로부터 전화로 신년호의 권두 한 페이지에는 「황국신민의 서사」 1과 2를 게재하라는 지령을 받고 폐간을 결심하기도 했다. 그러나 『성서조선』이 조선에 유일한 성서잡지라는 어떤 사명감 같은 것 때문에 결국 자신의 생각을 꺾고 일제의 지령대로 서사(誓詞)를 게재하기로 했다. 이따금 게재하던 「황국신민의 서사」는 137호(1940년 6월)부터 아예 표지 혹은 표지 바로 뒷면에 고정적으로 배치되어야 했고, 「총후(銃後) 국민생활」 같은 어용적인 칼럼들도 135호(1940년 4월)부터는 표지 바로 뒷면에 자리잡게 되었다.

『성서조선』은 어떤 때는 검열을 의식해서 시국 소감 등을 직설(直說)하지 않고 비유나 묵시적으로 쓰기도

했다. 그래서였을 것이다. 김교신은 「본지 독자에 대한 요망」(1939년 9월)에서 다음과 같이 썼다.

> 본지 독자는 문자를 문자 그대로 읽는 외에 자간과 행간을 능히 읽는 도량이 있기를 요구하는 때가 종종 있다. 이는 학식의 문제가 아니요, 지혜의 문제이다. … 정도의 차는 있으나 본지도 일종의 묵시록이라 할 수 있다. 지금 세대는 비유나 상징이나 은어가 아니고는 진실한 말을 표현할 수 없는 세대이다 지혜의 자(子)만 지혜를 이해한다.

『성서조선』을 폐간시킨 「조와(弔蛙)」 사건은 일제 당국이 김교신이 사용한 바로 그 상징어나 은어의 본질을 알아차리고 겁박한 경우라고 할 것이다. 그런 상황이고 보니 『성서조선』에는 〈시국표어〉도 어쩔 수 없이 내걸어야 했던 것이다. 폐간도 고려해 보았지만, 하나님의 뜻에 의지하는 섭리신앙 때문에 고난 중에서도 간행을 계속했다. 이게 『성서조선』 간행을 억지로라도 계속하지 않을 수 없었던 발행자 김교신의 딱한 사정이었다.

일본은 1937년 중국 침략에 이어 미국에 대한 도발을 감행했다. 중국에 대한 침략 전쟁은 식민지 조선에 대한 전시체제 강화로 이어졌다. 한국의 언어와 문자를 통제하기 시작했고, 조선사 교육을 폐지했으며, 창씨개명(創氏改名)과 신사참배(神社參拜)를 강요했다. 1936년부터 천주교와 감리회가 신사참배에

굴복했고 1938년에는 장로회 총회가 신사참배를 결의했으나, 신사참배에 불복하는 신자들은 감옥으로 끌려갔다. 1937년에는 수양동우회 사건이, 그 이듬해에는 흥업구락부 사건이 터졌다. 1940년 10월에는 국민총력연맹을 조직하고 〈황국신민화운동〉을 본격화시켰다. 1941년 12월 초 하와이 공격으로 〈태평양전쟁〉을 일으킨 일본은 국민총동원 체제와 사상통제를 강화했다. 1942년의 〈조와(弔蛙) 사건〉과 〈조선어학회 사건〉은 국민총동원체제하에서 일어난 문화·사상 통제의 뚜렷한 실례다.

『성서조선』을 폐간으로 몰아간 〈조와(弔蛙) 사건〉의 전말은 이렇다. 1940년 3월 양정고등보통학교를 사임한 김교신은 그해 9월 제일고등보통학교(경기중학)에서 잠시 교편을 잡았으나 반년 만에 그만두었고, 1941년 10월에는 송도고등보통학교 교사로 부임하였다. 그러나 일제 당국은 그 이듬해 3월 1일자로 간행된 『성서조선』 제 158호 권두언 「조와(弔蛙)」를 문제 삼아 〈성서조선 사건〉을 일으켜 『성서조선』을 폐간하고 김교신 등을 투옥시켰다.

사건의 발단이 된 「조와(弔蛙)」에는 이 글을 쓰게 된 경위가 나타나 있다. 김교신은 〈자신의 영혼과 민족의 죄를 위해〉 또 〈소리쳐 울고 싶은 대로 울 만한 장소〉를 구하기 위해 새벽기도처를 찾았다. 서울에서는 북한산록에서, 송도로 옮긴 후에는 자연 속에서 찾았다. 그는 송도 만월대 뒤편 송악산 깊은 골짜기 안에 폭포가 떨어지는 물웅덩이 가운데 작은 바위를 기도처로 정하고, 새벽에 냉수마찰을 하고 큰 소리로 기도하고 찬송을 불렀다. 이렇게 기도할 때는 웅덩이의 개구리들이 헤엄쳐 다니면서 모여들기도 했다. 「조와」는 새벽기도의 산물이었다. 유난히 추웠던 그해 겨울, 대부분의 개구리가 얼어 죽어서 물 위에

떠오른 것을 보고 슬퍼하면서도 요행히 살아남은 두세 마리를 보고 위로를 받았다. 「조와」의 전문이다.

> 작년 늦은 가을 이래로 새로운 기도터가 생겼었다. 층암이 병풍처럼 둘러싸고 가느다란 폭포 밑에 작은 담(潭)을 형성한 곳에 평탄한 반석 하나 담 속에 솟아나서 한 사람이 꿇어앉아서 기도하기에는 천성의 성전이다. / 이 반상(磐上)에서 혹은 가늘게 혹은 크게 기구(祈求)하며 또한 찬송하고 보면 전후좌우로 엉금엉금 기어오는 것은 담 속에서 암색(岩色)에 적응하여 보호색을 이룬 개구리들이다. 산중에 대변사(大變事)나 생겼다는 표정으로 신래(新來)의 객에 접근하는 친구 와군(蛙君)들, 때로는 5、6마리 때로는 7、8마리. / 늦은 가을도 지나서 담상(潭上)에 엷은 얼음이 붙기 시작함에 따라서 와군들의 기동(起動)이 일부일(日復日) 완만하여지다가 나중에 두꺼운 얼음이 투명(透明)을 가리운 후로는 기도와 찬송의 음파가 저들의 이막(耳膜)에 닿는지 안 닿는지 알 길이 없었다. 이렇게 격조(隔阻)하기 무릇 수개월여! / 봄비 쏟아지던 날 새벽, 이 바위틈의 빙괴(氷塊)도 드디어 풀리는 날이 왔다. 오래간만에 친구 와군들의 안부를 살피고자 담 속을 구부려 찾았더니 오호라, 개구리의 시체 두세 마리 담 꼬리에 부유하고 있지 않은가! / 짐작컨대 지난 겨울의 비상한 혹한에 작은 담수의 밑바닥까지 얼어서 이 참사가 생긴 모양이다. 예년에는 얼지 않았던 데까지 얼어붙은 까닭인 듯. 동사한 개구리 시체를 모아 매장하여 주고 보니, 담저(潭低)에 아직 두어 마리 기어다닌다. 아, 전멸은 면했나보다! (『김교신 전집』 1권 38)

이 글은, 『성서조선』 제 158호에 〈부활의 봄〉이라는 제목으로 『드디어 봄은 돌아왔다. … 우리의 소망은 오직 부활의 봄에 있고 부활은 봄과 같이 확실히 임한다.』라는 글과 함께 실려 있다. 김교신은 「조와」와 「부활의 봄」이라는 글에서 다 같이 조선 민족의 봄을 고대하고 있었으며 은유를 통해 표현하고 있었다. 김교신은 『지금 세대는 비유나 상징이나 은어가 아니고는 진실한 말을 표현할 수 없는 세대이다. 지혜의 자(子)만 지혜를 이해한다.』고 말한 적이 있다. 그의 이런 말에 따라 「조와」를 추론해 보면 무슨 의미를 함의하고 있는지 금방 알 수 있다. 산전수전 다 겪은 일본 고등경찰 당국이 이를 간파하지 못할 리가 없다. 〈무서운 혹한에도 살아남은 개구리의 생명력을 보고 조선 민족의 생명력에 비유했다〉 하여 꼬투리를 잡은 것은 정확히 보았다고 할 것이다.

1942년 3월 30일 김교신은 일제 경찰에 의해 서울로 압송되었다. 〈성서조선 사건〉이 터진 것이다. 이 사건으로 『성서조선』은 폐간되고 전국의 구독자들이 일제히 검거됐다. 며칠 만에 풀려난 독자도 있지만, 김교신·함석헌·송두용·류달영 등 13명은 서대문형무소에서 만 1년간 옥고를 치르고 1943년 3월 29일 밤 출옥했다. 취조에 나선 일본 경찰들이 이들에게 했다는 다음 말은 『성서조선』이 추구한 목표가 어디에 있었는지 그 정곡을 찌른다. 그리고 이 말은 일제가 〈성서조선 사건〉을 통해 꿰뚫어 보고 있는 사건의 본질이기도 하다.

> 너희 놈들은 우리가 지금까지 잡은 조선 놈들 가운데 가장 악질적인 부류들이다. 결사(結社)니 조국이니 해

> 가면서 파득파득 뛰어다니는 것들은 오히려 좋다. 그러나 너희들은 종교의 허울을 쓰고 조선민족의 정신을 깊이 심어서 100년 후에라도, 아니 500년 후에라도 독립이 될 수 있게 할 터전을 마련해두려는 고약한 놈들이다.(『김교신 전집』 1권 11)

1927년 7월 동인지 형태로 제1호를 간행한 『성서조선』은 16호(1930년 5월호)부터 김교신이 발행인이 되어 간행되다가 1942년 3월호(158호)로 폐간되었다. 158호까지 계속된 『성서조선』에는 가장 많이 게재된 것이 성서연구에 관한 것이다. 김교신은 「성서개요」라 하여 거의 대부분의 신구약 성서 개요를 게재했는데, 간결성과 명확성 때문에 구호(舊號)까지 독자들의 사랑을 받았다. 또 「성서연구」도 게재했는데, 산상수훈 연구를 비롯하여 주기도문 연구, 시편 강해와 골로새서 강의와 데살로니가전서 강의 등은 『성서조선』을 통해 발표되었고, 산상수훈 연구는 단행본으로 출간되었다. 한국인이 쓴 성경 주석서가 별로 없던 시기에 김교신의 연구는 목회자들과 일반 신자들에게도 큰 도움이 되었다.

7권으로 된 『김교신 전집』(노평구 엮음, 부·키)에는 위에서 언급한 「성서개요」와 「성서연구」 외에 『성서조선』에 게재되었던 김교신의 글을 「인생론」과 「신앙론」으로 각각 묶었다. 이 두 권에는 김교신이 『성서조선』에 게재한 글을 거의 망라하고 있다. 이 두 권에는 거의 400여 편의 글이 게재되어 있는데, 제1권 『인생론』에는 조국, 교육, 학문과 직업, 현실과 이상, 믿음의 생활, 사회시평, 고백·선언, 가정, 위대한 사람들, 고인에 대한 추억, 성서조선지의 행로, 생활 주변, 회고와 전망으로 분류하여 실었고, 2권

『신앙론』에는 하나님, 그리스도, 성서, 기독교, 신앙, 사랑, 부활, 기독교도, 전도, 교회, 무교회, 진리, 생명, 자연, 찬미로 분류하여 묶었다.

『성서조선』에 게재된 김교신의 중요한 글은 그의 일기다. 그가 일기를 쓰기 시작한 것은 『10세 때부터』라고 말하고 있는데 이는 1910년 국치(國恥)를 맞을, 아마도 함흥보통학교에 입학했을 무렵인 것으로 보인다. 그의 일기는 30여 책이나 되었지만, 양정고보 교사 시절 한 생도의 일기가 문제가 되자 학교에 미칠 화를 생각하여 담임교사(김교신)도 그의 30여 권의 일기를 소각해 버렸다.(1938년 2월 22일자 일기) 그러나 김교신의 일기는 그 일부가 두 가지 형태로 남아 있다. 하나는 소각되지 않고 남아 있는 2년 8개월분의 「일보(日步)」인데 이는 2016년 김교신선생기념사업회에서 『김교신일보(日步)』(홍성사)라는 이름으로 간행했다. 또 하나는 『성서조선』에 게재한 그의 일기다. 『성서조선』에는 처음에 여섯 동인들의 소식을 알리는 「독상여록(獨想餘錄)」·「독상편편(獨想片片)」·「여적(餘滴)」 등의 난이 있었는데, 1929년 8월호부터는 「성서통신(城西通信)」 난으로 이름이 바뀌었다. 『성서조선』의 발행 책임자가 김교신으로 된 후 1930년 6월(제17호)호부터는 「성서통신」 난에 그의 일기를 간추려 게재하게 되었다. 「성서통신」 난은 그 뒤 1936년 1월호부터 「성조통신(聖朝通信)」으로 이름이 바뀌어 1941년 1월호까지 김교신의 일기를 계속 실었지만, 1941년 3월(제146호)호에 『당분간은 「성조통신」(난)을 폐지』한다고 알리고는 일기가 더 게재되지 않았다. 따라서 김교신의 일기는 소각되지 않은 2년 8개월치의 「일보(日步)」와 『성서조선』에 게재된 그의 일기가 남아 있다고 할 것이다.

『성서조선』에 연재된 글 중에는 함석헌의 「성서적 입장에서 본 조선역사」가 있다. 이 글은 1934년 2월부터 1935년 12월까지 『성서조선』에 연재되었는데, 최초로 일정한 사관(史觀)을 가지고 조선역사를 관통한 책이라는 찬사(천관우)를 받았을 정도로 큰 반향을 일으켰다. 함석헌은 이어서 그 자매편인 「성서적 입장에서 본 세계역사」도 『성서조선』 1936년 9월호부터 1938년 3월호까지 연재하여 호평을 받았다. 함석헌이 『성서조선』에 우리 역사를 연재하고 있을 때 김교신은 자신의 〈민족지리관〉의 관점에서 「조선지리 소고」라는 논문(제62호-1934년 3월)을 게재했다. 200자 원고지 80매 가량의 이 논문은 함석헌이 「성서적 입장에서 본 조선역사」에서 나타낸 섭리적 민족사관과 궤를 같이하는 것으로, 섭리적 민족지리관을 나타냈다는 평가를 받고 있다. 지리박물학 교사인 김교신이 신앙의 눈으로 차원 높은 민족지리관을 펴보인 것이다.

『성서조선』의 필자에는 김교신, 송두용, 유석동, 양인성, 정상훈, 함석헌 등 〈조선성서연구회〉 회원들을 비롯하여 독자 기고 형태로 김정식, 장도원, 김계화, 양능점, 윤일심, 김계화, 강제건, 이찬갑, 최홍종, 유달영, 김정옥, 박석현, 유영모 등의 이름들이 보인다. 특히 〈조선성서연구회〉 회원인 양인성과 이들과 노선을 같이 했던 이덕봉이 「성서동물학」과 「성서식물학」이라는 연구논문을 남긴 것은 매우 주목된다.

『성서조선』은 매월 250부 정도가 발행되었고 구독자는 200명 정도였다. 독자들 가운데는 일반 교역자들도 있었지만, 이승훈, 장기려, 정태시같이 한국 기독교계와 교육계에 영향력을 미친 이들도 있었다. 『성서조선』에 게재된 내용으로 설교하다가 교단의 배척을 당한 손양원 같은 이도 있었다. 당시 한국 교단의 이 같은 탄압에도 불구하고 『성서조선』을 통해 깊은 감동을 받았다는 사람이 한둘이 아니었다. 한센병 환자들 중에도 『성서조선』으로 영적 감화와 위로를 받았다는 이들이 있었다.

끝으로 오늘날 『성서조선』을 복간하는 것이 무슨 의미를 갖는지를 언급하면서 이 글을 마무리하겠다. 그동안 『성서조선』이 복간된 적이 있지만, 현재 그것을 구해보기는 매우 어렵게 되었다. 김교신선생기념사업회로서는 미안한 생각을 갖지 않을 수 없다. 바로 이런 부채감이 『성서조선』 복간의 가장 큰 이유다. 한편 한국 기독교사 연구와 관련, 김교신 선생을 비롯한 소위 무교회주의자들이 당시 어떤 생각을 하고 있었는지 탐구할 필요가 있다. 성서 원어(히브리어와 희랍어)와 영어 독일어 일본어 성경을 대조해 가며 성경연구에 매진했던 이들이 한국 교회에 어떤 태도를 취했으며, 기성 한국 교회는 이들을 어떻게 생각하고 있었는지 살펴볼 필요가 있다는 것이다. 오늘날 한국 교회에 불거지고 있는 문제들은 이미 당시에도 일어나 자성과 비판의 대상이 되었다. 『성서조선』을 읽노라면 그때 한국 교회의 상황들이 오늘날의 상황들과 그렇게 멀리 떨어져 있지 않다는 것을 알 수 있다. 따라서 『성서조선』 복간은 한국 교회의 〈온고이지신(溫故而知新)〉의 의미를 되새기게 할 것이다.

『성서조선』 복간의 가장 중요한 이유는 현재 한국 교회 앞에 놓인, 한국 신학 수립의 당위적인 과제 때문이다. 한국 신학을 수립해야 한다는 과제는 어제오늘의 문제가 아니다. 이런 필요성은 해외에 가서 신학을 공부하는 이들이라면 더욱 뼈저리게 느껴왔던 것이다. 그들은 그곳 지도교수나 교회로부터 끊임없이 한국 교회를 성장시킨 한국 신학에 대한 질문과 도전을 받아왔다. 이제 한국 교회는 세계 교회의 그 같은 질문에 답하지 않을 수 없게 되었다. 이 같은 과제는 『성서조선』 간행을 처음 시작했던 〈조선성서연구회〉 동인들뿐만 아니라 오늘날에도 의식 있는 크리스천들에게 던져지는 요구다.

〈외국인 선교사들의 식양(式樣)으로 된 조선기독교회의 다대한 배척과 비방을 감수하면서 아무 단체의 배경도 찬조도 없이〉 간행했던 『성서조선』이 당시 지향했던 바는 〈조선산 기독교〉였다. 〈조선산 기독교〉는 하나님의 말씀이 〈조선의 토양과 기후〉 위에서 새롭게 열매 맺는, 그런 것이 아니었을까. 성서의 터 위에서 조선인의 땀과 피와 삶이 영적으로 응고되고 열매 맺는, 그런 기독교가 아닐까. 그것은 수입신학·번역신학일 수 없고, 그런 차원을 넘어서는 것이다. 조선인의 삶과 환경, 조선인의 고민과 사상, 그런 문제의식 위에서 하나님의 말씀인 성서를 기초로 한 신학과 교회가 이 땅에서 세워지는 것, 이것이 『성서조선』이 말하는 〈조선산 기독교〉가 아니었을까.

〈조선산 기독교〉는 수천 년 역사와 제도 위에 형성된 서구의 관념화된 신학이나, 비록 청교도적 바탕 위에서 출발했다고는 하나 〈동부〉의 황금에 대한 유혹과 세계를 향한 끝없는 전쟁의 유혹 속에서 자신을 정당화해 간 미국의 〈천박한 기독교〉일 수 없다. 『성서조선』이 조선이라는 특수한 상황 속에서 세계적

보편성을 지향해 간 〈조선산 기독교〉를 지향하며 간행된 것이라면, 『성서조선』의 복간은 그런 지향(指向)부터 다시 복원하고, 그 지향에 다가서는 것이어야 한다. 『성서조선』이 간행할 당시 요청되었던 〈조선산 기독교〉는 『성서조선』을 복간하는 이 시점에도 같은 공감대에 서 있다. 한국 신학에 바탕을 둔 한국 교회가 세워져야 한다는 바로 그 공감대다. 이것이 『성서조선』을 이 시점에 복간하는 진정한 이유다. 『성서조선』이 외쳤던 그 외침을 오늘날 다시 들려주면서, 조선의 토양과 땀, 고난과 생각을 담은 한국 신학을 수립해야 한다는 것, 바로 그런 〈조선산 기독교〉를 지향·착근하고 성장시켜 가는 것이 『성서조선』 복간의 중요한 이유일 것이다. (2019. 1. 9)

차례

昭和五年一月二十八日(第三種郵便物認可)
昭和六年一月一日發行(每月一回一日發行)

聖書朝鮮

第二十四號

一九三一年一月一日發行

目次

京城 聖書朝鮮社 發行

孔子只今出現한다면

金 敎 臣

樊遲請學稼。子曰、吾不如老農。請學圃。吾不如老圃。樊遲出。子曰、小人哉樊須也、上好禮則民莫敢不敬。上好義則民莫敢不服。上好信則民莫敢不用情。夫如是則四方之民襁負其子而至矣。焉用稼。

孔子는 當時에 產業經濟에關한問題는第二次以下의問題라하야 이것을輕視하시고또이런것을 뭇는弟子를 小人이라稱하섯다。그러나 이것은 孔子當時에 衣食이充足하엿던 까닭이라。孔子라도 萬一現代와같흔生存競爭이甚하고 衣食의窮乏이切實한때에出生하엿드면 仁義禮智信을高唱하기보다도爲先 產業、農村問題를 提唱하엿을것이라적어도 樊遲를 稱小人하거나 그質問을聽而不答하는態度는 取치안하엿을것이라 하는推論은 가장 그럴듯한論法이요 現代人은 누구던지 一考할問題다。

肉食動物은 犬齒와 발톱等이强大하여젓고 草食動物은 臼齒와胃腸이發達하여젓다寄生生活하는 듸스토마(二口虫)、촌백 (條虫)等下等動物에至하면 活動하야食物을捕取할만한運動器具를欿하엿슴은勿論이오 體腔呼吸器、血管도업서지고 肛門도업고 消化器管까지 全部消滅한種類도잇으나 子孫維持와蕃殖에必要한 生殖器만은 第一複雜하게 發達하여잇다。各其必要한器官은發達하고 所用업는部分은退化하는것이 生物의通則인것은 누구나 다 아는바이다。

이제 智者聖者까지도 다 같히 그時代의潮流에順應하야 大衆과가치 切迫한問題에沒頭한다면 果然그結果는 얻더케될가。어느器官이發達되고 어느部分이退化할것인가孔子現代에 오면如何한態度에出할가하는問題는 孔子自身이對答하게하라。

夫子憮然曰、鳥獸不可與同群、吾非斯人之徒與而誰與。天下有道、丘不與易也。

孔子로서 말하라면 天下大衆이 道以外의것에、經濟問題、産業問題、農村問題、丁末國紹介等等問題가 搖亂하고 衣食住에切迫한生存競爭이甚한때일사록 自己는 道를提唱하는것이오 차라리 天下有道하야 仁義禮智信이 上下에行케되엿을진대 何特自己가道를 唱道하랴? 는것이다。

現下의朝鮮世態는 孔子로써 어느길을擇하게할 形狀에잇는가?

孔子는孔子以外의사람으로서 判斷할수업다。——그리스도의作定은 그弟子들까지도不解하엿던것처럼。猶太民衆이 國王으로推戴하려할때에 도리혀避身하시고 베드로가挽留할때에 「사탄아 물너서라」고 웨치시던 예수와並想하면 孔子가凡人이아니엿든것을알것이다。

에수出現의宇宙史的意義 二

咸錫憲

「世界文化史大系」의著者H、G、웰쓰는 有史以來의가장偉大한人物로 첫재는「나사렛예수」를들고 둘재는釋迦를들엇다。그러고 다시說明하야말하기를 偉大라함은「그사람이自己를爲하야무엇을蓄積하엿는가 或은 死去와共히곳崩壞하야 버렷던무엇을建設하엿는가하는것으로써査定할것이안이오」「그가生存하엿던까닭으로 世界에달나진것이잇는가 그는 사람들이새로운方向에向하야生覺하게出發을식히고 그元氣와生脈이死後에도存續하는가」에依한것이라고하엿다。即 그의말은有史以來 예수갓치偉大한影響을人類우에준者는업고 그갓치 사람의맘을새方向에向케한이는업다는것이다。讀者는 그러말하는그웰쓰는 世界사람을向하야 「나는크리스챤도안이요 個人의永生을밋는者도안이다」라고 公言하는사람임을記憶하기바란다。그는 純粹한科學的歷史家의立場에서말한것이다。果然갈닐니木手의집에낫던(그리고自身아마그職業을하엿던)예수는 웰쓰가보는것갓치 歷史上에出現한單純한一個人으로만보아도 最大의偉人의榮譽를그머리우에씨우지안흘수업다。그러나 이예수는 決코 單純한歷史人으로만볼사람이안이다。그러케하기는 그의一生에는 너무도偉大한것 너무도異常한것 너무도거륵한것 너무도 神秘롭고 矛盾된것이잇다。그는 墓標、紀念像、傳記만을남길이가안이다。過去만안이라 未來 永遠한未來에까지 아마宇宙가完成되는날까지 生命을주는者여야할것이다。實로 宇宙가、더에依하야完成될者다。

故로 예수는歷史上엇던地位에서는가하는問題는 歷史家만이興味를가질問題가안이라 人間의生命을가진者는勿論 宇宙間의온갓存在者에게問題되여야할것이다。이는 그의出現이라는事實이 宇宙進化의大目的에對하야 따라 거긔니르는온갓歷史過程에對하야 決定的意義를가짐으로써다。그러면 엇던意味에서그런가 그것을 우리는 以下에서論究할것이다。

爲先 우리는 무엇에依하야 이大問題에解答을줄것인가 예수가 單純한歷史人에만止치아는다는것은우에도말하엿다。萬一歷史人을超越한다면 歷史的吟味만으로안이될것은勿論이다。그러나 예수에게 모든人間의追從을不許하는崇高偉大한點이잇다고보면그야말로 그의超人間的인點에잇다고하지안을수업다。萬一그럿타면 歷史家가 그以上은自己의任務가안이라 或은不可能한것이라하야 예수의人間的인點을記述하는대止한다면 그는 가장必要한點을無視하고 比較的外面

예수出現의宇宙史的意義

的인것만을어루만지는愚事라하지안을수업다 또 예수에만안이라 一般으로 人事라고해서 純粹한人的解說만으로充分한說明이되는것은안이다。歷史안에는 人力以上 物質力以上의 엇던神秘力이일하고잇는것을否定할수업다。이것은 佛蘭西大革命의唯物觀的歷史의著者인 쨘、쪼레쓰까지도認定하는바엿다。歷史란 結局 自然이라는舞臺우에서 神이라는監督者의指導밑에 俳優인人生이演出하는一場劇이라할수잇다。故로、超人間的神秘力을無視한歷史는 平面化한記錄에不過한다。더구나 예수의境遇에그럿타。웰쓰는 自己는歷史家로서 純粹한人間으로서의예수를寫出하는것이任務라고하면서 結局은이러케말한다—「歷史家가 이 나사렛無一文의先生에다가 第一位의地位를許諾치안코는 人類의進步를正當하게叙述할수업다는것은 興味잇는일이요 意味深長한일이안인가」고 이는確實히暗示的語句다。餘韻嫋嫋라하겟다。

四

그러면 歷史만으로할수업는일을 무엇으로써할것인가。그는 빠이불이다。빠이불은곳 宇宙와人生과 歷史의 神的說明이다。歷史的敍述이닷칠수업는 歷史의精粹를가라치는것이이冊이다。더구나 예수에對하야서다 聖經六十六卷은 實로 예수라는中心 或은核心 或은本體를붇들어가지고 그本源 그事蹟 그將來에依하야 宇宙의過去 現在未來를說明한것이다。故로 우리는이제 聖經中에낫타난것에依하야예수의地位를알어보기로하자

聖經은 全部가예수에關한文獻이기때문에예수를알녀면 그全部에亘하야研究하여야할것이다。그러나 只今 一一히그것을討究吟味할수는업는일이요 그中에特히 예수의三十餘年生涯에對하야 記錄한四福音書中에서數節의語句를例證하여가지고生覺하려한다。

1、至極히높은곳에서는 하나님의榮華를

돌니고 따에서는 깃버하심을닙은사람들이平安할지어다(路二章一四)

2、期約이 이믜 니르럿고 하나님나라가갓가왓스니 悔改하고福音을믿으라(可一章一五)

3、내가律法이나先知者나 廢하러온줄로알지말나 廢하려온것이안이요 完全케하려왓노라(太五章一七)

4、世上罪를지고가는 하나님의어린羊을보라(約翰一章二九)

5、世上에잇을때에 너희가患難을밧으나安心하라 내가世上을이겻노라(約翰十六章三三)

이數節에나타난것을보면 예수에게 宇宙間에엇던存在者나 比할수업는獨特한地位가들여진것을알수잇다。地位가안이라 그야말노 宇宙의머리요 本體요 生命이다。第一番은 예수誕生當夜 天軍天使의노래한것이라고記錄된것이다。古來로偉大한宗敎家 帝王聖賢의出生에際하야種種의瑞象、祝福이잇엇다는傳說은만이잇다。故로 이것도그런傳說의一種이라고疑心할수도잇다。그러나 그런傳說中에도 이와갓치 天、地、人의總重量을一個人의우에실는頌榮은볼수업다。釋迦는花園의傳說을빼고도釋迦로서의意味를일흘것업고 檀君은 太白山의降臨을神話로解釋하고도檀君이될수잇다 그러나 예수에서는 그出生의事實을否定하고는 그리스도로서의意味를일허버린다。理由는 예수에게서는 그것이 한낫修飾的意味를가지는것이안이라 出生의事實그것이곳 그리스도의일임으로써다 또이것을萬一事實이안이라하면 이를認定하는것보다 歷史上에 더만흔難問題가니러난다。假令例하면 洗禮요한의證據(4番)가거즛말이되여버림이다。天上에서한 그頌榮이잇고야 요한의證據는알수잇다。다음은 모든批判學者들이누가福音을가장歷史的叙述의

性質을가진것이다고하는대意見이一致하는것과相反됨이다。누가福音의文體는四福音中가장文學的으로된것이라는것을보면 著者는有識者를目標로하엿고 더구나 데오빌노에게보내엿다는事實을보아서 어린아해속히는듯한녯말을쓰지안엇을것은明白한일이다。그러나 그모든것은 假令다讓步를한다하고라도여긔最大、最强、到底히넘을수업는難關을맛난다。即예수自身의말과相衝됨이다。四福音에共通한點을보면 예수라는人格이어대까지純潔、正直하고 하나님앞에서至極히謙遜하엿다는것이다。그는처음부터마지막瞬間까지順從하는아들이엇다。그런대 萬一 우으로부터의嘉納이업시 2番에引用한말을하엿다면 聖經의記事는前後相衝하고만다。그때에예수는 强烈한 自己誇大狂患者거나 그러치안으면 傲慢한人心收攬家다。그런대 萬一 前者라면 基督敎는二千年間一個의精神病者를믿어왓다는 가장非常識的結論에니르게되고 萬一 後者라면 聖經의記錄은上述한바와갓치 前後矛盾하는 信用할만한價値업는文獻이라는事實과不合하는結論에歸着하여버린다。이것은一例나 그外에도、 3番에引證한말이라던가 或은「네罪를赦하엿다」하는말等 얼마던지例擧할수잇다。그리되면聖經全部가거즛말이라고하게될것이나 事實人類의가지는文獻中에 가장信用할만한것임은世上이다아는바다。故로聖經의記事를그대로受納하는것이穩當한일이다。

그러면聖經의가라치는바를그대로承認한다면엇더한意義가거긔서부터說明되여나오는가

(1)、예수의出現에依하야 宇宙에새秩序가生기엇다는것이다。人類의墮落으로因하야 宇宙過程에는 一大變調가生기엇다。自然界에不調和라는것이잇고 人類에게罪惡이라는것과그結果인苦痛死亡이侵入케되엿다。그리하

야 創造主와 人生사이에건널수업는深溝가生겻다。이는創造主와人生兩便에다不幸이엇다。그러나 그를回復할길이업섯다。모든努力은徒勞엿다。最後에 唯一의길이잇엇다。그는 어떤偉大한存在者가잇어서 聖潔한自身을던지여 그深淵을멧기우는데잇엇다。그러고 이는 하나님의獨生子의榮光을가지는로고쓰自身밧게업섯다。예수는正히그엿다。그는 十字架우에和睦祭를들이어 宇宙에 새秩序를回復하엿다。이날부터 正常狀態에歸復하는平和의第一日이열니엇다。

(2)〝그러나 이는 單純한復舊라기보다는 神의無限愛의새로운啓示엿다。그러하야 새道德이樹立되엿다。이것을예수는期約이니르렷고하나님나라가갓가왓다고하엿다。「期約이이믜니르렷고」는直譯하면「때가찻고」하는말이다即 意味는 自己의出現으로써 어떤기다리던것의滿期가되엿다는말이다。即 自己以前의歷史는 結局 自己의오기를爲한準備의歷史란말이다。이것이 七十餘種元素의三十餘年間結合運動에서나온것이라고! 決斷코。이말을發하엿다는것이발서 眞理인證據다。

그러면 예수는왜 自己로써 宇宙史에新紀元을삼엇나 어떤意味에서그런가 그는繼續하야말하기를「하나님나라가갓가왓다」하엿다 하나님나라는 곳하나님의사랑이行하는나라 即 하나님과人生사이가 父子의關係에잇는곳이다。예수가왓슴으로宇宙에根本的으로變化生긴것은이것이다——하나님이아바지가되고 人類가그의아들이되는길이열닌것。人類에게아들의心情을너어주고 아들의自由를지어준것。예수의天國의가라침은 四海同胞主義라던가 世界國家思想의비롯이라던가하는그런三分짜리說明으로만할것이안이라 實로上述한것갓흔 宇宙史上의革命的方向轉換이다。이에依하야 律法의時代는지나가고 信

예수出現의宇宙史的意義

仰의時代가열니엇다。

(3)、새目的의啓示다。하나님은靈과眞理의하나님인것이 예수의가라침과 그의一生에依하야明瞭하게낫타낫다。우리는 燔祭로하지안코 상한靈魂을가지고 靈인하나님앞에 헤르몬山에서도안이요 예루살넴에서도안인데서禮拜할것을가라첫다。이肉身과 이世上은지나갈것이요 永遠의生命과 新天新地가 靈의나라에잇음이알녀젓다。우리의나라가「이世上나라에잇지안」코 우에잇스며 우리의寶物을이따우에싸을것이안이요 하날우에싸을것을가라첫다。 그가世上에온것은「眞理를爲하야證據하려함」이다(約十八章三七)이는宇宙歷史의階段的進步 기보다도 變質的進化엿다。

(4)、이를爲하야 예수는 우리에게 새生活의原理를提示하엿다。이는悔改와信仰의生活이다。그는福音傳播의첫머리에서「悔改하고福音을믿으라」고불으짓젓다。새世界에살기爲하야

새사람이되지안으면안이된다。「肉으로난것은肉이요 靈으로난것은靈」인故로 곤처나지안으면안이된다(約三章六節)그는 越川하는사공갓치나루이짝에서 모든步行의器具와짐을바리고뷘몸으로自己배에올나絕對로自己를信賴하기를命令한다。勿論 그의이十字架의道는 決코넓고平坦한길이안이다。매우좁고險하야찻는者가적은길이다。그러나生命에들어가는길이다。(太七章一三、一四)性質上全然새길이다。

이러하야 이나사렛사람의出現은 두世界두宇宙의境界線이된다。總決算者며補償者요創造者며完成者다。果然그는「로고스가肉身이되여 우리가운대居한」者요(約一章十四) 뎌로「萬物이지은바되엿다(仝二)。「大槪萬物이뎌에게지음을받은지라 無論하늘과따에잇는것과나타난것과 나타나지안난것中에 或우에잇난것이나 主管하는것이나 政事나 權勢나萬物이다 뎌로말미암아 뎌를爲하야 지음

을받은지라또뎌가萬物보다몬저잇고萬物이뎌안에함끠섯도다 뎌는머리요 敎會는몸이라뎌가根本이요 죽은가온데서몬저살으신者니 이는萬物의읏듬이되게하랴하심이라」(골一章一六―一八)

이제 世界는 思想과經濟의大受難時代에잇다。果然暗雲低迷라할때다。恐慌은全世界를덮엇다。野卑한모던이즘과誘惑的인物質主義는痙攣的狂舞中에無慘하게青年男女를捲入하고잇다。或은그러다가 全人類와그모든文化를雷擊하여버릴수잇는이暗雲이 時時刻刻威脅的으로되여가는이때에 人類의아들덜은眞摯한態度로「우리가무엇을하여야永生을엇으리잇가」하고물을必要가잇다。그러나 우리는 이崇高한質問을 누구를向하야發할것인가。宏大한宇宙間에 누에게가서 여긔對한指示를엇을것인가。우리는 이를 以上에서본바 나사렛예수以外에서發見치못한다。

사람은 엇젯던 自己肯定의傾向이强하다 個人과團體를勿論하고그럿타。그리하야歷史에對한觀念도거긔支配되여 只今까지온길이맛당하고 唯一必然의곳칠수업는過程이라고生覺하는버릇이잇다。만은 事實歷史에는許多한「萬若」과「잇섯슬것」이잇다。이「萬若」이나「잇섯을것」이야말로 豊富한暗示와反省의動機를주는것이다。거긔依하야서 誤謬를試練으로意義付할수잇고 缺陷을動機로價值化할수잇다。그런대自己所爲를是認或은拘泥하는 이버릇에서 現代人은 今日世界를風靡하는이方式의文化가唯一의것이요 現代에流行하는이思想이唯一必然의歷史的産物이요가장合理的인것갓치生覺한다。그러나 萬一그럿타면 우리는모든努力의義務에서解免되여버린다。그것은 過去에그랫던것갓치 今後에도歷史는 唯一必然의方向과方式만에依하야盲目的으로展開될것이기때문이다。그러나歷史의폐지우에는 일즉히幾多의可能的世界

예수出現의宇宙史的意義

와 文化體系가剪定當한枝痕처럼點線으로써投影되여잇슴을 우리는알ㄴ다。우리가史上에劃時代的事件이라던가 轉換點이라고稱하는것은 要컨대 이歷史的剪定痕을가라치는말이다。剪定은成功인것도잇스나 失敗인것도잇다。모든剪定 모든選擇이다肯定當하여야할것은안이다。或은數節을逆上하여서 根本的으로改剪하야새가지를내일必要가잇는때도잇다。現代는 正히 이境遇가안인가! 그러나 그러케하려면 全樹의枝貌을決定하는幹莖에까지逆上하야決定하지안어서는안이된다。이것이 우리가 脚下의混亂에光明을던지기爲하야 예수의서는곳을찻는所以다。

現在의世相에對한 經濟家、思想家、學者의解說은種々일수잇다。그러나 如何한解釋임을莫論하고 이文明에巨大한缺陷이잇서 거긔서起因한것이라는事實만은(偶然的發生이안이고) 認定치안을수업다。엇던缺陷인가。

一〇

元來 歐洲諸民族은 貪慾的君主宮廷의詐欺와騙瞞과奸計와스파이의改治에서자라낫다。即마키아베리式政策中에서자라난사람들이다그들의思考方式과品性이그러케되엿다。그것이十七八世紀로들어오며國家主義의發達에까지밋첫고十八世紀末로十九世紀에니르면서 許多한科學的發明이生기어機械革命이니러나고그것이産業革命을니르키자 各種産業이欝然히勃興하엿다。이것이一便으로는歐洲人의生活關係를從前보다훨신複雜하고넓은範圍로變化식여種種의社會問題를發 식엿고 他一便으로는富源開發、自然征服의標語와共히科學萬能 理性萬能의時代를産出하여 그人生觀、宇宙觀、歷史觀에大變化를니르켯다。여긔서一大間隙이생기기始作하엿다。即● 그들의目前에幻惑할만한物質의世界가展開되자 이를消化하고 統制할만한精神力과道德力은從來의固定된習慣으로因하야 또는 그物質世界가너무幻惑的인것으로因하야 壓頭되여버렷다。眼前에大宇宙가펼처놋엿슴에不拘하고그

心情은如前히貪婪的妬忌的切取的이엇다。宇宙大의建築材를놋코 假屋建造式의녯技術밧게못가젓던것은可惜한일이엇다。그리하야新世界의發見과 宗敎改革으로써開幕을行한近代史의劇은 慾心만은아해들의爭鬪로化해버리고말엇다。이제더희에게가장緊要한것은自己네가 이런雰圍氣에서자라낫고 只今도이것을呼吸하고 物質的征服的雰圍氣를通하야모든것을觀察하고 測定하고 判斷하고 思考하고잇는것임을自覺함이다。그러할때 그는이文明이當然한것、이世界밧게다른世界가잇슬수업다고生覺하는迷妄에서버서저나올것이다

現代는 예수그리스도를要求한다。오히려찻을줄을몰으는故로더구나必要하다。이제더희가 밋친듯이불으짓는광보다더 광보다몬저必要하다。그러나 그들이 예수의宇宙史的地位에對하야明瞭한正當한自覺을가지지못하는以上이文明은絶望的일것이다 그는宇宙進化의目標인그리스도에全然反對되는方向으로나가기때문에。

山上垂訓研究

山上垂訓研究

金敎臣

緒言

（馬太福音 第五、六、七章 / 路加福音 第六章二十—四十九節）

基督敎를 알냐면 聖書本文을 읽는것이 基督敎에關한 아모런有名한 文獻을 涉閱하기보다 第一捷徑이다。特히新約聖書에는 簡潔한中에 基督敎全幅의眞理가 具現되엿음으로 尨大한經書를 자랑하는他宗敎에比하야 信者或은研究者의便益이不少한것이다

그러나 좀더 簡易하게 알기를願하면 新約聖書의前篇이라稱할만한 傳記部와 後篇이라稱할만한 書簡部(羅馬人書以下)中의二途의一을擇하야 涉登할지라도 乃終에는 基督敎의 絶頂에達할수잇는것이다。書簡中에서도 簡單한一書 或은一章、一句를 窮究함으로써 足히 基督敎의大體를 알수잇

는것처럼 傳記中에서도 馬可福音과 가튼 比較的 短簡한一書을 通達함으로써 可할뿐더러 其中의一章一句 或은 한가지譬喩나 一場의敎訓을 解得함으로써 天國福音의大體를 알수잇는것이다

예수는 敎訓을重要視하셧다。예수의傳道生活에 奇蹟이 업슴은아니엿으나、奇蹟은 不得已한境偶에限한것이엿고 主要目的은 하날나라의 道를傳함에잇엇다。馬可의傳한바에依하면『요한이 잡힌後에 예수ㅣ 갈닐니에 니르러 하나님의 福音을傳播하샤다』(一章十四節) 하엿고、惡鬼를追出하고 熱病을 即席에治癒하엿다는等所聞을들고 온 갈닐니四方에서 찻어온 群衆을對하샤을때에 예수는 오히려 헛된群衆을避하야 『우리가 다른 갓가온 마을에가자、거기서도 道를傳播하리니 내가 오기는 이를爲함이로다』(同一章三十八節) 하야 그使命을明快히指示하엿다。五千名을 떡먹인異蹟을行한後에 예수는 群衆을避하야 혼자山으로 물너가섯고、가버나움까지 따라온무리를對하야『眞實노 너희게 닐아노니 너희가 나를 찻난것은 異蹟을 본까닭이아니오 떡을먹고 배부른 까닭이로다。썩을糧食을爲하야 일하지말고 永生하도록잇을糧食을爲하야 할지어다』(요한六章十五、二十六、七節) 라하야 吾人으로하여금 群衆의欲求하는바와 예수의 주시려는바와는 天壤의差가 잇음을 알게하엿다。이永生의糧食은 흔히敎訓의形式으로써 우리의게傳하게되엿다。그럼으로 우리는 冷靜한精神으로써 예수의敎訓中의 한아라도 忠實히 攻究하야 基督敎全體를 大觀할수도잇고、그가傳하려고하야마지안하시던 永生의糧食을받을수도잇는것이다

山上垂訓은 路加에는三十節노되여簡潔하고 馬太에는一百七節노되여 좀더充足하다

量으로 보와도 예수의 한敎訓으로서가장 길고 完備한것이나、特히 그內容으로보왓어 山上垂訓은 敎訓中에도 模範될만한것이다。이는 예수가 十二弟子를 選別하엿을때에 그使徒職任命式에서 授與하신敎訓이라고 보는學者도잇고 或은 이敎訓의主旨는 예수의轉轉傳道하시는生涯中에、다른聽衆을對할때마다 返復하야力說하신것이라하는說도잇다。어느편으로보던지 山上垂訓은 예수敎訓의骨子요 中樞가되는것임이分明하다。

馬太福音은 新約聖書의初頭에잇고 山上垂訓은 記載된說敎中 第一처음에잇슴으로 이것을 예수傳道始初의說敎라하야、그敎訓의高遠完璧함은 도리혀 神學校校門을出하는 傳道者가 世故人情과 敎會慣習에通함이업시、實行性이缺乏한 机邊의空想으로써 空然히 高度의道德律만提唱한것이라고、敎訓의眞價를 幾分式割引하려함은 不少한誤解라할것이다。요한福音에依하면 예수는 曠野에웨치는 洗禮요한의說敎를 들으려고 요단江가에갓다가、시몬과 그兄 안드레를 만나고、또 빌닙과正直한나다나엘이 뎌를 차저뵌後에 가나에서 첫재異蹟을行하고、逾越節에 예루살넴에 올나가 傳道를始作하고、聖殿을淸潔하고 說敎와 異蹟으로써 民衆이 그일홈을 믿으나、그러나 예수는 世上名聲의 空虛함과 사람의게 信依할것이 아님을經驗하야 人情의機密에通하시고 猶太官員니고데모와 新生에關한議論이 잇엇고、『하나님은 그獨生子를 주시기까지 世上을사랑하셧으니、누구던지 뎌를 믿으면 滅亡하지안코 永生을 얻으리라』하야 自己가 누구인것을 낟하내시고、유대를 떠나 갈닐니로 가시던途中에 사마리아地方 수가城 야곱의井邊에서 사마리아女人의게 永生의泉과 靈의禮拜를說示하시고、故鄕나사렛에 도라갓으나「先知者가 故鄕에서尊敬을 받지못함」을證據하실뿐이고、

山上垂訓研究

거기를떠나 가버나움에가서 第二의異蹟을 行하야 王의臣下의病을治愈하신일이잇섯다(요한福音一—四章) 이런後에 갈닐니傳道가始作되여、山上垂訓도 잇게되엿으니、即며가 少하야도 二次以上南方유대에進出하엿고、예루살렘에서 바리새敎人、사두개敎人과 書記官、祭司長들과接觸하야그宗儀와信條를 視察하시고 自己自身의 都會地傳道失敗의經驗을 土臺로하야 實노用意周到한敎訓을發하신것이엿다。山上垂訓은 決코書生의理想論이 아닐뿐더러、一大天才의直感을記述한것만도 아니고、果然땀과 피로써 實驗한人生記錄인것에留意할것이다。

그럼으로山上垂訓은 예수의 一種自敍傳으로볼수잇다。이敎訓은 넘어 高嚴한것임으로 一般聽衆의게 發한것이 아니고 特히修養잇는 直弟子들께에限하야 가르킨道德律이라하야 馬太五章第一節에「예수께서 무리를 보시고……」한것을「……무리를避하여」라고 解讀하는學說도잇으러만치、그 敎訓의至高過嚴함에 견댈수 업는바이나、이敎訓은 天國市民의 資格과義務와警誡를 敎示하는同時에 예수自身의自敍傳으로보면 第一有助한解釋을 주는것이잇다。「神子」로서의 自己顯現이 요한福音第十七章에 完全히表現되엿음에比하야、이設敎中에는「人子」로서의 예수가 遺憾업시 自己人格을 躍出케하엿음은 讀者로하여곰 人間예수께 더욱親近한感을 늣기게하는바이다。

「山上垂訓」의名稱은英語의 The Sermon on the mount. 獨語의Die Bergpredigt. 等의漢譯으로 된것인듯하나、이것은 모세의 律法보다 더完全한律法이아닐것은勿論、訓誡나說敎도아니다。이를 天國의嘉信 或은「天國의福音」이라하는것이 그「愛의宣告」인 內容을傳함에相應한名稱이될것이다。

이嘉信을 傳播한場所는 山이라하엿으나 시내山과 가튼 高險한山이아니엿고、갈닐니海邊의 一小丘엿섯다。山에定冠詞가부터서 to oros 라하얏으니、예수께서 자주祈禱하시던場所인것을窺知할수잇다。이小丘에는小鳥가樹間에서 노래하고 百合花가脚下에滿發하야 天國의音信을傳播하기에適合한晩春의 佳景이엿든걸도 山上垂訓中에서可察할것이다。

다음으로注意할것은『福스럽도다 마암이가난한者는』하야發端의初一聲으로부터、코페닠쓰의地動說이나、칸트의物과心의轉換보다도 더偉大하게、더根本的으로 人生價値의尺度를顚倒한 이革命的敎訓의背後에는過夜의祈禱가 잇엇든것임이다。(路六〇十二) 이것이 예수의敎訓은 恒常權威가잇고生命이잇서、學者의說敎와는 다른바잇엇든까닭이다。開闢以來의 最大敎訓에接할때에우리도 맏당히 祈禱로써 應受할것이다。隱密한골방의祈禱(六章六)、私的祈禱로서의聖靈의交通만이、이天來의福音을解得하난대에最大註釋冊이오 또한唯一의鍵되는것을銘心하면서 本文에들어갈것이다。

祝福

一、心靈에貧者 (五〇一三)

馬太福音四章末節에보면 遠近各地方에서許多한무리가 예수를 좇차雲集하엿다。예수께서무리를보시고 山에올나가…」云云함은이許多한群衆을收容하기에適當한場所를찾어廣濶한곳으로나갓을것이다。「무리를보시고」란一句를奇妙하게解釋하야「무리를避하야」山에올나가 選別한弟子들께만 이敎訓을주신것이라 함으로써 山上垂訓의道德律이過度히峻嚴한것을說明하려하는學者가不少하나이것은 첫재로『갈닐니와 데가볼니와 예루살넴과 유대와 요단강 건너편에서』不遠千里하고 좇차온群衆들이 예수가隣近한小丘에 避하엿다고 좇차가 듯지안하엿으리라함은無理한解釋이된다。둣재로山上垂訓을

새로운律法으로解하야 不信者의게는過度히峻嚴한것이되나 弟子들끼는敢當할만한것인것처럼說明하려함은 單只基督敎信徒의偏見에不過하는것이다。山上垂訓이 不信者의게敢當할수업는高嚴한것일진대 또한信徒들끼도同樣으로 견델수업는 무거운律法이되고야말것이다。基督敎徒가異敎徒에對하야 敎會信者가非敎會者에對하야 宣敎師輩가被宣敎民族에對하야 本質的으로道德上差異가잇는것인것처럼 優越感을가지는것은 마치前年에醫學博士久保某가朝鮮人의頭骨을測度하여가지고 未開人種이라고證明하려하다가不幸히그學說이確立하기前에 自己自身이精神病室에收容을當하여夭折하엿던것처럼 다虛忘한생각이다。山上垂訓이單히律法에止한다하면信者不信者의區別할것이업시 다가치그峻嚴함에 견대지몯할것이다。마는 이것은새로운律法을加한것이아니고 「天國의福音」嘉信、或은「愛의宣告」엿다。그럼으로「무리를보시고」란一句를 구태히「무리를避하여」라고曲解할것이업시「무리와함끼廣濶한場所、靜肅한小丘에올나가」라고읽음이 보담더穩當할것이다。

群衆의着席함을待하야 예수는 입을열어가라치시기를始作하엿다。路加福音六章二十節에는『예수 눈을들어弟子를보시고』始作하엿다한다。平和한丘上에 落針을오히려感覺할만한靜肅한聽衆우에 沈默의空氣가 깨트려질때에는「눈이아직보지몯하엿고 귀가아직듯지몯하엿던」 地開闢以來初有의「새로운」音波가 山麓을 잔잔히흘너나리게된것이엿다。開口의初一聲은 祝福의八回連發이엿다。이것은 祝辭、至福 或은福言 (The Beatitudes) 이라하야 山上垂訓全體의特性을明確히하는것임으로 馬太五章第三—十節을左와如히原文의順序대로試譯하면 解讀을

도을가한다。

三、福스럽도다 간난한者는、心靈에。
　故이다、뎌히것인 天國은。

四、福스럽도다 哀痛하난者는。
　故이다、뎌히가 慰勞함을받을。

五、福스럽도다 溫柔한者는。
　故이다 뎌들이 따을次持할。

六、福스럽도다 飢渴한者는、義에。
　故이다 뎌들이飽滿함을받을。

七、福스럽도다 慈悲하난者는。
　故이다 뎌들이慈悲함을받을。

八、福스럽도다 潔白한者는、心情에。
　故이다 뎌들이 하나님을볼것인。

九、福스럽도다 和睦케하난者는。
　故이다 하나님의아달이라닐칼을。

十、福스럽도다 逼迫을밧난者는、義를爲하야。
　故이다 뎌히것인 天國은。

心靈에貧者

이처럼山上垂訓은祝福으로써시작되엿다。「福스럽다」는字가頭初에八回나反復高調되엿음에注意할것이다。이福스럽다는原語makar-ios는英譯에 Blessed 로되엿스니 흔히幸福이라고譯하는Happy와는 그意味하는바에 不少한相違가잇는것이다。이에適當한譯字를發見하기어려우나 只今 Blessedness. 를「祝福」이라하고 Happiness. 를「幸福」이라고譯하면 祝福은幸福보다더넙흔것이다。幸福은外界로서오는바 境遇의影響을밧는것이고 祝福은環境이支配할수업시 靈魂속으로서湧出하는內的歡喜의泉을意味하는것이다。祝福은 하나님과의 正當한關係에서서 사람된者의眞正한道를걷는데에서 생기는것이다。그럼으로 所謂世間에서不幸한者로稱하는者中에도 祝福받은者가 잇을수잇는것이다。「幸福」이單히人間的幸福을意味한다면「祝福」은 하나님편으로서본바 即天國的幸福을意味한다。

心靈에貧者

그러면 하나님 편으로서보시는바「祝福받은者」眞正한意味의幸運者는 果然누군가如何한意味로서든지 富者가幸運者라함은開闢以來、東西古今을勿論하고 變할수업는멸멸한道理엿다。그런데 예수는宣告하섯다。

너히貧者가福이잇도다 하나님의 나라이너히것이오。(누가六章第二十節)

라고。이것이逆說인가 妄誕인가。다른民族은次置하고 艱難에困沒한朝鮮百姓의게는逆說노박게안들니는것이다。참말福者는貧者라는것이事實이라하면 이것이야말노 運行하던太陽이서게되고 固定하엿던地球가公轉하게된것보다도 더根本的으로人類社會를轉倒식히는革新이아닐가。雲集하엿던聽衆은 이開口初一聲에 자못驚倒하엿을것이다。

「貧者」라함은聖路加가傳한바와가치 單純한物質的貧者로解할수도잇다。即土地、金銀을所有함이업고 家屋、衣類에裕足치몯한者

가幸運者어니「天國이 너히것이라」한다。貧者의苦痛은貧者라야안다。이一句가 宮中에起居하는法王의訓諭가아니고 구유에生長하야木工의집에長成한 나사렛예수의 말삼인대에重量이잇는것이다。가난한그것이 곳天國을獲得하는必然的理由가되는것은아니나貧者로난것이 富者로난것보다 一般的으로有益한結果를作하는것은 널니歷史上에도볼수잇는事實이다。特히天國에入함에는富者보다貧者가 有利함이만타。예수끠왓어永生의道를뭇던青年은 그所有財産이 만홈으로因하야「얼골이變하고 근심하며退却하엿다(馬可十章十七—二十二節)『駱駝가 바날구멍으로나가는것이 富者가 하나님나라에 드러가난것보다 쉬우리라』(同二十五節)는것은 예수의말슴이엿다。가난한것은 妨害됨이업슬뿐더러 오히려天國을向하는刺戟을주는것이니貧은所願할만한處地요 가난한者는

福스러운것임을알것이다。

임의貧者가祝福받은者일진대 貧者中에도 그程度의甚한者가 더福스러울것은明確한일이다。貧者中에 가장甚한貧者는物質的으로 가난한外에 精神的으로貧한者다。物資에貧乏한者라도所謂淸貧을樂하는地境에達하면 오히려富者의心理를가지게된다。그럼으로聖馬太는注意綿密하게 「心靈에가난한者」라하엿다。心靈(pneuma, spirit)에가난하다함은孔子의이론바 德之不修、學之不講、聞義不能徙、不善不能改、是吾憂也라하야 學識으로나諸般德行으로나 內心에自肯할 아모것도 認識한것이업는者가 第一甚한貧者이다。이러케보왓어 最大貧者의 한아흔使徒바울에서볼수잇다。바울은告白하여曰

大概내속 곳내肉體속에善한것이 한아도 居하지아니하난줄을아노니 善行하기를願하난마암은 내게잇스나 그대로 일우난것은 업난지라。……嗚呼라 나는 괴로운사람이로다 누가이死亡의몸에서 나를救援하랴。(로마七章十八、九…二十四節)

고。仰不愧於天、俯不恥於人하는東洋的君子 敎理의正統을자랑하는敎會流의信徒、獨特한體驗을固執하야信仰的驕慢에自處하는高等信者等等은 몸이비록有形的으로는 赤貧에處하엿을지라도 無形的巨富를抱持하고 잇는것이다。富者인点은有形、無形이 다一般이다心靈上貧富를알기爲하야는 예수의譬話가 第一確的한것이잇다。

두사람이 聖殿에올나가祈禱할새 하나는 바리새敎人이오 하나는稅吏라。바리새敎人이셔셔 스사로祈禱하야갈아대「하나님이여 내가感謝하옵기는 나는 다른사람과가치討索하고 不義하고 淫亂하지아니하고 또한이稅吏와갓치도아니함이니이다。나는 일헤에두번식禁食하고 또所得의十一條를들이나이다」하고。稅吏는멀니섯어敢

히눈을들어 하날을울러러보지몯하고 다만가삼을처 갈아대「하나님이여 이罪人을불상히녁이소서 나는罪人이로소이다」하니 내가 너히다려일아노니 이사람은뎌보다 義롭다하심을엇어 집에돌아갓나니라。大槪自己를놉히는者는 반다시나자질것이오 自己를 낫초난者는 놉하지리라하시더라。(路加十八章九ㅣ十四節。「心靈에가난한者」란것을 이보다더明白하게說明할수는업다。이러한貧者가福스럽다는것이다。

下半節에 原語의順序가「뎌히것인 天國은……」이라고된데에注意하여야한다。「誰某가天國市民이될가」하는問題는 當時의猶太人의게는重要問題엿다。누가天國을所有할가 學者、義人、聖賢君子가아니오 오히려稅吏娼妓일지라도 그心靈에가난한者가所有할것이라한다。

또한「天國은뎌히것이라」는動詞estin은三人稱單數現在形이니 天國은未來의完成을待할것이업시 只今、現在에 至極히謙卑한者의個人的所有가된다한다。偉大한宣言이아닌가

二、哀痛의祝福

二〇

第四節 福스럽도다 哀痛하난者는
故이다 뎌히가 慰勞함을밧음。

路加福音에는『너히이제 우난者가福이잇도다 너히가 웃을것이요。……禍잇을진저 너히 이제 웃난者여 너히가哀痛하며 울니로다』(六章二十一、二十五節)하야 이哀痛이라함은 아주深刻하고切痛한悲歎을稱함이다。

福言의第一「心靈에貧者 福스럽다」는一句에서 그人間價値의尺度가顚伏됨이甚함에驚倒하엿던者는 다시第二의祝福에接하야놀내지안흘수업슬것이다。喜樂과歡笑를願함은人間世上의通則이다。그런대 예수는「哀痛하는者、痛哭하는者가 祝福받은者라」고宣言하섯다。그생각의差、價値標準의差가甚한것

이마치天과壤、東과西가相極함보다더하도다。뿐만아니라 예수自身도 此種悲哀의人이엿다。許多한 예수의聖像中에서 天才레오날드·다·원치의作이 獨特한地位를保하고잇음은 예수의 이重要한性格을傳하는故이라한다。貧의困窮을體驗한者로써 貧의祝福을말하고 悲歎의谷底를通過한者가 悲哀의幸福을宣言하시는것이다。山上垂訓의一言一句가 모다예수自身의人格과體驗을通過한것이되여 敎訓이即그自叙傳이라는見解는 이第二의福言에서도明白히 낱하낫고 또우리로하여곰 敎訓에 더욱親近케하고 生生한말삼을目前에밧게한다。

悲哀와痛哭! 이것은萬人이 다 꺼려하는것이오 온世上이避하려하는것이다。그러나 예수는 歡笑와喜樂을 오히려禍잇다하야避하라하섯고 使徒야고보도同樣으로말하엿다。

슯허하며 哀痛하며 울지어다。너히웃음을哀痛으로 밧고며 너히즐거움을근심으로밧고라。

고(야고보四章九節)。哀痛은 眞實한것이오 喜樂은浮虛한것이다。歡笑는一時에지나갈것이오 悲哀는 人生에 오래머믈을것이다。그럼으로 使徒는「너히웃음을哀痛으로밧고며 너히즐거움을근심으로밧고라」하엿다 그러나悲哀와痛哭이 다可한것이아니다。

大槪하나님의뜻대로하난 근심은 悔改를일우어 救援을엇게하난것이오 後悔할것이업거니와 世上근심은 죽난것을 일우나니라。

는(고린도后七章十節)바울의말과가치 근심에도二種이잇다。情慾과肉을本位로한 世上근심과걱정은 사람의骨髓를 마르게하며生血을固結케하는 結果를生成케한다。이런種類의근심은 하루하면 그만치 검은머리가 히게될것이오 二日을繼續한다면 그만치生命을斷縮하야 죽엄에 이르는것뿐이다。

哀痛의祝福

그러나 하나님의뜯대로하난 근심。靈을本位로한悲哀。自己의學識不足、德性缺乏、外的內的으로 有形無形으로 참말心靈에까지貧者인것을痛感하는때의悲歎。同胞와人類의救援에關한근심。「創造함을받은宇宙萬物이 썩어짐의 종됨을將次벗어나 하나님의뭇子女의榮光을얻어 自主張함에 니를것」(羅馬八章二十一『二二)을期待하는宇宙的悲哀。이러한哀痛은 全혀高貴한哀痛(Noble sorrow)이다。이哀痛은 잇을수록、深刻할수록 心靈을高潔케하고 生命을蘇生케하야 救援을엇게하난대까지達하는것이다。빈얀이 눈물만혼生活을지낫고 루터의게悲歎이깊혓고 에레미야가눈물먹고자랏어 눈물뿌리면서豫言하엿섯다。其他누구가 이高貴한悲痛의谷底를通過하지안코서 眞意의「先知者」의名稱에値한者잇엇으며 「偉大」라稱할만한生活을살者가잇얻든가? 吾人이不知한다。醉生夢死하는 하르사리(蜉蝣)와가튼生活보다 哀痛에覺醒한者가幸福스러운者라함은文字그대로眞理다。

그뿐만아니라 예수는 이처럼哀痛하는者에對하야 『慰勞함을 받을것이라』約束하섯다。「이慰勞함을밧는다」는뜻은 普通人間社會에서 말하는慰勞或은慰安과는 大端差異가잇는것이다。假令創世記三十七章에 요셉의兄들이 요셉을팔고서 그저고리에 피를무칫어 父親야곱의게 갓다주고 요셉이죽엇음을傳하엿을때에 『모든아달들과 딸들이 야곱을慰勞하려하엿으나 뎌는慰勞밧기를拒絶하고 말하기를「나는痛哭하면서 墓下에내아들잇는데까지 갈터이라」하엿다』(三十五節) 同樣으로 라헬이 그子息업난故로慰勞를밧지아니하엿섯다(馬太二章十八節)입설노하는慰勞、外的으로하는人間的慰安은 到底히眞正한慰安을주지못하는것이다。

예수가 宣言하신慰勞는 이哀痛의根源을 除去하는慰勞다。 그럼으로「나의주는平安은 世上이주는것과는 다른것이라」(요한十四〇卄七)하셧다。이慰勞는現在에잇섯어도 어느程度까지받을수잇으나 特히高貴한哀痛으로 말미암아天國에들어갈準備充分히된者의게對한 來世의充足을約束한것이다。 그럼으로第一福言이現在動詞임에反하야 이第二祝福의約束은未來詞로되엿다。『이제 苦難밧는것과 將次우리의게 나타날榮光을比較하면 足히比較할수업나니라』(羅馬八章十八)는바울의말은 이것을가르킴이요 요한默示에

내가 新天新地를보니 처음하날과 처음따이 업서지고 바다도 또한 다시잇지안터라。 내가 또보매 거륵한城、새예루살넴이 하나님께로부터 하날노 좃차나려오니 그가춘것이 마치 지아비를爲하야 단장한것갓더라。 내가들음애 寶座에서 큰소래나서갈아대 볼지어다 하나님의 帳幕이 人間에잇으매 하나님이뎌히와함께 거하시리니 뎌히는하나님의百姓이되고 하나님이 親히 뎌히와함께게서 뎌히의 하나님이되고 눈물을눈에서다씻기시매 死亡이업고 哀痛하난것과哭하는것과 압흔것이 다시잇지아니하리니처음일이다지나감이라。

라하엿음은(二十一章一ㅣ四節) 그具體的示現이다。 基督敎徒의게 哀痛이업지안타。도리혀 深刻한悲歎과 뜨거운 눈물이만호다。 義人에患難이만코 愛子의게撻楚가 잣은것이다。 그러나「눈물을 눈에서 다씻기시는」날을待하면서 우러는

福스럽도다哀痛하는者는
慰勞함을 받을것임이라

는 그리스도 예수의말삼을 文字대로信受하야 幸福스러운處地를發見하여야할것이다

城西通信

(一) 十一月二日(日曜)午后二時三十分부터市內集會。山上垂訓第四講으로馬太五章六節을講義하다。 ○十一月三日午前八時부터 印刷所에就하야 第二次校正을畢하고나니右眼에充血。翌四日夜十一時半外지에 雜誌十一月號發送事務를마치다。 ○十一月九日(日曜)午后集會如前。 山上垂訓第五講 馬太五章第七節을講解하다。

○十三日夕에金山氏來社。馬山獨立예수 敎會에滿三年間役事하던貴重한經驗談을들을수잇섯다。 ○十六日(日曜)。昨日午后三時지난後에 樂園病院張醫師의代理人으로부터電話로써 急작히集會場所에故障이생겻으니他處로가라는通知가잇엇다。不然間市內場所를求할수업슴으로 今日은活人洞本社에서集會하다。山上垂訓第六講으로 馬太五章第八節講義今日樂園病院에는定刻外지에 四五人이왓다가不意의變動에놀나도라갓다한다 參席하려든兄弟의게對하야미루通知할時間을가지지못하엿음을衷心으로未安히녁인다。

二十三日(日曜) 本社에서集會。今日부터午前十時始作。宋兄이 午前七時에應谷을出發하야來參。路加第九章五十七—六十二節을講解하여주고 余輩는山上垂訓研究繼續。第九節을講하다。○二十七日(木曜)十二月號檢閱濟。 即日노印刷所에回附하다。 ○十一月三十日(日曜)午前十時本社에集會。馬太五章第十—十二節을講義。 ○十二月二日(月曜)午后三時부터雜誌十二月號校正。 數日來로活人洞本社의一部에修理를加하야每主日聖書研究會에 專用할一室이設備되엿다。至今外지內室을使用할때와달낫어 누구던지自由로參席할수잇게되엿다。請함을밧을때에그好意를感謝히밧고 進就하엿고拒絶當한때에또한그것이聖意인줄노受肯하엿더니 凡事가다合하야益을行하는것인줄앎애 憤慨할것도업고致怨할바도업고 다맛十字架를지고 標대를向하야다름박질할것뿐이다。『여호도굴이잇고空中에나난새도집이잇으되오직人子는머리둘곳이업다』하신이는나의主예수自身이엿다。主의慰撫에充足함을늣기면서活人洞으로도라온것이다。今後當分間은 이修理된四五坪못되는一室에서自遠方來한朋友가잇는때에 마좌學而時習하고 함께祈禱讚頌하고저한다。

十二月三日(水)午前午后二次印刷所에就하야校正。午后八時三十分外지에十二月號校了。 읽은것을再讀三讀하는機械的事務인點으로보와 校正은無味乾燥한일이다。 그러나全然히沒趣味한것도아니다。初準、再準、三準으로 校正을거듭할사록渾沌으로부터 整然에至하는過程은 比할데업는快味가잇다。萬一나의習性과德行에도 活字와가튼現著한校正을施할수잇다면 그얼마나快事일가。

六日(土) 十二月號發送畢。修理한集會室을今日大淸潔。準備는缺함이업게되엿다。翌七日(日曜)本社에集會室된後第一回의集會。山上垂訓第九講으로 五章第十三—十六節研究。室內에數十人收容은 넉넉하고無理로하면近百名이라도一時에福音을들을수잇게되엿다。庭前에孝昌園松林이蒼欝한데 瑠璃窓으로서陽光이滿室하엿으니靜肅하긴들市內의比가아니다。무엇을귀래여市內에구구하엿든고십흐다。이제는 場所에對한焦慮를除하고來會者의多少에掛念할것이업고 오직나의立志의崇高함이업슴을부끄려워하며高遠한眞理의提唱이업슴을憂慮하면서 오는主日마다 이자리에서聖書를工夫하려한다

讀者諸兄우에新春의
希望과祝福을비나이다

一九三一年正月元旦

聖書朝鮮社

金敎臣

(二、米國消息

(前略)東洋學生들이 이곳왓어大部分 양키主義에中毒되는反面에 弟는米人들의資本主義帝國主義、人種差別에克甚한反動力을엇게되는것은 무엇보다도多幸한일이라하겟습니다。그리하야 物質노나 道德으로나 世界에第一 더러운人種을求하는者가有하면 米國사람을 소금발나서 내여대이고십습니다民本主義가生命이라고 자랑하는그들의內面을보면 極惡한階級主義가잇습니다。쓰고남은돈으로宣敎師를外國에 보내는 그들의生活內面을보면 陳腐하기싹이업습니다。禁酒國이라고하지만은 집집마다 술을만들어마시며 酒類密輸入者들이政府官吏들을買收하여가지고 大規模로 술을파는同時에所謂 깽스터(惡漢團)의橫行이甚하야 犯罪率이 놉날만콤高等합니다。그中에도弟가第一머리압허하는것은 양키들의人種差別이올시다。어느點으로보던지 白人이黃人보다優秀한點을볼수가업는것이엇만 이것들은驕慢합니다。그리하야 인제든지優越感을가지고잇슴으로우리보기에 구역나는일이만습니다。그들이黑人의게對한差別은 神人이容恕할수업는罪惡입니다。南方에서는黑人의게私刑이盛行합니다。黑人이뽀쓰의말을不順한다든지 不公平한待遇에抗議를할時는白女를强姦하엿다는口實을假造하여가지고 잡아가둔後에는數百의市民이暴動으로 監獄을襲擊하야 이黑人을쓰러내여 나무에매달고총으로쏘아버리집을만들어죽이군하는구려……이런私刑이生긴때마다暴徒들이누구인지알수업다고 늘當局은말합니다。고약하지안습닛가?말하라면씃이업지요。弟는할수잇는대로이런事件의眞相을工夫합니다。그리하야米人社會의內面을分明히살펴보려고하는中이올시다云云。

(三、讀者의소래

(甲)……兄님!나는馬山의聖書誌讀者同志들과이런이야기한일이잇습니다。「近代世界는宗敎藝術科學할것업시 모다가商品化되여잇다。그뿐이랴우리朝鮮에서는所謂人格까지도商品化되고잇지안는가? 그런데우리聖書朝鮮만이朝鮮에잇서서오직眞理를把持하고잇어近代에만히말하는大衆本位讀者本位를떠나、오직眞理와生命을本位로하고잇는唯一無二의聖誌라」고말하엿습니다云云。(馬山一讀者)

(乙)……그리하야生의枯木과가튼心靈도聖書朝鮮의生水가왓어信仰의뿌리를發生케하기를懇望不已로소이다。先生님生은率直하게告白합니다。生이今日까지그리스도를배운方式이나心志가世上에有產子弟가豊富한物資와時間으로學海에進함과恰似하엿나이다。그리스도를배우는것이世上과正反對인것을覺悟하엿습니다。逆境에서그리스도를배움이업스면이生涯는失敗라고하기에躊躇치안합니다。神이여願하옵기는나의게患苦가臨할때에 나와당신이더욱각가워지이다。(北靑一讀者)

本誌定價(送料共)

一 冊	十五錢
六 冊(半年分先金)	八十錢
十二冊(一個年分先金)	一、五〇錢

昭和五年十二月廿六日 印刷
昭和五年十二月廿八日 發行

京城府外龍江面孔德里一三〇
編輯發行兼印刷人 金 敎 臣
京城府西大門町二丁目一三九
印刷所 基督敎彰文社

京城府外龍江面孔德里活人洞一三〇ノ三
發行所 聖書朝鮮社
振替口座京城一六五九四

『聖書朝鮮』第二十四號　昭和六年一月一日發行(毎月一回一日發行)

昭和五年一月二十八日(第三種郵便物認可)
昭和六年二月一日發行(每月一回一日發行)

聖書朝鮮

第二十五號

一九三一年二月一日發行

目次

京城 聖書朝鮮社 發行

露西亞에感謝함

咸錫憲

「宗敎는支配階級의特權을擁保하기爲하야民衆에게씨우는精神的桎梏」이라던가 「하나님은사람이發明한것」이라던가 이런말을들을때마다 우리는 이世代를爲하야슯허한다。매로는侮辱을當하는것이라하는생각에憤慨한다。더구나 이런宗敎排斥論、無神論을國家的으로實行하야往往非人道的方法으로까지宗敎壓迫을行하는露西亞의所爲를볼때에그럿타。그러나 한번다시고요히生覺하여볼때 이는無用한일임을알수잇다。監督이라던가僧正이라던가 或은그들을擁圍하고잇는사람들은 그럴必要가잇슬넌지몰으나 우리들 獨立하야그리스도만을믿는者에게잇서서는 이는無用한일이다。無用한일일뿐안이라 도리어 그러케하는露西亞를爲하야感謝할必要가잇다。적어도 나는그러케生覺한다。그리고 나는이것을 하나님이내게주신知慧로말미암는것이라고感謝한다。

露西亞에感謝함　一

勿論、露西亞에感謝함은 露西亞를爲해서가안이요 露西亞가偉大하여서가안이다。그로하여금 偉大한役割을하게하는 어떤偉大한힘의緣由다。福音發達의大歷史에서볼때 露西亞는일즉히 埃及과로마가行하엿던것과갓흔使命을다하고잇다。이스라엘民族에게여호와神을알녀주고選民出生에産婆役을한것은 모세나 아론이나 여호수와만이안이엇다。埃及의바로도그一列에參與할正當한資格이다。또宗敎改革을하여福音의淨化를行할때에일군으로나섯던것은 루터나칼빈만이안이요 로마의法皇도그一位를占領한다。오직 前者들이祝福할만한功勞者엿던代身에後者들은 未安한功勞者엿던것이달으다。이들不幸한貢獻者들은 예수가 自己가將次主人이될聖劇에主要登場人物의一人인가롯유다를가라쳐「이사람이차라리나지안엇더면조흘번하엿다」고햇던것과갓치 그들自身을爲하야서는 차라리업섯던것이나을만치悲慘한使命을다하는者들이다 그러나 歷史그것을爲하야서는不可缺의要役者다。내가露西亞에感謝함도 그들이不可缺의要役者라고生覺하기때문이다「宗敎는鴉片」이라고痛罵를들어도 英國、美國、

露西亞에感謝함 二

獨逸、佛蘭西의敎會는一言의答辯이잇슬수업는것이事實이다。宗敎는特權階級을爲하야民衆을그들의限定업는搾取에언제까지던지忍耐케하기爲한精神的魔醉劑」라고罵倒를當하여도 露西亞의宗敎家들은半辭의辯明이잇슬수업는것이事實이다。하나님은사람이發明한것」이라고侮辱을當하여도 精神的中間階級에處하는神學者、宗敎家道德家는片句의對論이잇슬수업는것이事實이다。

基督敎와皇帝가婚姻을하엿다。基督敎와資本家가婚姻을하엿다。基督敎와學者가婚姻하엿다。그사이에서 모든人類를呑盡하려는種種의怪物이나왓다。歷史는一時그들의손에서내여준것인듯하엿다。

그러나 하나님은 언제까지그대로放任하지안엇다。문듯大試練의날이왓다。그리하야이假裝한怪物들의正體와 빗나는混合金屬의性質을들어내기를命令하엿다。여긔應하야니러난것은露西亞엿다。그들은 이白晝의怪物을容赦업시解剖臺에올녀노앗다。이燦爛한合金을躊躇업시 레도루도안에집어너엇다

緬羊과山羊을갈은다。알곡과쭉정이를갈은다。純金과不純物을갈은다。모든雜色것과雜種은 이폐스트에依하야除去되고말것이요 닐곱번鍛鍊한正金은이뒤끝는레도루도속에서燦然히빗날것이다。純白種이잇스면깃틀것이요 純金이잇스면깃틀것이다。업다면 모든것은暗黑속에破壞되여微塵化하여버릴것이다。

疑心할것업시잇다。過去에서그랫던것갓치現在에잇서서도 福音은亦是成長할것이다。一層더明瞭하여질것이오 一層더純粹하여질것이요 一層더靈化할것이다。인제는 그안에形式이깃틀나야깃틀수업시되엿고 그안에 발세붑이나、맘몬이숨어잇슬나야숨어잇슬수업시되엿다。

露西亞는唯物論의鐵椎를들어모든偶像들을微塵으로만들고잇다。露西亞로서萬一失敗만안는다면 모든偶然은一掃될것이다。禮拜堂의鐘閣과說敎壇은문허질것이다。그리스도의몸우에닙이엇던金銀裝飾의옷슬벗길것이다。그의턱에붓첫던美髯을뜻을것이요그머리우에씨웟던王冠을벗길것이다。그리하야 從來너무두텁게입어서만질수업섯던그의살을 사람들이直接만질수잇게될것이요 너무嚴嚴해서울얼어볼수업섯던그얼골에無限한潔白과 聖愛가넘처흘음을

사람들이自由롭게 情답게 無邪氣하게울얼어보게 될것이다。그리스도가다시宗教家의그리스도가안이고人間의그리스도가될것이다。

모든死殼과 모든礫과 모든虛飾이업서지고 純白의그리스도像만이人類우에서는때——그때를 想像할때 나는露西亞의大業完成하여지이다하고빌고십다。

宗教撲滅의씁알인使命을다하고잇는露西亞는 우리의未安한功勞者요 可憐한共作者다。그러나 政治的經濟的으로 所謂文明國인다른同伴보다적어도 一步를내여듸던露西亞가 從來幼稚한人類에對하야 가장誘惑的이요難關이엇던物質生活의諸問題를比較的完全히解決하는날이면(또解決하노라면)도리어누구보다도몬저 새로운道德 새로운精神生活 새로운宗教의原理를體驗할것이안인가하는生覺도잇다。그를아는이는하나님이요 自己의經綸대로行할것이다。그러나 어느便이언던지 露西亞가福音의完成을爲하야必要不可缺의大任을하고잇는것은事實이다。

하나님은이世代를바리엇나

(詩第十三篇의研究)

咸錫憲

一九三一年의第一日이왓다。사람들은 어제저녁에 來日이면새해라고生覺하엿을것이다。來日이오면 새生覺을하자고 햇슬것이다。그러나 그들은 事實그러케하여서 묵은짐을새해로넘긴다。郵便配達夫는 新年의祝賀를傳하노라고 무거운짐에헐떡인다。新聞紙는 年頭一日부터絕望的叫苦聲으로가득찬다。이祝福의重荷를지는配達夫와 希望의絕望的悲鳴을發하는新聞이야말로 이社會의이文明의象徵이안인가。

이社會를向하야문을닷고 나는書齋에안저詩篇을 들엇다。一篇二篇三篇、四、五、六으로차레로넘어나려갓다。感激과呼訴와 信賴와讚頌은 또한番내가슴에넘치기始作하엿다。내全人格은形容할수업는振動에떨기始作하엿다。나는손에맛겨 뒤집혀지는데로 二十五篇、三十一篇、五十篇、四十六篇으로넘엇다。모도다「아멘아멘」이엇다。最後에 내視線

하나님은이世代를바러엇나

은第十三篇에떠러젓다。그第一節을「여호와여나를니러바리시기를 어나때까지니르겟나잇가」하고넑엇을때 문듯 爆發하는듯한激動이 내靈魂의奧底에서붇어니러남을깨달엇다。只今까지 隔離되여잇엇던 外界의모양과音響은 불길갓치前後의窓口로侵入하여 내全身을휩싸가지고天上으로붇어올으는듯하엿다。果然 이는이날에 내게 가장適合한祈禱다。그러나 온地面에사는 人類의아들들은 더구나朝鮮의子女들은 亦是 이第十三篇의詩를읊어서 이一九三一年을맛을것이안인가。

一、어느때까지나를닛으시리잇가 여호와여 영원토록하시오릿
　가 어느때까지내게서당신의얼굴을가리우시리잇가。
二、어느때까지내가내령혼에획책하고 종일토록내맘에근심하겟
　나잇가
　어느때까지내원수가나보다놉흐리잇가。
三、여호와내하나님이어 나를보시고 응낙하시어
　내눈을밝히사죽음의잠을자지말게하시옵소서。
四、내원수로「내가며를이겻다」하지말게하옵소서。
　내가동요할때 나를고롭게하는者가즐거워하지안케하옵소서
五、나는주의자비하심을의지하엿고
　내맘이주의구원을즐거워하겟사옵나이다。
六、내가여호와를찬미하리니 이는풍성한은혜로나를대접하심이
　로다

四

이를다윗의詩로만읊을때에도 우리의心琴은共鳴의振動에떨닌다。맛천가지人生의十字架를지는한사람으로서 그는우리의最深處를닷치지안코는마지안는다。반드시 그와同樣의絕望的困難과壓迫을經驗치안터라도 우리의가지는바人間性이 우리로하여금充分한同情을가질수잇게한다。만은 이제 이는내詩다。우리의詩다。그리生覺할때 不過六節의이짧은詩는 말할수업는感激과慰勞를준다。

詩는 構造로보아서 三段으로成立되엇다。即、一、二節에잇어서 靈魂은暗黑속에서絕望的悲嘆을發한다。三、四節에서 信賴의祈禱로써도음을求하고五、六節에서 임이거긔對한應諾을밧고感謝한다

第一段에「어느때까지」가넷이反復되엿다。이것이極度의受難狀態에잇슴을잘表示한다。困難이올때그는견듸엇다。이기게하여주십시사하고祈禱하엿다感謝히밧겟습니다하고 信賴의態度를보혓다。그러나 困難은가지안엇다 漸漸더하엿다。그는哀訴하엿다。哀訴하면할스록 困難은더하엿다。그의靈魂은캄캄하여젓다。하나님의얼굴을볼수업고 말슴을

들을수업고、結果로는 맘속에煩惱와焦燥가불닐듯하엿다。 그러하야惡魔의勢力은그를업눌넛다。 이제그에게는하나님을怨望하고 疑心할길만이남엇다。極度의精神的混亂狀態에빠지엇다。 第一節에 서로矛盾되는두句를連하야읊은것이 이를잘證明한다。即、「어나때까지나」 라는대서오히려一縷의光明을니으려하면서도 다음은絕望的으로「영원히」라고하엿다。冷靜하게前途의光明을찾는다云云은 발서발서지나간일이요 인제는全魂이前後無秩序의悲嘆이되여버린때다。이것이一九三一年의人類의아우성이안이고무엇인가——不安과燥焦와 混亂과動搖의經濟的、政治的、思想的짐을지고넘어오는一九三一年의。

이世相을透視하면 하여볼스록 이文明을批判하면 하여볼스록 늣겨지는것은 이것이 하나님에게바림을當한文明이안인가함이다。하나님을바린것으로써進步라고生覺하는文明이하나님에게바림을當한文明이안이고무엇인가。辯論으로 策畧으로 運動으로 解決하려고 血眼을가지고狂奔하는이文明이 하나님에게바림을當한文明이안이고무엇인가。果然、只今우리는 이詩의作者의말대로「靈魂에劃策」하고잇다。每日每日漸漸神妙해가는劃策이 人類中의優秀한頭腦의所有者에依하야發明된다。 그러나劃策이잇스면잇슬스록問題는漸漸絕望的이되는것은얼마나가엽슨일인가。 그러기에 이제 우리에게는 우리의「원수가높아젓」다。即、惡魔의勢力이높아젓다。人類를滅亡식이려는 文明을墮落식이려는힘이人類를征服하여버리엇다。그밑에서 世界는萎縮과亂舞의一年을보내고 萎縮과亂舞의一年을맞엇다。 그리하야 우리中에信賴하는者까지「어나때까지 나를닞으시리잇가 여호와여」하고슲히부르짓지안으면안이되게되엿다。

그러나 詩十三篇은 그第一段만이우리의노래가되여서는안이된다。그第二段、第三段이야말로 우리의祈禱가되여야할것이다。우리는 이詩人갓치或은 누가福音의蕩子갓치 맘속에狂亂하려는惡魔의힘을눌으고 고요하게祈禱하지안으면안이된다。
(이사야三十章十五節)

「여호와내하나님이어 나를보시고 응낙하시어」

——그러타 우리에게는 하나님이自己의눈으로우리를돌아보시는것과 우리愁訴에應諾하심이必要

六

하나님은이世代를바려엇나

하다。우리靈魂은極度로萎縮하엿다。疲困하엿다。죽음에잠자려한다。이대로잇다면永遠의死滅밧게업다。그때에唯一의길이잇다。光明과 生命과힘의根源인 하나님당신이그의聖眼으로써 우리를보심이다。그리하야慈悲와 激勵와 生氣를우리우에나려부음이다。베드로는 이眼光에마조치어서깨닷고痛哭하엿다。사울은이眼光에마저서 死亡의舊殼을벗고바울이되엿다。하나님이어 이다메섹途中의二十世紀의文明을 당신의聖眼의光彩로써 치시기를。이제世界는 敬虔한者를向하야「내가너를이겻다」고한다。그리하야 그의動搖함을보고는손벽을치며즐거워한다。오늘도 來日도 모레도 幾多의青年男女가靈的기요치ㅣ누(斷頭台)로나간다。그를보고는無神論者萬歲라고밋처붙은다。

그러나 그것이우리에게무엇인가。하나님이그聖眼으로써우리를볼때 우리는 우리의靈眼이밝아질것을믿는다。그가우리에게應諾할때에 모든惡의勢力은鼠竄할것을믿는다。다윗은困難中에서도 이祈禱를하기를닞지안엇다。아마 사울에게서避하야窟속에숨엇슬때 눈물과嘆息으로하엿슬것이다。크리스챤에對하야는現代의全世界가사울의軍士가안인가 그들의居하는곳은 겨우 아둘남굴이안이면 엔게듸山城의굴이나 십것친따수풀에不過한다。우리는그속에서 이祈禱를하여야한다。그러나 우리는또알ㄴ다――거긔 하나님의救援의約束이確實히잇슴을。다윗이 陰沈한굴속에서도오히려 멀니저짝에光明의天地를보앗섯슬것갓치 우리도 새로받는靈的眼光에依하야 地平線의저건너便에 희미하게보이는光明의땅을알ㄴ다。眞實로 이기는것은信仰이다。그리하야困難속에잇어서도 우리의잔은 恩惠와感謝와깃붐으로넘친다。

窓밧글내다보면 一九三一年의第一日은 눈속에점을고잇다。긋칠줄업시솟는白華는 모든山과모든내와 모든人家를덥허버릴作定이다。그리하야新年第一日에새世界를지으려는듯하다모든썩어진것과더러운것을다뭇어버려서。

恩惠의白雪이 이世界를덥는때는언제인가。그흰눈이 이文明을淨化하는때는언제인가。人類의아들――이曠野에바림을當한蕩子에게 빛나는白衣를닙히는때는언제인가。

十字架를지라――人類의아들들아。

十字架를지고一九三一年도피땀으로걸으라。

눌으는十字架에억개는傷하여도 네입에서祈禱는치말끈라。

恩惠의白雪이豊盛히나리는날 네흘으는피땀의더러운것은 마츰내그속에뭇처버리고 새光線이올녀쏘는來日아츰엔 銀色에빗나는十字架만이 저멀니하늘가ㅅ에솟슬것이다。

山上垂訓研究

金教臣

三、溫柔한者。

第五節 福스럽도다 溫柔한者는。 故이다 뎌들이 따을 次持할。

郭公은自身이抱卵하지안코 他鳥의巢에産卵하야 孵化식히는習性을가젓다。郭公의알은他卵보다一二日間일즉이孵化되여 養育을받다가 他卵에서幼雛이孵出함을待하야 이것을 등으로 밀어巢外에墮落식히고 自身만홀노養育을받는다한다。郭公이詩人墨客의 벗이되여 詩興美感을 人間에보내는裏面에는 이와가튼慘酷한生存競爭을演하고야 그種族을保存하는것이다。其他生物界에는 小로부터大에 下等으로부터高等에至하기까지 이에類似한競爭이업슴이업다。그럼으로自然科學者는말한다 弱肉强食과優勝劣敗는天然의法則이라고。또精神科學者는이에應하야曰 力은正義다。勝則官軍、敗則賊軍이라고。齒牙를갈고 발톱을養하는猛獸와 腕力 金力 知力을蓄積하는個人과 陸軍 海軍 空軍을擴張하는國家와 그目的은 다一般이다。如何히하던지 他를排擊하거나 威壓하거나 懷柔하야 自己가 强者의幸福을占하려하는心事는 郭公의알과同一한것이다。强暴한者는榮盛하고 柔順한者는衰退하여지는것은 日夜에目睹하는事實이다。하날이놉고따이낫은것처럼 變할수업는鐵則이 。

그런대 예수는宣言하신다。强暴한者가아니오溫柔한者가福스럽다고。이에「溫柔」라함은praus.即、溫和、柔順、謙遜、穩良、緩慢等을意味함이다。性質이寬大하야 毁損、輕蔑을當할지라도容易히 激怒하지안코 焦急、逆氣함이업고 오히려惡을行하는者의게對하야 出乎爾者反乎爾哉로 눈으로눈을잡고니로써니를잡는다기보다 차라리被害受辱한대로忍耐하기에能한者 特히天에不逆하는것 하나님이나려신 모든困苦患難을 달게받는性質을稱함이다。이런性質을가진者가 福스럽고 將次따을 차지할것이라한다。事實과相距함이甚하다。그러나예수께서는 幸福의標準을 이처럼顚到식힌것이다。

溫柔한者는 現世에處하야劣敗者가안될수업는것이다。그러나 古來로眞正한基督者는 이劣敗者의

溫柔한者 八

地位에自處하엿다。우리가只今까지 世上에汚穢한것과 萬物의塵垢와如하니라」(고린도前四章十三節)는것이初代信者의處地엿다。 그뿐만아니라 예수自身이이溫柔한性格이엿다。뎌는罪를犯치아니하시고그입에詭譎도업스시며 辱을받으시되 대신辱하지아니하시고 苦難을받으시되發惡하지아니하시고 오직公義로審判하시는者의게 自己를付托하시다」(베드로前二章二十二節以下) 또한이사야의豫言한바

뎌는 사람의게蔑視를밧고 슬혀바린바되여艱苦를 겪고 疾病을 아난사람이라。사람들이얼골을 가리우고 보지아니하랴는것갓치하야 뎌를蔑視하고 우리가賤하게녁엿으며……………뎌가 군박을받앗으나 스사로謙卑하야 입을열지아니하엿도다。사람으게 끄을님이여、羊이죽을따에 나아가난것갓고。입을열지아니함이여、어린羊이 털깍난者앞헤서 소래업난것갓도다。

(五十三章三、七節)란것은 그一生의實記와一致하엿다果然뎌는 大祭司長가야바와 監司앞에서도沈默을守하야입을열지안하엿고 (太二十六章六十三、同二十七章十二、十四節)빌나도도 예수의默默不答함을奇異히녁엿다한다(馬可十五章五節)뎌는法廷에서群衆의게 춤배앗흠을當하고 「그얼골을가리우고주먹으로치며 先知者노릇을하라하며 官屬들은 손바닥으로따리」(馬可十四章六十五節) 는 괄세를받엇고 軍士들의 온갓戱弄을當한後에 (同十五章十六―二十節)十字架에못박힌때에도 지나가난者들이 譏弄하야 마지안핫다。(同二十九―三十二節) 이온갓괄세와嘲弄과暴惡을當한것이 마치 「어린羊이 털깍난者앞헤서 소래업난것갓다。」뎌는조곰도發惡함이업시 오직公義로審判하시는니의게 自己를막겻다。大小의別과 高底의差는잇을지라도 基督者된者는、初代信徒와가튼 輕蔑을當할것이고 그리스도와가튼溫柔한者가되여야할것이며 또한 예수는 이런者를福스럽다하야따을차지할것을宣言하신것이다。

이에「溫柔」라함은 單히「柔弱」이라던가 「文弱」이라는것과는 매우달은것이다。韓信이不良輩의跨下로 기여나갈때에 뎌는柔弱한怯者인까닭이아니엿다。오히려 뎌의게英雄的氣慨가있엇음으로 그처럼溫柔한것이엿다。怒하기를 더대하난者는 勇士보다나으며 自己의 마암을 다사리난者는 城

을 첫어빼앗기보다 나으니라」(箴言第十六章三十二節)는것은 亞歷山大王의告白을待치안코라도 事實이다 사람과社會를對하야溫柔한者의 그溫柔의끈흔곧에는 「公義로審判하는者의게付托하는」信賴가잇다。

예수의境遇가그것이엿고(馬可十五章) 욥의順從이 또한거겟어發源한것이엿다。 사단이 욥을시험하기始作하야 一朝에 소와 라귀는 스바子孫이 엄습하여가고 羊떼와下人은 天火가 나려 업시하고 약대는 갈대아사람이三隊를 지여와서 빼앗아갓고 딸과아달들은 暴風에쓸니는建物밑헤세 沒殺하엿을때에 뎌는 니러나 옷을찢고 머리털을버히고 따에업드려 敬拜하며 말하엿다。

내가赤身으로母胎에서나왓으니
　또한 赤身으로도라갈지라。
여호와께서 주시고 여호와께서 빼앗엇으니
　여호와의 일홈을可히 찬송하리로다。

라고(一章二十節以下)。 뎌는 다시 그禍가肉身에밋쳐 깨여진 기와조각을 가저다가 그瘡處를 긁고안젓게되여 가장사랑하던 그의妻까지도 「그대가오히려 自己의義를 그대로직히나뇨 하나님을 저주하고 죽으라」고發惡할때에도 뎌는 널아기를

네 말하난것이 어리석은계집의 말하난것갓도다。 엇짐이냐 우리가
하나님께 福을받앗은즉
또한 재앙을받지아니하겟나냐

하고(同二章九、十節)이모든일에犯罪치아니하엿다。이와가치溫柔한者가、따을次持할것이라한다。「따」이라함은 將次날하날 新天新地(彼得后三章十六節、默示二十一章一節)뿐아니라 現在의世界도意味하는것이다 「次持한다」함은 嗣子가되고 所有者가된다는뜻이다。

果然이것이事實인가。或은單只空想에不過하는것인가。吾人의經驗대로는 攻擊을當한때에 가장猛烈히逆襲하고 毁損을입은때에 急激히復讐하는力量을所持한者라야 따을 차지할것을主張할法은잇을망정、溫柔하야謙讓하는者는 現代와가치 生存競爭이激甚한世上에서는 所有하엿던따 까지라도 빼앗기고야 말形便이아닌가。그럼으로 西諺에曰 「羊처럼 溫順하면 승양이안테 물닐터이니 狸狽을對하여어는暴惡하여야한다」고。이世上의子息들은

溫柔한者 一〇

兵器(에스겔三十二章二十七節)를 들고서라도 自己의生命을防禦하고 더히게當한毁損을 激烈히復讎하기까지는 安全한줄노생각지안한다。그럼으로 니ㅣ췌哲學이 카이젤의軍國을建立할때에 溫柔의祝福云云하는基督敎는 奴隷의宗敎라하야 極度로輕蔑을當하엿섯다。

그러나 그리스도는 옛날이나 只今이나 變함업시主張하신다 惡者의亂暴에對抗하지말고 그리스도와 그의아바지를護衛로하라。狸狠이暴惡하다고 羊조차 暴惡할것이아니라 羊은羊대로溫柔하야 그生命의安全은 다만牧者의게待望하라우리의게남은唯一의方途는「나를主의 날개아래 덥히게」(詩十七篇八節) 하는것뿐이다。그리할때에 우리들은 所願에十倍百倍하야雪恥도하고「權威잇난者를 그地位에서 나리치시고 溫柔한者를 올니치시는者」(詩第百十三篇六ㅡ九節、욥五章十一節、路一章五十二節)에依하야「匠人들의 바린돌인대 집모통이에首石이되는것」(太二十一章四十二節、詩百十八篇第二十二節、使四章十一節)을보고 그奇異함에 놀나기도하는것이다。現世의思想과는 眞實노 對蹠的相違가잇는것이다。그리스도의 생각과 이世上의그것과는 每樣이처럼顚倒가 생기고야만다。思想上의革命으로써 이에지날것은업섯다。

現實에잇어서도 世上强暴한者는 安定을엇지못한다。「마른者는 다리를펴고잘지라도 매린者는다리를 펴지못하고잔다」하며 「富者에 근심이만코 王者에 걱정이 끈치지안는다」한다。더들은數百倍의土地를所有하엿다할지라도 實相은 아모것도所有치못한것이다。마는 이에反하야 溫柔한者 하나님의子女들은 立錐의地를所有함이업다할지라도 地上에安康한住居를享樂할수잇고 아모가진것이업슬지라도 모든것이裕足하야 만흔사람을富하게한다(고린도后六〇十)猛虎ㅏ獅子는蹤跡을絶하게된때에柔順한牛羊은 오히려全地에차게하시는니가 또한이天地와 그안엣萬物을信賴하는溫柔한者의게 차지식힐것을約束하섯다。(創一〇廿六、羅八〇三二)一世의英雄兒나폴네온은 聖헬네나孤島에閑時日을보내게된때에 나사렛베수의弱한生涯와 歐洲의天地를卷席하던 自己身勢의末路를比較하야 長歎息을마지못하엿다한다。果然예수는溫柔한者의模範이엿고 또한 따을차지하야完全히萬王의王이된者다。우리도 더와가치溫柔하야虐待에견대면、또더와가치嗣子가될것이다。(羅八〇十七)

四、義에飢渴한者

第六節 福스럽도다 飢渴한者는 義에。故이다 뎌들이 飽滿함을밧을。

正義를憧憬하는마암은 人類의 가장切實하고 純眞한心情의發露다。멀니神話時代로부터 現代史에 이르기까지 史實을想考하면서 들는者 읽는者가 或은 눈물겨워하고 或은한숨지엿어悲嘆을난호는 것이던가 童話나傳說中에 나오는 兄된者를미워하고 아우된者를同情하는心事는 그어느편에親粗나情實이있어 된것이아니고 다만正義感의衝動이 發露한것뿐이다 諸葛孔明의出師表에含淚하고 趙子龍의武運을祈求하는者 必曰魏王의敵軍뿐이아니요。善竹橋畔에 눈물씻고「白雪이滿乾坤할제 獨也青青」한蓬萊山第一峯을처다보고서 萬丈의氣焰을吐하는者가 必曰李朝五百年의不遇의臣等뿐이아니다。正義다! 正義다! 不當한待遇를排擊하고 當然한道理가通用되기를希求하는마음 이것은 어린니의所願이오 또한어룬의欲望이다。文化人의唱道하는것이오 또한野蠻人의思慕하는것이다。아니宇宙萬物이 모다完全한正義의實現을待望하면서呻吟하고잇는것이다。(羅馬八章二十一、二節)「正義」는宇宙의依據하는法則이오 人類의依存하는公道인것갓다 그럼으로아모런暴君일지라도 「正義」의名分을借함이업시는 單騎一兵도 움직일수업섯던것이다。 비로王의이스라엘追擊으로부터 카이잘의宣戰布告와 隣國의南北戰爭에至하기까지 그어느것이「正義」를 標榜하지안코 開戰한것은 업섯다。宇宙가不義를 容納지안함을知悉한까닭이엿다。이와가치「正義」는 宇宙의元亨利貞이오 帝王侯伯으로부터庶民樵夫까지도共通으로願하는바라하면 何特그리스도는 이처럼平凡한것으로써第四祝福을宣言하섯는가?

「正義」는萬人萬國이 다要求하는것이나 同時에 萬人萬國이 다廻避排退하는것이다。矛盾의大와逆說이甚함이 이보다클것이업다。그러나事實이다。社會가認證하는 「얻던程度까지의正義」는通用된다 伸縮變態가自由自在한正義는 世上이歡迎한다各階級의正義가잇고 各宗派의正義가잇고 國民으로서의正義가잇고 民族으로서의正義가잇고 幼年時代에强要하는正義가잇고 長者된後의正義란것이따로잇어 各其그局限된範圍에徘徊하면서 過하지도안

義에飢渴한者

코 不及함도업고 熱하지도안코冷하지도안코 極惡의人도아니면서多少의善과義도行하는者가 世上의認하는所謂中庸의人이오 正義의人이다。이에서 一步라도超越하면 義를行하는것이 도리혀可憎한것이되고危險한것이된다。그럼으로初等敎育에서正直하라고가르킴은可하나現代의成人을向하야正直하라함은 마치自殺하라고勸함이나마찬가지다。幼年時에正直한것은 오히려奇特하다 마는成人이正直한것처럼現世의廢物인것은 다시업다。禁酒斷煙은 幼年時期로부터美德으로써奬勵하고 近日에至하야는 敎會나救世軍의說敎뿐아니라 新聞雜誌까지도 統計上數字를列擧하야 그實行을慫慂하것만 依然히 禁酒斷煙은 立身出世하려는者의게 他의아모런德性의缺陷보다도 더큰碍害를주어마지안한다。他는推知할것이다。

義는行할것이라한다。그러나義를行하면 견댈수업다한다。義를行하는곧에憎惡가生起고逼迫의따룬다。이것이世上의實相이다。亦是空中의權勢잡은者가支配하는곳이다。이世上에서 社會가稱讚하는義人됨으로써滿足치안코 모든因習과局限을脫出하야

一二

眞實노正義를追窮하야 渴한者가물을찻고 주린者가食物을求하는것처럼 急迫한必要에應하고저 突進하는純情과至誠으로써義를行할때에毁損과壓制는準備하엿던것처럼 周圍를抱圍한다。惡魔와世上의子息들은巧妙한術策과 敢當할수업는 惡毒으로써義를行하는者를蹉跌케하고 善을助成케하려는것까지도妨害한다。

이런故로 그리스도는 特히 義에飢渴한者를祝福하신것이다。他山之石과가튼立場에서 義를讚揚치안는니는世上에一人도업다。人生의首途를出發할때에 每日三時의食事를欲求하는程度로써 義에準據하려는者는 차라리많다。그러나 이런程度로써義를行하려든者는 世上이義를行함에不適한場所임을發見할때에 大多數는世俗에降服하야圓滑하게妥協하엿버리고 少數의比較的强한者라야 所謂「脫俗」하야 山中이나曠野에서獨善己身하는것이다。

이런것은義에對하야 주리고 渴한것이아니다。飢와渴이라함도經驗이업시는想像하기어려운것이다려夏日에渴이甚할때는 牛馬의蹄跡에갑은물과 畓水라도 汚穢을생각할餘地업시 달게마실수잇고高

山우엣殘雪과 砂漠에서駱駝의胃液을 分配할때며 多日間斷食한後에一匙飯과一葉菜를 얻엇을때의經驗、體面도업고 友誼 親情도不顧하고서 一片一滴까지라도攝取하고야말랴는 그飢渴노써、義를行하야 百折不屈하고惡과싸우며 萬難을排하고라도 正義를세워完成하려고애쓰며 모든嘲笑와壓制와毁損中에서도 正義를斷念하지안는者 이런者를向하야 그리스도는 特히奬勵하시고 祝福하섯다。

正義를思慕하는나암이 그極에達하면 即宗敎가되는것이다。참으로義에渴急한者는 良心의滿足만으로써足하지몯한다。道德上正義가極致에達하면 하나님과 사람사히의 바른關係에까지 밋지안할수업게된다。그럼으로 예수께서는「하날에 게신너히아바지의 完全하심과 가치 너히도完全하라」(太五章四十八節)고指示하섯고 또詩人은 노래하기를

하나님이여 내마암이 主를차지랴고渴急함이
사슴이 시내물을차지랴고渴急함과 갓도다。
내마암이 하나님思慕하기를 목마름갓치하니
곳살아게신 하나님이시라
내가 어나때에 하나님앏헤이르러뵈오릿가

(詩第四十二篇)하야 人間의義의觀念이 그極度에 達하엿슴을볼수잇다。하나님의義에達하려는努力과 하나님의完全에一致하려는欲求는 人類의最大最高의奮鬪엿다。義를行함에飢渴하야 그奮鬪가이까지 이르면사람은 더욱蹉跌하기쉽고 失望에떠러지게 된다。루터는 헬트修道院에서修養할時代에이苦鬪에 견대지몯하야 種種窒息絶到하엿다한다。其他 빤얀、어가스틘、크롬웰이 이苦鬪를지난사람이엿고

兄弟들아 나는아직 내가取한줄노 녁이지아니
하고 오직 이한일만하야 뒤에잇난것을 니저
바리고 앏헤잇난것을 잡으랴고 標대를向하야
다름질함은 하나님이 그리스도예수 안에서우
으로 부르사 賞주심을 엇고저함이라。

(빌닙보三章十三、四節) 하며 또한

이기기를 다토난者 마다 모든일에撙節히하나
니 뎌히들은 썩을冕旒冠을 엇고저하되 오직
우리는 썩지아니할冕旒冠을 엇고저하노라。그
럼으로、내가 다름박질하기를 向方업난것가치
아니하고 나가싸호기를 허공을치난것가치아니

義에 飢渴한 者 一四

하야 내가 내몸을 처 服從하게함은 내가남의게 傳播한後에 自己가 도로혀 바림이 될가두려워하노라

(고린도前九章二十五節以下) 고 自己를鞭韃하면서 苦鬪하다가 乃終에는

嗚呼라 나는 괴로온 사람이로다。누가 이死亡의몸에서 나를 救援하랴

(羅七章二十四節)는 悲鳴을絕叫한 使徒바울은 하루三時의食事를 要求하는程度의必要로써 半冷 半熱의態度로써 義를求한것이아니엿다。먹으면더됴코 안먹어도 견댈만한處地가아니엿다。뎌야말노甚히飢渴한者처럼 水火도 가리지안코 禮節도돌볼결을이업시 急迫한要求에支配되여 飢를飽하고渴을醫하려고突擊한것이엿다。「自由를주라、不然하거든 死를주라!」는넉시다。朝問道而夕死可矣라하며「主의 들에서一日삶은 世上의千年보다勝하다」한다。義롭지몯할진대 차라리살수업다는心事다。이바울의 眞摯한態度를稱하야 義에飢渴하엿다 하는것이다。

이와가치 道德上正義에 倦怠치안할뿐더러 하나님 앞헤서 完全한義에達하려하야 飢渴한者들向하야 主그리스도예수는

福스럽도다……뎌들이飽滿함을 얻을것이다。

라고宣言하섯다。果然天來의嘉音이아닌가。正義의不行하는現世와 肉의權勢가 오히려强한人生에잇엇어 正義가 勝할것이오 義에飽滿할것이라한다如何히하야 飽滿을 얻을것인가。

信仰에依하야 義롭다함을밧는것이다。不義의世上과 情慾의肉身에잇엇어 義는完全히行하여지지안한다。그러나 단테의 말한바와 가치(練獄篇)

보라! 人間의 온갓手段도 쓸대업고
놀도업고 돗도 단것이업슬지라도
天使의 나래(信仰)만이
이처럼 머나먼길을 到達케하도다

即義에飽滿케됨은 첫재로 信仰으로써 義롭다고일카름을 밧는것(羅馬五章十九、加拉太五章五節)、나의罪를 十字架우에處分한者、義의完全한 現顯인者를처다보면서 自己를 그의 안에두는때에 (羅馬三章二十二節、고린도前一章三十節)우리는 義롭지 못한中에處하면서도 義에飽滿함을 엇게된다。그러나 信

者는 모든 다른重大한問題와가치義의問題도 現世에만 局限하지안한다。信仰으로써 배부름을밧는것도 體驗한者의事實이다。그러나 이信仰의飽滿은 將次나타날 더完全한飽滿의試味에不過한것이다。實質的完成은 未來의約束으로되여잇다。「너히 속에 善한일을 始作하신이가예수그리스도의날까지 그 일을 일우실줄을우리가 깊히밋노라」(빌닙보一章六節)「우리生命되시는 그리스도ㅣ나타나실때에 너히도 그와함께榮光中에 나타나리라。」(골노새三章四節)。하며 또한「볼지어다 아바지께서 얻더한사랑으로 우리의게주사 하나님의子女라닐카름을 엇게 하셧나뇨。우리가 참그러하도다。世上이 우리를 아지못함은 그를 아지못함이니라。사랑하는者들아 우리가 只今은 하나님의子女라 將來에 엇더케될것은 아직 나타나지 아니하엿으나 오직 그가 나타나시면 우리가 그와같홀줄을 아난것은 그참模樣을 볼것을因함이라」(요한一書三章一、二節)。切實한欲求는充足되는것이다。十字架의義를體驗한者는 未來의完成을疑心할것이업시精進할것이다。

五、慈悲하난者

第七節 福스럽도다 慈悲하난者는。
故이다 뎌들이慈悲함을밧을。

慈悲라함은 다른대에서 「불상히녁인다」던가或은「矜恤」이라고譯한字인대 (eleos, eleo) 그用例를 차저보면 大概 하나님이 百姓을 불상히녁이신다든가 그리스도가 罪人을矜恤히보신다는等에使用되여 單히 知人親戚에對한同情、人情이라기보다 매우高級의感情을 表示하는대에 使用되엿다 그럼으로 善한사마리아사람가치(路加十章三十七節)前에親面이업섯던過客에不過할뿐더러 因習上으로敵對視하는 觀念도抱持한處地이면서도 그當한慘景을目睹하고서는 惻隱之心에 견대지 몯하야 自己의利害도 생각할겯을이업시 介抱하여주엇을때 그런때에 이「慈悲란字가 使用되엿다 其他 類似한例를 들면馬太九章二十七節 馬可五章第十九節에「불상히녁이소서」한것과 羅馬九章十五、十六十八節 갈나듸아六章十六節 되모데前一章二節等에「矜恤」히라고譯한것은 모다同一한字다。

字義에依하야 明白한것처럼 慈悲하다함은 하

慈悲하난者

나님이 世上을 불상히녁이시사 그拒逆함에 怒發하시기보다 오히려 그獨生子를 보내사 十字架에까지 걸으심으로써 世上을救援하시는心事와가치 또는 그리스도가 世上의 疾苦와 患難과貧困까지도 自身에背負하고 返逆하는弟子와 嘲弄하는群衆까지도 그罪를 內心에赦하엿을뿐더러十字架上에서도 뎌들을爲하야 눈물노써祈禱하시는 그마암을 가진者를 稱함이다。信徒는 小하거나 大하거나 다 그리스도의 발자최를 따르는者요 또 그와가튼性品이流傳되엿슬것이다。 뎌들은하나님肖像이오 그리스도의生命을接부친者들인故로 그럼으로 뎌들의게는 그리스도와가치「사랑의苦痛」이업지못하다。世上에 잇는날까지 눈물이말을수업고 生存競爭이激烈한中에서는 劣敗의地位에處하게되는것이 뎌들의性質이다。

이런者들을向하야「福스럽도다」라고祝福한것이다 果然 慈悲한者는福스러운가。如何히? 「뎌들이慈悲함을 밧을 것임으로」 福스러운 것이다。慈悲함을 받는다함은、現世에서도 仁慈함으로써 사람을對하는者는 仁厚하게 對接밧는것을 볼수잇고、또詩人은「내가 前에 젊다가 只今늙엇으나 義人을 바리신것과 義人의子孫이 빌어먹난것을 모지못하엿노라。終日토록 矜恤히 녁이고 사람의게 꾸이나 그子孫이 福을밧난도다。」(第三十七篇二十五、六節)하엿다。

그러나 現著하게、慈悲하난者가 慈悲함을 밧는것은 來世의일이다。「사람이 한번죽고 그後에審判받는것은 定하신것이다」(히브리九〇二十七)。이것은 特殊한宗敎信徒나 精神病者의幻想이아니다。詩聖단테의想像을 待할것도업시 英國의大宰相 글랫스톤은 그臨終의席에서「그리스도가 萬物을 自己게服從케하난能力으로 우리 賤한몸을 變하게하사 自己 榮華로우신 몸과갓게 하시리라」(빌닙보三〇二十一)는句에接하야 겨우安心을 언얻다하며 正直한 博士존슨은 臨終할때까지 死後審判을 恐怖하엿다한다。이는 다覺醒한靈魂의 眞實한 體驗이엿다。

死後審判이 不可避할것이라하면 審判庭에서는者는 二途의一을擇하여야 할것이다。完全無缺하야 一點의汚穢도업거나 不然하면 罪의몸 그대로가서 審判者의矜恤을 待하는수박게업다。그러나 義로써 하나님의審判에應할者가 누구일가。聖書는明言한다。「主의 종을 判斷하지마옵소서 大概산者中에 主앞헤 義롭다하심을 얻을사람이 한아도 업삽나이다」(詩百四十三篇二節) 또「義人이업나니 한사람도 업나니라」(羅三章十節)고。故로審判받는者의 最善의途는「審判을 이기고 자랑하는矜恤」(야고보第二章十三節)에依支하는것이 第一有利한 길이오 또한不可避할 方途이다。

이劍과 가튼義의審判과 그審判을 이기는矜恤과의關係에對하야 하나님의性格을 깊히알것은大端重大한問題다。이重大問題解得의鍵은 자조말하는바와如히 그리스도의 性格을 알고 그言行을 배우는것이 곳 하나님을 알게되는 길이다。

남을 평論치말나 또한너히가 평론을 보지아닐것이오……남을 容恕하라 또한 너히가容恕함을 볼거시오 남의게주라 또한 너히게줄것이니 꾹큰말노 누르고 흔들어 밧기 넘치도록 너히게 안겨주리라。대개너히가 남을헤아리난 헤아림으로써 너도헤아림을 도로 밧을것이니라。

는것이(路六章三十七、八節) 예수의 敎訓이엿고 또譬諭로써 銀十斤을 종 열명의게分配하야 장사하라하엿던 貴人이 銀 한근으로써 十斤 五斤式 남긴 종들은「착한종이여」하야 稱讚하고「主人의銀 한斤이 여기 잇으니 내가手巾으로 싸두엇나이다。大概 내가主人을 무서워하난것은 嚴한사람이라 두지아닌것을 取하고 심으지아닌것을 거둠이니다」할때에 主人은「널아대 惡한종아 내가 네말노 너를審判하노라」고가라치섯다(路加十九章十一―二十六節)。또詩人은 靈界의消息을傳하야 말하기를

불상히 녁이난者의게는 主께서 불상히녁임으로 보이시고 完全한者의게는 完全함으로 보이시나니라。

고(第十八篇二十五節)。이것은 現世의通則인同時에特히 來世의公道ㅣ다。「慈悲하난者는 慈悲함을받을것이니 幸福스럽다」고 그리스도가宣言하심을받을때에 우리는何等躊躇할것이업다。조곰한慈悲가 審判을이긴다한다。이것이福音이아니고 무엇인가

六、見神의幸福

第八節 福스럽도다 心情에 淸潔한者는 뎌들이 하나님을 볼것인故이다

사람의欲望은 限定이업고 또그所願은多種多樣이다。그러나 第一切實한所願은 거의 共通한것을 人類의心底깊흔곧에 抱藏하고잇다。『뎌히가 요셉의 모든말노 아비의게告한대、야곱이 요셉의게서 自己를 마지려 온 수레를보고 그마암이 다시蘇生한지라。이스라엘이 갈아대 足하도다내아달 요셉이 只今까지 살아 잇스니 내가 죽기前에 가보리라』(創四十五〇二十七、八)야곱의게는 그喪失한줄노 알엇던 아달을 만나 본다는것이 最大의欲望이엿다。본後에는 죽더라도遺存이업다는心情이엿다。맛나보고서언뎃케 한다는것이아니다、도와준다거나 도음을 밧자는것도아니다 單只보기만하면 足하다는것이다。子女를가진父母와 사랑하는者를待하는이는 야곱이 그사랑하는 아달맛나보는것으로써 最大의幸福으로 思料한心事에對하야 難解할것이 업습것이다。

「男見한번高麗國에낫어 金剛山을보고지고」하는 것은 中國人의切實한所願의 한아라한다。偉大한天然의景은 그造物主의榮光을 들어내는것임이다 現代에낫다가 간듸氏를맛나보지못함을 깊히遺憾으로 말함을種種들는다。眞理의具現者에對한憧憬일것이다。又況 우리가 萬物相과東海와 그우에 솟아올으는 해와달을創造하신 그이를、眞理의本體인 그이를、맛날수잇다면 엇지그것을所願치안흐며、또그外에무삼遺存이 낢을것일가。果然『主여 아바지(하나님)를 보혀줍소서 그리하면 우리의게足하겟삽나이다』(요한傳十四章八節) 라고한 빌닙의 哀願은全人類의 가장크고切實한所願이엿다 그런데 只今그리스도는 이絕大한所願을人類의欲望圈內에確保하게하시고 또그充足될것을宣言하신것이다。맛당히 눈을씻고 귀를기우려 이말을 應受할것이고 그簡潔한字句中에 실닌바 無量의音信을 汲取할것이다。

마음이淸潔한者가 하나님을볼것이라는 말삼은 詩篇第二十四篇三、四節에도「손이깨긋하고 마암이정결하며……(LXX. katharos te kardia)하얏고 히브리書에는「……거륵지 아니한者는 主를보지

몯하리라」(十二○十四)하엿으니 마음이淸潔하면 하나님을볼수잇다는것은一般이다。

그러나聖書의他部分에는 全然이와反對의말삼이인다。첫재로 사람은 마암이淸潔한者가업고 義人은一人도업다(로마三○十、同五○十二以下)하며。重生하지안코서는 하나님을볼수업고(요한三章三ㅡ七)아직까지하나님을본者가업섯고(요한傳一章十八、요한一書四章十二)또볼수업는것이라(듸모데前六章十六)하엿다。

이두가지兩立할수업는矛盾을解決하기爲하야 原文의字意를詳考할必要가인다。國文譯에는馬太五章第三節과第八節에다가치「마음」에간난한者 或은「마음」에淸潔한者 라고飜譯하엿으나 그「마음」이란字가 第三節에는 pneuma(Spirit)로되엿으니 이것은 하나님과의關係를意味하는것임으로 「心靈」或은單히「靈」이라 譯할것이고 第八節의「마음」은 kardia(heart)인故로 이것은 對人關係或은生來의性格을意味하는것이다。그럼으로「心情」이라譯함이可할것이다。

「心情에淸潔한者」라함은 爲人의心情이邪曲하지안코 虛僞함이업시 罪는罪로 認하고、不義는不義로告白하야單只直道를行함으로써不悔하는者를稱함이다。「淸潔」이란意義를誤解하야 難行苦業으로써 見神의域에達하려하든企計가徒勞이엿음은勿論이다。一週日間에二次以上禁食하고 十一條를바치고曠野나山谷에避하야 世上을斷念한다거나 修道院에入하야禁慾的生涯를 보낸다할지라도 이것으로써 마암이淸潔한것은아니다。바리새敎人과 書記官들은 安息日을嚴守하고(馬太十二章)。食卓에向할때에 爲先손을 씻고(馬太十五章)、一定한場所에서一定한規定대로禮拜하고 뎌들의肉體와 皮膚와毛髮까지도 一點의汚穢함이업서야 主압헤 淸潔한것인줄노알엇다。衣服과飮食物에도 毫毛의汚點을容納치안하엿다。그럼으로 死體를만젓거나、疥癬이잇는者는人前에 나설수업섯다。그러나 예수는 이런 모든儀式과 外的淸潔에用力하는者들을恒常痛擊하야 마지안하섯다。『禍잇을진저 外飾하난書記官과 바리새敎人들이여、잔과 소반의거죽은 깩긋이 하되 그안에는 토색함과不義함으로 가득하게하난도다。소경된 바리새敎人아 잔과 소반의 안을깩긋이하여야 거죽이 또한깩

見神의幸福

하려라』。 또한 『…회칠한무덤가트니 밧그로 보기는 아름다우나 그안에는 죽은사람의 뼈와모든 더러온것이 가득하도다』。(馬太二十三章)하시며 또 『입에 드러가난것은 사람을 더럽게 하지몯하되 입에서 나오난것이 사람을 더럽게하나니라』(馬太十五章十一節、同十二章三十四節、듸모데前四〇四、使徒十〇十四、五節參照) 예수가「淸潔」이라함은 外面的問題가아니다。 모든苦難과 禁欲的生涯를敢行하여、世俗을離絶하고 오로지 하날나라만을觀念하며、食飮衣居가 完全히精潔에近하다할지라도、마음에惡毒이 찰수잇으며、이와反對로 몸은 油臭塵垢에 무치운職工이던지 身分은奴婢使役의賤生일지라도 마음속에淸潔할수 잇는것이다。使徒바울은 일아기를『깨긋한者의게는 모든 이 깨긋하나、더럽고 밋지아니하는者의게는 하나도 깨긋한것이업나니라』(듸도一〇十五節)。或은「淸潔을性的으로純潔함이라解하야 男女童貞의 生涯를보낼것을尊崇하는 見解가잇스나 僧尼가期必코心情이淸潔한것이아니고 그와反對로結婚生活中에서도 만흔淸潔한生涯를볼수잇음은 루터의證明을待하지안코라도 事實

이是認하는것이다。오히려性的關係를不潔로볼때에 거기에 도리혀不潔의素因이發生한것이엿다。그럼으로聖書에는「婚姻을貴히녁이고寢所를더럽다말나」(히브리十三〇四)하엿다。

淸淨潔白하야一點의汚垢도업는完全無缺한心情을 찾을랴면 이는人類에서나사렛예수外에 到底히求할수업는要求다。그러나예수自身은엇던意味로써이「心情에淸潔」을要求하섯는가。예수自身의見解로써 이一句를解하는것이第一捷經이오 또唯一의途가안닐수업다。

예수는 빌닙이다려온나다나엘을보시고『보라 이사람이 참으로이스라엘사람이니 그(마음)속에간사(虛僞)한것이 업도다』(요한傳一章四七節)라고 하셧다。우리朝鮮에缺乏한것이만흐나 그러나 이나다나엘과갈흔人物이間或잇엇다。最近에 온 百姓이 社會葬으로써 그惜別의情을몯내익여하던 두어분들도朝鮮나다나엘이엿다。여들의게缺點과非難이全無한것은아니엿으나 그러나여들은果然「참으로朝鮮사람이니 그속에 간사한것이업는」者들이엿다 여들이困窮을벗삼지아니치몯하엿슴도그心情까닭이엿고 더들이예수의게發見되여 忠實한종노릇할수 잇엇음도 오로지그心情까닭이엿다。

「淸潔」이라함은 마음에 간사한것이업고 單純率直한것을 稱함인줄알것이다。논에 피가 나면 雜草요、피받헤 벼가서도亦是雜草임을免치몯한다 單一한것은淸潔한것이오 雜種이混合한것은 不潔한것이다。慈善에名譽欲이混雜함이업스면 淸潔한것이오 正義를行함에 黨派心이混雜됨이 업스면 淸潔한것이오 사랑에 거즛이混雜함이업스면 淸潔하다할것이다(羅馬十二〇八、九節)

이와갓치 마암에姦邪한것이업고 單純潔白한者는 하나님을 볼것이라한다。人生의至高最大의欲求인「見神」의條件으로써 儀式嚴守도아니요 難行苦業도아니오 諸般外的施設도아니오 哲學硏究도 아니오 聖餐洗禮도아니오 敎會入參도아니오 오직 心情이無邪潔白한것을 擧하엿음은、얼마나 반가운消息인가。

南洋熱帶地方에生長한土人의게 降雪을說明하려함은 至極히困難事라하니 經驗에업던일인故이다。거즛말쟁이가「眞實」을 認識하지몯함은 「眞實」이 더의게缺如함인것처럼 敬虔치몯한者는 至極히거륵한하나님을 볼수업는것이다。(히브리十二〇十四) 그러나 마암이單潔한者의게는 하나님이 보힌다。

이에 하나님을 본다함은 勿論 肉眼으로서본다거나 熱狂的信徒가 非夢似夢間에空中에 異像을認한다는等을 稱함은아니다。「아직까지 하나님을 본者가업섯고」 또「사람이 보지몯하엿고 또 볼수업는자시다」。마는 우리의 心眼으로써 하나님의 보내신 그獨生子예수그리스도를 보고『나를본사람은 아바지를본것이라』하며『내가곳길이오 眞理오 生命이니 나로 말매암지아니하면 아바지께로올사람이업스리라』(요한傳十四〇一—十一節)는 뜻을 깨달ㅅ고 우리의 마암이淸潔하여지고 하나님의 빗치빗췸을 따라「예수그리스도의 얼골에나타난 하나님의 榮光을 아난대」(고린도后四〇六節) 至하야 하나님은 怒여워하며 嚴酷한神이아니시고 罰하시기를 더대하시고 祝福하시기를 즐겨하시며 燔祭보다 謙卑한靈魂을 귀히녁이시며 眞實하시고 全能하시사 그말삼에 成就되지 안홈이업스시고 慈悲하신 압바 아바지되시는것을 앎에 니아가는것이 우리肉身에居할동안에 하나님을보는것이다。그리하다가어느날 우리의모든罪가全혀 씻김을밧고 보담더完全한 몸을입을때에『그얼골을볼터인대 主의일홈도더히이마에잇을것이오』(默二十二章四節)또『우리가이제 거울속으로보난것 같히 히미하나 그때에는 얼골을 對하야서로 볼것이오 내가 이제 아난것이 온전치몯하나 그때에는 主께서 나를 아신것가치 온전히알니라』(고린도前十三章十二節)는 完全한知識과親密한交通에드러갈것이다。

『聖書朝鮮』은 무엇인가?

聖書朝鮮이 一九二七年七月에創刊된爾來 時日로四個星霜을지낫고 誌數로第二十五號에及하엿다。朝鮮을向하야웨친것이엇것만 朝鮮은 이것을不問에附하엿다。—間或世上의好事者가 이것을是非하고論難함이全無하지는안엇으나。

近來에至하야 親愛한兄弟들노부터 聖書朝鮮의使命、態度、經營方針等에關하야至誠스러운忠告과 質疑를試하는니가種種잇게되엿다 各人各樣으로뭇는것이나 綜合하면「大體聖書朝鮮은무엇인가?」하는것이다。이에對하야一一히信書로써對答하기어려움으로 此機에한써번에對答하여두고저한다。

他國、別時代는몰으거니와 朝鮮의現在에잇엇어基督敎雜誌라하면 첫재로神學校、敎會敎派의機關誌거나 直接間接으로西洋宣敎師와關係된것이大多數인데 聖書朝鮮은 그러치안하니慣例에익숙은눈으로보기에 매우서틀을것이오。둘재로一黨一派의雄으로自任하고선다면가 或은天來의使命을內外에宣布하고 熱熱하게썰치고나선다면 此亦是朝鮮에서볼수잇는것이넛가 그存立할것이問題업슬것이다。그런대聖書朝鮮은 이것도아니요 저게도屬하지안하잇다。이것이知人間에도 讀者中에도 質疑가生起는点일것이다。아모런方程式에도符合하지안하니處置에困難할것이다

回顧하건대 四年前에「聖書朝鮮」이創刊될때에는 同志六人의合作으로써되엿다。現代敎育을 밧으면밧을사록 基督敎信仰과는背馳되여 가젓던信仰까지도 消失하는法이라는學窓의生活에서 가젓던者는 머곳어젓고 못가젓던者도新生의깁븜을 늣기게되엿을때에 이편에는如此한事實도 잇섯다는것을看證하랴는것이 뎌들의게共通한主要動機의한아이엿을것이고 날노荒凉하여가는朝鮮百姓의게各自가經驗한바重生의歡喜를分配하고저하는所願도 全無하지는안하엿다。그러나 이러한動機와所願은 잘하엿거나 못하엿거나 創刊以後로號를거듭하여發表되엿으니只今返復할바가아니다。

昨一九三〇年四月에至하야 學窓의單純한生活을써나게된同人들은前과一樣한步調로合力하기어렵게되엿음으로 同人은解體되고「聖書朝鮮」은一段廢刊되엿섯다。그때에余輩가 이廢刊된「聖書朝鮮」을單獨責任으로發刊하여왓으니 現今에『聖書朝鮮은 무엇인가?』하는質疑에對하야는余輩單獨히 對答하는것이다。前身聖書朝鮮同人의一人인余輩가繼續하는일임으로 現今의聖書朝鮮에도 前과共通한主旨가잇음은事實이다。例之 나래는罪人을材料로取하야 하나님이役事하신實驗錄을記載하야 이것을兄弟의게看證하려함은 前과一般이다。또誌面을 讀者와一般平信徒의게公開하기로하엿으니 그執筆者中에前日의同志들이 잇게됨도自然한事勢다。

그러나 今日의『聖書朝鮮은 무엇이냐?』함은「너는누구냐?」고뭇는것과相距가멀지안타。明日은알수업거니와 今日까지의나는 特殊한「使命」에 선者가아니다。나의게偉大한使命이잇을것을夢想하기보다도 나는狂人이안넌가? 나의神經系統과 品性과血骨은 다通常(Normal)의것인가。凡庸은되는가하고 스사로뭇는데에沒頭한것이 나의現實이다。如斯한形便인余輩를向하야 傳道의使命을明快히宣揚하고서 確信을가지고나서라고慫慂함은 그友誼의厚함을謝하거니와 余輩를過度한擴大鏡으로보왓다는것을指摘하지안할수업다。

余輩는所謂「傳道者」가아니다。神學校에서養成된者도아니오 總會나監督의任命을밧엇을니가업섯을것은勿論 特殊한經驗으로써 傳道者로서의使命을自任하는者도아니다。單只一個平信徒일것뿐이다。

余輩는爭鬪를不好할뿐인가 오히려大端히卑怯한者다。眞을眞이라하기爲하야 不得已非를非라고斷하지아니치못할때에도 余輩의더진實彈은敵의皮毛도傷치못한듯이보힘에返하야 敵의虛彈은오히려余輩의肝膽을寒케하는形便이다。어느点으로보던지 余輩는 近代에流行하는「鬪士」가아닌것은明白하다。이런怯者를붓잡고서 훨적벗고나서싸위라면가「大膽히 朝鮮에잇서어旣成敎會機關을써나서하는傳道의使命을가지고나오는것인가」라고뭇는것은 무삼錯誤에起因함일가。怯者오직惶恐할것뿐이다。

余輩는無學한者다。組織이整然한神學을要求하는니는 機關이完備하고 俊才碩學이所長을發輝하는神學校機關紙에 이것을찾을것이다 余輩는通常人間以上의靈的體驗을所持한것이全無하다。그럼으로 基督敎의第三轉期가到來하엿다고 黎明의警鍾을亂打하는銳敏한炬眼도가지지못하엿고 靈界의尖端을行하야 前人未踏의處女地를新開拓할만한靈界天才의氣品도 가진것이업다。余輩가 이처럼特殊한使命에선者도아니요 傳道者도아니오 鬪士도아니오 最新의神學說이나새로운敎理를唱道하는者도아니니 余輩의主幹하는「聖書朝鮮」이 余輩以上의것이아닐것도當然한일이다。即右에列記한要素의 하나도못가진雜誌다。

그러고야雜誌가 무슨雜誌ㅣㄴ가?고 他人이말하기前에 余輩스스로가 뭇는다。이에對한自答은아래와갓다。

余輩는 예수를 그리스도로 믿는 單只一個平信徒다。大旨가무엇인지 小旨가 무엇인지 主日工課冊은 엇더케된것인지 生命錄이란 무윗인지도 아지못하는 不足한平信徒다。敎會規例도不辨하며 朝鮮內의各敎派分封도不知한다。勿論牧會法을 배왓을이가업고 說敎學을 읽엇을수가업다。다만 내가 그리스도를믿고 나의家族과 少數의兄弟가來參함이잇을때에「當然하고 떳떳한道理를 그것까지도 몰으는者의게 나의 아는대로」傳授한다。그자리에參席하기를願하면서도 境遇가不許하는 少數의兄弟가 隔地에잇다。그少數者의게 우리의들은대로말한대로를 傳하기爲하야「聖書朝鮮」은 發刊된다。남은것이잇으면 他에도配付하려니와。그럼으로「雜誌란것은 如此如此한使命感을가지고 如是如是한態度、背景、文飾、反響等等……이具備하고라야 하는것이라」고主張하는니가 잇으면 余輩는 順順하게讓步한다。「聖書朝鮮은 雜誌아니라」고。印刷한 편지라고하여도조코「아모것도아닌것이라」고하여도無妨하다。

그러나 特殊한天來의使命에도 서지안코 神學校나監督의 資格認定도 밧은것이 업다하야 家族의게 聖書敎授할수도업고「떳떳한道理를 그것까지도 몰으는者의게 傳하는것」을 是非한다면 거기에는 異議가 介在하다。余輩는 新奇한것을提唱하려고 안한다 적어도 二千年間 試驗된 陳腐한것이나 그러나 元亨利貞의道를 그것도不知하는이의게 傳하려한다。(故로 有識한니 非常한體驗의所持者 新奇한主張을要求하는이는 所得이업슬것이다)。마치休暇를利用하야 文字普及에協力하는中學生에不過한것이다。大家를自任하려는것이아니다。一千七百萬의 文盲을對하야 自己아는 마치傳授하려는 卑近한所願뿐이다。그러나 卑近하다고 無意味한것은 아니다。偉大한軍人이오政治家이엿던 크롬웰은 愛蘭駐劄軍司令官

聖書朝鮮은 무엇인가?

을任命할랴고 라드로ㅣ氏를 密室에請招하여다가 地上에 하나님의攝理가 成就되여지는것、特히「第百十篇의詩篇에對하야 거의一時間이나 말하엿다」한다。將軍이聖書로써部下를指導하엿을때에 며는偉大한將軍이엿다。一國의宰相이聖書에依하야施政하엿을때에 며는最大의政治家가 된것이엿다。

一戶의家長이 그러코、一級의 ᄀ、ᄀ、며、友人과友人이그 라며가聖書를 알어야하며 聖書로써 서로가르켜야할것은 當然한일일것뿐이다。

聖書朝鮮과 수대集會는 主張보다 研究를爲主한다。復興會에보는興奮한狀態와 法悅의境에서如狂如醉한態度는 우리의取하는바아니다。砂飯과가를지라도學究를爲始하고 不足할지라도研究의結果를실어보내려한다。歷史와自然과 基督敎的思想 ᄒ알고ᄋ하나、그보다도聖書本文의 研究와註解에 專力을傾注하야、不足하나마、아는대로의 聖書知識을 提供하고저한다。 그러나아모리說明한다할지라도 聖書朝鮮이무엇인것은 뭇기보다 보는것이第一速히알것이다。

요한이弟子를보내여 엿자와갈오대「맛당히오실니가先生님이오닛가」하엿을때에 예수는對答하시기를「너히가 가서 듯고 보는것으로 요한의게告하라」하엿다。聖書朝鮮이무엇인것을 只今余輩가아모리充足하게說解한다하며라도 그것은「듯고보는事實」의 百分之一도 다하지못할것이다。聖書朝鮮이 무삼使命을가젓는가 善을行하는가惡을行하는가 價値잇는것인가업는것인가에對하야는 現在와또將來의 聖書朝鮮自體에 就하야 보고 判斷하라。

城西通信　二四

一九三〇年十二月十四日(日曜)午后降雪。午前集會에 山上垂訓第十講(五章十七——二十節)畢會後에學校에 갓다가 期待하는곳에는四週日채 못보던사람을 期待할수업는곳에잇옴을보고 놀냇다。

〇今日 第二十四號原稿檢閱濟의通知를接하다。十一日提出한것이十三日附로許可되엿으니二日間에된심이다。이처럼速하기는 本誌가檢閱出版된以來로 첫일이엿다。

二十一日(日曜)今日은梧柳洞應谷에遠足禮拜。約束대로 午前九時三十分에 두어兄弟와함ᄭᅴ 鷺梁津에會合하야 徒步로應谷ᄭᅡ지。畧二時間途程。正午부터禮拜。馬太福音 第五章二十一——二十六節을工夫하고 感話를交換하다。午后四時에應谷을떠나 鷺梁津ᄭᅡ지徒步。孝昌園을넘으면서 十字形의白鳥座와銀河를相隔한牽牛織女에同情하며 恒居한北極을指点할동안 活人洞에歸着하니 午后七時 參宿이바야흐로 孝昌園松林우에 솟은때엿다。

二十三日(火)午后二時에印刷所에就하야 夜業하는職工과함ᄭᅴ 夜九時ᄭᅡ지校正하다。다못한것을携帶하야 새로한時ᄭᅡ지繼續校正。翌朝ᄭᅡ지에初準을畢하야보내고 午后다시印刷所에서再準。午后四時三十分에 第二十四號校正을畢하다。

二十五日(木曜)晴。크리스마스아참。네時三十分에ᄭᅢ니 聖誕讚頌隊가 門前에當到하엿다。

우리救主 나신날
牧者 榮光볼때에

天使 찬미하기를
예수 果然나섯네。

× × ×

우리님군 우리主 사람마다 절하세
예수그리스도 우리主
벳레헴에나섯네。

歌曲도조커니와歌詞가더욱조타。基督者의게 缺点短處도 만흘것이다。마는 이노래붇으는동안은 다天使다。土露山에 올나가니 東天 孝昌園松林우에는 金星이 바야흐로솟아올넛고 中天을지난곳에 火星과 木星이 燦爛하게 비치고잇다。小犬、双子는西天에、獅子가南天、大熊이北天、乙女、牧夫가 東天에서各其 寶座의榮光을 도읍는다。詩篇第十九篇은 이날아참에 나의詩가되엿다 孔德里、杏花亭、桃花洞、東幕에서 찬양소래 서로呼應하니

집브다 救主오섯네 萬百姓 마즈라。
온敎會 찬송부르니 그소래 놉도다。
救世主 다사리시니 다讚美하여라。
쌍우에잇난 萬物도、다 順從하도다。

라는 그대로의 光景이엿다。特히監獄담장밋헤서 高唱하는一團의曲調는 마암을鼓動케함이 만핫다。며罪人다뭇니고 내罪의鐵鎖 다끈허지는날! 아아待望할가나 그날

○今日午前에 宣川으로부터楊仁性君이 上京하고 宋兄도 午前中來社。午后에宋兄과 함씌 若干禮物을가지고 市內樂園病院張禮世氏를訪하야 於間好意에對한謝禮를述하다

二十八日(日曜)今年最後의集會。山上垂訓第十二回로五章二十七——三十二節을講하다 翌二十九日聖朝第二十四號發送及市內書店配達。一九三〇年度의社務는畢하엿다 出發한쌔와到着한쌔 생각하면一年間거른것이 다 奇異한것뿐이다。

○聖書朝鮮에對하야 間或그創刊號부터 要求하는讀者가잇다。或은그擴張充實을註文하는兄弟도잇다。그러나 現在의形便으로는그 註文에 다應할수업다。다만 今年正月號부터 紙質을 좀더改善하엿고 今二月號부터 一行에二十三字二十行式으로 改組하엿다。이러케함으로써 前보다畧三千餘字를增加하엿으니 二十字十八行으로組編하엿을쌔에比하면 略四頁半을增加한것이다。當分間은이만한程度로써 견델수박게업는 形便인것을 讀者諸兄도 諒察하여주시기바람니다。

集會案內

時、每日曜日 午前十時브터
十二時頃까지
所、市外孔德里活人洞一三〇本社
【注意】 舊新約聖書와讚頌歌를持參하시오
二月一日 京城聖書研究會

本誌定價(送料共)

一 冊	十五錢
六 冊(半年分先金)	八十錢
十二冊(一個年分先金)	一、五〇錢

昭和六年一月廿七日 印刷
昭和六年一月廿九日 發行

編輯發行兼印刷人 金 敎 臣
京城府外龍江面孔德里一三〇

印刷所 基督敎彰文社
京城府西大門町二丁目一三九

發行所 聖書朝鮮社
京城府外龍江面孔德里活人洞一三〇ノ三
振替口座京城一六五九四

『聖書朝鮮』第二十五號　昭和六年二月一日發行（毎月一回一日發行）

（定價十五錢）

昭和五年一月二十八日(第三種郵便物認可)
昭和六年三月一日發行(每月一回一日發行)

聖書朝鮮

第二十六號

一九三一年 三月一日發行

目次

京城 聖書朝鮮社 發行

山上垂訓研究

金敎臣

七、平和의福音

第九節　福스럽도다　和睦케하난者는。故이다　하나님의아달이라닐칼을。

鬪爭또反抗。現代思潮에가장큰威力을가지고潛流하는것은　이爭鬪性이다。爭鬪를즐기는者　뎌는勇士오　義人이오　新進이오　先覺者다。온갓社會의讚揚은　뎌히게도라가게된다。그럼으로　先日에는　鄕關을떠나　修學하는者의게　錦衣歸鄕하라는것이最大의祝辭엿다。그러나近日은若何한고　勿驚하라　中等學校入學受驗으로上京한學童끼리　飛檄을돌니여曰「君이여　無産者의鬪士一人이增加할것을祝賀하노라」고。온世界와함께　우리朝鮮에서도鬪爭과反抗은　가장興味잇는問題의中心이되엿다。子女가父母께　弟子가先生께反逆하야快哉를부르고　勞働者는資本主의게　社員은重役의게　平民은貴族의게　弱少民族은强大國家의게　各其反抗과또鬪爭이다。鬪爭함은곳眞理를爲함인줄알고　反抗함은곳正義를爲함인줄안다。破壞한後에　무엇을建設한다는成算은업스면서도그래도破壞하라　鬪爭하라하고太鼓前進하라는것이現代人의胸裏에潛流하는막을수업는潮流다。思潮는墨西哥灣流보다도　더벳차게흘너간다。

이런世代에處하야　平和를云云하는것처럼時代를不辨하는일이업슬것이다。特히朝鮮사람으로서그러하다。그러나聖書를正直하게閱讀할때에　聖書全體가平和를主唱하는事實을否認할수업다。첫재로하나님은「平和의神」이라한다(羅馬十五・三十三、同十六・二十、고린도后十三・十一、빌닙보四・九)。또하나님은混沌을　즐기시지아니하시고秩序整然하여지는것을보시고　滿足하여하셧다(創一・四、十、十二、十八、二十一、三十一節)大概하나님은混亂한일의　하나님이아니시오　和平한일의　하나님이시다(고린도前十四・三三)『羊의　큰牧者되신　우리主예수를　永遠한言約의피로　죽은가온대서　잇끌어내신　平康을주시는하나님』(히브리十三・二十)이시다。뎌가怒發하시는일이全無한것은아니나　그것은千萬不得已한때의일이오　또한괴로운일이엿다　戰爭과爭鬪를꺼려하시고　拒逆하엿든者라도　自己와和睦케하랴고하실때에(골노새一・二十節)가장　하나

넘다운性格이流露되섯다。 또한그子女가 그아바지께肖似할것은勿論이다。

和睦케하난者라함은eirenopoios, peace-maker, 即「平和를作出하는者」或은「施平和者」等의意味가잇다 個人或은團體 國家間에 分爭이發生하엿을때에 一刻이라도速히 本來의平和에復舊하도록 調停、仲裁의勢를取하는것도 勿論「和睦케하난者」다。 그러나 平和가分裂된後에調停하는것으로만은 完全한平和를享有할수업다。 眞實하게平和를希求하는者는 오히려一步를更進하야 온갓心勞를무릅쓰면서라도不和의根源을未然에防止하도록盡力하지아니치몯할것이다。 分爭을調停하고 不和의根源을未然에 防止하는일이라하면 넘어도平凡하야 每日各自가隣人사히엣어行하고잇는일인것처럼思惟하기쉽다。 마는 分爭의根源이私慾에搬據한것이고 個人과國家나團體가各自의利權을擁護하야 自我를主張할때에 平和를招來케함은 그처럼容易한일이아니다。 多大한損失과侮辱을自負함이업시는 招來할바가아니다。 自己를犧牲으로提供하야 예수와가치 自己를爲하야어는全然無能한者가되여、

二

「뎌가 다른사람은 救援하엿으되 自己몸은救援하지몯하난도다」라는(마가第十五章三十一節) 嘲弄을밧고 大概그리스도께서 自己를 깃브게하지아니하신것과(羅馬十五章三節)가치 完全히自我를抛棄하야世上에서는 非社交的、隱遁者、卑怯者、劣敗者로稱하는者、 그를稱하야 그리스도는 하나님의아달이라닐칼을것이라한다。

和睦케하난者 施平和者를 그리스도는祝福하섯다。個人이던지 團體로서든지 國際間이던지分爭하기보다 和睦하는것을 하나님은 즐겨하신다。於間에잇엇어鬪爭을調停하고 不和를防止하는者도祝福받을것이다。 그러나 이에和睦케한다함은特히모든平和中의根本的平和인 하나님과사람사히의平和를圖謀하는者로解할것이다。 하나님과和睦하지몯한靈魂의게 참된平和가잇을수업는것이고 따랏어하나님과平和치몯한社會나國際間에 眞正한和睦이생길수업는것이다。 그럼으로 그리스도의生涯는 地上에서和睦케하는者의生涯엿을뿐더러 特히悖逆한人間과하나님사히의仲保者로서의生涯엿다。

大概아바지께서 깁버하사 모든充滿함을 뎌의

안에 居하게하시고 뎌의十字架의피로 和平함을 일우사 萬物노하여곰 하날에잇난것이나따에잇난것이나 다 뎌를힘닙어 自己와和睦케하신지라。너희가前에 惡한行實노 멀니떠나、마암으로 怨讐가되엿더니 이제는 그리스도의肉體의 죽음을因하야 너희를自己와和睦케하엿으니 이는거륵하고 흠업고 책망할것이업난者로 그앏헤 세우고저하심이라

하며(골노새第一章十九—二十二節)。 또한

더욱됴흔許諾으로 세우신 더욱됴흔言約의仲保가 되심이라

하며(히브리八章六節、同九章十五節)。「그때에너희는 그리스도업시살엇고 이스라엘나라 밧게사람이라。그 許諾하신 여러言約에對하야 外人이오 世上에處하야 所望이업고 또하나님도업섯더니 이제는 그리스도예수안에잇은즉 前에멀니잇던너희가 그리스도의피로갓가와젓난지라。 그리스도는 우리의和平이되여 둘노하나을만드사 中間에막힌 담을허시고 自己肉體로써 둘이怨讐되엿던것을 폐하시니 곳前例로나려오난誡命의律法이라。 이둘노 自己의 안에서 한새사람을 지여 和平하게 하시고 또十字架로써 둘을聯合하야 한몸을만드사 하나님으로더브러 和睦하게하랴하사 원수된것을 그十字架로 消滅하시고 또오서서 福音을傳하사 너희먼대사람과 갓가온대 사람의게和平함을 베프신지라」(에베소第二章十二—十七節)。果然뎌로말매암아 全人類가 하나님아바지의품에 다시들게되엿고 뎌로말미암아 온宇宙萬物이 完全한平和의實現을엇게되엿다。

使徒바울의傳道란것은 곳 이 하나님과사람사히의平和를圖謀하는일이엿다。

여러분이여 엇지이러한일을하나냐 우리도너희와性情은 같흔사람이라。福音을傳하야주는것은 이런망영된일을바리고 天地와 바다와 그가운대잇난萬物을 지으신 살아계신하나님께로도라오라함이라

하며(使徒十四章十五節)

모든것이 하나님을 말매암아잇나니 뎌가그리스도로써 우리를저와 和睦하게하시고 또和睦하게하난職責을 우리게 주셧으니 이는하나님

께서 그리스도안에 게시사 世上을 저와和睦하게하시며 뎌히게罪를 돌니지아니하시고 和睦하게하난말삼을 우리게附托하섯나니라。이렴으로 우리가 그리스도의使臣이되여 하나님께서親히勸하시난것가치 우리로 너히를勸하게하시니 우리가 그리스도를代身하야 너히가하나님과和睦하기를懇求하노라。

고(고린도后五章十八二十節)이와가치하야 自身은「侮辱을當하고 바림을받으면서」도 唯一無二의平和를到來케하는者를「하나님의 아달이라닐칼을것이라」한다 닐칼은다함은 單只稱號를부친다는것이아니라 實際的으로 하나님의子女로 計算한다는것이하。利權을主張하야爭鬪함은 人間的이오또惡魔의所行이다。自己를犧牲하야 和睦을圖謀함은하나님의心性이다。하나나님이平和의神이시고 예수가「平和의王」이시다。基督者가 또한 맏당히「힘잇난대로 뭇사람으로더브러和睦할것이오」(羅十二·十八) 特히하나님과의平和에힘써 이사야의「아름답도다福音을가지고山을넘어오난者의발이여和平을傳播하며福된消息을傳播하며(五十二章七及羅十·十五)의祝福을받을것이다

四

八、正義의勝捷

第十節、福스럽도다 逼迫을밧난者는 義를爲하야。
故이다 뎌히것인 天國은。

十一、나를爲하야 너히를욕하고 逼迫하고 모든惡하다하는 거즛말노 誹謗하면 너히게 福이잇나니。

十二、깁버하고 즐거워하라 너히가 하날에서賞밧을것이 크리라。너히前에잇던 先知者를 이가치 逼迫 하엿나니라。

眞을 말하고 義를行할것은 온 世上이認證하는것이오 또要求하는바이다。暗黑과 權謀術策과 橫暴強壓을排하고 光明한中에서 公明正大한道理가施行되기爲하야 古來의施政者와 敎育家와 또한宗敎家가 努力하여왓다。現世로하여곰 幾分間이라도善을行하기에便易한곳이되도록 하랴는것은 虞翁의政治的理想이엿다。『萬一너히가 熱心으로 善을行하면 누가 너히를害하리오』(彼前第三章十三節) 란것은 人類社會의 基盤되는 信念이아닐수업다。그럼으로 바울도 말하엿다。「대개 權勢잇난者는善行하난者를 두렵게함이아니라。오직惡行하난者를두렵게하나니 네가 權勢잇난者를 두

려워하지아니하랴나냐 善을行하라 그리한즉 그의게稱讚을 얻으리라」고。(羅馬第十三章三節) 그러나 現實은 往往이槪念을無視하고야만다。孔子가 見義不爲無勇也라고함에는 그럴理由가잇얻던것이다 萬一事實上 熱心으로善을行하는者를害하지안코權勢잇는者가稱讚한다면 義를行하는대에 勇氣를要할것이 무엇일가。善을行하야 害를밧고 義를行하야 逼迫을當하는故로 이것을行하랴는者의게勇氣가必要한것이다。生物進化의證跡은 넘어도完然하야到底히消滅할수업는事實이다 마는 이事實을 처음으로闡明한者가 社會의稱讚을밧지몯하엿을뿐더러 今日까지도 그學徒가 文明國內에서 基督敎會의逼迫을 甘受치아니치몯한다。따은平面으로된것이고 그우에太陽이東出西沒하는것인줄노 알고잇는온世上의愚昧한者中에 따이球體로생긴것이고 그球體가太陽의周圍로運動하는것인줄看破한者의生命은자못安全치몯하엿다。墨을黑이라하고 雪을白이라함에도 勇氣를要하는暗黑한世上이다。하물며 奴隸를解放하는것으로써 人道를세우려하던 링컨이天壽를 마치지몯하엿음과 以臣戊君을排하고 不使二君의氣品을가젓던鄭夢周先生의 넉시가 善竹橋畔에서飛散하엿음이야 무삼疑訝를挿할바가 잇으랴。世上은依然히 惡과 暗黑이支配하는곳이다。空中의權勢잡은者(에베소二章二節)가跋扈하는 場所다。무릇 참(眞)된것과 善한것과 義로운것이 이世上에容納되지몯함은當然한일이다。

孤兒를同情하며 寡婦를爲하야辯護함은 世上의 好感을사는所以가아니다。壓制當한者와가치울고 抑鬱한일當한者와함께憤慨함은 强者의怒氣에觸하는 理由가된다。特히 義의하나님 모세의하나님과함끠섯어 絶對의義를行하려할때에 現代二十世紀에도 바로의軍勢는 依然히追擊한다。

무릇 그리스도 예수안에서 하나님을 공경하면서 살고저하난者는 逼迫을 받으리라。

하엿다(듸모데后三章十二節)。海岸의松林이 風向에順하야 姿態를定하고 沙丘의維草가 水分을얻으려고 長根을發하는것처럼 時에從하고 處에化하야 所謂中庸之道 君子의德을세우려는程度의善行이면 몰으거니와、暗黑과光明이 다른것처럼、하날이높고 따이낮은것처럼、確然하고鮮明하게 正義로써

서고저하는者는 逼迫은覺悟하여야할것이며 地上의幸福은 斷念하여야할것이다。

우리가 하나님나라에 드러가랴면 여러가지患難을 겪거야 할것이라。

하며(使十四章二十二節) 또한

大槪우리로 이患難을 當하게 세우신줄을 너히도알니라

하엿다(데살노니가前三章三節)。 이와가치 現世의幸福을 度外에두고 逼害를覺悟하면서라도 絶對의義를向하야突進하는者를向하야 主의第八回의祝福이宣言되엿다。

天國은 뎌히것임이라

고。亦是이것도 現在動詞다(五章第三節註解叅照) 即 天國은 안으로心靈에 가난한者 絶對的謙卑한者의것이오 또한 박그로逼迫을當하야「내몸에 예수의印친 흔적을 지고가는者」(갈나듸아六章十七節)의것이라한다。베드로도 가튼뜻으로勸勉하엿다。

그러나 義를爲하야 고생을 받으면 福이잇나니 사람이 두렵게하난것을 두려워말며 搖動치말라。

고(前三章十四節)。心靈에 完全히謙卑하야 內的準備가되고 正義를行하야 外的患難으로써 煉鍛을낫코 煉鍛이希望을 나흔者(羅五章三—五節)의게는 只今現在에天國이 뎌히것이오 뎌히는발서天國市民이된것이라한다。

以上第十節까지에 그리스도는 八回의祝福中에서 참된幸福이란 무엇이며 天國市民될資格、即眞正한基督者란 如何한것인가를 明示하섯다。曰內心에窮乏을痛感하고 罪를哀痛하며 溫柔하야强暴하지안흐며 義에飢渴하고 心情에詭譎이업스며和睦을圖謀하면서 世上에서逼迫밧는者가 참말幸福스러운者요 天國의市民이라한것이다。

第十一、二節은 特히基督信徒에限한 迫害와幸福에關한敎訓을添加하섯다。

正義에는逼迫이 附帶한것이다。그보다도더하야基督者의게는 迫害와患難이不離한다。스데반으로부터 바울 베드로할것업시 初代敎會의使徒와 一般信徒로써 殘酷한殉敎의死를當한者는 每擧키어려울뿐이며 其後부터改革以後에 信徒의逼迫은一段更新하여젓고 各國各民族에 그리스도의사랑을

傳할때마다 各其百姓들은 百千의殉敎者의피로써 그十字架를 마주지아니함이업섯다。朝鮮도勿論그例에 빠질수업다。그뿐인가 現今도 그程度의差는잇다할지라도 二性質노는 初代基督者의게加하든것과 同樣의逼迫을 信徒들께加하고잇다。그理由는 單純하다。「나를爲하야」서다。그리스도의일홈緣故다。「基督者인外에는 是非할點이업다」한다 他에何等缺陷이업슬지라도 基督이라는 일홈 그것까닭에 嘲笑가잇고 逼迫이잇는것이다。「예수쟁」인故로 他에아모碍着한것이업시도 女人이배암을본것가튼 唾棄함을밧고 仇讎를맺게된다한다。世上에 이보다 奇異한現象은 다시업슬것이다 그러나事實이다。예수의 일홈緣故로 基督者의게特有한嘲弄과逼迫이잇다。그리스도는 그理由를잘알으섯다。

빗치 어두은대 빗최되 어두은것이 깨닷지몯하더라。

그가世上을 지으시고 世上에게시되 世上이아지몯하고 自己따에 와도 그百姓이 대접지아니하니라。

하며(요한福音一章三、十節)

世上이 너희를 뮈워하면 너희를 뮈워하기前에 나를 몬저 뮈위한줄을 알니라。너희가世上에 붓혓으면 世上이 그同類를사랑할터이나 너희가 世上에붓지아니할뿐더러 내가擇하야 世上에서 나오게한故로 世上이너희를뮈워하나니라。

한다。(同十五章十八、九節)世上이基督者를 뮈워하는理由는 몬저 그리스도를 뮈워하는 까닭이오 또 그리스도를 그처럼 뮈워하는 理由는 이러하다

世上이 너희를 뮈워하지몯하나 나를뮈워하나니 이는 내가 그의하난일이 惡함을證據함이라。(約七章七節)

빗치世上에臨하되 사람이 제行하난일이惡함으로 빗보다 어두은것을 더됴화하니 이것이 罪를定한것이라。

고(約三章十九節)。基督者는 그리스도의緣故로뮈움을 밧고 그리스도自身은 빗으로 暗黑을빗치사그行하는것이 惡함을證據하시는故로 빗보다 어두은 것을 더됴하하는世上의게 미움을 밧는다。그

正義의 勝捷 七

리스도가 뮈움받으니 基督者가 또한逼迫을밧는 것이다。

내가 아바지의말삼을 너희게 주엇사오매 世上이 뮈워한것은 너희가世上에 붓지아니함이 내가 世上에 붓지아니함 갓흠이라 하신다(約十七章十四節)。基督者가 逼迫밧는것은 너희들속에 하나님의말삼이잇어 너희가 世上에屬한 것이아닌是證이라한다。基督者의慰勞의杯가넘치지 안는가。果然바울과갓치「내가생각에 이제苦難밧난것과 將次 우리의게 나타낼榮光을 比較하면 足히比較할수업나니라」다(羅八章十八節)。

基督者의 받는惡談과誹謗中에 또한가지他에서 볼수업는 特徵이라할것은 그것이 全혀「거즛말」노된것인點이다。그리스도가大祭司長과 빌나도앞헷어 審問받을때부터 原告의告發한證據가 一致하지몯하엿다。(太二十六章五十七節以下、同二十七章十二、三節) 其他바울의境遇가 그럿코 루터의審問이또한그런것이엇다。近代에至하야는 社會主義或은共産主義와連結하야노코 基督者를 壓迫하는官憲이 一方에잇는同時에 他方에서는 帝國主義와 資本主義에다 連結하여노코 基督者를嘲弄한다。忠君愛國의國民들은 國體에反한다하야 排斥하고 生前奉養보다도死後奉祭祀로써 孝道의極致인줄自肯하는百姓들은 不孝의敎라하야 基督者를蔑視한다。要컨대 다 그「事實에反하야」「거즛말노」써 욕하고 逼迫하고 惡하다고 誹謗하는것은軌를 갈흐게한것이다。

그러나「깁버하고 즐거워하라」『그런故로우리가 겁내지 아니하니 것사람은 후패하나 속사람은 날노 새롭도다。대개 우리의暫時받는患難의輕한것이 우리를爲하야 至極히크고 永遠한榮華의重한것을 일우게하는故이다』(고린后四•十六、七節) 萬一그리스도인으로 苦難을받은즉 붓그러워말고오직 그일홈으로 하나님께榮光을돌닐것이다(彼得前四•十六)。

「너희前에잇던 先知者를 이갓치 逼迫하엿나니라」함은 基督者의게 無限한慰勞가 아닐수업다。義를行하고도 四面楚歌中에 모든惡談과誹謗에뭇칠때에 사람은 自我를疑心치 안할수업다。이때에 그리스도로부터 自古及今에 正義에依하야서고 그리스도께對한 信仰을告白한者가 世上에서 받은待接은 이逼迫이엿다。歷史上에證明된 先知者의걸은길은 이길이엿다 라는裏書를받음은 큰 힘이엿다。同時에 信者의生涯는 大하거나 小하거나 前途多難한 先知者의生涯가될것을 豫告하신것이다。

義에準據하고 그리스도에對한信仰을言表하는者가 現世에서「주리고 목마르며 헐벗고 매를마지며……우리가只今까지世上의더러온 때 갇호니라」(고린도前四章十一節)는것은覺悟하여야할것이다。그러나 두려워말라。怯내지말뿐인가「깁버하고 즐거워하라」。웨? 하날에서賞받을것이큰故로。바울은「내가善한싸홈을싸호고……이제後에는 나를爲하야 義의면류冠을預備하엿나니라」(듸모데后四·七、八)하야 患難中에서더욱歡喜하엿다。勝捷의確信이잇는故이엿다。自己의힘으론가 아니라。世上에잇을제너히가 患難을받는다。그러나勇敢하라 내가世上을이기엿노라」(約十六章第三十三節)하신이를믿는믿음으로써다。

地의鹽、世의光(太五·十三—十六)

十三、너희는 따의소곰이니 소곰이萬一그맛을일흐면 엇지 다시짜게하리오 後에는 쓸대업서 밧게바려 사람의 밟힘이되리라。

十四、너희는 世上의빛이니 山우에세운城이 숨기지못할것이오

十五、사람이 등불을 켜서 말알애두지아니하고 오직등경우에두어 온 집안 사람의게 빛추이나니。

十六、이갓치 너희빛을 사람압헤 빛을게하라。그사람들이 너히착한 行實을보고 하날에게신 너히아바지를 榮華롭게하리라。

義를行하고 그리스도의信從하는者의生涯에逼迫이 업지몯할것으로써 基督者외生涯는 即先知者의生涯일것을豫告하신後에 예수께서는한거름更進하야 基督者가世上에對하야 重大한使命을 가진것을指示하시와 信徒가世上에對한處地를明白히하시고 또한膽大히섯어 그使命을 다할것임을勸勵하신다。

첫재로「너히는 따의 소곰이라」하엿다。鮮文譯에는 第十三、四節의 다갗히「세상의소곰」「세상의빛이라」하엿으나 原文에는「따」와「世上」을 區別하야썻다。意譯으로는大差업슬것이나 只今은 原文대로「따의소곰」「世上의빛」으로읽고저한다。勿

論信徒自身의게何等價値가 잇섯어가아니다。다만 예수그리스도를信仰하는緣故로 「따의소곰」된 重大한責任을賦與하엿다는것이다。

소곰의諸般性狀을考察하는것은 곳「너히는 따의 소곰이라」는 解釋이될것이다。소곰은決코珍貴한것이아니다。어듸든지遍滿한것이다。胃液其他人體中에不可缺할것이며 動植物의體中에要素가되며 土壤中에도잇고 岩石中에도잇다。死海、裏海、大鹹湖等의鹹湖에는二十퍼ー센트以上의鹽分을藏하엿고、海洋中에는平均千分之三四·四九의鹽分을含有하야 이것을全部製鹽하면畧六十米突의 두터이되는鹽層으로써地球全體를 包圍할수잇겟다한다。이처럼소곰은日光、空氣、水等과함께 가장普通잇는物品이오 또흔한것이다。뿐만안니라 소곰이 人畜草木의生活機能에必需한것은 日光、空氣、水等과가치 一時라도缺할수업는緊要한것이다。그分量이過多함으로써 或그貴重한所以를忘却하는수잇으나 人生의危重한時期에食鹽注射로써 그生命을保延하는것이던지 또는切取한蛙의心臟을 食鹽水中에두어다시心臟의鼓動을始作하는實驗을볼때에 비로소 소곰이生命에對하야所持하고잇는 特異한効能에놀낸다。非常時뿐아니라 平素에도 生命이잇는곧에소곰은必要不可缺할것이다。基督者는 世上에서 그眞價를認識받지몯한다 그러나 따의소곰과갓치 平時에든지 非常時에든지 世上에絕對로必要한것임을알것이다。

소곰은 첫재로調味劑에쓴다。슨거운蔬菜에소곰을加한때에 맛이생기고 콩가루에 소곰을加하야간장이된다。萬一우리床우에 이鹽分을除하고보면可히嚥下할만한것이 무엇이잇을가。또 둣재로소곰은防腐劑로쓴다。하루에腐敗할생선도 소곰으로써오래貯藏할수잇다。即無味乾燥한世上에調味를주는것과 日日腐爛하여가는社會에 防腐의効能을가진것이 基督者라한다。

소곰과同樣으로 調味劑와防腐劑에쓰고 그빗갈까지同一한白色으로된것에 砂糖이잇다。그用途와効能이類似한것이만타。그러나 누구던지 基督者를보고서「너히는地의 砂糖이니라」고할者는잇을수업다。砂糖은 그맛이誘惑的이다。貪食을誘導한다마는 소곰 한입을물고 견댈사람은업다 소곰은

日常生活에 멀니할수업는貴重한것이엇만 모든사람의게敬遠함을當한다。소곰이들어야 맛이나것만 소곰에는惑하야 貪食할만한맛은업다。基督者는世上에서 砂糖의待接을받을수업는것이며 또받엇어는안된다。「너히는 따의소곰이라」한다。感謝할일이다。

「소곰이萬 그맛을일흐면 엇지다시짜게하리오」이것은 當時猶太地方에서 日常經驗하시든事實노써敎示하신말슴일것이다。不純物이多部分混合된死海地方의 소곰은 오래積置할동안에 化學的變化로써 外形은소곰그대로잇으나 內容으로는 발서소곰의成分이 업서젓어 소곰의効能을消失하게된것이 種種잇다하며 或은腐敗物에 오래接觸하야乃終 소곰自身이 腐臭를떠게되는수도잇다。如此히 하야 소곰이 소곰의効能을喪失한後는 所用이업스니 밧게바려 사람의게 밟힘이되리라 한다。基督者는 山間이나 曠野에避하야 悲憤慨世하고 獨善己身할것이아니라 直接世上에接觸하야人生의調味를付하고 社會의腐敗를防止할任務를가진者ㅣ다。그러나 所謂敎化事業과社會運動에奔走「忙殺」한結果소곰本來의 짠맛을喪失하고 俗化하엿버리게되면 더는발서 基督者가아닐뿐더러 世上까지도 녀를버리게되여 쓸대업스니 社會自身의게까지도 바리움이된다。그럼으로 소곰이 소곰대로 永遠히그使命을 다함에는 聖書의工夫와祈禱의交通으로써 永久히 소곰을加하여야할것이다(골四·六節)。

「너히는 世上의빛이라」하나 勿論信徒自身이發光體는아니다。마치 달이太陽의빛을反射하는것처럼基督者는 그리스도의 빛을反射할것뿐이다。더는「참빛이시니 世上에나리사各사람의게 다 빗최난것이다」(約一章九節)더는 스사로말슴하시기를「나는 世上의 빛이니 나를따르는사람은 어두운대行하지아니하고 生命의빛을얻으리라」(約八章十二節)고。이生命의빛을얻엇음으로 信徒는 그빛을反射할것이다。

빛의性質을 두가지例로써說明하셧다。山우에 세운城이 숨기지못할것이고 등불을켯어는 등경우에두어 온집안사람의게 빛우일것이라고。山上의城은 晝夜로萬人注視하는中에잇음을알어야할것이

山上垂訓研究 一二

다。君子之過如日月之食過則人皆見之更則人皆仰之라고。基督者의缺點過誤도 亦是日月의蝕과같흔것이다。隱蔽할수도업는것이고 또 노력해할必要도업는것이다。山上에세운城이다하여도 決코信者固有의正直이나 德望이나 聖潔等으로 築城한것을 뵈우라함은아니다。등불을사람의게 빛누이려하여도 決코 光明한半面을 빛우고 缺點汚點은强혀숨기라는것은 아니다。本來우리의게는何等發光할것이업다。醜하거나 美하거나 全身에받은그리스도의光을 그대로暴露할것이다。

등불을켯어 말알애두지아니한다。基督者는傳道의使命이 잇거나업거나 信者인것을公言하기를躊躇하엿어는안된다。불은 말아래두면 꺼지고 信仰은公開하여야할때에封緘하면 오히려萎縮한다。決코謙讓의美德이아니라。基督者는 信仰을適當한機會에公表하야 믿음이업고 사랑이업고 所望이업는이世上에 그前途의照燈을發見하게하여야할것이며 또한自身의救援을 完全히하여야할것이다。

누구던지 사람앞헤서 나를아노라하면 나도하날에게신 아바지앞헤서 며를아노라 할것이오 누구던지 사람앞헤서 나를아지몯하노라 하면 나도 하날에게신 내아바지앞헤서 며를아지몯하노라 하리라고(馬太十章三十二、三節)하섯고 뜨、울도

대개 사람이 마암으로믿은즉 義에니르고 입으로 證據 즉 救援함에 니르나니라 하엿다(羅十章十節)입으로써信仰을公言할것과 行爲生活의實相을彌縫隱僞할것이업시公開하여야할것은基督者가「世上의빛」이라는性質上으로 當然히잇어야할일이다。主예수의要求하시는일이다。이갓치 그빛흘 사람앞헤 빛외게함은 自己의榮譽를取하려함이아니오 오직 하날에게신 아바지를榮華롭게하랴는것이 그中心動機가되는것이다。빛을 빛우인다함은 그리스도를 낱하냄에읻다。너희가本來어둡더니 이제는 主안엿어 빛이되엿으니 빛 잇난者처럼行하라。

대개 빛의열매는 모든 善한것과 義로운것과 眞實한가운대 잇난것이니라 하엿으며(에베소五章八、九節)또

너희가 異邦사람中에서 行實을善하게하야 너

히를行惡한다고誹謗하난者로하여곰 너히善한일을보고勸告하시난날에하나님께영화를돌니게하라고(베드로前二章十二節)。이것은使徒된職業을가진者或은特殊한使命感으로써 傳道者로선者의게限한要求가아니다。예수를그리스도로믿는者는누구던지 그가罪人인지 아닌지 내가아지못하나 한가지아난것은 내가이전에는눈머럿다가 只今은보노라는(約九章二十 節)干証은하여야하겟다。그리스도의빛을 받어 빛이되엿으니 빛 잇난者처럼行하여야하겟고 또依例히 빛의열매가잇어야할것이다

多數의學者가主唱하는바에依하면 基督敎는 그奇蹟이나說敎보다도 이「빛의善한열매」가 더큰革新을世上에주엇다한다。그럼으로 이사야는「너는니러나빛을發하라 대개네빛이臨하고여호와의榮光이네우에빛우이난도다」라고 부르짖엇다(六十章一節)

소곰은接觸하여야 그効能이잇고 빛은相當한距離에높히잇어야 온집안사람을빛우인다。信者世上에處함도 또한소곰이되여社會에接觸할때가잇고빛이되여室內를빗우일때가잇다。오직 아바지의榮光을爲하야接觸하기도하고 隔離하기도 할것이다。

道德에서完全히失敗하고오라

張 道 源

마태十九장十六절二十二절까지

이聖經말삼은우리基督敎界에서有名한 富者青年의談話이다。이聖句는 信者로는누구든지 잘아는말삼이다。이談話의表面에낫타난辭意는大槪이러하다。엇던날에一個의富者青年이예수에게나아ㅣ와서 如此히무러보앗다。『우리가永生을얻으랴면 무삼善行을行하여야하겟습니가?』고。이에對하야예수씌서는『萬一永生에드러가랴면 誡命을직히라』하셧다。이말삼을드른青年은 곳待答하기를『모든誡命을 내가 다직히엿습니다』『아직도不足함이잇습니가?』하엿다。이에對하야 예수씌서갈아사대『네가誡命을完全히行한사람이되랴하거든 가서네所有를盡賣하야 간난한者에게施與하고 또와서나를좃치라』하시니그富者青年은이말삼을듯고 뎌에게資産이만흠으로마음에근심하면서 도라갓다고한다。此富者青年의이약이는매우簡單하고 平易한것이다。그表面에낫타난大意만은 누구든지一讀에能히明瞭히알수가잇는것이다。그러

나 이말삼이表面에낫타난意味말고 其以外에딴 다른大眞理가伏在하야잇지아니하면 아니되겟다。故로 우리는 이表面에낫타난意味를뚤코드러가서 그裏面에潛在하야잇는深奧한大眞理를發見하지아니하면아니 되겟다。그러면그眞理란무엇인냐? 그것이卽『道德에서完全히失敗하고오라』함이다。이는道德에서完全히 失敗한經驗을 가진者만이受納할수잇는眞理이다。이富者青年談話를그表面에낫타난辭義대로만 보앗어는 그辭義中에잇는 그意味를 不可解할것이업다。그러나 이것을그表面에낫타난辭義대로만取할때에는 우리信仰上에大疑雲이起하지아니할수가업다。그疑雲은 곳이것이다。예수씌서永生을求하는青年에게對하야 갈아사대『誡命을직히라 또完全히직히라』하야永生을得함의唯一한條件은律法을 完全히직힘으로써 한 것갓다 卽道德的行爲의完全으로써 永生을得하는唯一의要路를삼는것갓치 보임이다。萬一眞意가그럿타면 우리信者에게在하야 十七절의下半의말삼과 二十一절의말삼을 受納할수가잇는가? 決코우리의信仰이受納할수업는말삼이다。卽『誡命을完全히직히고 所有의全部를盡賣하야 貧者에게施與하라 그리하면 永生을얻으리라』함은 우리信者가受納하기不能한思想이다。우리는律法을完全히行함으로써 永生을얻는다고 信하지못하는싸닥이다。卽우리는律法이란 무엇이며又는·律法이란그것이무엇을目的하고 잇는것임을아는싸닥이다。律法이目的하고잇는 그目的을아는싸닥이다。律法은사람에게 永生을엇게하기爲하야 잇는것이아니오。사람은다 罪人으로定하야 永生에서는完全히失敗한者가됨을알게하기爲하야 잇는것임을確實히知하는싸닥이다。律法의宗敎로는우리가 永生을엇지못할것을確實히知하는싸닥이다。律法을完全히行함으로 永生을얻으랴고努力하는것은 人間을알지못함에 至極한일이다。그런故로人間은根本的으로 罪人임을알지못하는時代에在하야 人間으로하야곰 罪人임을徹底히알게하기爲하야는 律法의宗敎가必要하다。律法의宗敎는 人間으로하야곰 罪를알게하기爲하야 必要한宗敎요 人間으로하야곰 永生에드러가게함에는 無用한宗敎이다。그런故로『내가如何히하야 罪를知하오릿가?』함에對하야『律法을完全히行할야고 努力하여보아라』하야律法實行으로써 自己가罪人임을發見하게함에는 唯一의條件이나 要路

로함은 可하나。『如何한善을行하여야 永生을얻으릿가?』함에對하야 律法完全實行으로써 唯一의條件으로함은 不可한일이다。即罪의自覺을求하는者에게 律法의宗敎를줌은可하나 永生을求하는者에게律法의宗敎를주는것은 不可한일인까닭이다。律法의宗敎가罪를摘發함에는 唯一의宗敎이나。永生을得함에는 何等의効用이업는宗敎인까닭이다。그런故로 永生을얻으라면 律法의宗敎를通하야 自己가根本的으로罪人임을發見하야 律法의宗敎에서는完全히失敗한者가되고 律法의宗敎를非定하면서 罪人을救援하는永遠한生命의新宗敎의發見을求하지아니하면아니될것이다。即從來의宗敎인律法의宗敎말고 딴段의새로운宗敎를가지지아니하면 아니될것이다。故로律法의宗敎에서 一步를進하야우의(上의)段의새宗敎로옴겨되되여야한다。律法의宗敎에서固執하야서는 아니된다。律法의宗敎에固執하야 잇는者에게는 딴段에잇는永遠한生命의新宗敎가 理解되여지지아니하는까닭이다。그런故로 律法의宗敎에固執하여서는아니된다。律法의宗敎는人間의罪를根底로브터 摘發식힘으로써目的함에不拘하고 律法의宗敎를固執하면서 永遠한生命을求하는者처럼愚昧한일은업다。如此한者에게는 永生의宗敎가理解되지못할뿐만아니라。도로혀더회에게 떠러짐이된다。하나님께서律法의宗敎(道德의宗敎或은良心의宗敎)를주신目的은 人間으로하야곰永遠히固執할것으로한것이안니오 永生의宗敎가올때에내여바리게하기爲하야 주신것이다。律法의宗敎에서失敗한者에게만 永生의宗敎가理解되게하신것이다。사람이律法의宗敎를通하야 自己를거륵하신하나님압폐正直하게할때에 自己가罪人임을認識한다。自己가罪人임을完全히認識한者에게는 律法의宗敎가所用이업는낡은(舊)宗敎가되고마는것이다。律法의宗敎는 사람이自己가罪人임을認識하기까지에만 일하는宗敎이다。永生의宗敎의出現을爲하야 그길을預備하는預備的宗敎이다。그런故로永生의宗敎의出現을爲하야不可不無의必要한宗敎이다。律法의宗敎를通하야 하나님압폐自己를正直하게하지아니한者에게는 罪도認識되지아니하며永生의要求도 生起지아니한다。永生의要求의熱度는 罪의認識이强할사록 그度를加하는것이다。自己가罪人임을認識하는者에게强하게要求되는것은罪에서의救援이다。呀ㅣ罪人을救援하시옵소서의絶叫이다。罪에서의救援을絶叫하는者에게는 律法完行의努力은아주絶望이다。律法完行의絶望을가진者에게向하야『네가律法을完全히行하라』의命令처럼 無用無力한일은업다。그런데何故로예수께서永生을切求하난青年에게律法의完行을命令하셧는냐?永生을求하는者에게 第一必要한準備는 律法의宗敎에서罪人으로定함을바다 完全한失敗를經驗하는일이다。永生을求하는者에게 第一必要條件인律法의完全한失敗를經驗하게하랴면于先『네가律法을完全히직혀라』라고의嚴格한命令을주지아니치못한다。그러하야뎌는이命令에絶對順從하야律法의完全實行을努力하야 律法의最高目的인完行不能의 絶頂에까지到達하야失敗를體驗하지아니하면아니된다。그런故로예수께서 永生을求하는青年에게對하야『네가律法을직혀라。또完全히직혀라』하야重荷우에重荷를加하시섯다。於是乎우리는마태傳十九장十六절ㅡ二十二절까지의聖經말삼에 何等의모순업시 何等의疑雲업시그대로 受納할수가잇다。律法의宗敎는義人의宗敎요 罪人을救援하는宗敎는아니다。이제義人의宗敎인律法에서自己가 徹底히罪人임을發見한者에게在하야 가장强하게要求되는것은罪人을救援하는宗敎이다。故로뎌는罪人을救援하는宗敎를發見하기까지는 安心을얻을수가업다。如此히罪人을救出하는救援의宗敎(即生命의宗敎)를渴求하는者에게在하야『나는義人을부르러온것이아니라。罪人을부르러왓노라』(마태九장十三절)하는消息처럼 반가운福音은업다。於是乎뎌는새로운福音을받은者요새生命을얻은者요 새로운世界에나아온者요 새로운하나님을맛난者요·새救主를차즌者요 새로운宗敎를發見한者가되는것이다。뎌에게歡喜와 自由와 希望과 能力과 眞理와 生命이넘치는것이다。人間은律法의宗敎即義人의宗敎에서 正直하게하야 自己가罪人임을發見하고 自己에게認識되는罪때문에 永遠한苦痛을感하면(永遠한死亡으로오는苦痛과煩悶)『嗚呼라나는 苦痛의人이다 나를이苦痛의몸에서 救援할者가누구인냐?』하면서 罪人을救援하는새로운宗敎의 出現을渴望하는가장强한要求의 最高絶頂에까지에至하지아니하고서는『나는義人을부르러온것이아니오 罪人을부르러왓노라』하시는예수의말삼이 뎌희에게새로운 福音으로 들니지아니하며 새로운宗敎로理解되지아니하며 새로운光明으로밝혀지지아니하며 새로운새生命으로살니워지지아니한다。그런故로 사람이예수의宗敎(救援의宗敎 永生의宗敎)에드러가랴면義人의宗敎(道德의宗敎)에서는完全히失敗한者가되며 自己가罪人임을 完全히認識하는者로서 罪人을救援하는새宗敎의福音에 귀를기우리고잇는 最高絶項의點에까지 至한準備行爲가 完成된者라야한다。그런故로 예수께서永生을求하는青年에게對하야 이準備行爲의完成을 보시기爲하야『네가律法을직히라또完全히직하라』하신것이다。

(未完)

主祈禱의研究 (一)

金教臣

一、緒言

馬太(六·九—十三節)

그런故로이러케祈禱하라。
하날에게신우리아바지여。
일홈을거룩하게하옵시며。
나라이臨하옵시며。
뜻이하날엣어일운것갓치 싸에서도일우어지이다。
오날날우리의게 日用할糧食을주옵시고。
우리가우리의게 罪지은者를赦하야준것갓치 우리罪를 赦하야주옵시고。
우리를試驗에들지말게하옵시고
다만惡에서救하옵소서。
「대개나라와 權勢와 榮光이
아바지께永遠히 잇사옵나이다
아멘。」

路加(十一·二—四節)

祈禱할때에 이러케하라。
아바지여。
일홈을거룩하게하옵시며。
나라이 臨하옵시며。
우리의게날마다 日用할糧食을주옵시고。
우리罪를赦하야주옵소서 大槪
우리도우리게罪지은사람을 다赦하야주엇삽나이다。
우리를試驗에들지말게 하옵소서。

基督教의槪綱을 簡單한時日노써 알기爲하야는 山上垂訓을工夫하는것이 有理한方法이오 가장捷經의한아인것을말하엿다。그와同一한目的을達하기爲하야 山上垂訓中에나오는 馬太福音第六章第九—十三節의 所謂主祈禱를研究하는것이 더一層그目的을達하기에 갓가울것이다。

原來祈禱는 宗教의脈搏이오 結晶이다。祈禱업는곧에宗教가잇을수업스니 東西古今을勿論하고宗教라고稱하는것은各其各樣의祈禱를가졋다。그祈禱처럼各其그宗教本質의 高低와眞僞를明白히表示하는것이他에업다。特히基督教에는 主예수그리스도自身이주신 이典型的祈禱가잇다 原文五十七字로된簡潔한文句中에 基督教全體의大眞理가抱容되엿으니 基督教를알녀는者의게 적지안흔便益이아닐수업다。

主祈禱는 이와가치基督教全般을研究하난대에重要한材料일뿐더러 그位置로보아도 이것은馬太의傳한대로山上垂訓中의一部分이라기보다 차라리路加의記述한대로 山上垂訓以外의 別個의敎訓으로보는것이可함으로 山上垂訓中의馬太福音第六章五

六節에敎示하신祈禱問題의附錄으로하야 이機會에 이重大한文字의眞意를 좀더詳細히工夫하려한다。馬太는本來 主의斷片的敎訓이라도 共通한性質의 것을系統的으로蒐集配列하야 讀者의理解를도흐려 하는特性이잇음으로 天國의譬喩는第十三章에 再臨의豫言은第二十四、五章에蒐集하엿음과가치 行爲와動機에關한問題는 第六章의上半分에排列하야 三段으로써 第一은 사람과사람사히의善行即「救濟」 第二는 사람과하나님사히의善行即「祈禱」 第三은 一個人에關한善行即「斷食」의세가지行爲로써 萬般人間行爲의示準을指摘함이整然하엿다。其中祈禱에 言及하엿을때에 主祈禱를이에揷入하엿음으로 以上三段의結局마다「隱密한中에보시난 너히아바지께서 갑흐시리라」(六章四、六、十八節)하던返復과連絡이조곰亂調하게되여잇음을볼수잇다。主祈禱에關한 七ㅣ十五節은 他에서追加編纂한것인듯하며 따라서 主祈禱를敎示한時期도 갈닐니傳道의初期即山上垂訓과同時期가 아니엿든듯하다。

이에反하야路加의傳하는바에依하면 『예수ㅣ한곧엣어祈禱하시고 입의 맛초심애 弟子中한아이엿자오대「主여 요한이 그弟子의게 기도를 가라쳐줌과 갓치 우리의게도 기도를 가라치소서」하니 예수 닐아사대 너히는 기도할때에 이러케하라』(十一章一、二節)하야 가르키셧다하니 그前後事理가天然스럽게되엿고 또 그文句도 路加의傳한것이 簡潔한대 主예수의敎示한原形대로에近하리라하는것이 多數學者의意見이다。그러나所謂「大同小異」라。馬太路加의傳하는바 主祈禱의 原大旨는大差업는것이니 只今은便宜上馬太傳에依하야 講解하고저한다。

主祈禱라하면敎會에出入한사람은 누구나엾시暗誦하는것이며 幼稚園兒童까지라도 能爛하게背誦할수잇으리만치 親炙한것이다。그러나 그名稱부터誤解하는수가種種잇다。主祈禱는 主예수自身이 하시던(쓰시던)祈禱란뜻은 勿論아니다。主께서 弟子의請에依하야(路十一章一節)祈禱할바 模範的祈禱를 가르키신것이다。主祈禱는 主가 가르키신기도요 우리信者들이 본받어 하여야할祈禱다。그러나「이러케祈禱하라」함은 이主祈禱의「外形」만을 그대로返復하라하심은 아니다。文句그대로를 固執하라는것은아니다。 그러케되면 도리혀 主祈禱를敎示하신本意에反하는것이된다。 그럼으로 다만 그要領으로 그精神으로 얻던것을祈求할것인가를알고祈禱하라는것이다。 루터와갓치 全然相異한文句로서 主祈禱와同一한祈禱를 할수잇는同時에 信徒의大多數는 一字半句도 틀님이업는主祈禱文을百千遍暗誦하면서도 그精神에잇엇어는 南과北이相極안것처럼 主의精神에全然背馳하는수도잇다。

主祈禱의 本文字句를詳考하기前에 爲先그大體의構成을一覽하기爲하야 左와如히 原文順序대로試譯하면 理解를도음이잇을가한다。

呼稱——아바지여、우리의、하날에게신。

祈禱本體——

(1) 거룩하여지옵소서、일홈이、당신의。

(2) 臨하여지옵소서、나라이、당신의。

(3) 일우어지옵소서、뜻이、당신의。
하날에섯처럼、따에서도。

(四) 빵을、우리의日用할、주옵소서、우리의게、오늘도。

(五) 赦하시옵소서、우리의게、우리의負債를
우리도또한赦한것갓치、우리의게負債진者를。

(六) 들지말게하옵소서、우리를、試驗에。
다만救하옵소서、우리를、惡에서。

頌榮——(대개 당신것이로소이다、나라와 權勢와榮光이、永遠토록。아멘)。

乃終의頌榮은 路加福音에는 업는것이고 또馬太福音에도比較的새로운寫本에發見되는것이니 이것은 主祈禱를公會或은禮拜時에所用하게된以後에揷入한것이리라는 學者들의推測이 그럴듯한바잇으나 이祈禱를 들인後에 이만한讚頌이생긴것은 차라리 純眞한發露라할것이다。 조곰도 竹木을接한것가튼 無理한酬酌은아니다。

이末尾의頌榮과 初頭의 아바지여하고 부르는一句를除하고보면 그中間에 남는것이 主祈禱의本體다。祈禱는大概二部로되여 第一部는 다시三段으로되엿고 第二部도亦是三段으로 난호게되엿으니 合하야 二部六段으로 合計五十七語의簡潔한祈禱다。이것이基督敎祈禱의典型이오 世界最大의祈禱요 舊新約六十六卷이傳하는基督敎의全體、即宇宙經綸의大眞理가 全혀이五十七語中에包含되엿다한다。「말이少하면 少할수록 善한祈禱요 말이多하면多할수록 惡한祈禱니라」는루터의말이事實이다。講說가튼祈禱와 所謂「權勢잇는」祈禱를抑揚曲調로써 길게 〱할줄몰으는者는 爲先主祈禱압헤서 安心함을 언을것이다。

主祈禱第一部는 당신의(하나님의)일홈、나라、뜻에關한것 即하날에關한祈願이오 第二部는 우리의糧食、赦罪、救援等에關한것 即따에屬한祈願이다。第一部는天이오 第二部에地다。마치 모세의十誡가 하나님께關한것과 사람의게關한것의 二部分으로成立된것처럼 第一重要한 初半分은 하나님께關한祈禱라야할것을 가르키섯다。果然信徒의最大關心事의中心은 하나님의榮光與否에 잇어야할것이다。그리스도의祈禱는 그中心問題가 恒常이點을 떠나지몯하엿다。뎌가 나종 겟세마네에서苦悶中에 핏땀흘니면서 할만하시거든 이때를免하게 하야달나하며 기도하시기를『아바 아바지여 能치몯하신것이업슷이니 내겟어 이잔을떠나게하옵소서 그러나 내가하고저하난대로마옵시고 오직 아바지의 뜯대로 하옵소서』라는것은(馬可十四章三十六節) 뎌가造次에도 等閑히할수업는最大關心事가發露된것뿐이엿다。뎌의게잇엇어는 하나님의聖意를成就하는것이 곳糧食이오生活이엿다(요한四章三十四節) 뎌의生活과 뎌의祈禱는 始終一貫으로 하나님中心主義엿다 우리의最大關心事、祈願의主要한前半을 차지하여야할것도 또한뎌의게一致하여야할것은贅言을不要할것이다。

第二部는 地의問題나 其中에純全히肉身에關한것은 하나뿐이오 他의二段은 赦罪와救援의問題即靈魂에關한것이며 恒常 우리의日用할糧食、우리의赦罪우리의救援이라하야 決코「나」一個人의問題가아니요 兄弟姉妹와 온人類를念頭에두고祈求하는點에注意할것이다。

吾人日常의經驗으로는 靈魂問題보다 肉身問題가 더急迫하엿으며 兄弟同胞의생각보다도 나自身의 治療問題、家庭生活問題、나의聖潔나의救援에關係한때에라야만 切實한祈禱가 될수잇는것이다。우리는徹頭徹尾 自己中心인것이다。兄弟姉妹도 나를爲하야 잇을것인줄알고 信仰도自己의幸福을爲하야 하나님도 自我를爲하야利用하랴는것이 人間의本心이다。이때에 主예수는 祈禱할바를敎示하시기를 肉보다도 靈魂에關하야 더祈禱하라。「나」보다도 「우리」를爲하야 一個人의幸福보다도 同胞人類의救援을爲하야祈求하며 特히 무엇보다도몬저 하나님의榮光을爲하야渴求할것을 가라키신것이다。

主께서 이典型的祈禱를주신動機는 그弟子가 언더케祈禱할바를 알지몯함을 가라키시기爲함이엿고(路十一章一節) 同時에 重言復言하는異敎的祈禱와 압바 아바지의게 들이는對話的祈禱와의 사히에本質的差異가잇음을明示하기爲함이엿다。 그런대 「우리」라는 意義를誤解하야 이祈禱는公會의禮拜時에 會衆이暗誦할것으로解하거나 或은「이러케祈禱하라」고하엿다하야 그文句대로 南無阿彌陀佛을念珠를計數하면서千百遍誦唱하듯이 飜讀함으로써무삼功德이나세우난듯이 생각함은 主祈禱의趣旨를 全然히沒却하는所行이다。 루터는 이를稱하야「最大의殉敎者」라한것이엿다。「우리」라함은 一個人의私幸보다도信徒와全人類를爲하야 더祈求할것을가라킨것으로解할것이다。

學者의意見에依하면 예수께서山上垂訓時에祈禱에關하야親히敎示하신것은 馬太六章五、六節뿐이고 後에馬太가 主祈禱를이部分에編纂할때에 主祈禱의序文模樣으로 第七、八節을揷入한것이라한다。馬太의揷入한것이라할지라도 그것은大端重要한것이다。路加가 그場所와時期에關하야 外的方面으로써 主祈禱를解得함에明確한材料를提供하는것처럼 馬太는 主예수가模範的祈禱를提示하게된動機와目的에關하야 內的方面으로써 主祈禱를納得함에不可缺할材料를準備하엿다。

살하나님께祈禱할때의豫備知識으로알어야할것은 귀업고 눈업는偶像의게祈禱하는것처럼 重言復言할것이아니고、우리의處地를不察하고 주기실혀하는他人과가튼神께기도하는것이아니고、求하기前에 우리의必需品을 다알으시고 우리가惡한것과卑劣한것을要求할지라도 오히려善한것과高貴한것을주시기실혀몯견대시는(太七章十一)아바지께求하는것인줄을分明히意識하면서 祈禱할것이다。이러한準備로써主祈禱에接할때에 그內容이他에比類업슴의理由도自然히알녀진다(七、八節에關하야山上垂訓本文中에서좀더詳述할터)。

二、稱呼

하날에게신 우리 아바지여。

「아바지여、우리의、하날에게신。」이란것이原文의順序대로다。路加에는單히「아바지여」라고하엿다。畢境누가의것이 原形대로일것이고、馬太는地上의神이나肉身의아바지와 混沌될것을念慮하야 逐後로「우리의、하날에게신」이란句를 補添하엿으리라고學者는推測한다。또一方에는 地上의雜神이나肉身의아바지를 向하야「아바지여」하고祈禱할수는업는것이니 混沌할念慮업는때에 이처럼馬太가特히「하날에게신 우리의」란것을添加하엿을때에는 그一句中에반다시幽玄한意義가潛在하엿으리라하야 여러가지說明을附加하는學者도잇다。要컨대細末은學者의閑事業에一任하고、우리平信徒의게要緊한것은 이一節中에잇는主眼點을把持하는대에잇다即이一節中에서 問題의部分은除하고라도 馬太路加에共通한것、「아바지여」라고 불으고祈禱하라는것이 예수의敎示하신 이一句節의 主眼點인것은 異議를介在할餘地가업는것이다。宇宙萬物을

創造하시고、이스라엘百姓을引導하시고、全世界의歷史를經綸하시는 그하나님을「아바지여」라고불으면서祈禱하라는것이다。

「아바지여」란이一語를 잘알면 主祈禱全體를잘알수잇고 따랏어基督敎大體를納得할수잇는 重大한一語다。마치羅馬人書一章一節에 바울의信仰全面을窺視할수잇고、創世記初節中에 基督敎全體가包容되엿으며 其他聖書中各書가 畧皆그初頭에第一重要한眞理를現顯하여잇지안함이업고、古來의名著와特히 四書三經等의序文이 珠玉을連한것이엿어漢學者가 즐겨暗誦하는것인바인것처럼。우리는只今이「아바지여」란一句를取得하는 態度如何에依하야、果然基督敎에獨特한 主祈禱를들일수잇는者도될수잇고、不然하면「사람은 나면서부터 카소릭信者라」는古語에依하야、重言復言하지말라고주신 主祈禱를 또다시 南無阿彌陀佛과같흔 骸殼으로化하야、이것을千百遍念佛하는中에 所謂宗敎的雰圍氣에浸沒함으로써法悅을늣기는 悲痛한狀態에빠질수도 잇는것이다。

하나님을「아바지」로 稱한것은 예수그리스도

에始初된것이아니라한다。學者에依하면 萬代의詩聖인 호ㅣ마爾來로、그用例가希罕한바가아니고더욱히그리스도時代의 前後에及하야는 造物主를아바지로稱하는思想이盛行하엿다한다。그러나 이러한詩人巨匠의想像하는「아바지神」은 亦是想像의範圍를지나지몯하엿다。아덴사람들의所謂「아지몯하는神의게」라는程度에서 相距가멀지안흔것이엇다(使十七·二十三)이삭으로써祭祀들이랴는 아브라함의손목을붓잡거나、모세로써 이스라엘을引導하야 紅海를것너고 曠野를지나가게하시던 이스라엘의神과가튼 하나님은到底히뎌들의想像中에찾을수업는것이엿다。

舊約聖書中에는 좀더明瞭한意識으로써 하나님을「아바지」라고 불은것이만타。「너히는 너히하나님여호와의子女들이라」(申命記十四·一)하며「여호와는너를 얻으신아바지가아니냐 뎌는너를지으시고 세우섯도다」(同三十二章六、十、十一節)하엿고「나는그아비가되고 뎌는내아달이될것이오 뎌가萬一罪를犯하면 내가사람을懲戒하난막닥이와 사람의子息을懲戒하난채찍으로징게하리라」(삼우엘下七章十四節)는 關係에잇언다。(其他이사야一章二節、六十三章十六節、예레미야三章四、十九節、호세아十一章一節等參照) 그뿐만아니라 이스라엘은 하나님의長子라하엿다。(出埃及四章二十二節、예레미아三十一章九節) 獨特한關係에잇는줄노알언섯다。

그러나 이스라엘百姓은 民族全體의 一團으로서 하나님의子女或은長子임을말하엿으나 그個人個人의資格으로서는아니엿다。또이스라엘以外의人類는包含된것이아니언다。그런때에 처음으로「너는나의사랑하는아달이오 나의깁버하는者라」(마가一章十一節、同九章七節、이사야四十二章一節)는獨生子(요한三章十六節) 가世上에오시사「나를본者는곳아바지를본者」(요한傳十四章九節)라는宣言이人類의鼓膜을울넌後에「너히는다시 무서워하난종된靈을밧지아니 하엿고 오직너히가子息된者의靈을받어 아바아바지라고 부르게」(羅馬八章十五갈나듸아四·六) 되엿다。이로부터 하나님과사람사히는 前에볼수업던特異한關係로써 아바지가되고子女가되엿다。또한이스라엘民族에局限할것이업고 全人類가다예수그리스도를通하야 하나님을 아바아바지라부를수잇게되엿다。(馬太五章四十五、路加六章三十五、同十五章十一節以下)하나님께對한 父性觀이그絕頂에達하엿다할것이다。

「우리의」라는句를解하야 이祈禱가公會席上에서할것인것처럼取하는것은 前에指摘한바와如히그릇된解釋이다。골방에드러가 하나님만을 眼前에두고祈禱할것을가르키신이가 이런明白한矛盾을가르키실것이아니다。이「우리」란것은 비록골방에서單獨히기도할때에라도 恒常兄弟姊妹를爲하야 祈禱할것 私幸보다公益을 個人보다人類를爲先할것을가르킨것으로 解할것이다。勿論一個人、私事에關한것을 祈禱치말나는것은아니다。바울도自己肉體를爲하야 세번祈禱하엿다(고린도后十二•八) 要領은祈禱全體의精神如何에잇는것이다。

「하날에게신」이란句는馬太가特히만히使用하는것인대 約二十回를셋고 馬可와路加에는 各一回式使用되엿다。單히地의아바지와區別하기爲한것으로解하여도可할것이며。俗世上을높히超越하야 宇宙萬象을支配하고게시는全能、全智、全愛하시고 無量한榮光에넘치는寶座에게신하나님을 이「하날에게신」이란句中에聯想하면서祈禱하는것도 不可는업슬것이다。

「아바지여、우리의、하날에게신。」이라고 불으고祈禱하라고 가르키셧다。信者가祈禱할때에 하나님을「아바지라」부르라고 그리스도가가르키신것이다。奧妙하고無限한秘義가 이一語에包藏되엿음을 언뎌혜하면 다解明하여낼수잇을가。그리스도가 하날消息을人間에傳하려하실때에 或은葡萄園에도比하시고 或게자種子에、或은麥粒에比하시며、또는自己와敎會를新郞新婦에比하셧다。그럴때마다 그리스도는「어대다比할가」「엇더게말할가」하면서 그表現方法에苦心하셧다。復活을否定하는사두개敎人이왓어 七兄弟가한女人으로 結婚하엿다가 復活後에如何히될것인가고 難問할때에「너히가聖書와하나님의權能을아지못하난故로 그릇알앗도다」(太二十二章廿九)하고 嘆息을마지못하엿다。짐작건대 하날나라에서보고오신 靈界의消息을肉된人間의게傳하는데의게、사람몰으는苦哀이얼마나하엿을가。소곰과砂糖이다調味劑요、防腐劑요、또한함께白色이다。그러나基督者를「소곰이니라」한대는不可避할必要가거기에잇다。父나母나親子의關係는一般이다。마는하나님을人間萬般關係中에서父와子의關係로써 가라키신대는 큰理由가잇엇다。其他王、主、審判人、造物主等으로도 부르게안되엿다。다만「아바지여」다。義의撻楚와深刻한사랑、敬畏와愉悅。完全한 人格的關係。이 「아바지여」의一語가、삶것으로나올때에 祈禱全體가삶다。이一語가죽은 에 그祈禱하는者는다만口敬之民이다(이사야廿九•十三)

城西通信

一九三一年一月四日(日曜)晴。今年最初의主日이다。해는가고 벗도變하나 聖書研究는如前히不變。孝昌園松林을對案하고 山上垂訓第十三回工夫。第五章三十三―三十七節。멧回로서 끗날것인지몰우나 回마다 그眞理의 새롭음과偉大함에 壓倒됨을感하지아니할수업다。이聖書를學하고習하는中에無量의愉悅이잇스니 禁할수업는것뿐이다。豫言者로서의使命을自任하거나 傳道者로서懸命的活動을開始하는等은 願外千萬이다。萬一過去에 그처럼分數以外의態度에就한바잇섯다면 엇던兄弟의忠告한대로 그것이本志가아니엿던것을悔過하고 다만他에아모娛樂도못가진者가 聖書工夫에이것을찻고 家率과함께 그깁븜을난호고 少數의벗의게 그消息을交換하는程度에處하고저하는것이 新年의所願이다。使命感도업고 義務도업고 野心도못가젓스니 本誌는勿論事業이아니다。畢竟娛樂이나餘興으로稱하는것이 第一近似할것이다。

一月十一日(日曜)晴。昨夜零下二十二度、今冬初有最大酷寒이엿다。山上垂訓第十四回로五章三十八―四十二節을工夫하다。○十八日(日曜)晴。第十五講으로五章四十三節以下研究。엇던兄弟로부터余輩가하고잇는素人傳道는「傳道를戱弄하는것이라」는抗議가잇섯다。驚愕을不禁。설마그런罪를犯하는일인줄은몰낫섯다。나의信仰과聖書知識程度로서는 그理論을納得하기極難한바잇다。이런때에아래와가튼書狀은慰勞를줌이만타「나는信者이다、내가信者되고저하야된것이아니라 하나님이나를信者로만드섯다。不得已하여信者되엿다 그러나信者가되고보니 信者가된일처럼幸福스러운일이업고 信者되는일처럼福된消息은업다。如此히不得已하야 信者된나로서는 또한不得已聖書朝鮮이란雜誌를發行치아니할수업다。하기십허하는것도아니오、무삼特別한天來의使命이잇서서하는것도아니오 돈이만하서하는것도아니오 事業으로하는것도아니오 名譽를爲하야하는것도아니오 다만不得已하야하는것이아닙닛가?하지말나고하야도아니하지못하야하는것이아니겟습닛가?信仰이하게하는것뿐이아니겟습닛가?即傳道를目的하고하는傳道專門의일도아니오時代를向한特別한預言者의일도아니오 敎會를向하야잇는宗敎革命의일도아니오 다만내속에信仰이잇스니 그信仰이그信仰을發表하게하는것뿐이아니겟습닛가?……나의信仰을發表하야信者의게若干의有益을주며 나의聖書知識을말하야나보다도無識한信者의게도음이되게하는것뿐이노라고하면謙遜한말이아니겟습닛가?」云云。自身으로말하기보다도더明細하게되엿다。

이글은現在日本大垣市에서 實際傳道하고잇는張道源氏가보낸것이다。別文原稿와함께感謝로써밧엇고、今後로도實地傳道의嘉音이種種잇을것이다。사랑의所産이면信仰告白•研究發表에、紙面을一般讀者의게公開하여잇다。

二十五日(日曜)第十六講으로六章一―四節工夫。二十九日(木曜)第二十五號發送을畢하다

集會案內(時間變更)

時、每日曜日 午后二時보터 同三時半頃까지

所、市外孔德里活人洞一三〇本社

【注意】 舊新約聖書와讃頌歌를持參하시오

三月一日 京城聖書研究會

本誌定價(送料共)

一 冊	十五錢
六 冊(半年分先金)	八十錢
十二冊(一個年分先金)	一、五〇錢

昭和六年二月廿六日 印刷
昭和六年二月廿八日 發行

京城府外龍江面孔德里一三〇
編輯發行兼印刷人 金 敎 臣

京城府西大門町二丁目一三九
印刷所 基督敎彰文社

京城府外龍江面孔德里活人洞一三〇ノ三
發行所 聖書朝鮮社
振替口座京城一六五九四

『聖書朝鮮』第二十六號　昭和六年三月一日發行（每月一回一日發行）

（定價十五錢）

昭和五年一月二十八日(第三種郵便物認可)
昭和六年四月一日發行(每月一回一日發行)

聖書朝鮮

第二十七號

一九三一年 四月一日發行

目次

京城 聖書朝鮮社 發行

個人的判斷 (Private Judgement)

카ー라일

그런故로 爲先 우리는 이「個人的判斷」이란것이 根本的으로 世上에 새로운것이아니고 다맛그時代에만 새로운것이라는것을注意할것이다。宗敎改革에는 一般的으로 새롭거나 獨特한것은 아모것도 업섯다。그것은 虛僞와偶像에反對하야 眞實과精神에 도라간것이엿다——凡百의改善과 天才的敎訓이그러하고 또그러하엿던것처럼。

생각건대 個人的判斷의權利란것은 世界에언제든지 存在하엿서야 할것이다。단테는盲目이된것도아니엿고 束縛을밧은것도아니엿다。說或 可憐한 혹스트라텐 텟젤及 엑博士等이 카솔릭宗中에奴隸가 되엿다할지라도 단테는 自己의믿는 카솔릭宗안에서 自由스러웟고 또한達觀者이엿다。判斷의自由乎。鐵鎖나 或은如何한外界의勢力일지라도 사람의靈魂을 强制하야 믿게하거나 믿지안케할수는 업섯다。匹夫의判斷은强奪할수업는뎌自身의 빛이다。가장 불상한 詭辯學者벨라민도 盲目的信仰과 受動的順從을說敎할때에 爲先얻던種類의確信으로써 彼의 判斷의權利를抛棄하여버렷을것이다。彼의 「個人的判斷」이 彼의取할바 最善의길을指示하엿다。

眞實한사람의 잇는곧에는 어듸던지 個人의判斷權이 充分히存在한다。眞實한사람은 뎌의全判斷力을 다하야 믿고 뎌의속에잇는 光明과判別을 다하야믿는것이며 또한過去의眞人도 그러케믿엇다。虛僞의人은 다못 「믿는줄노 믿으려고」努力하면서 判斷에依支하지안한다。푸로테스탠트즘은 이後者를向하야 禍잇을진저! 라하고 前者를向하야 歡聲을發한다。元來 이것은 新奇한말이아니다。自來로傳來하는 모든 옛敎訓에 도라간것이다。

天眞하라 眞摯하라。이것이 옛敎訓의意味다。마호멧트가 彼의專心으로 믿엇고。오ー딘이 彼의專心으로 믿엇고 뎌를 따르는者들이 또한專心으로 믿엇다。뎌히는 뎌들의 個人的判斷으로判斷하엿섯다。

山上垂訓研究

金 敎 臣

新舊道德의衝突 (太五·十七－二十)

17、내가律法이나先知者나 폐하려온줄노 알지말나。폐하려온것이아니오 完全케하려왓노라

18、진실노 너히게 닐아노니 天地가廢하기前에는 律法의 一點一劃이라도 能히廢하지몯하고 반다시 일우리라。

19、그럼으로 누구던지 이誡命중에 지극히적은것 하나이라도犯하고 또 그갓치 사람을 가르치는者는 天國에서至極히적다 닐카를것이오 오직누구던지 이誡命을준행하며 가라치면 이사람은天國엣어 크다닐카를터이라。

20、내가너히게닐아노니 너히義가 書記官과바리새敎人보다 勝치몯하면 결단코 天國에드러가지몯하리라。

二

山上垂訓은馬太福音第五、六、七章에亘하야 記錄된것인대 其中첫머리의第五章은 確然히 세가지部分으로서成立되엿음을볼수있다。第一段三－十二節은 하날에서祝福받은者 卽天國市民의資格을述한것이오。第二段 十三－十六節은 基督者가現社會에對한處地를敎示한바이엇다。第三段 十七－四十八節에及하야 舊來의道德律에對한 基督의態度를明示하시고 特히十七－二十節에는 그一般的原理를擧하시고二十一節以下에는 모세의十誡 其他慣行하는問題中에서實例를擧하야 其境遇境遇의解釋과態度를詳細히가르키섯다。

또馬太가 이처럼系統잇게編述한 이部分이路加에는 그처럼平行되여잇지안코 馬可에도 이곧저곧에散在하여잇음을볼수인다。그러나 이것으로써곳 이部分은山上垂訓本體에屬할것이아니라고斷定할수는업다。緖言에서도말한바와갓치 山上垂訓은그리스도의敎訓中에서도 그質노나量으로나 가장具備하고 特異하고 重要한것임으로 山上에서뿐아니라 其他의場所에서도 大畧同一한內容으로써그大部分或은그一部分을 말슴하섯든것으로볼수인

다。 異邦人讀者를相對로한馬可와路加는 이一段을 그다지注意하지안하엿을것이고 (大部分舊約에關한問題임으로) 또別個의場所에서斷片的으로말삼하신바인줄노記憶하엿던것이고 馬太는猶太人을眼中에두고記述하는것이니 舊約時代의律法에對한問題는充足하게傳述할必要가잇엇고 또馬太特有의着眼方針에依하야 當時의記憶을 一定한系統下에排列한것이다

「律法이나先知者」라함은 모세五經과其他先知者의記述한바 即舊約聖書全體를意味한다。 이스라엘百姓의게잇엇어는 모세가 시내山上에서 돌에색인十誡命을받아傳한것으로부터 온갓律法을總合한廣汎한意義로解할바이며 이에準하야 異邦사람들끼는希蠟의소크라테스아라비야의마호멛 印度의釋加 支那의孔子等과其他多數한賢哲을通하야 各其人生이 사라갈길 即道德律을標示한것이 猶太人의舊約聖書에서 배운바와相等한것이다。 그럼으로그리스도가 「律法이나先知者」를廢하려온것이아니오 完全케하려 왓노라」 함은舊約聖書의教訓은勿論이고 餘他異邦의各聖賢의準備한道德律까지全部合하야 最後로完成하기爲함이라한다。

「律法의一點一劃이라도 能히廢하지몯하고 반다시 다 일우리라」 는「一點」은希蠟文中의第一적은字「이오타」를稱하는것이나 本來에수는 히브리語의最小한글字「욛」을指示하신것이엿으리라한다。「一劃」 이라함은 히브리文字中의一線 그形像의些小한差異에依하야 全然히 다른字로되는 劃端이라고解釋하는것이普通이나 또學者中에는「一劃」을「와우」 字로解할것이라고主唱하는이도잇다(벌킷氏)어느편解釋에依하던지 主旨는大差업다。 舊約聖書가記錄된히브리文에는 一點一劃으로써成字되는것도잇고 그一點一劃을等閑히할때는 全然다른字가되는수도잇으니 極히仔細한대까지라도 하나님의말슴대로成就될것이라한다。 聖書는 뎌들의게、 잇어도됴코업서도됴흔것이아니엿다。 聖書에遵行하고안하고는 뎌들의死活問題엿섯다。 十誡命을나리실때의말삼이

그런즉 너히하나님여호와ㅣ 너히게命하신대로 너히는 맛당히직혀行하야 左右편으로치우치지 말고 너히하나님여호와 너히게命하신 모든길

山上垂訓研究

을行하라。 그리하면 너희가살고 福을얻어너희거업으로얻을따에서 너희날을 길게하리라하시더라。

한다(申命記五章三十二、三節) 또더들猶太人은 聖書를筆寫하는中에 誤書된것을 後日에確然히發見할지라도 그것을任意로訂正할수업섯다。 이처럼 聖書는더들의게尊嚴한것이언다。 그럼으로律法은大小의差別이업시 모다完全히實行하여야하며 또 그갓치사람을가르키여야할것이다。

「書記官」이라함은「學者」라고도稱하는特殊한一階級인대 律法의研究가 그들의 專門職業이엿다。 그研究의方法은例之면 모세가十個條의誡命으로써人類의道德律에大綱을指示한것만으로서는滿足치몯하야 安息日을거룩하게직히라는條下에 다시細規末則을制定하야 二百三十四種의行爲는安息日에不可行할것이라하야 一擧手一投足에까지 모다規律에依하여야만行動하도록制定하는것이 當時學者의任務엿다。 이枝葉의細末에까지라도 律法의定한대로遵守하고 律法에違反되는것은 한가지라도行함이업고저하는것이「바리새教人」의主義언다。 더들은

一種眞摯한사람들이엿다。 그리스도가種種바리새教人을 책망하섯음은 그理由가他에잇엇다。 바리새教人은決코淺薄한意味로서의惡人들은아니엿섯다。

四

近來에「福音」이란말이多種多樣으로混用케되엿으나本來의意義는 바리새教人과갓치 嚴格하게律法을遵行함으로써完全한義에達하랴는律法主義에對하야 그리스도를믿음으로써 信仰의義에達하는 恩惠主義를稱하야福音이라하엿다。 그럼으로 바리새教人의勞力이잇은後에라야 福音다운 아름답고반가운消息으로들니며 律法믿헤서라야 恩惠가고마운줄 알녀진다。 이關係를沒却하고서 예수教를福音이라고稱할때에 基督教는淺薄한 宗教가되고만다。 예수教를 「福音」이라稱함은 그勞力함에比하야 그穫得하는것이 넘어크고 넘어貴한것인緣故로 이는그支拂한代價로서當然히取得할것이 아니오 恩惠로써賜與하는것이라는뜻으로써 福音이라하엿다。 決코 바리재教人의眞摯한勞力그것을 排斥한것은아니다。 그럼으로福音을福音답게알기爲하얏어는 爲先바리새主義에 배울必要가잇다。(前月號張道源氏의「道德에서完全히失敗하고으라」參照)

書記官이나 바리새敎人은 專門的으로 律法을 硏究하야 細로부터微에入하면서 聖意의所存을規定하며 또한이것을毫毛의遺漏도업시 實行하랴는 特殊한階級이엿다。 그런대 예수는 그弟子들을向하야「내가 너희게닐아노니 너희義가 書記官과 바리새敎人보다 낫지못하면 決斷코天國에드러가지못하리라」고要求하신다。多大한要求인줄알수잇다。基督敎는單只 福利亨通을祈求하는 世上에流行하는고마운宗敎가아니다。同時에幽玄無窮한哲理로써 整然한體系를構成한것도아니다。다맛 어대까지던지現實의道德을基盤으로하고선 道德敎다。그信徒는 바리새敎人들보다도 더嚴肅한意味로서 道德律을完全히實行하야「하날에게신 너희아바지의 온전하심과 갓치 너희도온전하라」고要求하신다。 그러면 이要求는 果然如何한程度로써 實行될것인가。果然基督者는 書記官보다 더細密한條目으로써 行爲를規定하고 바리새敎人들보다더한熱心으로써 戰戰兢兢하면서 個個의律法을 大小勿論하고 遺漏업시實行함으로써 이要求에應하는道理가될가。예수는「律法이나先知者나 廢하러온것이아니오 完全케하러왓노라」하섯다。完全케한다함은完全케實行하야 律法과預言이 다完成 成就됨을닐카르신것이다。이예수의 完全케한方法이 곳우리의方法이오 길이될것이다。

一八五一年에 다ー윈의「種의起源」이出版된以來로非單自然界뿐아니라 思想界던지 道德律이던지 一次이進化論의範疇을通過하지안코는 생각할수업게되엿다。就中禽獸草木은本來一定한形像대로 하나님이創造하신것인줄알엇던것이 進化의理法에 依하야今日과如한種屬을形成한事實을알고서 神의 全能者인觀念에對하야多大한變革이 생겻다고思惟하야이것을宣布하는科學者와 이것을恐怖하는宗敎家가對立하는것처럼 道德을進化論的으로보는觀念、이것처럼現代人의心衷를風靡하는思潮는업슬것이다 曰 原始人에는原始的道德이잇엇고 遊牧民에는遊牧民의것中世紀에는中世紀의道德 二十世紀에는모던道德이잇다。各其時代와境遇에 따랏어 생긴것이오 大概는强者가弱者를制御하기爲하야 智者가 愚者를欺瞞하기爲하야 制定한社會慣習에不過한다고。이에이르러道德律의神聖은 따에떠러지게되엿

다。道德律은純朴한樵夫의게나 支配權을가젓지敎養잇는現代人의게는 何等의權威도몯가지게되엿다

或은그럴넌지몰은다。그러나이것은道德律의現像만을본것이다。果然灑掃應對進退之節이며 冠婚喪祭에關한細規末則에至하야 式床의果菜排列하는順序까지規定한儒家의律禮에는 今日이것을文字대로實施하기어려운바잇으나 그것은오직表面이오現像뿐이다。그底流에潛在한孝道와忠行의原理에關한것만은 宇宙와함끠永遠히不變할것이 잇어야한다。마치生物의形態는 用不用 自然陶汰의法則에依하야進化하엿것만 그本來의生命그것은 賦與받은대에根源을둔것처럼。또는大洋의表面에는 時時刻刻으로變轉不止하는 小波大濤가起伏하나 一皮의아래에는無窮토록動搖를感치안는 에베레스트山高보다도더깊흔水層이盤據한것처럼。그럼으로哲人칸트는머리우에燦然한星辰을바라보고 驚異함을禁치몯하엿고 또한內心에嚴然한道德律을 굽어보고讚歎함을마지몯하엿섯다。道德律은表面의問題가아니오底流의問題다。制度의問題가아니오 內心의問題다。現代라할지라도 道德律은 嚴然한 하나님의賦與物이다。一點一劃이라도廢하기를容納치안는다。完成하고야말것이다。當時예수弟子中에도 時代의變遷을因하야 舊約聖書의細末은輕率히녁이는傾向이잇엇으나 예수는 그것을嚴重히責하야 天國에서至極히적다닐카를것이라하엿다。예수自身은舊宗敎에對抗하야 新宗派를唱導한것이아니오 律法과先知者와其他異邦의各賢哲의敎訓을 더充足한意義로써大成 完就하러왓노라는것이 그使命이엿다。

「完全케하러 왓노라」는原語(plero)는英語의(Fulfil)即充實盈溢의 뜻이다。破壞나排斥이아니라進化 發展 完成케한다함이다。그럼如何히完成하섯는가。그個個의境遇는 殺人、姦淫、盟誓、復讐愛敵問題等으로써以下詳細히敎示하시려니와 爲先그原理만은簡單하엿다。表面으로볼때에 예수는律法의破壞者갓치보혓다。며는安息日을직히지안코安息日의主人되엿다 (太十二•一、九、可一•廿一、路十三•十四、十四•一、約五•九、九•十四) 社會階級을打破하야兩班과常民이食卓을共히하는것갓흔일은少毫도介意치안코實行하엿다(太九•十)。娼妓와談話하는것으로써品性에汚點이되는것갓치思料하는道學者는아니엿다 (太廿一

•三十一)。 더는食卓에就할때에 손씻는것으로써重大問題로녁이지안하엿고 또宗敎家特有의禁慾主義의生活도하시지안하엿다(太十五•一、十一•十九)。

이런것을皮相으로서觀察하면 예수는舊道德의破壞者요反逆者인것갓치보힌다。 그러나 이러케하는것이 그리스도로말하면 그律法을完成하는所以엿다。 그形式으로서는破壞하고。 그內容으로서는 더욱充足한意義로써成就하엿다。 個個의條目을多岐多枝를細分하야 書記官보다 더만흔條目을 바리새敎人보다 더細心하게實行한다는것이아니라 諸般律法의行爲에根本되는「사랑」을充實케하는것이 곳道德律全體를完全히實行하는바이엿다。 律法의條目은無數히잇을것이나 그것을行하는方法은 우리心中에愛를充溢케하는 한가지에곳친다。 사랑이充實할때에 우리가聖潔함을얻고 自由함을얻고 律法은自然히行하여지고 道德은形骸를脫하고 生命이躍動하게된다。 萬一이사랑의充溢함이업시 百千의律法을實行하엿다할지라도 그것은生命업는形式的道德家에不過하며 예수의 가장唾棄하는者엿다。 그럼으로 바울은

……남을사랑하는者는 律法을 다일우엇나니라「간음하지말며 殺人하지말며 도적질하지말며貪내지말나」한外에 또 다른誡命이잇을지라도「곳 이웃사람 사랑하기를自己몸과갓치하라」하신誡命中에 다 드러갓나니라。 사랑은 이웃을害롭게하지아니하나니 그런故로사랑은律法을完全히 일우나니라

고明快히說明하엿다(羅十三•八ㅡ十節) 그리스도의要求하시는바ㅡ너희義가 書記官과바리새敎人보다 낫지몯하면 결단코天國에 드러가지몯하리라ㅡ는그義그完全은 이사랑의法則으로써實行될것이며 또그리스도가 발서完成한것이며 우리는다만 더의길을따라 바리새敎人보다더 完全함에達하게될것이다。 新舊道德이衝突 고 道德律의變遷이古今에無常하야 信依할權威가업는것갓치앎은 그것이皮相的觀察임을未免할것이다。 한거름나아가 그心軸에觸할때에 거게는 모세가 시내山에서磐石에새인대로 들고나리오던그대로의嚴然한光景에 멀고서게된다。 그리스도는 能히그形骸를 덜어더지고그心核만을 끄잡아至極히充實하게完成하신다。以下數種의境遇에就하야 좀더具體的敎示를探求하고저한다。

山上垂訓研究 八

殺人치말나 (太五·二十一—二十六)

二十一、녯사람의게 하신말삼을 너희가 드럿나니 殺人치말나 누구던지殺人하면審判을밧게되리라하엿으나

二十二、오직 나는 너희게 닐아노니 兄弟의게 怒여워하는者마다裁判을밧고 또兄弟를미련한놈이라하난자는 맛당히公會에잡히고 또 밋친놈이라하난者는 地獄불에 드러가게되리라

그리스도는 舊約에對한自己의態度에關하야 그것을廢하러온것이아니오 完成하려왓다는 大體의主旨를表明하신後에 只今은實例를擧하야 如何히하는것이 果然律法을充實하며完成하는道理인것을 가르키신다。第二十一節以下에서 첫재로 모세의十誡中第六位의誡命인 殺人치말나는것은例擧하야 그리스도의「完全케하러왓노라」는眞意를指示한다。이는 人間편에 關係한誡命中의第二位에잇는重要한律法이다。故로 이것을破하는者 即殺人한者는 반다시죽일것이라하엿다 (레위긔二十四章十七節、 出埃及二十一章十二節等)

「녯사람의게 하신말삼」이라함은 모세가여호와 하나님自身이말삼하신대로傳한것이니 絕對의權威잇는말삼이다。(出二十章十三及二十一章十二)。「審判을받으리라」함은 모세의게傳할때에 「반다시 죽이리라」고한것과同一한뜻이다。

二十二節에 「오직 나는 너희게닐아노니」云云은그리스도自身의말삼이다。前節은 하나님의말삼이節은 그리스도의말삼이다。이에二大權威가對立하엿다。하나님은 如此々히말삼하섯다 그러나나는 이러케말슴한다하신다。可驚할만한對立이다그리스도는 이로써確實히 하나님과對等의權威를主唱하시엇다。(二十八、三十二、三十四、三十九、四十三節參照)

兄弟라함은 基督信者인兄弟는勿論이오 廣義로쓰는人類同胞의意로解할수도인다。兄弟를「미련한놈」이라함은 raka. (Empty Head.) 即愚者의뜻이니 師士記第九章四節、同十一章三節에「잡류」란것과 同義의字라한다。二十二節에 「밋친놈」이란 原語는 more.英語의(Thou fool.)即痴者의意다。詩第十四篇一節에「어리석은者」라함과同意의것이며「미련한놈」

과「밋친놈」의程度에差別을附하야解하는學者도잇으나 차라리略同한뜻으로 읽는것이 自然스러울가 생각한다。

二十一節에「審判」을밧게되리라는것은 各地方에잇는 七人으로 成된法庭에서審問밧는것을말한것이오(申命記十六章十八、歷代下十九章五節叅照) 二十二節에「公會」라함은 산히드린이라稱하야 祭司長 書記官、바리새敎人等七十一人으로써成立된예루살넴에잇는 高等法院인대 大槪重大한問題를審判하는대오 이에서定罪하면 돌노처죽이는것이다。「地獄불」에 드러가게되리라는것은 예루살넴城南便에 힌놈의골작(谷)이라稱하는 處所가잇어네前에는偶像몰록의게嬰兒의 犧牲을들이든터이오當時에는死刑囚의死體를燒却하는焰燃이濛濃하야 보는者로하여곰最後의審判場인地獄의光景을聯想케하엿다。그럼으로 힌놈의골작(Ge hinnom. the Valley of Hinnom.)불의地獄(the Hell of fire 即最後의審判을意味하게되엿다。「怒여워」하며 「미련한놈」이라하며 「밋친놈」이라하고。「審判」을 밧게되며「公會」에잡히고 「地獄불」에드러가게 되리라하야心中의意思가漸漸發露함을따라 그處罰의程度도漸次로苛酷하게되엿슴을 알수잇다。그러나 그精神에잇서는 心中에서 兄弟를怒여워하기만하여도死刑에値한다하심은 一般이다。劍으로죽이나 돌로처죽이나 地獄불에다죽이나 죽이기는一般이다이에注意할것은 當時의學者들은舊約의律法을文字대로만取하야 極히淺薄하게解釋하엿음으로 單只殺人을犯한行爲만을罰하엿는대 그리스도는律法成文의精神을分明히하야 怒여워하는心情의發動으로부터 다한가지로殺人罪와同一하게處罰하신것이다이點이 그리스도에依하야 律法이 一層높하젓고充實하여젓고 完成하여진所以다。손에劍을들고사람을刺殺하는行爲그것은枝葉의問題다。그보다도心底깁흔곧에 罪의發源이잇고 그根源에서부터 보이지아니하는곧엣어 罪를處致하시는것이 예수가事物의眞相을透視하는態度언다。그럼으로 요한도「兄弟를 미워하는者는兄弟를 죽이는者니라」하엿다(요한第一書三章十五節)

二十三、그럼으로禮物을 祭壇에들이라고 거기잇을때에 네兄弟가 너를因하야원망하난것이

생각나거든

二十四、禮物을祭壇앞헤두고 몬저가서兄弟와和睦하고 그後에와서 禮物을드리라。

二十五、너를송사하난사람과함끠 길에잇을때에急히私和하라。그송사하난者가 너를法官의게내여주고法官이官隷의게내여주어獄에가돌가念慮하라。

二十六、진실노네게닐아노니 네가毫釐라도 갑기前에는 決斷코거기서 나오지못하리라。

殺人치말나는意義를明瞭하게하신後에 그리스도는 두가지境遇에 이原理를適用하야 納得을돕게하섯다。한아는 兄弟間에怨恨을품지말것 둘재는 송사하기前에私和할것이다。兄弟의關係는 사랑의關係라야하며 사랑의關係에서 떠나憎惡에情을가질때는발서殺人罪를犯한것이다。하나님은 禮物보다도兄弟間의和睦을더貴히보시며 破裂되엇던友誼가回復되는것은 무엇보다도 즐기시는바이엿다。그럼으로「너를因하야 怨망하는것이(다른兄弟가)생각나거든 精誠을다하야準備하엿던 祭壇에들일獻物이라도其樣두고 爲先兄弟의怨恨을풀어준後에禮物을드리기를要求하신다。이것이 「사람은外貌를보고 하나님은속을보시」는故이다。

二十五、六節에는 貧窮한生活에서 露命을保全하는者中에서 當時에나只今이나 日常흔히볼수잇는 金錢貸借의關係를擇하야 和睦을等閑視하는者의末路如何히될것을 平易하게說示하섯다。만흔註釋者가 이것을比喩로解하야「송사하난사람」은 하나님「法官」은그리스도를意味하는것이라하야 하나님끠拒逆하고、悔改하지안하는者는 乃終審判의날에基督의게定罪함을받어 永遠히地獄의滅亡을받으리라고解釋함은 넘어過度의推測일가한다。다맛日常의實例로써和睦을重히녁이며、兄弟를憎惡함이 곳殺人罪와同等의可恐할罪惡임을 平易하게가르키신것으로解하야도充足할것이다。結果보다動機에看目하여야하며 行爲보다衷心을보게되엿어 律法은單只行爲를拘束하는것이아오 깊히心靈을다사리는것으로化하여지니。이것이律法을 높히는 것이오充實케하는것이오成就하는것이다。

로마書研究

日本 張道源

나는 이제 로마書에對한 研究를 쓰랴고한다 내가 로마書研究를 쓰는것은 無謀의일이다 나와가튼 無識輩가 로마書研究를 쓴다는것은 朝鮮의耻辱인同時에 聖書朝鮮誌의侮辱이라 아니할수업다 나는原語도 모른다 英語、獨逸語도 通하지못한다 그런故로世界的으로權威잇는 學者들의 著書를 넑지못하엿다 그런故로나의親友들中에 或時에는『無識한牧師』라는 嘲弄의別號까지 준일이잇섯다 如此함에도 不拘하고 내가 이제 로마書研究를 쓰는것은 나보다도無識한信者 나보다도 聖書知識이未及한 現代朝鮮敎界의現職牧師、傳道師들에게 若干의도음이나마 잇슬가 하야 이無謀의極한일을 敢히 始作한것이다 나보다도 無識하야 나와갓튼者의것이라도 要求되는 어런 信者들에게만가라하고 이無謀의至極한일을 敢히始作한것이다 原語의奧義를 能解하며 外國語에能通하야 歐美先進國의權威잇는學者들의名著를 多讀하지아니한者로서는 聖書註解나或은講義할資格이업는줄노만아는 高名한 先生들은 나와가튼者의無謀에對하야 침을밧고 도라서리라 그러나 그中에도 要求되는 若干의靈들에게는 하날노의소래가되리라 하날에서 주시는恩惠가되리라 그러나 그中에도 一種의奧妙한것이잇다 그것은 獨創이다 나의이로마書研究中에는獨創의것이만히잇슴을 不免하리라 그것은 獨創이되랴하야 獨創인것도아니며 獨創하랴하야 獨創하는것도아니다 다만 나의 無識함이 나로하야곰 不得已獨創이되게만든것이다 獨創으로는價值가업는獨創일것이다 그러나 獨創은獨創이다 차라리 飜譯만도못한獨創이다 그러나 獨創은獨創이다 普通學校學生의創作과갓튼獨創이다 그런故로獨創의價值잇는獨創은아니다 그러나 하나님이예수그리스도를通하야 聖神으로써 내안에行하신 일이다 하나님의行하신 일인만콤 나는擔大하다 世界的權威를가진學者와도 싸울確信이 잇다。

今番 나의 로마書研究는 나의信仰生活의經驗과祈禱를土臺하고 그우에若干의日本書籍을 參考

로마書研究

로하야 昨年브터關ヶ原日本敎會聖書研究會席上에서講義한것에 若干의補修를加한것이다

로마書의叙言

一、로마敎會 로마敎會의起原은 何時頃이며如何한 使徒의傳道로創設된것인야함은 聖經에 밝히 記事되여잇지아니함으로 決定하기가不能하다天主敎에서는 이것을 글라우데아帝王第二年(主后四十二年)에베드로가創設한것이오 其后베드로가二十五年間이나 監督의職으로 잇섯다고主張한다그러나 此主張은 根據가薄弱하야 種種의方面으로否定되는點이만타 第一、本로마書中에 베드로에게關하야何等의記事가업는일 第二、베드로가로마에 잇섯슬진대 바울이 彼에게 何等의禮辭가 업섯슬수가 업다 第三、베드로가 로마敎會의監督의職으로잇섯슬진대 바울이 特히로마書를付送하야 로마敎會를 指導하며 敎訓하엿슬理가업다 第四、新約聖書中에베드로가 로마에갓다는記事가업다 第五、바울이 로마都에 잇는동안에보낸書翰中에는 베드로에게關한記事라고는一件도업다 此等의諸點으로推察하야보면 베드로가로마敎會의創設者라 傳하는天主敎의主張은 容易히承認할수가업다 如何間、일직브터 福音이 로마都에 傳播된것만은 事實이다 使徒行傳二장에 依하면 五旬節날에 使徒들이 先生을失하고 길을일흔 羊과과가치 混迷中에서 예수의命令대로하나님만밋고 熱心으로 祈禱할때에 聖神은 降臨하섯다 聖神의充滿함을 입은베드로는 如狂如醉하야 大衆을向하야 너희가 잡아十字架에 못을박아 죽인 나사렛 木工요셉의 아달예수가 곳그리스도가 分明하다고 確實히 證據할때에 예루살넴의 만흔사람들이 悔改하고 예수를 그리스도로 밋음애 밋는사람마다 다 聖神充滿함을입엇다 이베드로의 說敎를듯고 信者가되야 聖神充滿함을입은者中에 로마로브터온 유대人도 잇섯다 이사람들이 로마에도라간后에 로마에서 福音을傳播하야 그結果로 로마에 잇는유대人이나異邦人들中에信者가生起엿스며 이로써 로마敎會가設立된것이다함은 推信하기에難한事가아니다

二、著述의動機、바울이 로마書를쓰게된 動機에對하야 여러學者間에 種種의學說이잇다 그러

나 如何튼 바울自身이信하는福音의根本義를 로마에잇는 信者들에게도傳하야 뎌희의信仰을 一層더堅固하게하고저하는 熱望이有하엿든것만은疑心할수업는事實이다 바울이 에베소를써나 마게도니아와아가이아를經由하야 예루살넴에上할야고할때에 뎌가 如此히 말하엿다 『내가거긔에갓다가후에 로마도 보아야 하리라』(使徒行傳十九장二十一절) 또本로마書一장十三절에 『兄弟들아 내가다른異邦사람中에서와갓치너희들中에서도 好果를엇고저하야 여러番너희에게로 가고저하엿스나 至今까지 길이막혓도다 이것을너희가모르기를 願치아니하노라』 또本로마書十五장二十二、三、四、절에 『그런故로내가 여러番너희에게 가랴고하엿스나길이막혓도다 그러나 이제는 이地方에傳道할곳이업고 또너희에게가고저하는 欲望이懇切하엿슨즉서반아로갈때에 반다시 드러서 너희를보리니』라고! 如此히뎌는一日이라도 速히로마에가서 로마에잇는信者들의信仰을一層새롭게하며 一層堅固케하며 또未信者社會에福音을傳播하야 뎌희들中에서도 만흔信者를어들야는熱望을가젓스나 種種의障害로因하야 그뜻은일우지못하고잇든次에 고린도南方에잇는 겐그레아敎會의女執事뵈뵈가 무삼用務가잇서 로마로가게되엿다 바울은이女執事를 로마敎會에薦擧하는同時에 이好機會를際하야 自己의熱望이든 로마에잇는信者들에게 自己의信仰을明示하야 뎌희들의信仰을一層堅固케할뿐만아니라 未知의로마信者와自己와의間의靈的關係를깁히매자두자는것이 此로마便紙를쓰게된 動機임은疑心할수업는事實이다

三、年代와場所、年代에對하야는스미스氏의計算에依하면紀元五十六年度末이거나 或은五十七年度初이다 때에 바울의年令은五十六歲可量이다 場所는 고린도이다 바울이第三次傳道時에고린도에三個月間滯在時에고린도가이요의집에서 이便紙를써서겐그레아敎會의女執事뵈뵈의便에付托하야 로마敎會에보낸것이다。

四、著者、로마書는新約聖書中各書에比하야 特히確實히證明된書翰이다 故로로마書가바울의眞作인것에對하야 秋毫의疑心업다 本書에對하야若干의疑問잇는것은十六장二十五절―二十七절에잇는祝

禱다 이것이十四장終末에붓칠性質의것이오 十六장終末에붓칠性質의것이아닌즉 十五장、十六장二장은바울의眞作이아니오 加筆이라하는學者가잇다 그러나 近世에至하야는十五장도亦是바울의眞作이올타는것으로決定되여잇다 十六장에 對하야서도若干의疑問이잇스나 此에서畧한다

五、精神、로마書는 바울이自己의信仰의眞體인十字架中心主義의神學을 로마에잇는信者들에게說示한것이다 基督敎福音의中心되는十字架 即贖罪問題에關하야 理論上徹底的說明을提供한것이 곳此로마書다 基督敎의專有的敎義는十字架上贖罪다 佛敎에서도罪의赦免을主張하며 淨土眞宗에서도生命을說한다 그러나 他宗敎가所有하지못하고 基督敎만이專有하야 잇는敎義는十字架上죽엄의贖罪다 다만赦罪의信仰이아니다 實로예수그리스도의十字架上에죽엄의史的事實이 即우리를代身하야의贖罪祭임을 믿는信仰이다 예수그리스도의十字架上죽엄의 贖罪의史的事實이 잇는赦罪의信仰이다 죽엄으로써代身한贖罪의事實을伴하지아니한赦罪가아니라 贖罪의事實을證品으로한 赦罪의信仰이다

如此히그리스도의贖罪의事實을밋기만하면 유대人이나 異邦人이나 다差別업시罪의赦宥함을밧고救함을밧는다는敎義를提示하야 信仰의必要를提唱하엿스며 此救援을得하는道는 유대敎의律法實行의業績으로써 얻는것이아니오(自己의功勞、行業、積善、努力等) 그리스도敎信仰으로써만得할것임을論하엿다 이것이 바울의獨特한福音인同時에 로마書의 大意精神이다 如斯한大意精神을가지고本로마書에論한바主要題目 律法、罪、恩惠、信仰義、肉、靈、等이다

로마書의骨子만을 畧述하면 左와如하다

一、自己의紹介 一장―七、
二、로마訪問의希望 一장八―十七、
三、個人의救援 一장十八―八장、
1、稱義
2、聖潔
3、榮化
四、人類의救援 九장―十一장
五、信者의實踐道德 十二장―十五장十三、
六、書簡의末文 十五장十四―三十二、
七、末尾의人事 十六장

主祈禱의研究 (二)

金 敎 臣

第一祈願

거룩하여지옵소서 일홈이 당신의(第九節)

네前觀察使가 그管內의奇特한百姓을 불너어種種물은일이잇엇다「네所願이무엇인냐?」고。그所願이萬一適當한것――觀察使로서應할수잇는것일때에는成就되엿섯다。헤롯王이 헤로듸아의 친딸을 불너다가「네 所願이라면 무엇이던지 주리라」고 盟誓하엿을때에 뎌는自己의支配하고잇는 파레스티나全土의半分까지는 줄수잇엇다。그러나少女는 헤로듸아의敎唆한대로 洗禮요한의 머리를 달나하야 義人의피를흘닌것뿐이엿다(馬可六章十七ー三十節)。數年前일이엿다 市內某女學校第三學年을 一期로하야 臨終의床에누은少女가잇엇다。그三寸되는聰明한大學生一人이 그枕邊을직히고잇엇다。醫師의注意에依하야 最後의時刻이 刻一刻으로갓가와지는것을알엇슬때에 三寸은 뭇기始作하엿다「이애 네所願이무엇인냐 네願하는것이라면 나는 學業을中止하고라도 아니 내生命을박고왓엇라도 네所願을成就하여줄터이니 어서말하여라……」고 少女의所願은單純한것이엿다「……살기싶흔것이所願이오」라고 自己의生命이라도代身하여주고싶흔것은 속힐수업는眞情이엿다。그러나 그것은不可能한일이엿다哲學槪論의知囊으로써 소크라테스以下의靈魂不滅說을長時間力說하야보왓으나 少女는 別노히慰安된것갓치뵈지안코 爲先力說하고잇는自己自身도 어듸인가 空虛함을늣길뿐이엿다한다。

사람의게 所願이업슬수가업다。그러나 그所願을告達할때에 그것을 들는相對者가 누구인것을 잘알어야하겟다。觀察使의게는 道內에關한것을請하여야하겟고 헤롯王께는 파레스티나領內의것을 願할것이며 大學生의哲學槪論노트中에서는 愛着한世上을떠나는少女의靈魂을慰安할만한 아모것도 不出할것을 알어야할것이다。

우리는 하날과 따와 그안에萬物과 宇宙萬象을創造하시고支配하시고 全能하신하나님앞헤所願을알외는것이다。風化作用에奇妙하게形成한花岡岩

第一 祈願

앞헤 업드린것도아니오 사람의손으로造型하고金箔을부친偶像을向하엿어도아니오 다만偉力을가진暴君앞헤 자복한것도아니다。永遠으로부터永遠까지 살아계신하나님을 압바아바지라고불으면서所願을 알외는것이다。우리의祈願을밧는 그이가宇宙를主宰하시는全能者이시고 또 그이를아바지라고불으는대에 基督敎全體의精神이들어잇다。그러면 이와가튼親愛한人格的關係로써 하나님을 아바지라고불을때에 우리의第一懇願은무엇일가。세베대의 아달의 어미와 갓치 두아달을 主의나라엣어 하나는主의 올흔편에안치고 하나는主의왼편에안치기를 所願하는것은 求할바를分別치몯하는所以가된다(馬太二十章二十──二十二節)天地를支配하시는너의게求하는것이오 또父子의親分으로써願하는것이다。그이의子女답은祈願이라야할것이다。

거륵하여지옵소서 (일홈이 당신의)

라는것、即하나님의일홈이 神聖하여지이다 하는것이 最切最大의所願일것이라한다。아바지여하고불으는中에는 大端히親密한關係가잇엇다。그러나아바지라하야 념어狎近하엿어는안된다。基督者가아바지여하고祈禱들임을밧는이는 宇宙를主宰하시는여호와하나님이신것을 알어야할것이다。거륵하시고 거륵하시사 際限이업시거륵하신存在이신것을 첫재로認識하여야한다。하나님앞헷어는 신발을벗고설것이며 갓가히오지도몯할것이다 (出埃及記第三章五使七章三十三、여호수아五章十五節)。그殿前엣어는얼굴을가리우고 敢히처다보지도몯하엿다 (出三章六節이사야六章一、五節、列王上十九章十三節) 이至高、至嚴、하신하나님을眞心으로認識하야하나님께 當然히드릴바尊敬을드릴때에 父子의親密한關係도正當하게成立된다。萬一이敬虔의度에不足함이일슬때는(近代人의神觀은 이點에서畸形이되엿다) 親子의關係도不純하게되는것이다。그럼으로 基督者의所願은하나님께對한 無限한敬慕、即禮拜로써始作되엿다

「거륵하여지옵소서 일홈이 당신의」라는一句는全혀間接으로所願을陳述한것이되엿다。至極히神聖하신하나님自身에關한일인故이다。또한 그意味하는바가 사람의힘으로써 하나님을거륵하게한다는것도아니오 하나님이直接自身으로써 거륵함을낫타내심도아니오 하나님이人類와萬物을通하야 自

己의榮光을 낫타내시는것을 일카르는것임으로間接으로所願을陳述케된것이다。

直接「하나님」이라고 부르지안코 「일홈」을거륵하게하옵소서라고말한것도迂曲한語法이다。 여호와의特別한選民이엿고 하나님의長子인줄自信하던이스라엘百姓은 하나님의일홈을 함부로불을수업서 敬畏하다가 乃終에는하나님의일홈字를發音할줄도 몰으게되엿다。 尊長의銜字를發音하기를畏懼하는것은우리나라에서도 오랫동안慣習된일이엇다。 뿐만안니라 일홈이라함은 그本體와內容을明白히表示한다그럼으로 하나님이라하기보다도 일홈이거륵하여지옵소서할때에 더明瞭하게 하나님의屬性을表示한다。 聖書에는 그런用例가多數하다。

대접하는者는 그일홈을믿는者라(요한一章十二節)

主의일홈을사랑하는者들도 主를인하야깃버뛸것이로다(詩五篇十一節)。

우리가主의일홈을힙입어 우리를치랴하난者를밟으리이다(詩四十四篇五節)

여호와의일홈은 견고한城이니 義人은그리로달녀가서 구원을얻으리라(箴言十八章十節)

여호와의일홈을 네앞헤반포하고(出三十三·十九)

其他에도無數한用例를 찾을수가잇다。 新約에서「그리스도의일홈」이라고할때에도同樣으로 그本體를表示하는것이다。

「거륵하여지옵소서」라는말은(hagiastheto, Hallowed be,)即Holy(聖) 하게하는뜻이다。 가이사의것은가이사의게로주고 하나님것은하나님께돌니는것 或은土器일지라도 祭壇用으로聖別한때에 거륵한것이된다。 即하나님의 거륵하신本質에 宜當이돌녀야할尊敬과崇拜를가지고 至聖하신하나님께對하게하는것이하나님이 거륵하여지는것이다。

하나님의일홈은 人類의崇敬을待하지안코라도本來거륵한것이다。 그러나 아담의墮落以來로異邦사람은

大槪하나님을알것이 더히속에보이난대 임의하나님께서 더히게보히섯나니라。 대개 세상을創造하심으로부터…… 그만드신萬物노보와 알지니 그런故로 핑계하지몯할지니라。 더히가 하나님을알대 하나님으로알앗어 榮華롭게도아니하며 感謝하지도 아니하고 오히려 그생각이 허망

하여지며미련한마암이 어두어젓나니 스사로智慧잇난체하나 우준함을일우어 썩어지지아니하난하나님의榮光을變하야 썩어질사람과 禽獸와 버러지의形像의偶像으로代身하엿나니라……더히가 하나님의眞理를거즛것으로밧고와 創造함을받은萬物을 萬物創造하신主보다 더敬拜하고섬기엿다。

하나님이定하심을 뎌히가알고도 뎌만行할뿐아니라 또한그일을行하는사람을 깁버하엿다 (羅一章十八ㅡ三十二節) 그와同時에 이스라엘選民들은律法을자랑하고 律法을犯함으로 하나님을 욕되게하엿다。

대개記錄한말삼과갓듸 하나님의일홈이 너히로말매암아 異邦사람中에서誹謗을밧난도다

하엿다(羅二章十七ㅡ二十九節、에스겔三十六章十六節以下)異邦사람이나 猶太사람이나 即온人類中에서 하나님의本質에合當한崇敬을 볼수업섯다。이런매에 하나님의일홈이거룩하여진다함은 異邦사람과不信徒는 各其良心의소래를듯고 또한 그만드신萬物노보 서물이바다에덥힘갓치 하나님을아는知識이世上에遍滿하게되여(이사야十一章九節)썩어지지아니할 하나님의榮光을 썩어질偶像으로代身하는일이업시 萬物創造하신主를 創造함을받은萬物보다 더敬拜할줄알게되여 하나님을하나님으로認識하야 相應한崇敬을둘니는것이 하나님의榮光이낫타나는所以의하나이요

둣재로는猶太사람과基督者가

나 여호와 너히하나님이 거룩하니 너히도거룩할지어다

라는(레위기十九章二、彼前一章十五) 말슴에順從하야「몸으로 산祭祀를드려 거룩하고 하나님을깃브시게하난것이(羅十二章一)곳 하나님의거룩하심이낫타나시는것이된다。「너히(信者)를 본者는나를(그리스도)본것이오 나를본者는 아바지를본것이라」는關係다。그리스도는 이러케가르키실뿐아니라 自己의祈禱와全生涯가 하나님의 일홈이거룩하여지는것을中樞로하고 살으섯다。「아바지의일홈을榮화롭게하옵소서(約十二、卄八) 아바지께서내게맛기신일을내가일우워아바지를 이世上에 영화롭게 하엿나이다(仝十七、四)라고。

第二祈願

臨하시옵소서 나라이 당신의(第十節)。

나라이라함은 「당신의나라」 即여호아하나님의 支配下에統治되는나라을意味하는것이다。 또 나라이라는原語basileia는 Kingdom(王國)이란뜻이잇음으로立憲政治、共和國等은아니고 君主獨裁政治를意味한다。 그러면 「나라이臨하옵시며」하면서無意識的으로 機械的으로 主祈禱를暗誦할때에 더는 現代思潮와는全然背馳되는所願을陳述하고잇는것을 알어야할것이다。「나라이臨하옵시며」하는 意味는 自治運動의完成이라든가 社會主義의實現이라든가 共產主義政府의樹立을祈願하는뜻은아니다。 그와反對로 여호아하나님의獨裁專制政治의實施를懇願하는것이다。「獨裁」「專制」「王國」이런것이 다現代人、特히朝鮮新人들의不快히아는바이다。 이런뜻인줄알고 明瞭한意識으로써 하나님의獨裁하시는 王國이速히臨하기를祈願하는것은 凡常한일이아닌줄을알어야하겟다。

「臨하옵소서」하는뜻은elthato인데 英文舊譯에는 arive. 라고譯하엿고 同文 에는 come. 로되엿다。和文舊譯에는 「臨らせ給へ」라고하엿고改譯에는「來らんことを」라고하엿다。漢文으로는「爾國臨格」이오 官話로는「願你的國降臨」이다。「나라이臨하옵소서」하는것은簡單한一句節이다。그뜻이自明한 것가트나 이自明한一句처럼 古來로 現今에도 多種多樣으로 解釋되는句는 聖書中에도 드믄例일것이다。假令五百名信徒가 한禮拜堂內에서 一時에主祈禱를和唱하엿다하면 이一節의解釋은畢境各人各樣으로五百種의見地로써 降臨하는王國을 想像하엿을것이다。鷄龍山宮基의傳說이 아직도民間에流傳하고 車天子의登極이大衆의心裏을支配하는百姓들임으로 이「나라이臨하옵소서」라는一句는 嚴密히吟味하고저한다。

「臨하옵소서」라는것을 「漸臨」하는것 차츰차츰進步發展하는것으로解하야 「나라이臨하옵소서」하는것을「天國이地上에漸臨 하는것」으로取하면 이것이偏하야敎會가淺薄한社會事業機關으로化하고所謂地上天國의建設運動이猛烈하게된다。그地上天國이란概念의內容도 또한各人各樣일터이다。宣敎師

邸宅으로써地上天國을推想하는善男善女도잇을것이고黃金國北米合衆國으로써天國의影子인줄노美望하는識者도잇을것이오 或은農村問題의丁末國으로써 或은共産主義의露西亞로써 其他等等으로써各其各自의天國을 그릴수잇을것이다。

他方에서는 如此한漸進的、發展的天國觀을排하고 地上天國建設運動과가튼것은異端視하는敬虔篤信者가잇어 「臨하옵소서」라는뜻은 乃終예수再臨하시는날에 完全한하나님의王國이實現될것이라는終末觀的(eschatological.)으로解釋하는者도잇다。그러나實際上으로는 이終末觀的見解를取하는者中에도審判日의時期와 그樣式과 王國實現後의그內容에關한細末에至하야는 此亦是千人千態의想像과信條가介在할것은勿論이다。 또한終末觀的觀念中에도全然히漸進的發展을排斥하는것이아니고 漸進的觀念中에도最終의目的인天國完成의所願이包含되여잇는즉 實際的으로는 그相關되는것이매우微妙한바이가잇다。 只今그一一의境遇를詳論할수는업스나聖書에依하야 「나라이臨하옵소서」라는意味의大綱이무엇인것을 可能한대까지 探求하여보고저한다

本來이스라엘民族의게는 메시야王國의來臨을渴求하는 思潮가强하게잇엇다。그럼으로洗禮요한이잡힌後에 예수께서天國福音을傳播할때에 民衆은예수를 세워國王을만들냐고 卽메시야王國을建設할냐고하엿고 또그十二弟子들도乃終까지 메시야王國을夢想하고잇엇던것은 가롯유다의謀返과베드로의諫言(마가八章三十二)하엿던일과 세베대의아달들의要請(마가十章三十七節)等으로보왓어도 알수가잇다只今舊約으로부터 이思想을詳考하건대

세가리야는(二章十節)

시온의딸아 노래하고 깁버하라。볼지어다 내가臨하야 뎌히中에居하리니 이난여호와의말삼이니라

하엿고 에스겔은(三十七章二十七節及四十八章三十五)

내處所가 뎌히가온대잇으리니 나난뎌히하나님이되고 뎌히난 내백성이되리라。

……그城邑의일홈은「여호와께서 뎌기계심이라」하시더라

하엿으며 이사야는(八章八節)

……임마누엘이여 그 물이 날개처럼 펏어너의

따에 편만하리라。

하엿다。其他에도 이사야第二十五章八節、同三十五章十節、同六十五章十七、十九節 及歷代下六章十八節等을參考하면 녯것이가고 새로온것과死亡이滅하고 눈물을씨슬것과 근심과 탄식이업서지고 新天新地가생길것이며 不完全한것이가고 完全한메시야王國이臨할것을累累히豫言한것을볼수잇다。이것이新約時代에至하엿어도 義롭고敬虔한사람사히에憧憬하는 나라가되엿다。

예루살렘에 한사람이잇으니 일홈은 시므온이라。이사람이 義롭고誠心이잇어 이스라엘의慰勞를기다리난者러니 또한聖神이 그우에게신지라。(路加二章二十五節)

아리마대요셉이왓으니 이사람은尊貴한議官이오 또하나님의나라를 기다리난者라。당돌히빌나도의게云云。(馬可十五章四十三節)

앞헤가고 뒤따라오난이들이 소래질너갈아대 호산나主의일홈으로 오시난이의게福이잇을지어다 오난나라 우리祖上다윗의나라이福이잇을지어다 至極히높흔대서도 호산나라하리로다 하더라。(馬可十一章九、十節)

더히가 이말삼을들을제 예수께서 예루살넴갓가오시고 뭇사람의뜻에하나님나라이곳낫타날줄노아난故로 예수비유를베프러…(路十九章十一節)

云云하야 예수當時의義로온사람들이 懇切한마음으로 하나님의나라 卽豫言者를通하야約束하엿던메시야의王國을 渴望하엿던情況을 알것이며 이것이使徒에至하야는

이제後로는 나를爲하야 義의면류冠을豫備하야두섯으니 곳主께서義로우신裁判長이되사그날에내게주시고 내게만주실뿐아니라 主의나타나심을思慕하난 모든者의게도주시리라。

하야(듸모듸后四章八節)目前에보히는事實처럼天國의消息이明確하여지게되엿다。이것은勿論 하나님의품속에게시다가 하날노서오신 예수그리스도로因하야 「하날」이란것이무엇이며 「臨한다」는것이무슨意味인것이明瞭하여진까닭이엿다。그럼으로以下에예수당신의말삼에就하야 新約聖書에서 稱하는바「나라이臨한다」는 뜻을찾고저한다。

요한이 잡힌後에 예수ㅣ갈닐니에 니르러하나

님의福音을傳播하야 갈아사대 期約이 임의니르럿고 하나님나라이갓가왓으니 悔改하고福音을믿으라。

는것이(馬可一章十 、五節)예수傳道의初一聲이엿고 그것은또한 그리스도의 길을準備하려고왓던洗禮요한의「悔改하라天國이갓가오니라」고江岸에서웻친바이엿다。또山上垂訓第一句는

마암이가난한者는福이잇나니 天國이뎌히것이오。

라하엿고 바리새敎人이天國이臨할時期을무럿을때에 예수는對答하시기를

하나님나라이 너히안에잇나니라。

하시엿다(路十七章二十節)또한

하나님의나라이 너히게臨하엿으리라

하섯다(馬太十二二十八)即하나님나라이 발서臨하여진것을말하엿다。이하날나라의進展과 成就에對하야譬喩들베프러말삼하시기를

天國은 맛치사람이 게자씨한알을심는것갓다。

라시며(馬太十三•三十一) 그完結에關하야는「天國福音을 온世上에傳 야 모든百姓의게證據한後에꼿치너르리라」(太二十四•十四)하며「내가以後에는 하나님나라이臨하기前에 다시葡萄즙을 마시지아니하리라」(路二十二•十八)하엿다(其他路二十三•四十二、太二十八•九、使三•二十一叅照)

以上의예수말삼에依하야判斷컨대 하나님나라이라함은 이곳이다 뎌곳이다하야 迷惑할바도아니오(太廿四章)너히가온대 네속에온것이며 오늘이야明日이야할것이아니오 발서믿는者의게 거듭난者의게臨한것이며 사람의運動과 役事로써擴張되는것이아니고 農夫가種苗에 물주듯이 하나님의「말삼」을온天下에傳播하는동안에 天國은게자씨와가치旺盛하여지며 宇宙萬物과가치義의太陽이빛우이는 나라을思慕함이切實하고 어린아히와갓치 하나님나라을받들때에(路十八•十七)乃終우리의祈願이應答됨을볼것이다。

基督者가「나라이臨하옵소서」하고祈願하는것은必曰極樂世界를所願하는것이아니다。또生活改善을希求하는것이아니다。自我가完全히 하나님의統治에屬하자는것이오 온世上이하나님의支配下에徹底히順伏하기를求하는것이다。그럼으로이것은人生의쓴盞을맛본者라야할祈禱다。蕩子가父親의膝下로도라올때의心情(路十五•十七)이라야할것이오 하나님을슬혀하야 내여바림이되엿든者(羅一•廿八以下)가悔改할때의哭聲이여야할것이다。詩第十三篇의詩人의心情을가진者의게서라야 울어나올祈願이다。(本誌第二十六號咸錫憲君의研究叅照)

道德에서完全히失敗하고오라

張道源

예수께서 永生을求하는青年에게 對하야네『永生에드러가랴거든誡命을 직히라 完全히직히라』하심은 그青年을試驗하야 보시는말삼이다 유대의律法宗教에 對하야 如何한 態度를取하고잇는것과 又는如何한 程度의經驗을 가지고 잇는가 함을診察하시기爲하야하시는것이다 예수께서 永生을求하는青年에 對하야『誡命을직히라 完全히직히라』하심은 『先生님이여 내가오날날까지 유대敎를熱心으로 遵奉하엿사오며 모든誡命들을 직히기를 다른青年들보다 뛰여나게 하엿습니다 그러나 今日까지 나의經驗으로보면 내가律法을 직히여 義人이되랴고 努方하면 努力할사록 더욱 나의罪는摘發되며 畢境은나를 人의首長으로定하야 罪의權勢의統治下에 두어 나로하야곰 더욱 煩悶을새롭게하며 苦痛 거듭하야 그暗黑과絕望이 甚하게하엿습니다 그런故로 誡命을 직힘으로써 永生을얻으랴는 希望이나 力은 아주不能의일입으로 體得하야 그길에서는 아주 絕望하고 마럿습니다 그런故로善한行爲로써 永生얻을랴는 來의 유대敎 即誡命의宗敎말고 딴 새로운 恩惠의宗敎가 업습니가? 새로운 恩惠의길을 듯기십습니다 即善한行爲를行함으로 永生을얻을것이아니라 恩惠로써 나와가튼罪人이永生을 얻는 새로운 길이업습니가? 即誡命을 完全히 직혀 完全한사람이 됨으로永遠한生命을 얻는다 律法主義宗敎말고 罪人그대로가 하나님압패 義人으로의 取扱을받아 永生에드러가는길이업습니가? 나는이와가튼새로운 길의福音을求하야先生님께왓습니다』라고하는 對答을 드르랴하심이다 그러나이青年은 예수께서『誡命을完全히 직히라』하신그말삼의眞意를 깨닷지못하고 다만그表面에 낫타난 意味그대로만을取하야버린것이다 그런故로 그完全實行의여러가지問題의困難함을생각하고 근심하고도라갓다。 呀—不幸한者中의不幸한者는 이靑年이다 맛치 沙漠에서 샘물을 찾든者가 샘물가에오기는왓스나 一步의未進으로 生水를 마시지못하고 목이渴하야 죽는者와갓트다 뎌가 참生命의主를 차자 맛나기는 하엿스나 뎌의 맥힌(頑固)것이 生命의主를처버렷도다 뎌는 사람이 무삼

善行을 行하여만永生을얻는줄노만알엇든律法主義思想때문에 맥힘을 바닷다 뎌가永生을熱求하게된것도 뎌가律法主義宗敎에熱心을遵奉하엿든까닭이오 뎌가이제永生에對하야 맥힘을 밧는것도 律法主義思想의까닭이다 律法主義인유대敎는 뎌에게 사람은善行에 完全하여야 永生을엇는다고 가라처주엇다 바는사람이永生을어드랴면 善한行爲의完全한사람이되여야한다함의知識을 律法主義의宗敎인 유대敎에서 바든것이다 그리하야 뎌는 善한行爲의完全한사람이되야 完全한善行을일우랴는要求의人이엿섯다 善行中에가장善行의所有者가되랴는것이뎌의全要求엿섯다 卽永生에드러가랴면 善行中의가장完全한善行이要件되는줄노만알엇든것이다 그런故로 무삼善을行하여야永生을얻겟슴니가?하야무삼善行을求하엿다 뎌가永生에드러가랴면完全한善行이要件됨의知識은律法主義宗敎에서어든것이다。그러나뎌는이知識때문에너머지게된것이다 그러면律法의宗敎가永生에드러가지못하게하는防害物인냐? 決코아니다 永生의나라로드러가는대 準備로잇는다리(橋梁)뿐이다 사람이 이다리를 건너지아니하고는 그나라에드러가지못한다 그러나그나라로드러가는途中에準備되여잇는다리뿐이오 그나라는아니다 律法主義의宗敎로사람이永生을얻게한것이아니오 永生의宗敎가오기까지에準備로잇는것뿐이다 律法主義의宗敎는사람을生命의宗敎를要求하게되는點에까지引導하고는그用務맛치는것이다 그러나사람은根本的그릇된것인지라 律法主義에서固執하야그웃段에繼續되야잇는生命의宗敎의일을막는것이다 그런故로사람은完全하기前에구더저서는아니된다 녯것이우리에게滿足을주지못한때에그것을固執하고잇서서는아니된다 우리에게滿足을주지못하는것일때에는무엇이던지액기지말고내여바려要求에正直하게할것이다 完全이아닌것에서頑固하지말고恒常完全을向하야새로와야한다 完全을向하야恒常새롭지못한때에구더지는것이다 구더지는곳에生命은마르고光明은써지며眞理는잇지아니하고 虛僞만남아잇는것이다

우리는예수씌서永生을求하는青年에게『네가永生에드러가랴거든誡命을 직히라完全히직히라』하신말삼이律法을行함으로 永生을엇는것이아니라 밋음의恩惠로永生을엇는것이라』는基督敎의福音과의何等의모순이업슴을안다 우리가이것을아는者가되야基督敎의大眞理를把握한者가되여잇는것이다 於是乎마태福音十九창十七절下半句와二十一절에起하는疑雲이풀여지고마는것이다。(完)

城西通信

一九三一年二月一日(日曜)山上垂訓第十七回로馬太福音第六章五ㅡ八節의工夫를畢한後에 대문을 두다리는 두靑年이잇엇다。爲先番地찻기에大困難하엿다는뜻을말하야 大建物속에서大先生이大集會를敎導하는줄노알엇던것이 豫想과는全然틀녓다는表情이엿고 모혀어는大體무엇을하느냐?는 質問임으로 舊新約聖書를工夫하되 마치書堂訓長압헤서論語나大學을工夫하든것처럼 舊朝鮮式이오 樂器도업고讚揚隊도업고。一旦出席하기로作定한後에는 無斷缺席 遲刻하는것은大端꺼려하오。法悅의境을誘導하는 祈禱術도업고心理學을應用한說敎法도몰으고。다만敎室에서敎科書를工夫하듯이 冷冷한學習뿐이오。이聖書를工夫하는것뿐이오!云云。靑年은듯기를마지못하야「…하도여러번 故鄕에잇는親구가『간곡하게』勸함으로 오늘차저왓습니다……그런줄알엇드면 : 그런줄알엇드면。」뎌들은 참아「…올것이아니엿다」라는結言을못하고 다만「…그런줄알앗드면그런줄알앗드면…」하면서 머리만글다가『간곡히』勸하엿다는친구를怨望하는듯이辭退하엿다。짐작컨대地方에잇는兄弟中에는 自己의사랑하는친구가上京할때에 무엇보담도聖書硏究會에參席하라는것을 매우『간곡하게』勸勉하는이도 잇엇든模樣이다。그러나 이왕紹介하는것이면 그內容까지말하여주는것이後日에失望을 남기지안할것이다。우리集會의出人口는大門이아니오小門이다。아주小門이다。無斷缺席 遲刻이大禁物이니餘他는推知할것이다。眞理의探求에眞劍味가업시는彼此에興味업다。舊約聖書를携帶할만한熱誠이업는모던信徒는처음부터오지말기를勸한다。이것은勿論傳道의方法이아닌줄안다。本來부터所謂傳道는아니엿다。

二月八日(日曜) 山上垂訓工夫如前。第十八回로 主祈禱의緖言을講하다。十五日(日曜)에主祈禱第二回로「아바지여 우리의 하날에게신」이란一節을工夫하다。宇宙大의眞理를 如實히表現할힘이不足함을늣길뿐이다 ○近來에自身의피로움과周圍의孤寂함을感하는때가種種잇다。그러나 내가慰勞를要求하려든周圍의兄弟들을環視할때에 뎌들이擧皆더어려운患難中에서苦痛함을보고는 나는敢히要求할바를提議치못할뿐인가 도로혀나아가慰勞하여야할形勢로된다。身弱과親患에피로운자 失職에피로운자 急激한生途의變革에못견듸는자도잇고 忠實한敎師로서 예수일흠緣故로唾棄함을當하는先生도잇다。그中에는또한中學校生徒로서盟休에不參하고 信仰에섯어싸우느라고苦痛中에잇는어린兄弟도잇다。各其當面한者로서는 山뎀이갓흔險路요怒濤와갓흔苦海일것이다。中學生이中學生으로서周圍의誘引과威脅을물니치고所信을獨步하려할때에 뎌는畢境少弱한北軍을거느리고大强한南邦에宣戰하던「링컨」의信念과單身으로 와름쓰會議에出席하든「루터」의勇氣를必要할것이다。그러나 몸을도리켜長者로써볼때에 뎌의躊躇와뎌의用意와뎌의悲壯한決心이 오히려可笑롭지안할가。뎌가信仰에섯어行하는것은太陽이東出西沒하는것과갓치當然한軌道를行하는것뿐이다。悲壯할것도업고 두려울것도업다。뎌가過大한恐怖를抱함은 마치어린병아리가싸호면서殺傷을當할가念慮할과 무엇이달음이잇으랴。또한우리各自가自己의게理由附하고 兄弟의게怨恨을매즈려는各自의患難과苦悶도中學生의處地보다 過함이얼마나될가。놉호신이의눈으로보실때에 우리의한숨과우리의눈물에도一笑에지나지못할바가만흘것이다。아니 그全部가그러치안할가。○二月二十二日(日曜)主新禱第三講。病席에서校正을畢하야第二十六號聖朝誌二十八日出來。

本誌定價(送料共)

一冊	十五錢
六冊(半年分先金)	八十錢
十二冊(一個年分先金)	一、五〇錢

昭和六年四月四日 印刷
昭和六年四月 六日 發行

京城府外龍江面孔德里一三〇
編輯發行兼印刷人 金敎臣

京城府西大門町二丁目一三九
印刷所 基督敎彰文社

京城府外龍江面孔德里活人洞一三〇ノ三
發行所 聖書朝鮮社
振替口座京城一六五九四

『聖書朝鮮』第二十七號　昭和六年四月一日發行（毎月一回一日發行）

（定價十五錢）

昭和五年一月二十八日(第三種郵便物認可)
昭和六年五月一日發行(每月一回一日發行)

聖書朝鮮

第二十八號

一九三一年 五月一日發行

目次

京城 聖書朝鮮社 發行

아모스書研究

咸錫憲

一、野人아모스

距今二千七百年前項、 그리스도가世上에오시기七百六七十年前、 西洋에서는希臘文化가겨우始作되고羅甸民族이大로마市의礎石을놋턴때요 東洋에서는春秋의亂世가비로소始作되려하던때 그때에 이스라엘의벳엘壜터에는 行裝草粗한一個丈夫가나타나서「이스라엘의子孫들아 여호와께서너희에게널아신말슴을들으라」「여호와께서시온에서부르지즈시고에루살넴에서音聲을發하심에 牧者의草場이슬퍼하고가멜山꼭다기가衰殘하리라」하며霹靂의소리를나리우고잇섯다。그의일홈이아모스다。

記錄한바에依하면 그는 이스라엘사람은안이요그南方에잇는유대따드고아사람으로서 이스라엘에對한무서운予言을發하기爲하야 特히하나님의보내심을밧아서온사람이엇다。그러면 그무서운사람은大體엇더한사람인가。

「드고아牧者中에엇는아모스」라고 씨어잇는대로그는牧者엿다。또 그自身도「나는本來先知者가안이며 先知者의아들도안이오 나는本來牧者요뽕나무를培養하는者라」라고말한다。即 그는只今「여호와의말슴이 이스라엘의세가지罪와밋그네가지罪로내가報應하기를도리키지안이하러니」하며 하나님의震怒를代言하고잇스나 世上이一般으로公認하는職業的先知者도안이요 또世襲的先知者의家門에난것도안이엇다。오직羊을치는者요、그一便으로뽕나무栽培를하는사람이엇다。말하자면田夫요野人이엇다。그러나、이野人우에하나님의命令이나리엇다그리하야 그는 이스라엘을向하야 하나님의무서운代言者가되지안을수업섯다。마츰내 自己羊떼를놋코여호와의말슴에몰니어 이스라엘로向하엿다。

本來우에引用한句節은 벳엘에서아마시아와辯爭할때에아모스가對答한말이다。벳엘이라면 宗敎都市

엿고兼하야商業市엿다고한다。아마시아는거긔에祭祠長으로잇섯다。아모스가벳엘에가서、하나님의말을傳하자、아마시아는例의宗敎家根性을發揮하야陋劣한手段으로(王權과結托하야勢力을빌어가지고)아모스를境外에逐出하려하엿다。그리하야王에게말하기를「아모스의말이、여로보암(곳王)이劍에죽고 이스라엘이반다시사로잡혀自己따에서나가리라한다」고하엿다。아마 그는、아모스의予言으로써 自己敎權의侵害라고反感을산것이엇슬것이다。그리고 아모스에對하야는「先見者야 너는逃亡하야유대따에너르러、거긔서떡을먹고거긔서予言하려니와、다시는벳엘에서予言하지말라」하엿다。말하는心算은 아모스는予言하기를專門으로하는職業的先知者라고侮蔑하엿던모양이엇다。거긔對하야아모스의對答은霹靂갓탓고、칼날갓탓다。「나는本來先知者가안이며先知者의아들도안이요 나는本來牧者요뽕나무를培養하는者라。내가羊을먹일때에여호와께서나를取하야널아사대 갈지어다 내百姓이스라엘에게予言하라하섯스나 이제너는여호와의 말슴을들으라、네가날아기를予言하야이스라엘族屬을치지말며 이삭의집을警戒하지말라하니 이럼으로여호와의말슴이 네안해는城中에서娼妓가될것이요、네모든子女는劍에亡하고 네따는줄떼어난홀것이요、너는더러온따에서죽을것이오、이스라엘은반드시사로잡혀 그본토에서옴겨가리라。」

아모스의聖召는古代先知者被召의典型的一例다。하나님의말슴의歷史우에獨特한地位를가지는그를보아서 하나님이自己의거룩함과 自己말슴의純潔과 自己뜻의眞實함을 엇더케하야서保存하는가를아는同時에 古代의予言者의生涯가엇더햇던것인가 그들과世上과의關係가엇더햇던것인가를알수잇다。研究家의말에依하면 아모스는호세아와갓치最古의先知者의一人이라한다。勿論그前에엘니아、엘니사等이잇섯스나、그들의予言은斷片的이요、 그것을系統的文獻으로끼친대는 아모스가그비롯이라한다。그런대 이아모스가 드고아山城의一野人이엇더라고하는것은 우리를爲하야큰힘이되는일이다。드고아의牧者未來永遠의自由信仰者를爲하야萬丈의氣焰을吐하는것이라할수잇다。하나님은엇지하야이野人을세워、自己眞理의擁護者로만들엇는지 그를우리는몰은다만은 우리는 이것만을안다——그는盲從을要求하는敎權이나 사람(비록信者라하더라도)이集成한敎會의命令에依하야세운바가안이고 田園의聖殿에서實生活을通하야體驗한것이엇기때문에 그宗敎는그獨特엣것이요 그말은至極히自由롭고 剛直하고素朴無飾한中에透徹熱烈한것이잇섯스며 하나님에게서直接받은것이엇기때문으로 그는두려워할것이업섯고 世上이도리어그를무서워하엿다고。엇젯던지 그는敎權에依치안는自由信者요、素人傳道者엿다。그때문에 그는徹底的이엇다。徹底的이엇기때문에 專門宗敎家에게 밉음을받엇다。眞理의第一의特徵은 그徹底的인点에잇다。妥協的인것이眞理될수는업다。그런대 宗敎나世俗을勿論하고 發達을完遂하야 現在에한勢力을일운者는 반드시現狀維持를主張하는것이요、現狀維持를必要하는者에게徹底的인것처럼危險한것은업다。이로써보면 三千年前에이미敎權과自由信仰者의사이에싸홈이잇엇던것이異常한일안임을알 잇다。그러나싸홈이아모리잇서도 勝敗는이미決定된것이다。아모스와싸호던아마시아自己입으로이를잘表示하엿다。曰「이땅이能히그모든말을堪當치못할지라」고。

아모스는野人이엇다。그의予言의材料는우는獅子가안이면 무는毒蛇 메뚜이 녀름果實 짐생을잡으려따에베픈거게 바다에서따우에붓는怒波、모도이런것들이다。果然 羊의뒤나딸으고 뽕나무심는사람의말이다。本來、드고아城이 이先知者를길너내는대適當한養育所엿다。에루살넴에서 五十里許벧을네헴에서는二十五里쯤南으로잇는一山城으로附近一帶는쓸쓸한曠野임으로녯날부터드고아曠野라하엿고 山城의일홈도거긔서나온것이다。유대高原의東緣에서서 南北으로는蜿蜒한峰嶺이連亘하엿고、東으로는깍근듯한急崖밑에요단峽谷이입을벌니엇고

아모스書研究

그深底에죽엄의鹽海가寂寞히가로누엇다。西便으로는 地中海에向하야漸漸기우러지는平原이나 元來海拔二千七百尺의高原임으로農耕에는不適하고居民은牧畜을業으로삼으며 그所産인羊毛는古來로品質의優良으로일홈이잇다。우리아모스도그牧者中의一人으로 그自然속에서자라낫다。봄에는草塲의웃는꽃이여호와의榮光을나타내고 녀름에는林間에우는새가攝理의恩惠를讚頌하엿다。獅子가바위틈에울고、배암이숩새이에날고 메뚝이가穀食밧를侵鹵하고 이모든것이 그에게는實物敎授엿다。그는이안에서 하나님의能力을알고 그의榮光을알고 그의뜻의奧妙를알엇다。그는아마 初昏달이山城頭를빗최이는고요한저녁에 無言의벋을다리고비탈길로도라오며몃番식몃番式 祈禱와瞑想에잠기엇슬것이다。하나님은田園을만들고 惡魔는都市를만들엇다는俚諺은一面의眞理를表示한말이다。아모스는 이文化圈外에서는드고아山城에서하나님에忠實하고 世上文化에서멀니서기를배웟다。그의性格은質直하엿고 그의말은剛勇하고大胆하엿고 理論는自然法則과갓치單純하고明瞭하엿다。그의生活도아마 털옷을닙고가족띄를띄는素朴한것이엇슬것이다。

四

그러나 아모스는單純히無識한野人이안이엇다。都市文化를排斥하엿다하더라도 單純히素朴한原始生活을讚美해서만그런것이안이다。그는歷史에依하야모든國家와文化의興亡隆替를알고 그를通하야 하나님의經綸을알엇기때문이엇다。그의予言의內容을보면 그가 祖國유대와이스라엘은勿論이요 各隣邦의歷史에精通하엿던것을알수잇다。또多大數의學者들의意見이 予言書는아모스自身의親筆노된原文이大部分保存되여잇는듯하다는데一致한다는것을보면그가文章에도相當히能하엿던것을알수잇다。그러면그는언덧케하야서그만한敎養을엇엇던가、그는알수업다。或이推想하는것갓치 職業上關係로 다른地方의宗敎或은 其他文化團體와의接觸이만히잇서그로서엇엇는지도모른다。그說明에依하면 그가副業으로하든뽕나무는 드고아갓흔高原에는栽培가不

能한植物이요 平地에만이잇는것인즉 아모스는 아마 桑園을平地엇던地方에가젓던모양이요 또羊毛는他處에만히賣出되는것인즉 그關係로 잇다금다른地方에去來가잇엇스리라고한다。或 그랫슬넌지도몰은다。 그러나 그것이안이라도 드고아城自體가 文化圈外에서는田園都市인同時에 또 歷史的暗示豊富한곳이엇다。그山城은 르호보암이싸은城으로(력대下十一章五、六)유대國防上에는 要害의一塞엿다。또거기서보면 벳을네헴을指呼할듯하고가나안의平原을一目下에瞰視할수잇엇다。아모스는아마 羊을치는동안때때로벳을네헴을바라보고는따윗王을聯想하고 가나안을굽어보고는모세와아론여호수아의事蹟을探究햇슬것이다。或은死海를보고소돔고모라의古事、그로부터 롯、아부라함의偉蹟을듯고배우고하엿슬것이다。雜草가욱어진古城밑엣길로羊떼를몰때마다는先祖들의隣近名族과拮抗하던歷史를다시금記憶하엿슬것이요 頹落하는城壁의기우러진것을보고는腐敗한祖國의現狀을聯想하고今昔의感에견대지못하는同時에 義憤의烈火衝天하려함을늣겻슬것이다 何如間그는歷史의推勢에對하야透徹한觀察을가지엇고그를通하야 生存한하나님의攝理를믿엇다。

그럿타고 그를熱心잇는社會改良家라고生覺하여서는안이된다。그는어대까지牧者요野人이요 하나님의사람이엇다。아마 그는謙遜한牧者의一人으로드고아城中에서 腐敗한社會와는關係업시 종용하게一生을마추자는것이理想이엇고아마시아의虎鬚를끄들고 이스라엘을向하야怒를發하는것갓튼일을夢想도안엇슬것이다。그러나 여호와가그를붙넛다。羊떼에서取하여다가 이스라엘로가기를命하엿다。果然 아모스自身이말한바와갓치「獅子가부르지즘애 누가두려워하지아니하겟나냐。主여호와께서말슴하심애 누가予言하지아니하리오」다。

아모스는文化生活을몰으는野人이엇고 敎權을몰으는獨立信者엿다。드고아는文化의圈外에서는牧人의城이엇다。그들은아부라함의職業을業으로삼앗고따윗의生涯를生涯로하엿고 先祖와갓치曠野에갓가히하는者들이엿다。알바타、여거서 滔滔한文化의濁浪속에毅然히서서싸호는하나님의鬪士의낫숨을。

一、野人아모스

二、아모스의時代

하나님은 드고아의野人을羊群속에서빼내여 멀니이스라엘에보내여 그를怒責케하엿다。그러면 그가가서본이스라엘은當時얻던곳이엇던가。무엇때문에 여호와하나님은 이스라엘에對하야聖怒을發하엿던가 아모스의입을빌어서「報應하기를도리키지안이하리니」라고 그는宣言하엿다。무엇에對한報應인가。曰 세가지罪와네가지罪가잇다。慈悲하고길히참는하나님은 이스라엘의도라오기를바래여 여러가지手段과方法으로反省을促하고警戒를發하엿다 따一部에비를나리고 一部分에안이나리며 風災를나리엇고 霜災를나리엇다。或은팟종이로 그葡萄園과橄欖나무를먹게하며 染病으로그少年을죽이어서 당신의눈이졸지안음을알게하엿다。그러나 이스라엘은 세가지式 네가지式 몃가지식罪를거듭하엿다。「어리석은者는心中에하나님이업다고」하는것이요(詩十四章一)어리석은時代는 無神論을主張하는것이다。이스라엘도 하나님이이미 義人을도라보고 惡人을罰하기를니저바렷다고生覺하엿던듯하다。만은 하나님은決코 낮는하나님이안이엇다。그는 다메섹과 가사와두로와에돔과 암몬과 모압의罪도容赦할수가업섯다。하물며 特別한愛育을밧엇던유대와이스라엘이랴—「온따모든族屬中에서 내가다만너희를알엇스니 그럼으로내가너희모든罪惡을너희게罰하리라。」

이스라엘이무삼罪를犯하엿나。曰「銀을받고義人을팔엇스며 신한커레를받고가난한者를팔임이다。」曰「公義를變하야쑥이되게하고 義들따에바렷다。」曰「義人을虐待하며 賂物을받고城門에서窮乏한者를억울케한다。」曰「가난한者들虐待하며 窮乏한者를壓制하며。」曰「父子가한女人에淫行하야여호와의일홈을더럽혓다」。曰「나시르사람으로술을마시게하고 先知者를衝動하야너희는予言하지말나」한다。曰 무엇 曰 무엇。即 하나님의義로써키어내인 그들이 이제義를바렷다。公義가따에떠러지자 弱者의머리는蹂躙을當하고 强한者는 그들의머리우에티끌까지탐한다。그리하야賄賂公行하고裁判은不正하다。嚴格한家庭道德밑에서자라난그들이 이제는男女道德이極度에까지紊亂되여父子가한女人에淫

行한다。果然「바른것을行할줄을모르고 그모든宮에暴虐과怯奪을싸앗」다。그리면서 多少남아잇는良心의苛責도견대기가슬혀서 나시르사람을墮落을식이고先知者의입을막아버린다。그리하야 가다가或義人이잇서「城門에서責望하는者」가잇스면 그를미워하고「바른말하는者를슬혀」한다。

이것이當時이스라엘의社會相이엇다。이것이選民이라고生覺하고 놀내지안을者가업슬것이다。그러면 무엇이 이墮落의原因인가。元來 이스라엘에는 代代로하나님이記憶하야나려오는罪가잇엇다。때로 忠實한王이이스라엘에나서治績을들는이가업지안엇다。여호와그를嘉納하엿다。만은 根本의한큰罪가잇서서거긔서떠나지안는限 하나님은이스라엘에對한怒를풀수업섯다。그罪라는것은 곳「느밧의아들여로보암이지은罪」라고하는것이다。여로보암은곳 솔모몬王의死後叛旗를들어이스라엘을分立식여가지고 그第一世王이된사람이다。王位에올으자 그는 自己百姓이멀지안은將來에따윗의집으로도라갈것을念慮하야 民心收攬策으로 에루살넴잇는 여호와의聖殿에對立하는 두金송아지를만들어百姓을주고 그것이곳이스라엘族을埃及에서引導하여내온神이라속이고 에루살넴에갈必要가업다고하엿다(列王上十二章二五—三三)이것이北方의이스라엘이 南方유대와달니 여호와를바리고異邦神을섬기게되던始作이다。이를 여호와는至極히怒하여 이스라엘에서戰禍와殺戮이떠나지안케하엿다。

그리하야 이스라엘은列國間에羞侮를當하엿다。列王記下十三章七節에는「아람王이여호아하스의百姓을진멸하야띄끌과갓치밟」엇다고한다。그러나 하나님이 苦生과受苦를人生에게식이시되 단맘으로하시난것이안이다(에레미야애가三章三十三)「이스라엘의困難이甚하야」매인者도업고 노힌者도업고 도아줄者도업」는것을보시고「이스라엘의일홈을天下에서업시하겟다아니하야」서 여로보암二世의손을憑藉하야救援하기로하엿다。여로보암二世名王의治績을들엇다。맛츰그時代는 北方의앗시리아가强盛하야시리아를壓迫하엿섯슴으로 시리아는不得已이스라엘에對한侵入의손을거두지안을수업섯다。이것이이스라엘에는好機會엿다。前에일헛던土地를回復하고 유대땅을奪取하고 이스라엘의勢力은다시한번列邦에떨첫다。

그러나 겻흐로보기에無事太平、國勢隆隆한이때에 腐敗의病原은이미肺腑에사모찻다。旺盛하는物質文化는良心을痲痺식엿다。生活은奢侈를極하는同時에 道德은地面에떠러젓다。아모스는그모양을簡經한말로描寫하엿다。王의 冬宮이잇고夏宮이 잇고 象牙宮이잇고큰宮이잇엇다。富民은「彫刻한돌로建築한집」에잇고葡萄園을둘느고「象牙寢床에눕고 방석에서기지개켜며 羊떼에서어린羊과 마구에서송아지를먹고 거문고를타며 헛된노래를불으고 따위처럼自己를爲하야樂器를製造하며 大접으로술을마시고 至極히貴한香油를몸에바르」고잇엇다。婦女의墮落은言語에絶하엿다。아모스는 바산암소갓흔女人이라고上流婦人의豪奢放蕩을叱責하엿다。그들은 가난한者를搾取壓制하고「그집主人다려널아대술을가저다가우리로마시게하라」하는것이엇다。果然시온은平穩한듯하고「凶한날이멀ㄴ」듯하엿다。그러나 이는憎惡할만한不義와殘虐우에서는外面上의繁榮뿐이엇다。故로 이런時代의通例대로 이런內部的道德的精神的腐敗墮落에도不拘하고 形式的、儀式的宗敎는殷盛하엿다。아참마다祭祀지내고 每三日에十分之一을들이고 누룩너흔떡을불살와수은祭를들이」엇다。果然敬虔한듯이 여호와의날을思慕한다 그러나모든것은 다外形만이엇다。그들은말하기를「月朔이언제나지날고 우리가穀食을팔겟스며 安息日이언제나지날고 우리가밀을내리니」한다 故로 하나님이怒하야「너희절긔를내가恨하고슬혀미워하야너희모든聖會를깃버하지아니」한다고하엿다。

그러나 物質的富盛은 그들의맘을傲慢케하엿다 이스라엘의羞恥를免케한것은 여호와의慈悲에서나온것이지만 어리석은그들은「우리힘으로뿔을取한것이안이냐」하엿다。當時北方에强國인앗시리아는內亂으로因하야一時南圖의뜻을實現할수가업섯다。이스라엘로서萬一覺得하는바가잇스면 悔改하고眞實에도라가堅固한立國策을講究하여야햇슬것이다。만은 그들은 한갓暴風前에低氣壓으로서오는一時의平穩을偷貪하엿다 이것이 아모스의눈에참을수업는일이엇다。將次올災難을警告하엿다。그러나이스라엘사람에게는 이는狂人의狂言갓탓다——不過五六十年에實現되는그일이。

그와 그의時代、렘푸란도의그린人物과 그背景과갓치對照가된다。

로마書研究

日本 張道源

第二回、바울의自己紹介(一장一—七)

1、바울은『예수 그리스도의 奴僕! 부르심을
밧드러 된 使徒! 하나님의 福音을 傳하기
爲하야 選擧함을 닙엇습! 2、이福音은 하
나님이 그 여러 先知者等에게 委託하야 聖
經에 발서 約束하신 것이니 3、하나님의 아
달 우리主예수 그리스도를 가라치심이라 그
가 肉身으로 말한즉 다윗의 子孫 으로 誕
生하시고 4、聖德의 靈性으로 말한즉 죽은
가온대에서 復活하심으로 밝히 하나님의 아
달 된것을 權能으로 나타내섯나니라 5、우
리가 그로 말매암아 恩惠와使徒의職을 바닷
스니 이는 그 일홈을 爲하야 萬邦萬民들노
하야곰 信仰의順從을 起케 하랴함이라 6、
너희도 그들中의 한아 로서 예수 그리스도
에게 부르심을 입은者라』 7 로마에서 하나
님의 사랑하심을 밧고 부르심을 닙어 聖徒
된 모든 者에게 便紙하노니 하나님 우리 아
바지와 主 예수 그리스도로좃차 恩惠와平康
이 너희 에게 잇슬지어다

로마書 第一장 第一절—第七절까지는 書翰文의 禮辭다 우리 나라 書翰式으로 말하면 拜禮、拜啓、氣體候一向萬康斗祝等과 갓치 當時에 通行하든 書翰文禮式이다 即『甲某가 乙某에게 問安하노라』하야 便紙를 보내는者가 밧는者에게 祝福하는것이다 그適切한好例로는 使徒行傳 二十三장에잇는 千夫長이 監使벨닉쓰 에게 보내는 便紙다『即二十六절에『글나우듸오 루시아는 삼가(監使)벨닉쓰閣下에게 平安을祝禱하노라』함이다 그런故로 바울도 로마敎會에 잇는 모든兄弟들에게 便紙할때에 亦是 이러케 한것이다

1、『바울은 7、로마에 잇는 모든兄弟들에게 便紙하노라』하야 便紙書頭에 書翰文禮辭를 行한것이 一節브터 七절까지의 記事다

로마書研究

1、바울은 7、로마에 잇는 모든兄弟들에게 便紙하노라 하야 一節의末尾에 七節이 接續되여야할것이다 그러고 一節의『바울은』이란以下브터六節까지는 바울에 對한紹介다 即바울自己는 如何한 사람임을 說明한것이다 그런故로 一절의『바울은』이란 以下로 브터 六절까지의文은 括弧中에 너혀야 할것이다 그러면 一절中에 잇는『바울은』이란 이바울은 如何한 사람인냐? 即바울은『예수 그리스도의 종이오 부르심을 받아使徒가 된者요 하나님의 福音을 傳하기 爲하야 選擇함을 닙은 者다』라하야 三個의形容句로써 自己를 未知의 로마兄弟들에게 紹介하엿다 如此히 하야『바울』이라는 自己의일홈을 쓰고 그次에 三個의形容句를 附加하야 第一節을 終하얏다。

우리는 이제 此一章一節한節句中에 씌여 잇는三個의形容句을 一一히 注意하야 넘지 아니하면 아니되겟다 此單句中에 基督敎全體의大眞理가 包含되여잇다 此三個形容句中의 第一句브터 硏究하기로하자。此第一句는 예수、그리스도

一〇

奴隷、等三個語로構成하엿다。

예수。예수라함은 나사렛 木手요셉의 長子의 일홈이다 마리아 라하는 處女가 요셉 과 約婚하고 成禮하기前에 聖神으로 孕胎하야 나은 맛 아달의 일홈이다 或은 世上의 惡한 學者들이 마리아의 私生子라고도 稱하는 史的人子의 일홈이다 普通使用하는 人名이다。

그리스도。그리스도라함은 受膏者란 意이다。메시야 라는뜻이다 유대敎의 最高理想인 메시야 라는뜻이다 救世主 라는뜻이다 即萬代、萬國、萬民을 罪와死亡、暗黑과絶望、不平과不滿、不合理와不自由、非人道와不正義、非眞理와無生命에서 完全히救濟하야 永遠한生命의世界、眞理의世界、光明의世界、사랑의世界、하나님의 榮光이 充滿한世界、即眞正한自由와 眞正한平和와 眞正한滿足과 眞正한幸福을 永遠히 누리는 永遠한 새로운世界에 옴겨 주시는人類의最高理想的人物이라는뜻이다 길이오 眞理요 生命이신者라는뜻이다。

종。종이라함은 生命、自由、財産、名譽、地位

全部를 主人에게 빼앗기운 絕對服從의責務(關係)를가진 奴隷라는뜻이다 當時는 奴隷制度가 行하야잇든 時代다 奴隷制度時代의 奴隷를 意味한것이다 主人에게 絕對隷屬하야 主人의 命令이라면 水火를 不辭하며 生命을 不顧하고 絕對服從하며 主人의 意見이라면 絕對受納하야 소곰 섬을 질고 물에 드러가라 하여도 順從하며 京城이 咸鏡道에서 北方에 잇다 하여도 首肯하고 北으로向하야 隨從하는絕對服從의 奴僕을 指하야 잇는 말이다。

바울은 自己를 未知의 로마 兄弟들에게 紹介하야曰 我바울은『예수 그리스도의 종이라』하야 예수가 卽그리스도시라고 믿으며 그에게 絕對服從하는것이 自己의 生命이며 信仰의中心임을告白하엿다 그러하야 自己로서는 가장完全한成功이노라고 자랑 하엿다 모든 人間은 예수그리스도의 종이 되지못하야 失敗한者라고 며는 全人間을 向하야 웨첫다。

바울은 自己自身을 紹介하야 曰

나 바울은 예수 그리스도의 종이다

第二回바울의自己紹介

呀ㅣ이말삼이여 얼마나 權勢가 잇고 能力이 잇스며그 얼마나 生氣 잇고 偉大한냐? 그 權威가 얼마나 사람의 마음을 찌르며 사람의게 生命을 주는냐? 바울이『나는 예수그리스도의 종 이라』稱하야 그 얼마나 革命的이며 生命이엿섯는냐?

呀ㅣ 人間들아 누가 예수를 그리스도 라고 信仰할수 잇는냐? 이 일은 愚昧가 아니면 眞理다 누가 나사렛城 木手요섭의 아달 處女마리아의 아달 예수를 메시야 卽 救世主라고 信仰할수 잇는냐? 木手의 아달이오 또한木手인 예수를 萬代 萬國、萬民을 罪와 死亡과 暗黑과 絕望에서 永遠한 生命으로의 救主요 길이오眞理오 生命이라고 누가 믿을수 잇는者인냐? 木手요섭의 아들 예수를 유대敎의 메시야 라고 믿는 일은 하날노브터 와서야만잇슬수잇는 일이오 사람에게로서는 生起지 못할일이다 理性이 잇는 人間으로서는 敢히 行하지 못할愚昧의일이다 누가 예수 라하는 나사렛城의 木手가 곳메시야 그리스도라고 믿을뿐만아니라 그에게 全屬된 奴僕이 되엿슴을 자랑할 者인냐?

바울은 예수가 即메시야(유대敎의理想인메시야)곳救世主라고 信仰할뿐만아니라 그에게 隷屬하야 絶對服從함으로써 그生命으로하는 종 이라하얏다 바울은 그에게 絶對服從함을 그生命으로하여 그財産、地位、名譽、職業、全體를 그에게 밧침(獻身)을 그榮光으로하엿다 自己自身을 爲하야 잇는것이아니라 예수 그리스도를 爲하야잇는예수 그리스도의 종 이라고 하엿다。

바울은 예수의 종 이라고도 하지아니하고 그리스도의 종 이라고도 하지아니하고 實노 예수 그리스도의 종 이라고 하엿다

나는 예수 그리스도의 종 이라 하는 一句中에 基督敎眞理의 全體가 包含되여 잇는것이다『예수 그리스도의 종 이라』하는 語句를 廣義로 말하면 모든 基督信者를 指稱하는말이다 예수 그리스도의 종 이라는 覺悟가 업는者는 如何히 優秀한特典을 가젓슬지라도 基督信者라고稱하기 不能하다 眞正한 基督信者인以上에는

반다시 예수 그리스도의 종이라는 覺悟를 가지고잇을것이다 或信條를 달니하며 信仰上經驗의 相違는 잇슬지언정 예수 그리스도의 종 이라는 이點에限하야서는 差異가 업스며 此一點에對하야서는 信仰이 全然同一하여지는것이다。

바울은 自己를『예수 그리스도의 종』이라고 大公然히 宣表하엿다 眞實노 그러하다 예수 그리스도만을 主로하며 그에게만 使用될 奴隷다 사람의 종이 아니오 團體의 종이 아니며 王의 종도 아니오 監督의 종도 아니다 敎會나 民衆의 종도 아니다 社會나 民族의 종도아니다 오직 하나님의 獨生子시오 人類의 救主이신 예수 그리스도의 종 이다 더는 예수 그리스도만을 爲하야 全身、全心、全生을 全誠엿밧칠 그의 종 이라 社會나 民族이나 敎會團體나 國家를 爲하야서는 一毛의 力이라도 犧牲하지 못할 예수 그리스도 에게만 全屬한그의 奴隷이다。그의 命令이나 許諾이 업시는一言 一視、一動 一靜 一擧手 一投足이라도 自由하지 못할 絶對服從의 義務를 가진 그의만

의 종 이다

우리는 바울에게 배홈이 잇자 우리는 예수 그리스도의 종 이되자 우리는 主님에게만 絶對服從하는 종 이되야 그가 물에 드러가라 하시면 물에 드러가고 불에 드러가라 하시면불에 드러가 全身을 불에 쌀음으로써 우리의 名譽、特權、幸福、生命으로하자ㅣ實노 그리스찬은 그리스도 에게對하야 이와갓치 奴隷의 關係를 가지지 아니하면 아니된다 主님의 命令을 或은 順從하며 或은 順從치아니하며 主님의聖意를 自己의 理性의 批判을 바다서 自己의理性의 許諾이 잇스면 受納하야 드리고 自己의理性의 許諾이 업스면 受納치 아니하고 내여바려서는 아니된다 主님의 命令이나 聖意에는 盲目的으로 絶對信從하야 自己를 全體犧牲하여야 한다 自己의 理性이나 良心을 主로하고 그의 뜻을 從으로 하여서는아니된다 主님의뜻을 自己의 뜻에 맛초랴고하여서는 아니된다

現代人들은 基督敎를 奴隸의宗敎다 評하야 내여바련다 너희가 自由의人이되라 하야 예수그리스도의 종 되기를 실혀한다 그러면 너희가 自由의人이되엿는가? 아니다 너희가 自由의人이 되랴 하야 罪의 종이 되엿다 너희는 罪의 종 이오 金錢의 종 이오 名譽의 종 이오 知識의 종 이오 地位나 權勢의 종 이되야 金錢、名譽、地位、知識 權力에게는 絶對服從하는 奴隷가 되야 그것들을 爲하야서는 全身을 불쌀울지라도 깁버하고 즐거워 하면서 爭先하야 行한다 呀ㅣ너희들의 自由함이 어대잇는냐? 너희들의 主가 金錢 名譽 地位가아닌냐? 너희들의 大主宰가 罪가 아닌냐?

呀ㅣ너희의 自由함이 어대에 잇는냐? 너희의 自由를 우리에게 보히여라 너희의 主가 너희에게 무엇을 주는냐? 너희가 너희의 主되는 金錢 名譽、地位 知識、權力에게 絶對服從하야 너희의 全身 全生을 불쌀오기까지할때에 너희主는 너희에게 苦痛、煩悶、不自由、不合理、不足、不滿、눈물과슬픔으로써 갑하 주지아니하엿는냐 너희의 大主宰 罪는 너희가 順從하면 順從할사록 너희를 引導하야 暗黑한世界에서 永

遠히 亡하게하지아니 하엿는냐?

아ㅣ이不信의 世代야 너희가 엇지하야 永生의救主를 바리고 永遠한滅亡의主를 쌔르는냐?

이世代의人들은 基督敎를 奴隸의宗敎라 하야 비웃는다 올타 奴隸의宗敎다 基督敎의 가장 光彩나는 榮光은 예수 그리스도의 종 되는 일이다 예수 그리스도의 종 되는일은 그리스챤의 生命이다。

그러면 우리가 예수 그리스도의 종 되는일이幸福을 犧牲하며 自由을 喪失하는 일인냐? 아니다 우리가 예수 그리스도의 종 되야서 비로소 幸福의人이오 自由의人이 되엿다 人에게 奴隸되는일은 自由를 喪失하는일이며 幸福을 犧牲하는일이나 예수 그리스도의 종 되는일은幸福을밧는일이오 自由를 獲得하는일이다。

이는 예수 그리스도 自身이 自由요 眞理요 生命의 本源이엿슴으로 이에 屬하는者마다 다 生命과 眞理와 自由를所有 한者가 되여짐이다 그런故로 우리가 예수 그리스도에게 隷屬하야 絶對信從하면 그에게로 브터 우리에게 와서 充滿히 채워지는것은 平和 歡喜 自由 希望 光明 眞理 生命等이다。現世의人間들이 참自由와 참幸福을 所有한者가 되지못함은 예수그리스도에게 隷屬하야 사는 眞理를 不知하는 까닭이다 예수그리스도에게 絶對服從하는 그리스챤은 예수 그리스도 以外의것에對하야는 絶對自由이다 絶對解放이다 이것이 참그리스챤의 態度다 참그리스챤으로서는 모든 일에 自由하지못하는 者가 半人도업다

主예수 그리스도의 종은 곳完全한 自由의人이다 예수 그리스도는 그를 絶對信從하는者에게는 永遠히 길이오 眞理오 生命이되여주신다 그런故로 基督敎는 예수 그리스도에게 絶對順從하는종이 되라는 宗敎이다。

第三回、바울의自己紹介（一장一절—七절）

第一장一절의研究

1、바울은 예수 그리스도의 종。부르심을 받아 된 使徒。하나님의 福音을 傳하기爲하야 選擇함을 닙엇슴。

一章一節은 如此히 바울이라는 人名下에 三個의 形容句를修飾하야 成하엿다 此中第一句인『예수 그리스도의 종』에 對하야는 前回에서 說明하엿다 이제 第二의形容句『부르심을 바다된 使徒』此句에 對하야 研究하고저한다。

第一句에서는 바울은『예수 그리스도의 종』이라稱하엿고 第二句에서는 一步를更進하야 바울은『使徒』라 稱하엿다 종。이라하는말이나 使徒。라하는말이 다 그大意에 在하야는 가튼意味의 말이다 그러나 普通使用되는 말의 表面意로말하면 종。은낫고 使徒는놉게 生覺되여진다 그러나 其實은 不然하다 종 이나 使徒나 二者가共히 同一한意味로 씨워 예수 그리스도에게 全部隷屬된者를意味하는 말이다『使徒라』하는말은 使者、使臣、大使、特使等을 意味하는말이다 特使 又는大使라함은自國의主權者를 代理하야 外國에 赴任한者다 他國에 在하야 自國主權者의 代理者로서 代理行爲를行하는者다 大使가 他國에서 行하는 모든行爲는自己의 意思로決定하야 自己自意대로 行하는것이아니라 本國主權者의意思決定대로 指導를바다서 비로소 行하는것이다 大使는 自國主權者의意思命令을 違反하지못함과 갓치 使徒라함도 예수그리스도의大使가되야 그의意思命令을絕對違反하지 못한다는뜻이다 即예수 그리스도를代身하야 이世上에서 예수 그리스도의代理行爲를行하는者라는뜻이다 自己의存在가 自己自身을 爲하야 잇는것이아니오 예수 그리스도를 爲하야 잇는것이라는뜻이다 自己行爲는 自己의 意思決定의結果가아니오 예수 그리스도의 意思와命令으로만 되여잇다는뜻이다。예수 그리스도의 意思나 命令이 업시는 絕對로 自己의行爲가 잇슬 性質의것이아니라는뜻이다。예수 그리스도의 종이나 使徒나 다 同一한 性質의것이다。

如此히 使徒라함은 初代敎會의職名이다 使徒에 廣狹의二義가잇다 使徒의狹義的意義는 예수 生前에 隨從하든 十二弟子를 指함이오 廣義的意義로는 第一級의傳道者를意味하는것이다 初代敎會에在하야 傳道者를 다 使徒라稱한것이아니라 或種의傳道者만을 指稱하야 使徒라하엿다。即 바나바 主의兄弟야고보와 갓흔것이다 바울은 勿論狹義的十二使徒中의一人은 아니다 그러나 바나바나 主의兄弟야고보와 갓치 第一級의傳道者를 意味한것이다。

바울은 예수 그리스도의 종 뿐만 아니라 또한使徒다。다만 그저 使徒가 아니라 하나님의 부르심을 바다서 된 使徒다『부르심을 바다 된 使徒』라는 此一語句中에 바울의 使徒의 確實性을 낫타내여 잇다 此一語句의 明確함이잇서 바울의使徒職의權威를 疑心할수업다『부르심을 바다 된 使徒』라고하는此主張에 彼의 特色이잇다。

『부르심』이라함은 유대民族에게서만 볼수잇는 特有의語인대 意味深長한말이다 族長아브라함도 하나님의『부르심을 바다』故土를 떠낫고 建國創主모세도『부르심을바다』유대民族을 埃及에서救出하엿고 預言者이사야、예레미아도『부르심을바다』憂國慨世의絶叫를하엿다 如此히 유대民族中에는 하나님의 부르심을 바다 된 使者들의輩出을 볼수가잇다 이는異民族에게서볼수업는 유대民族의特有한感知다。

바울은 예수 그리스도의 使徒다 뎌가 使徒된것은 부르심을 바다서 된것이다 뎌가 될야고하야 된것이아니라 부르심을 바다서 된것이다 뎌가 自進하야 使徒職의重責에 任한것이아니라 부르심을 바다서 된것이다 自擇自願하야 된것이아니라 부르심을 辭退할야고 하야서도 할수업시 不得已 强制로 그職務에 任한것이다。自薦으로 된것도아니오 偶然한 機會에된것도 아니오 다만 하나님의 부르심으로 된것뿐이다。即바울의 行爲가 아니오 하나님의行하신일이다

『부르심』이라함은 하나님께옵서 自己의 일을 爲하야 使用할者로 미리 選別하야 두엇든 者를 自己의預定한時期가 臨하엿슬때에 그것을불너내여 세워서 自己의뜻을 일우게 하시는 하

第三回、바울의自己紹介

나님의 일이다 그런故로 사람이 부르심을 바다서 서는 일은 하나님便의일이오 사람便의일은 아니다 사람이 하나님의 부르심을 背逆하는것도 禍요 하나님의 부르심이 업시 서는것도 禍가잇다 사람이 하나님의 부르심을 背逆하는것도 苦痛이오 하나님의 부르심이 업시서는것도 苦痛이다 하나님의 부르심이 업시 스사로 선 者처럼 禍요不幸한者는업다

그런故로 바울은 未知의 로마 信者에게 對하야 福音의 大義를 傳하고저할때에 自己의使命職責、權威를 明確히 하기爲하야 己가使徒된일에對하야『부르심을 받엇다』라는 一語를添加한것이다 此一語中에는 無量의意味가 包藏되여잇다

바울은『부르심을 바다 된 使徒』라하야 더가『부르심』에對한確信을 말할때의 彼의 心臟에서뛰는 피 彼의 無量한感慨를 우리는想像할수가잇다 바울의 가슴 속 에는『부르심을 받엇다』라는確信이 꽉 차서 잇섯다 바울에게는 此一個의事實外에는何等의根據를 가지지 못한 一個獨立傳道者다 그러나 傳道者는此一個事實만을 가저서 足하다 其他모든것은 잇서도 可하고 업서도 可한것이다 其他모든것을 俱備하엿슬지라도 부르심에 對한此一個事實만 업스면 더는傳道者로는 無資格한者다 하나님의 부르심을 바다 된者만이 참傳道者다 모든 眞傳道者는 傳道者가 되고저하야 自進하야 된 것이아니라하나님의 부르심에 否應하지 못하야 그職에 當한者다 참傳道者는 이世上에는 傳道者처럼不幸薄福한者업슴을自覺한者다 이것을自覺하면서 부르심에 應從치 아니할수 업서서 눈물을 흘니면서 그의손에 잡혀 그務에 處한者다

참傳道者처럼 不幸한者가 업스며 薄福한者가 업다 하나님의 불너 세우심이 아니고야 누가 스사로 自進하야 이不幸과薄福에 處할者인냐?

사람이 傳道者됨에는 하나님의 불르심이 唯一의條件이다 하나님의 부르심이 업시 스사로 된者는 監督이오 總理師요 長老요 牧師요 敎師라도 傳道界에는 無資格한者다。

아ㅣ現今朝鮮에 傳道者는 만호나 참傳道者는 적다 牧師試驗에 登第하야 된 傳道者 神學校를 卒業함으로 된 傳道者 定規를 쫏차 團體

의 세움을 바든 傳道者는만흐나 부르심을 바다 된 傳道者는적다 職業을 엇기 爲하야 傳道職에 就하는 傳道者는 만흐나 職業外지를 바리면서 傳道職에 任하는 傳道者는 적다。

이와갓흔 傳道者들은 다 물너가라 하로 밥비 물너가라 朝鮮靈界에 聖神의일이 오기爲하야 물너가라 傳道者가 업서서 傳道가 되지 아니하는것이 아니라 傳道者가 만하서 傳道가맥혓다 傳道는 사람의 일이 안니다 하나님의일이다 傳道는 이世上의事業이 아니오 하나님나라의事業이다 傳道는 사람에게 빵을 주는일이 아니오 靈과眞理의 말삼을 주는일이다 傳道는 民族에게 文化를 주는 일이아니오 生命을 주는 일이다 傳道는 敎育을 너르키는 일이 아니오 사람의 良心을 처서 罪를 알게 하는 일이다 그런故로 참傳道者와 거즛傳道者는 하날에서 난 者外에는 分別하는者가업나니라。

거즛 傳道者中에도 부르심을 바다 된 者노라고 自稱하는者가 만타 그러나 부르심을 바다된 者라고 主張하는者마다 다 부르심을 바다 된者가 아니다 그中에 거즛말로 부르심을 바닷 노라고 하는者도 잇고 又는幻想으로써 그러케 信하는者도 잇다 그러나 하나님의부르심을 바든者마다 하나님쎄로부터 바든바 眞理와 生命의福音이 잇다。하나님이 傳道者를불너세우 심은 이福音을 傳하시기爲함이다 이福音을 바든者마다 이福音을爲하야 生命、財産、名譽、地位、職業外지를 全部밧치는것이다 이福音을가지지 아니한者 이福音은 爲하야 그存在가 잇지 아니한者는 스사로 선 傳道者요 울타리를 넘어 드러온 盜賊이다

하나님의羊은 하나님의소래를 아나니 하나님의 소래를 알지 못하는者는 하나님의 羊이 아니다 朝鮮의曠野에 흘터진 하나님의 어리羊들아 너희는 그牧者를 삼갈지어다 너희는 몬저 삼가 그 牧者가 하나님쎄로 브터 바든바하날의 福音을 가진 與否를 알아 본 后에 싸라가라 너희를 引導하는 牧者들中에 하나님의 福音을 가지지 안이한 强盜와盜賊이 만흔니라 뎌희는 正門으로 드러온 者가 아니오 울타리를 넘어 羊을盜賊하랴고 드러온 者니 뎌희는 너희를 盜賊하야 敎勢를 넓히여 自己의事業을 榮盛케하며 그名譽를 粧飾하며 그地位를 싸하 하나님을 對敵하랴는 强盜요 盜賊이니라

復活의事實과理論

金敎臣

一

春陽이다시도라와 結氷하엿던漢江에 물이흉용하고 枯縮하엿던此漢山바위에 엄이動함을깨닷는때가되엿다。「凡庸의게는 稀窄한일만이 異蹟이오 보는눈을가진者의게는 日常中에도異蹟이만타」。는카ㅣㄹ라일先生의警句를 마암에품으면서 溪邊과또林間을逍遙하라。거기의 쟈띄와小鳥의傳하는消息은 畢竟빈무덤속엣어 白衣입은少年이말하든것보다 몯하지안하게 떨니고 놀날만한消息이잇을것이다(馬可十六章一ㅡ八節)。只今은全世界가生命의躍動에삼키우려하는때에 우리는 더完全한生命即復活한生命에關하야 自然과가치 생각하지안할수업고 萬有와함끠躍進하지안할수업다。

學者는云曰『孔子가 업슬지라도 儒敎의敎訓은世傳할수잇고 釋加가 업슬지라도 佛敎의宗敎는存立할수잇으나 基督이업는基督敎란것은 到底히成立될수업는것이라』고。果然至當한말이다。基督敎는倫理、道德으로編成한것도아니오 哲學 思索으로組織된것도아니오 오직基督의生涯 特히그十字架上의죽엄과 그復活의事實노써生起ㅣㄴ것이다。예수끠서 그弟子敎養의業이漸次로成熟하여갈때에가장緊切하게 또한頻繁하게敎示하신것은『죽엇다가 第三日에 살아날것』이엿다(太十六章二十一節同十七章二十二、同二十章十七節。馬可八章三十一、路加九章二十二、十二章四十、約二章十九節等)使徒들과 初代信徒들의傳道란것은 이十字架上에서죽엇든 예수가 第三日에다시살아낫다는 所聞所見을傳播하는일뿐이엿다。

怯者베드로를爲始하야 敗將之卒가튼十一名使徒들과 鹽水에절켯던 白菜갓치되엿든少數의信徒들이다시膨壓的勇氣로써 世上울向하게된걸도 復活한예수를 맛난後의일이엿고 맛듸아를薦選하야十二使徒를補充한動機도『恒常함끠단니던사람中에하나를 세워 우리로더브러 예수의復活하심을證據할사람이 되게함이 맛당하다』는대에잇엇다(使一章)。베드로의有力한說敎와(使二章)、미문압權勢잇

復活의事實과理論

는異蹟이며(同三章)、信者들의獻身과 (同四章三十二) 스데반의干證은 모다 예수의復活엣어 나온 힘이오 그事實을口傳하는動作뿐이엇다。果然그리스도가十字架우에 죽음이업섯드면 그復活이업섯을것이오 그리스도의復活이업섯드면 基督敎는存立할수업슬것이다。復活의事實을 말하는것이 곳 福音이엿다。우리는只今 使徒바울에依하야 그歷史的材料와理論的根據를 배움이잇고저한다。

二、復活의事實。(고린도前十五章一ㅡ三十四節)

바울은 哲學的思想으로써 靈魂의不滅說을提唱하랴고안한다。肉體의復活을 史的事實에依하야判明케하고 예수가 죽엇다가 三日만에다시사라난것은곳 信者의復活할證據가된다고論斷한것이다。고린도前書第十五章은 이基督敎의事實과理論을取扱한가장重要한一章이니 그節句에就하야詳考하고저한다。

兄弟들아 前에내가 너희게傳한福音을 이제너희게 告하노니 이는너희가 밧은것이오 또이가온대 섯으니(一節)

바울은 重大한復活問題를議論하려하야 고린도兄**弟들을불너 前에블언든福音을 다시생각하게한다** 바울이前日에 고린도信徒의게 傳한福音이란것은 即復活의消息이엿든것을알수잇다。傳道란別것이아니라 예수의復活한事實을傳達하는것이 곧傳道엿다。적어도 고린도敎會는 예수肉體復活의消息을 들음으로써生起ㅡㄴ것이오 또復活信仰우에存續하는것임이分明하다。當時의傳道란것은極히簡單한것이엿다。예수가 죽은지三日만에復活하엿다는事實을傳播하기만하면足하엿다。이것만으로써信者도되고 敎會도 일어낫섯다。近日某老齡의長老一人은 現今敎會의不振을嘆하면서 距今畧數三十年前에傳道하던光景을말하기를「當時에는有給傳道者뿐아니라 平信者도熱心히傳道하엿고 그傳道方法은 요한福音三章十六節을暗誦하면足하엿다。接하는個人이나家庭이나群衆이나 다 이一節을듯고서는反抗치안하엿을뿐더러 多數히悔改하고 復興도하엿섯다」고。當然한일이엿다。有爲한人物들이鳩首하야 某某振興策、某某救濟策을講究하며 複雜한理論으로써廣長한說話를弄絡하기보다 차라리『하나님이世上을 이처럼사랑하사 獨生子를주섯으니 누구**던지뎌를믿으면 滅亡하지안코 永生을얻으리라』**

고傳하는것이 簡單明瞭한眞理인까닭이다。策略을 講究함이업는者의게는 聖靈이함께役事하신까닭이엿다。엇잿든 바울의傳한福音은 肉體復活의事實을傳한것이오 그것은 基督敎의根本問題인故로 다시금飜復하야말한다한다。

너희가萬一 내가傳한그말을 굿게직히고헛되히밋지아니하엿으면 이로말매암아救援을엇으리라(二節)

바울이傳한福音은以下第三、四節에잇는바와갓치明確하게 肉體의復活을傳하엿다。그런대 고린도敎會안에는所謂有識輩가잇어 合理的說明을加하야 바울의傳한대로믿지안코 靈的復活或은靈魂不滅說에近似한것으로曖昧하게解釋하려는傾向이잇엇다。이에對하야 바울은「너희가 헛되히믿은」것이라고 그淺斷을痛難하엿다。그럼 바울의傳한대로의福音은如何한가。

내가 밧은것을 몬저너희게傳하엿노니 이는經에 記錄한대로 그리스도께서 우리罪를爲하야 죽으시고 장사지낸바되엿다가 經에記錄한대로 사흘만에 다시살아나샤……(三、四節)

바울이 받엇어傳한基督敎에는 二大中心思想이잇엇다。其一은 그리스도끠서 우리罪를爲하야十字架에죽으신것 其二는 장사지낸지三日만에經에記錄한대로 다시살어나섯다는것이다。여기에「장사지낸바되엿다가……사흘만에다시살어나사」라하엿으니 靈魂을장사지낸것이아니라 肉體를장사지낸바되엿다가 그肉體가復活하엿다는것을 意味함은明確한일이다。그러면 그肉體로復活하엿다는事實은누구가證據할수잇을가。

게바의게 보이시고 後에十二弟子의게 보이섯으며 그後에五百餘兄弟의게一時에보이섯나니 그中에 只今까지太半이나살아잇고 잠자난者도잇으니(五、六節)

그리스도의復活한記錄은 聖書中에十二種의境遇가잇다。바울은爲先 第一回의實證으로써 以上의三件을列擧하엿다。一은 시몬베드로의게 나타난것(路廿四・三十四)二는十二使徒의實驗(太八、十七 約二十、十九)三은五百名以上의弟子들끠一時에 낱하난實驗이다 모다가 生生한實證이오 當時에目睹한者中大部分은尙今도存命中이니就問하라는態度다。史實의考證으로써 이보다强할수는업슬것이다。또第二段의實證을擧하야 層一層迷濛을깨트리게한다。

그後에 야고보의게 보이섯으며 또그後에모든使徒의게 보이섯고 맨 나종에 滿朔되지못하야난者갓튼 내게보이섯나니라(七、八節)

復活의事實과理論 二二

하야 다시 세가지境遇로써 實證을列擧하엿다。冷靜하고實際家인 야고보의實驗이잇엇고 乃終에는 自己自身의 다메섹으로行하던途上의實驗으로써裏書하엿다。이에至하야據證은 그完璧을期하엿다。單只一個人의實驗이라면 所謂幻影說노써心理學的解釋으로埋葬할수도잇으려니와 十二使徒와五百餘名의 弟子가一時에實驗한바이라하며 歷史的事實이오 그目擊한者가多數히生存하엿달뿐아니라自己自身이實驗하엿다한다。또한그바울의爲人이誇大妄想家가아니오 果然信賴할만한 至極히謙卑한人物이엿든것은「滿朔되지몯하야난者」라는一語에서도 알수잇다。如此한美德의所有者엿다는것은크게그言行의信實性을裏書하는바이다。또한 그例證한實驗은 全部가 如何한吟味의俎上에올넌다할지라도 다시疑心할수업는 材料만을列擧하엿다。

그런故로 내나 뎌희나 이갓치傳播하매 너희도 또한 이갓치 밋엇나니라(十一節)

「뎌희」다함은 베드로 야고보 요한其他使徒들을稱함이니 復活信仰에關하야는 바울一人만아니라온使徒들이一致하엿고 따라서 고린도敎會를爲始하야 에베소 안듸옥敎會들이 모다同一한信仰을가젓섯다。

以上十一節까지에 積極的으로史實을例證할것은一段落되엿으나 敎會中에는「죽은가온대서復活하는일이업다」(十二節) 고하는大學出身或은神學生等識者輩가잇다함을聞及하엿음으로 바울은 첫재로그것이到底히생각할수업는逆理라는것을 十三—十九節에論及하다가

萬一그리스도를依支하야 우리의바라난것이다만現生뿐이면 모든사람가온대 우리가 더욱불상한者가되리라(十九節)

고論斷하엿다。當時의使徒와一般信徒는 그리스도를爲하야 犧牲하는것이만핫고 現世의全部를밧처天國에寶物을싸핫다。그럼으로 萬一復活이업다하면 世上에가장어리석은者가되리라한다。이것은하날에싸흔寶物의大小에依하야各其實感할바이다。

둘재로二十—二十八節에 그리스도를 머리로한復活의順序를指示하면서 바울의終末觀을明示하얏고 第三段으로二十九—三十四節에 洗禮밧는것과「죽기를무릅쓰고活動하는것」도 그것이모다復活의信仰이根據된것이아니냐하야 하나님을아지몯하는

淺薄한者를 깨우치며 同時에純眞한信者로써 惡한동무의게 속지말기를警告하엿다。이로써바울의歷史的事實에立脚한考證은畢하엿으니 信仰에선傳道者의任務는 爲先다하엿다할것이다。

三、復活의理論 (고前十五、三十五以下)

知識을偏重하고信仰을未解하는者는所謂「天秤에다루면無보다輕한者」다。그러나信仰에熱心한結果로서 모든學問과敎育까지를惡魔視함도 健全한생각이라할수업다。바울이所謂無識者가아니엿을뿐더러 使徒中에도特히敎養이兼備한者이엿던것은「바울아 네가밋첫도다 네博識이 너를밋치게하엿다」라는베스도의大聲(使二十六章二十四)을待하지안코라도 넉니아는바어니와 더는 예루살넴에가기前에다소大學에서 當時의敎育을받엇고 그리스도의福音을爲하야어는 그學識까지도利用하지안코는 마지아니하는者이엿다。學問을排斥하는者와 近世科學을恐怖하는宗敎家는 다 바울의게배울바잇어야하겟다。

或이 뭇기를 죽은者가 엇더케다시살며 엇더한몸으로 오나냐하니(三十五節)

復活을否認하는者의質問의要領은 언더한方法으로다시살며 언더한模樣으로復活할것이냐는二點이엿다。當時의知者와今日의識者에 그程度의差는別無하엿든것을알수잇다。

어리석은者여 네가 세우난種子가 몬저죽지아니하면 살아나지못하겟고(三十六節)

이一節은 復活이업다하난 사두개敎人들과 예수가問答한것을(太廿二章廿三—三十三節)並讀하면바울이「어리석은者여!」라고 一喝한뜻을痛快하게맛볼수잇다。또種子의原理에對하야는『내가진실노진실노너히게 일아노니 밀알 하나이 따에떠러저죽지아니하면 그냥 한알대로잇고 죽으면 열매가 만히 맷칠터이라』(約十二章廿四節)는 그리스도의말삼과對照하면解讀을도울것이다。이에對하야近代科學은 한가지異議를提出한다。即따에떠러진種子는죽는것이아니라고。그러나 種子를심엇어 다시生長하는것은 其中의極小部分인胚子뿐이오 餘他의大部分은 모다分解하여버린다。分解는即死를意味한다。死를通하야生에至한다。麥粒은如何히하야成長하는가 게자씨한알에서 얻더케하야

復活의事實과理論

空中의새가 깃드릴만한큰植物이長成하는가 보는者의게는奇蹟이아닐수업다。麒麟이나 고래와가튼大動物도그始初에는一個細胞에不過하엿고 孔子나釋加와가튼聖賢도一個細胞의產出이엿다。下等植物의胞子는能히極寒極熱에견대다가 그種屬을繁殖하며 南滿洲의蓮子는 能히그生命을三百餘年間保存하엿음이判明되엿다。우리의體內에 顯微鏡으로도보기어려울만한 小細胞가 남아잇다가 그리로서우리의全人格全靈性을收容할新生命體가生長한다할지라도決코科學知識과서로矛盾하는바가아니다。科學은敬遠할것이아니라 바울과함기膽大히利用하야信仰과知識의調和를求할것이다。

또네가 쎄우난것이 將來形體를쎄우난것이아니오 밀 알강이나 다른穀식알강이 뿐이로되 하나님이自己의뜻대로 그形體를주시대 種子마다各々그形體를주시나니 肉體ㄷ 다 한種類가아니니 사람의肉體도잇고 새의肉體도잇고 魚類의肉體도잇으며 하날에屬한形體도잇고 따에屬한形體도잇으나 하날에屬한者의榮化와 따에屬한者의榮華가다르니 해의영화도잇고 달의영화도잇고 별의영화도잇난대 별々이 그영화가다르매 (三十七四十一節)

將次나타날復活體의模樣에對한說明이다。同一한物

質노도 하나님의意思에從하야 多種多樣의形體와榮華를 나타낼수잇다는論證이다。더의論旨는今日일지라도 大體로正確한바임을알수잇다。同一한細胞로서 黃人種白人種이될수잇다。人體中의賤한部分과貴한部分도될수언다。腦髓와血球도細胞요、발톱과 머리털도細胞요 眼球와넛발도 모다갓치細胞組織으로形成한것이아닌가。同一한炭素塊로서一은石墨으로 一은燦爛한金剛石으로形成될수잇다。또한同一鐵鑛으로서도 그製鍊方法에依하야 銑鐵鋼鐵、特殊鋼鐵의別이 생기지안는가。하나님의能力으로하실때에 死滅할우리肉身을材料로하야 永久不滅할復活體를形成하시는대 무삼無理가잇을가?하는論法이다。

죽은者의復活도 또한이와갓흐니라 썩을것으로심으시고 썩지아니할것으로 다시살며(四十二節)

하야 以下에 그原理를適用하야 彼의所有한바 博物學的知識이 그信仰과如何히和合하엿음을볼수잇게되엿다。더는爲先歷史的事實노써 다음엔科學的知識으로써이宇宙의秘義를人類의所有로만들냐고努力하엿다。偉大한使徒의게永遠한祝福이잇을지어다

城西通信

一九三一年三月一日(日曜)。山上垂訓第二十一講으로 馬太六章第十節의上半을工夫하다。「나라이臨하옵소서」라는一句만하여도이것이到底히自然人의所願으로湧出할수업는것임을알수잇다、現代人이 이祈禱를繰復하면서도 特히介意함이업슴은 奇跡일가或은無知에因함일가。三日(火曜)午後에郊外某老先生을訪하니「使命感」問題와素人傳道에關하야所見을吐露하시면서만흔啓發과獎勵를주섯다關尹子에人徒知僞得之中有眞失。徒知僞是之中有眞非。殊不知眞得之中有眞失。殊不知眞是之中有眞非라고。眞實한사람에二種이잇스니 참말眞實한사람이其一이요 眞實하기는眞實하면서도自己의게속혀서 虛를잡고實인줄노確信하는것이其二라。眞을確信하는中에僞가잇을수잇고 僞를自疑不斷하는者의게오히려眞이潜在할수잇다云云。

八日(日曜)今日부터午後二時에集會。主祈禱第五講으로『거륵하여지옵소서 일홈이당신의』란一句를工夫하다。○近日에敬畏할만한先輩로부터온갓理由를列記하야 聖書朝鮮의廢刊을忠告하는이가잇다。同時에온갓赤誠을다하야援助를提約하면서續刊하기를勸勉하는이도잇다。그意見의相違는東과西가먼것가치差異하나 聖書朝鮮을關心하는眞情과眞理에向한義烈에至하야는甲乙이一班이다。 집흔感謝가업슬수업섯다。

十五日(日曜)午後二時브터山上垂訓第二十三回工夫。三月中은今日노서聖書研究會를맛치고 來四月브터再開하기로하다。○二十二日(日曜)集會업는純全한休日이엿다。休息하여보고 비로소每主日小集會를引導하는일도不少한重責인것을感하다。今朝에鄭相勳兄이南海로브터上京하야於間에밧은만흔經驗談等을맛칠바를不知하다。二十九日도集會업는日曜日이다。聖書講義하는代身에 朝鮮博物誌等을耽讀함도一興이엇다。現代朝鮮에서 朝鮮人으로써朝鮮動植物을調査研究한이가數人될터이나 其中에果然文獻上에記載될만한것은趙福成氏의鱗翅類의調査가잇을뿐이라한다、其他哺乳類、鳥類、魚類等은全혀他人의손으로서若干調査되엿으나 棘皮動物、蠕形動物腔腸動物、海綿動物等의下等動物에及하여는 內外人間에아직着手한이가업서 朝鮮人의 이方面에對한開拓을期待함이多大하고 植物界도亦是外人의손으로서「暗黑帶」의別稱은겨우免하엿으나 草本植物과 下等植物에關하야는 아직도荒涼한處女地로남겨잇다한다只今萬一朝鮮青年으로 博物學研究에그一生을沒頭하야調査發表하는者가잇다하면 너는人生의短少한것과事業의長大한것을痛歎치아니치못하리만치 너의압헤는偉大한事業이사람을待하고잇음을 깨달을것이오 朝鮮은너의게無量의身世를질것이오 朝鮮사람은그貴賤의別이업시 너의게感謝를表치알흘수업슬것이다。半島의海岸에서浮遊生物을調査하는것과 蓋馬高臺의林間에서地衣類를採集하는일은 樂이그안에잇는일이오 또한世上이너의게敬慕를許하는일이다。너는敎會信者의嫉惡를밧을것도업고 傳道를戱弄하는者라는批判을밧을리도업고 佛敎나天道敎徒의是非살必要도업슬것이다。荒涼閑散한天然界의벗이되어 無爲의一生을보내기를。

集會案內

時、每日曜日 午后二時브터 同 三時半頃까지

所、市外孔德里活人洞一三〇本社

【注意】 舊新約聖書와讚頌歌를持參하시오

五月一日 京城聖書研究會

本誌定價(送料共)

一 册	十五錢
六 册(半年分先金)	八十錢
十二册(一個年分先金)	一、五〇錢

昭和六年四月廿九日 印刷

昭和六年五月 一 日 發行

京城府外龍江面孔德里一三〇

編輯發行兼印刷人 金 敎 臣

京城府西大門町二丁目一三九

印 刷 所 基督敎彰文社

京城府外龍江面孔德里活人洞一三〇ノ三

發行所 聖書朝鮮社

振替口座京城一六五九四

『聖書朝鮮』第二十八號 昭和六年五月一日發行(每月一回一日發行)

(定價十五錢)

昭和五年一月二十八日(第三種郵便物認可)
昭和六年六月一日發行(每月一回一日發行)

聖書朝鮮

第二十九號

一九三一年 六月一日發行

目次

京城 聖書朝鮮社 發行

我의告別

在日本 張道源

父母님이시여 當身들이 나으시고 기르시며먹이시고 입히시며 襁褓中에서 養育하시고 愛之重之하시며 金이야 玉이야 하시든 아달의 我는 肉으로만 난者니 곳罪의我라 當然히 죽을者가 分明하며 妻君이여 君이 愛慕戀思하든男便의 我는 人情과性慾으로 相關된者니 곳罪의我라 當然히 죽을者가分明하며 子女들이여 너희가 全部依托하든 父의我는 人情과愛着心에束縛된者니 곳罪의我라 當然히죽을者가 分明하며兄弟들이여 너희가 骨肉의親으로友愛하든 兄弟의 我는 血肉으로親한者니 곳罪의我라 當然히죽을者 分明하며 親友들이여 君等과親交하든知友의 我는 世上에屬한者니 곳罪의我라 當然히죽을者가分明하다。

當然히 죽을수 박게 업는 罪의我는 罪에게내여주어 完全히 죽이는것이 또한當然한 일이로다、故로 罪의我는 只今 예수와함께十字架에못을 박아 죽엿도다、그런故로 肉體의녯我、生來의人我는 完全히죽엇도다、그런즉 世上아 今後로는 너희가 죽은나를 다시 찻지말나 차저도 또한 맛나지못하리라。

現在의我는 예수와함께 죽은者中에서復活한者요 靈으로新生한者요 하날에서온者요 生命에屬한者니 곳하나님의것이다 그런故로今後로는나와너희와의關係는하나님과너희와의關係와갓고 그리스도와 너희와의關係와갓트리라。

그런즉現在의我는 前에世上에屬하엿든 罪의我처럼 人情과偏愛로써 너희를 사랑하지아니하고하나님의完全하신참사랑으로써 너희를 사랑할지며 世上의썩을것으로 너희를 養育하지아니하고하나님의 永遠한生命의말삼으로써 너희를 養育할지며 世上의倫理와道德으로써 너희를 引導하지아니하고 예수 그리스도의十字架의福音으로써너희를 가라칠지며 人情과愛着心으로 너희를記憶하지아니하고 예수그리스도의信仰과하나님의뜻대로 너희를 記憶하리라。

今后로의我는 너희와갓흔나라ㅅ사람이아니오딴

(他)나라사람이며 너희와함께 사괴일者가아니오 너희들引導할者며가라칠者며責망할者며命令할者며 指導할者다 너희들爲하야代身祈禱할者며 너희의 罪를因하야 代身哀慟하며 슬피 울者다。

이글은 只今브터 十年前即千九百二十二年初가을 어느날夕陽에 祈禱하는中에 體得한것이다 나는 그때에그것을體得되는대로 적은手帖에記錄하야 두엇든것이다 今日에偶然히녯書信軸를에서 十年前이手帖의떠러진멧장을發見하엿다 이글이 貴한것아니오 價値잇는것이아니다 그러나 나의十年前의녯것으로는貴한것이며 나의信仰의初代의것으로는 價値잇는것이다。

◎하나님의 獨生子 예수는 네罪를 죽이시랴고 十字架에 못을박혀 죽으섯다。너는 예수와갓치 十字架에 죽으라。그리하면 예수의 復活노因하야 永生을 얻으리라。하나님은 너를 罪의 死亡에서 救贖하시랴고 獨生子 예수를 十字架에 죽여서 그의 죽으심을 너의 죽을 죽엄으로보아주신다。너는 이것을 믿으라 그리하면 하나님께서 너를 罪업는 義人처럼 取扱하야 주신다。이것이 곳 믿음으로 義롭다 하심을 받는 일이니 이것이 곳 永生이다。故로 밋는者에게는 定罪함이 업고 永遠히 죽는일이업다。

山上垂訓研究 二

金 敎 臣

姦淫과 離婚 (太五・二七―三二)

當時의宗敎家나 學者들과는 每事에意見과 行動을달니하시고 空前絶後한 새로운天國福音을唱導하시는 예수의일이라。畢竟在來의道德律에對하야도基督은可驚할만한破壞를敢行하리라는一般豫測에反하야「내가律法이나 先知者를廢하러온줄노알지말나 廢하러온것이아니오 完全케하러왓노라」고 宣言하시여 聽衆은그料外千萬임에다시놀나지안할수업섯다。그러면一點一劃도廢하지안코 完全케成就하려라는內容은 果然如何한것인가。舊約의모세律法에對하야具體的으로 그리스도의態度를明示한것이第二十一節以下에列擧한것이오 姦淫과離婚의禁止에關한것은「殺人치말나」는다음에잇서 모세十誡의第七位에잇는重要한問題일뿐더러 現下朝鮮民事訴訟의最大多數를占하는實際問題ㅣ다 婚姻에關한奧義에達하고야 그理由를充分히納得할것이다。

二七、또하신말삼을 너희가드럿나니「姦淫치말나」하엿으나
二八、오즉 나는 너희게닐아노니 女人을보고 음욕을품난사람마다 마암에 임의姦淫하엿나니라。

「하신말삼」이라함은 하나님의말삼을 모세가傳한것을가르킨바이니 出埃及第二十章十四節에잇난대로「姦淫하지말나」한것이오 이에對하야그리스도는『오직나는云々』하야 하나님과同等의絕大한權威로써 特異한見解를나리신다。

姦淫(moicheia)이란것은有夫女와 그本夫以外의男性과의不倫의關係를稱함이니 이것이모세의律法에는死刑에値하는重罪엿다。即他人의妻는犯할것이아니며 人妻된者는다른男性과關係할수업다는것이모세誡命의主眼點이엿다。舊約時代에는多妻主義가通行되엿음으로(例之 다윗王 솔노몬王의게多數한妻妾이잇엇음은勿論하고 야곱의게는四妻、信仰의始祖아브라함의게는 一妻一妾이잇엇다)娶妻한男性과有夫女以外의女性과의關係는 姦淫으로稱하지안코 一般的으로 淫行(porneia)이라稱하야 格別히是非함이업시 一般社會가容許하엿고 勿論모세의十誡命에도抵觸되는바가아니엿다。

그런대 그리스도는 이에對하야「오직 나는너히게 닐아노니」라고하야 例와如히 前人未聞의陳開가始作된다。即 女人을보고淫慾을 품는者는발서姦淫을犯한것이라고。行爲의末葉을論함이아니오 그動機의擡頭하는 곧을다사리신다。當時의宗敎家들은 全혀文字의表面만解釋하고 그立法者의眞意는汲取하지못하엿다。그럼으로 모세十誡의第七條는 單純히姦淫의行動 그것만이犯罪하는것이라하고 心中에情熱이焰燃하거나 人에汚損을加하려는欲望을藏하야 그것이 입에可히 담을수업는言辭로써發表되거나 或은不當한몸짓 눈질 손짓等으로發露하는대까지는 罪가안인줄노 생각하고、犧牲을들이여 禁食祈禱하는等 宗敎的敬虔한儀式이나 一方으로부즈런히하면、如此한程度의解弛함은 別노히關係치안은일인줄노알고잇엇다。그러나이것은十誡命의精神을解得한것이아니다。이같흔解釋은사람을敬虔케하지못할뿐인가 도리혀惡化하게한다。萬一그리스도의光明에依하야 눈과 귀와입으로서도 姦淫罪를犯하는것이며 特히 눈으로보든지 或은 戱弄하는때와 情慾을품고서 異性을

생각하면 그것이 발서姦淫行한것이라함을 알게 될때에 誡命은 一段高峻하여지고 「姦淫치말나」는短句앞헤 低頭하지안할사람은업슬것이다。

뿐만아니라 女人이라는 原語(gunee.)는「人妻」라는意味도잇고 單純히 「女人」이라는 意義도잇음으로 舊約時代에는 이것을 「人妻」로만局限하야 解釋하얏음으로 有夫女以外의 異性關係 即 蓄妻같흔것은 公然히行하엿섯다。그러나 gunee.는 單純히女人이라는 意義도잇거니와 以下에論할바와如히 예수日常의 言行에準據하야 判斷할진대 人妻라기보다도 차라리 一般女性을指함이 分明하며 따라서 姦淫이란것은 有夫女와 他男子와의關係에만 限할것이아니라 正當한夫婦以外의關係는 全혀姦淫이오 무릇 情慾을품고 女性을 보앗으면 亦是同一한 姦淫罪를 犯한것이라 하신다。이것은 空然히 모든人間을 罪人만들기爲하야 일부러道德律만을 높힌것이아니다。決코 아니다。人情의 機微에通하신 녀가 實노名醫의 診斷과같히 犯罪心理의 根源을摘發하신것뿐이다。鴨綠江의水源을찾어 白頭山頂의天池에괴인 물이 粗面岩層의裂罅를슴새는대에溯하엿고 에베레스트山頂에싸힌雪粒은 부라마푸트라의洪流를成할것을 指示하신것뿐이다。理論이아니오事實이다。吾人은 空虛한理論으로써自己를핑게하지말고 明快한診斷앞헤서 고요히自己를反省하야 그病根이얼마나깊흔것을認識하고 謙卑와信賴로써 至聖하신이의治癒를待할것이다。

무릇 女人(或은男子)을보고 淫慾을품난사람마다 마암에 임의姦淫하엿나니라。

有夫女에限한것이아니라 一般的으로男性이女性을 女性이男性을볼때에邪念을품음은 임의姦淫을 行한것이라。禮가아닌言辭와 몸짓(Gesture)이 姦淫인것은勿論이라。누가能히 핑게할者인가。

二九、만일 네올흔눈이 너로犯罪케하거든 빼여바리라。네百體中에 하나를일흔것이 온몸이地獄에빠지난것보다 有益하고

三十、또한 만일 네올흔손이 너로犯罪케하거든버혀바리라 네百體中에하나을일흔것이 온몸이地獄에빠지난것보다有益하리라

悲哀의情은 울음으로露現되고 울음은 또한悲感을催하는것이라한다。마음에품은情慾이 姦淫의行動에及하는同時에 肉身의外的觸感이 또한心靈을 罪惡에誘引하는것도事實이다。故로現實生活에 抑

制할수업는 愛着되는것일지라도 斷念하기에苦痛스러운것일지라도 斷然코除去하며 犧牲하여야한다。 바울도『그럼으로 따에잇난 너히肢體를 죽이라 곳淫亂과不淨함과私慾과貪心이니 貪心은偶像을事함이니라』(골로새三〇五)하엿다。

눈과 손을云云한것은 肉體中에도 가장近易하게邪念의仲介를하는 器官인까닭이다。「올흔」눈과「올흔」손이라하야 右를格別히 말함은 右가左보다勝한것 代表하는것이라는 一般的槪念으로서나온것이다。(出埃及二十九章二十、삼우엘上十一章第二節、세가리야十一章十七節等叅照)。 第三十節은 其압節의뜻을 더强調하기爲하야 거듭한것이다。 罪의根據가깊흠과 사탄의誘惑이 微妙한것을본者는 그리스도가 이처럼强調하심이理由잇음을알것이오 바울과함께「肉體와情과慾心까지 十字架에몯박아죽여야」하며(갈五章二十四、同六章十四로마八章十三節) 自己를責하는대에 度를過할念慮는 업슴을알것이다。 나의頭上으로 새가나라가는것은是非할수업스나 나의머리에 깃드리는것은禁止할수도잇고 또한斷然코抑制할것이다。

姦淫과離婚 五

三一、또 말삼이잇으대 누구던지 안해를바리거든 休書를주라
하엿으나
三二、나는 너희게닐아노니 누구던지淫行한연고업시 안해를바리면 이는 며로 간음을 하게함이오 또누구던지 바린女人의게 장가드난자도 간음을犯함이니라。

結婚과가치離婚도人生의避할수업는 實際問題요또오랜동안의宿題엿다。 一旦結合한男女는 다시分離하지몯하는것이結婚生活의原則인것은 모세自身이그百姓의게傳한 하나님의敎訓이엿다。 그러나理想과實際와의一致하기어려움과 人生矛盾과苦痛을緩和하는 方便으로 不得己한境遇에 條件付로써離婚을認許하엿다。

사람이 안해를취하야 장가든後에 羞恥한일이잇음을보고 도화하지아니하거든 休書를써어 그손에주어 집에서 내여보내라(申命記二四〇一)한것은 全혀 그 百姓의「마암이頑惡함을因함」이엿다。 그런대 頑惡한百姓들의人心은 어대까지든지 頑惡하야 休書를써주라는것을 奇貨로알고情慾의命하는대로 不滿한때는 糟糠之妻를逐出하고또새로히 즐기는異性을迎入하며 一人以上의妻를交代하야結婚과離婚을「從心所慾」으로 行할지라도

초곰도마암에꺼리낌이업섯고 또한當然한行事인줄노알엇섯다。다만比較的嚴格한샴매派와 解弛한힐넬派間에多少解釋의差異는잇엇으나 離婚을許하는點은一般이엿다。이에至하야 그리스도는 立法者의精神이蹂躙當함과 社會의弊害그極에達함을못녀여 거이絕對的으로離婚을禁止하엿다。한번結婚한者는 如何한事情(淫行以外에는)苦痛不好에不拘하고 離婚할수업는束縛을밧게하엿다。異敎는勿論이어니와猶太에도古來로 이와갈히嚴格한結婚生涯는업섯다。그럼으로 弟子들도 놀나質問하엿다。

「萬一사람이 안해의게 이갓치할진대 장가들지안난것이 못삽나이다」(太十九章十)라고。그러나「……天國을爲하야 스사로 고자된者도잇으니 이말을밧을만한者는밧을」것이다(同十二節) 이와갓히 그리스도가 離婚은絕對로不許하고 姦淫의意義가嚴密하야 一夫一婦以外의關係와그私慾의萌動까지를同一한極刑에處하며 異性關係의誘惑에對하얏어는 右眼右手를除去하라는過酷한듯한自己制責을要求하시는데는 그結婚觀에 異敎에서볼수업는深遠한理由가潛在한까닭이다。基督敎의結婚觀을正確히알때에 비로소「姦淫치말나」「離婚은不可」하다는眞意가明白하여질것이다。

基督敎의結婚觀은 金錢權勢等을爲한策略結婚이아님은勿論이오 單只生殖을爲한것도아님으로 生男치몯한것으로써 七去之惡의一에 算할수업스며快樂을中心으로한것도아니니 戀愛至上主義도아니오 友愛結婚도아니다。잇따위 온갓人間的動機로써된것을容納치안코 다른모든問題와가치 基督敎의中心은 하나님에잇고 結婚觀의根本原理도 거기에잇다。人間에잇는諸般關係中에 夫婦의關係처럼奧妙하고深遠한것이업스며 이는하나님의創造經綸에直接關係한元始的制度엿다。

사람이홀노處하는것이 됴치몯하니 그를爲하야도아주난짝을만들니라(創二章十八)

이럼으로사람이父母를떠나 안해와合하야 둘이한몸을일우리로다(同二章二十四)

라는것은基督敎結婚觀의憲法이다。또基督이實際問題에對答한것은若何한가。

사람을내신이가 처음부터 한사나희와 한女人을만드시고 말삼하시기를「이런故로 사람이父

母를떠나서 안해의게合함애 둘이한몸이된다」—하신 이글을 닑지몯하엿나냐。이런즉 둘이아니오 한몸이니 그럼으로 하나님이 짝지어준것을 사람이 난호지몯할지니라 (太十九〇三—六)

이것이變할수업는 結婚의原理原則이다。이創造의神秘한關係로써 使徒바울은 敎會와 그리스도의關係를比喩하엿다。

지어미된者여 지아비의게順服하기를 主께順服하듯하라。대개지아비가지어미의머리가됨이 또한그리스도께서 敎會의 머리됨과갓흐니 그가親히몸의救主시니라」敎會가 그리스도께順服함가치지어미도凡事에지아비의게順服할지니라。지아비된者여 지어미사랑하기를 그리스도께서敎會를사랑하사 爲하야몸을바리심갓치하라。이는곳 물노씻난것갓치 말삼으로써 깨끗하게하사 거룩하게하시고 自己압헤 영화로온敎會로세우사 틔나주름잡힌것이나이런것들이업시거룩하고 흠이업게하려하심이니라。맛당히이와갓치 지아비들은 지어미사랑하기를 제몸갓치할지니 지어미를사랑하는것이 곳제몸을사랑하난것이라」本來제몸을 뮈워하난자가하나도업고 이에養育하야 保護하기를 그리스도께서 敎會를保養함과갓치하나니 우리는 곳그몸의肢體라。
이럼으로 사람이父母를떠나 그지어미와合하야 그 둘이 한肉體가되나니 이奧妙한것이크도다。내가 그리스도와 밋敎會를가라처말하노라 (에배소五〇二二—三二)

이와갓치 結婚이란것은 基督對敎會關係의 典型이오 여호와 하나님이選民 이스라엘에 對한誠實에彷彿하고 (호세아二〇十九、이사야五四〇五、예레미야三〇一、 고린도后十一〇二等) 天的關係를說明할 唯一한地的關係라할것이다。그럼으로 萬難을排하고 犧牲을勿惜하면서라도 結婚關係의神聖을 保持할것이다。萬一不然하면 聖書가 淫行한者는 天國에叅與치몯할것을 累累히 言明한것과、여호와가 그사랑하는 選民이스라엘을向하야 참을수업는 憤怒로써 悲痛한絕叫를發하시면서「네가姦淫하엿도다」(예레미야三章)라고 嚴責하시는대에 깊흔理由가 잇음을 아지못할것이다。

基督敎의 結婚觀이 이처럼奧妙하고 深遠한것인故로 姦淫以外에는 如何한事情일지라도 結婚關係를 解除할수업시 하나님앞헤 永遠한 一體의 夫婦로存在하고 따랏어 離婚하는者와 바련女人의게 장가드난者가 다갓치 姦淫을 犯하는것이다。

山上垂訓研究

八

盟誓하지말나 (五·三十三—三十七節)

三三、또넷사람의게 하신말삼을 너히가들엇나니 盟誓를저바리지말고 네盟誓한것을 반다시主압헤서 직히라 하엿으나

三四、오직 나는 너희게닐아노니 도모지盟誓하지말나 하날노도盟誓치말나 이는하나님의寶座요

三五、따호로도盟誓치말나 이는하나님의 발등상이오 예루살넴으로도 盟誓치말나 이는큰님군의城이오

三六、네머리로도盟誓치말나 이는한터럭도能히희고검게못함이라

三七、오직 너히말이 옳흔것은옳다하고 아닌것은 아니라만하라 무엇이던지 이에서지나면惡으로 좇차 나나니라。

이盟誓에關한一段은 解讀에異論이만코 誠實한信者의게 難題를課하며 浸禮派와갓튼 一派를分離식히기도하는곳이다。讀法如何에 따랏어는 實生活과矛盾되는걷도잇고 聖書自體中에 서로容納치못할思想이並行된것갓튼 事實이잇는故이다。첫재로吾人의日常生活에 盟誓를全然避할수업는것이事實인同時에 만흔境遇에宣誓를立하고 그것을 準守함으로써 社會의秩序와 機運이善行되는것이만타。다음에 이스라엘歷史를볼때에 뎌들은 特히盟誓하는 百姓이엿고 또한 그盟誓를 主앞헷어 반다시 잘직히는百姓이엿다。萬一이스라엘百姓이特히 하나님의選民됨을 입은대에 何等의資格이잇섯다하면 即 그들이盟誓를세워 반다시 직히는 信實性을所有한까닭이엿을것이다。이스라엘의女性들이 盟誓로써 孕胎하야 그兒孩를 盟誓한대로 하나님끠獻한事實은 其例를每擧하기어렵고 그將軍들이 戰場에나감도 亦是盟誓로써 出發하고 盟誓를직힘으로써 凱旋하엿다。(사사記十一章二十九節以下等)、뿐만아니라 이스라엘歷史全體가 여호와하나님과의 盟誓施行으로써 紅白의雙絲로 꼬인노끈과갓튼것이아닌가。아니舊新約聖書自身이 約束한말이오 契約成文이아닌가。그리스도는 이스라엘의 이美風을 奬勵하시지몯한들 何故로一切盟誓를禁止하시는가。이에文句上으로서는 相違하는듯한속에 律法을 더욱進展식히고 完成하시는바를 알기爲하야 이一段의讀法과 當時의社會相을詳考할必要가잇다。

「넷사람의게 하신말삼」이란것은 出埃及二十章七節에 「너희하나님여호와의일홈을 망녕되히 닐캇지말나」하엿고 레위記十九章十二節에 「내일홈

을가라처 망녕되히 盟誓하지말며 너희 하나님 여호와의일흠을 더렵히지말나 나는 여호와라」云云한것이다。(其他民數記三十・二、申命記二十三・二十一節等參照) 舊約聖書에서 그大意를引用하신것이오 文字대로 쓰신것은아니다。

盟誓의性質은 自己보다 더큰것에依하야 盟誓하여야 效果잇는것이다。自己自身만으로서 能히 盟誓할이는 하나님한분뿐이다(히브리六章十三節) 그럼으로 猶太사람들은 녯날브터 그誠實을 盟誓할때에 絶大한 하나님을依支하야 盟誓하엿고萬一몰녹 其他의偶像(레위記十八章二十一節)에依支하야 盟誓하면 偶像으로써 하나님을代身케함이라하야 이것은 十誡命의第一條에 違反되는일임으로 이스라엘百姓들이・참말 아브라함의 子孫인性質을 保有한동안은 到底히行할수업는일이엇다。赤誠을 吐露하야 盟誓할때는 사람의心情을삷히시고 靈魂까지를 審判하시는 산하나님의일흠으로써 하는것이 當然한일이엿다。

그런대 이스라엘子孫의 心靈이漸漸野俗하게되여 盟誓는 반다시 직히랴고세우는 것이아니요 다만 形式으로 一時의핑게로 慣用하게됨에 及하야 여호와의 일홈以外의ㅅ것을 憑藉하야 盟誓하는方法을 講求하게되엿다。如何히 墮落하엿다할지라도 오히려 뎌들은可憐한 아브라함의子孫이엿다。「너의하나님 여호와의 일홈을 망녕되히 닐캇지말나…」는것이 十誡命의第三條인것은 記憶하엿다。번연히 實行하지안할것을 산 하나님 여호와의 일홈으로 盟誓하야 敢히第三誡에 抵觸하는것은 損失인줄노 생각하엿든지 不願하엿다。祖先의民族的特色이엿던 이스라엘族의 誠實은地를拂하게되여 盟誓를직히는힘은 全無하고、그러나 시내山上에서 十誡를받은 百姓이라는 自負心은 容易히消滅하지안엇다。이에 不肖한子孫들의 智囊으로서 產出한것이 外形으로는 敬虔을飾하야 盟誓를立하고 內容으로는 誠實치못하야 盟誓를직히지안할지라도 犯罪가안되는 方法이엿다。即 산하나님을 代身할物件을 생각하여냇다。하나님의 玉座라고생각하는(이사야六十六章一及使七〇四九)하날 或은 그발등상이라고 稱하는 地를가라처 盟誓하거나 或은 거룩한城

(이사야五十二〇一)에루살넴이나 宮을가리켜 盟誓하면 責任이 輕減하는줄알엇다。

乃終에는 謠言曲禮가 盛行하야「聖殿을가라처한盟誓는 허수하거니와 聖殿의金을 가라처 盟誓한즉 직힐지니라」하며 或은「祭壇을 가라처한盟誓는 허수하거니와 그우에잇난 禮物을 가라처 盟誓한즉 직힐지니라」고 하기까지에 及하엿으니 이것이 얼마나 愚昧하고소경이오 禍잇을 일이엿든것은 馬太二十三章十六―二十二節에 그리스도의말삼을 叅照할것이다。

第三十四節에「도모지盟誓하지말나」는「도모지」는本質的으로 盟誓그것을「도모지」하지말나는뜻은아니다。以下에記錄한「하날노」「따흐로」「예루살넴」으로 或은 네머러로도 도모지盟誓치말나는 手段方法을가라치는 말(도모지)이다。心中에誠實이업는者가 責任을輕減하려는酬酌으로써 예루살렘이나 머러털을 가라처盟誓할지라도 責任이輕減하지안할뿐인가 오히려二重三重으로犯罪하고 漸漸그靈性이荒冷하여지는結果에至함으로「도모지」盟誓치말나하신다。

一〇

그럼으로「도모지盟誓치말나」함은 當時社會의野俗한것을 矯正하시기爲하야 그病源을摘發한것이오 決코 새로운律法을 制定한것은아니다。이것을새로운律法으로解釋하는結果로 金錢貸借證書에支拂辨濟를 盟誓하며 入學의誓約書 裁判所에서의被告又는證人의宣誓等 一切을拒絶하는것은無用한苦痛을招來하는것이다。그리스도도 最後의訊問時에「大祭司長이 갈아대 내가 너를 살아게신하나님앞헤 盟誓케하노니 果然하나님의아달그리스도여든 우리의게 말하라」함에對하야 「네가말하엿나니 」고하섯다(太二十六章六十三、四節)。그러나이것은 中心問題는아니다。예수는 行政上或은一般形式을改正하려 온것이아니오 다만 사람의마암속에 참된「誠實」을 채우려고하섯다。

거즛된盟誓를 세우고 그責任을輕減하기爲하야가라처盟誓할物件을 專心으로硏究討議하는百姓들은 차라리「도모지盟誓치안함이」可하며 그런虛僞보다 爲先 한번세운盟誓는 반다시직히든祖上의誠實함이 마음에充滿할것이며 眞正으로 誠實한者의게는 煩多한盟誓가업슬지라도「올혼것은올타

하고 아닌것은 아니라」하면足하다。이것이바울의가르킨바 예수그리스도의 밉브심이다。이러케 經營할때에 엇지 범연히 하엿으리오 或作定하기를 肉體를 좃차 作定하야 네 네 하다가 아나라 아니라 하난일이 내게 잇겟나냐 하나님은 밉브시니 우리가 너희게 한말이 네 하다가 아니라함이 업노라。大槪우리 못나와 실누아노와 듸모데가 너희가온대傳播한 하나님의아달 예수그리스도는 네하다가 아니라함이업고 다만 뎌의게는 네 뿐이니라 (고린도後一章十七—十九節)

또야고보도

내兄弟들아 第一要緊한것이 이것이니 盟誓하지말나。하날노나 따으로나 말고 아모다른盟誓라도 하지말고 오직너희는 네 하랴면 네 하고 아니라하랴면아니라하야 罪定함을免하라

고、同樣의뜻을가르켯다(五章十三節)。이처럼 마암에 誠實이充溢하야 安危와利害에 考慮環視함이업시 올흔것을 네 라하고 아닌것을 아니라하면 그때의 社會에는 片言半句가 모다 그대로 千斤의 重量을가지고 個人個人이 다 그리스도와同樣으로 밉븐人子가 될것이다。얼마나 美望스려울가 盟誓의形을 가지지안코도 盟誓以上으로忠誠한言行이 通用되는 그百姓과 그나라。

「盟誓하지말나」는것을 律法的으로 解釋할바가 아님을 깨달아 誤解에 떠러짐이업게되고 心靈의 속으로서 誠實함이 充溢하야 다시 盟誓를 세옴이업슬지라도 通常의言辭 그것이 約束手形의 信用을가지게 될때에 그때에 吾人은 다른 方面으로서 盟誓를 함부로 세울것이아님을 배울것이다。그것은 即有名한 「야곱의條件」이 必要함을 알아야할것이다。人間은 그머리털한아도 회고검게할 能力이업는것이오 苦心함으로써 生命의 一寸도 늘굴수업는者며 雲霞와갓하야 暫間잇다가 사라지며 草木과갓하야 今日잇던곧에 明日찻을수업는 者이다。그럼으로 吾人의 確言할수잇는것은 「萬一 主께서許諾하시면 살수도잇고 이일도하고 저일도할것이라」고。이처럼우리는 現在에對하야는信實을表하고 未來에關하야는 謙虛한者가되여야할것이다。

로마書硏究

在日本 張 道 源

第四回 自己의紹介 (一장一―七)

第一절中에包含된第三의形容句는『하나님의福音을傳하기爲하야 選擇함을닙음』이다 此第三形容句中에잇는 하나님 福音 選擇等語句는다重要한語句들이다 此語句中의한아 한아가 다 基督敎信仰의根本問題를 가지고 잇는말들이다 此語句를中의한아만誤解하드라도 基督敎信仰의全體를 그릇 되게하는 것이다。

그런故로『하나님』이라든가『福音』이라든가『選擇』이라든가 하는말들의 한아 한아를 愼重히하야 깁히 硏究하지 아니하면 아니된다。

하나님 于先『하나님』에 對하야 생각하여 보기로하자 하나님에關한 사람들의思想은 여러갈내로 갈녀잇다。或은 無神論을 主張하는者도잇다 그러나 有神論者中에도 여러가지 論者가잇다 自然神論者、汎神論者、人格的神論者等여러가지의 論者가잇다。

그러나基督敎의 하나님은 萬物이皆有佛性이라는佛性도아니오 人乃天이라는天도아니오 天은理也라는理도아니다 佛性、天理、自然法則、陰陽之道、六合一元之氣、等과갓튼非人格的冷者가아니다。佛性、天理、自然法則、陰陽之道、六合一元之氣等을創造하시고 그우에超越하야 이것들을自己의뜻대로主宰하시며 自己의計劃대로 左右活用하시는人格的實在者다。天地萬物을自己의計劃대로創造하시고 自己의任意대로運用하시는 人格的存在의絕對他者다。그가 萬物이 잇스라한즉萬物이 잇고萬物이업서지라한즉 萬物이업서지고 겨울에 꼿치피라한즉 草木들이 꼿봉오리를 열고 여름에눈이오라한즉 눈이싸이고 물이얼며 松竹들이마르는것이다。바다 다려갈나지라한즉 물이갈나지고 沙漠의바위다려 샘이 소스라한즉 沙漠의盤石에서 샘물이흐르는 살아게신人格的實在者다。

如此히基督敎의 하나님은 意志가잇고 생각이잇스며 計劃을 가지시고 活動하시는 살아게신人格的實在者다。우리人間이 『當身』이라고 부를수잇스며 『내라』하야 우리人間에게 對答할수는 人格的實在의絕對他者다。

如此한點으로보아서 基督敎의 하나님은 哲學者의하나님 科學者의하나님 宗敎家의하나님과는 全然相異한者다 그런故로人間의立場으로서는 하나님을 무엇이라고言表할수가업다 風雲이라고할가? 大氣라고할가? 法則이라고할가? 佛性이라고할가? 天理라고할가? 무엇이라고言表할말이업다。가장近似하게此하야말한다면『人은하나님의形像대로짓기움을받엇나니라』하야人에게잇는 最善、最眞最美의것을無限히完備하신 人과갓튼實在의人格者라고言表하는수박게는업다。

如此히基督敎의 하나님은 天地萬物우에超越하야 게서서 天地萬物의創造主되시는참하나님이다。모든 神의神이시다。

基督敎하나님은 日月星辰木石魚獸等으로써表像할수잇는偶像敎의 하나님도아니다。天地萬有를神格化한 萬有神論者의 하나님도아니다。人間의理性으로써神을束縛하야 神과宇宙를一機械로한自然神敎의 하나님도아니다。哲學者의頭腦로硏究하야낸 하나님도아니다。科學者가顯微鏡으로써發見하야낸 하나님도아니다。朝鮮사람들의 觀念에잇는 하나님도아니다。支那사람들이 생각하는 하나님도아니다。日本人、印度人、羅馬人、埃及人、波斯人、헬나人、게루만人들이禮拜하는하나님도아니다。

基督敎의하나님은 유대民族의 하나님이다。아브라함의 하나님이다。이삭의 하나님이다。야곱의 하나님이다。모세의 하나님이다。이스라엘民族을埃及에서救出하야내신 여호와하나님이다。西乃山에서모세에게十誡命을주신하나님이다。

基督敎의 하나님은 나사렛木手예수가『아바지』라고부르시든하나님이다。獨生子를罪의人間과꼭갓튼人間으로하야 이世上에보내샤 十字架에못을박아죽게하시고 그죽엄으로써 우리罪人이 죽을죽엄으로 보아주시는 하나님이다。예수의죽으심을 우리罪를 代贖하는 贖罪祭로 녁여주시는 하나님이다。예수의죽으심을 罪人의 죽을 죽엄으로 보아주심을 믿는者에게마다 聖靈을보내샤 뎌가 하나님의子女가되엿슴을 알게하시는하나님이다。나사렛木手예수가 곳하나님의獨生子라고 믿는者

에게마다 世上을니기는權能을 주시는 하나님이다。예수와함께 죽은者마다 또한 며와함께復活하야 永遠한生命에屬하게하신 하나님이다。유대의 豫言者들만을通하야 낫타나시고 그리스도를通하야서만世上에알여지는 하나님이다。맛날에이世上을 自己의義로써 (道德의義가아니라)審判하실 하나님이다。最終審判의날에 예수를 믿는者는다 義로定하시는하나님이다。

基督敎하나님은 只今信者의 안에서 靈으로일하시면서 게시는 하나님이다。信者마다 그를맛나보며 그의音聲을 드르며 그의일하심을 感知하며 그와同居同行하며 그와交通하며 그의 聖意를 判知하도록 聖靈으로일하는 하나님이다。

基督敎의하나님은 나를 그리스도信者가 되게하신 하나님이다。내가 罪를犯行할때마다 聖靈으로써 「罪의 갑슨 死亡이라」고 밝히 가라처서나로하야곰 無限한 苦痛에 눌니우게 하시는하나님이시다。내안에 새生命을 주시고 이生命이 每日當하는 人生의 모든事實에서 長成함이잇도록 只今일하시면서 게시는 하나님이시다。

○○福音 또福音이라는 말에 對하야 생각하여보고저한다。福音이라는 말은 字義대로福된消息이라는 말이다。아름다운 消息 깁분消息 반가운消息이라는 말이다。눈을 뜨고 귀를 기우리고精神을 차려서 드러야만할 緊急必要한 消息이라는 말이다 이世上에는 福된消息、깁분消息、반가운消息이 만히 잇다。近者에는 廣告文上에서까지도 福音이라는 文字를 使用함을 우리는種々본다。바울이 말하는바 福音은 如此히 이世上에關한 消息이아니다。人間과人間과의關係 人間과物과의關係에 對한消息이 아니라 하나님과사람과의關係에 對한消息이다 하나님과 사람과의關係에 對하야서는 처음으로 듯는바 罪에對한 赦免과 死亡에對한 救援의消息이다。깁분消息이다。반가운消息이다。福된消息이다。

하나님과 사람과의 從來의關係는 罪와審判이여섯다。사람은 하나님께 對하야 罪惡뿐이어섯다。이罪로 因하야 사람은 永遠한 死亡의審判을 바들것으로 하나님께서는 定하섯다。如此히罪로因하야 永遠한 死亡의審判을 받을것으로確

定되여잇는 사람에게對하야 하나님은 恩惠로써 赦罪와永生의 特典을行하섯다。

하나님은 恩惠로써 人間의모든罪를 赦宥하시고 永遠한生命을 주샤 永生하게 하섯슴의 이事實을 바울은 하날에서 드럿다。바울은 이事實을 人間에게 傳하야曰 하나님의 福音이라고 하엿다。即天國의福音이오、十字架의福音이라고하엿다。그러면 이福音의內容은 무엇인냐? 바울이 말하는바 하나님의福音의內容은 하나님의恩惠와 예수그리스도의十字架의죽엄의贖罪와 永遠한生命으로의復活이다。예수그리스도의 十字架上 죽엄을 人間의罪에對한 贖罪祭로하야 罪의問題를完全히處分하시고 復活하신 그리스도를 人間의生命으로하섯다。이것은 하나님의 恩惠로 된일이다 故로何等의理由가업다。다만 하나님의 사랑과恩惠로 된것뿐이다。사람이 理由를찻고 論理를 求하는것은 하나님과 그恩惠와 사람의 하나님과의 關係는罪와死亡의審判으로 되엿슴을알지못하는것뿐이다。

如此히 하나님과 사람과의關係는 사람은하나님께 對하야 罪뿐이엿스며 그罪로因하야 永遠한滅亡을 받을것으로 하나님은 발서定하섯다。

그러나 하나님께서는 사람과의關係를 새롭게 하시기爲하야 獨生子로써 罪를赦하시는일과 永遠한生命을 주시는일을 行하섯다。이事實이 사람의 하나님과의關係에 對하야서는 가장 깁분消息이오。福된消息이다。故로바울은 이事實을하나님이 사람에게行하신 福音이라고하엿다。

○○選擇 또選擇함을입엇다 함은 다른것과分別하야 갈나 두엇다는 뜻이다。即언더한時期에 엇더한使役에 使用하기爲하야 미리 選擇하야 두엇다는意味의말이다。이것은 바울이 福音宣傳에 對한 使命의 깁흔確信으로 나오는말이다。福音宣傳을爲하야 발서미리 選擇하여 두엇든것이라는 깁흔確信이오지아니한者에게는 福音宣傳의使命에對한 確信도 잇지못하는것이다。내가 只今 福音宣傳하는일이 나의 一時的感情이나 興분으로 된것이아니라 하나님이 발서 이福音宣傳을 爲하야 미리 選擇하여 두엇든것이라는 確信은 바울노하야금 使命感을 確實하게 하는것이다。

하나님便에서 果然미리選擇하야 두엇든 일이냐? 아니냐? 함에對하야는 別問題로하고 바울便에서는 미리選擇하야 두엇든 것이라는 確信이 오지아니하고서는 福音宣傳을 그使命으로 取하야낼수가업다。

그런즉 第一節中第三形容句의『하나님의 福音을 傳하기爲하야 選擇함을 입엇다』함은 天地萬物을 自己의計劃대로 創造하시고 自己의任意대로 運用하시며 至義至善이신 人格的存在의絕對他者하나님이 人類가 다罪를犯하엿슴으로 그罪를 因하야 永遠한滅亡을 받을것으로 定하엿든것을 불상히 녁이샤 恩惠로써 獨生子를 보내여 罪를赦宥하시는일과 永遠한生命을 주어 永生하는일을 行하시고 이消息을 人間에게傳하야 알니기 爲하야 바울은 발서미리 選擇하야 두엇든것이라는뜻이다。

第一節을 全體로 한번 다시回顧하야 보자!

『바울은 예수 그리스도의 종 이오 부르심을 바다 使徒가 된者요 하나님의 福音을 傳하기 爲하야 選擇함을 닙은者다』。

바울은 先히主의종이라고하엿다。主의종일뿐만아니라 부르심을 바다된使徒다。부르심을 바다된使徒뿐만아니라 福音傳하기爲하야 발서 미리 選擇하야 두엇든 者라 하야 如此히바울은 自己를 分明히 說明하야 紹介하엿다。바울은 自己使命에 對한確實을말하엿다。내가只今福音을傳하는일이 내가 내마음대로 決行한 일이거나又는一時的感情의 興분으로 된일이아니라 하나님이 이일을 爲하야 발서 미리 選擇하야 두엇든것을 期約이 니름애 불너내여 세우신 것이라고하야 自己의使命感을 明確하게말하엿다。傳道者는 다如此히 使命感을 確實히하여야한다。

우리들은 로마書一章一節에서 無限한興趣와眞理을覺得하엿다。此一節中에서 바울의 謙遜、信賴、確信、覺悟、感謝、歡喜、膽大、勇氣、順從、體驗等을 볼수가잇다。

아ㅣ偉大하다。此一節이여。此一節中에 基督敎眞理의全部가包含되여잇다。此一節만잇서서基督敎는 넉수하며 此一節에 包含된眞理를 體驗한者가 基督敎를 體得한 信者다。

아모스書研究(續)

咸錫憲

三、아모스의豫言

아모스는 하나님의命대로 이스라엘을向하야豫言을發하엿다。그豫言때문에 그럿치안엇스면世上에서別로注目하는사람도업시信賴와感謝의平穩한一生을맛첫슬그는 이스라엘의무서워하는바가되고憎惡排斥하는人物이되엿다。웨「憎惡하고排斥하엿는가。自己네를向하야 이스라엘이亡하리라、여로보암이劍에죽으리라하기때문이엇다。예레미야가말한것갓치 그는이스라엘을向하야서자「말을낸즉悲慘한말을하고 또暴虐하고殘忍한것을말하」지안을수업섯다。(예레미야二十章八節)이는 그가心惡하여서는勿論안이지만 그의人格이高潔하여서도안이엇다。勿論그의人格과 그가當한世代와의사이에는天地같은差가잇엇다할수잇섯다。만은 그것이大憤怒를吐케한것은안이엇다。말하자면그自身의말대로「智慧로온者가잠잠할」時代엿다。그보다도 하나님의義가그의魂을삼키엇기때문이엇다。하나님이이스라엘을向하야怒를發하엿다。그를傳할使命을그는받엇섯다

이스라엘사람들아 여호와씌서너희게날아신말슴을들으라(三章一節)

너희바산암소같은女人들아이말을들으라 (四章一節)

이스라엘아 내가너희를爲하야哀歌로지은이말을들으라(五章一節)

하고 그는 激烈한부르지즘의連呼로써 그 言을始作한다。무슨豫言인가。

내가너희를누르기를수래가穀食단에눌님갓치하리라。

一千名이나간城邑에百名이남을것이요 百名이나간城문에 十名이남으리라。

그때에萬一열사람이한집에남어잇스면 뎌희가반다시죽을것이오 죽는사람의親戚은그屍體를불살오는者니……

이스라엘族屬아볼지어다 내가한나라를니르켜너희를치리니 뎌희가너희를虐待하야 하맛어구로부터아라비아시내까지니르리라。

아모스書研究

아모스는 敬虔한사람이엇다。하나님의뜻이일우어지는것을 待望하는者엿다。이스라엘이 侮蔑을當함을보고는 슬퍼하고 祈禱하엿다。여로보암이 이스라엘에王이되자 國力이恢復되기 始作되엿다。모든사람과갓치 그도이를爲하야 즐거워하고 祝賀할것이엇다。그러나 그는 그럿치안엇다。도리어 殘忍한手段으로 國勢를擴張하고 滔々한文化가日日發展하여가는거긔에 一大危機를보앗다。그는 憂慮하고 祈禱하엿다。만은 그는 漸漸커갓다。外樣으로는 오직盛大 오직繁榮이 잇는곳에 內面으로는 巨大한空隙이자라고잇섯다—여호와에게서 떠남。生活의奢侈、맘의驕慢、道德의墮落、宗敎의形式化。더구나 後者에서 戰慄할만하엿다。儀式은 더욱盛大하야가고 犧牲은 더욱熱心으로 밧치나 여호와의얼골은 이믜뎌희에게서 도라젓다。禮拜도 禮物도 敎義도 誡命도 다 貪慾잇는僧侶와 富豪의惡用하고 曲解하는바가되여 窮乏한者를 壓迫하고 搾取하야 享樂을極하는 그들의手段으로 쓰이고 擁護하고 掩蔽하는 器機가되엿버렷다。義人의가슴은 正히탈만한때엿다。

그때에 여호와의말슴이 아모스에 臨하엿다。하나님은 그의눈을열어 將次올것을보게하고 그리고 그의「입에말을너엇다」。

엇던날 그는 牧場을바라보고 잇섯다。느진봄비에 버혀던풀밧에서 돗아나는새움이 맛치자라나는 이스라엘인것갓치 生覺되엿다。그光景을보고 默默히섯는동안에 문듯한떼의 메뚜이가날아와서 따에菜蔬를 다먹어버렷다。그때에 그의속에 들니는소래가 잇섯다——이스라엘의 運命이 果然이것이안이냐고。이 啓示를닑은 그는곳 하나님앞에 이스라엘을 爲하야 赦하기를빌매 하나님이 이를들으셧다。

또 다른날 그는 불이붓는 光景을보앗다。炎炎하게되어 올으는 불길이 山과들의온갓것을다 태이고 물과陸地를 아울너삼키려는 形勢엿다。또 그는 이啓示中에 이스라엘의 運命을닑고불로써 象徵하는 兵禍가將次榮華의 꿈속에잇는이스라엘을 殄滅할것을 알엇다。그리하야 또 여호와에게 懇請하야 猶豫를엇엇다。

그러나 이러케 再三 하나님이 참고 견듸고

기다려스나 이스라엘은 悔改할줄을 몰낫다。이제그에게는 지난날의 온갓蟲災、水災、旱災、疫病、兵亂의 攝理的意味까지 明瞭하여젓다。여호와는 怒하기를조와하나? 勿論안이다。殺戮하기를즐겨하나? 勿論안이다。約束을違反하나? 勿論안이다。이스라엘을사랑하나? 至極히사랑한다。晝夜로 그도라오기를기다린다。그러나 惡한者의하는일을넛고 不義한것을몰으는체하나 決斷코안이다。그는 이제 하나님을向하야 容赦를빌수가업섯다。이스라엘에 審判이臨할것은 因果法則과갓치 必然的이엇다。獅子가움킨것이잇스면 불으짓고 器機를따에베풀면 새가떠러지는것갓치 이스라엘의 거듭하는 罪惡에對하야 하나님의 震怒는不可避의것이다。

이러케 生覺하며 그는 엇던날 드고아城곱으로 걸어오고잇섯다。싸을때에 다림줄을띄고 垂直으로 싸엇던 城壁이 只今은한便으로 기우러저서 到底히섯슬수업시 넘어저가는것을 보앗다。그는 果然이러코나 하고 보여지는것이 잇엇다。하나님이 「이스라엘百姓中에 다림줄을베풀엇다」。

三、아모스의豫言

이제 이百姓은 그의義에견주어서 到底히세워둘必要가업는 狀態가안인가。故로「너희는 公義는 물흐르는것갓치하고 義는 큰江갓치할지니」그리하면살고 그럿치안이하면 반다시 亡할것이다。

하나님의 義를思慕하기와 同族에對한 熱愛를 넛지못하는 그에게는 日常의大小事가 無心한것이업섯다。些小한것에서까지 그는 하나님의啓示를넑을수잇엇다。하나님의 啓示라고하야서 반드시 奇蹟的、超自然的、非常한方法으로 만오는줄로 世上이生覺하나 하나님은 도리어 매우特別한 境遇를除하고는 非常한方法을 쓰지안는다。그보다도 平常 日常의 事物로써 우리精神의 正常狀態를通하야 일하시는것이 原則이다。아모스에게준 豫言에서 그조흔實例를 볼수잇다。더구나 그中의 녀름實果의 啓示에서다。어느녀름날에 그는 광주러에 가득담은實果를보앗다。强한光線에빗최이는 그爛熟한 光澤과室內에 가득하는 그香氣가 곳 繁榮한世俗的文化의藝術的享樂的趣味의生活을 象徵하는듯하엿다。그러나 이를보고 「카이스」(녀름果實)라는 名詞를生覺할때

그는 同時에 그와近似한音의「케ㅣ스」(終末)라는 名詞를聯想하엿다。果然「카이스」는「케ㅣ스」다。爛熟한果實에는 꼭지가문어지고 腐敗하는 終末이깃허잇슬뿐이다。(이와갓튼 實例는예레미아의 조단향가지의 啓示에잇다。조단향(샤케드)가 깨여잇는者(쇼케드)에 對한것)。그는곳繁榮의頂上에서는 이스라엘은 終末이臨한것을가라치시는 啓示임을깨달엇다。

그러하야 그는드대어 審判의하나님을보앗다。여호와 自身이 곳 祭壇겻에선것을보앗다。犧牲을맛처 여호와의 慈悲를엇을 祭壇에는 眞實한祭祀가 올으지안는故로 이제는 무서운 審判宣言의臺가되엿다。그는 아모스에게 命하기를。

너는 도리밧침을처서 門지방이 움죽이게하고 도리밧침을 깨트려 무리의 머리를누르게하라 그남은者를 내가劒으로 殺戮할지니 그中에서 逃亡하고 避亂할者가 하나도업스리라。

무서운 일이안인가。이제 이스라엘에는「黑暗」의「여호와의날」이 잇슬뿐이다。「處女갓튼 이스라엘이 업더저 다시 너러나지못하고」「다시니르킬者가업다」。이를듯고 아마시아祭司長이 밋칠듯이 怒하엿던것은 그럴만한일이다。

이스라엘의 國力伸張이 긋칠줄몰으는듯한때에 風流와 노래가 街衢에 찻슬때에 이스라엘의終末이갓가왓다고말하는것은 妄言도分數업는 妄言이다。잇슬것갓지도 안은말이다。만은 歷史는어느便을 證明하여주엇는가。「내가 한나라를 니르켜 너희를치리니……」아모스는 勿論 시리아의背後에 獅子갓치 죽구리고잇는 앗시리아를가라친것이다。淺眼의享樂者偷安者들은몰나도 透徹하는 眼光을밧은 그에게는 이스라엘의 繁榮은앗시리아의 壓迫으로 시리아가 退却하야 그로붓터 오는一時의 小康인것과 將次로는앗수르(앗시리아의軍神)의馬蹄가 파레스타인의 全土를蹂躪할것임을 先見하엿던것이다。果然 이 드고아의牧者가 벳엘에서 아마시아의 辱을받은지 不過五十年에 不幸하게도 그의豫言은實現되엿다。

누가 그經綸을알며 누가 그智慧를側量하리오。

四、아모스의宗敎思想

三千年前의 아모스가 우리의 興味를끄ㅣ는것은 그가 選民의歷史上에 重大한地位를 가지는것과 거긔다 또 野人丈夫엿더라고하는 點에도잇지만은 더구나 그의宗教思想에서다。그의信仰과 그의神觀을알어보고 우리는 그가어젯날 사람인듯이親近하여짐을 깨닷는다。

그는一介의自由信仰者요 獨立傳道者엿다。直接하나님의입에서 眞理를밧엇고 使命을밧엇다。故로 그는豫言하지안을수업섯다。그가豫言함은 敎會를爲하야 함도안이요 社會를爲하야 함까지도 안이엿다。오직 그에게命한 여호와하나님에對하야 責任을젓슬뿐이엿다。우리는 個人的信仰의徹底를 그에게서본다。

그러나 그의하나님은 自己와直接말하는 하나님이지만은 祭祀長들과갓치 自己專有의 하나님은안이엿다。그의神觀은 部族的、地方的、神觀에서 一段을 올나가잇다。하나님은 萬民의主라는 思想이 그에게確實히잇다。

「이스라엘자손아 너희는 내게구스사람갓지안이하냐、내가 이스라엘을 引導하야 埃及에서올나오지안이하엿스며、불네셋사람을 引導하야갑도르로부터오며 아람사람을 기르로부터오게한것이안이냐」

여호와의눈에는 이스라엘이나 불네셋이나 아람이나 다一般이라함이다。너희이스라엘에對하야는 選民으로擇하고 特別한約束이잇스나 너희라고責任 免除된것은안이요 不義를行하면亡하고 하나님께로오면 사는것은一般이라함이다。

그는 이스라엘百姓에게 義務를가라첫다。그는 말한다。

「너희는 맛당히 여호와를차진즉 살니라 그러치안이하면 더가 요셉의집에 불을나려삼키듯하리니。」

「너희가 公義를變하야 쑥이되게하고 또義를따에 바린者여……。」

「너희는 善을求하고 惡을求하지말나 그러하면 너희가 살니라。」

「너희는 맛당히 惡을미워하고 善을 도화하며 城門에서 義로운裁判을行하면 或 萬有의하나님 여호와께서 요셉의남은者에게 궁휼을베푸

실지라。」

「너희 公義는 물흐르는것갓치하고 義는큰江갓치할지니라。」

그의 하나님은 무엇보다도 爲先 義의하나님이엇다。自然의아들인 그는 自然現象이 啓示하는 權能、能力의 하나님을 자조讚頌하고 歷史를아는 그는 連綿한 그過程中에 生存한하나님의攝理의活動이잇슴을말한다。그러나 그하나님은 單純히 全能의힘으로써 宇宙를統治하는이만이 안이엇다。그는特히 義로써統治하는 하나님이엇다。하나님 그自身義기때문이엇다。아모스에게는 모든邦國과 모든生命과 모든時間 그렷타 全宇宙안에잇는 모든것은「하나님의義」라는 한예임으로貫通한것이엇다。이것이 그의根本思想이요 信仰이엇다。義、義、義。살던지 죽던지 興하던지 亡하던지 하나님의義만은 나타나고 完成되여야할것이다。드고아의野人은 義人이엇다。海拔三千尺의 드고아原頭에서서 不義의濁流가 이스라엘을휘쓸는것을보고는 이義人의魂은 불길갓치탓다。義인故로 審判은不可避다。아모스書가 章首에서 卷末까지 峻烈의氣가넘치는것은 이때문이다。

그러나 福音的思想이 全혀업섯던것도안이다。그에서도 最後의말은 救援의約束이엇다。여호와의눈에는 이스라엘과 異邦의差別이업다는 思想은 分明히 八百年後에될 宣言의先驅라할것이요、뎌自身 하나님앞에 哀乞하야 한番두번긍휼을얻은事實은 아부라함의 境遇와맛찬가지로 將次한사람의義로 因하야 온世上에救援의 길이열니는것의 그림자를일운것이라 할것이다。

五、아모스와現代

아모스와現代。

그들이 무슨關係가잇스리오 하고現代人은 말할것이다。果然 이두말을 連結하여놋는것은「소나무와生鮮」이라는것갓치 意味업는말인듯하다。하나는 三千年前의드고아牧者요 하나는二十世紀文明의尖端을 것는사람들이다。故로 뎌들은 아모스갓튼것은 일즉히 잇섯던지 업섯던지 알지도못할터이요 알必要도업다。뎌들中의 小數의特別한 사람外에는 固有名詞辭典이나 聖書辭典에서 그의일홈을 차저볼機會를 가지는이도 別로 업슬것이다。

그러나 果然 現代는 아모스와 아모關係가업나。現代는果然 義人 아모스를 몰나서 關係치 안은가。더들은 「그럿소」라고 對答한다。만은나는 「안이」라고對答한다。

눈을들어 世界를凝視하라。一場의亂舞가 안인가。識者는 現代를가라처 「文明의一大危期」라고 한다。「이醜한文明」「文明의沒落」「文明의救助」「文明의가는곳」 이런말들이 尊敬할만한 사람들의입에서 자조나온다。이제 이時代는 로마帝國의崩壞時代에 比함을밧는다。墮落、混亂、亂脈、弛緩의時代다。이中에잇서서 모든가슴은 漸漸切迫해오는 一大世界革命을 豫感하고잇다。故로이제 저들에게對하야서 가장必要한일은 어데로向하야 確實한 第一步를내여노을것인가 하는것이다。

燻燃의時代요 模索의 時代다。只今 「어대로가나」라는것이 一流行語다。新聞에나、雜誌에나、辯論에나、著作에나、무엇슨어대로가나、하는것이 가장 興味를끄ㅣ는 題目이되엿다。果然 이世代는어대로갈녀나。

「예수냐、맑스냐」。이러케우리압에 提出한다。人類압에는 두길이열니엇다。하나는 좁은길이요 하나는 넓은길이다。하나는 救援을約束하고 하나는 팡을約束한다。하나는하늘나라로가고 하나는 맘몬의나라로간다。더는 어느길을 取할것인가。「世界의勞働者여 團結하라」라고 불으짓즌者는 確實히 人氣者다。모든 눌님을 當한者는 只今 決河의形勢를가지고 그리로가려한다— 그가 約束하는 팡을엇을줄믿고。一便으로「사람이팡으로만 살것이안이오……」한者에 向하야는 侮辱과罵倒를 퍼부으면서。

그러나 그러하나 가는者는 한가지를 반드시 記憶하고 갈것이다。即 只今 움켜쥐고가는배는 밀가루로만든 팡만이들어 가지못하야 그러는것이안이라 주리다못하야 이러케쓰러지게까지 感覺이되는것은 밀로만든팡밧게 其實은 또다른무엇이 缺乏된것이잇서서 그러케 되는것이다。故로 우리가 約束하는者에게 달녀가 그의말을聖典으로 順從하야 배가터지게 팡을얻은後에도 그엇던 무엇의 缺乏感은 漸漸더甚해갈것이요 따라서 팡을먹엇스니 인제는엇더케 할것인가 하고 우리가 要求할때는 그指導者는 敎材가盡한 敎師모양으로 壇우에서 미뭇거리며 謀免에語窮할것이라함이다。

눈에보이지안는 팡의缺乏。우리아모스는 賢明하게豫言하지안엇나?

「主여호와의 말슴이 볼지어다 날이니르매 내가 飢饉을 따에보내리니 糧食이업서 飢饉이안이오 물이업서 渴한것이 안이라。여호와의말슴을듯지못한것이 飢饉이니라。사람이 流離하야이바다로부터 뎌바다까지 니를것이오 北으로부터東에니르러 往來하며 奔走히 여호와의 말슴을求하되 엇지못하리니 그날에 아름다온 處女와및 젊은 男子가 다渴하야 疲困하리라。」

現代의「아름다온 處女와 및 젊은男子」는 이말을듯고 엇더케 늣기나。

엇던날 나는 아모스書研究를 草하던붓을놓코散步를나갓다。나는 古長城趾를 것고잇섯다。저녁해가 正히黃海의 저便으로 들어가려하야 壯嚴과 平和의빛에 山野를透明식이는때엇다。내가것는 長城趾는 바로 드고아의 城趾인듯 하엿고 나는 그에게 對面한듯이 그의 生覺으로가슴이 가득하엿다。모든것이 봄날의 榮光에빗난다。문듯 나는 눈을 골밑에잇는 村家에 向하엿다。저녁 烟氣가올너온다。「저안에는 무엇이잇나」하고 스스로 물어보앗슬때 나는「現代는果然 아모스를 要求치안나」하고 불으지안을수업섯다。只今도 다시금 生覺한다——現代는 果然 아모스를要求치 안는가고。

카ー르 하임은 아모스를가저 三千年前의 푸로테스탄트라고한다。果然 適中한말。더는 푸로테스탄트엿다。하나님의 義를爲한 푸로테스탄트。漲溢하는 物質主義의 濁浪中에 홀로敢然히서서싸호던勇士。

아모스는 오지안으려나。

하나님의사람、義의사람은 오지안으려나。

城西通信

一九三一年四月一日(水曜)아참에咸錫憲兄이五山으로브터上京。矣박기엿든이마치우리의반가움이컷다。本誌를擔當한지滿一年에重大한危機에臨하엿을때에 며가왓어보고갓다。將來의如何를알者가업고 다만最近한義務를다하여브기를作定하다。

五日(日曜)休暇後의 처음集會、余는山野에生命이躍動함에을여 고린도前書第十五章으로써復活의事實과理論을講하엿더니 今日이敎會에서적히는復活主日이라한다。但그計算法은尙今도不知、또알기도不願한다。每年봄이돌아올때山野의草木과鳥虫이 復活을노래할때 그때가우리의復活主日이되리라。

六日(月曜)第二十七號出來하다。副業으로하는일이라 學年末新學年을當하야不得已늣게되엿다。雜誌를市內書店에配達할때마다「이것도雜誌라고」「팔니지안는雜誌…」等等의말이 귀에것친다。때로는侮辱에갓가운光景의도當한다。 勿論됴선사람들이오耶蘇或은基督이란것을 그看板에關係한書店들이다。저便에서는事實을말할뿐이겟지만이편은復興會에나參席하는셈으로每朔 이輕蔑을當하기를享樂한이感謝。가장有效한信仰復興은예수의일홈緣故로侮辱밧는때에온다。

十二日(日曜)午后二時集會。 余는司會하고 鄭相勳兄은馬太福音에依하야 復活을다른方面으로서敎示。찬미第二百三十六章을불너 作別을彼此하나님께附托하고夜九時車로歸南하다。

十九日(日曜) 午前中은陵谷松林中에서散策。都市의近處에서 가장貴한것은人迹에妨害를밧지안는深林이다、사람을避하기爲하이苦心。午后二時에集會。山上垂訓工夫를再始하야第二十四回로馬太六章十二節을講하다。

廿三日(木曜) 神學校在籍某氏의註文書에曰

「主예수님의 은혜로이갓치 貴한雜誌와따라서眞理를드러내기爲하야수고하시는이들이잇게되는것을볼때에感謝아니할수업습니다。弟는昨日도서실에서聖書朝鮮을보왓습니다。弟가注文할맘은간절합니다。그러나돈이來月二十日에집에서오게됩니다。그럼으로 무러보는것은聖書朝鮮十三號로부터今月號까지사서볼수잇겟습닛가。그러면代金은얼마가됩닛가 알게하여주십시오。山上垂訓시작號부터今月號까지는얼마가되겟습닛가。또한가지는山上垂訓시작號브터今月號까지或보내주실수잇겟습닛가 弟가이러케하는것은來月二十日까지잇다가一號라도빠지게될가念慮함이외다。萬一先生게서보내주시고 二十日에代金이올나가지아니하면우리神學校長〇〇〇氏의게로 이편지를보내여貴望을밧게하십시오 수고로오나山上垂訓號브터보내게하야 주십시오。聖神이함게하시샤 이雜誌의發展이日益확장을伏祝합니다。四月二十二日 ○○○」

實노愉快한書簡이엿다。良心의人哉(哥后四〇二)

二十六日(日曜) 午后集會에山上垂訓第二十五回로主祈禱의工夫는畢하엿다。시골서病床에잇는 某靑年의게本誌一卷을보내주엇더니 그感想의短信이如左。

…意外에雜誌를보내주시사感謝히읽엇습니다。이것은하나님의所爲라고하야힘써祈禱感謝하엿습니다。저는 이權能이잇는眞理박힌冊을읽고읽고또읽엇습니다。이病床에서 예수그리스도를알고하나님아바지를차자냇지요 근심과걱정 不平과煩悶모—든것을一任하고云云。

이와갓흔病床의兄弟한아를慰勞할수잇다면記者의慰勞의盞은넘친다。願컨대적은이冊子가健康하야醫員을要求치안는者의게가지말고病弱하야治療를渴求하는者의벗이되기를。

三十日(木曜) 第二十八號出來하야겨우定日대로發行하게되엿다。

夏季傳道集會豫告

講師　張道源 牧師

場所　京釜、湖南、京義、京元、咸鏡線沿地及北間島等地。

主께서許하시면 右와如히畧二十餘個所에서本誌를中心으로한純福音을傳達코저합니다。讀者諸兄의加禱를願하며 右鐵道沿帶의兄弟로特히集會를願하시는분은 大垣市高屋町一六〇三ノ一張道源氏或은本社로照會하시오。詳細는次號에。

六月一日　聖書朝鮮社

本誌定價(送料共)

一　冊	十五錢
六　冊(半年分先金)	八十錢
十二冊(一個年分先金)	一、五〇錢

昭和六年五月廿七日 印刷
昭和六年六月一日 發行

京城府外龍江面孔德里一三〇
編輯發行兼印刷人 金教臣

京城府西大門町二丁目一三九
印刷所 基督教彰文社

京城府外龍江面孔德里活人洞一三〇ノ三
發行所 聖書朝鮮社
振替口座京城一六五九四

『聖書朝鮮』第二十九號　昭和六年六月一日發行（每月一回一日發行）

（定價十五錢）

昭和五年一月二十八日(第三種郵便物認可)
昭和六年七月一日發行(每月一回一日發行)

聖書朝鮮

第參拾號

一九三一年七月一日發行

目次

京城 聖書朝鮮社 發行

天國과 其百姓

天國은 밝다。天國은 빛(光)의나라이다。그래서 거긔는 一點의暗黑도업다。

天國은 生命과사랑、또 信賴와眞實의四邊으로 成立된 正方形의나라이다。그리고 거긔에는 祈禱와讚頌、感謝와깁븜이 흘으고 넘친다。

그런대 天國은 하나님의나라이다。그리고 또 그獨生子 예수그리스도의나라이다。따라서 하나님과 그獨生子를 믿어서 하나님과 예수의게 屬한者는 當然히 天國의百姓일것은 明白하다。

그럿타、信者는 天國의百姓이다。即、眞實과信賴、또사랑과生命으로 둘너싸이고 또 一點의暗黑도업는 빛의나라인天國은 信者의나라이다。

그런故로 天國의百姓인信者는 언제든지 그靈魂이밝다。또 靈魂이밝음으로 그마음이깨끗하다 그리고 마음이깨끗하고 靈魂이밝은者는 늘 謙遜하다。따라서 謙遜한뎌는 祈禱하며讚頌할줄안다。그래서 뎌는感謝와깁븜에넘친다。아! 끈임업는 깁븜、感謝、讚頌、祈禱의生活을할수잇는天國百姓의幸福함이여! (宋)

信仰의 戰鬪

信仰은 決斷코 꿈이나 理論이나 理想이안이다。적어도 基督敎의참信仰은 現實이며 實際이며 事實이다。그래서 信仰은生活이다。살生活이다。生命이넘치는生活이다。따에서사는者가 하날의것을 獲得하랴는奮鬪、肉인者가 靈으로살야는努力、이것이곳 산信仰이다。따라서 信仰生活은 如此한 不斷의努力과奮鬪로써 所有한바를 全部밧처싸호는 懸命的싸홈이다。더구나 이싸홈이야말노 一生를걸여서 싸워야할持久戰이다。

그럼으로 이싸홈을 싸호는者 即信仰生活을하는者는 졸거나쉬여서는 決斷코안이된다。늘깨여잇서 마음과性品과 또힘과精誠을다하야 싸호지안으면 안이될무서운싸홈이다。따라서 사람은 다른아모것을못할지라도 또 무엇을犧牲하여서라도 이싸홈만에는 最後의勝利를 얻어야할것이다。全生涯에잇서 凡事에失敗하엿슬지라도 이勝利를얻은者면 뎌는 人生의最大最高最貴의成功者이다。

아! 누가이싸홈에最後의勝利를 얻을者인가? (宋)

苦難의意味

(詩 四 十 四 篇)

咸 錫 憲

詩第四十四篇은民族的苦難中에서불으짓는懇切한祈禱다。

一、하나님이어 우리列祖가 우리에게傳한것을 우리가귀로들엇사오니 곳主께서 뎌희날에 行하신녯일이로소이다。

歷史는죽은것이안이요살ㄴ것이다。先祖의지은일은先祖의일로만止치안코次代에서次代로살ㄴ活動을낫는다。故로 좋은先祖와偉大한歷史를가지는것은幸福스러운일이다。이스라엘民族은 古代에잇서서가장榮光잇는民族이엇다。그들의歷史에는生存한하나님의特別한役事가잇엇다。이는民族과國家를勿論하고하나님의大經綸에서버서나는것이업지만은 特히이스라엘은選民으로 擇함을받은民族이엇슴으로그들의歷史에는全能한神自身의直接活動이나타나잇섯다。故로「主께서뎌희날에行하신」것이다。뎌희가自己날에行한것은이믜몸과 時代와共히썩어젓스나主自身이行한것은 現在도오히려듯고生命의힘을感得하는것이엇다。

二、主께서自己손으로異邦을쫏츠시고우리列祖를심으섯스니主께서列邦은苦롭게하시고列祖는번성케하섯도다。

三、大槪뎌희가自己환도로따를엇슴도안이오自己팔로救援함도안이라。 오직主의올흔손과팔과얼골빗이니主께서眷顧하심이로다。

詩人은歷代先祖의그빗나는歷史를回想하고힘을엇엇다。거긔全能한이의特別한加護가잇슴으로써다。그리하야回想은信仰의불길을닐으켯다。이제、 그의목소리는맑고높은調子로울넌다。

四、하나님이어나의王이시니야곱으로하여금救援을엇게하옵소서

五、우리가主를힘닙어우리의원수를눌으고우리가主의일홈을힘닙어우리를칠라하는자를밟으리이다。

六、大槪내가활을依支하지안을것이요 내환도가가히나를救하지못하리로다。

七、오직主는우리를우리원수의게서구원하섯스니우리를恨하는者로羞耻를밧게하엿나이다。

八、내가終日토록하나님을자랑하오니永遠히主의일홈을사례하리로다。

信仰의活歷史는 힘잇는生命力을供給하여준다。勇氣와確信이生기고感謝와讚頌이솟구처올나온다。全能한하나님이우리의便이다——이리生覺만하고도

元氣百倍하고魂은湧躍한다。「나」라한것은 勿論詩人自己個人을가라친것이안이요民族全體를가라친것이다。여호와에對한感謝와 同族에對한사랑이그로하여금、「하나님내王」이라불으게하엿다。「야곱」이라한것도全族을代表한말로、하나님이그를通하야이스라엘과特別한約束을하엿던것을生覺하면서한말이다。그러케노래하여서 그는絶對信賴속에들어갓다自己能力이足히밋을바되지못하고 自己武器가自己를救할수업는것이엇다。歷史가가라치는것과一般으로 녀희의救援은오로지여호와神께로붓터오는것이엇다。故로녀는 終日主를자랑하고잇섯다。

以上에서 이詩의第一段이끗난다。一節에서八節까지오는동안調子는漸漸높아저서마지막에그絶頂에達하엿다。그러나여긔서 詩人의가슴에갑작히暗雲이뒤덥혀왓다。그리하야九節에서調子는激變하야바린다。

九、(그러나只今은)主께서우리를바리사우리로辱을밧게하시고우리軍士와함께나가지안이하시나이다」

詩人은歷史에서視線을돌니어 現實로向하엿다。거긔에는合할수업는巨溝가잇다。그를보고詩人은、「그러나」하고悲嘆의第一語를發하엿다。過去歷史에나타난하나님의恩惠늘몰으는바안이고 그로因하야그가밋을만한하나님을몰으는바안이나 그러나……다。絶對信賴와讚頌의頂上에섯던詩人은이제疑心과悲嘆의暗淵에떠러젓다。信仰은깨여지고 것잡을수업는動搖가그를삼켜바렷다。只今그의노래는極히低調로變하여、노래라기보다는중얼거림이되여바렷다哀訴는次次나아가서 怨望이되여바린다。前節에서「終日讚頌」한다햇던그가只今은「主께서우리를바렷」다고한다。하나님을밋지안는者는몰은다、밋엇던者에게는 하나님에게바림을當하엿다는것은죽음보다더苦롭은일이다。한介愛人에게바림을當하고도自殺을할만하거던하물며하나님에게바림을當하고서랴。故로、詩人을向하야薄信의罪로써責함은、責하는自身이信仰經驗이至極히薄弱함을證明하는以外아모것도안이다。歷史의敎訓과先輩의經驗은價値업는것이안이다。만는그것이單純한知識으로잇는限現在의살ㄴ苦難에當할때는아조無力함을不免한다。그리하야過去의모든光輝잇는歷史는夢中엣일갓치認定하면서「그러나、그러나」를反復하고는疑心하고、嘆息하고

苦難의意味

落望한다。그러나 眞理의第一偉大한教師는苦難이다。몸소當하는苦難、그는眞理를自己살로만들며피로만들고모든教訓을生動하는것으로만든다。그리하야 靈魂은眞理의階段을또한層더높히올나간다。歷史의背景을뒤에두고「그러나」하고現實의苦難의激流에潛入한詩人은果然光明의彼岸에到達하나못하나?

一〇、主께서우리로원수에게쫏겨물너가게하시니、우리를恨하는者가自己를爲하야鹵掠하엿도다。
一一、主께서우리로잡아먹을羊갓게하시고異邦가온대흣흐섯도다
一二、主께서主의百姓을팔아利를엇지못하엿스니며회갑스로主의財物이더하지못하엿나이다。

「그러나」라고하엿슬때 暗黑이그의눈을덥혓다。故로、이제그입에서怨望이쏫아저나온다。不信者라도이에서는더할수업는말이다。누구나하나님을向하야이보다더激烈한怨望을할수는업다。曰—— 우리를잡아먹을羊갓치하엿다。팔아먹엇다。팔아먹고도利도남기지못하엿다。이것이選民의입에서나온말인가고疑心할것이다。果然이스라엘人의深酷한性質이안이고는나올수업는말이다。그러나、眞實한冒瀆은、假僞의尊敬보다는차라리取할만하다。우리는도리어이激烈한瀆神의語句中에同情을禁할수업는것이잇슴을깨닷는다。

四

一三、主께서우리로니웃에게辱보게하시니우리를둘너잇는者의업수이녁임과희롱이되게하리로다。
一四、主께서 우리로異邦中에우숨거리가되게하시고萬民이우리게머리를흔들게하시도다。
一五、나의凌辱이終日내앞에잇스니羞恥가내얼골을덥혓도다。
一六、나를쑤짓고훼방하는소래를因하고對敵과원수를因함이로다

失敗면오히려견델수잇고敗北은오히려참을수잇스나 원수가嘲弄하고머리를흔들어侮蔑하는것은견댈수업는일이다。내가敗한것도憤하거니와나의敗함을快하여하는敵이잇는것을아는일은죽음의苦憫보다더한것이다。

여긔서詩人의悲愁는極底에達하엿다。다시참을내야참을수업고민을내야민을수업다。그리하야十七節에서부터는그苦難의原因에對한質正이다。

一七、이일이다우리에게臨하엿스나우리가主를닛지안이하엿고또한主의言約을背叛치안이하엿나이다。
一八、우리맘이退縮하지안이하고우리걸음도主의길을떠나지안이하엿나이다。
一九、비록그러나主께서우리를山즘생의굴에쌔여저傷하게하시고우리를死亡의그늘로덥흐섯도다。

무삼緣故로이苦難인가——하고그는自問하엿다。

眞實한아부라함의子孫인그는그苦難은自己네의不眞實이或原因이되지안엇나疑心하엿다。萬一 그럿타면그는悔改하고甘受할수잇섯다。 그러나、反省의結果그럿치는안타고깨달엇다。 그러면、道德의一般的墮落에잇는가고生覺하야보앗다。萬一 그럿타면勇氣를가다듬어너러날覺悟엇다。 그러나그럿치도안엇다。그럿타면 이死亡의그늘속에던짐을밧음은웬일인가그는또다시금反省해본다。

二〇、우리가萬一우리하나님의일홈을닛저바렷스며或손을펴다른神을向하엿더면

二一、하나님께서엇지하야이를궁구치안이하엿스리오大槪맘의은밀한것을아시도다。

여호와하나님이가장미워하는背信의罪라도犯하엿는가 萬一 그罪를犯한것이잇다면辯明할길도업고、默過를바랄수도업고스사로죽음의苦難이라도當하야맛당하다。 것헤들어나지는안엇다하더라도或隱密中에그런일이나업나。 잇기만하면隱密한것을아는하나님이이를窮求치안을理는업는것이다。 그러나 아모리生覺하여보아도알수업섯다。 勿論詩人이自己네의罪를發見치못하엿다는것은 自己네가 絶對로潔白無瑕하다는것은안이다。 하나님앞에義人이一人도업슴은더도잘아는바엿다。 만은그의疑心하는바는、自己네가그런特別한苦難을當하여야할何等特別한極惡을지은것이업다는것이다。 그리고詩人의이理由는正當한것이라하지안을수업는것이다。

그는生覺하고 生覺하고生覺하엿다。 그래도알수업섯다。 알수업다、 理由는업다 ——고生覺하엿슬때지는바苦難의짐은갑작히十百倍의무게를더하엿다。

自己의義를하나님앞에主張하며苦難의原因을質正하다못하야極度로疲困한後、 헐덕이는숨을抑制할힘도업시絶望속에떠러지려할때、 그最後의瞬間에、解答이왓다。 맘의깊은속에가는소래가들니엇다。 그는겨우풀어진맘으로가만히붙넛다——

二二、우리가主를因하야終日죽임을當하고 우리가잡혀죽을羊과갓치헤아림을밧앗도다。」

「主를因하야」다。 苦難의原因은主에게잇다。 내가苦難을當함은나를因하야서가안이고主를因하야서다내罪갑스로도안이요 나를試練하기爲하야서도안이다。 主自身에그것이必要함으로、 즐겁은으로、 그러케하고싶음으로하시는것이다。 그것이無理라도별수업고、 暴虐이라도別수가업다。 萬有의主며自身이내

苦難의意味

게苦難을주고싶음으로주신다는것이다。斷念이라면斷念이요、失魂이라면失魂이다。만은 絶對信賴란이런地境을가지고서야말하는것이요 하나님이要求하는것은 이런心靈이다。

奴隷의信仰이라고罵倒하는이가잇는가。果然奴隷의信仰이다。여호와하나님의宗敎가奴隷의宗敎임을只今와서야안다면 너무나 늣즌깨달음이다。그러나、異常한것은 奴隷의信仰을가지고부복할때에아들의靈이우리맘에充滿하여짐이다。自由와 希望과確信을엇는다。故로이詩人도 自我의孤城을직히기를그만두고 全部를들어여호와의軍門에降服하엿슬때 새롭운勇氣와確信을엇엇다。二十三節로써第三段이始作된다。

二三、主여쌔시옵소서엇지줌으시나잇가니러나사우리를永遠히바리지마시옵소서。

二四、主께서엇지하야낫츨가리우시나잇가우리의苦難과壓制를니즈시나잇가。

二五、우리靈魂이티끌에굽호리고우리몸이흙에붓헛도다。

二六、니러나샤우리를도으소서主의仁慈하심을因하야救贖하시옵소서。

六

이제詩人의맘에는平安이왓다。이믜怨望이업다。焦慮가업다。孤疑가업다。오직信賴요、오직懇願이다。나를爲하야서가안이요、主의仁慈하심을因하야서다。主다、主다、主다。

이러틋시 詩는빗나는讚頌으로始되여 信賴의祈禱로써끗낫다。그러나그中間에는自我中心의堅城을내여밧치는悲痛한經驗이잇섯슴을닛저서는안이된다사람이自己苦難의原因을 自己罪惡에反求하는것은眞實한道德的態度요 맛당한일이다。그러나그것이모든苦難의解說은되지못한다。或은自己를試練하기爲하야주시는것이라고生覺하는것도謙遜한態度다。그러나그것으로도不足하다。그러한自己中心의說明을하는限까지는苦難의무게는업서지지안는다。苦難의眞義는그보다도깊은대求하여야한다—即하나님自身에。하나님中心이다。즐거움도하나님에。苦難도하나님에。그때에우리머리는다시들니고우리讚頌소리는다시높아진다。

로마書研究

牧師 張道源

第五回 바울의自己紹介 (一章一—七)

如此히바울先生은 第一節노써 發信者인 自己의 立場을言明한後에 第七節을 繼續하야 쓰는것이 普通의일일것이다 그러나 바울先生은 第二節노브터 第六節까지의 기ㅅ枝葉의問題를 그中間에 挿入하야 써福音에關한說明과 福音과自己와의 關係에對한說明을 附하엿다 그런故로 第二節노브터 第六節까지의文은 括弧內에 너허서 本幹을 떠나잇는 枝葉問題로할것이다

이에서브터 福音그自身에 關한說明인바 枝葉問題에 드러가서 第二節노브터 第六節까지를 研究하여보기로하자

第二節『이福音은 하나님이 그 여러 先知者들에게 委託하야 聖經에 발서 約束하신것이다』라하야 바울自己自身이 只今 傳播하는 이福音은 決斷코 바울自身이 自意로 創造한 新宗敎가 아니라 即自己의 主觀的感情으로된 宗敎革新이 아니라 祖上으로브터 하나님이 約束하시고 여러時代의 모든預言者들을 通하야 聖經에記錄하신바 生命으로의 救贖의 福音인것을 力說하엿다

舊約聖經全體의 그基調는 메시야 出現에對한預言이다 舊約聖經의內容은 메시야로因하야 新生命으로의 救援이 成就될것을 여러時代의 모든預言者들이 預言한것이다

하나님은 如此히 모든預言者을 通하야 人類의救援에對한것을 約束하섯다 하나님은 如此히 메시야를 이世上에 보내샤 新生命으로써 人類의完全한 救援을 일우워 人類의 新紀元을起하시기로 定하섯다 此事實을 오랜以前브터 하나님이 여러預言者들을 通하야 約束하섯다 이것이 舊約聖書의基臺요 內容이다

그런故로 바울先生은 此第二節을 挿附하야自己가傳하는 福音은 바울自身의創造도 아니오 예수의肉的誕生으로 始作된것도아니오 다만 하나님이 그여러預言者들에게 委託하야 聖經에 발서 約束한것이待期하야 應한것뿐이라고 強堅하

게 主張하얏다 그리하야 十字架의福音은 바울이自意로 創造한것이라고稱하는 그時代사람들의 批難을 論駁한것이다

又는예수의說教를 口傳弘布하야 예수를敎主로 하고예수로브터 創始된 革新的新宗敎가 아니라 예수가誕生하기前 멧千年前브터 여러預言者들을 通하야 잇는바 聖經의中心問題인 메시야에關한 福音이라하야 그福音의根蔕는 멀ㅣ니 舊約時代에 두엇다 即예수는 突然히 하날에서降臨하야 只今까지 듯지도못하든 새消息을傳하며 새敎訓을말하며 새宗敎를創始하는것이 아니라 발서 멧千年前브터 우리祖上들을 通하야 가라첫스며創世前브터 誓言한것을 預言者들을委託하야 발서 聖經에約束한것이며 이世上의期待는예수의 出現을向하야 잇스며 유대敎는 이福音을밧기 爲하야 預備行爲로 잇는것이라고 主張하야 바울先生自己가 傳하는十字架의福音이 決斷코 自己自身으로브터 創說된 新宗敎가 아니라 舊約時代의太初브터言約하신 하나님의 約束이오 祖上아브라함의 信仰이라고 主張하엿다

八

如此히 바울先生은 第二節을說하야 當時사람들이 바울이任意로創始한것이라는 嫌疑를避하는 同時에 그福音의根蔕를 하나님의 聖意에두며 멀ㅣ니舊約太初에두며 祖上아브라함의信仰에 두엇다 바울先生은如此히 巨大한 舊約的背景을 가지고 섯다 그리하야 自己의唱道하는 福音이決斷코 自己로브터의創始가 아니오 멀ㅣ니舊約太初브터 하나님이 여러預言者들에게 委託하야聖經에 발서 約束하섯든 것임을 主張하야 過去數千年의 모든預言者를 自己의後援者로하며 舊約聖經으로써 福音을擁護하게 하엿다

吁ㅣ미련한것은 人間이다 頑固하기 쉬운것은 人間이다 새로운 福音이 올때에 너머지기 쉬운것은 人間이다 人間의禍됨이 이에서 더큰것이 업스리로다

人間은 如此히 固執하지 못할대에 固執하야 스사로 禍잇는者가 되는것이다 此새福音을 주시라고 하나님씌서 멧千年 멧百代를 나려가면서 이스라엘을 向하야 가라치고 引導하엿스나 結局새福音이 올때에는 뎌히가 도로혀 禍가 잇

第五回、바울의自己紹介

는者가되엿도다 새福이 옴으로 더희가 이福音을 因하야 더희가 도로혀 너머지는者가 되엿다 如此히 人間은 固執하지못할것에 固執하면 스사로 너머지는者요 禍잇는者가되는것이다

更히第三節、四節에 就하야 硏究하고저한다

如此히 第一節의 末尾에『하나님의 福音을 傳하기 爲하야 選擇함을 입엇다』하야 福音이라는一新語를 提出하고 第二節은 第一節에提出된 此福音을說明하기 爲하야『此福音은 하나님이그 여러 先知者들에게 委託하야 聖經에 발서 約束하신 것이라』述하고 又第三節의前半은 此福音의中心問題를 提出하기 爲하야『이福音은 하나님의 아달 우리主 예수 그리스도를 가라치신 것이라』하야 예수가 하나님의 獨生子로서 이福音의中心이 되심을提示하엿다

그리하고 第三節의下半과 第四節은 예수가 하나님의 獨生子 되심을 說明하기爲하야『그가肉身으로 말한즉 따윗의 子孫으로誕生하시고 聖德의神性으로말한즉 죽은 가온대에서 復活하심으로 밝히 하나님의 아달된것을 權能으로 나타내셧나니라』記述한것이다

如此히 바울은 예수가 하나님의 獨生子로서 福音의中心인것을提唱하엿다 따윗의 血肉으로된者 即完全한人間으로서 誕生하신 木手예수가 곳 하나님의 獨生子로서 永遠한生命의本體라고 提唱하엿다 바울이『예수가 하나님의 獨生子로서 永遠한生命의本體라』고提唱하는 根據는 예수의 生命으로의 復活에잇다

『뎌가 肉身이 되여 우리 가온대 居하야 恩惠와眞理가 充滿함애 우리가 그榮光을보니 아바지의 獨生子의 榮光이러라』하야 요한이가 예수를 하나님의 獨生子라고 證據한것과갓치 바울은『뎌가죽은 가온대에서 永遠한生命으로 復活하야 뎌에게 永遠한生命이充滿함을보니 하나님의 獨生子러라』하야 요한이가, 예수가 하나님의 獨生子되시는 證據를 恩惠의眞理가 充滿한대에 둔것과갓치 바울은 예수가 하나님의獨生子가 되심의 證據를 예수의 죽은者中에서 永遠한生命으로의 復活의 事實에 두엇다

바울은 예수를 單히 人、偉人、聖人、宗敎的

天才、나사렛의 預言者라하지아니하고『하나님의 獨生子』라하야 더를 人性과神性의 合一體로 信仰하엿다 이것이 바울의 基督觀이라

第三節의上半에『이福音은 하나님의 아달 우리 主 예수 그리스도를 가라치심이라』하야 全福音이 그리스도안에 包含되여잇슴을 말하야 그리스도를 福音의 中心으로 提示하엿다 그리스도를 밋는것이(밧는것이)곳福音이라하야 그리스도自身이 곳福音이엿슴을 提示하엿다 即그리스도안에 가추워 잇는것을 말하는것이 곳福音이라고提示하엿다 更言하면 그리스도의 말삼이곳 福音이라고 提唱하엿다

그리하고 第三節下半과 第四節은 第三節上半에對한說明이다 即예수에對한說明이다 예수는『肉身으로말하즉 다윗의 子孫으로 誕生하시고』라하야 于先 肉身便에對한說明브터始作하엿다 肉身便으로 말한즉 人間의遺傳的血統에屬한 다윗 이라는人間의 血統을바다 誕生하신者다

『肉이라』하는말이 聖經에 세가지 意味로 씨여잇다 第一은 骨과對相한肉이니 即살(고기)이

一〇

오(요한六장五六)第二는 精神과對比한肉이니 即肉體요(고前十五장三九)第三은 하나님과對立한肉이니 即人間이다(로마三장二十)本節에말한 肉身이라는말은 第三의意味를가진 人間이라는말이다 예수가 다윗의血統으로受한것은 單히肉體뿐만이 아니다 精神、道德的傾向、宗教的本能、先祖로브터子孫에게遺傳되는 人間으로의諸要素全部를 祖上다윗의血統에서受하엿다 그런故로 예수는 人間便으로보아서는 分明히相違가업는完全한 人間이다 마리아의長子요 다윗의 子孫이다 유대教人의一人이오 유대國民의一人이다

바울이 예수의人間便을 말하야 예수가 先祖로브터子孫에게 遺傳되는바 人間의一切要素를 先祖다윗의血統에서 遺傳受한完全한人間이라고主張하는理由는 예수의人間性을認하는同時에 다윗의預言中에『메시야(救主即그리스도)는 유대人中다윗의子孫中에서 誕生하리라』하신말삼이 應하엿슴을 證據하는것이다 如此히 예수가 다윗의子孫中에서誕生하신것을 證據하는일은 彼等의信仰의 確實性을 喚起하는일이된다

此에一大疑問이起함을 不免한다 그것은即『다윗의子孫』이라하는말의 原語意味는 다윗의 男系를 말하는것이라한다 그러면 요셉을 다윗의子孫이라하고 예수를 요셉의血系로하야 다윗의子孫이라하면 福音書에 强調하는바 예수의 處女孕胎說은 바울이 否認하는것이아닌냐? 此에對하야는 學者間에만흔 論爭이 잇다고한다 그러나 나는 如左히 解釋하야 何等의困難을感하지아니한다

예수는 完全한人間이다 人間의遺傳的血統을바다誕生한完全한人間이다 人間의一切要素를 祖上다윗의게서 遺傳受한 母親處女마리아의長子다 即예수는 人間의一切要素를(肉身、精神、道德的傾向、宗敎的本能) 다윗의血統에서 遺傳受하야誕生한者다 그런故로處女마리아의長子인同時에 다윗의子孫이다。그義父요셉의血統과는 何等의關係를 가지지 아니하엿슬지라도 다윗의子孫인 處女 마리아에게서 다윗으로브터의 遺傳的血統을 遺傳受하야 誕生한것만은 事實이다 그러면 이 事實을 全然無視하는것은 不可한일이다 即母에 屬한 祖上으로의 遺傳的血統이나 家系나 國籍을 全然히 無視하는것은 不可한일이다

바울은 이제一步를更進하야 예수의 靈性에對한說明을始作하엿다

예수를 人性便으로말한즉 다윗의遺傳的血統으로誕生한 다윗의子孫이오 靈性便으로말한즉 人間의血統的遺傳性과는 何等의相關이업는 天來의靈的生命으로誕生한 하나님의 獨生子다 彼에게는 二個의性質이 잇다 一面으로는人間이오 一面으로는神이시다 如此히 예수는人性과神性과의兩者를融合하야 一個의人格을 일우신 一救世主라고 바울은 主張하엿다 이것이 此第四節의主意이다 靈魂、心性、精神、이것들은 예수에게도 잇다 이것들은 반다시 예수에게만 特히잇는 特有의것이아니라 萬人에게 다잇는것이다 예수는 이것들을 다윗의 血統的遺傳에서 밧엇다

그러나 聖德의靈性으로 말한즉 이것은分明히 예수에게만特히잇는 特有의靈性이다 此聖德의靈性이 예수에게만 잇는것은 疑心업서 뎌가 하나님으로서 난緣故이다 그런故로 聖德의靈性으로말한즉 하나님의 獨生子시다

예수의人性을 認하는바울은 또한玆에 예수의神性을强調하지아니치 못하는것이다 예수는人間이면서도 또한反面으로는 하나님의獨生子시다 即예수는 完全한人間으로서 完全히 하나님으로의生活을한新紀元的新人間이다 如此한意味로써 예수는 第二次의人間의始祖다 第一次人間의始祖아담은 罪에 사로잡힌바가되여 죽엄의祖上이되고 第二次人間의始祖예수는 人間으로서 하나님으로의 生活을하야 죽엄에서 죽엄을니기고 復活하야 靈이되신 人間이니 生命의祖上이 되여주신者시다

바울은 예수의人性을 認하는同時에 또한그의神性을認하야 在來의人間에게는 絕對로잇슬수업는 靈的生命이 特히 예수에게만 잇서서 彼는人間以外의能力을 가진者로서 人間에게하나님의生命을주어 永生하게하는 救世主라고主張하엿다

그理由와證據는 예수의 죽은가온대에서의復活에잇다 然하다 예수는 죽은가온대에서 復活하섯다 예수의 復活은 史的事實이다 그러면 예수는무엇으로써 復活하섯는냐? 古今東西의人間이다죽엇는대 엇지하야 예수만이 죽엄에서 復活하섯는냐? 그러면 모든人間이 가지지 못한 딴種類의무엇을 가진證據가아닌냐? 即모든人間이所有하지 못한 죽은가온대에서 復活할수잇는特有의生命을 所有한者인것을 볼수가잇는것이아닌냐? 人間은다죽는다 그러나 예수만은 죽은가온대에서 復活하섯다 그러면 예수에게는 人間性말고 딴性이 한아 더잇는것을 우리人間들이볼수잇는것이며 밋을수잇는것이 아닌냐? 그러면 예수는人間은人間이다 틀님이업는完全한人間이다

그러나 人間의遺傳的血統으로만된 在來의人間처럼 죽고만은 者가아니라 죽은가온대에서 復活하는生命을 所有한人間인것을 알수가 잇는것이아닌냐? 예수에게는 在來의人間과如히 다윗의遺傳的血統에서 遺傳受한人間性뿐만이 아니라 그外에도 또한天來의特有한生命을 所有한者인것이證明되는것이아닌냐?

그런故로 바울은 예수를가라처서 人間의血統으로만、난者가아니오 他反面으로 하나님에로서 난者라고하야 예수의神性을 强調하엿다

如此히 예수는(四節의말삼)죽은 가온대에서復活하심으로 밝히 하나님의아달된것을 權能으로 나타내섯다 뎌가復活하심으로 뎌가다윗의子孫으로난人間性뿐만이아니오 또한하나님의獨生子가되심이낫타나젓다 뎌를 人間으로하야죽은것을그죽은가온대에서 復活하게한生命은 뎌가 다윗의遺傳的血統에서 받은것이아니오 하날에서 받은生命이다 뎌는 하날의生命이 人間의遺傳的血統을通하야 人間이되여서 이世上에낫타난者다 그런故로 뎌를 支持하야人間의거름을 거러오게한것은 다윗의血統에서받은바人間性이 아니라 하날에서받은 靈性이엿든事實이 밝히 낫타나젓다 그런즉예수의 三十三年間 地上의人間生活의 그原則을生來의人間과는달니(異히)하엿든 을 우리가 알수잇다 在來의人間은 肉으로써 人間生活의 모든것의모든것으로하고 살엇스나 예수는 靈으로써 人間生活의全部를다사렷든것을 우리는그의復活에서볼수가잇다 예수의三十三年間地上生活은 그本質은 하나님의 獨生子오 그現實은 다윗의子孫의血統으로 誕生한 人間이엿서다

第五回、 바울의自己紹介

우리가 이제 예수 그리스도의復活에對하야、한가지 더 生覺하여보기로하자

그것은 復活하신 예수가 榮化한人間이겟는냐?人間의옷을完全히解脫한 하나님의獨生子겟느냐?(로고쓰)即하나님의獨生子로서 人間으로誕生하야 十字架에 못을박히워죽으시고 죽은가온대에서 復活하야 再次하나님의 아달의(로고쓰)녯자리(舊座)를 회복한것인냐?하는問題이다

이問題에對하야 나는 復活하신예수는 榮化한人間으로서 人間의始祖가 된것이라고 生覺한다 復活하신 예수는 人間으로서 처음닉은열매다 뎌가復歸하야 人間性을脫하고 降世以前의獨生子의位에다시位한것이아니라 人間으로서 榮化하야하나님右便에 안즈신人間이다 如此히하야 降世以前의 뎌와復活以後의 뎌와는 크게相違가잇는줄노안다 뎌는眞實노獨生子의榮光스러운자리를 바리시고 永久히人間이되여주신者다 即人間을救援하시기爲하야人間이 되서서人間으로復活하야 榮化한人間이 되여주신者시다 그런故로 예수의復活은復歸가 아니라 人間의最後榮化다

山上垂訓研究

金敎臣

無抵抗 太五〇三八-四二節

(叅照路六章廿九、三十、三十四、三十五節)

三八、또하신 말삼을 너희가 들엇나니 눈은눈으로갑고 니는니로갑흐라 하엿으나

三九、오직 나는 너희게 닐아노니 惡한사람을 대뎍지마라 누구던지 네 올흔편 뺨을 치거든 왼편까지돌녀向하며

四〇、또 사람이너를 송사하야 속옷을가지고저하거든 겻옷까지 가지게 하며

四一、또 누구던지 너를 억지로 五里를가자하거든 그사람과十里를 同行하고

四二、네게 求하난者여든 주며、네게 꾸고저하난者여든 물니치지말나。

범은 죽을때에 돌을 깨물고 毒蛇는 죽엇어도 毒烟을 남긴다한다。生의强盛한者일사록、그몸에加한毀害에對하야 强烈하고痛快한復讐를 갑고저하니 非單禽獸뿐이랴、이點에잇어서 사람은 果然 萬物의靈長이라할것이다。越王勾踐이臥薪嘗膽한것에 무삼絕對値가잇는일이엿으리만 東方仁義之國의學童까지 그心琴을 强하게 울니우고야 마는것은 그心底깊흔곧에 더와共通한 復讐의情이潛在한故이아닌가。싸홈과 불붓는것을 구경스러운일노아는 생각은 다맛 朝鮮사람의心情뿐일가。鬪鷄、鬪犬을飼養하며、鬪牛場을즐겨觀賞함은 果然特殊한民族性에限한것일가。生物은 全혀 鬪爭을즐긴다、自身이鬪爭할뿐아니라 他의鬪爭을 구경하면서 즐긴다。더욱 復讐에는 多大한興味와 同情을寄하는法이다。우리가 創世紀第三十四章을 읽을때에 시므온과 레위의 두兄弟가 그누의 디나의게 욕보임을因하야 하몰、세겜의父子와 그族屬까지全滅한事實을 冷靜하게생각하면 그다지 稱讚할바가아님에도 不拘하고 自然히 그두兄弟의所爲에 加擔하게되며「엇지 우리누의를 창녀갓치 대접하리오」(三十一節)하야 義憤에 끌는 그炯眼을想像할때에 뎌들의 非行을抗辯하기는姑舍하고 뎌들과함끼快哉를 부르게되지안는가。

다시 사사긔第十六章을보면 블네셋사람들의게 捕虜가되여 두눈을 빼우고 구리줄에 매인삼손은 여호와끠 간구하기는「主여호와여 求하옵

나니 나를 생각하소서 하나님이여求하옵나니 이번만强하게하사 나로하여곰 불네셋사람이 나의 두눈을 뺀 원수를 경각간에 갑게하옵소서」(二十八節)하야 기동 둘는 左右편에 하나식 끼고 힘을다하야 몸을 굽히니 그집이 문허저 그안에 모혀偶像다곤의게 祭祀들이든 불네셋僧侶와大官庶民이沒殺하엿난대 그數가 살아슬때에 죽인것보다 더욱 만핫다한다. 읽는者가 盲人삼손의復讐를快히녁임은 偏心이란말인가、犧性이라할손가

復讐가 私利私慾을 떠나行하게 될때에 우리는 더욱 그不可함을 發見하기 어려운境遇가만타。보라. 이스라엘百姓이 바벨논에 捕虜가되여 民族的侮辱과 信仰上嘲弄을當하엿을때에 그祖國에對한忠誠과 그敵國에對한 復讐의熱情은 詩第百三十七篇에 가장如實히 나타낫선다。

예루살넴아 만일내가 너를 니저바리면 내올흔손의 재조를 니저바리기를 바라나이다。(五節)

만일 내가 예루살넴을 記憶지 아니하거나、내가 가장깃버하난것보다 더됴하하지아니하면 내혀가 입현장에붓기를 바라나이다。(六節)

이처럼 그祖國을잊지몯하는 그百姓들은 그敵國을向하야서도 또한天眞스러운 情叙를發하엿다

바벨논 나라여 너는 멸하리니 너를 대접하기를 네가우리를 대접함 갓치 하난 그사람이 福이잇도다(八節)。 너희 어린 아이를 취하야 돌에던지난 그사람이福이잇도다(九節)。

라고。

이스라엘詩人의 이熱情을 한가 古代未開民族의 野獸性으로 看過하리는 누군가。近代文化의國家와民族도 이點만은 三千年前과 寸毫의差異가업슬뿐인가 文明이發達할수록 이復讐의念이 더욱 强烈하고深刻한것은 最近의大戰에서 除外할나라가업시 證明되엿다。사람은 文化人이 몯된다할지라도 아니 基督者가 몯된다할지라도 이人間性의 大本을 否認할수는업다。特히 同族을虐待하는 나라을向하야「네가 우리를 대접함 갓치 대접받으라」「너히 어린아히를取하야 돌에던지라」고 안할수가 업슬것이다。自進하야 他人의게傷害를加하지말라하면 이것이 누구의教訓이엿든지 順服할수인다 그러나 毁傷을加한者의게對하야 正當한抵抗、또는復讐를行함을禁止하려함은 이것이 비록 여호와의命令일지라도 受肯할理由

를發見키어려울뿐아니라 人間性의根本的大潮에拒逆함을認識치안할수업다。「눈은눈으로로갑고 너는너로갑흐라」함도 人間性의欲求를 多大히制裁한것이엿다。그런대 그리스도는 惡한사람을 全然對敵지말라 하엿으니 이것은 차라리人間을窒息식힘이아닌가。그럼으로 이無抵抗에關한一句節은古來로 多種多樣의解釋과分派를產하엿고 不信徒가 이敎訓을들어 基督敎의 非實踐的임을論駁할뿐더러 信徒까지도 一定한見解를把持하지못하고或은世間에 流行하는 民族運動、勞働爭議等의消極的非協同運動과 混同하는수도잇다。以下字句를따라 그리스도의眞精神을 詳考하고저한다。

「눈은 눈으로갑고 너는 너로갑흐라」함은出埃及記第二十一章二十四節其他 (廿四〇十九、二十、신명기十九〇廿一節)에 個人사이의傷害罪에對한 刑罰執行의 標準을規定한것이엿다。元來 사람의 復讎欲은 그대로放任하면 決코「눈은눈으로 너는너로」갑는것만으로서 滿足할바가아니다。눈 하나에對하야 두눈으로써 갑고도 오히려滿足지못하야 乃終에는 그生命까지 빼앗고야 말냐는것이 人情이다。그럼으로 모세는 이無制限한人間의復讎心을最小限度에 制止하야 害받은者의게 主觀的慰安을주는同時에 社會全般의秩序를保全코저하야 마치 離婚할때에休書를주어보내라 (本誌第二十九號參照)는精神으로써 百姓의마음이頑惡함을 못니겨「눈은눈으로 너는너로」갑흐라는制限을指示하야 그以上의私的復讎를禁止하고 그制定한範圍內에서도 犯罪한者의避身할都市를特說하야 (民數記第三十五章六節) 私心의無制限한放任으로因한殺傷은 未然에防止하기를 힘섯다。

이와갓흔立法者의精神을 不顧하고 한가文句의表面上意義만을 奇貨로녁여 이것으로써 社會全般問題를 一律노處理하고저하는 바리새敎人과 學者輩가橫行함에對하야 그리스도는「惡한사람을對敵지마라」하섯다。全然히 抵抗치말라 하신다。人間性에對한 可驚할만한反逆이아닐수업다。예수는 人間을向하야 全然不可能을 要求하시는가。이要求에應하는態度如何에依하야 山上垂訓을 살것으로 받을수도잇고 죽은것으로 받을수도잇는것이다

(一)、올흔편 뺨을치거든 왼편까지돌녀향하며、

(二)、속옷을가지고저하거든 것옷까지가지게하며
(三)、五里를가자하거든 그사람과十里를同行하고
云云은 個人生活、社會生活、國家生活、等의몟가지實例를擧하야「惡人의게抵抗치말라」는뜻을明白히하섯다。萬人이文字대로 이러케行하야 惡에抵抗함이업고「求하는者와게주며 꾸고저하는者의게、물니치지안을」진대 世上은 一朝에天國化할터이니 古來로 이聖訓을文字대로實行하랴고 努力한聖徒들이 적지안하엿음도 그럴듯한欲望이엿다。聖후란시스、톨스토이伯等은 이點에잇엇어特異한者들이엿다。그러나 이것을一種새로운律法으로알어、文字대로徹底히實行하야、올흔편뺨을 마즐때는依例히왼편을돌녀향하고 속옷을가지고저하는者의게는 반다시 것옷까지주는것이 基督의忠實한弟子일가? 아니라 以下에詳述할바와如히 決斷코 아니다

이에反하야 이敎訓을徹底히行할때는 惡人이跋扈하는現世에서到底히生存할수업다하야 求하는者에게 다주고 物件을가저가는者와게 다시달나지안하고는 하루도社會가存立할수업슴으로 이一段의敎訓은 한가詩人의思藻로서는 아름다운것이잇으나、實際生活의敎訓으로서는 一顧의價値도업는것이라하야 아에反對되는行動에及함드 다시躊躇함이업스니 이런것이 그리스도의弟子의行動이안닌것은勿論이다。

徹底히實行 하기는 難事요、全然히不顧할수도업슴으로 註解者는 여러가지로、適當한程度에緩和하야解釋하게되엿다。루터는 公과私를嚴別하야單히一個크리스찬으로서의境偶와 職分、官吏、或은市民等、現世의一員으로서의處地를 分別하야、正當한權利 公共의秩序를爲하얏어는 惡人의게抵抗할수도잇으며 訴訟도할수잇고 꾸고저하는者를물니치는것이可함을力說하엿다。即이聖句는職務上에는適用할바아님을累累히說明하엿다。其他만흔註釋家는擧皆이와갓튼常識에合當한見解를取하엿다。올흔편뺨을 치는者의게 왼편을向함으로써 心中의憎惡、敵意等을抑制하고 五里가기를强請하는者와함께十里감으로서 忍耐와寬容의德을修할것이고全然히文字대로實行할必要는업다한다。

要컨대 이聖訓은文字대로窮行하는偏僻에도빠지지안코 過히峻嚴하다하야 實踐할것이아니라하는解弛함에도墮落하지안코 可及한範圍內에서此를尊

奉코저하는 이常識的解釋이 가장適宜한讀法일것이다。그러나如此히 合理化된註釋을읽으면 聖書本文에서 맛보던生生한氣力은 아주消散하엿음을 누구든지發見할수잇을것이다。簡單한本文을읽을때에、苦는苦엿다、그러나 우리로 高峯攀登하는者와가치 一步更一步에 眼界는展開되고 仙靈은 몸에浸入하야 우리의頭髮까지 우으로 끌니워 올나가는듯하엿다。그런대 學者의常識을加味한說明을듯고보면 安全은安全하나 마치朝夕에타는 市內電車에안즌模樣이다。新鮮한呼吸도 할수업시。이는 全혀 無形한生命의躍動을 形으로固定化하랴는대서生起는 無理의結果다。

그럼으로 이敎訓을 充分히納得하기爲하얏어는 예수自身의言行에溯及할必要가잇다。예수는가장無抵抗者엿다。『네 환도를 도로 집에꼬지라 환도쓰난사람은 환도로亡하나니라』(太廿六〇五二) 하야 最後의危機에도 少毫의抵抗이업시 어린羊과가튼 一生을마치신이는 뎌自身이엿다(이사야五十三〇)그러나 뎌는 一定한方程式에收容할만한簡單한生命은 아니엿다。뎌는聖殿에서 매우憤怒하엿다(馬可十一〇十五以下)뎌는大祭司長의관속의게 마젓을때에 다른편뺨을向하지안하엿을뿐더러 오히려抗辯하엿다(約十八〇二三)또한使徒들도 이와갓튼矛盾이만핫섯다(使廿三〇三、十六〇三十五、廿六〇廿五、廿五〇九等)一見예수와使徒들의言行에는 表裏잇는듯이보힌다。그러나 이矛盾으로보히는中에 예수의말삼하신敎訓의中心骨軸이貫通하고잇음을알어야한다。이러케하는것이 惡에抵抗하지말고 꾸고저하는者를 물니치지안는所以라한다。金錢貸借에利子를取하지말라는規律을制定하려는것이아니라 報賞을期待함이업시施與할줄도알고(路十四〇十二節)愛惜하여하는物慾이消滅할것이主眼이며 뺨을맛고 속옷을빼앗기고 兵役에强制받을때에一定한無抵抗主義를信奉하라는것이아니라 한거름나아가 惡한者를矜恤히녁이는 사랑에立脚하라。行爲의外的規定이아니뇨、마암의內的躍動의標準을敎示하신것이다。故로從心所欲勿踰規의域에達하얏을지라도 外的標準으로써戰戰兢兢하야 이를實踐하엿다하면 이는아직그리스도의 要求에達한것이아니다。차라리言行에矛盾이잇는듯할지라도內心에至公無私한 사랑의衝動이잇엇으면 그것이이至高한聖訓을實踐한者다。(고前十三〇四、羅十三〇八、갈五〇十)

이리하야 그리스도는 單只消極的으로無抵抗의道德敎를宣하시는것이아니라 積極的으로 復讎의方向을轉換식혓다。以德報德하고以直報怨의程度가아니라 怨恨、讐仇에對하야 사랑으로써復讐하라하신다。아는者는알것이다 사랑으로서 갑는復讐보다더現著한復讐의方法이업는것을(羅十二〇十九、廿節)

基督敎의義와사랑

宋斗用

義와사랑! 이말은 우리귀에 너무도 저저서 조곰도 新奇하게 들니지안는다。그뿐더러 우리가잘아는바이니 至今에다시 말할必要도 들을必要도없는것이다。義와사랑! 그렇타 우리는 아모것을 몰은다할지라도 이것만은 잘안다。안이 우리는 이것을 가지고잇다 또 行하고잇다。果然 우리는 義와사랑에잠겨잇고 맥키워잇다。다시말하면 義와사랑은 우리안에잇고 우리는 義와사랑안에살다。이러케 世上사람은 말할이라。그렇타 더들의말에는 義가끈이지안코 더들의입에는 사랑이흘너넘치는도다。엇지 안이깁브랴?

아! 그러, 아! 그러나 더들의마음에는 惡이넘치고 더들의行動에는 不義 充滿함은 엇지함인고? 果然 더들의義는 말만의義오 더들의사랑은 입에만의 안이 입설만의사랑이니 이事實을 누가否認할者인가?

嗚呼라! 義와사랑은 現代人의게짓발피며 또 더들때문에 피흘이는도다。아! 現代人의게서 虐待받는義는 빛을일코 嘲弄받는사랑은 窒息하엿도다。언제까지 이러할것인가? 아!

이러한世上과時代에잇서서 義와사랑을云云함은 얼마나 어리석은일일가? 그렇타 甚히어리석은 酬酢이다。그러나 사람은 반다시 怜悧함으로만 사는것이안이다。때로는 어리석은일도 할必要가 잇다。참으로 우수운일이나 하는수없는일이다。

그러면 나는 이어리석은일을 敢히하노라。誹謗과嗤笑받을것을覺悟하고 愚者는 愚言을吐하노라。귀잇서 들을만한者는 들을지어다!

義와사랑! 나는 眞正한意味의 義와사랑을 生覺하여보랴한다。卽 聖書가 가라치는 基督敎의 義와사랑이 그것이다。따라서 世上사람들이말하는바 義와사랑과는 勿論 相距가먼것이다。

義! 그것은 몹시 嚴格한것이다。그것은決코 우물쭈물하지안는다。따라서 義는 憎惡한다。憤慨한다。詰責한다。震怒한다。懲戒한다。刑罰한다。그래서 義는 티끌만한罪라도 그여코 徹底하게 處分하고야만다。그럼으로 義는무섭다。두렵다。

怯난다。모든사람이 義를슬혀하며 될수잇는대로 避하랴함은 이까닭이다。義는 참기어렵다한다。

사랑! 그것은 甚히 慈悲한것이다。그것은 決코 미지그러하지안타。따라서 사랑은 矜恤한다 保護한다。援助한다。容赦한다。寬待한다。救援한다。그래서 사랑은 엇더한罪라도 반다시 하나도남김없이 蕩宥하고야만다。그럼으로 사랑은반갑다。즐겁다。깁브다。天下사람이 사랑을조와하며 힘자라는대로 求하랴함도 無理는안이다。사랑은 갓고십흐다한다。이에 現代人은 義를떠나서 사랑으로向하야 힘껏다름질한다。

하나님은 義이시다。하나님은 사랑이시다。하나님은 義이시며 사랑이시다。따라서 하나님은 義만이안이시고 또 사랑만도안이시다。그러나 義와사랑이 하나님의性格의半分式인것은안이다。即 하나님의性格의半分은義이고 남어지半分은 사랑이라는것은 決코안이다。하나님의義는 하나님의性格의全部이다。同時에 하나님의사랑은 또한하나님의性格의원통이다。그래서 하나님의義는 흠없는完全한義이며 하나님의사랑은거짓없는 完全한사랑이다。

義와사랑의하나님! 完全한義와 完全한사랑의하나님! 이러케말하야서 矛盾은 조곰도없는것이다。그러나 하나님의實在를 認識하지못하며 또 眞正한 義와사랑의本質을 體得하지못하는 世上사람들은 반다시 나의말을 理解하지못할것이다。따라서 뎌들은 나의말을 不信할것은 勿論이어니와 도리혀 나의無知를嘲弄하며 愚昧함을誹笑하리라。안이 뎌들中에 所謂 學者 智者 論者의稱을 받는者들은 반다시 反旗를휘둘누면서 덤벼들어 反駁할것이다。그리고 哲學的理論乃至科學的說明等의 學的根據를 要求할것이다。그러나 내가말하는바는 理論도안이오 學說도안이다。다만 事實그대로를 말할뿐이다。그리고 事實에는 說明의必要가없다。現實의事實을 味解하지못하는者의게는 理論도 說明도所用없는것이다。또「理論은 事實보다 늘뒤에간다」는 先哲의말과갓치 아모리 훌융한理論일지라도 그것은 決코 事實앞헤는 權威를갓지못한다。더구나 說明에잇서서랴? 아모리 學者 智者 論者라할지라도 안이

其他 누구일지라도 事實만은 到底히 否認할수는없는것이다。그렇타 事實은 누구보다도 雄辯이며 또 누구보다도 힘잇는 안이 살證人이다。그러면 우리는 변변치못한知識과 되지못한理論으로써 불을보는것갓치 그러케 明白한 또 確實한事實을 否定하라고 徒勞하기보다는 謙遜한態度로써 事實은 事實대로받아들이는것이 차라리 怜悧한 또 참다운사람이안일것인가? 그러케하야서만 眞理의人이 될수잇는때문이다。그럼으로 우리는 事實을말하고 또事實을받아들여서 산事實에사는 사람이지안이치못하는것이다。

하나님! 며는 義이시다。完全한 義이시다。그럼으로 하나님은 엇더한罪일지라도(그것이크든지 적든지)決코 容納하시지안는다。하나님의義는 반다시 根本的으로 處分하시고야마신다。그까닭에 하나님은 罪에對하야 震怒하신다。懲戒하신다。刑罰하신다。하나님의義가 完全한만치그러케 하나님의罪에對한處分은 完全하다。그야말노 絕對的處分이다。그래서 其震怒는 크고 其懲戒는 苛酷하며 其刑罰은 深刻하다。그럼으로萬若 或者잇서 義이신 하나님앞헤서 罪를(버록그것이 아모리적은罪일지라도)全然히 無條件으로 蕩減받기를 願한다면 그는맛치 浩浩茫茫한大洋에서 一葉扁舟에 몸을실코 끈임없는 暴風雨와 泰山갓치밀여오는波濤를 만나면서도 오히려 몸의安全을計함과 무엇이달으랴?或은 쇠뭉치를 氷庫안에던지면서 오히려 더웁기를 期待하는者와도 비슷하고나。아! 얼마나 미련한일언가?罪는 大小輕重의區別없이 義의하나님의震怒、懲戒、刑罰을 도모지 免할수없는것이다。罪에對한 하나님의震怒와懲戒와刑罰은 不可避의일이다。安心할者 누구인가?

하나님! 며는 사랑이시다。하나님은 義이시니만치 또 사랑이시다。完全한 사랑이시다。따라서 하나님은 完全한 義이시니만치 또그만치完全한 사랑이시다。그렇타 하나님은 사랑이시다。完全한사랑이시다。그럼으로 하나님은 엇더한罪일지라도(그것이 크든지적든지)그여코 容納하신다。하나님의사랑은 반다시 根本的으로蕩減하시고야마신다。그까닭에 하나님은 罪人을容

赦하신다。寬待하신다。救援하신다。하나님의사랑이 完全한만치 그러케 하나님의罪에對한 蕩滅은 完全하다。그야말노 絕對的蕩滅이다。그래서 其容赦는 眞正하고 其寬待는非常하며 其救援은 確實하다。그럼으로 萬若 或者잇서 사랑이신 하나님앞헤서 罪를(비록그것이 아모리큰罪일지라도) 絕對無條件으로 容赦받기를 疑心한다면 그는맛치 嚴嚴莊莊한 磐石우에지은高樓巨閣속에 몸을두고 周圍를둘너싼 堅固無比하고 하날을찔을듯한城壁과 獅子갓치猛勇하고 蜂群갓치無數한近衛兵을 갓고서도 오히려 몸의不安을感함과 무엇이달을이오? 或은 머리털을 火焰中에집어넛코도 오히려 타지안을가 念慮하는者와도 比等하고나。아! 얼마나어리석은일인가? 罪가 아모리 크고 무겁고 또 만흘지라도 사랑의하나님의容赦、寬待、救援을 받지못함이 決코 없다。罪에對한 하나님의容赦와寬待와救援은 變動할수없는일이다。疑心할者 누구인가?

義와사랑! 아! 얼마나 極端의 Contrast(對照)이냐? 果然 其相距는 東이西에서 먼것갓고 其差異는 하날이따에서 놉흔것갓도다。아모리할지라도 義와사랑이 兩立할수는없다。絕對不可能한일이다。況、兩者의調和나一致에 잇서서랴? 이는 到底히 想像만 도할수없는일이다。萬若 比喩하야 하나을불이라면 하나는물이라하겟다。그러면 엇지 물과불이 兩立할수잇스랴? 萬若無理로 물과불을 한가로한다면 불이꺼지지안으면 물이蒸發하고야말것이다。그런대도不拘하고 하나님은 義이시고 또 사랑이시라한다。더구나 其義와 其사랑은 各各 完全하다고한다。이것은 明明白白한 矛盾의말이다。그럿치안으면 이것은正히 抑說이다。누가이말에 귀를기울일者인가? 그러나 나는 말한다。그럿타 조곰도 躊躇하지안코 말한다。하나님은 完全한 義이시며 또完全한사랑이시라고。이를 矛盾이라고? 안이다。矛盾이안이다。이를 抑說이라고? 안이다。抑說도안이다。이것은 矛盾도안이고 抑說도안이다。나는 決코 矛盾을말하거나 抑說을固執하랴는者가안이다。

그러면 나는 엇지 조곰도 躊躇하지안코 敢히 이러한말을하는가? 나는 聖書를 疑心없이

믿는者이다。 이는 智慧로운일인지? 或은 愚昧한일인지? 나는 도모지아지못한다。 오즉 나는 聖書를 하나님의말삼으로 믿는者이다。 그렷타 나는 믿을줄박게 모르는者이다。 其外의일은 아모것도 못하는者임을 엇지하랴? 是非曲直을 判斷할수잇는 能力도없거니와 利害打算을 分別할수잇는 智慧도갓지못한 때문이다。 이일은 나의게幸인가? 不幸인가? 나는 아지못한다。 사람으로서 누가 알者인가? 그것은 알者만이알것이다。 即 全知全能하신者만이 오즉그이혼자만이 아실것이다。 如何間 나는 世人이모다 矛盾이라하며 抑說이라하야 排斥하야마지안는 이事實 即 하나님은 義이시면서사랑이시고 또사랑이시면서 義이신것을 聖書에서배웟다。 創世紀로始作되여 默示錄으로꿋난聖書 六十六卷中에서배웟다。 어느한卷도 빠지지안코 이事實이明明白白하게 나타나잇다。

그런대 萬若 大分하야본다면 舊約三十九卷中에서는 義의하나님을 볼수잇고 新約二十七卷中에서는 사랑의하나님을 차질수잇다。 그러나 이는 大體를말한것이다。 그럼으로 舊約의하나님은 義만의하나님이오 新約의하나님은 사랑만의하나님이라는것은 決코안이다。 다만 舊約에는 하나님의義가、 보담더 나타낫고、 新約에는 하나님의사랑이 보담더 表現되엿다는것뿐이다。 舊約에도 하나님의사랑이 들어잇고 新約에도 하나님의義가 석겨잇다。 더구나 舊約의하나님이 結局 新約의하나님이심에 잇서서랴?

그러나 亦是 舊約의하나님은 義의하나님이시고 新約의하나님은 사랑의하나님이시다。 聖書는 말한다「律法은 모세로말매암아 주신것이오 恩惠와眞理는 예수그리스도로말매암아 온것이라」고。 그렷타 立法者모세의 하나님은 律法의하나님 即 義의하나님이오 保惠師예수의 하나님은 恩惠의하나님 即 사랑의하나님이시다。 그러나 아모리 그렷타할지라도 하나님은 하나이시다。 決코 둘이안이시다。 오즉 하나이시다。

그렷타 萬有의主여호와 우리아바지이신 하나님은 오즉 하나이시다。 여는곳 아브라함의하나님이시오 야곱의하나님이시오 이삭의하나님이시

時季를 모르는 者

다。 그리고또立法者모세의하나님이시오 苦難의使徒욥의하나님이시오 王侯다윗의하나님이시오 先知者이사야、예레마야、아모스、다나엘、호세아等의하나님이시다。 그하나님이 또 洗禮요한의하나님이시오 保惠師 即 우리救主예수그리스도의하나님이시오 福音의使徒베드로、요한、야곱、바울、스데반의하나님이시다。그리고 또 聖徒오거스틴、후란시스、루터ㅣ、칼빈、번연、웨스레、리빙스톤等의하나님이사며 現在의 信者들와하나님이시고 마지막에는 달이차지못한者、不順과어두움의아달、罪人中에魁首인나위게까지 하나님이시니라。아! 여호와神은나의하나님이되섯다。果然더는 罪惡속에뭇처서 救援의所望이없는者 即 滅亡할者의하나님이시다。

이에 우리는 여호와하나님은 舊約의하나님이오 또 新約의하나님이시며 律法의하나님이시오 또 恩惠의하나님이심을 即 하나님은義이시면서 사랑이시고 또 사랑이시면서 義이신것을 잘알게되엿다。 그러나 우리는 엇더케하야서 矛盾되여서 兩立할수없는 義와사랑이 한 하나님의性格으로 조곰도 혓트러짐없이 調和되여서 顯現되엿는가는 약측도 아지못한것이다。 그러면 우리는 그것을 알아야하겟다。 (계속)

二四

時季를모르는者

엇지時代를分別하랴

近者에는 男女老少없이 땀이물퍼붓는듯한 여름날에도 掌甲을끼는것이 큰 流行인模樣이다。이現象은 京鄉이一般이다。 그러면 이것은 무엇을 意味함인가? 아모리 生覺하여도 녀희는時季를分別치못하여서 그러한것갓다。더워도 녀름인줄아지못하고 치워도 겨울임을깨닷지못함인때문인듯하다。辱할가? 同情할가?

옛、猶太人은 天氣(又는時季)는 엇더한지 分別하면서 때(時代)의徵兆는 分別치못하엿거니와 現今 朝鮮人은 時季조차 分別치못하니 엇지 時代(或은時代의徵兆)를 分別할수잇스랴? 果然 歎息치안을수없도다。時季를 分別치못하는녀희는天氣를 分別치못할것도事實이다(마태一六의一ㅡ四參照)

아! 그래도 녀희는 二十世紀 最高文明의尖端을 거러나아가는 가장 文化人임을자랑하니 그꼴이야 참으로 눈허리가앞흐고 氣가막히여서 참아 불수 없고나!

오! 朝鮮人아! 너희는 맛당히 스피ㅣ드時代(Speedy age)의尖端을 거러감을 자랑하기前에 時季를分別할줄알어야할것이안인가? 그러고 나아가서 時代를 分別하여야할것이다。 그러면 너희가 스사로 자랑하지안을지라도 너희는 眞正한意味의 文明人이며 또 文化人일것이안인가? 귀잇는朝鮮사람은 들을지어다!(馬太二四의三二ㅡ三三參照)(宋)

城西通信

一九三一年五月三日(日曜) 午前七時半에 活人洞을써나 麻浦로서漢江渡船、青空에종달새노래를들으면서 梧柳洞外지遠足禮拜하니 同行이七八人이엿다。應谷의두家族과合하야 午前은禮拜、午後는感話祈禱로 自由롭게聖靈의 잔채에叅列하다。

十日(日曜) 午後二時에 聖書研究會。山上垂訓第二十六回로 馬太第六章十六ㅡ八節을講하다。○十七日(日曜) 午前四時에깨여 五時半부터 約束대로蓬萊山에서 새벽祈禱會。少數의來會者中에서 感話와祈禱가 서로連하야 有益한會合이엿다。午後二時에는 例와갓치聖書研究會。山上垂訓第二十七講으로馬太六章十九ㅡ廿四節의工夫。實際生活問題인만치 서로緊張하지 안할수업섯다。

二十四日(日曜) 午前四時에起床。陵谷松林에서祈禱會。來會者五六人。生은擇할수업스나 死는擇할수잇음을 스데반의事實노써 배옴이잇섯다。午後二時에聖書研究會。山上垂訓第二十八回로、六章二十五ㅡ三十節을講하다。○二十五、六兩日間은印刷所에就하야 校正하다。今番은 거의宋斗用兄이單獨으로 校正하야 매우正確하게되엿다。

三十一日(日曜) 午前四時에호올노 저山松林中에祈禱하다。五山帝釋山우에 祈禱하는 바위가잇다。梧柳莊松林이 近日에祈禱텀으로變하엿다는消息이잇다。서로勸誘하며 서로憤發하야 더옥더옥祈禱하고저한다。主祈禱의研究도必要하려니와 그러나 그보다도 自身이祈禱하는사람될것이 더옥急先務다。大事業은못할지라도 隱密한곳에서祈禱하는일은 쓴지말어야하겟다。約三十分을速步하면 祈禱할만한山林이잇는것이 現在우리小群의 더할데업는感謝다。더松林과岩壁이 우리의게許諾된禮拜堂이다。兄弟여、當幸히 密林、山谷、原野、江邊에서 人迹의妨害업시祈禱할수잇는兄弟여、痛恨을後日에씻치는일이업시、大自然의聖所에서 十二分으로利用하고 힘써祈禱합시다。患難의世代에處한兄弟여 어서祈禱로、祈禱로。

午後二時에山上垂訓第二十九講으로六章工夫를畢하다。回顧하건대 只今부터滿四年前三月에 江戶의學窓을써날때에 當地의敎友數人은 余輩의首途를附托하기爲하야 送別祈禱會를設하엿섯다。그席에서 某老練한敎育家一人은 馬太六章第十九節以下를朗讀하고誠과熱을 다하야祈禱하엿다。一同은異樣의靈感에 잠겻다。余輩도勿論 굿은刻心이 업슬수업섯다。他에類업는 卒業式이엿음을 몰내자랑하면서 十九節以下의聖句를 집히집히心中에銘刻하엿섯다。爾來星霜이 가고올때마다 所謂卒業狀과免許狀은 行李속에든대로잇으련만 이卒業狀(나는 이聖句를卒業狀이라稱한다) 만은 幾多番을 읽고또읽는다。이압헤서서 썰고또울며、웃고또感謝하기가 몟번이엿든고。高大하도다 山上垂訓이여! 三回로써 이部分(十九節以下)을講了하엿으니 다하지못한바잇으나 大誤업섯을것을期한다。昨年十月第一日曜日에 市內樂園病院一室에서 山上垂訓緖論을始講하엿어브터 滿七個月間에 垂訓의三分之二를畢한셈이다。

集會案內

聖書研究會는 如前히 每日曜日午后二時브터(略一時間)活人洞本社에서 繼續中。

張道源牧師는 七月七日 大垣市發程。八日上陸하야、釜山、梁山等地로부터 略十日間南鮮方面巡講。同十七日京城을지나、平壤、定州等京義沿線을歷訪한後 同二十二日頃에다시歸京하엿다가 咸鏡線方面으로向할터임니다。張先生滯京할동안(大概七月廿三日브터三日間) 本社에서聖朝誌讀者會를열고저하오니願來叅。

一九三一年七月一日 聖書朝鮮社

本誌定價(送料共)

一 册 十五錢
六 册(半年分先金) 八十錢
十二册(一個年分先金) 一、五〇錢

昭和六年六月廿九日 印刷
昭和六年七月 一 日 發行

京城府外龍江面孔德里一三〇
編輯發行兼印刷人 金敎臣

京城府西大門町二丁目一三九
印刷所 基督敎彰文社

京城府外龍江面孔德里活人洞一三〇ノ三
發行所 聖書朝鮮社
振替口座京城一六五九四

『聖書朝鮮』第三十號　昭和六年七月一日發行(每月一回一日發行)

(定價十五錢)

昭和五年一月二十八日(第三種郵便物認可)
昭和六年八月一日發行(每月一回一日發行)

聖書朝鮮

第參拾壹號

一九三一年八月一日發行

目次

京城 聖書朝鮮社 發行

天國建設運動

在日本 張道源

現代敎會나 或은所謂信者들은 地上天國建設運動을 熱心으로 行하고잇다 敎界內의 所謂大名物들을 網羅하야 地上에 天國을建設할 目的下에서 여러가지 大運動과 여러가지 모양의大會를行하고 잇슴을 우리는種種듯고 보는바이다。

저희는 地上에天國을 建設하기爲하야 社會改良事業、慈善事業、敎育事業、여러가지 事業等을 熱心으로 行하고 잇다 뎌희는 이와갓흔事業들이 天國建設의 土臺가 되는줄노 알고잇다。뎌희는 現實社會가 基督敎文化되는일이 天國建設인줄노 안다 基督敎의大理想은 現實社會를 基督敎化할야는 대에 잇는줄노 生覺한다 그리하야 基督敎가 現世社會를 基督敎化를 식히지못하면 基督敎는 失敗인줄노 녁인다 그런故로現代敎會들은 基督敎化運動에 熱中하고잇다 現代敎會들은 文化運動、社會改良運動、禁酒禁煙運動節制運動、公娼廢止運動、農村運動、青年運動、少年運動、宗敎敎育運動、聯盟、合同、大會하야 事業運動투성이로 組織되여잇다。

그리하야 現今敎界에서 有名하다는 人物들은 偉大한信仰의 所有者가 아니라 事業運動에 잘 넘퍼거리며 잘뛰노는者들노 定함이 된것이다。現今敎界에서 놉흔地位를 点하고 큰敎權을掌握한者는 偉大한獨創的眞理의 所有者가 아니라。社交性을 가지고 活動을 잘하며 作黨을 잘하는者다 그런故로 現今敎界의 偉大名物은 알갱이 업는겨와갓치 잘날녀 단니는者라야 된다。

그러나 天國은 사람의努力이나 運動으로 建設될性質의것이 아니라 하나님의 期約이臨하면 하나님이 自己의能力으로 實現케하실 그리스도의 나라다 天國은 地上의 나라가 漸次進步發展하야 成就될性質의 나라가아니다 이世上나라와는 全然無關係沒交涉하야 잇는天的別個의 딴나라다(요한十八장三六)天國은 이世上과握手하야 建設할性質의 나라가 아니라 하나님께 絕對信從하야 聖神의支配로 되는나라이다。

呀ㅣ現代敎會의所謂信者들아 天國은 너희의 運

動이나 努力으로써 建設될性質의 나라가아니다 그런故로 너희는 人間의努力이나 運動으로 天國이 建設될것이라는 그릇된生覺을 내여바리고 너희自身을 無用의罪人으로定하야 깁히悔改하고 聖神의 다사리심을 求하라 그리하면 하나님의 期約이 올때에 天國은 臨하리라。

現今敎界의 所謂巨頭라는人物들아 너희는 그리스도의 일홈下에 되는 文化運動、社會改良運動、宗敎敎育運動等으로써 天國은 現世에建設되는것이라고 信하지 말나 이는 다不信者의 일이다 또너희는 文化運動이나 社會改良事業에 對하야 所用이 업는宗敎는 죽은宗敎라고 생각하지말나 산宗敎는 이世上과握手하지 아니하며참宗敎는 現世를土臺로하고 그우에 建設되는것이아니다。

現今敎界를 自己의活舞臺로하고 大活動을하는 所謂人物、名産들아、너희는 너희의、名譽心、事業心、好奇心을 내여바리고 信仰에 도라와서 地上天國建設運動에對하야 크게 깨다름이 잇고 깁히 悔改함이 잇기를 바라노라。

生育繁盛과産兒制限 二

宋 斗 用

◎「無産者의産兒는 詛呪받은일이라」하며「多産은罪惡이라」한다。自身의衣食住에도 窮之한者가 엇지子女를 養育할수있으랴? 또 養育할수잇는者라할지라도 多産하면 現代와갓치 生活難이極度에達한時代에는 社會에 그影響이甚한지라。그런즉 正히前者는咀呪받은일이며 后者는犯罪함이라 그러면 우리는 맛당히 咀呪와犯罪를避하기爲하야 힘겼 産兒制限을 實行할것이안인가? ○地球上에 人口가超過되여 生存競爭이甚하며 따라서 生活難이非常하게된今日에 優勝劣敗와弱肉强食은 不得已한事勢이며 自然의結果라。그러고도 生活安定을 얻지못하니 얼마나 悲慘한狀態인가。그럼으로 우리는 이러한견대기어려운일을免하기爲하야 産兒制限을提唱하며 奬勵할必要가잇다。그리하야 우리는 人生의快樂을穫得하랴함이니 이에무엇이無理가있을가?産兒制限이야말노 理에合한일이안인가? 안이 理想的提唱인것이다。이에

對하야 誰人이反抗하며 異議를論할者인가? 聖人도 與世出이라하지안는가?

○前者는 大衆의呼聲이며 后者는 識者의絶叫이다。아조 그럴듯한論法이며 매우 훌융한提唱이다。共鳴할수는없으나 無理안인것만은 事實이라하야 同情을表하는 左도안이오 右도안인 第三種類의人도 世上에는 多數인듯하다。

○그러면 果然 이것은 眞理의主張일가?우리는 이에對하야 是非曲直을論하기前에 무엇보다도몬저 하나님의말삼에 귀를기우려보자! 宇宙萬物은 하나님의創造하신바이다。그러면 造物主이신 하나님은 自己의지으신 被造物에게對하야 大體 무엇이라하섯나? 聖書는 答하야말한다。

> 하나님이 自己形像대로 사람을創造하시니 創造하신것이 곳 하나님의形像이라 一男一女를創造하시고 하나님이 福을주시며 닐아사대 生育하고繁盛하야따에充滿하며……하시다(創一의二七—二八)

이것이 하나님의말삼이다。生育하고繁盛하야 따에充滿하라하십은 하나님의要求이며 命令이다。따라서 움지길수없는 하나님의法則이다。그러면 生育하고繁盛하야 따에充滿함은 祝福받은일은될망정決코 咀呪받은일은안이다。더구나 罪惡일가보냐? 生育繁盛은 지음을받은者의 義務履行이안인가? 오! 産兒의幸福이여! 깁븜이여!

○사람을祝福하시고 生育繁盛하야 따에充滿하라하신 하나님은 다른生物의게도한가지로하섯다

> 하나님이 큰 고래갓흔것과물에서 各々其種類대로 繁盛케나는生命잇는動物과 모든나는새를其種類대로 創造하시고…………하나님이福을주어갈아사대 生育하고 繁盛하야바다물에充滿하며새들도따에繁盛하라(一의二一—二二)

하나님은 下等生物에게 이러하시거든 況人間이랴? 人間은 被造物中 最高地位에 노인者가안인가?(一의二六參照)

○아! 그러면 産兒制限을 提唱하고 奬勵하며 實行하는者가 누구인가? 더가 누구일지라도 人間인以上에는 卽被造物인以上에는 造物主의게卽 하나님의게 反逆하는者이다。이야말로 明白한犯罪가안이고무엇이냐? 信者임을自任하는者中에도 産兒制限 或은? 多産은罪惡云云하는者가있음에는 可驚하지、안이嘆息하지안을수없고나

○하나님은 至今도 亦是變하심없이 生育繁盛하야 따에充滿하라하신다。그러나 惡魔는끈임없이産兒制限을부르짓는다。하나님이냐?사탄이냐?

로마書研究 [五]

在日本 張道源

第六回 바울의自己紹介(一장一七)

바울은一章一節末에 福音이라는 새말을 提唱하고 第二節에서는 이福音은 하나님이 그여러先知者들에게委託하야 聖經에발서約束하신 하나님의約束이라고 證據한後、第三節上半에서 이福音의中心은 예수自身이라고 主張하고 第三節下半과第四節에서는 예수는 다윗의子孫으로 誕生하신 完全한人間으로서 죽은者中에서 復活하야 榮化한人間이되여서 人間의復活이오 生命이되여주신者라고 主張하엿다 即예수는 다윗의子孫으로誕生하신 平常한普通人間뿐만이아니라 하나님의獨生子로서 受肉하야 人間이되여 誕生하섯다가 죽엄에서復活하사 우리人間의復活이오 生命이되여주신者라고 提示하엿다。

如此히 바울은 福音과 福音의歷史的由來와 福音의中心本體인 예수에對하야 述한後에 自己自身의職務의意義를 說明하기爲하야 更히 第五節을揷入하야曰

5、『우리가 그로(그리스도)말매암아 恩惠와使徒의職을 바닷스니 이는 그 일홈을 爲하야 萬邦萬民들노하야곰 信仰의順從을 起케하랴함이라』라고 記述하엿다

『우리』 라함은 바울이自己를 自己以外의使徒들과合하야 同一한班伍에 位하는말이다。

『恩惠와使徒의職을바닷스니』라함은 自己의안에充滿히 채여 잇는豊盛한恩惠와 使徒의職權的權威가 自己에게로 브터난것이아니라 그리스도와하나님께로브터 받는것이라는 主張이다 即바울自身이 自己에게 무삼人格이나 價値가 잇서서된것이아니라 全然히 그리스도와 하나님으로브터 받은것이라는 主張이다。

『恩惠라하는語句는 豊富한內容을 가지고 잇는말이다 即恩惠라는것은 代價업시 그저 한부로받는것을 말하는것이다 或은代價보다 넘치게받는것을 말하는것이다。

基督敎에서 말하는 恩惠라하는것은 無限히넓

은意味의말이다 罪의人間이 罪의赦宥함을 받아 罪가업는者처럼의 取扱을 받는일도 恩惠로되는 일이다 行함이업시 義人으로의 取扱을 받는일도 恩惠로되는일이다 生來의人間性으로만 살든 者가 復活하신 예수를 받아드려서 그를 自己의生命으로하고 在來生活의內容을 全然히變하야 새로운世界에서 사는新生命의일도 恩惠로되는일이다 所望이업든人間이 永遠한希望을 가지고 그 希望으로因하야 歡喜와平安을맛보는일도 恩惠로 되는일이다 如此히基督敎에서 되는일들은 全部가恩惠로 되는일뿐이다 卽하나님이 주어서 잇는일뿐이오 사람의努力이나 修養으로되는일은아니엿슴을 말하는것이다。

바울은 如此하豊富한內容으로 言表되는恩惠와 使徒의職務을 그리스도로말매암아 받은것이라고 하엿다 바울自身이 받은것의全部가 다 그리스도를通하야 받은것이노라고하야 그리스도를 通하지아니하고는 全然히 받을수업스며 全然히받지못하는것임을 말하야 하나님과人間과의사이에는 그리스도를 唯一의仲保者로하엿다。

『이는 그일홈을 爲하야 萬邦萬民들노 하야곰 信仰의順從을 起케하라함이라』하야 第五節의後半은 第五節의前半의 理由로하야 述하엿다 바울은 特히 異邦人의 使徒다 며가 選擇함을입은것과 부르심을 받은것과 恩惠와使徒職을 받은것은 異邦人들을 信仰으로引導하야 그들의信仰이 예수그리스도와하나님을 絶對順從하는生涯의完全한信仰에까지 至하게하랴는것이엿슴을말하는것이엿다。

『그 일홈을 爲하야』며가 異邦萬民의使徒가 되여서 異邦萬民을 信仰의順從으로 引導하는것은 卽그리스도의 일홈을 爲하야 잇는일이라고하엿다 何故로『萬民을救援하기爲함이라』하지아니하고『그리스도의 일홈을 爲함이라』하엿는가? 人類에對한 福音傳播는 人類그自身의救援을 爲하야 잇는것이아닌가? 예수自身도 亦是全人類를 救援하시기爲하야 十字架에 못을 박히우신것이 아닌가? 그런데 何故로 바울은『萬民을爲함이라』하지아니하고『그리스도의 일홈을 爲함이라』하엿는가? 이것이今日吾人의게 크게疑問되는한가지

의 問題이다

그러나 그것은 바울의 心中에恒常 꽉 차서 잇는것이 그리스도뿐만인 까닭이다 바울自身의 存在까지도 그리스도만을 爲하야잇다 뎌에게는 그리스도가 모든것의모든것이 되여저 잇는까닭이다 彼바울에게就하야는 그리스도 업시는世界도업고 人類도업다 뎌는世界萬民을 爲하야잇는者가 아니오 그리스도를爲하야 잇는者인까닭이다 彼바울의生命은 世界萬民을 救援함에잇지아니하고 그리스도自身을 爲함에 잇는까닭이다。

그런故로 뎌의福音宣傳은 그리스도의일홈을 爲하야 잇는일이라하엿다 卽예수그리스도의일홈이 榮華롭기爲하야 自己의福音宣傳이잇다함이다。

呀ㅣ偉大할진저 此一言이여! 此一言으로써 足히 바울의信仰의生命의全體를 可히 엿볼수가 잇다 바울信仰의偉大性은 此一言에 잇다。

呀ㅣ現代의傳道者들은 뎌희의生命이 예수그리스도自身에 잇지아니하고 그傳道事業에 잇다。뎌희의生命이 예수그리스도을 먹고마시는대에 잇지아니하고 傳道事業을 擴張하는대에잇는줄노만

六

안다 그런故로 現代의傳道者들은 뎌희의안에 예수그리스도自身을 채우는일에는等閑히하고 救靈事業을擴張하는일에熱中하고 잇다 뎌희의信仰生活은 예수그리스도自身을 뎌희의 안에서 일우는일에 잇지아니하고 傳道事業을擴張하는대에잇다 그런故로 산信仰의生命의일은 쓴허지고 外的事業만이 繁昌하여간다 如此히 안으로는 산信仰의일이 쓴허지고 박그로는 모든事業이 繁昌하여갈때는 맛치 열매 업는無花果나무의입사귀만 茂盛하여짐과 같으다。

그러나 참傳道者는 傳道事業그自體를 爲하야 잇지아니하고 예수그리스도自身을爲하야잇다 傳道事業을만히함으로 信仰이 자라지는것이라하지 아니하고 예수그리스도의分量을 그안에充滿케함에信仰은長成하야지는것이라고하야 信仰生命의根源을事業에 두지아니하고 예수그리스도自身에두는것이다

그런故로 바울이異邦人의使徒가 된것은 뎌의안에生命으로하야 充滿히 채워저 잇는 그리스도가 뎌를異邦人의使徒로 세우신것이오 異邦人

을救援하라는 바울의人類愛의熱情이 더로하야곰 異邦人의使徒가 되게한것이아니다。

『信仰의順從을起케하라함이라』함은 예수를 그리스도로信仰하는信仰이 하나님과 그리스도에게 對하야는 絶對順從하는대까지 니르게 함을말하는것이다。

如此히 바울은 第五節에서 自己는萬邦萬民의 信仰을爲하야 예수그리스도로말매암아 異邦人의 使徒가 된것을提示하야 自己가 異邦人의信仰에 對하야는 絶對責任이 잇는者라고 主張하고 다음에 第六節을添加하야 로마府의信者들도 亦是 異邦人信者들中의 一部分으로서 바울은 로마府에잇는未知의 로마信者들에게까지도 使徒가 됨을 暗示하엿다。

7、로마에서 하나님의 사랑하심을 받고 부르심을 닙어 聖徒된 모든者에게 便紙하노니
하나님 우리 아바지와 主 예수 그리스도로 좃차 恩惠와平康이 너희에게 잇슬지어다

第七節은 第一節의末尾에 連續될것임은 발서 第一節研究中에서 미리말하야둔바가잇다 本書翰의禮辭本幹의 主語되는第一節에 對한客語는 第七節前半이다。

即『1、바울은7、로마에서 하나님의 사랑하심을 밧고 부르심을 입어 聖徒가된모든者에게 便紙하노라』하야 此로마書의 發信者는 바울이오 受信者는 로마에住在하는 모든信者들이엿슴을 明示하엿다。

우리가 此一節中에서 깁히生覺하여 볼點이잇다 그것은『바울은 로마에 잇는信者에게 便紙하노라』하지아니하고『하나님의 사랑하심』과『부르심』과를 입어서 聖徒가된者에게라 함이다。信者가 됨에는 하나님의『사랑하심』과『부르심』을 입어서 되는것이다 即하나님으로 말매암지 아니하고는 信者가 되는일이 잇을수업는까닭이다 自己의自意로써 決心하야 信者가되는것이아니라 하나님의『사랑하심』과『부르심』을입어서야 비로소 信者가 되여지는까닭이다。

即사람이 信者가 되는일은 사람의일이 아니오 하나님의 일이며 이世上에서 始作되는일이아니라 하날에서 始作되는일이엿슴을 말함이다

『聖徒』信者를 聖徒라고稱하엿다 聖徒라함은 聖潔無疵함을 意味하는것이아니라 하나님의 밧친(獻身)者라는意味를 言表하는말이다。

이제『聖徒』에對하야 生覺하여봄이 잇고저한다 聖書原語에 씨여잇는 『聖』字에는 『하기오쓰』와『호시오쓰』의 二種의語가 잇다고한다 此二語가 似而大異한 各各의別意를 가지고잇다고한다。

『호시오쓰』는 事實上聖潔無疵한것을 意味하는것이니 하나님自身의聖에對하야 使用하는말이다 例컨대默示第四章八節、十五章四節等에記錄한것이오 『하기오쓰』는自體의聖을言表하는 말이아니오 거륵한일에(聖한事業)使用되는者를 意味하는 말이다 即自體의聖潔無疵함을 表示함의『聖』字가아니오 聖淨한事業을爲하야 使用할것으로 聖別(分別)하야둔者임을 表示하는『聖』字다。此에『聖徒』라함은『하기오쓰』다 그自體가完全히 聖淨無欠한者임을 言表하는것이아니다。다만 거륵한일에 使用할것으로選別하야 둔者임을 言表하는것뿐이다 即하나님이 世上에서 불너내여서 自己의聖業에 使用할것으로 聖別하야 둔者임을言表하는것이다

假令聖殿에서使用하는 土器는 普通다른土器와 다름이 업는土器다 土器로하야서는 特別한價値가 잇는 土器가아니다 그러나 하나님을 禮拜하는 일에使用되는것인故로 그것을 聖器라고한다。日曜日은 普通다른月曜日이나 火曜日과같은二十四時의一日이다 그러나 日曜日은特히 하나님의禮拜하는날노 定하엿는故로 이날을 聖日이라稱한다 이와갓치 우리信者들을 聖徒라고稱함도 우리信者自身이 그品性、行爲、及道德的方面에聖潔無欠하야 完全한者라는言表가아니라 하나님의서 自己의聖業만을爲하야 使用할것으로 이世上것과 分別하야 갈나노은者라는뜻이다 그런故로 우리의積罪垢汚가 우리를 聖徒라고稱함에 何等의障碍가업다 우리信者를 聖徒(거륵한者)라고 稱함에는 罪가잇고 업는것이 問題가 아니라 하나님의 사랑하심과 부르심을 입어 하나님압페 聖別된者인냐? 아닌냐? 하는것이 唯一의條件이오 要素다 그런故로 우리信者가 道德的으로聖潔無疵한者가 아닐지라도 하나님이 世上것과 聖別하야 노호신者면 우리는 거륵한者인ㅣ것이다。

그러면 基督信者는 如此히 말하야 罪의有無에 無關心한者인냐? 決코아니다 罪를絶對로 미워하며 聖淨을懇切히 思慕하는것은 基督信者의 時時刻刻으로 念望하며 努力하는일이다 罪를犯하고苦痛하지 아니하며 聖淨을念望하야 不忘不息하지 아니하는者는 基督信者가아니다。

그런데『聖徒』라는 文字의意義를 明確히了解하야 두지아니하면 아니된다 此一文字의意義를 明確히了解하지 못함으로 自己를듸려다보아서 自己에게 罪가過多함에 失望하야 無效한煩悶을거듭하며 임의 밧은恩惠까지를 疑心하야 그信仰을 喪失하는者가 不少하다。眞實한信者中에 더욱히 이와같은 危險을 가진者가多有하다 特히 聖을主張하는 敬虔한信者들中에 如此한危險이더욱 多有하다 此는『聖徒』라는 聖字의 意義를 了解하지못하고 誤解함으로 生起는危險이다。그런故로 『聖字』의意義에對하야 깁히研究함이 잇서 誤解함이 업기를 바라는바이다。聖은우리人間에게 잇을것이아니라 하나님께만 잇슬것이다 우리人間自身에서 産出될것이 아니라 하나님께서 주어서 잇을것이다 그런故로 우리는 우리 自身을 듸려다보아 우리自身에聖이업슴을 失望할것이아니라 하나님만을 쳐다보아足한것이다。그러면 基督信者自身은 何時까지든지 聖을完成하지못하고 마는것인냐? 決斷코 아니다 基督 信者의 所願은 聖을完全히成得하랴는것이며 全生涯와全生命을 다하야完全한聖에到達하랴는것이다 그리하야結局은 우리自身이 聖을完成하는것이다 그러나 우리自身의自力으로完成하는것이아니라 하나님을依하야 聖化가되며 榮化가되는것이다 하나님을依하야 聖化되기까지는 우리自身에서 聖을 바랄수가 업는것이다。

『하나님 우리아바지와 主 예수 그리스도 로좃차 恩惠와平康이 너희에게 잇슬지어다』此七節後半은 祈禱로 祝福하는말이다 바울은 로마 兄弟를向하야 祈禱와祝福이 업슬수업다 바울은 로마에 잇는兄弟들을 爲하야 祈禱하며 너희의 靈을向하야 祝福할때에 가장內容이 豊富하며 信仰生活에 가장深長한 意味를가지고잇는 말로써 하엿다。卽『恩惠와平康이 너희에게 잇슬지어다』

하야 恩惠와平康이라는 말노써 祝福하엿다。

此恩惠와平康이『하나님 우리아바지와 主예수 그리스도로 좃차 너희에게 잇슬지어다』하야 하나님을『우리 아바지』라부르고 예수를『主그리스도』라 하엿다 此에對하야는 第三節研究에서 說明하엿는故로 玆에畧한다。

『恩惠와平康이 하나님과 그리스도로 좃차 잇슬지어다』하야 이世上이 주는恩惠와平康即名譽地位、財産、學問、健康等으로 좃차오는 恩惠와平康을 意味하는것이 아니라『하나님과그리스도』로 좃차 오는 恩惠와平康을 말하는것이다。

『恩惠』라함은 하나님께서 우리人間을 待接하시기를 罪人의밧을바 永遠한刑罰로써 하시지아니하시고 우리人間을 義人처럼 取扱하야 하나님의子女의名分을 주시고 그우에 하날의生命을 채워주사 永生하게 하시는일이다 이일은 우리가 가진바 값으로 된일이아니오 하나님의恩惠로써 된일이다 그러나 하나님의 恩惠의內容에는 可驚할바의事實이 잇다 그는罪人의罪를赦宥하시기爲하야 義人을罪人의代身으로 罪人처럼 刑罰을밧게하신일이다 이는 그리스도의十字架의일이다 그리스도의十字架의 事實이업시는 하나님이 罪人을義人처럼 보아주실수 업다 即그리스도의 十字架의事實을 通하지아니하고는 하나님은 罪人의罪를 容赦하실수가 업다 罪人이義人으로의 取扱을 받으며 永遠한生命의所有者가 되는事實도 그리스도의十字架를 通하야서만 잇는일이다 即그리스도의十字架에서 하나님은 罪人을容赦하시고 罪人은 하나님께 올나감을 받아 永遠한 生命의所有者가 되는것이다。

如此히 하나님의 恩惠의內容은 예수 그리스도의 十字架上贖罪의죽엄을 一切로 하고잇다。故로그리스도의 十字架의 事實을 써나서는 하나님의 恩惠도 업다 恩惠에對하야는 第五節에서 略說함이 有한故로 玆에略하고저한다。

『平康』이라함은 罪人이 하나님과 恩惠로의關係에入한結果로하야 生起는 一種의形言하기難한 心靈上平安의狀態를 말하는것이며 그內的生命의 健康을 意味하는것이다。即하나님과 사괴임으로 잇는平和로 브터의靈的平安과歡喜、罪人이하나님과平和하는 關係에入함으로 生起는生命의躍動을 말하는것이다 信仰生活의 살아잇는 狀態을 말하는것이다. 信者는 하나님과 사괴임으로 오는 平康이 업시는 信仰生活의 成長이업는것이다。바울은 로마兄弟들을 祝福하야 『너희에게 恩惠와平康이잇슬지어다』하야 예수그리스도를 밋음으로 너희안에 生起는 生命의躍動이 日常生活의 事事件件에서 살아잇서지기를 祝禱하는것이다 이平康이 업는信仰은 죽은信仰이다 如此히 바울은 信仰生活의 原動力을 이平康에두엇다。그리하야 이平康은 우리에게 永遠한救援을 엇게할뿐만아니라 此地上에서 行하는 모든行爲의 原因이되는것이다 此平康이 업시는 信者의行爲에서 善行을 볼수업는것이다 故로 바울은 如此히意味深長한祝福을 信者에게 希望하엿다。

以上의七節로써 로마便紙에對한 禮辭와祝福을 終하엿다 此七節中의一語一語가 悉皆 基督敎特有의眞理을 保藏하야 잇는것이다 此七節中에잇는眞理만으로 遺感업시 基督敎를 體得할수잇다

基督敎의義와사랑

基督敎의義와사랑 (中)

宋 斗 用

義와사랑의一致! 이것은 正히 矛盾의調和、兩極의合致、天地의相接이다。果然 놀나지안을수없는일이다。世人은 이事實을 不可能事라하야 否定하라하는가? 無理없는 일일것이다。그럿타 사람으로서는 全然히 不可能事이다。到底히 想像만도할수없는일이다。사람으로서는 그누구라할지라도 勘當치못할일인것만은 明明白白한事實이다。

그러나 우리는 只今 사람의일을 論하는것이 안이다。鼻孔으로呼吸하는人間에게 무엇이能함이 잇스랴? 더구나 天地開闢以上의難事인 義와사랑의一致에잇서서랴? 그럼으로 우리는 하나님의義와사랑을말하며 또 其一致를論함이다。그런대 罪人인우리가 至極히거룩하신 하나님을말하며 肉인者가 靈이오眞理이신者의 完全한義와 完全한사랑을論함 此亦 엇지 勘當할수잇는일의랴 嚴格한義와 慈悲한사랑의調和一致를 云云함 그는맛치 嚴父와慈母의 調和一致를 云云함에 比

基督敎의義와사랑

等할가? 안이다 안이다。그런대에 比할수잇는 일이안이다。그는 아모리 生覺하여도 사람인者가 論할바가안이다。決斷코안이다。

그러나 感謝하도다! 罪人이 하나님을 肉인者가 靈인者의性格內容을 至極히 小部分일지라도 理解하며 言表할수잇는 우리는! 그러한 絕對恩惠에浴하고잇는者中의 最末席을더럽히고잇는筆者는敢히 붓을들어 가장 不完全한理解면서 가장不充分한說明을 試하는바이다。이러한일에 最不適任者인筆者는 戰戰兢兢함을免치못하나 임이 붓을들었으니 하는수없이 祈禱로써 此難關을 突破코저한다。讀者는 筆者의大膽을 容納하라! 그러면 우리는 本文으로도라가자。

하나님의義와사랑! 嚴格한義와 慈悲한사랑! 完全한義와完全한사랑! 이義와 이사랑의調和와 一致! 아! 矛盾의調和! 兩極의一致! 이는正히 宇宙的大事件이다。果然 全知全能하신 하나님만이 取扱하실수잇는問題이며 또한能히 行하실수잇는일이다。「사람으로서는 能치못하나 하나님에게는 能치못하심이 업나니라」고 예수께서 말삼하신바와갓다。

一二

그런대 우리는 여긔에 注意하여야할일이 하나잇다。그는 우리는 只今 하나님의義와사랑의 調和一致라고말하야 하나님의性格內容을 說明함이안인것이다。몬저도 말한바와갓치 하나님은 本是부터 義이시며 또사랑이시다。即하나님의 性格은 完全히 嚴格한義이신同時에 完全히 慈悲한사랑이시다。그럼으로 우리는 하나님의義와사랑에는 矛盾이없음을 說明함이안이다。우리는처음부터 이일을하랴는것은 안이엿다。하나님의義와사랑이 毫厘의矛盾도없이 完全히 調和一致되여잇는일이 엇더한模樣으로 우리압헤 顯現되엿는가? 우리는 다만 이일을말하랴는것이다。

하나님! 뎌는 造物主이시다。宇宙萬物은 一切이 하나님의 創造하신바이다。그런대 사람도 또한 被造物의 하나이다。即 사람도 하나님의 지으심을받은者이다。따라서 사람은 다른一切의 被造物과함께 하나님의 支配를받을者이며 또하나님에게 服從하지안이치못할者이다。더구나 사람은 被造物中에 가장 祝福받은同時에 가장놉

혼地位를 얻은者이니만치 다른一切의 被造物보다도 더욱 하나님의 支配를받을必要가있으며 또 하나님에게 服從할義務를갖인者이다。그래서 그 服從은 絕對的이지 안이치못한다。

사람! 너는 自田를갖엇다。또 自由意思를 갖엇다。被造物中에 사람이 가장 祝福받은일은自由를갖게됨이며 또 가장 놉흔地位를얻은일은自由意思를 갖게된일이다。사람이 하나님에게서받은 祝福과地位는 이自由와 自由意思에잇다。

自由와自由意思! 사람은 이것을 모다갖엇다。안이 이것을 모다받엇다。사람은 하나님에게서 義와사랑이신 하나님에게서 自由와 自由意思를 받엇다。被造物의 하나인사람은 이自由와 自由意思를갖어서 嚴格한義와 慈悲한사랑이신하나님 即 完全한義와 完全한사랑이신 하나님에게서 더할수없이 祝福받은者이며 가장 놉흔地位를 받은者이다。얼마나 깁븐일이며 얼마나 感謝한일인가? 사람은 自由와 自由意思를 갖일수잇는 祝福과地位를받어서 特權을다하고 名譽를다하며 榮光을다한者이다。오! 自由와 自由意思를 갖일수잇는者여! 너의 特權의最大함이여! 名譽의絕大함이여! 榮光의無盡함이여! 幸福의無限함이여!

하나님과사람! 前者는 創造者이시며 后者는 被造者이다。하나님과 사람의關係는 親子의關係이다。或은 主僕의關係이다。엇잰든지 하나님은 支配者이며 사람은 被支配者이다。하나님은 命令者이며 사람은 服從者이다。하나님은 權威者이며 사람은 從屬者이다。하나님은 權利者이며 사람은 義務者이다。하나님과 사람과의關係는 創造者對 被造者의關係이며 어버이(親)對 子息의關係이며 乃至 主人對 奴僕의關係이다。따라서 하나님은 支配者、命令者、權威者、權利者이며 사람은 被支配者、服從者、從屬者、義務者이다。簡單히 말을박구어말하면 하나님은 사람에게 權利를다할 義務를갖이섯고 사람은 하나님에게 義務를다할 權利를갖엇다。即 하나님의 사람에게對한義務는 其權利에잇고 사람의 하나님에게對한權利는 其義務에잇는것이다。

하나님과 사람의關係는 權利者對義務者이다。

그러나 兩者의關係를 單純히 權利對義務로만 보는것은 不充分한 解釋이다。決코 主人對奴僕의 關係에만 잇는것이 안이다。即 律法的關係에만잇는 것이아니다。하나님과 사람의關係는 亦是 親子의 關係이다。即 道德的關係이다。사랑의關係이다。信賴의關係이다。하나님은 사람을 사랑하신다。絶對로 사랑하신다。사람은 하나님을 信賴한다 絶對로 信賴한다。하나님은 사람을 사랑하실 權利를갖이신同時에 사람의 信賴를받으실 義務가 잇다。反對로 사람은 하나님의 사랑을받을 義務가잇는同時에 하나님을 信賴할權利를갖엇다。그래서 하나님이 사람을 支配하심은 其사랑의 結果이며 사람이 하나님의 支配를받음은 即命令에服從함은 其信賴의結果이다。

사랑과信賴! 하나님은 사람을 사랑하심! 사람은 하나님을 信賴함! 이것이 하나님과 사람과의 關係의正體이다。따라서 하나님께서는사람을 사랑하지 안이치못하시며 사람은하나님을 信賴하지 안이치못한다。이러케하여서만 兩者의 關係가 바로서는것인 때문이다。그럼으로 萬若 一便에서라도 이關係를 保存하지못하면 벌서 兩者는 머러지고 마는것이다。하나님께서 사람을 사랑하시지안커나 또는 사람이 하나님을 信賴하지안커나하면 其關係는 全然히 破裂되지안이치못한다。그래서 하나님은 사람을사랑하신다。變하심없이 또 끈임없이 사랑하신다。하나님의 사람에게對한사랑은 恒常 絶對的이다。

아! 그런대 아! 그런대 사람은 하나님을 信賴하지못하엿다。사람은 義務를 다하지못하엿다。다시말하면 사람은 하나님에게 忠實히 服從하지못하엿다。사람은 하나님의 命令를眞實히 직히지못하엿다。即 사람은 하나님의사랑을 充分히 받어들이지못하엿다。안이 못한것이안이라 안이하엿다。不能한것이안이라 不行한것이다。換言하면 사람이 하나님을 信賴하지못한것은 其義務를 다하지못한일이다。其義務를 다하지못한것은 命令을직히지못한일이다。其命令을 직히지못한것은 사랑을 받지안은일이다。그래서 사람이 하나님의 사랑을받지안은것은 不本意가안이라 故意엿다는말이다。再次 更言하면사람이 하나님의 사랑을 받지안은것은 마지못하여서가안이라 일부러엿다는말이다。卽 사람은 하나님의 絕對的사랑을 故意로 일부러 받지안은것이다。이것은 正히 自由와 自由意思의 誤用이다。안이 濫用이다。逆用이다。

아! 이러케하야서 사람은 하나님에게서받은 自由와 自由意思를 誤用하엿다 濫用하엿다。逆用하엿다 이에 사람은 하나님에게 犯罪하엿다 사람은 하나님에게받은 더할수없는祝福과 가장 놉흔地位卽 自由와 自由意思로써 하나님에게 服從한것이안이라 도리혀 하나님에게 罪를犯하엿다。사람은 하나님의 絕對的사랑을받으면서 하나님을 絕對로 信賴하지안이하고 도리혀 하나님에게 反逆하엿다。이것이야말노 더할수없는祝福과 가장 놉흔地位의 抛棄가안이면 무엇이겟느냐? 아! 痛哉여! 憤哉여! 悲哉여!

아! 사랑에對한反逆? 可笑롭다고할가? 奇怪하다고할가? 그러나 事實임을 엇지하랴? 사랑에對하야는 信賴가있어야할것인대 正反對로反逆이잇다한다。더구나 萬物之中에 最貴하다는또 萬物의靈長이라는 사람이 그러하엿다한다。얼마나 북그러운일이냐? 울면도흘가? 우스면 도흘가? 果然 이事實을 엇지하면 도흘가?

오! 얼마나 무서운일인가? 사람의 하나님에게對한反逆! 被造者의 創造者에게對한反逆! 더구나 사랑에對한反逆! 아! 듯기만하여도 戰慄을 禁할수없는일이안이냐? 그러나 事實임을 엇지하랴? 被造物인 사람이 創造者인 하나님의 사랑에對하야反逆하엿다。놀나지안을수없는이事實、견댈수없는 이事實! 엇지할가?

犯罪! 反逆! 사람은 犯罪하엿다。사람은反逆하엿다。사람은 反逆의罪를 犯하엿다。사람은 하나님에게 反逆의罪를 犯하엿다。反逆! 反逆은 罪中의罪이다。反逆은 罪의처음이다。反逆은 罪의根源이다。反逆은 罪의어미(母)다。

아! 그런대 사람은 罪中의罪、罪의처음、罪의根源、罪의어미인 反逆의罪를 犯하엿다。더구나 사랑에對한 反逆의罪를 사람은 하나님에게 向하야 犯하엿다。얼마나 僭濫한일이냐?얼마나 큰 冐瀆이냐? 果然 反逆은 罪中罪로다。

山上垂訓硏究〔七〕

金敎臣

너히怨讎를사랑하라 太五〇四三—四八節

(參照路六章廿七、廿八、三十二—三十六節)

四三、또 하신말삼을 너히가 들엇나니 네 리웃을 사랑하고 네 怨讎를 뮈워하라 하엿으나

四四、오직 나는 너히게 닐아노니 너히 怨讎를 사랑하며 너를 逼迫하난者를 爲하야 기도하라。

四五、이갓치한즉 너히가 하날에 계신 아바지의 아달이되리니 대개 하나님이 해를 惡人과 善人의게 빗오이게 하시며 비를 義로운者와 不義한者의게 주시나니라。

四六、너히가 너히를 사랑하난者를 사랑하면 무삼상급이잇으리오? 稅吏도 이갓치 아니하나냐?

四七、또 너히가 너히兄弟의게만 問安하면 무엇이 남보다 지나리오? 異邦사람도 이갓치 아니하나냐?

四八、그럼으로 하날에계신 너히 아바지의 完全하심과 갓치 너히도 完全하라。

「怨讎를 사랑하라」하며「逼迫하난者를爲하야祈禱하라」할지라도 吾人의게 別다른感興을 주지안한다。 왜?·「聖人의敎訓은 그런法이야 그러나實際生活엔 그래선 안돼!」하는 俗道에서얻은 人生哲學의 굳은信念이 우리속에盤據한故이다。 보라 怨讐라하며 敵이라하는語句自體가 到底히사랑치 몯할者를稱하는것이아닌가。 假想的敵을設하여노코 사랑한다면몰으거니와 實地의 不供戴天之仇讐를 얻덧케참말 사랑할손가。 敎壇우에서講道할때의 演題로는擇할수잇으려니와 어느牧師가 이敎訓을몸소行하엿든고? 山上에서 이敎訓이人間의鼓膜을 울넌지 임의二千年에 果然네怨讐를사랑해낸者멧사람이엿든고? 더욱 個人을떠나 人類生活의單位을構成하는 民族이나 國民에想及하라 어느民族이그怨讐를爲하야福을빌고 어느國家가그敵을 사랑하엿든가? 大英帝國이「朕의나라에는 太陽이 沒치안한다」는 世界最大强國이된데에는 그럴듯한理由가잇얻다。個人으로선 英國紳士처럼信賴할만한者업스나 國家로선 英國보다더惡毒한나라가 다시업다」는名譽스러운評價를贏得한國民인故이엿다。女王빅트리아는基督敎의바이블一卷으로써地球上가장큰나라을統治하여간다는것을 內外에자랑하엿다。 그러나怨讐를咀呪하고 敵을攻略하는것만은

基督의敎訓에拒逆하면서라도 꾸준히實行하엿다。其他루터의나라獨逸이그러코 淸敎徒의建立한北米合衆國이그러코、佛、伊、露、墺等歐洲의基督敎國家가또한其例에서 버서날수업시 敵을미워하는熱度가高함으로써 後進國보다先進國이된者며 少弱國보다强大國家를組成한것이다。뎌들이보낸宣敎師가가르키는聖書와 뎌들基督敎的國民의行動과에는 天壤의差가잇음을본다。國權恢復에熱中한中華民國靑年들이 先年革命當時에 歐米宣敎師의滅種을期하엿고 또現今도그運動을繼續하고잇음은 可然한일이라할것이다。생각하야 이에至하면 力의哲學者니췌의嘲弄을待할것도업시 우리도또한 奴隸의宗敎인基督敎를唾棄하지아니치몯한다。

마는 眞理의眞理인까닭은 實行한者의有無多少나 或은그結果의招來하는福利禍凶으로써判斷할바가아니다。비록一人의實踐者가업섯다하여도 眞理는眞理라。비록過去와現在의基督敎國民이 한아도行한者업다할지라도 眞理라면 우리는關心하여야하겟고 또實踐하여야하겟다。丁末國의勇者길케골과함께서서「일즉이 크리스챤이라稱할만한크리스챤이一人도업섯다하면 내가最初의 참크리스챤이되여보리라」는 意氣와熱情을가진者는「너히怨讐를사랑하라」는 空前後無한題目을等閑視할소인가? 그意義의探求와 그實踐力行을向하야 모름즉이用力함이잇어야하겟다。

第四十三節에「또 하신말삼을 너히가들엇나니 네 리웃을 사랑하고」함은 레위記第十九章十八節에서引用한것인대 이에 리웃이라함은本國사람을意味하는것이고 外邦사람과異敎徒에는 이사랑이不及하엿섯다。『네 怨讐를뮈워하라』는句는 舊約聖書中에는 아모대도 이와同一한文句는發見할수업슬뿐더러 오히려「원수를 갑지말며」(레위기十九〇十八)『원수의牛畜을 불상히녁이라』(出埃及廿三〇四、五)하엿고『네 원수가 너머질때에 즐거워하지말며 뎌가亡할때에 마암에깁버하지말지라』(箴廿四〇十七)한것은잇엇다。그러나 이런敎訓이잇엇음에도不拘하고 人類의心情에서나오는 眞情한呌呼는「원수를 뮈워하라」는것이다。事實이다。歐洲大戰當時에「敵을뮈워하라」는標語는 砲彈보다도 더큰偉力을가젓섯다 世上에神奇한것은 個人道德과國民道德과의區別이

잇다는일이다。個人으로는溫良하기牛羊갓흔者를尊崇하나 國民으로서는暴惡하기虎狼갓흔者가아니고는 그同胞의敬慕에値할수업다한다。單只倫理學者의口說뿐이랴。天下萬百姓에共通한信念이다。民族的意識이格別히强烈하엿던 當時의이스라엘百姓도勿論例外일수업섯다。民族的存立을 計하기爲하야며들은 다른民族이나國家를 뮈워하며咀呪하기를特別히惡한일인줄노 넉이지안하엿고 自己들의神을섬기고 他民族의偶像神을排斥하기爲하야 異邦과異敎를攻迫하는것은 차라리宣當한일노생각하는수도잇엇다。(申廿五〇十七ㅡ十九節、出十四〇、삼前十五〇三)이와갓치 一般的으로 이스라엘百姓들마암을占領하고잇는 생각을 그리스도는 일카르신것이다。

同胞와隣人은 사랑하고 外邦人과異敎徒는뮈워하라 함은東西古今을 一貫하는普遍的思想이다。이一般的觀念에對하야 그리스도는 根本的으로別種類의「사랑」을世上에提唱하셧다。 即

너히 怨讐를 사랑하며
너히를逼迫하난者를 爲하야 기도하라。

는革命的提唱이다。이것은全然히 새로운것이다。

또 이런것이 새롭다 는것이다。博物學者의게新種(New Species)을記載하기실허하는 傾向이잇는것처럼 古今의宗敎信者의게는 무엇인지는몰으나新奇한것을 찻고저하는 虛妄한欲望이强烈하다。猶太人은異跡을求하고 希臘人은智慧를찻는다하니(코前一〇廿二)무릇 新奇한것을 希求함은一般이다。그럼으로 萬一 宗敎家로서 世上에成功하랴거든神癒術갓흔異跡을標榜하거나 或은 새로운敎理를看板으로 내부치는것이 가장捷徑일것이다。그러나 現代에至하야는 生物界에도 新種의生成이稀窄한것처럼 그보다도더하야 倫理、道德의新種은稀貴한것인줄알어야하겟다。特히基督敎에關한限度에서는 무릇참된것새로은것、눈이아직보지몯하엿고 귀가아직 듯지몯한것은모다 그리스도에까지도라가서야 發見할것인줄안다。

基督敎는 愛의宗敎라하야 基督敎의重大한部分을誤解하기쉬우나 또한 基督敎의主要한部分이「愛」인것은事實이다。그러나 基督의愛란것은如何한것인가? 사랑이란것은 禽獸에도잇고 人類의게도잇고 太古未開人들도 이것을 가젓섯고 現代文

化人들도 「사랑」을禮讚하는것이다。마는 예수의 「사랑」이란것、即基督教의 「사랑」이란것은 全然히在來의所謂사랑이란것과는 다른것이오 아주 새로운것이라한다。엇재 새로운가 엇던것이 새로운가? 以下詳考하여보자。

그리스도는 사랑하는者를 사랑하는것은 別노히 사랑이라 일카지안하엿다。이것은 人間에서 가장賤視하든 稅吏도 行하는일이라한다。稅吏라함은 어나時代를勿論하고 그다지 고마운사람은 아니지만 特히羅馬帝國의支配下에잇던 猶太國當時에잇엇어는 猶太人或은羅馬人이 이職業을行하엿나대 羅馬政府의奴隸가되여 犬馬가치使用되는者일뿐더러 그稅納은一種請負業者模樣으로引繼하엿음으로 그稅金을徵收할때의 手段의嚴酷함과 그貪慾의橫暴함은 다시 더 比할데업는者들이엿다 故로 四十六節에「稅吏도 이갓치아니하나냐」함은 人間의 바닥이라도 사람의形像만쓰면 이만한일은 當然히行하는일이니 이런것은 自己가말삼하시는 사랑과比較할바가아니라한다。그리스도의 새로히唱道하는 참사랑의本質을알기爲하야 爲先、在來의 사랑이란觀念과 如何한差別이잇는가?를 明白히하섯다。四十七節도 亦是前節과大同한뜻이다。兄弟라함은 同胞或은猶太國民을稱함이오 異邦사람은 稅吏同樣으로賤示하던것이다。(羅三〇一)

예수의提唱하는 사랑이란것은 在來의 그것과는 全然相違하는것임을 알엇다。同胞는사랑하고 外邦은뮈워하라는따위사랑은 都是사랑이라할것이 아니라한다。그럼 사랑이란大都體 언던것인가? 그리스도의사랑이 참사랑이다。그리스도의사랑을 알기爲하얏어는 하나님아바지의사랑을 알어야 하겟다。하나님의 사랑은完全한사랑이다。「해를惡人과善人의게 빛오이게하시며 비를 義로운者와不義한者의게 주시는」弘大無際한사랑이오 怨讐를사랑하는사랑이다。이것이本來 하나님의것이니 그獨生子로 말미암아 처음으로人類의到達할圈內에 들어온것이다。

敵을사랑하는사랑! 이것은人類의本性과는對蹠的으로相違한觀念이다。自己를사랑하는者를사랑치안하야 人間에悲劇을加하는境遇는 드믈지안하다 그러나 自己를 뮈워하는者를 뮈워안하는사람은

잇을수업다。怨讐를뮈워하는것은 가장根源되는人間의本能이다。이本性을 正面으로拒逆하면서 敵을사랑하라는것이 그리스도의 사랑이다。人間의게는到底히不可能한일이오 예수만이처음으로能한일이다。그럼으로 이사랑이란agape는「사랑」、愛love等과는 全然딴意義를가젓다。中國에서는 이弊害 除하기爲하야 愛보다 仁으로써 「아가페」를譯하려하엿다하나 「아가페」에는 仁外에義에近한內容도多部分잇다한다。只今聖書의 用例에依하야「아가페」의意義를 歸納하여보라。

하나님이 世上을 이처럼사랑하사(agapao)獨生子를주셧으니 누구던지 뎌를믿으면 滅亡하지안코 永生을얻으리라。

하며(요한三〇十六節) 또

그가 우리를爲하야 그목숨을 바렷으니 우리가 이로써 사랑을알고……

라하야(요한第一書三〇十六)사랑의本質을明示하엿고

사랑하지안난者는 하나님을 아지못하나니大概하나님은 곳 사랑이시라。

하엿다(同四〇八、九節) 또한

義로온사람을爲하야 죽난者가 약간잇고 어진사람을爲하야 敢히죽난者가或잇으나 오직하나님께서 그사랑을 우리의게 나타내셧나니 이는우리가罪人되엿을때에 그리스도께서 우리를爲하야 죽으심이니라。

하야(羅五〇七、八)하나님特有의「아가페」를잘알수잇다

사람을 사랑하는(agapao)者는律法을完成하나니라

한다(羅十三〇十、갈나듸아五〇十四、路十〇廿五以下、太廿二〇三十四以下等)

그런즉 믿음과 소망과 아가페 이세가지는 恒常잇을것인대 其中에第一은 「아가페」니라。

하엿으니(고前十三〇十三節)以上으로보와도 基督敎의사랑 即「아가페」란것의內容과 그重大性을알수잇을것이다。基督敎의사랑이란것은 生物의本能으로所有하엿던것이 漸漸進化發展한것이아님은明確하다。하나님特有의사랑이 人子로말미암아 처음으로 人間들께 사랑이란것을 알게한것이다。

이와갓튼것이 하나님의사랑이니 너히는하나님의子女라 子女는 그아버지께肖似할것이니 너히도人類가怨讐이엿을때에 그리스도께서 우리를爲하야 죽으심으로써 하나님特有의사랑을 나타내신것처럼(羅五〇七、八) 너희怨讐를 사랑하고 너희를 핍박하는者들爲하야 기도하라。이것이 하나님께肖似하게되는道理오 肖似하게되는일은 아바지의滿悅이오 子息된者의榮光이다。그리하야 아바지의仁慈하심과갓치仁慈하고 하바지의사랑 그대로의사랑을갓게되는일은 곳 아바지의 完全하심과갓치完全하게되는所以다。

　五章四十八節은如左히 原文順序대로譯하여보면 文意의强弱이現著히 나타난다。

　그런故로 너희는 完全하라 하날에게신 너희아바지의 完全하심과 갓치。

「그런故로」는 한單字다。이것이四十四節브터四十七節까지를 總括하는 힘을가젓다。다음에『너희는』한것은 四十六、七節에 稅吏、異邦사람에對立하야 基督信徒를指目하는것이니 크게高調로읽을것이다。「完全」이라함은 路加는 「矜恤」이라하엿다。「사랑은律法을完成한다」「사랑이잇는者는 하나님께서낫고 하나님을 아나니라」는等의句와함께생각할것이다。

　리웃을사랑하고 怨讐를뮈워함은 人類의本性이

怨讐를사랑하라

다。그生存慾의天然스러운發露다。그러나 基督者의理想은 天然的本能으로써怨讐를熱愛하기를目標로한다。이는本來하나님의本能이엿다。그리스도가十字架우에서『아바지여 이무리를赦하야주옵소서 뎌히가 뎌히의하난것을 아지몯함이니이다』하고祈禱하엿을때에 敵을사랑하는일이 人類의게可能한것이 實現되엿다。爾來로 스데반을爲始하야 뎌의十字架에 죽엄을갓치하고 내가산것은 그리스도가내안에삶것임을(갈六〇十四、同二〇廿節、빌닙一〇廿一、廿三節)體驗한少數者의게는 이일이可能事가되엿다。

　克己修養의必要는업다 또그런일노써可能할일이아니다。人間의道德的修練으로서到達할地境이아니다。다만 사랑의本體이신 하나님을 믿는일노써重生하야 하나님의子女된者의本能을받은者의게만可能한일이다。삶하나님을 참으로 믿어 다시愛着할寶物을藏함이업고 自力으로保護할 生命의貴한것이업시 「我」가업서진곧에 敵이잇을수업다。敵을사랑함으로써 個人의利害와 國家民族의福利若何할가? 이것은 다 利害損得의問題요眞理의問題가아니다。다만 子息된者는 그至誠을다하야그아바지께肖似하며 그아바지와갓치完全할것뿐이다

二一

創造의愉樂

宋斗用

하나님은 創造者이시다。 即 하나님은 造物主이시다。 하나님은 完全無缺한 知慧와能力과權威를가지고 宇宙萬有를 創造하셧다。 그래서 森羅萬象 무엇하나 빠짐없이 모다 하나님의지으신바이다。 그럼으로 聖書에 「大概 萬物이 뎌의게지음을받은지라。 無論, 하날과(또 하날에잇는모든것과)따와(또 따에잇는모든것과)보이는(모든)것과보이지안는(모든)것中에 或 우에잇는것이나 主管하는것이나 政事나 權勢나(其他)萬物이(남김없이)다 뎌로말매암아……지음을받은지라(골一의一六)」고있으며 또「우리主하나님이여 榮光과尊貴와權勢를 받으시는것이 合當하오니 主께서萬物을지으신지라 萬物이 主의뜻대로잇고 또 지음을받앗나이다(묵四의十一)」라하엿다。 簡單히말하면「萬物이뎌로因하야되엿으니 지음을받은것에 하나도뎌를말매암지않고 된것이없나니라(요한一의三直譯)」고記錄된바와갓다。 올타 하나님은 果然 創造者이시다

우리가 萬若 創世記첫章을 펼친다면 其劈頭에「太初에 하나님이 天地를 創造하시다」(一의一)라는 偉大無雙한文句에 接할것이다。 다음에우리는 하나님께서 萬物을創造하실때의 其嚴肅한態度와眞實한光景을 敢히 엿볼수잇다。

하나님이 天地를 創造하시다! 오! 얼마나 偉大한事實인가? 오! 얼마나 반가운消息인가? 「하나님이 天地를創造하시다」라한다。 그럿타 天地는(森羅萬象의一切를包含함)하나님이만드신것이다 宇宙와萬物은 모다가 하나님의 그至極의거룩한理想과 그絕對로偉大한計劃대로 만들여진것이다 이莊嚴하고도優美하며 神秘하고도奧妙한 宇宙萬有는 至聖 至尊 至善 至愛의總和이신 最高의眞理者、絕對的權威者 또 時間場所를超越하신永遠唯一의靈的實在者 主여호와하나님께서 創造하신것이다。 하나님의獨創인 天地와萬物!

아! 이에 우리는 絕對로 安心할수잇고나! 따라서 우리의滿足 歡喜 感謝는 넘치고넘치는도다。 하나님이없다는 愚昧者의生覺과갓치(詩一四의一) 天地는 突然히 저절노生起ㄴ것이안이다。 即創造者

없이일우어진것이안이다。決코 그러한것이안이다 또엇던實없은사람들의말과갓치 萬物은 하나님以外의다른무엇이 지은것도안이다。即하나님以外무슨神이나或은不可思議한힘이잇서 지은것도안이다 決코 그러한것도안이다。

그런대 하나님은 機械와갓치 創造만하시는者는안이다。決斷코 그럿치안이하다。人格的實在者(Personal Being)이신하나님은 創造하심을 無限히즐기시며 또 甚히깁버하신다。하나님께서 그聖意대로 天地와萬物을創造하시고 참으로깁버하셧다。그喜悅의程度는 우리의想像에지날것이다。創世紀首章에「하나님이보시매 도흔지라」를 일곱番이나記錄하였으며 또 創造를맛치신 하나님을가라처「하나님이 그만드신 모든것을보시매 매우됴흔지라(創一의三一)」고 言表하였음은 正히 하님의喜悅의程度를 表示한것이다。果然、 하나님의깁븜은非常히컷을것이다。(「보시매됴흔지라」는「보시고善히녁이시다」라하며「하나님이그만드신모든것을보시매매우됴흔지라」는「하나님이그지으신모든物件(것이可할가한다)을보시고 甚히善히녁이시다」라하야其意味가明白하지안을가? (前者는現今使用되는聖書后者는奇一氏譯)

「太初에 하나님이 天地를創造하시다」라하엿고「하나님이 그만드신 모든것을보시매 매우 됴흔지라」라하엿다。이는 하나님은 創造者이시며 또 創造를깁버하신다는뜻이다。그럿타 하나님은 創造者이시다。하나님은 只今도 創造를繼續하신다 하나님의創造는 永遠에서永遠에일을것이다。即 하나님의創造는 永遠과同行할것이다。「내 아바지께서 只今까지 일을하시매 나도 또한 일한다」고 예수께서 말삼하신바와갓다。(요한五의一七) 그리고하나님은 創造를깁버하신다。甚히 깁버하신다 그래서 하나님은 創造하심을 마시지안는다。第一創造를맛치신 하나님은 第二創造를始作하셧다。하나님의 第一創造는 아담의創造로始作하셧고 第二創造는 그리스도受肉으로비롯하셧다。第一創造는 肉의創造요 第二創造는 靈의創造이다。그래서 第二創造는 第一創造의完成인것이다。即第一創造는 第二創造를爲하야 잇섯든것이다。따라서 第一創造를 깁버하신 하나님은 第一創造의完成인 第二創造를 더욱 깁버하심은勿論이다。그런故로 하나님은 第二創造에對하야「우리가 즐거워하고 깁버하는것이 맛당하다」(누가一五의三二后半)고 말삼하신다。아! 感謝할가나! 하나님의 第二創造로다。얼마나 尊貴하고 偉大한일인가?

하나님은 創造하신다。끈임없이 創造하신다。그러고 하나님은 創造를깁버하신다。甚히 깁버하신다。그럿타 하나님의喜悅과愉樂은 創造하심에잇는것이다。果然 하나님은 造化의神이시다。

하나님의喜悅과愉樂은 創造即造化이다。따라서 하나님의아달의 喜悅愉樂도 創造가안이면 안이된다。그럼으로 하나님의獨生子예수그리스도의 喜悅과愉樂이 創造이엿음은 至當한일이다。그야말노 必然의일이안이면 안이된다。그럿타 하나님의獨生子救主예수그리스도의一生은 創造그것이엿다。뎌는 第二創造 即靈的創造에 地上生活을맛치섯다。올타 예수는 이일을爲하야 世上에오신것이다。안이 現在도 뎌는 하나님의右便에게서서「내 아바지께서 只今까지 일하시매 나도또한 일한다」고 宣言하시면서 創造에沒頭하신다

예수以前을 舊約時代라하며 예수以后를 新約時代라한다。舊約時代를 第一創造期라하면 新約時代는 正히 第二創造期임은 更言을待치안는다。그래서 예수는 第一創造期 即肉의創造時代에서 第二創造期 即靈의創造時代를 建設確立하신 劃紀元的 하나님의聖使者이시다。안이 예수야말노 하나님이신말삼(Logos로고스)이 受肉하신者이다 뎌의게 恩惠와眞理가充滿하니 그榮光은 말할것도없이 아바지의獨生子의 榮光이다。예수는正히 第二의創造者 即靈의創造者이신것이 確實하도다 그럼으로 예수는「내가 이를爲하야 낫으며 또이를爲하야 世上에臨하엿으니」라고 宣言하섯다眞理에屬한者는 예수에게 들을지어다!(요한一의一과一四 同一八의三七參照)

하나님은 創造하신다。하나님의獨生子예수도 創造하신다。하나님의愉樂은 造化이다。主예수의愉樂도 또한 創造이다。그러면 하나님의子女인예수信者 엇지 創造하지안을수잇느냐? 그럿타우리는 創造하여야하며 또 우리의愉樂도 또한創造이지안이치못한다。그러면 우리는 創造함에努力하자! 우리는 하나님과갓치 또예수와갓치 創造하자! 우리의愉樂이 創造에잇서 우리는 眞理에屬한者인것이다。只今은第二創造期니 우리는 맛당히 靈的創造에힘써야할것이다。兄弟여힘쓰라 靈的創造에! 아! 靈的創造다! 靈的創造다!

城西通信

一九三一年六月七日(日曜) 水原에열니는博物學會에叅席키爲하야 今日은聖書硏究會를臨時中止하다。

十四日(日曜) 새벽에 宋兄과함께 陵谷松林에祈禱。午後禮拜時에宋兄은「良心의信仰」이란題로서 우리의게 聖靈의불길을더하여주엇다。

二十一日(日曜) 山上垂訓第三十回로 七章一―五節을工夫하다。柳永模先生이來叅하야今日工夫에對하야 先生의獨特한解釋을添加하사 우리의게啓發을더하심이甚大하엿다 東洋사람이 가장深遠하게基督敎를理解하리라는推測은 畢竟適中할뜻하다。 閉會後에陵谷林間을散策하면서 柳先生、金山兄과함께밤九時餘外지談論하다。馬太六章十九節以下를現實生活에 나타내고저하는것이 話題의中心이엿다。

二十三日부터 二十六日아참外지 第三十號의校正을畢하고 三十日에製本出來하야市內配達과地方發送。

二十八日(日曜) 午後二時에硏究會。馬太七章第六節을工夫하다。近日의來信一束如左

……聖書朝鮮誌寶編을一讀한바 其中山上垂訓이나 로마書硏究는 갈수록滋味잇고읽을수록興味잇사와 一生에 두고읽기십흔생각이 속으로올어나옴을 아모리날넨槍劍이라도禁키어려우니云云

咸興、州北 韓丁龍再拜

張道源牧師傳道旅程의第一關인釜山에서 李淨心兄의來信에曰

하나님의忠僕을通하야驚異의福音은 움작이고게시엿나이다。張兄의絶따하심은眞實노靈의振動이엿으며 그動作마다 다靈劍의閃光이엿머이다。 아아聖靈의 두렵고 놀나옴이여! 張兄을通하야敬愛하는兄님을 사괴게됨은主압헤眞情한感悅을바치나이다。兄님과나의願이福音일진대福音으로一合할것이옵고맛참내그步調는同一하여서 거룩하신主님압헤歸一의運動이될줄밋습니다。今般張牧師님의福音운동에對하야衷情과力及으로돕고저하엿스나無力한淨心이는아모獻한바가업섯나이다。霖雨는끈님업시나리는대去八日午後에는個人集會를許하시고夜에는草梁敎會에서四五百名의集會가有하엿고 翌日에는釜山鎭에서午前과午後로 張牧師님의硏究하시는로마書講義를하섯고…… 十日午後二時에는雨中임에도不拘하시고自動車로서梁山으로向하엿나이다。(以下略)

七月十一日 淨心生

先日 千萬뜻박게 鷺梁津에서 牧會하시는李昇遠兄이來訪하얏머니 그短信이如左

그리스도의종이요 眞理의 햇불잡은사랑의使徒요 二千萬民衆압헤나타난하나님의부름을밧아 十字架를진靈兄이시여 하날의감초엿든神秘의眞理가 비로소이따우에나타나게됨을吾主의무릅아래에서感謝하옵나이다。우리는信으로나는者(요름一〇十七)十字架를지고忠誠으로나아갈者니(默二〇十)勝利는不遠에必有외다云云。

集會案內

活人洞本社의聖書硏究會는 八月中은臨時로中止하겟습니다。但前과同一한時間에簡單한禮拜는 잇겟나이다。主께서許하시면 秋凉을待하야 九月第一日曜日부터 다시 山上垂訓工夫를 繼續하고저합니다。

張道源先生은 七月十七日부터五日間京城에서數處集會를引導하시고 同二十二日朝에咸興(府內城町銀月堂菓子店氣付)方面으로向하엿습니다。 八月十日頃에 다시上京하야關西와嶺南地方을 다녀 八月下旬에는 歸任케될터임니다。

一九三一年八月一日 聖書朝鮮社

本誌定價(送料共)

一 冊	十五錢
六 冊(半年分先金)	八十錢
十二冊(一個年分先金)	一、五〇錢

昭和六年七月廿九日 印刷

昭和六年八月一日 發行

京城府外龍江面孔德里一三〇

編輯發行兼印刷人 金教臣

京城府西大門町二丁目一三九

印刷所 基督教彰文社

京城府外龍江面孔德里活人洞一三〇ノ三

發行所 聖書朝鮮社

振替口座京城一六五九四

『聖書朝鮮』第三十一號　昭和六年八月一日發行(每月一回一日發行)

(定價十五錢)

昭和五年一月二十八日(第三種郵便物認可)
昭和六年九月一日發行(每月一回一日發行)

聖書朝鮮

第參拾貳號

一九三一年九月一日發行

目次

京城 聖書朝鮮社 發行

舊號各號若干式殘部있습니다。 但創刊號와第廿四號는極少部數만殘在。

詩篇研究

題目	號數	著者
詩第九十三篇	(創)	(鄭)
詩第百二十一篇	(五)	(鄭)
詩第十二篇	(廿二)	(咸)
詩第十九篇	(廿三)	(咸)
詩第十三篇	(廿五)	(咸)
詩第四十四篇	(三十)	(咸)

豫言書研究

一、偉大한解放者(이사야)、	(十五)	(鄭)
二、아모스書研究(上)	(廿八)	(咸)
三、아모스書研究(下)	(廿九)	(咸)

舊約研究

苦悶의使徒욥	(二)	(柳)
唯一의事業	(四)	(鄭)
沃野냐曠野냐?(創十三章)	(十)	(鄭)
舊約과新約	(十六)	(鄭)
舊約入門	(十九)(몰간)	
創世紀의背信	(二十)(몰간)	
先知者	(三、四)	(咸)

福音書研究

몬저、그義를求하라(太六〇三十一―	(創)	(咸)
基督者生活의原理(요十五〇五)	(五)	(鄭)
基督敎의礎石(요한三〇十六)	(九)	(鄭)
世苦의解除者	(十二)	(鄭)

山上垂訓研究

多福한베드로(可十六〇一―八)	(廿二)	(金)
道德에서完全히失敗	(廿六)	(張)
하고오라(太十九〇十六―)	(廿七)	(張)
緒　言(太五、六、七章)	(廿四)	(金)
八祝福　(廿四、廿五、廿六)		(同)
地의塩、世의光	(廿六)	(同)
新舊道德의衝突	(廿七)	(同)
律法의完成(廿七、廿九、三十、三十一)		(金)

主祈禱의研究

緖言、稱呼、	(廿六)	(金)
第一、第二의祈願	(廿七)	(同)

祈禱에關하야

罪씻음받은者의祈禱	(五)	(宋)
基督者의祈禱	(四)	(同)

로마書研究

바울의自己紹介(一―六回)(廿七、二八・二九・三十、三十一)張

歷史와聖書

하나님의攝理　(七、八、十一、十二)		(咸)
成三問과스데반	(十四)	(同)
큰食物	(十五)	(同)
二十世紀의出埃及	(十八)	(同)
푸로테스탄트의精神	(二十)	(同)
예수出現의宇宙史的意義	(廿四)	(同)
聖書에關하야	(廿一)	(宋)

天然과聖書

靈魂에關한知識의古今	(創)	(金)
地質學과하나님의創造	(四)	(金)
生命의階段	(七)	(同)
生命의發達(九、十、十二、十三、十四、十六)(고―데)		
生命의所在地	(十七)	(金)
復活의事實과理論	(廿八)	(金)

神觀

여호와神의性格	(創)	(楊)
基督敎神觀瞥見	(二)	(鄭)

朝鮮을向하야

最貴한선물(創刊辭)	(創)	(金)
漢陽의뻘들아	(創)	(金)
朝鮮에基督敎가必要乎	(五)	(咸)
朝鮮人의所願	(六)	(金)
朝鮮의將來와基督敎	(同)	(鄭)
敎會의古今	(十六)	(楊)
永遠의肯定	(廿一)	(金)
慶州에서	(廿三)	(金)
基督敎와道德	(七)	(楊)
眞實	(同)	(柳)
長老派의敎會振興策	(十)	(鄭)
敎會中心의弊	(十五)	(同)
天國建設運動	(三十一)	(張)
聖書를再讀하라	(八)	(鄭)
祈禱하자	(十一)	(宋)

現今敎會

在日本 張道源

現今朝鮮基督敎會는 衰弱하여간다。量으로든지 質로든지 다 衰弱하여간다。이事實은 敎會마다가 다 實感하고잇는事實이다。敎役者나 平信徒의 別이업시 다 實感하는事實이다。都會地敎會나 農村敎會를 勿論하고 다 當하는事實이다。只今 敎會의形便은 뚝뚝하고 有爲有望한靑年들은 다 敎會에서 멀니물너가고 보잘것업고 변변치못한 半不良者와 쯔스레기靑年만 나머잇섯어 제뜻대로、 제생각대로 제가된대로 날뛰면서 썩은내암새를 피우는現狀이다。그러면敎會가 이러케 되는 原因은 어대잇는냐?

그原因은 現代敎會가 敎人들의 心靈上要求에 滿足을 채워주지못하는까닭이다。即敎會가 敎人들에게 生命이신 그리스도 自體를 주지못하는 까닭이다。敎會는 組織만힘써잇고 信仰은 敎理로만 되여잇으며 敎役者는 敎壇에서 文化의惠澤을 說明하며 社會改良事業을 鼓吹하면서 잇는까닭이다。그런故로 心靈의 窮乏을가지고온靈들에게는 何等의 滿足을 주지못하는것이다。靈的窮乏을感하고잇는靈魂으로서 그靈的要求를 채워주지못하는 敎會에 붓터잇을理가업다。아직도 敎會에 부터잇다면 그는 何等의靈的要求를 가지지못한者로서 從來의習慣에 끄을니여인다든지 그러치아니하면 肉의野卑한要求를 가지고잇는者들일것이다。그러고보면 敎會는 衰退하여질수박게업다。人生에게 生命을주지못하는宗敎가 退敗하여가는것은 理에 當然한것이다。現今一般大衆에게는 基督敎란것은 文化運動이나 社會改良을 爲하야 잇는宗敎와갓치 理解되고인다。그런故로 文化運動者나 社會改良事業者들만이 集團될것은 또한 理에當然한일이다。그러하야 現今敎會는 信仰을 알지못하는者가 敎權을잡으며 生命이업는 者가 敎壇에서 活舞하고잇는것이다。

於是乎 敎會는 聖神이떠난敎會가되며 하나님께 바리움을받은敎會로서 惡魔의 巢窟이되고만 것이다。이것이 敎會가 不振退廢하여지는 原因

하 나 님 은 사 랑이다。아 現今朝鮮敎會들아 모든 組織을바리고 福音으로 도라오라 모든形骸에서떠나 生命으로 도라오라。敎理에 말나붓지말고 生命이신 예수 그리스도를 먹고 마시라。그리하야 眞理의世界에서 自由로운 生命으로 信仰이 훨ㅣ훨ㅣ날아 오를대로 오르고 자랄대로 자랄지어다。

하나님은사랑

張 道 源

一

하나님은 사랑이오
사람은 믿음이다
사랑도 實狀이오
믿음도 實體이라。

二

하나님은 사랑이니
人間의存在가 잇고
罪惡이 生起엿으며
十字架가 낫타나다。

三

하나님은 사랑이니
人生의事實을通하야
信仰은 굿세여지며
生命은 자라나도다。

四

하나님은 사랑이니
贖罪의義가 잇엇고
救援의恩惠가 왓으며
生命世界 展開되다。

五

하나님은 사랑이니
죽엄도 잇엇고
復活도 잇으며
審判도 오도다。

山上垂訓研究 〔八〕

金敎臣

善行과動機 太六〇一ー十八節

第六章을一讀하면 現著하게 上半(一ー十八節)、下半(十九節以下)의 二部分으로되여잇음을 알수잇다。그下半에서 世上生活問題에關한杞憂를 除할것을 爲主하야 指摘하셧음에對하야 그上半에서는 行爲의 動機가 純粹하여야할것을 警告하션다。詳細히읽어보면 上半十八節中에도 第二節브터 四節까지는 救濟問題 即隣人에對한善行이오 第五、六節은 祈禱問題 即하나님과 사람사히의 行爲오(第七節로 十五節까지는 後에詳述할바와 如히 附錄으로挿入된것이다) 第十六節브터十八節까지는 禁食問題、即自己一個人에關한行爲를論하엿음을 깨달을수잇다。이三種의行爲를擧하야 其實은 人生萬般에亘한行爲의原理를 宣明하신것이오 그一貫하는 一般的原理란것은 六章第一節에 要約한대로

삼가 남의게 보이랴고 사람앞헤서 義를行하지말나。그러하면 하날에게신 너희아바지께 상급을 얻지몯하나니라。

는것이다。動機가不純한것은 大事業이라도 善行이아니오 純粹한動機로나온것이라야 하나님앞헤서 참된善行이된다한다。

도리켜 우리朝鮮現狀을 살혀볼때에 善行의動機까지 云謂하는일처럼閑事業은 다시업슬것이다 原體 慈悲心이豊足한百姓이아니오 加之에窮乏한나라라。虐民한財物노라도 公共事業을爲하야投하겟다면 다시 그動機를 吟味할餘裕가업는터이오 寡婦의財囊을 털기爲하얏어는 마음에도업는珠玉의讚辭를 羅列하야 써婦女의虛榮心을 利用하고야 말나는 識者와經世家가 滿半島에 넘치는現時가아닌가? 智者는말한다 우리와갓튼形便에서는 動機의純不純을 嚴密히料察할것이아니라 爲先「너히는 自己를爲하야 財産을浪費하지말고 貧者를爲하야 社會를爲하야 慈善事業에 쓸것이니라」고 가르칠것이라고。오직朝鮮의智者뿐이랴、

山上垂訓研究 四

온世上에서 共通하게가르키는 道德的敎訓이다。

이런點에잇어서 特히銳敏할터이연던 基督敎會의現狀은若何한가。今日朝鮮의 어느基督敎會內에 아나니아 삽비라夫妻의行爲(使五〇一―十一節參照)를 그처럼 苛酷하게責望할이가잇을가。차라리現代의 有能한說敎者들은 敎會堂建築을爲하야 靑年會事業을爲하야 主日學校運動을爲하야 農村振興策을 爲하야 第二第三의 아나니아夫妻가出現하기를慇懃히期待하면서巡遊力說하고잇지안는가。아나니아와삽비라를目標로하고서 朝鮮의善男、善女들을 그까지向上(?)식히랴는運動에 잇지안한가?

그러나 素朴한 베드로의見地로서는 惡人은차라리 悔改하기를待할수잇엇으나 이와갓튼 善人의僞善、虛榮心으로나온 假面을쓴善行은 獎勵할수업섯을뿐인가 다시容納할수업는 極惡無道의行爲로判斷하엿다。現代의智者와 漁夫베드로의見地에 天壤의差가 介在하엿음을 發見하기 어렵지안하다。

大槪罪惡에、生存慾、肉慾、利慾等으로서犯罪하는 下劣하고野獸的인것이잇으나 이는 다原始的罪惡이라 그犯行의 惡함은勿論이나 그러나 그行하는바에表裏 造作이업시 單純한點은 오히려보는者의惻隱之心을 이르키는바가 업지몯하다。마는 高尙한罪惡、即敎養잇는者、宗敎家、道德家義人烈士를標榜하는者들이 犯하는罪中에는 外觀的으로는 何等是非할바가 업는듯하나 「隱密한곧을보시는이」의眼前에서는 그內心에不純한것이 甚히可憎한것이 아닐수업다。前者는無敎養하고 宗敎道德을不辨하는者의 動物的罪惡이니 人間으로서 이것을 訓誡하여야할것은 넘어도當然한일이다。오직後者는 그犯罪의性質이 一層深刻함에도不拘하고 그外觀이 白灰로塗布하여잇슴으로(太廿三〇廿七)世人이 種種이것을看過하고저하나 그리스도는格別히嚴酷하시게 이動機의不純을警戒하신다。

그럼 何故로 그리스도와使徒들은 이點에對하야 그처럼 神經을過敏케하엿는가。『삼가 남의게보히랴고 사람앞헤서 義를行하지말나』하나 多少不純한것이잇어 完美치몯한點이인다하더라도 얻젯던 「義를」行하면 可하지아니한가? 社會에有利하지안한가?고。

善行과動機

茲에「義」라(dikaiosune)는 字는 엇던 오란原本에는eleemosune即 慈悲、或은 救濟라는字로도되여인다。그럼으로 이義字는 廣意의義、即온갓 을흔行爲를廣汎하게 包容한뜻이니 이에「義를行한다」함은 即「善을行한다」는것으로解讀하여도 原意에不遠한것이다。義라하나 善이라稱하나 그本質上、남의게보히랴고 사람앒헤서 行할것이 몯됨으로 이것을 가장酷毒하게 책망하신것이다。

義라던가 善이라던가 或은이것을一般的으로稱하야 道德이란것은 그本質上、다른 아모런것의게도 方便이될수업는것이다。方便은 目的에隸從한다。形勢에依하야 方便은變할수잇다。그러나義는規範이다。規範自身이 他의影響으로서 變할수는 概念에도 둘수업는일이다。道德이 엇더한方便으로行하게될때에 그것은벌서濟德이아니게된다加何한境遇에라도 善은 方便이되기를峻拒한다。善은 善自身이目的이여야한다。여기에 善의善된本性이잇고 道德의尊嚴 한所以가인다。

그런故로『남의게 보이랴고 사람앒헤서』義를行하는 條件附의義 即 名利를取하려는 方便으로서 算出된善行은 그것은벌서 善行이아니라 義의假面을쓰고나오는 私慾의遂行에 지나지몯하는것이다。다만自己를 속히고 他人을欺瞞하는庸劣한所行일뿐만아니라 實노義의尊嚴을侮蔑하는일이오 道德의神聖을冒瀆하는 容赦할餘地업는罪惡이다。아나니아夫妻가 베드로의憤怒에觸하야 不時에天絕을當한것도 이까닭이오 또한 베드로가 시몬을向하야『銀과 네가 갓치亡할지어다。하나님앒헤서 네마암이 바르지몯하니 이도에는 참예치도몯할것이오 받을것도 업나니라』(使八章廿、廿一節)는激烈한 말을發하며 사울이 聖靈에充滿하야 엘누마를注目하야보고『갈아대 네가한결갓치 모든狡猾과 온갓僞計에 가득하엿으니 마귀의子息이오 모든公義의怨讐라。主의正道를어지렵게함을 마지아니하겟나냐?』하면서火焰을吐하야 激怒하니 當場에 엘누마의 두눈이 캄캄하야어두어 사람의게引導함을求하거되엿다(使十三〇十)는 事件은 다 이와갓치 義의尊嚴을不辨하고 한가方便의世界에서만 呼吸하야 神聖한것까지도 함부로籠絡하랴는輩의게向한 견델수업는怒發이엿다

山上垂訓研究

主예수의一生言行에는 더욱 이와가튼 對照가 만핫다。저는 淫行을現場에서잡힌 女人의게對하야는「爲先 罪업는 사람부터 돌노치라」하시고 따에 글씨쓰시다가 乃終 定罪하는者가업슴을보실때에「나도定罪하지안하니 다시犯罪치말나」하야 돌녀보내섯고(요한八章)또十字架의右便에걸닌强盜犯의게도「今日에 나와갓치 天國에잇으리라」는特赦를주셧다(路廿三〇四十三)저는果然七十을 七十倍하엿어라도 無際限으로赦宥하시는자엿다。그러나 그 예수가 예루살넴聖殿에 모혀든 巡禮者의 敬虔한虛僞들보고서는 견댈수업서 獅子갓치激怒하션다(路十九〇四十五以下)저가 야곱의우물가에서 不貞한女人한아을悔改식히기爲하엿어는 食飮을忘却하엿섯고(約四章)稅吏와娼妓의 벗이된다하야 當代의宗敎家와道德家들의 批難을當한것은 非一非再하엿섯다(太十一〇十九、可一〇廿九、同二〇十六)。마는 저가「입설노는 나를恭敬하되 마암으로는 나를멀니하도다 다만 사람의 명한것으로 道를삼아가라치니 헛되히 나를경배하난것이라」(太十五〇八)는 律法學者와 바리새敎人、「저히 모든일을 남의게 보히고저하야 그차난經碑를크게하며 옷단을넓게하고 잔채의上座와 會堂의놉흔자리와 저자에서問安받난것과 先生이라稱하난것을 깁버하난」輩와(太廿三〇五、六)「……갈따귀는 걸너먹고 약대는 삼키며 盞과 소반의 거족은 깨긋히하되 그안에는 토색함과 不義함으로 가득하게하는者、회칠한 무덤과갇흐니 밧그로보기는 아름다오나 그안에는 죽은사람의 뼈와 모든더러온것이가득한」(同廿四廿五、廿七節)바리새敎人과 書記官들을 向하야어는 일즉이 예수의 입으로나온말中에 가장激烈한Ouai란字를 連發하시기가七、八回에及하엿다(太廿三章에만)。이처럼 過怒하신理由는 아주簡明하엿션다

六

義는 方便으로行하기에는 넘어도尊嚴한까닭이다 慈善은 純眞한慈善으로만할것이다。奉仕함으로써 거기에相當한名利를交換條件으로 目標삼엇을때에 발서그것은 참意味의奉仕가아니다。道德은 오로지 義만을目標로할것이다。即更言하면 義이신하나님만을 目標로할것이다。萬一에라도 하나님을 떠낫어 人間을目標로할때는 道德은 발서僞善으로墮하여버린다。그럼으로 다만義를爲하야 하나

님을爲하야 道德의目標가存立할것이오 其他毫末의不純한動機도 容納지안한다。

그런대 問題는 한가지남아인다。우리가道德의本性에立脚하야 淺薄한人間的報賞을期待하는不純함을除하고「몸은죽여도 靈魂은能히 죽이지몯하는」(太十〇卄八)人間의 얼굴을恐怖함이 업는同時에 또한 至聖至純하신 하나님앞헤서 蛆虫과갇흔人間의「自己의義」(羅十〇三)를 세우려는 頑惡함에도 빠지지안코 人間의 온갓毁譽褒貶를超越하야 한가正直은 正直을爲하야 救濟는 救濟를爲하 純粹한動機로 行함은可하나

그리하면 하날에게신 너희아바지께 상급을언지몯하리라

하엿으니 이도亦是一種의 報賞을求하는마음으로善을 行하는卑劣한心情이아닌가。이 상급을期待하는思想을 排斥하려하며、他方에는 聖書를辯護하기爲하야 이것은 그리스도自身의말삼이아니라고도하며、或은그리스도의하신말삼일지라도 單只그時代의流行思想을 그대로傳用한대不過한것이고 基督本來의思想은아니엿다고 力說하는學者도인다。「德의報賞은德自身이라」는 近代的高尙한 倫理觀에比하야 多少遜色이잇는것갓치 보히지아니함도아니다。그러나 이「하날에서報賞얻으리라」는思想은 넘우도基督的이오 넘우도聖書를一貫하는基本的思想이되엿어 이思想만을 聖書에서排斥할수도업고 回避할수도업다。山上垂訓中에도 처음八條의祝福이 모다報賞의思想에立脚한것이오 其他「天國에서적다하리라 又는 크다하리라」하며 「天國에드러가지몯하리라」하는等 每擧키難하리만치 聖書全幅에散在한思想이오 또한重要한思想이다。그럼으로吾人은 이思想을排斥하기보다 그안에잇는奧妙한意義를發見하여야하겟다。첫재로는人間의報酬를期待하면서 善을行하는일과 하나님의報賞을求하면서義를行함에는 似而非의 雲泥의差가잇음을알것이다。하나님은即義오 即善自身이신故이다 둘재로 義를行함과 하나님의報賞과는 因果의關係에잇어不可相離할一物의兩面일것뿐이다。「罪의價는死라」하야 다시疑心할者업는것처럼「義의賞은면류冠」이라함도亦然하다。林檎이익으면떠러지고、日沒하면 夜暗이支配하는것처럼 天地自然의一般的

法則이다。僞善으로써 참善行의果를 希求하거나 個人의私利私慾을充足식힌다면 卑劣하기도하려니와 宇宙萬物이因果關係에잇는것처럼 義를行하는者의게 當然히準備되여잇는報償을赤兒와갓튼謙虛한마음으로서期待하는대 무삼不可함이잇으랴。宇宙의다른法則을信賴하는것처럼 우리는 하나님압헤義를行할때에 그와同時에 하나님의報賞이거가에잇는것을確信하면서 義를行할것이다。

近來에 宗敎라하면 高利貸金業을 靈界에延長한 一種復利主義에不過한 來世賞還說을·唱道하며 基督敎의指導者까지도 如此한低級宗敎의 影響을오히려밧게된 形便임으로 이런때에 吾人은「天國에서 상급」云云을 輕率히 提議하기를 躊躇하는바어니와 그러나그것이 基督敎에서 重大한眞理의한아인것을 否認할수업슬뿐인가 天然界의法則과갓치 그因果關係를確信하지안니치몬한다 罪의果는死라함이나 義의果는 하날의賞급이라 함이나 別노히 달를것이업다。

山上垂訓研究 八

其一、救濟(對人關係)太六〇二—四節

二、그런고로 救濟할때에 外飾하는者가 남의게 榮光을엇을나고 會堂과거리에서하난것갈이 너희압헤 라발을불지말나。眞實노 너희게닐아노니 뎌희는 제상급을 밧앗나니라

三、너는 救濟할때에 올흔손이하난것을 왼손이 몰으게하라

四、이는 네救濟가 隱密하기爲함이라。그러케하면 隱密한中에보시는 너희아바지께서 갑호시리라。

動機가純粹하라。義를行할때 무릇善한일을行할때는 사람앞에어 남의게보히랴는心情을 가지지말나。敎會에서廣告할것이아니오 新聞 雜誌에宜傳할바가아니라。큰義나 적은善이나 오직 하나님앞에서 行할것이라는 行爲一般에關한 通則을 六章第一節에 述한後에 좀더細詳히 具體的으로 敎示하시기爲하야 爲先첫재로 救濟할때에는如何한心情으로써 할것인가? 則사람과사람사히의關係를論한것이 二、三、四節이다。

「救濟」란字는(eleemosune)의譯인대 (1)은 慈悲(Mercy)、憐愍(Pity)等의뜻이오 (2)는 施與(Almsgiving)施物(Alms)이라는 뜻인대 우리聖經에

는 馬太六章二、三、四節과 使徒行傳九章三十六節、同十章二節、同二十四章十七節、路加十一章四十一節、同十二章三十三節、等에는 모다「救濟」라고 써엿고 使徒行傳第三章二節에「구걸」하고저하더니 란것과 同三節에「구걸」하거늘 이라고 쓴것도 原文에는 救濟와同一한 eleemosune. 라는 字다。以上으로보와「救濟」라는것은 本來 貧者或은病身을 불상히녁이는마암 慈悲之心 惻隱之心이 그基本이오 이에對하야 冷水一杯나 或은 銅錢一分을施與하는것은 內在하엿든 惻隱之心이 發動하는形樣에 지나지못하는것이다。勿論 冷水보다 숭늉으로、찬밥보다 더운밥으로、一錢보다 一圓으로써 施與하는것이 더할데업는일이지만 그보다도緊要한것은 그憐愍하는 마음의發動하는대에인다。사람의눈에 보히지안는「惻隱之心」이것이 하나님의 注視하시는焦點이다(太廿五〇四十節、馬可十二章四十一節以下參照)。

그런대 現代敎會에서目睹하는것보다도 더甚하야 當時猶太敎會에서는 信徒의게 各其相當하게 規定한대로 據出하는外에 貧民救濟를爲하야種々自由연보를請하난대 巨金을捐補하는者는 그姓名을會堂內에廣告하거나 或은 랍비의右편에特席을定하고 안께하거나하야 金額의多寡로써 속에잇는誠意를尺度하랴하며 또는 이러함으로써 信徒의虛榮心을利用하려하엿다。路傍에서도 이와近似한方式으로써 獻金을據出하엿다하니 現代의우리目前에서도 屢々히보는事實과 綜合하여보면所謂世上에稱하는 敎會治理者、事業家、手腕家等々이라는種類와 나사렛 예수와는 綿羊과山羊처럼、本質的으로 그種族을 달니하엿음을알수인다。

「外飾하난者」라함은 漢文、和文에는 흔히「僞善者」라고譯하엿난대 이것을官話譯에「假冒爲善的人」이라고하엿음은 그原意에갓갑게되엿다。本來hypokrites 에는 (1)對答하는者、通譯者라는뜻과 (2)俳優、役者라는뜻으로부터 醜婦가美人을裝하며 怯者가勇者를演하는等 假裝한것、假面을쓴것으로부터 惻隱之心의動함이업시 利慾或은體面上關係로서 慈善事業에叅與하며、義에對한反撥力이없이 社會의風潮에딸아 義人의墓를裝飾하는者等을 通稱하야 僞善者라고通譯하게되엿다(太六〇五、十六、七〇

五、十五〇七、廿二〇十八、二十三〇十十三―十五、廿四〇五十一 馬可七〇六、路六〇四十二、同十二〇五十六、同十三〇十五等參照)

「라발을 불지말나」함은 當時의僞善者들이貧者를불으는척하고 角을吹하야 實相은 自己가施與한다는것을 다른사람들께 널니廣告하엿다는 事實을擧하야 訓誡하심이라하는說明도잇고、或은實際로라발을 분것이아니라 抽象的意味로 自己를廣告하는者를稱함이라는解說도잇으나 事實이엿든지 또는抽象的으로 말한것이엿든지 이敎訓大體에는別影響할것이업다。會堂에서나 거리에서나남의게보히라는 榮譽와利慾의動機로서된것은 그것은 假面이다 僞善이다 全然히可憎한일이라는大意는明瞭하다。

『뎌히는 제상급을 임의받앗나니라』는一句는大端微妙한意味를 包藏하엿다。사람의게보히고 世上의稱讚을 받을냐고 라발을불면서 慈善事業을行할때는 會堂과街道에서 뎌의名譽가宣揚되고 記念碑와銅像까지라도建立하여주기를 社會가不惜하니 뎌의目的한바는成就되엿다는것이다。世上은 眞義純善에對하야서는 꽤 鈍感이면서도 僞善者의라발에對하야서는 그反響이 敏捷하고 또確實한法이다。故로 그目的을達하기가 容易하다。그目的 即사람의稱讚을받으라는目的을達하면 뎌는「제상급」을 받은사람이다。即이世上에서淸算을맛친사람이다。눈에보히는일은速하고 보히지안는일은河淸을待함갓다。사람을相對로한일은 그報應이確實한것갓고 하나님을相對로한일은 마치水上에播種하는일갓고(傳道十一〇一)空中을치는일갓다。그럼으로世上의 智者는 前途를擇하나 그리스도는後途를指示하신다。聖書는前者를向하야「禍잇을진저!」라하고 後者를行하야「福스럽도다!」라한다(太五〇六、同十、十一、路六〇廿四節)

以上第二節에서는 外飾하는者의 그릇된行動을指摘하야 警戒하시고 다음에 第三節에至하야 積極的으로 救濟를行할때의 秘訣을 가르키신다。慈善事業의秘訣이란 무엇인가? 一言으로하면「善은秘密히行하라」는것이다。

너는救濟할때에 올흔손이하난것을 왼소이몰으게하라。

고。이는 라발부는 僞善者와는 正反對의길이다

慈善은 衆人環視의席을避하야 行할것일뿐만아니라 自己心中에 남아잇는「如此々々한救濟를行하엿거니」하는記憶까지도 排除하여야 참되여진다「올흔손이하난것을 왼손이몰으게하라」함은 善行을極히秘密히하여두라는뜻으로 解하여도 足할터이다。그만만하여도 世俗的標準과는 天壤之差가 잇는까닭이다。그러나 一步를更進하야「善을善으로 意識함이업시行하라」하면 基督의마암에近似할가한다。救濟할때에 自己앞에서 라발을불지말것은勿論이오 衆人環視하는視線을避하고 自己속에 善行하엿거니하야 自肯하는생각까지 除去할뿐더러 善을行할때에「惡은不行하나 特히善을行한다」든가「余輩넛가 特히慈善을行한다」는等「特字」를 全혀意識치못하고 渴한者의게冷水一杯를주엇으니 當然한일 貧乏한者의게 나의裕餘를分配하엿으니 當然한일 不具者의게金錢을施與하엿거나 或은「銀과金은 내게업거니와 내게잇난것으로 네게주노니 곳 나사렛 예수그리스도의 일홈으로 다니라」(使三〇六) 함도 사람으로서 或은使徒로서 當然한일을行하엿을뿐이다。하나님의子女들노 이만한일들은 當하는境遇마다當然히할일이다。別노히慈善을行한다는 何等自覺업시 行하는것이다。사람인緣故로 同胞의困乏을救濟하며 病者를同情할것이오 手足은 오직本能으로써 憐愍한心情이 發露하는대로 運動하엿을뿐이다。故로 뎌가許多한救濟를行하엿을지라도 그올흔손이하난것을 왼손이 알理가업고 後日그리스도앞에 나아갈때도 玉座에 안즈신이가 올흔편을向하야

내가 주릴때에 너하가 먹을것을주고
목마를때에 마실것을 주고
나그내되엿을때에 待接하고
버섯을때에 옷을 닙히고
病들엇을때에 도라보고
獄에 갓첫을때에 와서 보왓나니라。

하고 그義人된것을 稱讚하시되 義人本人들은 本來行할때에 이만한일은 사람으로서 當然한일인줄노만 아렷스니 特히 格別한 善行을積하엿다는記憶이 업섯슬것은 勿論이다。그럼으로 뎌들은 오히려 反問하기를

主여 우리가 어나때에 主께서주리매 공궤하

山上垂訓研究 一二

엿스며 목마르매 마실것을드렷스며 어나매에 나그내되매 待接하엿스며 버섯스매 옷닙혓스며 病드럿을때와 獄에가첫슬때에 가서 뵈엿나잇가?

하엿다。참된義人의게는 義를行하엿다는 記憶조차 업섯다。그때에

내가 眞實노 너희다려닐아노니 너희가 내동생中에 至極히적은이 하나의게行한것이 곳내게 行함이라。

는(太卄五〇三十一—四十節) 說明을 듯고야 비로소 當然한일노行하엿든 小事를因하야 分에넘치는큰稱讚을 밧게되엿스매 驚愕을不禁하엿슬터이나 大槪하나님앞에 참말慈善이라고稱할만한慈善은 이와가티 無意識中에 올흔손이하난것을 왼손도不知하듯이 隱密한中에서行한것이라야한다。이런救濟라야 重量이잇고 永遠性을띄엿고 하나님의聖眼에 띄여뵈는것이다。自己가誇張的으로 意識하야 行하엿고 世上이 方便으로써喝采하러만한救濟는春霞가朝陽에消散함과같이 지나간後에는 다시찾을수업고「저희는 제상급을 받어가지고」때나갓스니 이世上에나、저世上에서도 볼날다본것이다。

그럼으로 四節에「이러케하여야 네救濟함이隱密하리니……」하야 如何히하면 善行이隱蔽하여질가함을 講究한다。現世와基督敎의差異는 大凡如此한것이다。自己의善行을 如何히하면 現顯誇張할가하는것이 個人으로나團體로나 會社로나國家로나 敎會牧師나新聞記者나 東洋人이나西洋人이나 다갓치講究하는바요 또한 그廣告術이 거의理想的標準에까지達成하여젓슴을 祝賀하는것이 現代의尖端을것는 人類들의 자랑이아닌가? 그러나 古代의基督敎 에수의基督敎는「如何히하면隱密히救濟할수잇슬가?」를 講究企圖하는 敎訓이엿다。報告와宣傳術노써 傳導資金을某集하는 外國宣敎師와 그들에게서배와 靑出于藍勝于藍한 今日朝鮮敎會가 그리스도의敎訓에서 相距가먼것은勿論이다

우리朝鮮에도 基督敎가傳來하기前에는 隱德이란말이잇섯다。隱密한中에 세웟든積德이 오랫동안 숨겨잇다가 數十年或은數百年後에 비로소發覺됨으로 大槪는 그子侄又는 數代를經한子孫들

께 그德이 報賞되는수가잇서 朝鮮百姓은 甚히 깁고 놉고 厚하고重量잇는百姓이엿다。마는現代와갓치 이百姓이 淺薄하고 輕率하고 野俗하게 되엿음은 그原因이何處에 잇을가。只今은 半島안엣어 隱德이란 말조차 듯기가 얼마나稀貴한가? 前에 基督敎가 傳來하기前에는 隱密한中에서 積德하여두고「隱密한中에 보시는 하나님」이 갑흐시기를待하든 百姓이 이제 傳敎五十年後에는隱德은姑舍하고 白紙一枚보다도 더엷은百姓、아참에 저녁을期할수업는 姑息的百姓이되고 말엇으며 하나님흘待하기는姑舍하고「하나님이업다」하며「至極히 놉흐신이의게언지智識이잇으리오?」하는 어리석은 百姓으로 化하여버렷으니 嗚呼라 이結果가 무엇에由來하엿으며 이責任은 奈邊에在할가? 萬一 主日學校兒童들의 多額捐補者의게 賞品을授與하며 敎會에서 多額獻金者를優待하며 敎人의頭數報告와 宣敎費의金額이比例하는等 淺薄한敎師들의 言行이 그責任의一部를 分擔하여야 한다하면 그리스도의忠僕을自任하는 者들이 主예수앞헤 깊흔悔改가 업슬소인가。

其二、祈禱(對神關係) 六〇五—八

五、또너희가 祈禱할때에 外飾하난者처럼되지말라。뎌희는사람의게 보히랴고 會堂과 거리 어구에서서 祈禱하기를 됴화하나니라。내가 眞實노너희게 닐아노니 뎌히는 제상급을 임의 밧앗나니라。

六、너는 祈禱할때에 골방에드러가 문을닷고 隱密한中에게신 아바지께祈禱하라。은밀한中에 보시난 네아바지께서 갑흐시리라。

七、또 祈禱할때에 異邦사람과같이 重言復言하지말라。뎌히는 말만히하여야 들으실줄 아나니라。

八、그럼으로 뎌희를 본밧지말라。너희아바지께서는 求하기前에 너희쓸것을 아시나니라。

祈禱는 하나님과사람사히의關係다。이關係가正當한關係에잇은後이라야 다른萬般行爲가 다바른자리에잇게되는것이다。個人單獨의行動에正하려하며 사람과사람사히의行爲에善하려거든 爲先하나님과사람사히의關係가 純潔하고正當하여야할것이다。그럼으로 이祈禱問題는 諸般行爲의根本問題가되는것이다。

第五節에 外飾하는者라함은 前講에서 詳述한바와如히 hypokrites.한字인대 마음에업는 웃음도

오히려잘지여웃고 슯흐지안한때에 눈물뿌려울며 義에對한感應力이 발ㅣㄹ서喪失된者이면서도 오히려義人의넉시를演出하는等 內裏와表面이相違하는行爲로브터 僞善者란意義로通用하게되엿다한다 우리朝鮮에서 冠婚喪祭의禮儀를尊崇하던結果로써 可敬할만하던貴重한禮節이 도리혀虛禮僞式에墮流함을種々目睹하는바인것처럼 猶太民族全般이 朝鮮民族의祖上崇拜보다도더한熱誠으로써禮拜하던하나님께對하야도 虛僞가生起게되엿다。하나님께向하야 올녀야할祈禱가 사람의게보히랴고하는것이되고 그차는經文을크게하고 옷단을 넓게하게되엿다(太廿三〇五) 이것은 하나님앒헤견댈수업는 可憎한일이엿다。예수는 어린羊이 털깍난者앒헤선것처럼 소래업스셧고 煙氣나는亞麻도 끄지안하셧다。그러나 때로는 뎌가 뎌의性格에도恰似치안케 噴飯하고怒發하시지아니치몯하엿다。 그것은大概이僞善을對할때이엿다。 제베대의아달 야고보와 요한의母親이 그아달들을爲한所願처럼 (太廿〇廿一) 低級의所願은 차라리無罪하엿거니와 하나님께向할祈禱를 사람앒헤보히랴는心事만은 到底히하나님께通達할수업는것임을 알것이다。祈禱에關한 첫재要件은 傍若無人으로하야 오직 하나님께만向하야 心情의眞實대로 吐露함에在하다。

救濟、祈禱、禁食、이세가지는 宗敎生活에 가장重要한 三大善行이엿다。特히 하나님께 祈禱하는일은 猶太民族의게 格別히重大한일이엿다。始祖아브라함以來로 猶太의歷史는 祈禱의歷史엿다。뎌들은 埃及에서奴隷되여 平日에는 犬馬갈은苦役에服從할때에도 安息日을記憶하야 여호와께 禮拜들이기를 잊지몯하엿고 바벨논에捕虜되엿을때에도 監房의窓門을열치고 祈禱하는일은 中止하지안하엿다。그럼으로 平常時에 禮拜와祈禱에精誠을 다하엿음은勿論이어니와 特히 會衆이 會堂에모혓어 祈禱하는일은 特別한効果가잇는일이오 따랏어 多數히모혓어祈禱하는場所를 空然히通過하는者는一大罪惡을犯하는者인것처럼 認定하게되엿다。또敬虔한라비中에는 天眞한欲來로서 「거리어구에서」라도 祈禱三昧에入하야 君王이通過하는줄도不辨하며 或은毒蛇가害함도不覺한事實이잇섯다。이러한敬虔한宗敎生活의內容이 그時代

와함께 過去한後에도 그形骸만은 오래殘滯하야 前과같은內的信仰은업스면서도 外的敬虔만을裝하고 會堂또는街路에서 虛僞의祈禱를하는者가 後世에跋扈하게되엿다。그리스도는 如此한僞善者輩를向하야 「제상급을 임의받앗나니라」고 宣言하셧다。

第六節에「골방에드러가」라함은 列王記下四章三十三節、이사야二十六章第二十節에「문을닷고」라던가「密室에드러가」라는것과 같은뜻이다。懇切한祈禱를들일때는 衆人環座하야 喧噪한場所보다 隱密한곧에서 하나님과單獨히對座하는편이 더自由스럽게 眞情대로吐露하기에適合한故이다。그리스도는 一切公衆祈禱를禁하신것이아니다。오히려 二三人이모화祈禱하는곧에 당신도 함께하시겟다 하셧다。다만 多數의集會中에서祈禱할때는 祈禱本來의意義를忘却하고서 여러가지不純한것이混雜할危險이만타。하나님만을向하야天眞流露하여야할 祈禱가 會衆의耳目을考慮하야 抑揚曲調를付하거나 巧言激句를羅列함으로써 會衆의感動을振作코저함에墮하면 이는발서祈禱의領域을超脫한것이다 祈禱의假面을쓴 一種演說이되고만다。또『하나님이여 내가感謝하옵기는 나는다른사람과같이 토색하고 不義하고淫亂하지아니하고 또한 이稅吏와같이도아니함이니이다。나는七日에 두번식禁食하고 또所得의十一條를드리나이다』(路十八〇十一、十二)함은感謝의假面을씌운 自己稱讚에不過한것이다 이런祈禱가하나님께達하지몯할것은勿論이다。그럼으로公衆祈禱에는 特히眼下에 사람을介意치말고 하나님嚴前에單獨히선者로서 祈禱할것이며 그러한不純한危險을避하기爲하여서는 골방에드러가는것이 第一良策이라한다。이「골방」이라함은 文字대로의골방에限할것이아니라。未明의林間、江畔과 廣野、登山과臨海다하나님과 交通하는場所로서는 훌늉한「골방」이될것이다。

第七節에「外邦사람의 重言復言……」이라함은 使徒行傳第十九章에 銀匠色데메드리오以外多數의 群衆이모혀、使徒바울의一行에對抗하엿을때에 더들은「크다 에베소사람의 아데미여」하기를 두時間이나하엿다한다。또 바알의先知者四百五十名이가멜山에모화 수송아지를 잡아노코 바알神의

게祈禱하기를「바알이여 우리의게應答하소서」하야 아참브터午正까지 하엿으나 아모소래도업고 아모應答하난者도업섯다。그때에 엘니야가 뎌히를嘲弄하야갈아대「큰소래로 부르라 뎌는神이라 默想하며잇난가 或어대갓난가 或길을行하난가 或잠이들엇난가 그러면깨워야하겟다」하니 이에뎌들이큰소래로부르다가 規例를딸아 칼과 창으로 그몸을傷하야 몸에피가흐르난지라。이에午正이지나고 저녁 소제를들일때까지 그리할지라도 아모소래도업고 應答도업고 아모도라보는者도업섯다한다。(烈王記上十八章廿六―廿九節) 아데미神이나 바알神뿐만아니라 異敎의所謂宗敎라稱하는것에共通한것은 이重言復言하야 두時間이나或은終日토록 返復하는祈禱方式에 잇음을알수잇다。뎌佛敎徒가 南無阿彌陀佛或은南無妙法蓮華經等을幾萬遍唱誦하며 舊敎徒가「主祈禱」나「아베마리아」를부르기爲하야念珠를使用하는것이며 其他天理敎、天道敎、侍天敎等에亦是大同한方式이잇음은 다 잠든神을깨우려하는共通한心事에서나온것이다。信徒의熱誠과 苦痛을다하야 칼과창으로 몸을傷함으로써 神의應諾을强要하엿다。그러나純粹한基督敎는、이点에 잇서서 다른許多한宗敎와 根本的相違가잇다。基督의神은「어대갓거나 길을行하거나 잠자고잇는 神」이아니다。그럼으로 偶像의神에對한것처럼重言復言으로써 數時間或은半日이나終日을役事할必要가업슬뿐더러 뎌호와하나님은 오히려 만흔祈禱를 들으시지안한다하섯다。(이사야一〇十五)。勿論 基督者도 重大한懇願에對하야는 그것이聽許될때까지同一한祈願을 새로운元氣로써返復할바가잇다 예수도겟세마네의最後祈禱에는三次返復하야 같은 祈願을들엿다。그러나 이런祈禱는 한번々々이、다 그肺腑로서流露하는 피잇고生命이뛰노는言句엿다 形骸만이流轉하는 異敎의重言復言과는雲泥의別이 잇는것이엿다。基督者中에도或은拍手踏足하며 或은全身을踊躍하며 或은奇聲을絶叫하며 或은 야곱이天使와 씨름하듯이 하나님과禱祈로써씨름하야 乃終에 하나님을 惓敗케하는確信을捕持하야 祈禱의選手로써自任하는信徒도全無하지안하다。마는 이는다 하나님을低能兒로取扱하려함이며 하나님의全智와全愛를不辨하는所致임은 重言復言하는外

邦사람들과一般이다。

그럼으로 너희들본밧지말라。너희아바지께서는 求하기前에 너희쓸것을 아시나니라。한다 第八節의前半節뜻은 明瞭하다。「너희들 본밧지말나」함은 僞善者의祈禱를 본밧지말나는것이다。卽祈禱는本來 하나님께 드리는것이오 사람의게 들키자는것이아니니 會衆이나 街路上에서 祈禱할必要는업다。眞實한靈的欲求어든 祈禱의場所가 몯될데업스나 그러나 公衆祈禱에는 祈禱의本質을消滅케하고 僞善의罪에誘引케하는 誘惑이만흐니 될수잇는대로 골房或은 山谷에드러가 오직 하나님께만交通하라。이것이 참祈禱니 아바지께서隱密한中에게시사 그런祈禱를들으시나니라。重言復言하지말나。네熱心으로써 祈禱成就되는줄노 알지말아。「祈禱의能力」이란것이 네편에具備한것인줄妄信하지말나。하나님은 偶像과같은 죽은하나님이아니오 삶하나님이시오 너희아바지시다。

以上에依하야 우리는 엇던祈禱를 하지말것이며 또한 엇더케祈禱하여야 하나님이 들으시는 참祈禱된다는것을 알엇다。祈禱에關한大綱한準備는 다 되엿다。이우에 主祈禱에就하야 좀더詳細한部分과 實際的方面을學하면 基督敎의祈禱生活을始作함에는 아모不備한것이 업게되엿다。그런대 第八節下半에至하야 우리는 祈禱에關한大綱을 覺得한줄노알엇던것이 不然間에 一大暗雲에 包圍됨을 깨닷는다。이暗雲이라는것은

너희아바지께서는 求하기前에 너희 쓸것을아시나니라。

는句節이다。僅々히覺得하야 우리는 祈禱의必要를論謂할餘地업시 발서如何히祈禱할것인가?를學習하야 方今祈禱하기를始作하려할때에 우리는「그러면 아주 祈禱할必要가 업지나안한가?」는疑雲에 싸뭇치운다。求하기前에 알고게신다면 祈求하는일은 헛된일이아닌가? 又况善한것을 그子女의게주시기를 앗기지안하시는아바지 하나님이아니냐。求할必要가 무엇인고? 또 全智全能하신아바지신故로 그子女의祈禱를들으시고 求하지안할때에도 善한것으로 그子女의게 배불으게하시고 또한 매로는懇求할지라도그子女의게 蛇蝎은주시지안하심은 우리가經驗으로알고感謝(고後十二〇七ー)하거든 祈禱가 무삼所用이잇는가?고。

其二、祈禱

이것은重大한問題다 體驗을지나지안코 理論만

으로서는 容易히納得할수업는種類의問題다。爲先 이것을 說明하랴면 하나님과 우리와의關係는父와子의關係란것을 充分히意識한後에라야된다。權利義務의關係가아니오 사랑의關係다。用務가잇는때에 맛나는處地가아니오 朝夕에보기십고 出必告反必面이업시는 견대지못하는關係다。物件의缺乏의緣故가아닐지라도 子息은 그아바지께서 밧아깁버하고 父는 그아달의게 주어깁버하는事實인關係다。故로 基督者의祈禱는 單只取得하랴는希求가아니다。祈禱한대로應答이잇어도됴코 不應하여도感謝뿐이다。그러케交通하는동안에 아달이 아바지께對한信賴가發表되니 아바지가 此를즐겨하신다。그리스도의生涯가이것이엿다(約十四〇八、九同十〇三十、同五〇三十、同六〇三十八、路六〇十二等參照)祈禱가 그대로應答이업슬지라도 求하는者의게聖靈을주어 父子之間의 純粹한사랑과信賴의關係가進展하여가면 基督者의 祈禱는 効果가生起ㄴ것이다(路十一〇十三)祈求하는者의게 聖靈은 拒否치안하신다하셧으니 祈禱의結果로 聖靈을받엇으면 實質的으로 모든求한것을 받은것이다。그럼으로 基督者의祈禱는『무엇이던지 빌고求하난것을 임의받은줄밋고』(可十一〇廿四節)한다。感謝한일이다。(祈禱問題갓튼것을 立體的問題라고하기십흐다。平面에섯어는怜悧할수록깨닷지못한다 羅馬書一—七章까지의經驗을가지고 그三章八節을吟味한後에 祈禱問題를再考하면 納得될에有助할가한다。)

主祈禱의研究 〔三〕

金教臣

第三祈願

뜻이 하날에서일운것갓치 따에서도 일우어지이다(太六〇十節)

우리가記憶하는主祈禱의 셋잿번祈願은 馬太福音에만記錄하고 路加에는 볼수업다。그럼으로 或은 이第三祈願을 主祈禱中에서 比較的重要하지안흔部分인줄노아는이가잇으나 決코 그럿치안타 무릇有機體에 잇섯어는 各其器官部分에 貴賤의別이업는것처럼(고린도前十二章)主祈禱의 各部分에도 저것만잇고 이것은업서도可하다할部分이업다。主祈禱가 果然 삸것으로 우리입에서 나올때에는 「아바지여」하고 부르는 初一聲에 祈禱全幅이含蓄되여잇슴은 旣述한바와갓거니와 그다음 第一祈願인「당신의일훔이 거륵하여지옵소서」라는一句中에도 舌筆노 다할수업는 偉大한眞理가 드러차인다。主祈禱의 前半分은 靈에關한것 하나

넘께直接關係한 가장重大한祈願이라하나 后半에屬한部分이라하여도 全혀肉에關한것 世上에關한것 私利私慾에關한것은아니다。勿論아니다。「日用할糧食을주옵소서」하는말에도 至極히놉흔靈的消息이그안에잇고 至極히完全한父子의關係을 이엣어차질수인다。第一나종에和唱하는「아멘」이라는單音이라도 그것이萬一 眞實노 삶것으로 나온다면 그單音中에 主祈禱의全體를發見할수잇고 基督敎全體를把持할수잇을것이다。이것은決코 逆說을籠絡하는것이아니다。무릇生命을가진者는 그어느部分을만저보던지 生命의躍動을感할수인다。主祈禱가루터의稱한바「最大殉敎者」로되여 單히形骸만이飜復된다면 或은其中에 無用의部分도잇고 特히要重한句節도잇을넌지不知하나 그런形骸가아니라면 그어느部分이든지 한결갓튼重大性을 떠고잇어야할것이다。그럼으로 우리는 學者들과갓치第一祈願으로써 第二、第三祈願의主를만들거나 또는第三祈願으로써 第一、二를抱含식히려는 閑事業을그만두고 單只第三祈願自體가 우리信仰에對하야가지고잇는 關係만을詳考하고저한다。原文順序대로 이一句를 다시써보면

第三祈願

일우워지옵소서、뜻이、당신의。
하날에서처럼、따에서도。

라고되여잇다。祈禱라고하면 누구를勿論하고 어느宗敎를勿論하고 古今을 通하야 自我의意志를成就하려는것이 所謂祈禱다。自我의 가장內心에秘藏한所願을達成하려는것이祈禱다。만흔境遇에富貴功名多子孫하기를爲하야祈禱하는법이다。半島의名山大刹에 李成桂或은다른英雄들이 得國하기爲하야 百日祈禱하엿다는遺跡이만흔것도 모다우리의祖上以來로 通常한祈禱의一種에不過하다。그런대놀날것은 基督者의 하여야할祈禱는 全然딴판이다。내所願이成就하여주옵소서가 아니오

당신의 뜻이 일우워지옵소서。

라고祈禱하라한다。祈禱라하면 依例히自己의意志를成就하게하려는것이오 自己의意志가發動함이업스면 祈禱가될수업다。이러함에도不拘하고「당신의뜻이 일우워주옵소서」하고 祈禱하라한다。당신이라함은 勿論하나님이다。祈禱하는者自身의뜻을일우자는것이아니오 하나님의뜻을 일우워달나

主祈禱의研究

는것이니 이런矛盾이다시업다。그럼으로 엇던學者는 主祈禱의 이節句를稱하야 「祈禱의自殺」이라하엿다。바른말이엿다。祈禱는 自意를達成하랴하야하는것인대 도리혀 하나님의뜻이 일우어지옵시기를祈禱하고잇으니 矛盾이라면 生物이自殺하는것以下의矛盾일수는업다。그러나 이矛盾된이點이基督敎의祈禱와 다른 모든異敎의祈禱와를區別하는點이다。基督者의祈禱에特色付하는 重大한點이다。

基督者도 自我의所願이 업스란것은아니다。『아모것도 念慮하지말고 오직모든일에 너히求할것을祈禱와 懇求와 感謝함으로 하나님께 알외라』(빌닙보四〇六)하엿다。아모것도 求하라하엿다。高尙한것만求하라는것이아니다。聖靈만求하고 日用할糧食은祈求햇어는안된다는것이아니다。어른답게求하고 어린아히처럼求하지말나는것은 勿論아니다 아모것이라도可하니求하라。또體面에拘礙하며 社交的感情에操心할것도업다 때로는 야곱이 하나님과 씨름하듯이(創世紀三二章二二—三十三節)새벽까지씨름하고 一年을두고 或은一生을두고 沒體面한强請을 할수도잇고 또하나님은 이와갓튼信賴와熱誠과 正直한祈禱를 무엇보다도 즐겨하신다 應答하시든지 안하시든지는 別問題로하고。

但우리는 아바지께祈禱하는것을 알고잇어야한다 아바지께祈禱하는故로 間隔을둘것이업시 躊躇할것업시祈求하는同時에 또한 아바지께求하는故로 비록 우리의懇切한祈禱가 効應이업섯거나 或은업는것갓치보혀 遲延할지라도 아바지의사랑을疑心할수업다。即基督者의祈禱는 熱々한無理强請인半面에 恒常야곱의條件을添附한다。『主께서許諾하시면』(야고보四章十五節)이다。나의意志를 하나님께貫徹식히자는것이아니다。나의所願이 하나님뜻에合致하옵거든……이다。이일을 가장明瞭하게가르키신것은 主예수의 겟세마네ㅅ祈禱다。

할만하시거든 이때를 免하게하야달나하야갈아대 아바아바지여 能치못하신것이업스시니 내게서 이잔을 떠나게하옵소서。그러나 내가하고저하난대로마옵시고 오직아바지의 뜻대로하옵소서。

라하야(馬可十四章三十五、六節) 三角山갓튼 웃둑

한所願을陳開하는同時에 蠟이夏日炎熱에 무르녹아진것갓튼柔順이 거기인다。應答이잇기를願하야祈禱하면서 應答이업서도 또한祈禱를마지안한다。效果의有無가問題아니오 아바지신故로 信賴를表呈한다。이것이基督敎의祈禱다。使徒바울도그肉身을爲하야 세번祈禱하엿으나 乃終治癒되지안함으로써 하나님께感謝하엿다(고린도后十二〇八—十節)

『하날에섯처럼 따에서도』라함은 하날에는完全히하나님意思에順從하는 天使가잇어 聖意만을行하는곳임으로(詩第百三篇十九、二十節、다니엘七章十節)最初의사람 아담以來로拒逆하는「따」와對比하엿다。따에서도 遺感업시 完全히 聖意가成就되여질것을 祈願한것이다。

『하날에섯처럼 따에서도』란句는 原文에는獨立한一句로되여잇음으로 第三祈願뿐만아니라 第一第二의祈願에도 걸닐수잇게되여 多少間意義를差異잇게하나 大同한것이다。이러하야 聖意가일우어지는곳에 하나님나라가臨할것이오 그나라에서라야完全히 그일홈이놉혀질것이다。

第四、祈願

오날날 우리의게 日用할糧食을 주옵시고(十一節)

原語의順序는『빵을 우리의日用할 주옵소서 우리의게 오늘도』라고되엿다。第三祈願(第十節)까지가 하날에關한祈願인데對하야 第四祈願(第十一節)以下의 세가지祈願은 따에關한것 自己에關한것이다 其中에도 第五、第六祈願은 亦是靈에關한것인대 只今 이第四祈願만은 온전히 肉에關한기도다。

그럼으로 古來로敬虔한敎父들과 學者中에는 이糧食을求하는一節은 神靈한主祈禱全體와어울니지안한다하야 이糧食이란字를 여러가지로解釋하야主께서 가르키실때에 劣等한 肉의糧食을求하라하엿을理가업스니 必是엔「靈的糧食」을求하라는뜻이엿으리라는 論斷을 만히하엿다。聖書의 다른部分에도 이러한見解를 돕는듯한句節이 만타

信者의게는 世上이 아지못하는糧食이인다(요한傳四章三十二節)하나님의말삼을먹고 보내신이의뜻을行하는것이 信者의糧食이되여야하겟다(同三十四節)。信者는 발서權勢를받어 하나님의子女가된者요(同

主祈禱의研究

一章十二節)『오직 우리나라는 하날에잇난者』들이다(빌닙보三章二十節) 信者는 임의「永生을얻고 定罪하난대 이르지아니하며 死亡에서나와 永生으로드러간者」(요한傳五章卄四節)다。발서罪를犯할수업시된者요(요한一書三章九節)世上을 임의 이긘者다(同五章四節) 다만求할것은「그나라와 그義뿐이오(太六章三十三節) 할닐은 먹는것과 마시난대 잇지아니하고」(로마十四章十七節)「하나님의 보내신者를 믿는」일이여야할 것이다(요한傳六章二十九節)。

由此觀之하면 主예수께서 肉身의糧食을爲하야 祈禱하라고 가르켯을理가 全無하고 또主祈禱의 다른 다섯가지가 모다靈的要求라는理由로써 이 「糧食」이란것도 靈的으로解釋하야 「우리의糧食」을「당신의糧食 참糧食」(요한傳六章三十二節)으로改訂하야하나님이 나리시는 靈的糧食이다하며 或은 『生命의糧食』(同四十八節)으로解하는것이 그리스도의 말삼을 거룩하게하는所以인줄노 녁이는 異端者도잇얻다。

그러나 그리스도께忠實하고 敬虔하려든所爲가오히려 그리스도를 그릇되게하엿다。糧食이란字는 artos. 即빵을意味한다。但여기서는 人間의衣食住等 一體의人間生活에必要한것을 통트러意味함은 勿論이다。이처럼明瞭하게 肉身에關한字를 靈的意味로解하려든 學者들은 그勞가大하엿드니마치 그誤謬가 또한컷섯다。

貧困에서生長한 人子는 빵의必要를如實히感하섯을것이다。저는 하나님의獨生子이신同時에 피잇고肉을가지신 참된意味의 人子이시엿다。單히 机上의空理空論을弄하시지안으섯다。無花果나무果實노써 飢渴을免하려하시면예수는「사람이주으리면 힘이업고 물을마시지아니면 渴急하여짐」을 잘알으셧다。저는「사람이 떡으로만 살것이아니오 오직 하나님의입으로나오난 모든말삼으로 살것이라」하야 天國百姓인同時에 따에서사는者인 것을알으시고 靈的存在者인同時에 麥粉으로製造한 빵을먹어 肉體的生活하는點은 世人과一般인 것도 잘알으섯다。地上生活에잇섯어는 信者도別다른것이업다。凡百事에 다 同一한法則의支配下에서 生活함은 世上사람이나 信徒나一般이다。不遠에 흙으로壞歸할「土器」에不過한것이다。限업는

所望을所藏한 永遠한生命에躍動하는者인同時에 (고后四〇七節) 견대기어려운苦悶을所持하고、 잇든곧에 찾아도 다시볼수업는 풀과갓튼人生이다(羅七、八章。고后五章、 베드로前一章二十四節) 말하면 信者란 二重生活하는者다。 그럼으로 肉體가 살아가기爲하야 日用할糧食을求하라고 가르키신것은 卑劣한敎訓이 아니오 예수의失言도아니오 現實生活에當然히잇어야할 祈願이다。

그런대 이처럼解釋하면 肉에關한것을祈求하는 點에잇섯어 異敎와 달음이업습을念慮하는小心한 學者와 敬虔한信徒가잇어 「糧食」이란뜻은 確實히肉身生活에必要한糧食을 意味한다하여도「…주옵소서」하고求하라는 이一句는 예수께서 積極的으로 信者의게가르킨것이아니고「肉에關하엿어도 祈求함을 許하섯다」고 解하야 一方으로는主祈禱의六個條中에서 이一節의 肉에關한祈禱가 他에比하야 卑俗하다는見解를固執하려하며 他方으로는 이러케解함으로써 肉과現世의것만을希求하는異敎의祈禱와의 사히에 現著한差異를 두고저한다。 肉身生活의必需品을求하는것을 一種下劣한것으로思惟하는思想이 그릇된것이라함은 前述한바와갓거니와 異敎의祈禱와의區別을、求하는物品의種類에 두고저하는것도 謬見이라할것이다。 勿論基督敎의祈禱—主祈禱와갓치—가 하날것 靈에關한것을爲主하고 異敎의祈禱가 거의全部 單只肉에關한것만을懇求함은 事實이나 그러나 假令同一한物品을求한다할지라도 主祈禱의第四祈願이、異敎의祈禱와 全然同一하다하여도無妨하다。差異는그祈求하는物品에 잇는것이아니오그求하는態度에인다。 基督者가 祈願하는것은 効應이잇는神을찾아다니면서求하는것이아니다。 비록拒絶當할지라도그아바지께祈禱한다。 窮乏한때에만求하는것이아니라萬石軍의巨富를擁하엿을때에도 眞心으로 日用할糧食을求하는것이 奴婢가 그主婦의손을처다보는것갇다。(詩百廿三篇路十七〇七)産業이업슬때에祈求할뿐만아니라 相當한勤勞로써 終日일을마친後에도當然한權利로 빵을먹지안코 오히려「無益한종」으로自處한다(路十七章十節)。 하나님은 義롭지몯한者의게도비를나리시고 惡한者의게도 해를비추이시며 空中에나는새와 들에퓌는百合花도養하심으로、祈願함이업슬지라도「산사람업에 거미줄치지 안할것」을잘안다。故로基督者의祈禱는 하나님이 빵을주시지안할가念慮하얏어가아니다。빵이不足하야 窮乏을늣겻어가아니다。信者는 그生活全體가 하나님의支持에依함인것을 잘안다。그럼으로 子息이그아바지께對한信賴를發表한것이 곳基督者의祈禱다。貧者나富者나 賤者나貴人이나 病者나健者나 무릇 그리스도로말매암아 다시난者는 아바지하나님께對한信賴의流露함을禁할수업스니 이것이곳基督敎의祈禱다。肉을쓴者가 肉에必要한것을 아바지께求하는것이 何等卑劣한일이아닐뿐더러 모든靈에關한일과갓치 肉에關한일까지도 아바지께依託하고信賴하는것이 至當한일인것은 勿論이다。

第四祈願中의 「日用할」것이라고譯한 epiousion.이란字는 古來로解釋이多岐多端하야 (1)「存在에必要한」이라던가 (2)「當日의」뜻으로 읽는學者도만흐나 (3)「次日」의意味로 읽어「將次오는날에 必要한빵」을求하는것으로 하는것이 第一穩當한解釋일듯하다。即저녁에祈禱하면 來日糧食을意味하고아참에祈禱할때는 그날하루의生命을維持함에必要한빵을求하는것이된다。

또「오날날」이란字가 路加福音에는 「날마다」로되엿고「주옵시고」라는 動詞의形이 多少相違하게되여 馬太의뜻은 **한번만**주옵소서 라는意味가잇고路加에는 **繼續的**으로주옵소서 라는뜻으로되엿다그러나實相그뜻은 마찬가지다。即路加가繼續的으로달나는것은「今日은今日의分 明日은明日의分을주심으로 每日그날〳〵에必要한것을 주시기를願하는것이지 決코「여러해쓸것을 싸하두고저」하는것이아니다。이러케 하루하루의必需品을 아바지께求하는대에 이祈禱의特徵이잇고 아바지가 그子女들께要求하시는奧妙한關係가 들어잇다(루가十二章에 큰倉庫를建築하려든富者의譬喩와 出埃及記第十六章의 마나에關한記事를叅照)

이처럼하야 肉身의生命을扶持하기爲하야 빵을求하는祈願도 決코自己中心으로墮落한것이아니다。徹頭徹尾하나님中心인것은「일홈이거룩하여지옵소서」하는 第一祈願이나「日用할빵을주옵소서」하는第四祈願이나 그本質에잇서어는同一한것이다。同一한信賴의表現이오 同一한사랑의發露다。그러고信者의生涯는 肉으로나 靈으로나 하룻살님을原則으로한다。絶對信賴의生涯는 그날그날의살님이아닐수업는故이다(야고보四〇十三以下)아참 또는夕陽에「오날날 우리의게 日用할糧食을 주옵소서」하고그리스도와갓튼 天眞한마암으로써 아바지앞헤 무릅을꿀수잇는者는、心靈에가난한者는、福이잇도다天國은저희것인故이다。

城西通信

一九三一年七月五日(日曜)午前五時前의 松林은 人間의懺悔를吐露하기엔 넘우도淸肅한곳인가십헛다。 今日午後二時의硏究會에서 馬太七章七―十一節을工夫하다 山上垂訓第三十二講이엿다。 八日(水曜)午後에 李昇遠氏의尋訪을밧엇다。彼此紛忙한中임으로 約三十分以內로 初對面하기를願하엿던것이 三時間半에亘하엿어도 時間의不足함을恨하면서惜別하다 雜誌를知友의게紹介하여주시겟다하야 舊號若干을持去하엿다。우리의廣告法은大凡如此한것이다。「沙翁의말한대로 We are advertized by our loving friends (우리는 우리의사랑하는友人으로말미암아 廣告된다)고。 意外의곳으로부터善友를許하심을밧아 驚異와感謝에넘친다。「聖書朝鮮」은畢竟 乃終外지 少數일넌지多數입넌지는몰우나 이方法으로써 그벗을求하리라。

十二日(日曜)새벽松林은 嚴肅한幕을둘넛다。홀노잇음을僥倖으로 放聲痛哭하엿다。近來에드믄울음이엿다。울고보니後悔나는것은 웨 좀더자조울지못하엿던고?다。快哉、快哉! 웬울음인고? 理由는 몰운다는것이可할것이다。强혀理由를부친다면 첫재로山上垂訓을講할라니 나를哭하는울음이오、張牧師의孤軍奮鬪와貧寒한信徒들의冷灰化、를 아울너생각하니예수를哭하는울음이오、信仰不過十餘年에 나보다압서며뒤섯던者들이 廢履갓치背敎하고 或은뎌山넘어獄中에或은 敎壇우에出講하고잇으니 信을哭하는울음이다。이모든것이 내가알바가아니라고否定하여노코보니 다음에는 無理由한울음만이 더큰調子로爆發한다。理由는不問하라 오직 울고보니快하더라는것뿐이다。

職員會에西洋婦人이參席함으로 그압헤서는WC(便所)라는말을볼수업서 二個年間便所修理를못하엿다는學校가잇다하니 우리는西洋婦女들의發達한神經을 못내讚嘆하엿섯다。現今朝鮮의基督敎徒、特히남보다 高等한信仰을所持하엿다는 者들은 兄弟의信仰의程度를測度하는대는 뎌西洋婦人보다도더銳敏한神經을가젓으나 뎌들살님은마치세멘가루를넛치안한砂礫과갓치 아모리뒤집어도 풀이나지안한다。嗚呼라。神經의銳敏도過不如未及也。장뎌에안자꾀리부는者의暗恐!

今日午後에 山上垂訓第三十三講으로 黃金律을講하다。聖朝誌의讀者로서 博川朴勝芃兄이金剛山途次에來參하야 우리一同과肉身으로처음맛나는즐거옴이、컷다。願컨대地方의兄弟들노、서울을지나치는機會에 多少의時間을虛費하기를勿惜하시면 우리의밧는즐거옴이 크겟나이다。〇十七日(金曜)朝에 豫定대로張牧師入京、翌日夕에 鷺梁津敎會에서、十九日(日曜)午後엔本社에서、同日夕엔西江敎會에서 集會引導하시다。二十日(月曜)今日처음으로[illegible]牧師의電話를밧아、初對面이엿으나 우리는鐵片이磁石에물이는듯이 期約치못하엿든時와所에서 모혀祈禱會。兄弟들의悔改와찬송이甚히深刻하엿다。二十一日(火曜)奇跡과科學、聖神과常識、興奮과沈着에對하야 깁히생각하지아니치못하엿다。봄갓튼心臟과어름갓튼頭腦를兼有하기는어려운것인가。〇廿六日(日曜)午前에는市內光熙門敎會에나가講道하다。中央靑年會館에서集會場所를拒絶當한以來로 京城市內敎會에서請함을밧기는 生來첫일이엿다。敎會가全部吾人을危懼하는것이아님을알어安心하다。但李龍道牧師의招請이엿다。來八月中은臨時休暇로하다。

本誌定價(送料共)

一 册 十五錢
六 册(半年分先金) 八十錢
十二册(一個年分先金) 一、五〇錢

昭和六年八月廿八日 印刷
昭和六年九月 一 日 發行

京城府外龍江面孔德里一三〇
編輯發行兼印刷人 金 敎 臣

京城府西大門町二丁目一三九
印 刷 所 基督敎彰文社

京城府外龍江面孔德里活人洞一三〇ノ三
發行所 聖書朝鮮社
振替口座京城一六五九四

『聖書朝鮮』第三十二號　昭和六年九月一日發行（每月一回一日發行）

（定價十五錢）

昭和五年一月二十八日(第三種郵便物認可)
昭和六年十月一日發行(每月一回一日發行)

聖書朝鮮

第參拾參號

一九三一年十月一日發行

目次

京城 聖書朝鮮社發行

恩惠의片片

張道源

第一 우름의찬송

讚頌이라하면 우리는 얼는 우슴이나 깁붐을 聯想한다、그러나 讚頌이란것은 그러케 簡單하고도淺薄한것이아니다、우슴과 깁붐에만 잇는것이아니라、우름과 슬품속에도 잇는것이다。

우리안에 잇서 되는일이 한나님씌 도라가서 그의榮光이되며 깁버하심이될진대、喜悅、平安、幸樂、健康、平和、富饒、患難、困苦、窮乏、貧寒、入獄、不眠、不食、不衣、逼迫、凌辱、賤待、侮辱、黑暗、落望、失擔、失敗、疾病、不俱、等어느것이 讚頌이 아닌것이업다、人生의全部가 다찬송이다

나는 이에서 擔大히 말한다、우리人生의 날마다 날마다 當하는 事變의全體가 다 讚頌이 되여야 한다고。

우리는 誤解와 그릇된것에 싸저서 하나님을 向하야 깁붐의 노래만이 讚頌이라하야 가슴을 치고 슬피울며 沓々한苦悶의 부르지짐을 避코저하기쉽다、만은 우름의찬송이잇다。

우리는 이제 우름의찬송이 잇슴을知하얏스니 아모것도 避코저하지아니하고 當하는대로 取하야 찬송하리로다。

아ㅣ罪야 오너라 내가너를 붓잡고는 그를向하야 눈물을흘니며 가슴을치면서 우름의찬송을 行하야 나의信仰에 더큰恩惠가 되게하리라。

아ㅣ悲哀와苦痛아 오너라 내가너를 通過하야 悲哀와苦痛中에 잠겨잇는 하나님의 無限하신 사랑을 讚頌하리라。

아ㅣ暗黑아 오너라 내가너를 通過하야 暗黑이 眞理안에 잇슴을 찬송하리라。

아ㅣ죽엄아 오너라 내가 너를 因하야 죽엄 저便에 永生의復活이 잇슴을 찬송하리라。

아ㅣ光明과所望아 오너라 내가너로 더부러 깁붐우슴의 찬송을 行하리라。

아ㅣ우슴과슬품이 그形態는各異하나 그內容은 一이다、하나님이恩惠와사랑을 內容으로하고 行하신一體다、눈물이아니고는 눈물을內容으로하고 잇는 하나님의 恩惠와사랑은 讚美하지못하리라

或日의祈禱

主여當身의사랑은 至極히크도소이다、無限하도소이다、當身의사랑이 우리의 머리털끗으로브터발굼치까지 둘너쌋나이다、우리가 當身의사랑안에 품기웟나이다、當身의사랑이우리의 압길이엿스며 거름이엿나이다、당신이 우리를 사랑하시기를 羊을일희中에보내신者와갓치하셧나이다、우리는 일희中에 잇지아니하고 當身의 사랑안에품기워잇나이다 우리를 둘너싼者가 이世上權勢잡은者가아니고 當身의사랑이엿나이다。

사랑이신主여 當身의사랑에서 우리를 빼앗을者가업나이다、主씌서는 우리의 머리털 한아를짝는것과 발톱한아를 짝는것까지를 干涉하사害하지못하게하시며 몸에 썩을 한아가 붓고떠러지는것까지가 許諾업시는 일우지못하게하나이다、主씌서는우리를 끗까지 사랑하셧나이나。

主씌서는 사랑이아니고서는 우리와相關하시지아니하셧나이다、當身은 사랑이아니고서는 우리에게事變을 주시지아니하셧나이다、우리가當하는모든事變이 다主의 許諾이오 主님의 사랑이엿나이다。

主씌서는 無限하신사랑으로 쏫까지 우리를사랑하셧나이다、主님의사랑이 無限하심을 깨달을때에 우리의罪가 또한 無限하엿슴을 깨달앗나이다、當身의 사랑이엿스면 우리는返逆이엿나이다、當身의 사랑이컷스면 클사록 우리의罪는正比例로컷나이다、當身이 사랑이엿는故로 우리는罪人이엿나이다、當身이 우리를 사랑하실때까지는 우리는罪人이로소이다。

主님의 사랑이 우리에게와서는 이제우리의눈물이되나이다、이눈물이 하날에올나가 主님의사랑의榮光을 찬송하는 찬송이되겟나이다。

主님이여 主로브터서는 사랑박게 흐를것이업고 우리에게서는 悔改의눈물박게 흐를것이업나이다、主님의사랑이 쏫치기前에는우리의눈에서 悔改의눈물이쏫치지못하겟나이다、主님의사랑을感할때마다 우리에게서는悔改의눈물이 흐르나이다、主님의쏫까지사랑하시는 참되신사랑이 우리를사로잡아 삼켯사오니이罪人그대로가 主의것이되엿나이다、願컨대主의사랑이罪人의게서完成히시옵소서

第一 暗黑과慘怛

現世는 暗黑과慘憺이다、하나님이 現世를 暗黑과慘憺으로하신것은 人生의 모든事實을 通過한靈의 讚頌을 밧으시랴 하심이다、人生의 모든事實을 通過하지못한 者로서는 하나님의 恩惠와사랑을 讚頌할수 업는까닭이다、하날에잇는 天使라도 하나님의 恩惠와 사랑을 찬송함에는 우리 人間보다는 그材料와 內容이 貧弱하리라 하날에 잇는天使라도 人生의 事實을 通過하지 못하고서는 하나님의 恩惠와사랑의 깁흔 바닥은 알지못하리라。

人生은 罪惡이엿는故로 十字架의 恩惠와사랑을 讚頌할수잇는 豊富한 內容을 가젓다、人生은死亡이엿는고로 生命의 奧妙를 讚頌할수잇는 豊有한 材料를 가젓다、現世는 暗黑과慘憺이엿는故로 하나님의 榮光을禮拜할수잇는 信仰을가젓다、그런故로 人生의 事實을 通過한 靈이라야 恩惠、사랑、生命、眞理、를안다。

하나님이 우리를 이世上에 두신것은 人生의 모든事實을 通過한靈의 찬송이 充滿하게 하랴하심이다、하나님이 現世를 暗黑과死亡의 權勢를 잡은者의 손에 붓치신것은 信仰의人을 造成하야 自己의 榮光과 깁붐이 되게 하랴 하심이다、信仰의人을 造成하랴면 自己의사랑하는 者를 現世와 現世에 橫在하야잇는 人生의事實을 通過식혀야 하겟다、그런故로 에덴의 아담이 잇섯고 惡魔의 誘惑이 잇섯스며 아담의 墮落이 잇섯고 現世의 暗黑과慘憺이 잇섯다、에덴의 아담은 自然의人이다、이自然의人이 信仰의人으로 進化하여야 하겟다、그런故로 惡魔의誘惑이잇고 暗黑과慘憺이 잇서야 하겟다、暗黑과慘憺에서 人生의 모든 事實을 通過하면서 그것을 肥料로하고 生長한 生命의 所有者 信仰의人이아니고는 하나님의 恩惠와사랑과 榮光과 尊貴를 讚頌하지 못한다、그런故로 現世의 暗黑과慘憺을 許諾하야 人生으로 하야곰 暗黑과慘憺을 通過하야 信仰은 더욱 確實하여지게하며 生命은 더욱 자라게 하신것이다、人生의事實을 通過한 靈에게만 하나님의 恩惠와사랑을 感謝하는 참된 讚頌이 잇는것이다。

로마書研究 (六)

在日本 張道源

第七回 本書翰의機動

(第一章八—十五節)

8第一노 내가 예수그리스도를通하야 너희 모
든사람을 爲하야 내하나님의 感謝함은 너희
의 信仰이 온世上에 傳하야 들님이로다、9
대개 그아달의 福音을 因하야 내靈의 섬기
는바 하나님쎄서 내가 恒常 祈禱할때마다 不
絕히 너희를 생각하며 10如何히하야 하나님
의 뜻대로 맛참내 平坦한 길을 얻어 너희
에게 나아갈고 하는일에 對하야 나의 證人
이 되신다、11대개 내가 너희를 보기를 甚
히 願하는것은 너희에게 神靈한 恩惠를 난
화 주어 너희를 굿게 하려함이니 12이는 即
내가 너희와 함쎄 잇서 너희와 나와의 互
相의 信仰을 因하야 彼此間에 安慰함을 엇
고저함이라、13兄弟들아 내가 여러番 너희에
게 가고저 하엿스나 至今까지 길이 막혓다
이것을 너희가 알지못하기를 願치아니하노라
이는 내가 異邦사람中에서 열매를 어든것갓
치 너희 中에서도 열매를 얻고저함이라、14
내가 헬나 사람에게든지 野蠻人에게든지、智
慧잇는 者에게든지 어리석은 者에게든지 다
빗진者라、15그런故로 내가 힘을 다하야 로
마에 잇는 너희에게도 福音을 傳하기를 願
하노라。

○바울은 一章一—七節로써 自己의 使徒된것이 自己의 自意로 된것이아니오 하나님의 聖意로된것과 自己가 傳하는 福音이 自己의 創始가 아니오 멀니 舊約時代로브터 여러 先知者들을 通하야 미리 約束하섯든것을 하나님이 낫타내신것이라고 主張하야 自己의 立場을 說明하야 自己가 如何한 사람임을 로마에 잇는 兄弟들에게 紹介한後、更히八節—十五節까지로써 自己가 로마城에 잇는信者들의 信仰의 消息을 듯고 얼마나 中心으로 깁버하엿스며 하나님쎄 對하야 感謝하엿든 것과 또는 速히 로마에 가서 로마城에 잇는信者들을 相面하기를 熱心으

로 祈禱하엿슴을 發表하야 로마에 잇는兄弟들노 하야곰 主예수그리스도안에서 彼此間 한아이 되게 하엿다。

8第一노 내가 예수그리스도를 通하야 너희 모든 사람을 爲하야 내하나님씌 感謝함은 너희의 信仰이 온世上에 傳하야 들님아로다。

『第一노 몬저』라함은 第十節에 잇는所願과 對應하야 하는말이다、몬저 第一노 感謝하고次에 所願을 말할것이다、故로 第八節에『第一노』라 하엿다。

『第一노 내가 하나님씌 感謝한다』라하야 바울은 하나님씌 感謝를 돌엿다、사람에게感謝하지 아니하고 하나님씌 感謝를 돌엿다、바울은 自己가 깁버하는 깁붐을 自己의것으로하야 自己에게 두지아니하고 하나님씌로의 感謝로하야 하나님씌로 돌여보내는 일이 뎌의、常心이다、뎌는 모든일을、恒常 하나님씌로 돌여보내여서 하나님의 恩惠를 讚頌하는、讚頌이 되게 하는 者다、故로 八節初頭에 잇서서 『몬저 第一노 내가 하나님씌 感謝하노라』함은 바울에게 잇서서는 自然히 나오지 아니치못할 일이다。

또한 뎌가 하나님씌 感謝함은 自己의 일에 對한것이 아니다、自己의 事業成功이나 自己의 名聲의 譽揚이나 地位의 獲得을爲하야 하는일이 아니다、他人의 일을 因하야 行하는 感謝다、他人의 信仰의일 福音그自身의 일에 對한 感謝다、바울自身에 잇서서는 사람들의 靈魂우에 恩惠의 더함을 밧는 信仰의일과、福音그自身이 사람들의 靈魂에게 알여지는 일처럼 깁부고 感謝한것은업다、呀ㅣ바울은 참으로 感謝할바를 알며 感謝를 돌닐바를 아는 참 感謝의人이다、참感謝의人처럼 幸福스러운 사람은 업다、世上사람들이 幸福을 切求한다、그러나 뎌희가 幸福의所有者는 되지못한다、이는 뎌희가 感謝의人이 되지못한 까닭이다。

次에 우리가 注意하야 넘을것은『예수그리스도를 通하야』의一句다、이는 바울의 特愛의句요 뎌의 信仰의性質을 表示하는句다、即하나님과自己와의間에는 예수그리스도를 仲介者로하야

로마書研究 六

그信仰의 存在가 잇는것이다、더바울은 예수그리스도를 通하야 더의 信仰도잇스며 生命도 잇스며 하나님도 잇스며 感謝도 잇는것이다。

또그次에는『너희 모든 사람을 爲하야』의一句가잇다、이는 바울의感謝하는感謝가 自己에게對하야의 感謝가 아니오 로마城에 잇는 모든信徒 全體에게對한 일노의 感謝임을 밝히 말하는것이다。

바울은『내가 로마에 잇는 信徒들에게 對한일노 因하야 感謝하노라』하얏슨즉 로마城에잇는信徒들노 因하야 感謝하는感謝、그感謝는무엇을 感謝하며、무엇때문의 感謝이냐? 이것을 明示하는것이 本節의下半節이다、即『너희의信仰이 全世界에 傳하야 들님이다』라 함이다바울은 이것으로써 하나님께 感謝하엿다。

小亞細亞地方에 잇서서 傳道하면서 世界傳道를 計畫하는 바울에게 잇서서 로마城에도 信者가잇스며 信者의集團이 잇서 더희들의속에서熱熱히 붓는 聖神의불이 로마城에잇는 不信者들에게 注意를 惹起하는일이 잇슴의 消息을듯는일처럼 깁부고 반가운 일은업슬것이다、이와갓튼 깁붐과 즐거움이 充滿히 채워저 잇는바울노서는 더가 靈으로 섬기는바하나님께 이일노 因하야 感謝하지아니치못할것이다、呀ㅣ이報道를 接한 바울의 心장이 엇더하엿슬가? 찌여지지 아니하엿슬가? 터지지 아니하엿슬가?이는 傳道者가 아니고는 想像하기 不能한 일이다、우리는 때때로 이와갓튼 일을經驗하는바가 안이냐? 卒然히 알지못하고 듯지도못하든곳에서 意外로 祈禱의人을 發見할때에 우리의心情이 얼더하든가? 우리에게 慰勞됨이 얼마나크든가? 우리의靈이 하나님을 向하야의 感謝와讚頌이 얼마나 自然스럽든가?

呀ㅣ로마城에 잇는信徒들의 報道를 接하는 바울의 心情에 써오르는 깁붐과 感謝의 그度를幾分이라도 우리가 想像할수 잇음을 우리는또한 우리하나님께 感謝치 아니치 못한다。

『너희의 信仰이라』함은 예수를 하나님의 獨生子로하야 信受하는信仰이다、예수그리스도에게關한信仰이다、그리스도를 生命으로하는信仰이다。

9대개 그아달의 福音을 因하야 내靈의 섬기는바 하나님께서 내가 恒常 祈禱할때마다 不絕히 너희를 생각하며、10如何히하야 하나님의 뜻대로 맛참내 平坦한 길을 얻어 너희에게 나아갈고 하는일에 對하야 나의 證人이 되신다。

九節、十節은 바울의 로마行의 切望을 說述한것이다、로마行은 바울의 年來의宿願이다、그러나 種種의 事情이 뎌로하야곰 로마行의 길을 妨害하엿다、뎌는 只今이라도 速히 로마行의 길이 열니기를 熱望하고잇다。

九節과十節은 바울이 恒常 祈禱할때마다 不絕히 로마 信者들을 생각하는일과 로마行의 熱望을 가지고 잇는일을 로마 兄弟들에게 알게하야 未知의 로마 信者들노 하야곰 主안에서 彼此 사괴임을 깁게하랴함이다、바울이 이에 對한證人은 하나님으로하엿다、即하나님은 바울이 로마 信徒들을 생각하는일의 證人이 아니라、로마行의 熱望을 굿게 가지고 잇는일과 祈禱할때마다 이希望의 實現을 하나님께 求한 일의 證人이라고하엿다。

『그아달의 福音을 因하야 내靈의 섬기는 바 하나님』이하나님은 如何한 하나님이냐? 이는 다른 하나님이 아니라 예수그리스도의 아바지 되시는 하나님이다、그아달 예수그리스도의 福音으로써 낫타나진 하나님이다、그리스도를 通하야 新生한 靈으로 섬기는 하나님이다。

바울이 하나님을 섬김에는 두가지 特質이 잇다、第一은 그아달의 福音을 因하야 섬기며(即그아달의 福音이라하는 엇던 制限된 範圍內에서 섬김) 第二는 靈으로 섬기는것이다、(即예수그리스도를 通하야 新生한 靈이다)

實노此二者는 우리가 하나님을 섬김에 不可缺할것이다、우리는 靈으로서 하나님을 섬기지 아니하면 아니되며 그리스도의 福音을 因하야 하나님을 섬기지 아니하면 아니된다、此二者의 制限을 不超하는 限內에서는 우리가 하나님을 섬기는일은 自由이다。

예수그리스도을 通하야 新生한 靈이 섬기여지는 하나님은 참하나님이시다、참하나님이 아

로마書研究

너면 우리안에 잇는靈이 섬겨지지 아니한다、그런故로 우리基督信者는 하나님의 아달 그리스도의 福音과 그리스도를 通하야 新生한 靈으로自由自在로 하나님을 섬길것이다。

『如何히하야 하나님뜻대로 맛참내 平坦한 길을얻어 너희에게 나아갈고』함은 로마行의 希望을 實現함의 困難함을 말하는것이다、하나님께서許諾만 하시면 가겟다는것이다、뎌가 로마行을 志하엿스며 그立志을 成就하기爲하야 恒常 하나님께 祈禱하엿슨즉 하나님이 多分 이祈禱를 應聽하시리라고 內心으로 밋는말이다、

바울은 此로마行의 切望을 單히 切望으로만하야 두지아니하고 이것을 祈禱의 一題目으로하얏다、뎌는 祈禱할때마다 로마城에 잇는信徒들을 生覺하며、速히 로마行의 平坦한 길이 열니기를 求하엿다、彼의 로마行의志는 彼바울의 過去와現在의 마음이다。

九節十節의 全文은 眞實노 힘잇는 바울의 마음의顯現이다、뎌는 이와갓치 깁히 마음骨髓로브터 뎌희를 생각하며 그信仰을感謝하엿다。

八

11대개 내가 너희를 보기를 甚히 願하는것
은 너희에게 神靈한 恩惠를 난화 주어 너
희를 굿게 하려 함이다。
12即 내가 너희와 함쎄 잇서 너희와 나와
의 互相의 信仰을 彼此間에 安慰함을 얻고
저함이다。

十一、十二節은 바울이 로마行을 切望하는理由를 述하는 것이다、九、十節에서는 로마行의 切望을 述하고 十一、十二節에서는 何故로 로마行을 그러케도 切望하느냐、하는理由에 對한 第一의 答을 述한것이다、로마城에 잇는 信徒들에게 神靈한恩惠를 分與하야 뎌희의 信仰을 堅固케하며 그成長發達을 促코저함이 뎌가 로마行을 切望하는 動機다、바울은 로마信徒들의 信仰이 益益堅固하며 日日의 成長發達이 잇기를 切願한다、그런故로 뎌희의 信仰을 爲하야 뎌희의 分에合當한 神靈한恩惠를 分與코저한다

『甚히願한다』함은 뎌희를 보기를 懇切히 願한다는 切切한 情緖를 言表하는것이다。

『神靈한恩惠』라함은 우호로브터의것으로 우리

의 靈을 살니는 生命、우리의 안을 밝히는 眞理、들을 指摘하야 하는말이다。

『分與하야 굿게한다』함은 生命과眞理를 더희에게 分與하야 더희의 內的生命을 豊强케 하라는意味다、바울에게는 더희에게 分與할 神靈한恩惠가 잇다、더희를 訪問하야 이恩惠를 더희에게 分與할때에 더희의 信仰은 一層堅固하여지며 靈的生命은 一層새로워질것은 當然한일이다、바울에게는 더희 로마信者들에게 말할 말이 만코、分與할 靈의것이 만타 그런故로 더가 恒常 主씌 祈禱하기를『主여 願하옵건대 나의 앞에 더희에게 갈 길을 여러주사 내가 더희에게 말할바를 말하며 分與할바 恩惠를 分與하야 더희의 信仰을 굿게하옵소서』하는것은 當時의 바울의 衷情일것이다、故로 더는 十一節에서 몬서 이것을 記述하고 更히 適切함을 感하고 十二節을 述하엿다、第十二節에『即』이라함은『換言하면』이란 말과近似하다、即『更히 適切히 말하면』이란 말과近似하다、前에 말한 말이 不適當 或은 不充分한、境遇에 更히 適切히 又는 充分히 말할것 갓트면 하는 境遇에 使用되는 文字라한다、如此한 境遇에는『十一節의 말이 稍히 不適當한故로 更히 適當히 말하면』이라는 뜻이 된다。

『더희와 함씌 잇서 彼此間 信仰上 慰勞를 엇고저한다』함은 이것이 決코 바울의 禮辭나 謙遜의 말이아니다、아모리 偉大한 傳道者라도 信者들을 因하야 慰勞을 밧는것은 當然한일이다、傳道者가 信者에게 恩惠를 分與할때에 分與하는것뿐만 아니라 信徒들에게서 또한 恩惠를、밧는것이다。

13 兄弟들아 내가 여러番 더희에게 가고저 하엿스나 至今까지 길이 막혓다、이것을 더희가 알지못하기를 願치 아니한다、이는 내가 異邦人中에서 열매를 얻은것갓치 더희 中에서도 열매를 얻고저함이라。

바울이 로마行을 切望하는 第一의 理由로하야 十一、十二節을 述하고 第二의 理由로하야 十三-十五節을 述하엿다。

異邦人中에서 傳道하야 信者을 얻은것 갓치

로마城中에서도 그리스도의 福音을 傳하야 만흔 信者를 언고저함은 바울의 積年의 宿望이다、種種의 事情의不許로 因하야 今日까지 로마行의 길이 막혓슴은、事實이나 宿望이든 로마行에對하야는 秋毫도 變化함이 업다、그러하야 뎌는 此事實을 로마城에 잇는信徒들에게 알니기를 切願하엿다、뎌희들이 此事實을 不知하기를 願치아니하엿다。

바울의 로마行은 單只 現在信者들의 信仰을 確固케 하고저 할뿐만아니라 其實은 未信者에게 福音을 傳하야 信者의數를 增加코저 目的한것이다、世界傳道을 뜻하고 잇는 바울의 가슴에서 로마城을 向하고 잇는 생각을 빼여낼 수가업슬것이다、世界의中心인 로마府를 中心으로하고 福音을 宣傳할 野心이 生起지 아니할 수업다、從來의 異邦傳道에서、相當한 結果를 收得한經驗으로 生한 自信을가진 뎌로서 心靈未開의荒野인 로마城에서도 또한 相當한結果를 收獲하리라고 信하게될것이다。

그런故로 뎌는 十三節을 記述하야 『내가 異邦人中에서 열매를 언은것갓치 너희 中에서도 열매를 언고저 하노라』하엿다。

14 내가 헬나 사람에게든지 野蠻人에게든지 知識이 잇는 者에게든지 어리석은 者에게든지 다 빗진者라。

15 그런故로 내가 힘을 다하야 로마에 잇는 너희에게도 福音을 傳하기를 願하노라。

『헬나 사람』이라함은 文明人을 말하는것이다 바울은 文明人이나 野만人이나 知識계급이나 無知識階級이나 差別업시 全世界人類에게對하야 『빗을 진者라』하엿다、무삼 빗을 진者이냐? 萬人에게 福音을 紹介할 責任을 진者다、뎌는 萬人에게 福音紹介의 빗을진다、그런故로 萬人에게 對하야 福音宣傳의 義務를 負한者다。

이福音을 뎌희에게 傳하야 뎌희가 밧고 아니밧는것은 뎌희 責任이 아니다 그러나 이福音을 뎌희萬人들에게 提示하는것만은 分明히 뎌바울의 責任이다、그런故로 뎌가 十五節에曰 『그런故로 내가 盡力하야 로마에잇는 너희들에게도 福音을 傳하기를 願하노라』하엿다。

主祈禱의研究 〔四〕

金敎臣

第五 祈願

우리가 우리의게罪지은者를 赦하야준것갓치、우리罪를 赦하야주옵시고 (太六〇十二節)

大王다윗이아닐지라도『…矜恤이만흐심을좃치사 나의모든犯罪함을 消滅하여주옵소서』(詩第五十一篇)라는 過去의罪惡을赦宥밧고저하는願心은 모든信徒의 懇切한要求가아닐수업다。主祈禱의下半分은 사람편의要求、따에關한祈願인대 第四祈願이 純全히 肉의日用할糧食을求함에對하야 第五、第六祈願은 함끠靈魂에關한것이오 其中에도第六祈禱가未來에關한寄托임에對하야 第五祈願은過去에關한懇願이다。肉身을쓰고잇는동안 날마다肉身을扶支할糧食이 絕對로必要한것이오 또 이것을아바지끠懇求하는것이 至當한要求인것은 前回에述한바와갓거니와、그러나基督者의게는 肉身의要求보다 靈의要求가 더욱急迫하고强要되는것이事實이다 禮儀는衣食이足한後에라야안다하나、그러나朝問道而夕死라도可한境境가잇다。主의뜰에一日은世上의千日에勝한것이事實이다。基督者가 肉身의要求보다靈의要求에 더욱火熱함은 理論보다도體驗이잘證明한다。또한 다 갓치靈에關한祈願일지라도、未來에關한(第六)祈禱가重要한것이아님은아니되、그보다도 過去에犯한不義의赦宥를懇願하는眞情은骨節骨節에서 울어나오는 참되고切迫한要求이니、此亦是 經驗한信者의게 共通으로알녀지는事實이오 至極히當然한順序라할것이다。過去의犯罪가處分되여、하나님과사람사히의關係가正當하게復舊되여짐이업시는 未來의誘惑에關한寄托도헛일이오、日用할糧食도 貴한것이될수업고 그럼으로 나오는찬송과感謝가 到底히 하나님끠達할수업는 헛된일인故이다。그럼으로 우리가萬一詩人이엿드면 다윗과갓치 第一行은『나의모든犯罪함을 消滅하여주옵소서』라고始作하여야할것이오、우리가萬一한마듸의祈禱만할수잇는處地에잇다면 十字架上의 强盜와함끠『예수여 당신나라에臨하실때에 나를생각하소서』(路加二十三章四十二節)하야 爲先自己

主祈禱의研究 一二

의犯罪에對한 主의念恤을懇求할것이다。

이처럼 過去의犯罪를消滅식혀주기를願하는마암은 眞實한人間의眞情으로나오는要求요 모든祈禱의豫備祈禱와갓타야 基督者의誰某를勿論하고 가장如實히 天然스럽게、切切하게나오는祈願이다。그런대 多少沈着하게 생각하는信者의게는 이祈願처럼 矛盾이만코 疑問이介在한句節은 他에업시생각된다。그럼으로 正直한信徒는 主祈禱의第五祈願에至하야 祈禱가中止되는수가잇다。따라서主祈禱를口外에唱誦하기를 全然히斷念하는이도인다。

主祈禱는 前節에서旣述한바와갓치 信者가하나님앞헤每日祈禱하여야할것이다。그럼으로『우리罪를赦하야주옵소서』하는 罪란것은 意譯으로잘되엿으나 本來原文을자대로는 馬太福音에는『負債』로되엿고(本誌第二十六號十九頁參照)路加에는「罪」라하엿난대、하나님끠對하야 다하지못한義務가、하나님끠對한負債 即「罪」가된다 馬太福音第十八章二十三節以下의 님군과 종과의會計는 이것을가르킨것이다。

그런대 우리가生來에犯한 不信者時代의온갓罪惡은 그大小輕重을勿論하고 우리가 예수를믿을때에 발서赦宥함을받엇섯다。우리 녯몸이 예수와함끠 十字架에못박혀 罪의몸은滅함애(羅六章六) 이제 後로는 새롭고潔白한者가되엿다、그럼으로『罪를赦하여주옵소서』함은 旣往그리스도를밋기前에犯한罪를 가르킴이아닌것은明白하다。故로이에稱한바罪란것은 예수민은後에 意識無意識中에犯한罪의處分을 祈禱하는것임이分明하다。犯罪는、하나님과사람사희를、暗曇케하고隔離케한다。每日肉身의糧食을얻어 元氣를保持할것처럼、또한每日하나님과사람사희의 障害物을除去하야 靈的呼吸을끈지말어야할터이니 그날犯한罪는 그날노赦宥함을얻어야할것이다。

그러나 이에對하야 强한反對論이 이러난다。무릇基督者는 발서 罪赦함을받은者요、참으로聖潔을받은者는 다시罪를犯하지안코、따라서罪의赦宥를祈求할必要가업다한다。信者가罪를犯할수잇는가、萬一罪를犯한다면 그는아직救援밧지못한證據라한다。『그안에居하난者마다 罪를犯하지아니하고、罪를犯하난者마다 그를보지몯하고 그를아지몯하나니라』『하나님의 씨가 그속에 잇음으로 너도또한犯罪치몯하나니라』(요한一書三章六、九節)하엿으니、設令예前과同一한犯罪를하엿다할지라도 그것은발서 罪라稱할바가아니라한다。그러나 名稱의如何에不拘하고 事實은嚴然하게 남아잇다。

勿論우리는「罪에對하여는 죽은者요 그리스도예수 안에서 하나님을對하여는 산者』(羅馬六章十一)다。우리의罪의뿌리가裁斷되엿음으로 우리는『罪가 주관치못하는者』(同十四節)가되엿다。우리의過去의罪는 다 그리스도의피로 씻음을받아 一點의汚穢도업시淨潔하게된者다(요한一書一章九、二章一、二節) 마는 우리가 이肉體를쓰고잇는동안 우리의게 二重生活이잇는것이事實이다。뿌리를 끈혼 나무가 種々萌芽를發하고、꼿을픠울수잇는것처럼 斷折된罪의나무도 種々우리靈魂에 뿌리를再生하며枝葉을 부치려는수가잇다。肉의餘勢는 온갓機會에 그中興을企圖하야 마지아니한다。그럼으로『대개 내속에잇난사람으로는 하나님의法을 즐거워하되、다못 肢體中에 다른法잇난것을보매 내마암의法과 함끠싸화나를사로잡아 나의肢体에잇난罪의法에服從케한다』함은 使徒바울의 眞實한告白이오『오호라 나는괴로운사람이로다』(羅七章二十二以下)라는歎聲을發하게됨은 正直한信者의 共通한經驗이아닐수업다。속에잇난마암의法은 罪를犯하지아니하나 肢體의法이잇어 우리를犯罪케하는事實이잇음을 깨달은以上、「信者는犯罪하지안는다」는敎理를固執하고 漠然하게안젓기보다 나아가 그날犯한罪는 그날노悔改하야 完全히赦宥함을받어嬰兒와갓흔重生의 生氣에漲溢한者로서 一日을畢하거나 或은一日의行路를出發할것이다。

「吾日三省吾身」한다는것을 修養의秘訣인줄노敎育받은우리들노서는 바울의『뒤에잇는것을 니저바리고 압헤잇난것을 잡으랴고 표대를向하야 다름질한다』(빌닙보三章十三、四)는 信仰의道에對하야는一種危懼의念을不禁한다。그러나 한갓旣往의罪過를再思三想하고 反省에日夜를虛送하는것이 人生에忠實한所以가아니다、罪過의累積한記憶은良心을더욱魯鈍케할뿐더러 十字架의赦罪란 무엇인것을不辨하는所以며、하나님의 사랑과能力을 밋지몯하는 薄信不實한所行에至한다。차라리過去에千犯萬犯의累過가잇엇을지라도 徹底히이것을處分하야洗滌함을받은然後에는 全然忘却하고 새로운犯罪에臨할때에는 無垢한小女의 敏感과恐怖의마암을所持하여야할것이다。

이와갓치『우리罪를赦하여주옵소서』라는祈願은우리의靈魂을洗滌하야 날노 새롭고健全한成長을維持함에不可缺할祈願인대、實際에主祈禱를할때마다 이第五祈禱에至하야 特殊한困難을感하는것은다른祈願과달나 이祈禱에는「우리가 우리의게罪지은者를赦하야준것갓치」라는 一種條件이添附되여잇는까닭이다。이困難을避하기爲하야 學者들은多様의解說을試하엿다、例하면「赦하엿다」는動詞가馬太에는 aphekamen 이라는 過去의動作을示하는aorist tense 로되여、英語의 have already forgiven의뜻이다「임의赦하엿다」는뜻인데 路加福音에는 aphiomen 이라는現在動詞다。「只今赦한다」「將來에도赦하려한다」는뜻을表示하는詞形이다。그럼으로馬太의强硬한字를避하고 路加의緩和한字를取하야하나님께서 自己의罪를赦하심을밧는同時에 他人의罪를赦함으로써 足한줄노解釋하야 이祈禱의困難을免코저하엿다。그러나이것은 매우窘塞한方便이여서 예수는 이러한姑息的手端을一切不許하시랴는듯이 主祈禱다음의第十四、十五節을附加하셧다

너희가남의罪를免하여주면 너희天父께서 네히罪도赦하야주시려니와、너희가 남의罪들免하야주지아니하면 너희아바지도 너희罪를赦하야주지아니하시리라。

하야 다시핑게할餘地업시하엿다。其他에도 이와갓흔主旨를飜復하기가 再三에不止하엿다。馬可福音第十一章二十五節에도

서서祈禱할때에 사람으로더브러 혐의가잇거든풀어주어라。그리하여야 하날에계신너희아바지도 또한 너희허물을 푸러주시리라。

하엿고、其他馬太五章二十三、四節及同十八章二十三節以下에도 同一한敎訓이잇다。이처럼하야 그리스도의 일아시는趣旨는 아주明確하다。하나님께自己의罪를赦宥밧고저할때는 爲先自己가他人의罪를赦하여줄것이前題가되엿다。그러나如何히하야이것을實行할수잇을가。우리의게는 怨讐을사랑하는能力이업다、그럼으로 爲先兄弟의罪를赦할수잇도록祈禱하야 聖靈의能力을빌어 兄弟의極히적은罪過를赦하는經驗을얻어 自己의 큰罪를赦하시는하나님의사랑이 얼마나큰것임을알아 찬송을 우

으로돌이고 그 크신사랑에感動되여 다시他人의 罪를赦할수잇게되니、바울의 일은바

서로仁慈하게하며 불상히녁이며 서로 容恕하기를 하나님이 그리스도를因하야 너희를 容恕하심갓치 하라。

는 (에베소四章三十二、골노새三章十三節) 愛의修練을하야 漸次로「하날에게신 너희 아바지의 完全하심과 갓치 너희도 完全하야」怨讐를갑지안코 敵을사랑하는대까지 아바지께肖似한子女가되기를힘쓸것이다。『사람이萬一 하나님을사랑한다하고 兄弟를 뮈워하면 이는거즛말을하는者니 보는兄弟를사랑치아니하는者가 보지못하는하나님을 사랑할수가 업나니라』(요한一書四章二十)함은 넘어明白한事實이다。우리는爲先 눈에뵈는兄弟를 풀어주고、하나님의子女답게 나아가 赦宥를請할것이다。勿論自己의行爲로써 交換條件이못되는 은 聖書全體의 精神이 가르키는바다、他人의小過를赦하려하야 自己의罪惡이深長함과 하나님의恩惠가弘大함을 깨달아 層一層 自己를紛碎하고 謙虛한자리에나아가「우리가 우리의게 罪지은者를 赦하야준것갓치 우리罪를 赦하야주옵소서」하고祈禱할때에하나님과 사람사회의 完全한關係가 成立될것이다。

第六 祈願

우리를 시험에 들지말게하옵시고
다만 惡에서 救하옵소서(太六〇十三節)

基督者가 過去의犯罪에對하야 赦免밧기를願하는마암은 切實한要求로되여「우리의 罪를赦하여주옵소서」하는 第五祈願으로 나타낫다。그러나「罪만흔곳에 恩惠도 더욱豊盛하다」(羅五章二十節)하야 우리는 언제까지든지 第五祈禱를返復함으써 滿足할것인가。決코아니라 千犯萬犯의罪일지라도 一片의信仰으로써 哀乞할때에 하나님은 千萬번이라도 煩多히녁이지아니하시고 赦宥하시사「우슬초로 나를 깨긋하게 씻기시니 곳 내가 눈보다 더히게됨」을 如實히 잘안다。마는 罪란 무엇인가? 이것은想像의世界、槪念의世界가아니다。참으로 罪의苦痛을 맛본者、自己의게行한 他人의不義를 容恕하려하야 그困難함을 經驗한者、犯罪를赦宥하시는 아바지의 그傷心이얼마나深刻한것을 깨달은子女는 「願컨대 다시는 새로운 犯罪에 빠지지안토록」心願하지 안을수

업다。身病에 걸녓슬때에 善醫良藥을 엇어 治療하게됨은 患者의幸福이엿다。그러나 더는 그幸福을 다시 맛보기보다 차라리 積極的으로身體를鍛鍊하야 다시는 病患의苦痛에 빠지지안토록할것이 賢策이다。故로第六祈願은 第五祈願의다음에나오는 當然한順序요、또한 우리所願의完結이된다。

이처럼 이第六祈願은 基督者의 所願이發露된그順序로 보와도 天然한것이요、그趣旨로보와도大意는 明白한것이다。無能한子女가 日用할糧食을 그아바지에 懇求하는第四祈願이나 아버지께不義를犯한子女가 그赦宥를哀乞하는第五祈願이나自己의軟弱함을 깨달은子息이 그아바지의保護를祈求하는第六祈願이나 모다가 當然한連鎖로서아버지와 아달사회의 至極한信賴가 發露되엿다、그런대 이第六祈願에 對하여도 詳細히생각하면古來로 多樣의問題가 잇섯슴도 可能한일이다。

「試驗」이라는原語 peirasmos 에는 두가지意味가잇다한다。第一은英語의 temptation「誘惑」이란뜻이니、惡意의目的으로서 惡魔가 사람을捕虜로잡기爲하야 苦痛或은快樂을 줄때와갓흔境遇요、第二는英語의 trial 試鍊이니、善意로써、하나님이 사람을 試驗하시며 鍊磨하려는境遇가 그것이다。

本節에서는 以上二樣의意義中 어느것에該當할가하는것이 問題의發生하는점이된다、誘惑으로解하던지、試鍊으로解하던지 兩편에 다 相當한困難이잇다、첫재로 誘惑으로取하면 하나님을向하야 우리를 誘惑하지마옵소서하는것은 全然無意味한일이다『하나님은 惡으로 試驗을 밧지도아니하시고 또한 親히 사람을惡으로 試驗하지도 아니하시는』故이다(야고보一章十三)。둘재로試鍊위뜻으로解한다면 하나님이 사람을鍛鍊하시기爲하야 주시는것을 避退하려하기보다『患難中에도즐거워할』것이며(羅五章三)『여러가지試驗을 맛나거든 온전히 깁브게 녁이』여야할(야고보一章二)基督者가 試鍊을避하려고 祈禱하는것은 不合理한것갓기도하다。

誘惑은惡魔로부터、試鍊은하나님으로부터 나온것이니 그目的의差違함은 地와天의差違함과갓치치달으다。그러나 다시생각하여보면 이祈禱에서

誘惑이니試鍊이니하고穿鑿하는것은 元來이것이有閑한學者輩의 事業이다。實際問題로 는 惡魔의誘惑과 하나님의試鍊을 區別할수도업는것이오、또한區別할必要도입는것이다。아담과에화가 當한誘惑은 誘惑으로 맛첫으나(創三章)、욥이當한惡魔의誘惑은 하나님이試鍊으로 結果되엿다(욥記一、二章)。即惡魔는 하나님의試鍊을利用하야 사람을誘惑하려하며、하나님은 사탄의誘惑하는 機會를탓어그사랑하는者를 試鍊하려하신다。故로 當初에는사람편으로보와 그것이 사탄의誘惑인지、하나님의試鍊인지 알길이업다。이에 當하는 사람의態度如何에依하야 하나님의 주시는試鍊도 敢當할수업서 사탄의誘惑中에陷沒하는수가잇는反面에、사탄이企計한誘惑도 하나님아바지께서 사랑하시는子女를鍊鍛하시기爲하야주시는 艱難과鞭撻노 甘受할수도잇다(히브리十二章六―十二)。그럼으로 처음브터 誘惑과試鍊을分離 判別하는때에 努力을虛費하기보다 原文과갓치 二樣의意味가包含된것으로하고 오직誘惑試鍊을當할때에 우리의態度를講求할것이 實際的急務가 될것이다。

第六、祈 願

하나님이許하신 試鍊일지라도 人間편으로서는全力을擧하야 이를通過하여야하겟고、사탄의誘惑일진대 더욱勇敢하게싸와 勝利를얻어야할것이다如何히하면 勝捷할수 슬 、實노人生의最大問題일것이다。

무릇戰鬪의勝捷을確實히하는것은 爲先敵의本體가무엇인것을 아는일이다。戰術은二次問題다。우리를 誘惑하는것은 아담의境遇의에화와갓치外界의 他人이原因되는수도잇으나、야고보의말한바와如히「各사람이 시험을 밧난것은 제慾心에 끄을녀 迷惑함이」(一章十四節)더욱强하다。우리의 肉慾은 恒常 靈의일에對하야 强한對敵이된다。外誘內慾에對하야 警醒하고 制裁하여야할것은勿論이나 그보다도緊要한것은「사탄」의存在를認識하는일이다。單히肉慾을人格化한 想像物이아니다。반얀이目睹하엿고 루터가 싸우던惡魔、욥을誘惑하고 예수를試驗하던 사탄이니、하나님의存在하심과갓치 確實히實在한惡魔의本體를 適確하게 認識하는대서부터 戰鬪가始作되여야한다。

우리가必死를期하고 싸와야할敵은 사탄인것을

確認하엿으니 우리는『하나님의 전신갑주를넙고 眞實한것으로 허리를씌고、義의호심경을붓치고、和平한福音의豫備한것으로 신을신고 믿음의방패를가지고、救援의투구와 聖神의劍을取하야』(에베소六章十一節以下)惡魔의詭計를對敵하여야하겟다。그런대 우리의敵의戰鬪力은 얼마나强한가?『우리의싸름하난것은 血肉을對敵하난것이아니오、政事와權勢와 어두은대서世上을主管하난者와、空中에잇난惡神을對敵함이라』 한다。우리의『對敵 魔鬼가 우난獅子와갓치 두루다니며 삼킬자를 찻난다』(베드로前五章八節)하다。

이와갓치强暴한敵陣을向하야 우리의戰法은如何히할것인가。爲先敵은獅子와갓치强暴한데、우리는羊과갓치柔弱한者인것을認知하여야할것이다 絕對로强盛한者에對하야 餘地업시無力한者인것을 十二分으로認識하는것이 勝捷의第一步다。온갓戰爭에 그런것처럼 사탄과의戰鬪에는 敵을輕蔑히녀이는것이 最大의敗因을作한다。自我의絕對無能力한것을充分히意識하면서、그러나怯낼것이업시、千萬不得已하야 正面衝突을不避할때는 備置되엿든武具를가지고(에베소六章)모든祈禱함과 懇求함으로서無時로 聖靈을힘닙어 정성것 깨여祈禱하면서 싸울것이다。

그러나사탄과의 正面衝突은 萬不得已한때일뿐이다。可能하거든 우리는 惡魔와의正面接戰은避할것이다。이것은卑怯하엿어가아니다。君子는不近危이다。사탄이萬一獅子갓튼强勢와 空中의權勢잡은威力으로만 來襲한다면 人間이雖曰「마암은熱하나 肉體가弱하다」할지라도 一場의決戰을辭避할바가아니려니와、사탄의戰畧과 人間의防備에는 넘어도隔段의差가介在하다。사탄이萬若 分明한罪惡으로써 우리의게薦한다면 그것을拒否하기가極難事는아니다。사단이 에화를誘惑할때에 하나님께拒逆하라고薦하지안하엿다。畢境언던學者의推測한바와갓치 사탄은爲先 에화의美容을稱讚하엿을것이다。그讚辭를受應하는瞬間에 저들은발서樂園을逐出當할準備가되엿든것이다。眞實노平凡한一語가 全生涯의運命을決하는 巨彈일줄이야 누가能히알엇을랴。그리스도가「善한師여」하고물으는者를向하야 即時에「善한者는 하나님한뿐이라」하야

敢當치안하섯음에는 큰理由가잇엇섯다。故로 自己의無力을如實히 알고 惡魔의威力을目睹한者는 暴虎憑河死而無悔의勇을 쓰지안하고 도리혀 할수만잇다면 正面衝突을避하고 不戰하고서 견대는方途를取한다。主께서 가르키신祈禱의 第六祈願이 이消息을傳하는줄안다。우리는韓信이胯下로나가는勇氣를讚歎하엿거니와 惡魔의境遇는 또한格別하다。强한줄노 생각할때가弱하고弱한때가强하다。(고린도후十二章十)『다 슬혀바릴지라도 나는 그러케 안켓삽나이다』하며『내가 主와함게죽을지언정 모른다하지 안켓삽나이다』하고 豪語하던 베드로는 닭이 세번울기前에 慘擔한敗北을當하엿고『할만하시거든 이때를 免하게하야달나』하면서 내게서 이盞을 떠나게하옵소서하면서嬰兒와갓치 無能力하게보히던 예수는最後의十字架에까지 온전히 凱歌를 불으섯음에우리는 크게 배움이잇어야하겟다。사탄은 우리의힘으로擊退할만한敵이아니다。하나님만이能히익이신다。맛당히 全能하신이의게依賴할것이다。

「惡에서 救하옵소서」하는部分은 路加에는업다「惡에서」라고譯한原語는 男性名詞로되면「惡한者」「惡魔」의뜻이오、中性名詞로되면「惡」「惡한物件」의뜻으로되는대、이節에는中性인지男性인지不確하게되엿음으로 解譯이區々하나 前後의關係로보와本節에서는男性으로取하야、惡魔로읽는것이 適當할것이다。이後半部는 全然獨立한祈願도아니오、前半部의重復도아니다。前半節은惡魔의詭計에서 避하기를願한것이오、後半節에는 惡魔自身에서(apo)멀니하여달나는 積極的表言이오 思想의一進展이다。

最後에『대개 나라와 權勢와 榮光이 아바지께 永遠히 잇삽나이다 아멘』이란頌榮이 잇으나이것이 後世에追加한것이라함은、學者의 意見이一致한바다。主祈禱가 本來의意義를 일케되고、敎會의形式的으로唱誦하는祈禱文으로된後에 會衆과祭司長이和應하기爲하야揷入한것이라한다。直接으로는第六祈願의後半或은全體에걸니고、間接으로는主祈禱全體에걸닌다。本來의出處는歷代上二十九章十一節이라하나、主祈禱의第一부터第六祈願까지眞心으로祈求한者의입으로流溢하는 自然스러운頌榮이라할것이다。

하나님은靈이라

하나님은靈이라

張道源

하나님은 靈이시다、靈은 無形이다、無形이라하야 無體를 말하는것은 아니다、하나님은 靈으로 實在하신者다、無形인 靈이시면서도 體가잇는 實在의存在者시다、體가잇다 하야有形을말하는것은 아니다、有體有位한 實在의 人格的存在者로서 靈이신者다。하나님은 確實한 實在者다、實在者이면서 靈이시다、靈은 無形이다。

하나님은 靈이다、故로 有形이 아니다、物이아니다、故로 손으로 만저볼수가、잇는者가 아니다、우리의 肉眼으로 親히 볼수 잇는者가아니다、그런故로 偶像으로써 表像할수 업는者다、이럿타 저럿타 形容할수 업는者다、여게잇다、저게잇다 指適할수 업는者다。

하나님은 靈이다、故로 思想이 아니다、理想이 아니다、槪念이 아니다、故로 哲學的思索으로探求할者가 아니다、哲學的術語로써 言表할者가 아니다、하나님은 靈이신故로 하나님을 探求하는者도 靈으로써 할것이다、하나님을 맛나는者도 靈으로써 맛날것이다、하나님을 보는者도 靈으로써 볼것이다、靈으로써 하지아니하고서는 靈이신 하나님을 알수가 업스며 맛날수가 업스며 볼수가 업다、靈이신 하나님은 靈으로 實得하는道理外에는 他道가 업다、故로하나님은 靈으로만 實得할것이다。

靈이신 하나님이 靈으로 사람의 靈에게 臨在하야 사람은 靈으로 直接그와(하나님)交際하야그를 알수가 잇스며 맛날수가 잇스며 볼수가잇는것이다、하나님을 科學的硏究의 目的物로하든지 哲學的思索의 題目으로 하든지 하여서는 하나님을 알수가 업다、事實이 如此함에도不拘하고 만흔 사람들은 하나님을 探求함에靈으로써 하지아니하고 科學的硏究나 哲學的思索으로써 探求한다、그結果 或人은 論理歸結노하야 神의實在를 認코저하며、或人은 萬有의存在를 理由로하고 하나님의 存在를 假定코저한다、例令 萬有는잇다、萬有는 物質이다、物質인物質은 自己가 自己를 造成하지 못한다、宇宙

萬有는 自己가 自己를 造成하지 못한者가 되야 被造物이 分明한것이다、宇宙萬有가 自在하지 못하고 被造物이 分明한以上에는 此宇宙萬有를 造成하신 創造主가 잇슬것이다、그가 하나님이 될것이라 하야 하나님을 假定하는것이다、如此히 하야 사람에게서 假定된 하나님을 靈이신 그하나님이 아니오 靈以外의 하나님으로서 無生命 冷體無味한 하나님이다。

그러나 참 하나님은 如此한者가 아니다、사람의 靈魂에게 直接 臨하야 사람의 靈에게 生命을 부러너허서 그靈을살니며 그靈에게 自己를 나타내사 靈的으로 하나님 自身을 體得케 하는者시다、如此히 하나님은 確實한 實在者다、그러나 靈的으로만 獲得할수잇는 實在者다、或은 사람에게 靈이 업든지 又는 靈이 잇슬지라도 그靈이 죽어서 生命이 업스면 뎌는하나님을 알지못하는것이다、靈이신 하나님이 靈으로 사람의 靈안에 臨하야 그靈의 生命이 되여 주시지 아니하면 뎌는 하나님을 알지못하는것이다。

靈이신 하나님이 靈으로 사람의 靈안에 臨在하야 뎌의 生命이 되여주신즉 뎌는 生命의 所有者、自主獨立의人、自足의人이 되는것이다。

그리하야 뎌는 自己의 안에 强大한天國이 建設되여 잇음을 感得하는者다、뎌는 自足하야 自己의 안에 일운 일以外에는 何等의 要求를 가지지 못한者다、뎌는 名譽와地位를 求하지아니하며 權力과富貴를 要求하지 아니한다、事業과德行을 求하지 아니한다、뎌는 自足하야 이와갓흔 것들이 要求되여 지지아니한다、이는 사람의 要求보다 넘치는것이 뎌의 안에 充滿하게 채워젓슴이다、뎌의 存在 그것이 발서 萬有보다 더큰 까닭이다、이世上의 것으로는 뎌의 要求에 채울것이 업슴이다。

하나님은 靈이시다、故로 靈이신 하나님은 靈으로만 안다 하나님을 아는者는 靈이다、사람은 靈일때에 하나님을 안다、사람에게 하나님을 아는일이 잇스면 그는 발서 靈이된者다 사람이 靈에屬하야 靈에게 다시려움을밧는때가 사람이 靈이되야 하나님과同行하는때다

山上垂訓研究 〔九〕

金敎臣

其三、禁食(自己修養) 太六〇十六—十八

十六、禁食할때에 너히는 外飾하난者와갓치 失心하난모양을 하지말나。뎌히는 얼골을變하야 禁食하난것을 남의게보이라고하나니 내가眞實노 너히게 닐아노니 뎌히는 제상급을 임의 밧앗나니라。

十七、禁食할때에 너는 머리에 기름을바르고 얼골을 씻으라

十八、이는 禁食하난것을 남의게 보이라고함이아니오 다만 隱密한中에 게신 네 아바지께 보임이니 隱密한中에보시난 네아바지께서 갑흐시리라

「善行과動機」의 其三이다。眞實한善行이란것은 하나님앞에서 動機가純粹하여야할것을 가르키사 六章第一節은 그根本原理를述하시고 第二節以下에 隣人에對한救濟、하나님께對한祈禱、自己個人에關한禁食等의 三種와實際問題를擧하야 人生의 萬般境遇에處할 行爲의標準을敎示하섯난대 既述한바와如히 그中間에 主祈禱에關連된것이 挿入되엿음으로 一旦思想의聯絡이 中斷되엿다가 只今다시 그端緒를얻어 第六節以下에 第十六節이 聯結되게되엿다。

「斷食」이란것은 近來에는 留置場或은監獄內에서無力한罪囚가 官의不法에反抗할때나 職工이工場主를對抗하며 또는甚至여 同盟休學中의女學生들까지 斷食同盟을 決行하야 弱者가强者를恐喝하는一種可恐한 武具와갓치되여 그流行이 頻히繁盛한時代에 當至하엿다。

그러나 只今그리스도가論議하신斷食은 그由來와意義가 이러한近代的斷食同盟과는 全然다른것이엿다 聖書에보면 「斷食」은 元來 猶太民族의宗敎生活에서發生한 貴重한儀式이엿다。무삼重大한事變을當할때에 뎌들이 하나님을 두려워하는마암으로서 自然히發露되여 懺悔 謙遜 忍從等의 깊흔뜻을表示하는行爲엿다。그由來는 極히敬虔하고 아름답고 眞實된行動이엿다。假令國家의興亡盛衰가 全혀여호와神의聖意에 달닌것인줄노確信하던 이스라엘百姓이 戰爭에서慘敗한날에 깊히그靈魂에反省하면서「모든百姓이 벳엘에울나가

서울며 여호와앞혜안저 그날이 저물도록 禁食하고 번제와화목제를 여호와앞혜 드리니라」(士二十章二十六節)하엿으니 果然여호와의 選別하심을 닙은百姓이엿다。其他에도如此히 全民族的重大한 困難이나不幸을當面한때(毋前七章六、三十一章十三、歷代二十章三等)或은公共的罪惡을懺悔할할때던지 重大한 事件을當面하야 하나님의援助를請할때나 或은個人으로서 非常한境遇를當한때等에 敬虔한者의 心理的自然스러운要求로서 斷食하게되엿다。(列王上二十一章二十七、毋后一章十一、二、創三十七章三十四、욥一章二十 馬太四章一、二節等)

이처럼 斷食이란것은 元來 마암이緊張한結果로 至誠이發露된것이엿다。그發源에遡及하여보면 個人으로나 國民으로나 이처럼 貴重한行爲가업섯다。그러나 그貴重한所以는 斷食이란形式的儀式에잇는것이아니고 그內心의天眞스러운發顯에잇섯다。그런대 順序가顚伏되여 內心의緊張한發動이 「斷食」이란具形으로 낫타낫던것이 後世에及하야는 「斷食」이란形式을借하야 內的空虛와解弛를補充하려함에及하야 弊端이百出하게되엿다。形式은內容을助成하는수도잇으나 內容이잇은後의形式이지 形式이잇은後의內容은아니다。

儀式自身이惡한것이아니다。猶太民族뿐아니라 各國民의게固有한形式儀節은 種種그百姓의秩序와 安全을保持하는수도잇고 向上發展에有助한수도만타。우리朝鮮의冠婚喪祭에關한 煩多한儀節도 當初에는 信義와孝誠의至極한바가 發露되여 始作된것이엿고 또한 이러한儀式들이 百姓을敎導한 功効도不少하엿섯다。그러나 이러한形式들은 그形式그物件이貴한것이아니오 그形式으로發露되는 內心의動作이貴한것임을 가르켜야할것이엿난대、畢竟에는 本末이박귀엇어 形式의有無가 內容을 審判하는標準이되게된때에 形式은詛呪할것이되엿다。이러케되면 信義를缺한者라도 誓約의禮式만行하면可하엿고 孝誠을품지못한者라도 往年의孝子가行하엿던대로의儀式만 갓추면孝子로行世하게되고 哀悼의眞情이업는者라도 哀悼의形式만飾하면容納하게되도록 墮落하여젓으니 外模로判斷하는 人間의게는許容되나 心裏의隱密한곳을洞察하시는이의게는 此種虛僞가 견댈수업는 惡行이엿다。故로 예수께서는 必曰 모든形式을打破하라고 웨치시는것이아니다。形式이標準化하야 사람의게 보이라고行하는虛僞의形式을 嚴責하시는것이다。

當時의猶太宗敎家、道德家는勿論이오 今日의모든나라에通用되는 所謂道德이란것은 大槪는形骸의踏襲이엇다。그러나 그리스도의道德觀念은 이런것과는 根本的差異가잇엇다。例하면 當時의바리새敎人과 學者輩가 예수의非道德的行動을詰難하야『요한의弟子들은 자조禁食하며 祈禱하고 바리새敎人의弟子들도 또그러하되 오직 너의弟子들은 먹고마시난도다』하엿을때에 예수는即席에 對答하시기를「婚姻치하간사람이 新郞과 함께잇을때에 엇지禁食하게하리오。오직 그날이 니르러 新郞이離別할터이니 그때에는禁食할것이니라』(路五章二十七節以下) 하션다。

예수의게는 道德이란 形으로낫타난 行爲의如何가아니엿다。內心의狀態如何가 問題의中心이엿다。萬若新郞을離別한때에 寂寞과悲哀의 天然스러운發顯으로서 禁食한다면 禁食이惡한것이아니다。그러나 婚姻致賀하려가서 新郞과起居하면서 喜悅의情이 가삼을 넘칠때에 위정道德家인것을 表示하기爲하야 이天眞한心情을抑制하고서 斷食하는者의假面을쓰는일은 예수께는不可能한일이엿고 또不可爲의일이엿다。예수는十字架우에달녓을때에「뎌가 만흔사람을救援하면서 自己自身은救援치못하는者」라는嘲弄을받언다。그러나 예수의게不可能한일이 그뿐만아니다。저는實노 表裏잇는行動은 할수업는者엿다。內心에慶賀의情이넘칠때에 外面에悲哀를表한수업섯고 內心에憂慮가사못찻을때에 外面泰平을裝하는 俗稱偉人의넉시는 못가젓다。뎌가깁버하면 天地와갓치喜躍하엿고 뎌가憤怒하면 우雷와갓치轟渡하야 그心性과行動에 分裂이잇을수업고混雜을發見할수업시 單純、素朴天眞한것이다。

道德은 因習、體面、義理其他理由와形勢에强制되여行할것이아니다。眞心의發動이여야한다。무삼副目的이잇엇어는안된다。오직하나님앞서行할것이고 사람의게보이랴고할것이아니다。動機의純粹하여야할것은 斷食問題뿐아니라 凡百行爲의規範이다。

城西通信

一九三一年八月二日(日曜) 今月間은研究會를中止하엿음으로 集會업시지나다。四日朝에咸錫憲兄이上京하엿다古人은三冬足이라하엿거니와吾人은夏季休暇로써足하지아니치못한故이다。

八日午前에南大門刑務所에就하야 ML黨事件으로入獄한某君을面會하다。 뎌가最初에는저墻壁속에서 나사렛예수가救主、그리스도라는確信을把持하고出獄하엿섯더니、이제는共產黨員으로서 再入獄하엿다。只今부터十年前에는 余輩가 예수의私生子인것을嘲弄하면、뎌는興奮한氣色으로써 그리스도의神性을辯護하엿섯다。先在한者가終末이되고終末에잇난者가先이될者가만흐리라(馬可十章三十一節)하나 생각하면感慨無量이라할가。차라리人生이두렵다함이더切實할가。

九日(日曜)새벽咸兄과함씌陵谷松林에서 祈禱하다。이松林도不遠에住宅地로經營하게된다니 慨歎치아닐수업다。이날午後禮拜는咸兄의引導로 야고보四章十三節以下를工夫하면서야고보의行爲와 바울의信仰에奧妙한關係잇음을배웟다。

十一日。黃海道勉勵青年會聯合大會에出講하기爲하야 張道源牧師昨日咸興으로브터入京。今日載寧을向하야出發하다。

十二日(水)今年二十歲、高普校四學年을一期로別世한青年의遺族을慰勞하기爲하야水原外지往返하다。歸省中에서學友의 이消息에놀난青年의書狀如左。

…그리고權君의別世하엿다 함은 참갓지안습니다。七月二十日에外지 튼튼한몸으로登校하엿든權君이 別世하엿습니가萬無함니다。거즛이少毫도업다고밋는先生의下書라밋을수도업고 안밋을수도업서 자못半信半疑할뿐입니다。아모래도저는 지나간七月二十日에 뎌의손을힘잇게잡고『무어니무어니하여도健康이첫재이다、너도休暇中너머그리工夫하지만말고 아모쪼록健康한몸으로九月一日에맛나자』하며잡어흔들든權君이 아모래도九月一日에登校할것갓습니다。그다지眞實한權君이 約束을어길리도업슬듯하고 또몸이弱하여 못올듯도하지안습니다。만일權君이別世하엿다면 참으로人生은虛無한것갓습니다。그의죽엄은權氏집의損失은勿論、學校에도큰損失이며朝鮮社會에도큰損失일것갓습니다。外面은퍽부끄럼타는少女와갓흐나 마음은퍽堅固하며 또한虛僞가업는、朝鮮을사랑할줄아는사람임니다。퍽악가운人物임니다。萬一하날이잇다면무슨理由로이런人物을夭折식히겟슴닛가? 저는퍽그와接觸이만엇기쌔문에 그爲人의안과박을잘압니다。그는水原서도퍽少年運動에活動하엿으며 水原學生親睦會에도적지안케애썻음니다。그는어런이날갓흔쌔에도퍽애쓰며어린이들사랑하엿지요。그러나 그의人物을안者는 아마적엇고、凡然이들보앗지요。것만약은동모들이엇지그속人物을알겟습닛가。저는그속人物을아는故로 남한층그人物의夭折을 남달니슬퍼하며 몃배나악가워하며 사모함니다。

아! 兄아! 權兄아!

二十고개를못넘고간 兄아!

朝鮮이그리워 엇지간늬?

二千萬 이그리워엇지간늬?

곳하여 갈터이면가려니와

그勇氣그사랑이나두고가게!

저만은九月一日에 꼭權君을맛날自信이잇는것갓습니다。八月 日○○○上書

友愛의貴한것을배왓고、또人生에對하야집히反省하고 決心함이잇슨날이엿다。

拜啓

今番傳道旅行中 여러敎會와 여러兄弟姉妹들의우리주예수그리스도 안에 分이넘치는사랑과待接을 바닷슴을 感謝합니다。여러 敎會와 여러兄妹들우에聖神의다사리심이恒常함께하시기를 祝합니다。

張道源

本誌定價(送料共)

一 冊 十五錢

六 冊(半年分先金) 八十錢

十二冊(一個年分先金) 一、五〇錢

昭和六年十月 一 日 印刷

昭和六年十月 三 日 發行

京城府外龍江面孔德里一三〇

編輯發行兼印刷人 金 敎 臣

京城府西大門町二丁目一三九

印刷所 基督敎彰文社

京城府外龍江面孔德里活人洞一三〇ノ三

發行所 聖書朝鮮社

振替口座京城一六五九四

『聖書朝鮮』第三十三號　昭和六年十月一日發行(每月一回一日發行)

(定價十五錢)

昭和六年十一月一日發行(每月一回一日發行)

聖書朝鮮

第參拾四號

一九三一年十一月一日發行

目次

京城 聖書朝鮮社 發行

城西通信〔乙〕

一九三一年九月六日(日曜)午後二時브터다시山上垂訓工夫를繼續하야 第七章十五—二十三節을講하다。黃海 席島에서傳道中인金德模氏의來信에曰『主恩中貴社事業이日益振展하심을伏祝不已하오며 諸位先生님께錦安하심을更祝하나이다。敎弟 李龍道牧師님께貴聖朝誌七、八月二號를拜得하와一次畢讀한즉睡靈이活躍하며 無限한歡喜를엇엇사오며雜誌를보는中에 貴誌와如한것은 처음이옵니다。참聖書다음에 聖書라고 想覺하엿나이다。』云云。郵便機關도自由치못한孤島에서 天國의福音을傳播하는使者一人의게 이만한慰務가잇엇다면 本誌發刊의모든損失과受苦도 다시論할바가아니다。

十三日(日曜) 山上垂訓第三十六講으로第七章二十四—廿七節을工夫하다。十五日午后에咸興李啓信君의端書를밧엇다。

聖神이함께하신兄宅은安過하시겟지요。저난漸漸快함니다。第一노下腹이여간快하지안씁니다。主압헤는不可能업슴이아니고야望할수업는일이지요。就告난每月一日에는꼭꼭오든聖朝誌가 아직到着하지안엇습니다。中落이되엿는지요。每月一日은屈指苦待하는唯一의友誌가未着하야 大端궁금함니다。來十六日夜午后八時에 요한福音十一章四節과 찬송가百五十五章을 저와함께찬송합시다。七百七十里를相距하엿지만갓흔마음과 갓흔句節과 갓흔曲調로主압헤찬송을드려봅시다。……………

李君은未信者家庭에生長하야 公立普通學校와公立農業學校를 卒業하엿으니 所謂宗敎敎育이란것은 한번도밧은적이업섯고 昨年三月에學校卒業直後 肺結核로써入院하기까지 敎會에出入할機會도업섯다。그럼으로지난夏季에親히病床을尋訪한 張道源牧師의傳하는바에依하면 李君은아직까지 찬송가도잘할줄을으려니와 祈禱하는方式도모르며예수밋는「法」이라고는 한아도몰으는信者더라한다、實노祝福밧은信者가아닌가。뎌의게는問答이무엇인지 敎理 敎派가무엇인지洗禮와聖餐이무엇인지 알여고도안하고是非거리도안된다。다만異常하게 絶對安靜을要하는重患床裏에서 二個年間長時日을苦痛하는中에 잇쓰는다로올니면서 今日의信仰에到達하엿다。慰勞하려든者가도리혀慰勞밧고야맘게되고 주려든者가도리혀뎌의게서넘치는것을밧어가지게된다。誌友여뎌를通하야恩惠에浴하고또뎌를爲하야 뎌의主그리스도의榮光을爲하야 祈禱합시다。

九月十七日 京仁線車中에서徐起河君을邂逅하다。君은養正高等普通學校를卒業後에現今은故鄕인富川郡蘇萊面玉吉里에서 農業에從事하고잇는中인대그農事에對한緻密하고卓越한意見은 마치東大門外李圭完翁께서들든바와彷佛한바多大함으로 用務를排하고爲先梧柳洞驛에서 南便約一里되는徐君의農場까지좃차가서 그持說과實際가符合함을發見하고 感歎을더욱깁히하엿다。讀者中에萬一農事改良에志하면서 肥料調制法 果菜栽培로一段步年收四百圓以上收得法、一穗三百五十粒以上의優良稻種 其他年四毛作의푸로그람이며 果木養豚等에關하야 記錄을參考하며相議를願하는이는 善한伴侶를徐君에게發見할가한다。더욱天職의發見으로滿悅에넘처잇는君의姿態는 世上의君子人들노하여곰羨望을이르키지안코는마지안한다。

十九日(土曜) 滿洲動亂。二十日(日曜)幸州로遠足禮拜하다。德陽山頂의權慄都元帥勝戰記念碑곗헤서 馬太七章廿八、九節을講하다前後三十七回로써山上垂訓工夫를맛치니 適然이엿으나 德陽山上에서 畢講하엿다。廿七日(日曜)例와如히午后二時集會 山上垂訓槪觀을講하다。今後는 聖書六十六卷을一冊一講으로創世紀브터始作할터이다。

五山聖書硏究會

講師 咸 錫 憲

場所 京義線古邑驛前五山村

每日曜日午前十一時브터의一般集會에서는基督傳을繼續講義하는中이고。每木曜日午後七時브터의學生集會에서는 英文聖書로써요한一書를始講하잇다。어느편이든지 冷靜한硏究를爲主로한다

梧柳洞聖書講座

日時 每日曜日午前九時半

場所 京仁線梧柳洞驛前應谷

講師 金 敎 臣

[舊新約聖書와讚頌歌必携帶]

一九三一年十一月一日

나는傳道者다

張 道 源

나는 傳道者다 아모리 避하랴 하야도 避할 수 업서 나는 傳道者가 되엿다 내가 自進하야 傳道職을 取한것이 아니라 主께서 나를取하야 傳道者로세우섯다 主께서 나를 擇하사 患難困苦 窮乏 貧寒 入獄、不眠 不食 迫害 賤待 侮辱 落望 失怛 꿋김 비방 헐버슴等의쓴잔을 마서면서 그리스도의 福音의傳道者가되게 하섯다。

呀ㅣ어렵다。傳道者로 서는일이여! 難事中의 難事다。難事中의難事는 傳道者로 서는일이다。이不信의世代에서 그리스도의福音을 傳하는 일처럼 어려운일은업다。이暗黑한世上에서 信仰、生命을 말하는일처럼 어려운일은업다。利慾으로만 充滿된 이時代에서 義 眞理를 主張하는일처럼 어려운일은업다 이淺薄한世俗에서 永遠할 것을 證據하는일처럼 어려운일은업다 이返逆의 世間에서 하나님의 恩惠와사랑을 낫타내는일처럼 어려운일은업다。

傳道者는 薄福한者다。傳道의使命은 가장薄福한者에게臨하는 主의命令이다。나는 傳道者로세움을받아 가장薄福한者임을感한다。그런故로 나는 여러番 傳道者의길을 免하랴고하얏다。그러나 主께서 끗까지 許諾치아니하시니 不得已하야 나는 울면서 이傳道者의길에 順從하는者다。나는 只今이라도 主께서 傳道者의 길에서 노와주시기를 切願하는者다。

呀ㅣ主여 나는이일을 堪當하기에 甚히 弱하도소이다。나는이잔을 받기에不適한者로소이다 나는이職을맛기에 信用치 못할者올시다。主여、할수만 잇사옵거든 나에게서 이잔을 옴기시옵소서 나를 傳道者로세워 나에게主의말삼을 막기시지마옵시고 다만信者로하야 主의말삼을먹고 마시게만하시옵소서、내가信者로하야서는 主님안에서 그生命을永遠히 保全하겟나이다。그러나 主께서行하시는대로 順從하는것이 나의信仰의全部오니主께서 쓰시는대로 順從하겟나이다。主님만 믿고引導대로順從하겟사오니 願컨대 나를通하야 主님의 뜻만이 行하여지시옵소서 아멘

恩惠片片

其一

張道源

眞理는 無限히 갑진것이다。生命을 내여놋코 求함이 업는者에게는 所有되여지지 아니하는것이다。即納得이 되여지지아니하는것이다。眞理는 至極히 갑진寶貨다。人生의全部를 盡賣하야 사도有益한寶貨다。그런故로 眞理는相當한 代價를 要하는것이다。相當한代價를 支拂하고 眞理를買得한者에게라야 그眞理가 眞實노 高貴한 寶貨가 될것이다。眞理의代價로하야 自己의生命을 내여노흔者에게라야 眞理가 참으로 眞理의眞價를 發揮하야 眞理다운眞理의 役割을하는것이다。眞理는 自己生命以上의것임을認하고 眞理를 求得함에는 반다시 自己의生命을 그代價로하야 支拂할것인줄노아는者에게라야 眞理가참으로 眞理의役割을하는것이다。그리하야 生命을 내여놋코 眞理를求하는者에게 在하야는 眞理는生命以上의것이되는것이다。그리하야 生命을주고 眞理를산者라야 眞理의眞理된그眞價를 아는者며 眞理의所有者가되는것이다。

二

아모리 高貴한 寶貨라도 相當한代價를 要하지아니하고 한부로 그저 주어버릇하면 그寶貨自體의價格이下落하는것이다。乃終에는 한分에 둘자리가 되는것이다。

呀ㅣ朝鮮敎界의 傳道者들아 너희는 眞理를 가젓는냐? 가젓거든 그眞理를 가장 갑지게하라。眞理는 無限히 갑진것이다。그런故로 生命을 代價로하는 支拂이업시는 한부로 그저 주지말나! 너희에게 生命의福音이 잇는냐? 잇거든 그것을 놉게하라! 生命의福音은 至極히 貴한것이다 淺薄한人間들에게 賤히 녁임을 當하지말나 그리하야 너희들노 하야곰 너희에게 잇는眞理는 너희가 生命을주고 얻은高貴한것인줄을 알게하라 그리하여야 너희들도 眞理의高貴한眞價를알게되리라。

傳道者들아 너희는 너희에게잇는 眞理와福音을 食이나 衣를 爲하야 너희들에게 주지말나 이는 너희들노 하야곰 眞理를 알지못하게하는일이다。너희가 眞理는 衣食보다 以下의것인줄노 知

하야 眞理의眞理다운 眞價를 알지못하게되나니라

傳道者들아 너희는 너희의 生命을 내여주고 얻은 그眞理를 生命以下의 밥이나 옷을爲하야 팔니우지 말나! 이는 곳너희의 滅亡이니라。

傳道者들아 너희에게 잇는眞理는 너희가 너희의 生命을 代價로 내여주고 얻은것이니 生命을 내여노코 渴求하는者에게만 限하야 주라 그러치아니하면 이는 眞理에對한不忠이오 너희의生命의退縮이다。

傳道者들아 너희는 가서 眞理는無限히 갑진것임을말하라 眞理는 生命보다도 더욱貴重한것임을傳하라 生命을 내여놋코 求할것임을 알게하라 眞理는 所有全部(財産地位名譽權力智識)盡賣하야가지고 달여드는 勇敢한人間에게 所有되는것임을 證據하라。眞理는 無限히 갑진것으로서 生命을 내여놋코 渴求하는者에게만 限하야 하나님이 주시는것임을 明白히하라。

그러하여야 너희가 眞理의高貴한眞價를 알니라 너희가 眞理의 참으로 高貴한寶貨인줄을 알아야 너희에게 眞理를 貴히녁이는 마음과 眞理를 渴求하는要求가 生起리라。

傳道者들아 眞理를 生命으로의代價支拂이업시는 한부로 그저 주지말어라 이는眞理自體에對한不忠이다。眞理自體를爲하야서는 最高의代價를要하여야할것이다。即生命을要하라 所有全部를要하라 即生命을받고 眞理를주라 所有의全部를 받치는者에게眞理를주라。眞理는 相當한代價업시한부로 그저 주지말어라 이는 곳도야지에게 眞珠를 주는細音이다。

呀—朝鮮敎會에는眞理가업다。朝鮮敎會信者들에게는 眞理를 要求하는마음이적다。이는 從來의傳道者들이 何等의高貴한 代價를要하지아니하고 眞理를 한부로 그저 주어왓스며 信者들은 何等의代價를 내지아니하고 眞理를받아버릇하여왓슴이다。高貴한代價를 支拂하고 眞理를 사본일이업섯슴이다。自己의生命이나 所有全部를 밧처서 眞理를 사본일이업섯슴이다。即從來의朝鮮敎會는 眞理에對하야 何等의高貴한代價를 支拂함이업시 그저 받을것인줄노만 알아버릇하여왓다 그런故로 朝鮮敎會가 眞理의갑진眞價를 알지못

其 一 三

하는것이며 朝鮮敎會信者들이 生命을 내여바처서 眞理를求할 眞理의渴求를 가지지못한것이다

如此히하야 朝鮮敎會나 信者들은 眞理나福音에對하야는 依例히 無料로 받을것인줄노안다。傳道者에게對하야는 아무러케나 待接하여도 可한줄노알며 傳道者는 自己네들의 발바닥갓치녁인다。如此히하야 敎會나 信者들은 傳道者에게對하야 何等의尊敬을 가지지아니하엿다。通俗講演하기 爲하야 請來한演師에게는 相當한待接을行하여야 할것인줄노알고 쏘한그러케行하면서도傳道者의說敎에對하야는 쓴茶한잔을 待接할줄을모른다。朝鮮敎會와信者들이 眞理를갑업시 녁이며 賤히 녁임이 如此히도 極甚함에至하엿다。朝鮮敎會와信者들이 如此히도 至甚함에至한것은從來의 傳道者들이 眞理에對하야 何等의代價를要하지아니하고 五六月海邊에서 썩은生鮮을 난화주드시 한부로 그저 막난화주어 버릇하야왓슴이며 信者들이 何等의代價업시 길가에써러진廣告紙줏듯이 막우 주엇든것이엿슴이다。呀ㅣ朝鮮의傳道者들아 너희는 너희가 所有한

恩惠片片

四

眞理를 爲하야 眞理를 가진者로의 自高를行하라 自重에處하라 너희는 傳道事業、敎勢擴張에熱中하지말고 眞理를爲하야 存在하라 너희의自身이 곳眞理이게하라 너희는 더희들에게 너희의存在를말하야 더희들도 眞理이게하라 眞理가더희의生命이게하라 더희는 眞理를 爲하야 自己의 生命을바리는者가되게하라 더희는 生命을바리고 所有의全部를 밧처서 眞理에屬한者이지못함을 苦痛하는者가되게하라 이에 너희의 存在의價値가잇고 眞理의 勝利가 잇느니라。

呀ㅣ朝鮮敎會와信者들아 이제는 너희가 眞理를 渴求하라 生命을 내여놋코 眞理를 求하라所有의全部를 바리고 眞理를 求하라 너희는 眞理를爲하야 生命을 일흔者가되며 所有의全部를바린者가되라 그리하면 너희의 存在가 眞理일것이며 眞理가 너희의全部일것이다。너희가 眞理안에잇고 眞理가 너희의 속에居하리라 眞理는 너희를因하야 낫타나고 너희는 眞理를因하야살니라 그런故로 眞理가잇는곳에 너희의 生命이잇나니라 故로 너희는 眞理을渴求하라。

其 二

現代의基督敎界의 人物들은 傳道者의 자리를 얻으랴고 가즌 計畫과 가즌手단을 다부러며 가즌 運動과 가즌交涉를 다하고잇다。 그리하야한자리를 얻은즉 그자리를 쌔앗기지 안키爲하야 또한 가즌 方法과 가즌 通情을 다하야 互相連結하며 同盟하며 秘密結黨하며 陰謀하야 가즌 不義와 가즌 卑劣을 다行하고잇다。 그리하야 며희의 아참브터 저녁까지 行하는일은 그자리를 保全하기 爲하야 計謀하는것뿐이다。

그러나 傳道란 그것은 難事中에가장難事요 薄福한者中에 가장薄福한者의일이다。 너희는 이것을 알고自進하는냐? 모르고自進하는냐? 萬一너희가 알지못하고 이일에自進하엿스면 너희의不幸은 짝이업고 너희가 알고도自進하엿슬진대너희의禍가 地獄불 바닥에 다하리라。

牧師의 자리 한아를占領하랴고 萬端의環境을 헤치고 百難의障碍를 무르쓰고 百沒千出하는 困苦와 窮乏을 忍耐하면서 神學校에 나아오는神學生들아 너희의 생각에는 牧師그런자리에八謀夜光珠가 잇는줄노아는냐? 그속에는 別노別것이다 잇는줄노아는냐? 그런것이아니다。 牧師라는 자리만 얻으면 다될줄노알고 千濤萬波를 冒嶮하고 神學校에 나아오는 주제넘고 쎵충거리는淺薄한 青年神學生들아 너희는 偉人인냐? 愚者인냐? 哲人인냐? 盲者인냐? 反省함이 잇기를 바란다。

나는 青年神學生들에게서 種種如此한말을 듯는일이 잇다『나의神學校에入學한理由는 己爲敎界에投身한以上에는 그界에서 權威를잡으랴면 牧師자리까지는 게바라올나가야하겟다。』하며 또或 青年敎役者들은 말하기를『나의神學에入學코저뜻하는理由는 現代敎會가 腐敗墮落하엿스며 福音을써나 俗化되엿스니 이것을 改革하랴면 牧師가되여야하겟는故로 現代敎會를 改革하기爲하야 牧師가되랴고하는것이라』고한다。

아ㅣ이주제넘고 건방진青年들아 敎會改革은그런淺薄한대에서 起하는것이아니다。 그런 빈銃맞은생각을하지말고 잔잔히하야 沈默한中에서 神學을學問으로하야 研究하라 그러하야 諸君들에게 神學에對한 學問으로의成功이잇기를願하노라

其 二 五

人生의두길

人生의두길

(詩第一篇의研究)

咸錫憲

一、福잇도다　惡한者의義論대로行치도안이하며
罪人의길에서지도안이하고
傲慢한者의자리에안지도안이하는者여
二、며는　여호와의律法을즐거워하며
밤과낫으로그律法을默想하는者로다。
三、이사람은比컨대、시냇물가에심은나무가
그時節을조차열매를매즈며
그닙사귀가마르지안이함갓흐니
그하는일이모도亨通하리로다。
四、惡한者는그러치안이하니
오직바람에날니는겨와갓도다。
五、그런故로惡한者들이審判할때에서지못하고
罪人들이義人의會中에서지못하리니
六、대개여호와義人의길을아시나
惡한者의길은亡하리로다。

福잇도다

「福잇도다」　或은「오　幸福스럽도다」하는感嘆的

六

意味를가지는말이다。國文譯에는『福잇는사람은……』으로되여잇스나　原意에忠實하려면『福잇도다』하는感嘆形으로함이맛당하다。이말의原語인、아쉬레를批評學者들은幸福(happy)이라고 譯하야 (福或은祝福(blessed)이안이고)外的條件에對한意味로取하려하는사람들이잇스나　七十人譯에는마카리오스(makarios)　即　山上垂訓에「福잇도다」라고翻譯되여잇는말과同一한말로되여잇고　더구나　이詩全篇을熟讀玩味하여본다면決코外的幸福이라는意味로解釋할수업는것임을알수잇다。(第二十四號金敎臣兄山上垂訓、心靈의貧者參照)

엇젯던지　詩篇五卷의第一篇章首에서　우리가　이『아쉬레』라는말을發見함은　意味深長한일이다。그는　詩全篇의內容이무엇인것과　그것이聖經中에서占有하는地位가如何한것임을念頭에두고吟味하여보면알수잇다。舊約의하나님은　무서운하나님이라는것만을흔히말하나　그무서움은決코無慈悲한暴君의무서움이안이요　祝福하기爲한慈父의무서움이다。人生에對하야悲觀하는者가잇거던、며로하여금　爲先聖經을닑게하라。며는　하나님自身의啓示에依하야된創世紀의劈頭에서　하나님이全혀즐거움으로　이

宇宙人生을創造하엿고 創造된者를向하야最初에준것은實로祝福의말이엇던것과 敬虔한心靈의所有者들이人生을代表하야造物主에게應對하는祈禱인詩篇의첫머리는福잇는사람의記錄으로始作되는것과 또 全人類를救하기爲하야人子의形像으로온말삼이 肉聲으로되여서第一次로全人類를向하야發한말이亦是「福스럽도다」임을發見할것이다。 이로써보면 人生은幸福스럽기爲하야지음을받은것이다。 그러타。果然그러타。 福스럽게되기爲하야創造되엿다。 언제까지혜매이고 呻吟하고悲慘中에잇는것이人類의運命은안이엇다。 비록녀희에게서一時빼앗기는바되엿스나마츰내는祝福의狀態에歸還될것이다。 故로 녀희에게는 幸福에對한懇切한憧憬이잇다。

그러나 大問題가잇다。 무엇이幸福인가。 엇던것이眞正한幸福일수잇는가 이를몰나서는안이된다。英國의에이부리卿이 그의有名한處世訓의첫말에「生命갓치사랑이앗가워하는것은업스면서도 또 生命에對하야서갓치사람이等閑히녀이는것은업다」라고말한것갓치 幸福을追求치안는사람은世上에업스면서도 그實엇던것이참幸福인가 엇더케하면 그를엇을수잇는것인가를眞實되게硏究하는사람은드물다 또設或잇다하더라도 사람이各異한것갓치 그程度와性質이各異할뿐안이라 歷史는 그모든사람들이물결우에번듯거리는白鳥의그림字갓튼이幸福을붓들려다가 或은붓들은줄알고잇엇다가 마츰내幻滅의悲哀를맛본것밧게는아모것도엇은것이업다는것을우리에게가라처주고잇다。 그러나 이스라엘의詩人은우리에게가라친다——

福잇도다惡한者의議論대로行치도안이하며、
罪人의길에서지도안이하고、
傲慢한者의자리에안지도안이하는者여、

即 一言으로하면 罪를極히무서워하야避하고、미워한다함이다 그러한사람은福이잇다고한다。世上에서普通말하는幸福의內容과는全然性質을달리함을알수잇다。財產이만타는것도안이요 權力이잇다는것도안이요 知識이豊富하다는것도안이요 또 가장賢者의말인듯한 斷念의哲學을말하는것도안이다 오직 罪를미워하야避하라고한다。 매우奇怪한말이라할수잇고 그로써幸福이라기보다는 恒常不安속

에잇는不幸이안인가고疑心할수잇다。 그러나 그는 眞理다。힐티博士가ㄱ幸福論에서 말하는것갓치 許多한사람들이幸福스럽기는願하나 不幸의原因이어데잇는가에對하야는生覺지안는다。 그러나 그原因이除去되지안는以上엇더케努力을한다하더라도幸福은오지안는다。 그런대 그原因이라는것이곳 罪의가쉬에잇다。 故로 그를除去하려고 哀痛해하고 避하고憎惡하는者가幸福스러운사람이라함은眞實을말한것이라할수밧게업다。 이意味를좀더明瞭하기爲하야藤井武氏의이詩解釋中의一言을引用하자

『人生의福祉의條件은 境遇와事功과 理知와感情等에잇는것이안이다。 그러면어대잇나。 曰 사람의靈魂의態度에잇다。 罪에對하야 또는하나님에對하야靈魂이如何한態度를取하고잇는가 이한가지에依하야 우리全生涯의福祉와안임이決定된다。』(藤井武全集第五卷七十三頁)

靈魂의態度에다。 幸福의條件은 生活環境에잇는것도안이요 生活技能에잇는것도안이요 靈魂과하나님사이의關係가正當한狀態에잇는가안인가에잇다 그러나 하나님과의關係는 結局罪의問題를니트키지안코는마지안는다。 許多한사람들이 幸福은願하면서도 그를爲하야 하나님과和睦을하여야하는줄은몰으며、 그보다도더만은사람이 하나님과의和睦이必要한줄은알면서도 그것이結局罪의問題임은알지못한다。 그러나 그는淺慮다。 人生은그根源에잇서서 罪의種子를품는것이고 우리가하나님에나가서그와正當한關係에잇스려할때 그는爲先우리에게 自己에忠實한人生이기를要求한다。 그리하야그의律法을보내여 우리靈魂의奧室을探索하고 試驗하고 두루빗최인다。 그는寸毫의陰翳도넘겨보지안는다。 果然『法이안이면罪를알지못하리니』다。 그리하야 우리는「罪를무서워하고 憎惡하는者가福스럽다」고한詩人의말은 永遠이變할수업는眞理임을알수잇다。

本文中에 「惡한者」란말은 「不安」을意味하는말에서나온것이라한다。 即 하나님을背叛하고 그의律法을직히지안이함으로 아모規範도 標準도업는不安動搖의狀態에잇는사람이다。「罪人」이란明白한道德上惡을故意로犯行하는者요 「傲慢한者」는 하나님과眞理에對하야嘲弄하고 侮蔑的態度를가지는사람이니 現今에서말하면 無神論者唯物論者갓튼것

들이다。이三句를並列식인것은 아마漸進的으로意味들強하게하기爲한것이다。即 惡한者、罪人、傲慢한者。議論、길、자리。行한다 선다 안는다 이러트시 不義한者와는關係도하지안는다。그러나 不義한者를排斥함은 自己를絕對聖善한자리에두고 不幸한犯罪者를굽어보는傲慢殘酷한道德家心情에서나오는것이안이고 自己內部의罪를슬퍼하고밉어하기때문에그러한것이다。詩人이잇서불으짓기를──

『내가嘆息함으로困逼하야밤마다 눈물로내寢床을떠우고내褥을썩이는도다。』(詩六篇六)

『내生命은근심을말매암아사라지고
내나은嘆息을말매암아또한그러하외다。
내힘은나의不義함으로疲困하고
나의뼈는衰殘하나이다』(詩三十一篇十)

이로써보면 그는人類中에가장슬픈사람이다。自己를爲하야悲痛해하는사람이다。그러면 不幸한사람인가。果然그러타 고對答할만하다。그러나 詩人은말을니여말한다──

며는여호와의律法을즐거워하며
밤파나즈로그律法을默想하는者로다。

여호와의律法을즐거워한다고한다。무서워服從하는것이안이요 스々로悅服하는것이다。金、만은正金보다도더貴히녁이고 꿀、만은꿀송이보다도더달게녁여그律法을思慕하는사람이다。그리하야 밤과낫즈로그를默想한다。即 歷史우에나타나는하나님의攝理、自然속에나타나는그의榮光、自己의生活事實을通하야體驗되는그의聖意에對하야 꿋칠줄몰으는默想을하고는즐거워하고 感謝한다。그에게잇서서는여호와의律法은 한知識이안이요 한敎訓만이안이다。그것이곳生活의全部다。生活力이거긔서나오고生活目的이거긔잇고 生活方法이거긔잇다。

이제 우리는알수가잇다 그가惡人과자미를갓치하지안이하는까닭이어대잇스며 여호와앞에서悲痛해하는理由가무엇임을。即 그는 여호와를사랑하는故로 罪人을밉어하고 그의律法을思慕하는故로痛悔한다。그러고그는여호와의律法의目的이 人類를祝福하는데잇슴을안다。그리하야 그는여호와의앞에서福된사람이다。눈물을흘니는幸福者요 嘆息

人生의두길

을하는福된사람이다。果然詩人의읊는바대로다。

『그허물을赦함을얻으며 그罪를덥허주심을엇은
이는福이잇도다』(詩三十二篇一)

『너희는여호와를讚揚하라
여호와를敬畏하는者는福이잇나니
그誡命을極盡히즐거워하는도다。』(詩百十二篇一)

여호와의律法을즐거워하고思慕하는것은 人生의 根源에잇서서 卽 靈魂에잇서서祝福받는일이다。人生에內在하는不幸의原因을根底에서除去하고 生命을그根本에서改造함이다。故로 그러한사람은 비록如何한困難을當하더라도 如何한逆境에處하더라도 果然죽음의그늘의골작이를것더라도 恒常、充實한人生을가지고잇다。끈침업시豊滿이잇고 生長이잇고 結實이잇다。詩人은 이를아름다운譬喩로써노래한다。

이사람은比컨대 시냇물가에심은나무가
그時節을쫏차열매를매즈며
그닙사귀가마르지안이함갓흐니
그하는일이모도亨通하리로다

一〇

淸冽한溪水聲이새소래와曲調를맛추는곳에 뿌리는깊이바위를뚤코물밑에들어갓고 風雨에짖기어서壯士의甲옷갓흔堅皮에싸인樹幹이 펴지는樹傘의綠陰을支持하고毅然히서는모양은 무엇보다도하나님의사람을더잘象徵하는것이라할수잇다。風寒이지나가고 暑濕이交來하여도 깊은물根源에서는뎌를엇더케할수는업다。모든艱難에도不拘하고 때가오면그는累々한열매가가지에가득하야馥郁한香氣가언덕에찬다。하나님의律法을즐거워하고 하나님에까지幹根을내려박은人生은 어떤境遇에잇던지 그의때가오면그目的의完成을본다。『여호와는自己를찻는者를바리지안는다』(詩九篇十)하나님에信賴하야서失敗할念慮는絕對로업다고保障한다。(『天地는업서질지언정내말은업서지지안는다』)『때를따라』서다。適當한때에適當한열매다。그때가언제인가고그는뭇지안는다。그는이를確定한事實로믿음으로써다。絕對의信賴다信賴하는故로 그에게는『只今도그때』다。그는따윗갓치 將次올날을 오늘에이믜본다。果然 信賴잇는生涯는『그닙사귀가시들지안이함갓다。』擧世가다利慾에人生을涸渴식일때에 衆人이다焦慮에生命을

萎縮식일때에 信賴하는더만은 滿喫의生命水로써渾身에퍼치여 生々의氣를發揮하고잇다。 그러하야『그하는일이모도亨通하리로다』다。 크리스챤에게對하야는『모든것이合하야善을일운다』 더에게는 하나도無用인것이업고 하나도失敗인것이업다。 個個의事物이다그것이안이고는代身할수업는意味와價值를가지기때문이다。 勿論이를가장完全한意味에서말하자면 將來올世上을기다리지안을수업다。 그러나靈魂의일로볼때는 크리스챤은 現世에잇서서 이믜이모든일에對하야『아멘아멘』할수가잇다。

以上 一二三節에잇서서詩人은幸福스러운人生을描寫하엿다。 이제그는붓끝을돌니어不幸한者의生涯를叙述한다。

> 惡한者는그러치안이하니、
> 오직바람에날니는겨와갓도다。

惡한者는『그러치안이하니』다。 義人의일과는全然反對다。 그와갓치福스럽지못하다。 그와갓치 여호와의律法을즐거워하고默想하지안는다。 前者가 充實한人生을가지는反對로 後者는空虛가잇슬뿐이다 그의靈魂의狀態가그럿코 그의品性이그럿코 그의하는일이그럿타。 前者와가튼 豊滿도업고 生長도업다。 그는 生命의根源을가지지못하는까닭이다。 果然 前者에比할때는『그럿치안이하니』다。 이句는第一節에 『福잇도다』하는句만치强味를가지는말이다。 故로七十人譯에는 否定의語가節首에올나와서『그럿치안이하도다 惡한者는』이라고되여잇다。

空虛한것 헛된것을表示하는말로 『겨』를쓰는것은舊約에서흔히보는말이다。 것껍질만이요 아모實속을가지는것이업시 조고마한微風에도定處업시 것잡을수업시불녀가는겨는 果然 不義한者를表示하는適切한譬喩다。 더구나 그不安定한狀態와僞善的인性質로서보아그러하다。 不義한者 곳하나님에게서떠러저나간者갓치不安定한人生을가지는者는업다 患難이떠미는대로 疑惑이襲來하는대로恒常動搖한다。 그에게는利慾의滿足이던가 그럿치안이하면 煩憫과焦燥와憤怨과悲觀이잇슬뿐이다。 果然뿌리업는人生이다。 그런故로 그들의標語는 어떤哲學의옷을닙고어떤藝術의粉裝을하고 어떤思想의擧動表情

을배운다하더라도 結局에잇서서『자 먹고마시자』다。어찌緣故인가。曰 蜉遊갓튼人生밧게가지지안이함으로써다。그럼에도不拘하고 그들은僞善을꿈인다。제법正穀인듯이뵈인다。그러나 그하는일이그런것갓치 그運命도空虛할것으로이믜決定되여잇다。僞善을行하야따우에活步하는것은 主人이키를들고打穀場에서기前 이제暫間동안이다。故로

그런故로惡한者들이審判할때에서지못하고、
罪人들이義人의會中에서지못하리니、

理由가업는것이안이고잇서서다。原因이업서지는것이안이고結果를내여서다。『그런故로』다。僞善을꿈이는者는 여호와의律法을無視하고 여호와를업는것으로生覺하야그를섬기는者를向하야『네하나님은어대잇느냐』고嘲弄하고 眞理라던가信仰이라던가靈魂이라던가하는것은一種의幻覺이나觀念의遊戲에不過하는것이라고侮蔑하면서도 悠久한歷史라던가文化라던가 價値라던가하는말을하야實在를가지는人生인것처럼꿈이지만은 그原因이無에歸하지안어서 그들의生涯가正穀으로行勢하던저의一時榮華에지나지안는것임을 大宇宙의앞에서暴露하는때가온다。그는審判의날이다。그날에그는서지못한다。그의살아온生涯가 그를爲하야설수잇도록證據하야주지못함으로써다。그리하야 그는 그리스도를中心으로 하나님앞에모히는義人의이날의會中에설수가업다。

大槪여호와義人의길을아시나
惡한者의길은亡하리로다

理由는明白하다。올은者의길은 여호와가알아주신다。그는여호와의律法을그生活의目的으로삼는者다故로 그의길은 여호와가親히保護하고 監視하고記憶하고指導한다。그리하야 自己의곳으로잇글어永遠한幸福에 이르게한다。그러나 惡한者의길은여호와에게서떠난길인故로 亡하는것이그運命이다一時동안그는榮華의大路갓치보이나 맛츰내沙漠中에들어가는길갓치 어대라고指定할수업는가운대迷失되고만다。

여러註釋家들이 이詩第一篇을詩篇全體에對한序曲으로너은것이라고生覺하는것은 그럴듯한解釋인

듯하다。如何한書籍에서먼지 그序文은 全冊의內容을要約縮寫하야 그根本精神을數言中에表示하는것이다。故로그序文을넘어서그冊全體가如何할것을判斷할수잇다。그런意味에서볼때 詩第一篇은 詩篇全體에부치는序文으로 果然適當한詩라할수잇다。詩篇은 人生의노래다。人生의目的을 人生의行路를 人生의複雜한事相을 或은讚頌의形式으로 或은祈願의形式으로或은愁訴의形式으로 或은默想或은敍事의形式으로읊은것이다。故로 그內容은極히豊富하다。年代로보아도千年에亘하엿고 作者로보아도各種의人物이다들어잇다。그러나 그複雜多樣한內容에도不拘하고 우리는詩篇이描寫하는人生을 두類型中의어느것에돌닐수가잇다。그두類型의人生이恒常對立되여나타나잇다。두類型이란무엇인가。曰、義人과惡人 하나님의사람과 世上사람이다。하나는 하나님의律法을그生活原理로삼는사람이요 또하나는 사람의利慾을그生活原理로삼는사람이다。하나는하나님의攝理中에서 自己의救援을發見하는사람이요 또하나는 自己의權力과智慧로成功을獲得하려는者다。前者는實在에 立脚한信賴의人生이요 後者는影像中에漂流하는空虛의人生이다。그런데이眞理를 特殊人의特殊經驗으로가안이고 人生一般의事實로叙述하는것이곳 이詩一篇이다。故로 詩는不過六節의짧은것이다。그것이指示하는眞理는實로億萬代의億萬人에빗취여서 들어맛는恒久不變의眞理라할수잇다。

두人生。우리는어대로向하고어대로발길을놋턴지 그둘中의여느하나인人生을맛나본다。뎌들은갓치存在하고 갓치자란다。義人과惡人에게다갓치太陽은빗최주고비를내리는하나님의養育中에서 뎌들은只今穀食과가라지와갓치억개를나란이하야자라난다。뎌들의區別을아는者는참으로업는듯하다。때로잇다금은 가라지가、도로혀더만은榮華를가지는듯하다。그러나 靈眼으로볼때 二者는明瞭히別種이다。

눈을들면 우리앞에두길이잇다。幸福의길과 滅亡의길。둘은 내 발부리에서갈녀저서 永遠히맛날수업시갈나진다。靈魂이여 네것는길은福스러운길인가。네뿌리는生命의시내물에밋첫는가。네눈은여호와의엽을우러러보는가。敬虔한靈魂이여 네게福이잇슬지엇다。

로마書研究

在日本 張道源

第八回 主題의提示

第一章 十六、十七節 研究

16 내가 福音을 붓그러워 하지 아니하노니
이福音은 모든 믿는者를 救援에 니르게하
는 하나님의 能力이신故라、유대人으로브터
또한 헬나人에게로다。
17 하나님의 義는 이福音에 낫타나서 信仰
으로 信仰에 니르게하나니 聖經에닐넛스대
『義人은 信仰으로 말매암아 살니라』하심과
갓도다

바울은 一章一―七節에서 自己가 如何한사람인것을 紹介하야 自己의立場을 說明한後、八―十五節에서 로마書를 쓰게된動機를말하야 自己의 로마行을 얼마나 切望하엿든것을 說示하고 十六節브터 本文에 나아가기 始作하엿다、本文에 나아가기로始作할冒頭에 뎌는 로마書의 主題로하야 十六、十七節을 提示한것이다。

一四

『내가 福音을 북그러워 하지아니하노라』의此一句에對하야 우리는 깁히 생각하여 봄이잇고저한다。何故로 바울은 積極的으로『내가 福音을 자랑하노라』하지아니하고 消極的으로『내가 福音을 북그러워 하지아니하노라』하야 福音은 當然히 북그러워 할것인대 强혀 북그러운 것으로 녁이지아니하는것갓치 말하엿나냐? 그러면 果然 福音은 當然히 북그러워 할것인냐? 그러면 福音은 當然히 북그러워 할것일진대 何故로 當然히 북그러워할福音을 북그러운 것으로 녁이지아니하노라 하엿는냐?

우리는 此一句에서 바울의 그爲人을 엿볼수가 잇는것이다。뎌는 불갓치 烈熱한 熱狂的人物인反面에 또한 冷情한理知的批判의頭腦를 所有한者임을 알수잇는것이다。뎌는 主觀的獨斷의人物이아니오 冷情한批判의人物이다。뎌는 그時代를察知치못하는 獨斷的自高의 無學漢이아니오 그時代의文化、哲學、科學、藝術等의、偉大를充分히 理解하며 圓滿히消化한 사람임을 알수가잇는것이다。뎌는 그時代의 모든것을充分히 理解

하며 圓滿히消化한사람으로서『그時代의 사람들이 福音에對하야 如何히 생각할것인가를 充分히알며 그時代의 사람으로서 福音을 볼때에는 그얼마나 어리석은것이며 변변치못한것으로 녁일것임을 充分히察知한 사람이엇슴을』우리는알수가 잇는것이다。

如此히 바울은 自己의主觀에만沒醉하야 自己의主觀으로만 獨斷하는 無批判의 淺薄한사람이 아니라。自己의主感을떠나 冷情한 理知의批判을 받아 그우에서 眞理를잡고선 圓熟한사람이다。

即며는 自己主觀에沒醉하야 내가 가진그리스도의福音만이 第一이라고만 固執하는 無知沒覺의人이아니라 自己의안에잇는 그리스도의福音을 懷疑할대로懷疑하고 批判할대로批判하야 自己가 가진福音은 그時代 哲學思想보다 優越한것이며 科學的探究에 比하야도 그보다는確實한眞理인것을 忌憚업시 確言하는理知的批判의人이다。

如此한 人으로 如此한 時代에 如此한 福音을 主張하는일은 眞實노 북그러운것으로 녁이지 아니할수업는일이다 그러하다 眞實노 북그러운일이다。當時는 紀元五十八九年項이다 로마大帝國은 네로皇帝가 絕對의權力을가지고 歐亞의全土를 風揮하며 物質文明은 極度로發達하야 人心은 虛榮外飾의極에 濁流하며 學藝文運이極度로 發展하야 기리시야哲學이 當代의 思想을 支配하고잇는 時代다 이時代에 이世界의中心인 로마를 向하야 地中海沿岸一隅에잇는 一小猶太國邊地 나사렛寒村에서 起하야 死刑을받아죽은 一個青年木手 예수를 그리스도、救世主、하나님의 獨生子、眞理의顯現 生命의本體、로고쓰、라고 唱說하는일은 眞實노愚夫의일이오 無謀漢의일이다 當時로마人에게는 唾棄함을 받을일이오 왼눈도 떠보지 아니할일이다。當時의學術文藝哲學에 對하야興趣와敬慕를 가지고잇스며 當時의 思想을洞察하는 바울로서는 自己가提唱하는福音이 當時의人에게 當然히 唾棄함을 받을것인줄을認하지아니할수가업다。當時에 福音을傳하는일은眞實노 북그러운일이다 그런故로 바울은『내가 福音을 북그러워하지아니하노라』하야 當時의思想의 眼目으로 보와서는 當然히 북그러운일이나 그러나 내가 福音을 북그려워하지아니하노라 하야 消極的言辭를 使用하야 自己의福音을 더욱強하게主張하엿다。當然히 북그러워할것이나 북그러워 하지아니한다 하는此簡單한一言中에서 우리는바울의確信과 雄大深遠과 날카로운批判을 볼수가잇는것이다。

그러면 福音은 當時의華煥한文明에比하야 當然히 북그러워할것이나 뎌가 福音을 북그러워하지 아니하는理由가 何에在한냐? 그理由는 十六節下半句의말삼이다。即福音은 모든 믿는者를 救援언게하는 하나님의 能力인까닭이다 當時의哲學이나 物質文明이 當時의人間을 그時代의罪惡에서 救濟할何等의能力이업스며 人間에게 永遠한 新生命을 附與하야 뎌희로하야곰 生命이잇게할何等의生命이업다 그러나 뎌가 가진福音은人種의差別이업시 모든 믿는者를 救援언게하는 하나님의能力임을 確實히經驗하엿는까닭이다 文野의別이업시 누구던지 예수를 그리스도로하야 받기만하면 뎌의 안에는 罪를 이기는權勢와 永遠한新生命의湧出을 보는까닭이다。

「모든 믿는者를」 救援언게한다하야 救援을언게하는 唯一의條件은 오직 信仰을要할뿐이엇섯다 福音은 모든人間을 救援언게하는 하나님의能力이다 그러나 福音이 하나님의能力됨은 그能力에 接觸하야 비로소 理解되는것이다 그리하야 或人에게는 能力이되나 或人에게限하야는能力이되지아니한다 이는 믿음으로 救援을 언게하는 唯一의條件으로하셧슴니다 그런故로 믿는者에게 能力이된다 믿지아니하는者에게는 能力이되지아니하나 모든 믿는者에게 限하야는 能力이되게한것은 사람이 救援을 얻음에는 行爲로도 아니오 積功으로도 아니오 다만 믿음으로만 救援을 얻게定하신 하나님의恩惠의일이다 사람이 믿음으로、만 救援을얻게定하신것은 하나님의無限하신恩惠의일이다。

올타 믿음뿐이다 堅强한信仰아니고 거저信仰이다 信仰만잇스면 一人의例外도업시 누구던지 救援을얻게하셧다 大小强弱의別이업시 거저信仰이면足하다 教理的信仰、傳習的信仰、虛僞의信仰이 아니고 그리스도로 말매암아우에서온信仰이면 大小强弱의別이업시足한것이다 하나님을 살아게신 아바지로하야 依賴하며 그리스도를 生命으로하야 全部一任하는 信仰이면 足하다。

아ㅣ眞實노 참福音이다 福音의 福音된所以는 此에在하다 如此히 福音은眞實노 簡單하고平易하야 萬人이 다밧을것으로되엿다 그러나 사람사람이 다이것을 容易히受納하지는못한다 그理由는 이것이 眞實노福音이엿는 까닭이다。

사람은 참福音이올때에 넘어질것으로 되엿다 사람은 眞實한것은 疑心하고 虛ㅅ된 것에게는 잘속히우는것이다 사람은 自己생각보다 큰것은 다非認하며 自己의머리보다밝은것은 다 疑心하는것이다 그리하야 自己自身을 自己의主로하야 失敗한者요 滅亡한者다。

『救援』은消極的으로는 全人類에게 臨하는 하나님의震怒(永遠한滅亡)에서 人類를 救濟하는것을意味하는것이오 積極的으로는 永遠한生命의附與를 意味하는것이다 卽在來의自我를 罪人으로 確定하야 十字架에 내여주어 예수와함께 十字架에 못을박혀 죽게하고 죽은가온대에서 또한 예수와함께 새生命으로의 復活을얻어 永遠한世界에서 永遠한生命으로의 生活을하는者를 謂함이다 換言하면 一面으로는 過去의모든罪의 赦宥함을밧아 하나님앞에 義로운者로 立함의許諾을받는同時에 一面으로는 우흐로의 새生命으로 새로난者가되야 永遠한 새生命의所有者로서 永遠한世界를向하야 거름을 걸는人生의生活을 意味하는것이다。

如此히 救援이라는것은 赦罪稱義로써 終한것이아니다 그런故로 十字架上贖罪를 信하야 基督敎는 盡한것이아니다 이우에 또한 옿으로의 새生命의 無限한發育이 잇서야한다 그러나 現代의所謂信者나 敎役者들中에서 或者는 贖罪、復活을信仰하야 救援을얻엇스니 내救援은 굳엇노라하야 生命의發育에 對하야는 何等의關心考慮하지아니한다。 그러나 基督敎의 救援이란것은 이와갓치 淺薄한것이아니오 無生命한것이아니다 基督敎의救援은 그內容이 深遠奧妙하야 豊富莫測의것이다 救援의內容은 하나님의全體요 天國의全部다 無窮으로브터 無窮까지다 宇宙의全造

로마書研究

化가 基督敎救援속에잇다。

呀ㅣ現代의淺薄한者들아 누가基督敎의 救援이 예수의十字架上贖罪를믿어서 救援을얻어 두엇다가 죽어서天堂가는것이라고하던냐? 너희가 罪贖를믿고 復活을믿어서 義롭다 함을얻어 救援을 깁버하엿슬지라도 너희의生命이 살아서 날마다 發育되지아니하면 너희의生命은 말나죽고 너희의救援은문허지는것이다 그런故로 너희는 救援에對하야 그와갓치 淺薄하게 生覺하지말고 너희의 生命의發育에對하야 깁히 關心考慮하라。

바울은 十六節에서는『내가 福音을 북그러워하지아니한다 그理由는 福音은 모든 믿는者를 救援얻게하는 하나님의 能力인 까닭이다』하야 福音은 萬人을 救援하는 하나님의 能力임을 提示하고 十七節에서는 그理由를 說明하야 曰『하나님의義는 이福音에 낫타나서 信仰으로信仰에 니르게한다』하엿다。

우리는 몬저『하나님의義』에對하야 생각함이 잇고저한다。或은 이를 하나님의 屬性의義라고 生覺하는者가잇다 이는 文字上으로만 보아서는

合理한生覺이다 그러나 로마書全體의 精神으로 보아서는 不合理한生覺이다 大槪로마書는하나님의屬性인義를 說解할야는 것이아니오 하나님이 不義한人間을 義人으로 녁여 주시는道를 展開하야 노흐신 일에對하야 說示한書다。

即人間은罪人인故로 스사로 義를行하기不能하다 그런故로人間은 하나님앞에 永遠히 不義한者로의 다사림을 받을수박게업다 如此히 하나님앞에 不義한者로의 다사림을 받는일이 곳人間의滅亡이다 하나님은 人間이 永遠한 滅亡을 받는일에 對하야 참아 견대지못하야 末世에는 自己의獨生子를 이世上에 보내시샤 뎌로하야곰 義를實現케하며 十字架上에 못을 박아 죽여서 뎌의 죽엄으로써 萬人의罪를 代贖하는일이 되게하시고 뎌의 復活로써 人間의生命이 되게하야 이事實을 無條件하고 納信하는 人間의行爲를 하나님은 人間의義로 認하기로하셧다 이것이 로마書의 根本思想이다 그런故로 十七節에서 말하는『하나님의義』는 하나님 屬性의義가 아니오 하나님이 人間을 義롭게하시랴고 不義

한 人間을 義人처럼 보아주시는 하나님의義다。即하나님의屬性인『하나님의義가』아니오 하나님께서 人間에게 認定하야주시는 하나님의 義다 人間에게서 實現된義가아니오 그리스도의功勞로 因하야 不義한人間에게 義롭다 하심을주어 義롭게하신 人間의義다 即바울이 빌닙보三章九節에述함과갓치 我의義는 律法으로말매암은것이아니오 다만 그리스도를믿는 信仰으로 말매암은것이다 即信仰으로 말매암아 하나님께서 주신義다。

如此한 意味로의 하나님의義는 낫타낫다 只今 낫타나서잇다 福音에낫타나잇다 하나님씌서 不義한人間에게 義롭다 하심을주신義가 福音中完全히 낫타나잇다 이『하나님의義』가 낫타나서 人類의救濟의業은 根本的으로成就된것이다。

『信仰으로브터 信仰에至한다』는此一句에 對하야는 古來로註解者間에 만흔異說이 잇다고한다 或은 信仰으로브터 信仰에 나아가는 信仰의進步를 意味하는것이라고 말하는 사람이잇다 그러나 나는 그럿케 생각하야 恩惠됨이 적다 하나님의義는 福音안에 낫타낫다 即우리主예수그리스도를 믿는 信仰안에 하나님의義는 明白하게 낫타나젓다。이것을 나의것으로 獲得함에는 또한 나의信仰을要한다 如此히 信仰으로써 獲得한 이義는 信仰으로 말매암아 完成되는것이다。即換言하면 하나님의義는 信仰안에 明白히 낫타나서 信仰으로 말매암아받으며 信仰으로 말매암아 保全하며 信仰으로 말매암아完成하는것임을意味한것이다 하나님의義는 믿음안에 明白히 낫타나서 信仰으로始作하야 信仰으로完成된 信仰만의것이다 그리하야 信仰으로만 하나님의義를 얻게하야 義人은 信仰안에 잇게하셧다。即義人은 信仰에잇서서 信仰으로만 살게하셧다 이는 하나님씌옵서 人間을 信仰의人으로 만드시랴는聖意다。信仰의人의 信仰生活안에는 宇宙의造化、聖意의奧妙、榮光의全體가 充滿히채워저잇는까닭이다。

하나님은 人間이 律法을行함으로 自己의義를 産出하게하지아니하고 예수그리스도를 믿는信仰으로 말매암아 義롭다함을 얻게하야 義人되는길은 오직 信仰의一路가 잇을뿐으로하셧다 이는 義人은 다信仰의産物이게하야 義人은 다信仰의産物로서 信仰으로만 살게하심이다。

그리하야 바울은 十七節下半에서 『義人은 信仰으로 말매암아 살니라』한舊約하박국二章四節의 말삼을引用하야 自己의所說을 支持하엿다。

하나님은 不義한人間이라도 信仰만잇스면 不義한人間그대로를 義人으로認定하야 주신다하니 信仰이란그무엇인냐?

信仰이라함은 人間이 하나님을義롭다認定하는것이다 하나님의 말삼은 모든것이 그대로가義라하야 하나님의 말삼이면 無條件으로 肯定盲從하는것이信仰이다 如何히 理性에不合하며 常識에背馳되는일일지라도 하나님의 말삼하신바요 行하신일이면 如何한 境遇를莫論하고 눈을감고 그를 盲從하는일이信仰이다。

이信仰을 하나님은 義로定하섯다 이義안에人間의救援이잇게하섯다 人間이 하나님을 義로定하는일이 信仰이오 이信仰을 하나님이 義롭다하시는일이 人間의救援이다。

山上垂訓研究 二〇 [十]

金 敎 臣

寶物을天에싸흐라 太六〇十九―卄四

十九、寶物을 따에 싸하두지말나。좀이 먹고 동녹이슬고 盜賊이 구멍을뚤코 도적질하난곳이니

二十、오직寶物을 하날에싸하두어라。이는좀도 못먹고 동녹도 못슬고 盜賊도 구멍을뚤코 도적질못하난곳이라。

卄一、대개 네寶物잇난곳에는 네마암도 잇나니라。

卄二、눈은 몸의 등불이니 그런고로 네눈이 성하면 온몸이 밝을것이오。

卄三、눈이흐리면 온몸이 어두울것이니 그런故로 네게잇난비치 어두면 그어두은것이 얼마나 어둡겟나뇨。

卄四、한사람이 두主人을 섬기지못할것이니 或 이를뮈워하며 뎌를사랑하거나 或이를 중히녁이며 뎌를輕히 녁임이라。너희도 하나님과 財物을 겸하야섬기지 못하나니라。

六章第一節以下十八節까지의 上半分에서 救濟 祈禱 禁食의 세가지問題로써 人間萬般行爲에關한根本原理를闡明하시사 動機의純粹할것을 指點

하신後에 只今 第十九節以下에 基督者의實際生活問題를論하시니 信仰에單純하라는것이 實生活의 根本原理가된다한다。

무릇生物은 個體生存과種屬保存의 本能을가젓다。人間들도 意識、無意識中에 如何히하면 自己一生을安樂하게 보낼수잇을가。可能하다면 그子孫들의 衣食까지蓄積하여두랴는데 沒頭하게된다。이目的을 達하기爲하야 動産보다 不動産으로서 遺産을두난것이 安全하다하며、社會와國家는 온갓綿密한法規로써 이安全性을 保障하려하며近代에流行하는 社會革命을目的한 時代思潮들도大槪는 이本能을 보담더確實히 充足식히려함에不過한것이다。名目의如何와 理論의高低를不問하고 이所有慾과 蓄積하랴는本能은 東西古今에普遍的事實이오 또人間性에深刻하게潛據한 先天的慾望이다。그럼으로 慾望은다시 慾望을產하고蓄積에다시蓄積을加하야 停止할바를不知하며 飽滿할바를엇지못하는것이 人生의現實이다。西哲이人間의大部分은 오직「製糞機械」에不過하다 고喝破하엿거니와 果然人間의大部分은「蓄積慾의塊」에不過하다하여도 無妨할것이다。

이頑固한慾塊에對하야 그리스도는「寶物을 따에싸하두지말나」고 警告하신다。우리聖經에는多少間不明하게되엿으나 原文에는「自己를 爲하야寶物을 따에싸하두지말나」는뜻이잇다。即自己一身의安樂과 子孫의榮盛을 計하는意味로써 寶物을 蓄積하는것은 萬全之策이못된다한다。비록良田美畓으로써 蓄積하엿을지라도 不動產은容易히動產으로 化할수잇는것이오 完全한金庫안에 保管할지라도 製造業이發達한時代에는 破壞術도또한發達하니 아세티린瓦斯로써金庫를破壞함은 小刀로써紙箱을折開하기보다도 더容易하다하며 銀行、金融機關이 完備하엿다할지라도 露、獨이經驗한바와갓튼 貨寶의價値가一朝에顚倒될일이全無할것을 保障할수는업는바이며 雖曰永遠强大한國家와 周到緻密한民法의保障이잇어 거의絶對의安心으로써 寶物을地上에蓄積할수잇는世上이 면將來에到來한다할지라도

내가보건대 날 아래 또근심할일이잇으니 世上사람가온대 흔하도다。하나님께서 사람의게

財物과産業과尊貴를주사 마암에願하는것을 조곰도不足한것이업게하시되 오직能히누리지못하게하시고 다른사람으로 누리게하시니 이도또한헛되여 實노큰病이로다

함은(傳道六章一、二節)果然世上사람가온대 흔한일이오

우리가 世上에올때에 가지고온것이업슴애 世上을 떠날때에도 또한아모것도가지고 가지못하려라

함도(듸모데前六章七節、傳道五章十四節、욥記一章廿一節)人間에서 變通할수업는鐵則이다。 그런즉地上의蓄積이란것은 期待하든바와如히 安全치못할뿐더러 도리혀失望을招來하는 根本이되는故로 不安한地上에서 安全을求하지말고 寶物을하날에싸흐라。 왜이처럼勸하는고하니 寶物은物件으로만失敗에歸하는것이아니라 「寶物잇난곧에는 네마암도잇난故」로 寶物이虛ㅅ것으로判明될때에 네마암에慘怛한失望이臨할것이다。 따엣것을思慕하는마암은 그心靈까지 따와함끠朽滅할것인故로 네마암을滅亡할것에 붓치지말고 네마암을 하날에붓치면 거기는永遠히安全한곳이오 失望이다시업는곳이니 依賴할곳은 따이아니오 하날이라。

寶物을따에蓄積할것인가 하날에둘것인가。 그分岐點에잇섯어는 差異가極히微微하나 그結果에至하야는絕大한相違를生하고야만다。 故로人生이 地上에依存할것인가 하날에全屬望을移注할것인가함은 實노重大한運命을決斷하는것이다。 누구든지理性의 온전한判斷力을集中하야 이岐路에當하여야하겟다。 마치一身의諸器管이具全하엿을지라도 萬一明哲한眼目을缺하면 全身의動作과判斷이全部暗昧하지안흘수업는것처럼 사람의속에잇는眼目 即理性이 흐리엿으면 全生涯가暗昧하게될것이다。 理性이判斷을 그르게하야하날엣것에 마암을두지안코따엣것에 依賴하게되면 그全生涯는虛妄한대로 歸結하겟고 그失望은絕大하겟는故이다。

天인가 地인가 二者의一을擇하여야한다。 따에蓄積하다가 丁寧히虛妄한일인줄노判明될때에 하날에 轉換하도록 兩便에適宜한交涉을 保持하는便方은 實際에許諾지안한다。 忠臣은不使二君이라 「或이를미워하며 뎌를사랑하거나 或이를重히녁

이며 더를輕히녀이는」 까닭이다。故로 一方으로 하나님께信依하고 他方으로寶物에依支하려함은不可能한事다。第二十二節에 네눈이「성하면」이란字는希臘語의 haplous 即「單一」이란뜻임으로 이句는「네눈이 單一한目的을向하면全身이밝을것이오」라고 譯할수잇다。寶物에半心 하나님께半心 그리하다가優勢한편에 一身을依托하려하는心事는 大端複雜한心事요 이와가치二個以上의目的을觀望하는 눈은「흐린눈」이오하나님의 꺼려하시는것中에 「二心」보다더甚한것이업슴은 十誡命의第一節을보와도 잘알것이다。

이처럼하야 그리스도는 우리의實際生活의第一原理로써「單純한心情」을要求하신다。「하나님이無力한때는財物에、財産이虛妄한때는 하나님께」라는便利한方法은 容赦치안하신다。하날인가 따인가態度를鮮明히할것을要求하신다。兩棲類의動物과갓치 水中生活도하고陸上生活도可能하도록 鰓와肺를兼備하며 不方唯圓하야 本體를曖昧하게함으로써宗旨를삼는 所謂處世術과는 根本的으로다른길이다。그러나 이것이 그리스도의길이오 하나님과財物을 兼하야섬기지못할바에는 願컨대虛妄한寶物에 마암을두지말고 永遠히安定한 하날에네마암을 잇게하라 는것이 그리스도의附托이다

果然하나님과 財物을兼하야 섬기지못할것이오 斷然히地上에寶物을蓄積하는虛ㅅ된일을버리고 오로지하날에만積財할것이라하나 그러면우리의實地生計는如何히할것인가。이는篤實한信者의게特有한疑問이다。우리는 그리스도의敎訓에忠實하기爲하야貯金通帳을가질수업고 一日一圓賃金으로勞働한者는 그날日沒하기前에그一圓을 散費하여야하며 一月百圓으로雇傭된者는 一錢金의時在도그翌月에남기지안토록盡費하여야할가。農夫는一年間農作物을翌年秋收後까지餘裕를두엇어는안될뿐더러 더는새로운耕作地를買得할수도업고 萬若徹底히實行하랴면 所有하엿든土地、家屋까지도盡散하여버리고文字대로의 無一分者가되여야할道理에 서게된다 이것은單只無用한空想이아니라 過去의敬虔한聖徒가이와갓튼解釋을取하야 舊敎時代의修道院制度가發達하야赤貧主義로써 그리스도에忠實한所以인줄노알엇고 現在에도 基督者로서儉約한生活을하는者는放縱한生活하는信者보다 一段下劣한信仰狀態에잇는것처럼指目하는수가種種잇다。

萬一그리스도가 文字대로의無一物主義를要求하섯다면 容易한일은아니나 그러나우리는全力을다

하야 主의要求에忠實하기를힘쓸것이오 目的은單純하게되엿다하겟다。마는實相은 그러케淺短한것이아니다。基督의敎訓은 所謂車天子가普天敎徒의게賣田獻金하면後日得國時에賠償이잇을것으로써慫慂하든類의風說과가치虛荒하고淺薄한것일가。決코아니라。우리는田畓을盡賣하는 그事件自身에는何等의善한것이업슴을 넘어도만히目擊하엿고 放浪한生活그안에는 何等의天國要素가업슴을知悉하엿다。特히古來로名物인 우리淸貧主義에는 한가嫌惡뿐이아니다。萬一文字대로 財物의蓄積이업슴으로써 基督의要求라하면 무릇全世界上에 朝鮮사람들처럼基督의敎訓에合致한百姓은 他에업슬것이다。還視할것도업시 우리周圍에는蓄積하지아닐뿐인가 負債의蓄積에까지達한淸貧의士가 成群하여잇는故이다。文字대로의赤貧그것은 우리의게아모善한것이겁고 또基督의本旨에도 合한것이아님은朝鮮今日의現狀이 잘證明하는일이다。

財産이 必曰惡한것이아닌것은 聖書自身이證明한다。하나님은義人욥을祝福할때에

여호와께서 이갓치 욥의게福을주사 그나종이처음보다 낫게하시니 이에 뎌가 면양一萬四千과 약대六千과 소一千겨리와 암라귀一千이잇다。

하엿다(욥記四十二章十二節)。信仰의 報償으로준것이惡한것일수가업는바이며 또箴言에도

謙遜과 밋 여호와를敬畏함으로因하야 밧을報應은 財物과榮光과 밋生命이니라。

하엿으며(二十二章四節)。또예수自身이 이山上垂訓첫머리에서

溫柔한者는福이잇나니 뎌히가따흘차지할거시오

라고(五章五節)하엿으니 土地或은其他財産을所有하는일과 받은바物品을 尊節히하고餘殘을貯蓄하는일그것이 곳罪惡이아닌것은聖書全體가明示하는바다。要領은「네寶物잇난곧에 네마암도잇는」까닭이다赤貧中에잇섯어도 오히려寶物의蓄積에 마암이捕虜된者가잇고、巨萬의富에處하엿을지라도 욥과갓치「내가赤身으로母胎에나왓으니 또한赤身으로도라갈지라。여호와께서주시고 여호와께서 빼아섯으니 여호와의일홈을可히 찬송하리로다」하면서(一章廿一節)하나님앒헤義로운者로處할수도잇다。要컨대 믿을랴거든 單一하게믿으라。마음이二分하는 거기서브터 발서信仰이아니오 헛된일이오하나님앒해 可憎한일이다。

城西通信〔甲〕

一九三一年八月十四日(金曜)同一한苦言을 물하야도 밧는사람에딸아怨망도되고 感謝도된다。그러고苦言의報酬는大槪前者엇드니 今日『敬慕하는先生에게올임』이라는如左한一書는 苦言을發하는勇氣를加함이만햇다。

例엽든여름추위도지나가고。立秋가지난後에 가을더위가始作하엿음니다。저는때때로시넷가 숩속에안저서 博物室안에서休暇前에作定한푸로그람을進行하고잇는先生을머리속에그리여自身을憤發함니다。그리고 오날까지한時도잇저지지 안는것은去月二十日아츰에先生께서○○에게만나리신敎訓이올시다。東窓으로새여드는側面光線을밧고안저서한마듸한마듸나오는先生의말삼은저의뼈미다사모차고잇습니다。저는늘忠告를밧기를조와햇스나그다지무슨큰收穫이엽서서座右銘을써서보기도하고或은偉人傳을읽어서모든것을잇기도하엿으나亦是사람으로서 밧는말갓치큰感激주지는못하는듯함니다。저는날마다날미다「오날에살지」를잇지안으랴고함니다 至今은몸도別일업스나 그當時에몸이不便하야遲刻하엿든것이一生에큰도음이된것갓치 生覺됨니다。萬一그날몸이病나지안엇드면 저는이金으로도 사지못할訓話를듯지못하엿으리라고生覺하매 이것은반다시過然한 病이안인것을깨닷슴니다。제가學校에기서 四年間배운것은 다만그날아참에先生에敎訓뿐인줄생각함니다。A、B、C나 a+b갓흔것은그동안어느곳에가든지배왓음것이며 自習을하엿어도아러젓을듯한 生覺이듬니다。저는이敎訓을가지고참사람이되여보리라고 生覺함니다。그리고先生이 저를前브터이만큼信任하신것을 마음으로感謝히녁이며 한편으로모다제가잘낫다고 떠드는허제비의무리들을애처러이生覺하며맙게도보임니다。二十日밤도그대로밝히엇습니다。저는오날까지스승도업고親舊도업섯습니다。그러나오날에는한사람의스승 한사람의親志를엇엇습니다。동모로는○○君밧게는 업스리라고生覺함니다。그는腦도그다지 賢明치못하나적 意志가堅固하며모든일에 거즛이업슴으로부터 同伴가되엿으나 그는어느點으로 저를밋난지난 알수업지요。如何問오날에한사람의스승 한사람의同志로저는足함니다、……

八月十六日(日曜)午後二時에 使徒行傳八章ㅣ廿四節의工夫。暑氣酷甚하니 忍耐하는것마니事業이다、十九日夜에 張牧師載寧 平壤集會를마치고入京하엿다가 翌日밤車로 歸任의途에登하다。

二十三日(日曜)集會업시 終日을溪邊에서보내다。二十五日午後에數年來로社會主義에沒頭하던靑年으로부터 七十頁에近한悔懺錄一册이來到하다。眞實을探求하는者는비록一時彷徨하는수잇더라도 乃終바른길을찻을것이다。또이날에우리의「누가」安尙哲醫師로브터信仰에넘치는書信이잇서 今日도感謝와歡喜의一日이엇다。二十六日은第三十二號의校正日이엿다。

三十日(日曜)休暇中最後의主日임으로新秋의準備祈禱會를열다。빌닙보二章一ㅣ十一節을읽고講學한것이和合一致의要鍵임을배우다。三十一日午后에 그親父母가惡人으로判定하엿다는某靑年을 惡人이아니오善人이며還善할餘望이多大하다는것을辯證하기爲하야某家庭을尋訪하다。極難한任務엿으나다하고보면心快한일이엿다。行爲의末端보다內心의發動에着眼케함은 確實히그리스도의恩賜로밧은것이다。이眼目으로써볼때에多數의惡人이 父母의慈悲에도容納치못할者까지가 敬慕할만한友人으로 化하여진다。感謝。

京城聖書研究會

日時　每日曜日　午后二時

場所　市外孔德里活人洞本社

講師　金　敎　臣

聖書六十六卷을一卷一講으로六十六回에聖書大意를講了할豫定이다。十一月第一主日브터創世記始講。

一九三一年十一月一日

本誌定價(送料共)

一　册	十五錢
六　册(半年分先金)	八十錢
十二册(一個年分先金)	一、五〇錢

昭和六年十月廿九日　印刷

昭和六年十一月一日　發行

京城府外龍江面孔德里一三〇

編輯發行兼印刷人　金　敎　臣

京城府西大門町二丁目一三九

印刷所　基督敎彰文社

京城府外龍江面孔德里活人洞一三〇ノ三

發行所　聖書朝鮮社

振替口座京城一六五九四

『聖書朝鮮』第三十四號 昭和六年十一月一日發行（毎月一回一日發行）

（定價十五錢）

昭和五年一月二十八日(第三種郵便物認可)
昭和六年十二月一日發行(每月一回一日發行)

聖書朝鮮

第參拾五號

一九三一年 十二月一日發行

目次

京城 聖書朝鮮社 發行

城西通信〔乙〕

連하야十月六日에는 平壤崇實專門學校에在學中인兄弟로부터如左한端書가飛來하엿다「聖書朝鮮! 너와冊床을갓치하기 오늘이처음너무느즌感이 오히려압선다。너는斯界를 어즈럽히려오지안코 純을가지고眞을펴려왓거던 네우에 아는이만알수잇는 그의祝福과恒偕길이잇기를바라노라。柏木의通信이엇친지一年이넘은오늘 聖書의誌許多하이 何取何捨를 가리기어려운지라。귀태여업는同情을求하랴고도아니하시며 꾸준한勞力을하신다는先生의姓華는임이드른적이잇으나 聖書朝鮮의創刊號를 가지지못하여 혼이나도는純福音主義란美名박게 엿볼길업사와此誌創刊의初志와抱負를알고십흐며 將次斯界卽聖書우에의運動을어써케展開하려하시나이까」 大阪市趙英濟氏로부터「主님사랑가운데서이貴한雜誌를밧자옵기는今年正月부터 許鍏兄님을通하여서임니다。眞理에渴急하든주린生命의게잇서서 이우에업는滿足을밧어 다만感謝함을마지못함니다。이거륵한事業에盡力하시는先生님들의勞力과 이貴한生命이躍動하고잇는眞理의말삼을담은 「聖書朝鮮」의날노날노眞理의 새도움에서發展하옵기를바라옵나이다。그리하고 주림에헤매이는朝鮮의젊은이들의게無二의指導되며 羅針盤이되기를 바라오며 아울너筆者先生님들의 來來安康하옵기를 바라 몃말삼드리나이다」云云

十月十一日(日曜)午後二時集會。聖書全體의大意를講하다。同十七日(土)十八日(日曜)兩日은梧柳洞에合宿하면서「復興」祈禱會를열다 張道源牧師의來信에曰「……나는每日午正조소래가 뛰ㅣ나는때에 聖朝誌自身과關係諸氏、讀者諸位를爲하야祈禱하기로하얏습니다。以此海諒하시옵고 十二時 뛰ㅣ가울거든 내가祈禱하는줄노記憶하여주시옵소서」惶悚한일이다。聖朝誌가今日까지成長하엿음은 이와갓흔 裏面에숨긴援助가잇는故이다

十一月一日(日曜) 午前中에는活人洞長老敎會의請에依하야 禮拜說敎하고 午後에는如前히硏究會。二日(月曜)에 間島龍井村監理敎會李浩彬牧師로브터 如左短信來到하다「얼마前에李龍道牧師의손을거치여 나외게到來한聖書朝鮮은 나로하야금 크신恩惠를맛볼수잇게하엿습니다 됴흔糧擬과됴흔燈台가되옴을늣기여 同志들의게傳하야 그들의게까지도 크신恩惠가되여잇음을내가밋습니다。이제 나의게더욱크신恩惠를베프시기爲하야貴여운글을주옵시니 先生님의厚意를感謝하오며 이울너主님의사랑가운데서 되어지는일임을깨닯아더욱감사함니다。主님恩寵이來來게시사 主님의참뜻을드러내시는使命을다하사이다云云。」今日間島에잇는基督敎徒가當하는逼迫이란것은 內地安全地帶에안젓는사람으로서는 到底히像想할수업는地境이라한다。初代信徒의當한바 使徒行傳그대로의事實을 다시記述하는生活의 最前線에서十字架를메인李浩彬牧師로브터 이音信을밧아써뜻한자리에안저잇는者의感慨가 다시집허짐을 늣기지안일수업다。傳道者의발자최에祝福이豊足하옵기를

五日(木曜) 咸興李啓信君來信에曰「病이速治안될수록 別別風說이 다아들키지요 그러나 저의밋는밋음이야 變動식힐수업지요 밋음으로慰安이되고 聖經을볼때마다生命의奧義를맛보고 外形의無望에서 有望을祈禱할수잇는밋음을 그네들은 별별嘲笑와曲說을 하지안켓습닛가。可笑可笑。……………〔附〕 路加福音六章十八節과聖書朝鮮第三十三號十八頁에記錄된、에베소六章十一節以下의聖句와 찬송가百五十五章(曲調까지잘아는것이올시다)을十一月五日밤八時에저와갓치 찬송합시다。」하엿다。三年에亘한肺病患者로서 信仰緣故로 빗는和成故友의嘲弄속에서 病苦와信仰에 아울너싸우면서 善善忍耐하여가는光景은 義人욥이災患을當하엿을때의記事를읽음과彷彿하다。只今李君이잘아는讚頌歌는百五十五章한곡조뿐인늣하다。여러가지曲調의찬송가를부르며 主祈禱 使徒信經의暗誦과大旨要節의鸚鵡的問答으로써 試驗한다면李君은罪境落第를未免할 不完全한信者라할것이다。그러나單純히 그리스도를信受하는게지써만한참밋음이 周圍를征服하면서살아잇는 生活化한信仰이란點으로보면 李君은발서아모런神學博士보다도 더偉大한信徒가되고잇다。今夜八時에李君의請하는대로一時에同句同調로찬송禮拜하다

八日(日曜) 今日브터 午前은梧柳洞에集會하고 午後二時에는如前히本社에서硏究會。出埃及記를紹介하다。十日(火曜) 오랫동안어린악이의看護中에잇는五山咸兄으로브터來書에曰「……大體로보면當初보다는差減잇는模樣이니 낫겟지요。何如間어버이의心情이如何한것을 좀집히經驗해보앗습니다……實地로當해보고이。그리고生覺하는것이하나님의心情입니다、사람의形狀을봄소써면예수의心情입니다。그의靈이우리게왓서야 그의心情을아는것。그의十字架를저보고야 그의心情을아는것。이世代에서하나님을찾는소래가漸漸적어가는것은當然한일인듯합니다……×兄씨여、서消息업습닛가。兄님답답하여못견대겟습니다、大鎌을들고 이穀食을거둘者가! 日開예수가自己의일홈을이惡한世代에서부쓰러워말나하신말습이만이生覺키움니다。우리가萬一그의일홈을부쓰러워안는다면 우리의最愛者를爲하야第一次로이를戀勸하여야할것입니다。弟스스로는靡平이目的이아니되고生活에서한附隨的것이되는것을두려워합니다。兄이여生存하신며의게祈禱합시다。

我의祈禱

主여 나를世上에對하야는 完全히 죽여주시옵소서 世上에對하야는 이미죽어 썽속에葬事한바되게하시고 이제는 하날에서新生한 赤子로하야하날에것만을알게하시오며 主만을 思慕하게하시옵소서 그리하야 主께信從하는것만이 나에게 잇게하시옵소서 이信從까지가 나에게서 生긴것이되지말게하시고 主께서 주어서잇는것이되게하시옵소서 나에게잇는이信從까지가 나의것이 되지말게하시고 主의것이되게하시옵소서 그리하야나의全存在가 主의것이되게하시옵소서 먹고마시는것이나 입고벗는것이나 자고깨는것이 다主로말매암아 잇는것이되게하시옵소서。主께서 가라하시면가고 오라하시면오고 먹으라하시면먹고 굶으라하시면굶고 입으라하시면입고 버스라하시면벗고 取하라하시면取하고 바리라하시면바리고 毒이라도마시라하시면마시는者가 되게하시옵소서。이것은取할것이며 뎌것은取하지못할것이며 이것은行할것이며 뎌것은行하지못할것이며 이에는處할것이며 뎌에는處하지못할것이라하야 스사로判斷하야 主의일을代身하지말게하시옵고 다만絶對信從으로써主의것이되게하시옵소서 나의生命은 나의自主함에잇지아니하고 絶對信從함으로 主의것이됨에잇게하시옵소서 내가 主의것이되지못하야서 亡한者가되고 죽은者가되게하시옵소서 主의것만되엿스면 모든것을失하엿슬지라도 모든것을얻은者가되며 죽을지라도 산者가되엿슴을 믿는者가되게하시옵소서

信從以外의것은 나에게許與하시지마시옵소서 信從以外의것은 다罪惡이엿슴이로소이다 아ㅣ主여 나에게서 信從으로되지아니한일은 다罪의것으로하야 十字架에못을박아죽이시옵소서 나에게서 모든不信從이죽어야 나에게永生이잇겟나이다 나의全部가 完全히죽지아니하고는 永生을얻을수가업나이다 나의全存在가 다罪엿나이다 죽엄이엿나이다 主여 나를이罪와죽엄에서 完全히救援하야주시옵소서 이世上을向하야 完全히죽은者가되게하시고 主를向하야만잇는者가되게하시옵소서 나를完全히죽이는데에 永生이잇슴을알게하옵소서 아멘

敎會叅訪의感想

나는八月十六日下午七時半頃에 平壤章臺峴敎會助師金禮鎭先生의引導로 同敎會禮拜說敎에叅席하엿다 나는 나自身이 다른先生의說敎를드러 나의靈에恩惠됨이 잇고저함이엿섯다 나는恒常說敎를하는者만되엿섯고 他高明한先生들의 說敎를듯는일은 적엇슴을遺憾으로 생각하야오든바 今番平壤城에오게됨을 조흔機會로하야 平壤城中의第一有名한敎會에가서 有名한先生의說敎를 드러나의靈에 큰恩惠가 되고저함이엿섯다 그러하야 여러敎會에서 請하는說敎를拒絕하고 큰期待를가지고갓다 나는 아주謙遜한마음을가지고갓다 밧기만하리라는 渴汲한靈의要求를 가지고갓다 무삼말삼이던지 그대로받아順從하리라는 空虛를가지고갓다 맛참 이날밤에說敎하시는先生은 亞美利加出身으로서 現今平壤城內某大學校敎授로게시는某先生이엿섯다 뎌는朝鮮基督敎界에有名한 一大巨物이라고한다

先生은 聖經빌닙보二章一節以下 멧節을넑으시고『生活改善』이라는 題目으로說敎하신다 나는謙卑한마음과 渴汲한靈의要求를 가지고先生의 앞에 꿀어업대엿다 나는 한마듸 한마듸를 祈禱하면서드럿다 그러나 첫마듸로브터 끗까지 나의靈에는恩惠가되지아니한다 나의信仰으로 보아서는 뎌는 아모리하야도基督信者는아니다 信者가아닐뿐만아니라 基督敎에對한常識조차업는者다。不信者中의不信者다 聖經이라고는 全然히不知하는門外漢이다 이聖經말삼에서『生活改善』이라는題目을取擇할수업는것이다 뎌는聖經말삼中에 삼키워잇는眞理를 낫타내랴는것이아니라 自己의 뜻대로 生活改善을 말하랴는것뿐이엿섯다 聖經은法例에依하야 抑志로아모대나自擇한것뿐이오 聖經을通하야 主의말삼을받은바가잇서 主님을代身하야 說敎하는者는아 엿섯다 自己의뜻대로 한부로떠드는者요 眞理를말하는者는아니엿다 盲者가盲者를引導하는格이오 主의보내심을받아眞理를말하는者는아니다 即說敎者는아니다

二

아ㅣ主의보내심이업시 敎會의講壇에서는者여 네게禍가잇스리로다 聖經을알지못하고 說敎하는者

여 네가 너혼자亡하는것이可하거늘 엇지하야뭇사람을引導하야 알지못하는길을 걷게하는냐?

아ㅣ敎會의兄弟姊妹들아 너희가무엇을爲하야 모혓는냐? 너희가 무삼要求늘가지고 모혓는냐? 너희가 夏日炎天의괴로움을 무릅쓰고 모혓스니 너희의모힌理由가 무엇인냐? 너희가 이모힘을 모힘으로 너희靈에무삼恩惠로움이잇는냐? 너희의 靈에무삼動함이잇는냐? 아ㅣ너희가 眞實노불상하도다 너희는 非敎人을가라처 불상하다하나 나는 너희를가라처 非敎人以上으로 불상한者라한다. 너희에게靈의要求가업거든 모히지나말거나 모혓거든 무삼要求나가지고 모히지나! 이도뎌도안이니 아ㅣ現代敎會의兄妹들아 너희가眞實노불상한者로다 地獄을向하야가면서 天堂으로가는줄노誤信하얏스니 너희의終極이야말노 불상하도다

現代의敎會는 聖神은써나가고 福音을닐흔敎會다 現代의敎會는 등불이꺼진敎會다 盲者가盲者를引導하는敎會다 盲者가되야盲者를引導하니 그結果는둘이다亡할것뿐이다 現今敎會는求景次로나갈곳이오 主씌禮拜하기爲하거나 靈의要求의渴한대를 채우랴고갈곳은못된다。敎會墮落如此至甚矣

罪를犯하지아니하느냐?

約翰第一書五章十八節硏究

張道源

18、무릇 하나님씌로 난者는罪를 犯하지아니
하는줄을 우리가안다 하나님씌로 나신者가뎌
를직히심애 惡한者가 뎌를 만지지도못하게하
나니라。

『하나님씌로난者』라함은 信者를 가라처하는말이다 信者는 이世上으로브터 난者가아니오 하나님씌로브터 난者다 하나님씌로 나지아니하고는信者가될者가一人도업다 信者는 다하나님씌로난者다 在來의生命말고 새生命을 하나님씌로 받아서 새로난者다 卽하나님씌로 난者다、그러하야 信者는하나님씌로의 새生命으로사는者다 하나님씌로 난者外에는 하나님을 아는者가업나니 하나님씌로 난者마다 하나님을알고 그보내신者를 민으며 聖神의스래를아나니라 하나님씌로난者는 하날에屬하고 쌍에서 난者는 世上에屬하야 世上일만 생각하나니 世上에屬한者는 하날

罪를犯하지안느냐

의것을 깨닷지못하며 하날에屬한者는 世上의것을 내여바려 非定하는일을 그生活의內容으로하는者다 信者에게在하야 無限히 그릇된肉을가젓슴이 그生命生活의內的榮養이다

信者는 하나님쎄로나서 世上에잇는人間이다 即하나님쎄로 난肉이다 肉은肉이다 그러나肉으로사는者가아니오 하날의것으로 사는肉이다 하나님쎄로 난者로서 하날에올나간靈이아니라 하나님쎄로 난者로서 無限히 그릇된肉을가지고이世上에잇는人間이다

하나님쎄로 난者는靈이다 그러나靈이면서도 肉인者다 即하나님쎄로 난靈으로서 肉인人間의거름을 거르면서 人間의모든事實을 그生活의內容으로하고잇는靈이다 그런故로信者는 無限히 그릇된肉을가진靈이다、無限히 그릇된肉을가젓슴으로 그靈的生活의內容을 豊富하게하는者다 肉이면서 靈인者요 靈이면서 肉인者다、그러나 肉을爲하야 잇는者가아니오 靈을爲하야잇는者다 肉은靈을爲하야 죽이기爲하야잇는肉이다。그런故로信者의生活은 肉을죽이는일이 그內容의全部다

四

即하나님쎄로 난者마다는 肉을죽이고 靈을살니는일노써 그生活의內容으로하는者다 그럿케 살아나가다가 或언더한때에 언더한事件에서 肉을죽이지못하야 失敗하는일이잇는때에는 肉을죽이는일에 失敗하엿슴을因하야 肉에無限한 苦痛을加하야 悔改케하는일노써 또한그靈을 살니는일이되게한다 그러하야 如何한事變에서던지 靈을살니는일이 하나님쎄로 난者의生活의內容이다 그런故로 하나님쎄로 난者는 凡百某事에 靈을살니여 肉에게失敗를 當하지아니하는者다

「罪를犯하지 아니한다」함은 道德的으로完全한肉을가젓다는말이아니다 肉의本質이 道德的完全한것으로 變化함을 밧앗다는말이아니다 絶對로如何한罪던지 犯하지아니한다는말이아니다、肉이無限히 그릇된데에서 解放이되엿다는말이아니다世上의所謂道德君子가되엿다는말이아니다 肉慾이나 血氣를 가지지아니한天使가 되엿다는말이아니다『사람이 萬一(이境遇에는信者를 指함)罪를犯하면 우리를爲하야 아바지압페代言者가잇스니』라하야『信者는罪를犯하지아니한다』고말한 요한自

身이 信者라도 罪를犯하는일이 잇슴을認하엿다 (同二章一節)

然則『罪를犯하지아니한다』함은 肉을살니기爲하야 靈을죽이는일을 行하지아니한다는말이다 靈이肉의다사림을받아 亡하 대에至하는 生活을中心으로하는者가아니라는말이다 肉의所慾을成就하기爲하야 靈을죽이는일의生活을 通常으로하는者가 아니라는말이다、信者는 肉의生活을 中心으로하고 肉을爲하야 살수잇는者가 아니라는말이다、即그行爲가 道德的으로 完全한 자리에 나아간者로서 如何한道德的缺陷도 업는者라는말이아니다、다시肉의(罪의)統治下에 도라가서 罪의다사림을 받아사는者가 될수업다는말이다。肉이그本質的變化를받아 그無限히 그릇되연든대에서 完全히解放되야 完全한聖을 일우엇다는말이아니다、다시肉에도라가서 肉에隸屬한者로의生活을 繼續할수가잇는者가아니라는말이다。即信者의肉自體가 道德的完全한變化를 받은者로서 道德的으로의罪를全然히犯치는일이 업다는말이아니라 하나님께로 난者는(信者)우호로의 새生命인 靈을바리고 肉에도라가서 肉에隸屬한生活을 할수업는者라는말이다。하나님께로난者는(即信者는)하날로의 새生命을받아 靈의新生活을 永遠히繼續하는者일것이오 在來의肉에는 何等의道德的變化를받은者가 아니다。萬一肉에 若干의道德的變化가잇다면 이는 다만靈의生命力에 다사리움을 받은것뿐이오 肉自體의本質이 道德的으로變化받은것은아니다

然則 하나님께로 난者는『罪를犯하지아니한다』함은 靈으로 난者는 다시肉에도라가서 肉의生活을 할수잇는者일수 업다는말이다。即罪를犯하지아니한다는말은 道德的意味의말이아니오 宗敎的意味의말이다 即道德的으로罪를犯하지아니한다는말이아니라 宗敎的으로 生命을바리고 死亡에自進할수업다는말이다。

然則『罪』는『肉』을意味함이오 『犯』한다함은 『도라간다』는것을意味한것으로 取할수잇는것이다 罪를犯하지아니한다함은 信仰을 바리고不信에 도라가지아니한다는말을 意味한것이다

『罪』라는것은 무엇이냐? 罪의種類에對하야는그

罪를犯하지안느냐

數가 無限히만흘것이다 그러나 罪의罪 即모든 罪의源泉이 무엇이냐? 모든罪의原因은 不信에잇다 罪는곳不信이다 (요한十六章九節)모든人類는 다하나님을 떠나不信에서 罪를먹고 마시면서常習的으로 罪의生活을하고잇다 即不信中에서 肉으로만 사는者다 그러나信者는 하나님의恩惠로 因하야 이罪를犯하지아니하는것이다 即信仰을바려고 不信에도라가 肉으로만 사는者일수업다는 것이다 不信은곳生來의人間性이니 即肉이다

如此한見解로 보아서『하나님씌로 난者는 罪를犯하지아니한다』하는 요한의主張을 能히理解할수잇는것이다 如此한意味로 보아서 信者는罪를 犯하지아니하는者로서 罪를完全히 떠난者다

『우리가안다』함은 信者는누구던지 肉의情慾을 遂行하기爲하야 靈을죽이는生活을 繼續하는者일수 업슴을안다는말이다 即다시肉에도라가 肉으로만 사는者일수 업슴을 안다는말이다 信者는 누구던지 하나님씌로 난者는 罪를犯하지아니함을 本能的으로 知함을말하는것이다 特別히研究하야 知하는것이아니오 하나님씌로 난者인結果로 直覺的으로 必然히 알여지는것임을 말하는것이다 이것이信者의知識中의一大知識이다

六

『하나님씌로 나신者가 뎌를직힌다』함은 그리스도씌서 信者를 직혀주심을 말하는것이다『하나님씌로 나신者』는 그獨生子그리스도시다 그가(그리스도)뎌를(信者)직히신다 그리스도가 信者를 직히시는故로 信者는 罪의이世上에 잇서서도 惡한대 빠지지아니하고 安全히 保全되야그리스도가 世上에붓지아니한것갓치 이世上에붓지아니하고 眞理로의밝히움을 받는것이다 暗黑에處하야서도 暗黑에게 다사림을 받지아니하고 도로혀 眞理의光明으로써 暗黑을 깨트리는者인것이다(요한十七장十五—十七)

이는 길이오 眞理요 生命이신 그리스도가뎌를(信者)직히심애 뎌를(信者) 뎌의(그리스도)손에서빼앗을者가 업슴이다(요한十장二十八—二十九) 그런故로 惡한者가 만지지도 못하는것이다 『惡한者라』함은 이世上의主權者 삿단魔鬼를가라치는말이다 魔鬼는 이世上을征服하야 이世上모든것을 그勢力範圍內에 너으랴는것이다

로마書研究 〔八〕

在日本 張道源

第九回 異邦人의罪

第一章十八－三十二節의研究

於是乎로마書 第一章의首要한部分은 終結하엿다 十六、十七節에서 로마書의主題(믿음으로義롭다함을 얻는다는것을)提出하고 十八節에移하야 本論에入하엿다 本論에入하야 爲先提出되는 問題는 罪惡이엿다 即로마書의本論은 罪惡의指摘으로써始作하엿다『사람은다罪人이다 義人은一人도업다 하나님압페義人은 一人도업다 律法을行함으로 義를일운義人은一人도업다』하야 바울은 로마書本論에入하야 爲先劈頭에 罪의問題를提示하야 萬代萬人을 다律法아래에罪로定한것이다。

그러나 로마書는 罪의問題를提示하야 人間의罪惡을摘發하야 萬人을罪아래에 定罪하랴는것이그目的이아니다 하나님의恩惠로 罪人들도 救援을얻는道의福音을 傳하랴는것이 그目的이다 彼바울은 救援에對한恩惠의福音을 說하고저할때에 該福音說示의預備로하야 罪惡의指摘으로브터 始作한것이다 即사람에게救援이 必要한理由는 하나님의 震怒하심이 사람에게臨하심이다。하나님의 震怒가 사람에게臨하신理由는 사람은다하나님을떠나 罪를犯한者이엿슴이다 그런故로罪人들의 罪에서의救援에對한 하나님의恩惠의福音을 傳하고저할때에 罪惡의問題로브터始作하지아니할수업다

18하나님의 震怒가 不義로서 眞理를막는者의모든敬虔치아니함과 不義한것을向하야 하날노좃차 나타낫다

『하나님의震怒』라함은 하나님을떠나 不義에居하야 眞理를拒逆하는 모든者우에나타나서 저희의모든不虔과不義를 罰하시는 하나님의義를意味하는것이다 하나님의震怒는 하나님의義의發動이다 하나님의怒는 사람의怒와는 相異한것이다

사람의怒는 情感의荒亂으로 生起는것인故로 憤恨 嫉妬 仇讐等을 伴하기쉬우나 그러 하나

님의怒는 義의發動으로서 저희를爲하야 正義와 眞理를 나타내는것이다

하나님의怒는 一面義로하야 모든不義를 罰하시고 一面사랑으로하야 恩惠로서 모든罪人을救援하시는것이다

『不義로서 眞理를 막는者』라함은 하나님의聖意가아닌것에居하야 하나님의聖意인 眞理運動을 抑止하는者를 말하는것이다

『不義』라함은 하나님의聖意를 拒逆하고 眞理에서 떠러저서行하는 모든行爲의總稱이다卽眞理를떠나서 사는生活의全體를 總稱하는말이다

『不義로써 眞理를 막는者』라함은 罪가되는行爲를 行하기爲하야 自己의속에서 일하는眞理의일을抑止하는者다 卽善을善인줄노알며、善을行하지아니함이不可한줄도 알면서도 이것이그속에서일하지못하게 抑止하고 不義를좃차 罪길에나아가는者가 곳不義로써 眞理를막는者다

『不虔과不義』不虔은 하나님쎄對한 冒瀆、忘恩이다 卽宗敎的으로 絶對者에게對한 不信不敬不愼의態度다。不義는隣人과의 交際에對한 非道不正을意味한것이니 卽人에게對한 道德的不義를말하는것이다

『하날노 좃차 낫타낫다』『하날노』라함은 勿論蒼空을 말하는것이아니다 位置와方角을 超越하야잇는 하나님의聖所를 標示하는 標徵的語다

그러면 十八節의大意는 하나님의震怒가 (不義를刑罰하시는 하나님의義) 하나님이게신 聖所로좃차 나타나서 眞理를알면서도 眞理에順從하지아니하고 不義에居하야 眞理의開發進作을 阻止하는義의 모든不義 卽하나님쎄對한不義 사람에게對한不義의 行爲業積들을 刑罰하신다는것이다

19 대개 하나님쎄關하야 사람이 알수잇는것은
저희속에 밝히나타나젓슴이니 이미하나님쎄서
이것을 저희에게 나타내셧다。

『하나님쎄 關하야알수잇는것이라』함은 누구던지(異邦사람도)하나님쎄關하야 알수잇는 理性과良心을 가젓슴을 말하는것이다 사람은 누구든지 하나님쎄關한 知識을 어느程度까지는 다가지고잇다 本性的으로가지고잇다 卽唯一의하나님이게신것과 그의能力이無限하신것쯤은 異邦의不

信者라도 本性的으로 알수잇는것은 하나님씌서 저희들에게 理性과情感과良心을주어서잇게함이다 『저희속에 밝히 보이셧슴이라』함은 하나님씌서저희에게 良心、理性을주어서 하나님씌關한知識을엇게하셧슴으로 特殊한天啓와偉大한靈能의所有者를 不待하고라도 天性的으로 自然히 저희의意識에 認識되엿슴을 말하는것이다 그런故로 人間으로하야 理性、情感、良心等이잇는以上에는 하나님의神性에對한 知識을가지고잇는것이다 이는 저희의속에잇는 理性良心情感等이 하나님씌關하야 밝히 認識하는것이 잇는까닥이다 如此히 人間이 어느程度까지는하나님을알수잇는것이다

『하나님씌서 이것을 저희에게 나타내셧다』함은或時或事에對하야 特別히 나타나뵈이셧다는것이아니다 하나님씌서 저희의本性에 발서光明을주어서 이光明이닷는 範圍內에서 저희가 하나님을 알수가잇게 하셧슴을말하는것이다 別言하면 하나님씌서 저희의 理性良心에 明鏡을주어서 그明鏡에 自己의姿態를 照寫하야 저희의心眼에 自己를提示한것이다 如此히 하나님은 自己를 저희의良心에 나타내셧다

20 대개 사람이 볼수업는 하나님의 永遠한能力과神性은 世上의創始로브터 그지으신萬物노보아 밝히알지니 그런故로 사람이 핑게할수업나니라

二十節은 十九節의俱體的說明이다 사람이肉眼으로써 하나님을 볼수가업다 하나님의永遠한能力、神性等을 사람의肉眼으로 볼수업는것이다 그러나 그創造하신바 萬物을 보아서 하나님의 無限하신能力과 그壯嚴한神性을 밝히알수가잇는것이다 이는創造함을받은 一切萬物이 造物主의能力과榮光을 나타내여잇는까닥이다 그런故로 사람은 그創造物우에 나타나는 그光輝를 보아서 그中에서 하나님의永遠하신能力과神性을認하게되는것이다 그創造함을받은 一切萬物은 그造物主의功業을 나타내면서잇다

하나님의神性과 그無限하신能力은 그지으신바萬物노보아알수잇다 이는天地創始로브터 밝히人間에게알여진것이다 創造함을받은萬物은 하나님

의能力과神性을 그自體에서나타내며 사람은理性과良心으로써 그自然을通하야 하나님의永遠한能力과神性을알수잇게하섯다 即하나님은 사람에게理性과良心을주시고 自己의永遠하신能力과 하나님되심의權威로써 萬物을創造하섯다 人間은그理性과良心으로써 創造하신바萬物을 正直하게對할때 사람은 하나님의永遠한能力과神性을 直覺할수가잇다

하나님의永遠하신能力이나 神性은無形한것이다 사람의肉眼은 이無形한 하나님의神性을 볼수가絕對업다 그러나 理性과良心으로써 正直하게 宇宙萬物을對할때에 사람은 그萬物을보아서 하나님의 永遠한能力과神性을 認識하지아니할수업다 如此히 하나님은 뎌희人間에게 本性的으로 理性과良心을 賦與하시고 宇宙萬物을材料로提供하야 저희人間으로하야곰 本性的으로 하나님에關한知識을 얻게하섯다 그런故로 하나님의實在를否認하며 그神性과能力을否認하거나 或은局限하는異邦不信者들은 하나님의 審判날에 一切辯解할(핑게)餘地가업슬것이다

眞實노그러하다 宇宙를支配하며 萬物을運行하는能力이 하나님께잇슴을 萬物이밝히証據한다

21저희가 하나님을 알면서도 그를 하나님으로하야 崇拜하지아니하며 感謝하지아니하고 오히려 生覺은 虛妄하여지며 그미련한마음은어두워젓다

『하나님을 알면서도』 사람에게 理性과良心을賦與하시고 宇宙萬物을 創造하야 사람이正直한良心과理性으로써 宇宙萬物을接할때에 사람은 하나님을 알수잇도록 하나님은일하야두섯다。宇宙萬物은 偶然히생긴것이아니며 宇宙自身이 스사로造成된것이아니라 하나님의 永遠하신能力으로創造된것이다 이는저희들中의 哲學者、宗敎家、智者 識者들은 頭腦로써 알수잇는것이며 愚夫愚婦들은 本性的直覺으로써 알수잇는것이다 如此히 異邦의不信者라도 하나님을안다 그러나저희가 하나님을 알면서도 또한 하나님을 否認한다 이것이 얼마나矛盾의일인냐? 이는 저희의 생각이 虛妄하여지고 마음이 어두워젓슴이다

『하나님으로하야 崇拜하지아니하며』저희異邦人이라도 하나님을 안다 그러나 그를 하나님으로하야 崇拜하지는아니한다 하나님을 하나님으로하야 崇拜하는者는 하나님의 永遠性 全能力 知慧、恩惠 眞理 光明 사랑 義들을 敬虔한 마음으로 讚美하는者다 感謝를 돌니는者다

그러나 저희들은 하나님을 알며 하나님으로하야 그神性의참貌樣대로 崇拜하지아니하고 그를偶像으로 代身하든지 又는저희의 생각이나 뜻대로 만드러 놋코만다。하나님의 그참貌樣대로 나타날지라도 그나타난 그대로의 하나님으로하야 崇拜하지아니하고 사람의 생각이나 뜻대로 무엇슬 만드러서 그우에 덥퍼씨우고 참하나님의 純眞한 그참貌樣은 가려워버리는것이다 이는 저희의虛妄과愚昧의일이다 이로좃차 저희의 虛妄한생각과 愚昧한마음은 더욱甚한虛妄과愚昧에 빠지는것이다

『感謝하지아니하고』하나님을 아는者는 반다시 그의 榮光을讚頌하며 그의 恩惠와사랑을感謝하는것이다 하나님을 아는者로서 누가 하나님의 榮光을讚頌하지아니하며 그의恩惠와사랑을感謝하지아니할者가잇겟는냐? 그러나 異邦의저희들은 하나님을 알면서도 그를 崇拜하지아니하며 感謝하지아니한다 이는 저희가 惡魔에게 사로잡히여서 생각은虛妄하여지고 마음은愚昧하여젓슴이다 即하나님에關한知覺에서 隨落된까닭이다

『생각은虛妄하여지며 미련한마음은 어두워젓다』이는 하나님의眞理를 背返하야 사는者에게 必然的으로잇는일이다 저희自身의全體가 暗黑한混亂속에 빠저서 저희의無知가 더욱더욱깁픈誤謬와邪惡에 沈淪되야 바른認識이 生起지못하는까닭이다 하나님에關한良心의 知覺에서 墮落하야 邪惡한者의 迷惑에빠저서 생각이虛妄하야 眞僞를 分辨하는 識別力을失하고 眞을바리고 僞를 좃츠며 實를물니치고 虛를잡고固執하며 光明을 拒逆하고 迷妄을崇尙하는것이다

如此히 邪惡한魔鬼에게 붓잡히여서 暗黑中에 잇는 저희의마음은 더욱混迷하야 暗黑에서 暗黑으로나아가며 愚昧에愚昧를加하는것이다 그리하야 하나님은 恒常光明한眞理로써 저희의마음

에 빗최이시나 저희는 스사로光明을遮斷하며 拒絕하고 더욱暗黑에서 愚昧를固執하고잇다
22 스사로 智慧가잇는톄하나 愚蠢함을 일우어
23 썩어지지아니하는 하나님의 榮光을變하야 썩어질 사람과禽獸와 버러지의形像의 偶像으로 代身하엿나니라

當時의 埃及 로마 헬나는 다智者로自處하는 優越한民族이다 智者로自處할뿐아니라 事實노智者다 文藝 哲學 政治로나 다智者다 저희는 果然智者識者다 그러나 靈으로는愚昧한者다 靈에 對하야 愚昧한 저희가 實狀肉으로도 愚蠢한것이된다 靈界에對하야 愚昧하면 肉的으로의 知識까지도 亦是愚蠢하여진다 그런故로 知慧롭다하는 저희가 其實은 愚昧한者며 愚昧한일을行하는者다 當時의 文明과敎養을 자랑하며 哲學이나 文藝를 자랑하면서 智者로自信하는 헬나로마民族들이 信仰問題、宗敎同題에 對하야는至極한 愚昧에빠저서 迷信을行하고잇다 썩지아니하는 하나님의 永遠한神性을 나무나 돌노써 개나 소나 鰐魚의形像을 만드러놋코 거기에다가 절하며 그彫刻을神으로崇拜하는것이 當時로마나 헬나의 多神敎다 呀ㅣ愚昧한 헬나로마民族이여 너희의 智慧로움이 어대잇난냐? 흙이나 나무나 돌노써 彫刻하야 動物의形像을만드러놋코 그偶像을 造物主하나님으로 崇拜하며 그것이 너희의 吉凶禍福을 主掌하는神이라고 信仰하는迷信이 너희의 智識이아닌냐?

今日學者들은 말하기를 人類의宗敎는 迷信的偶像敎로브터 漸次進步發達하야 唯一神敎에 到達한것이라고한다 그러나 바울先生은 人類가唯一의참하나님의 關한智覺에서 墮落하야 愚昧에 빠짐애 저희愚昧가 偶像敎를産出한것이라하엿다

여호와를敬畏하는것이 知識의根本이니라。그러나 미련한者는智慧와敎訓을蔑視하나니라 (箴一章七節)

볼지어다 主를敬畏하는것이 곳知慧요、惡을떠나난것이 聰明이니라 (욥二十八章二十八節)

하나님께서世上의미련하다하난것을擇하샤 智慧잇난者를붓그럽게하시고、 世上의弱하다하난것을擇하사强한것을붓그럽게하시니라(고린도前一章)

山上垂訓研究〔十一〕

金敎臣

念慮하지말나

(參照 太六〇廿五—三十 路十二〇廿二—廿八節)

廿五、그런故로 내가 너희게닐아노니 목숨을爲하야 무엇을먹을가 무엇을마실가 몸을爲하야 무엇을닙을가 念慮하지말나。목숨이 飮食보다 중하지아니하며 몸이衣服보다 중하지아니하냐。

廿六、空中에나난 새를보라。심으지도 안코 거두지도안코 穀間에모화드리지도아니하되 天父씌서기르시나니 너희는 새보다 貴하지아니하냐

廿七、너희중에 누가 念慮함으로 목숨을 一刻이나 더하겟나냐

廿八、또 너희가 엇지衣服을爲하야 念慮하나냐。들에百合花가 엇더케 자라난가 생각하야보아라。수고도 아니하고 길삼도 아니하나니라。

廿九、그러나 내가 너희게말하노니 솔노몬의 至極한榮光으로도 닙은것이 이쏫 하나만 갓지못하엿나니라。

三十、적게밋는이들아 오날잇다가 來日아궁에던지난 들풀도하나님이 이러케 닙히시거든 하믈며 너희야 더욱 닙히지아니하시랴。

前講第六章十九節브터二十四節까지의 工夫에서 基督信者의生活은 天國에寶物을쌋는것 即天國本位의生活노써 살님사리의原理를 삶아야할것임을 알엇다(빌닙보三章二十)。비록 하나님의恩惠로말미암아委托받은財物을尊節히함으로써 裕餘함이蓄積하여젓을지라도 뎌의마암이 거기에잡혓어는 안될것이다。뎌의寶物은 하날에옴겨잇엇서야한다。

財物을貪하는慾心을禁止함은 非單基督의敎訓뿐이아니다。마는 貧困飢渴이臨迫하엿을때에 이에如何히處할것인가。이것은篤信한聖徒일지라도 容易히通過하기어려운頑强한威嚇이다。누구나업시每日當하는 가장普遍的이오 가장深刻且實際的인難關이다。黃金은黑士心이라한다。가진것이 잇고도惑하기쉽거든 하믈며餓死線上에臨하엿을때이랴。信仰에熱하엿을때에 우리는 흔히듯는다「餓死를覺悟하고서云云」그러나 누가말한바와갓치「餓死란그러케쉬운일이아니다」。特히 老幼眷屬의扶養을責任지엇을때에 이에向하야 焦慮함이업스라함은人間의게招人間的態度를强要하는것이다。이에對하야 豪言大談하는者는 그大槪가 베드로的豪氣에서 나오는것이아닐가(太廿六〇三十節以下參照)。

그런대 그리스도는 이러한모든人間事實을不辨

하시는듯이 마치 詩興에醉한詩客이 諧律이나마추기爲하야 佳句를羅列함이아닌가고 疑心하리만치 現實事情과는 雲泥보다도隔離한敎訓을 第二十五節以下에 繼續하사

……목숨을爲하야 무엇을먹을가 무엇을마실가

몸을爲하야 무엇을닙을가 念慮하지말나。고

敎示하시니 基督者中에는 自己信仰의매우敦篤함을 말하기爲하야 이部分을 自己特愛하는詩句로삼노라고 자랑하는이도잇으나 이것이單只口吟誦詠하라는것이아님은勿論이다。即이것은諧律를調和하기爲하야 文字를集合한것이아니오 朝夕에生活할原理를敎示한것이다。故로 이것은實行可能한것인가 不可能한것인가 하는問題가생긴다。萬一不可能한 荒唐한것이라면 背敎하여버릴것이오 可能한 宜當한것이라면 信受하야 곳그대로의生活이잇서야하겟다。

信仰生活에 因習이되엿어 오랫동안 信者로써自處하게되면 無意識中에 聖書의大部分을割引하게된다。그러나 이것은 自己의게忠實치못한일이오또한하나님을 속히는일이다。우리는 다시한번信仰의入門에서서『목숨을爲하야 무엇을먹을가 무엇을마실가 무엇을닙을가 念慮하지말나』는基督의말삼을받아 내마음이安定한가 或은不安한가를吟味하여볼必要가잇다。아모래도 그리스도의말삼이 거줏말갓하야不安을 늣기거든 차라리率直하게不信하는것이可하다。그러고도能히 現代의善良한市民은될것이다。그러나不安함을늣기면서 安定한것갓치 信者인것처럼外飾하는것이가장헛된일이다

도리켜 世相을詳考하면 以往孔夫子의門下에는朝聞道夕死可矣라는氣風도잇섯고 數十年前까지의朝鮮、日本의敎育界에도 國家民族과人道正義를高調하는 校長의訓話에應하야 滿場이熱淚를뿌리고赤拳을다시가다듬는光景을 볼수잇섯섯다。그러나이는 다 過去의일이오 現代는徹頭徹尾 小學으로부터大學에至하기까지 如何히하면衣食住를찾을수잇을가 하는 意識의覺醒과 技術의訓練에始終하며 敎育의程度가高級에進할수록 衣食住에對한焦慮와 就職運動의激烈은 그度를漸加한다。如斯한敎養과風潮에成長한人員으로써된社會가 또한智愚와貴賤의別이업시 各其生活難에몰니는대로『무

엇을먹을가 무엇을마실가 무엇을닙을가』하고日夜로念慮는마지못함은 勢의當然한일이다。비록그리스도가 「念慮하지말나」고하엿으나 勢窮함애自然히念慮하게되니 實노無理가아닌일이다。

空中에나난새를보라。심으지도안코 거두지도안코 곡간에모화드리지도아니하되 天父께서기르시나니라

하시나 가마귀나 참새는果然곡간에貯蓄하는일이업스나 맷가치(鵙)가 개구리와飛蝗等을樹枝에乾藏하며 啄木鳥、日雀、五十雀等의게는 多少의貯蓄性이잇다는것은 鳥類學者가말하는바며 또貯蓄性이업는새일지라도 鳥類는全體로飛翔力이强大하야遠距離에轉稼하면서糧食을求할수잇는故로 곡간에貯藏할必要가업는것인대 사람을곳如此한鳥類의게模倣하라함은 無理한일이라고생각할수도잇다

그럼으로 이部分을읽을때에 特히우리가注意하여야할것은 첫재로 이敎訓을發言하신 그리스도는如何히生活하신이인것을알어야하겟다。언던富者가그小作人을向하야「하다몯해 누룽지를 먹기로서굶기는 왜 굶는단말이냐」하고 책망하엿다하니 누룽지가 언덧케하야되는것인지를 알지몯하는富豪나 로마法王의地位에안자서『무엇을먹을가……念慮하지말나』하엿다면 그訓誡가열마나權威잇다할지라도 그대로信從하기에는 누구든지多少의躊躇가업슬수업슬것이다。마는 이敎訓은 규유에誕生하시사 乃終까지「여호도 굴이잇고空中에 나는새도 집이잇스되 오직人子는 머리둘곳이업다」하시든이의말삼인것을 알아둘必要가잇다

둣재로 알어야할것은 그리스도의 이敎訓의主旨는 空中에나는새와 들에퓌는百合花를 模範하야「그처럼 無爲惰怠하라」는것이아니오「그처럼泰然스럽게 念慮하지말나」는것이다。그럼으로 特히第二七節을 添加하야

너희中에 누가念慮함으로 목숨을一刻이나 더하겟나냐

고하야 念慮하는일이 全然無益한것임을覺得하게하엿다。念慮라는原語merimnao는分派 分配等의뜻으로브터(고린도前一章十二、三節及同七章三十四節參照)念慮、焦慮等의뜻이되엿다。地와天、財物과하나님사이에마암을二分하는일이 가장憎惡할일이오 헛된일인

故이다。勤勞와貯蓄하는그일이 예수의禁止하시는 바가아닐뿐더러 오히려無爲惰慢을꺼려하시고 浪費濫用을警誡하셧음은「내아바지가至今까지役事하시니 나도또한役事하노라」(요한五章十七)는말삼이며 『남은부스럭이를거두고 내여바리지말나』(요한傳六章十二節) 고指導하신일에서도 알수잇거니와 또箴言第六章六ㅡ十二節에도

게으른者여 개암이의게로가서 그하난것을보고 智慧잇난者가되라。개암이는頭領도업고 유사도 업고 님군도업스되 먹을것을 녀름동안에預備하고 秋收할때에糧食을 모호나니라。게으른者여 네가어나때까지 누어자며 어나때에잠을깨여니러나겟나냐。얼마동안자며 얼마동안졸다가 또손을모호고 얼마동안자난도다。그런즉네貧窮이强盜갓치니르고 困乏이軍士갓치니르리라。

하엿다。使徒바울도『누구던지 일하기슬혀하거든 먹지도 말게하라』하엿다(데살노后三章十節。如此히勤勞節儉에對한聖書의敎訓은 一貫하여잇다。그럼으로「念慮히지말나」는것과 「勸勞節儉하라」는敎訓은 서로矛盾하는것이아니라 참으로信從의生活에 잇서서 그날그날에「오날날日用할糧食을주옵소서」하고 하나님께 祈禱할수잇는者는 또한分에當한 天職에서 粉骨碎身으로 孜孜勤勞하야『아바지가 至今도勞作하시니 나도勞作하노라』는 그아바지에 肖似한子女의生活이自然히잇을것이다。

二十八節에百合花라함은 그學名을Anemone coronaria 라하는、차라리石竹花에近似한꼿이오 大王솔노몬은 다만猶太歷史에뿐만아니라 全世界의有史以來로 다시比較할수업는榮光의大王이엿든것은 贅言을不要하는바이다。一輪의아네모네花와 소로몬大王을比較하야 後者의榮光이前者의그것보다「갓지몯하엿나니라」하셧다。近代科學의進步에依하야 顯微鏡下에서檢察한後에라야 겨우아네모네花片한아의榮光에驚異하게된것을 예수는當時에발서 참으로天然을觀賞하시는眼識을가지셧든것이다。

이처럼하야 生命을創造하신이가 比較的下劣한生命인百合花와새까지 이다지豊盛하게養育하심을알거든 하믈며그보다도더貴한生命인사람의게 더豊盛한것으로써 養育하시지아니시랴「적게믿는이들아」이明確한理致를깨닷지몯하고 무삼 걱정근심이 그러甚하냐。

몬저 그義를求하라 太六〇三十一—三十四

(參照 路十二〇廿九—三十二節)

三一、그럼으로 念慮하야 닐아기를 무엇을먹을가 무엇을 마실가 무엇을 닙을가 하지말나。

三二、이는다 異邦사람이 求하난것이오 너히天父께서 이모든것을 너히쓸것인줄을 아시나니라。

三三、너히는 몬저 그나라와 그義를求하라 또한 이모든것을 너히게 더하시리라。

三四、그런故로 來日일을爲하야 念慮하지말나 來日일은 來日 念慮할것이오 한날괴로움은 그날에足하니라。

寶物을 하날에싸하 마암을하날에두고 希望을 하날에붓칠것을배왓고 空中에나는새와 들에퓌는 百合花에 본바닷어「무엇을먹을가 무엇을마실가 무엇을닙을가」함을 念慮하지아니한다하더라도 그러면 基督者는 天國에未來의所望을두고 現在에는 한가禁慾主義로써 온갓問題에消極的으로「念慮하지말기를」日夜로用力할것일가。萬一消極的一方으로 念慮치안키만 戰戰兢兢하야努力한다하면며는畢竟 그願하는目的도 達하기어려울것이다。차라리며는 積極的으로 熱烈히企圖함이잇서야 現世生活의念慮도除할수잇을것이오 또한未來天國의所望도 더욱確實하여질것이다。다만 그求할바目標는 多數의異邦사람 不信者들의憧憬하는바와는 判異하여야하겟고 그求하는熱誠은 賢賢易色하듯이 異邦사람들이 먹을것 닙을것에渴急함과갓튼 焦慮로써 探求하여야할터이니 그求할바目標는即

몬저 그나라와 그義를求하라

는것이다。그리하면 其餘他의必要한것은 모다準備하여주시리라하신다。『그나라와그義』라함은『하나님의나라와 하나님의義』라고하면 더明瞭하겟다。「하나님의나라」라함은 눈에뵈는形狀이아니오 路十七章二十節)「먹난것과 마시난것이아니오 오직聖靈을힘닙어 義로움과 平康함과 깃븜이니라」하엿다。(羅十四章十七節) 이나라와義를求하라 그리하면 다른「모든것」을 너히게더하시리라하엿다。「모든것」이라하엿으나 勿論 私心에願하는대로의「모든것」은아니다。生活에 업서서는안될「모든것」을더하시리라한것이다。

果然그럴가? 몬저 하나님의나라와 그義만求하고잇으면 餘他의諸般問題가 圓滿히解決될것인가。現代人의銳敏한判斷으로서는 受信하기에매우

困難한바며 個人으로나民族으로나萬事에넘우도窘塞한우리들노서는 實行하기에넘우도迂遠한方策임을切感하지아닐수업다。보히지안하는 하나님의나라를求함으로써 엇지보히는世界의實際問題가解決되며 이不義暗黑한世代에서 義를求한다한들 逼迫과嘲弄以外에 무삼所得을期할수잇을것인가。

萬一 웨치는者가잇어「貧者여團結하라 그리하면 모든것을더하리라」한다면 이는맛당히現代人의피를끌케할만한 福音이될것이며 다시웨치기를「몬저黃金을求하라 또한이모든것을더하리라」하엿다면 이는實노萬百姓이苦待渴望하고잇든福音이될것이다。이것이라면近代文化人의게는 밋기에困難함이업슬것이다。理路整然하야 富만잇으면個人과一門의榮達이 그中에잇고 國家社會의操縱振興이 그掌握에잇음을 잘아는故이다。强兵의時代는발서지나가고 富强의時代가到來이엿다。個人으로나國家로나 富는則權勢요高貴함이오 모든所願을成就하지못할것이업는萬能의神갓치되엿다。

몬저黃金을求하라 또한이모든것을 더하리라。實노萬題通解의方程式이아닌가 爲先夫婦가서로和睦하야 家庭問題가解決될수잇을것이오 友誼가敦厚하여질것이오 妙齡男女의結婚問題가落着될것이오。學校卒業者의就職問題가緩和될것이오 農村問題와小作人紛爭이休息될것이오 未就學童의敎育普及과民立大學建立案件도 結末을지을수잇을것이오 在滿同胞의救濟策도可能할것이오 新聞經營과雜誌出版이亦然하고 眞實노靈界의傳道事業까지도黃金이役事하는줄노思惟되지안는가。非單青年會總務뿐이랴 今日朝鮮各敎派와指導機關의最高幹部를一室에集合하고 敎界의振興策을相議한다면 前年에雜誌「眞生」에發表된 「長老敎派의振興策」이란것과大同할수박게업슬것이니 即 몬저黃金을주라 또한모든敎會와事業이旺盛하리라는것이엿다。小事로브터大事에 私事로브터公務에 不信者로브터信者에全혀黃金萬能의信條가堅固함이盤石갓튼것은 否認할수업는事實이오 基督敎會指導者들의게「몬저義를求하라」는 主의말슴보다도「몬저黃金을求하라」는世俗의敎理가 더强한反響을주고잇는것은가리울수업는傾向이라할수박게업슴을 슯허한다。

그러나 그리스도는 이런모든常識的概念에反하

야 온갓問題의解決鍵으로 『몬저 하나님의나라와 그義를求하라』하셧다。이보다더한 수수꺽기가다시업시생각된다。現代人의게는 도모지通할수업는 敎訓인듯하다。마는 現代의基督敎人보다도 古代의東洋人들은 이敎訓을受納할資格이잇섯고 事物의輕重과本末을區別하는 明을가젓다。梁惠王이「叟不遠千里而來、亦將有以利吾國乎」ㅡ잇가하고물엇을때에 孟子는對答하기를「王必曰利亦有仁義己矣」라하야 治財殖産以外에 治國平天下의根本原理 即仁義의道가伏在하엿음을唱道하엿다

이러한賢者의眼目으로서보면 大王다윗의後를承하야 이스라엘有史以來의空前絶後한大王國을統治할重任을맡흔 어련王솔노몬이 기브온에서하나님의「내가네게 무엇을주리니 너는求하라」는試問에對하야「主의종 내先親다윗이 誠實함과公義로움과正直한마암으로 主와함끠主의앞헤서行함으로 큰恩惠를보이시고 또主ㅣ뎌를爲하사 이큰恩惠를豫備하야두섯다가 오날날과갓치 뎌의位에안즐아들을 다윗의게주신지라」하야感謝를올닌後에

나의하나님여호와여 종으로하여곰 내先親다윗을代身하야 王이되게하셧난대 나는적은아해라 出入할줄을 아지못하고 主의 빼신百姓가온대잇사오니 百姓의數가만하서 이기어헤일수도업고調査할수도업난지라。智慧로온마암을 종의게주사 主의百姓을裁判하게하옵시며 能히善惡을分辨하게하옵소서 누가能히 主의이만흔百姓을 裁判할수잇사오릿가。하고所願을 알외옴에對하야 하나님이甚히깁버하시면서 ……네가이것을求하고 自己를爲하야長壽함도求하지아니하며 또自己怨讐의生命끈키를求하지아니하고 오직 송사를듯는일에 判決하난智慧를求하니 내가 네말대로하야 네게智慧롭고 깨닷는마암을주노니 前에도너와갓튼者가업섯고 後에도너와갓튼者가이러나지못하리라 하야滿足하심을表示하신後에 또한네가 求하지아니한것도 네게주노니 곳富貴라。네가世上에잇을동안에 列王中에 너와갓튼者가업슬것이오 또네가萬一 네아비 다윗의

行함갓치 내길노行하며 내法度와命令을직히면 내가 네사난날을長久하게하리라

하야(列王記三章)새로히王位를承한솔노몬의心中에「自己」를爲한邪慾은半片도不藏하고 오직至公無邪한王者의賢明을求하엿을때에며는王者로서의求할바標的을的中한것이오 하나님은 이에應答하사 며가求하는智慧를 넉넉히주섯을뿐더러 救하지도안한富와貴와壽의三福까지添加하야주섯다는 이順序와事理가다시疑訝할必要업는 妥當한것으로보힐것이다 참으로求하여야할바를述하엿드면 全能하신아바지끠서「또한 모든必要한것으로써 더하실」것이다

『그런故로 來日을爲하야 念慮하지말나。來日일은 來日念慮할것이오』하니『그런故로』다。如何히有力한說敎者다도 朝飯을굶엇고夕飯을準備할것이업는주린者를向하야「來日을爲하야 念慮하지말나」고웨처보와도 그것은無益한일이다。그러나아모리貧者일지라도 며가萬一듯는귀를가젓으면「그런故로」라는一句에는 맛당이귀를기우려야하겟고 놀나깨여야하겟다。이는宇宙를貫徹하든 能力이들어잇는「그런故로」다。 참으로求할바를求하엿고 處할바에處하엿는데 必要한것을주시지안하엿다면 이는全能하신하나님의責任인故이다。『그런故로』게자씨만한참信仰이잇거든 貧乏의極에處하엿슬지라도 安心하야可한것이다。

한날괴로움은 그날에足하니라。

基督者의게도 全然히困苦가업슬수는업다。오히려世俗사람보다 別다른擽楚가 더만흔境遇가마흐나 그困苦를對하는 態度가달을뿐이다。即「한날괴로움은그날에足한것」이特徵이다。이스라엘百姓이埃及을出發하야曠野를지날때에 하날노서나리는만나를貯蓄하야 明日거정을除하려하엿으나 그것은虛事ㅣ엿다(出十九〇廿)。基督者라하야一般市民이當하는災難을特別히奇跡的으로避하거나 敎徒는全部貧困을免할것이라는等妄想에는叅與할수업스나 萬一『몬저하나님의나라와 그義를求하는』바른자리에處한者라면 비록며가人間으로當할수잇는가장困窮하고貧賤한자리에잇다할지라도 期於코며의게는「모든必要한것을더하야주실것」이오 우리는詩人과갓치「내가前에졂다가只今늙엇으나 義人을바리신것과 義人의子孫이빌어먹난것을보지몯하엿노라」(詩三十七篇四、廿五)고大膽히말할수잇슬것이다。故로基督者는單히消極的禁慾主義者가아니오 또한單純히未來의天堂만을憧憬하는者도아니오 貧노現實生活에서偉大한欲求를抱하고猛烈히進求하는者이여야하겟다。病苦에呻吟하는兄弟、失職과貧寒에恐懼하는兄弟 偉大한企圖를抱하고時勢의不運을嘆하는너들은 爲先한번 모든急迫한所願을제처노코「몬저그나라와그義를求하여」볼것이아닌가。

남을審判치말나

太七〇一—五節
(參照路六〇三七、三八節)

一、貶論을밧지아니하랴거든 남을貶論치말나
二、남을貶論하난貶論으로 너히도 貶論을밧을것이오 남을헤아리난 헤아림으로 너히도 헤아림을밧을것이니라
三、엇지하야 동생의 눈속에잇난틔는보고 네눈속에잇난들보는 깨닷지못하나냐
四、네눈속에는들보가잇난대 엇지하야 兄弟다려 말하기를네눈속에잇는 틔를빼게 하라하나냐。
五、外飾하난者여 네눈에서 들보를 몬저빼여라 그後에야밝히보고 兄弟의눈에서 틔를빼리라。

路加福音에도以上과大概同一한뜻인同時에 解釋을도음이잇게엿다。

남을貶論치말나 또한너히가貶論을 보지아닐것이오
남을定罪하지말나 또한너히가定罪함을 밧지아닐것이오
남을容恕하라 또한너히가容恕함을볼것이오
남의게주라 또한너히게 줄것이니
꾹 큰말노 누르고 흔들어 밧귀넘치도록 너히게주리라 大概너히가 남을 헤아리난 헤아림으로써 너히도헤아림을 도로밧을것이니랴。

「貶論」이란것은 누가譯出한것인지 알수업스나 漢文譯에單히「議」字로된것과 官話譯에「議論」으로된것과도 달으고 日文舊譯에「議する」와 同改譯에「審く」와도相違하니 이貶論이란字는 朝鮮獨特한飜譯인듯하다。只今字典에依하야 「貶」字의意義를찾어보면貝가乏하다 即財寶가減乏한다는意로부터 貶斥、貶黜、貶降、貶奪等의뜻이잇는貶字인故로 貶論은即減損하야議論한다는뜻일터이나 그러타고하면 馬太七章의 이境遇에는 意譯으로는 그래도關係업슬듯하나(粗雜하게생각하면)微妙한點에 잇서서 이「貶論」이라譯文은以上諸譯文의「議」「議論」「審く」等보다 넘어局限되엿고 넘어偏狹하여젓어 다시解譯할餘地업시固定되여버렷다。그것은 貶字의意義로보와「貶論」이不可한일이라는것은 基督의敎訓을待하지안코라도 自明한일이다。

그러나希臘語의 크리노ー(krino)에는(一)裁判、審判(judge)(二)決斷、決定(Decide)等의 意義가잇어 따로히 「貶論」이라는特定한뜻은업스니 크리노ー는 매우廣汎하고含蓄的이오 自由롭게解釋할餘地잇는 文字인것을알수잇다。他人을 減損하야 斥殺하야 「貶論」하는일이不可한것은 凡俗이나異邦人들이라도 다알일이다。「勿論」할일이다。그리스

도의「크리노ㅣ」란字를「貶論」으로飜譯하야 그리스도를 이처럼平凡하게만늘고 그敎訓을 老婆의잔소리갓치들니게한사람은 그가어느나라宣敎師엿든지 어느神學校에工夫한사람이엿든지 基督敎에對하야는 大端히淺薄한사람이엿다고 아니할수업다。

크리노ㅣ가 右와갓튼 包括的意義를가젓음으로 非單 貶論이 올치몯한일일뿐더러 以下詳述할바와如히 비록公正한事實에基한事實대로의決斷과審判까지도 敢히하지 몯할것임을 가르키는대에 그리스도의 그리스도답은眞面目이躍出한다。왜 人間은 判然히보이는是非曲直에對하야도 함브로論斷을 내렷어는안되는가。이에 基督敎의獨特한人生觀 宇宙觀이잇고 基督敎의하나님이란 如何한神이신것을 엿볼수잇다。카ㅣㄹ라일曰「基督敎가업서질수잇을지라도 基督敎의謙遜은 남아잇으리라」고。馬太七章一節을正解함으로말미암아 참된謙遜、基督敎的謙遜을알수잇고 따랏어基督敎의根本義를 이가운대 찾을수잇으니 聖句의高와深이크도다。

審判을밧지아니하랴거든 남을審判치말나 함은 世上살님에서도 出乎爾者反乎爾哉로 强暴한사람은强暴한對接을밧고 仁慈한사람은仁慈한報酬를밧는것이常則임으로 貶論을밧기를不願하거든 己所不欲을勿施於人이라는精神으로 너도 남을貶論치말나는뜻이잇음도勿論이나 한갓 그報應을恐怖하거나 利己的算段으로하기보다 한거름더나아가 人間現世의反響보다도더完全하고公平하게 反射되는「人間이 한번낫다가 한번죽어 審判밧는것은 定한일이라」(고后五章十節) 는天則을알고「불상히녁이난者의게는 主ㅣ불상히녁임으로보이시고 完全한者의게는完全함으로보이시나니라」(삼後廿二〇廿六節) 함을믿으며 「矜恤은審判을勝한다」는秘訣을知悉함으로「肉體만審判할것이아니오 또한靈魂까지도審判하는權勢잇는이의앞헤(路十二〇四、五)설때에 眞實노自己를認識한人間은 他人을審判하는일에 도모지興味를 가질수업시된다。又況惡意로의貶論이랴。더淫行現場의女人을 붓잡아가던書記官과 바리새敎人들이、몸을굽혀 손가락으로 따에 글씨쓰시든 예수의넙으로서「너히중에 누구던지 罪업난사람이

몬저돌노치라』는(요한傳八章一|十一節) 嚴肅한許諾이 나렷을때에「어룬브타 아희까지 낫낫치 다나가고」예수만 남기게된것은 뎌들이 아직까지 참 人間들이엿든證據다。이와갓치 人間이人間된自己를 잘알진대 뎌는他人을貶論할興味조차喪失할것이오 他人을審判할資格이업는者임을知覺할것이다 自己의實體를知覺할때에 他人을審判할랴는勇氣가消失되는것처럼 自己의判斷力이不完全한것이오 人間의個性이란深遠하고複雜하야「各사람의 속뜻과 마암이 깁다。」(詩六十四의六)는것을깨달아 한사람과한事件을 正當하게批評하는일이 얼마나困難事인것을알면「審判하지말나 審判할能力이업나니라」고納得할것이오。特히

너는누구완대 敢히남의종을 審判하나뇨 그섯난것이나 너머지난것이 제主人의게잇으매 뎌가 반다시 서게하리니 大槪主는 서게하시난權能이잇나니라

하며(羅十四章四節)

律法을 세우신이와 裁判長은 오직하나뿐이시니 能히救援하시며 能히滅하기도하시나니라。

남을審判치말나

너는누구관대 남을 審判하나냐

하는(야고보四章十二節)하나님과人間 人間과人間과의 關係如何한것인것을 使徒들이認識한바와如히 確然히알고보면 人間은 하나님의종된他人을向하야 하나님의權能을代行하는 定罪或은其他決定的審判을 참람하게함브로할일이아닌것、到底히人間으로서는不可能한일인것을發見할것이다。但히人間的是非가아니라 實노宇宙에亘하는關係가잇는故이다。이點에서基督敎的謙遜、絶對的謙遜이란것을알수잇다。

勿論基督者라도 全然히一切審判을禁止한것은아니다。오히려 그리스도의弟子들도 銳敏한審判을 나린일이잇엇고 또審判하여야할것도가르켯다。그리스도自身이 書記官과바리새敎人을嚴酷하게審判한것은(太二十三章)누구나다아는事實이어니와 베드로가 아나니아와삽비라의夫妻를慘酷하게審判한일이며(使五章一|六) 바울이베드로의非信仰的態度를面前에서譴責한것과(갈二章十一)고린도 敎會에對하야 信者間의紛爭은信者自身들노서審判할것 (고린도前五章廿三、同六章一|三節)을敎示한것과갓흔것은 現著한

實例라하겟지만 其他에도 此種審判을絕對로禁止한것이아님은 聖書를通하야볼수잇다。

그러면如何한境遇에 審判할수잇스며 또審判하여야할것인가。그것은 첫재로 最後決定的審判이란것은 人間으로서는 如干特別한境遇外에는 行하지못할것이오 不得已한境遇에는 假定的審判을代行하야 自己도審判받는地位에處하는마음으로써慈悲에넘치는 審判者가되여야할것이다。

그럼으로「性品을다하고 뜻을다하야 主너의하나님을사랑하라」는첫재誡命으로써 하나님아바지의聖意如何할것을 잘分辨하고「리웃사랑하기를네몸과갓치하라」는(太二十三章三十九節)둘재誡命을 마음속에깊히갈망하고서잇으면 偶像의祭物을먹는可否、特定한日時를嚴守하는問題 其他仔少한問題에對하야는 特히神經을 銳敏케할傾向이업서질것이오 萬不得已하야 審判할지라도 그審判은 內的精節에잇서서는「審判치말나」는敎訓과 相距가멀지안흘것이다。

第三節에「동생의 눈속에잇는틔」란것과「네눈속에잇는 들보」라는것은 實相現實生活에 客觀的罪惡이만흔者가 他人의 적은失手를是非할境遇에適用한다면 爲先無難한解譯이오 다시問題가업슬것이나 萬一客觀的犯罪가적은者로서「나는安息日을嚴守하고 七日에二次以上禁食하며 十一條를밧치며온갓敎理에 能通하고 慈善事業에熱心하니 내게는罪가업고 나를審判할者는업다」고思惟하는者의게對하야는 이第三節의「네눈속에잇난들보」라는것은通用할수업슬가。아니라 書記官과 바리새敎人과갓치 比較的道德에嚴格하야 娼妓나稅吏보다는 潔白하다는者의게對하여도 그리스도는「네눈속에잇는 들보를 몬저 빼라고要求하시며「外飾하난者여」하며 「灰칠한무덤이여」하고 웨치신다。그것은雖曰客觀的大犯罪가업섯다 할지라도사랑을缺한批評과 僞善으로나오난外觀은 無智한者의 素朴한失態보다도 더욱重大한罪惡이되는故이다。그럼으로 自己의行爲를 깊히反省할뿐더러第一、二의誡命을직혀 하나님과兄弟를사랑하는마음으로써남을對할때에 「밝히보고 兄弟의눈에서 틔를뺄수도」잇슬것이다

『聖書朝鮮』第參拾五號 附錄

昭和六年十二月一日發行
昭和五年一月二十八日(第三種郵便物認可)

聖書朝鮮 一九三一年度 總目錄

自第二十四號至第三十五號

聖書朝鮮一九三一年度 正誤表

自第二十四號
至第三十五號

頁	段	行	誤	正
三一	下	六	鐵則이	鐵則이다
三四	下	一七	베수의	예수의
三五	上	九	親粗	親疏
五二	上	一五	하나나님	하나님
五三	下	一六	維草	雜草
五九	下	三	녀를	며를
六〇	上	三	그력헤	그력헤
同	下	四	또 올도	또바울도
同	下	一五	主안엿어	主안엣어
六一	上	八	二十節	二十五節
七一	上	九	모세로	모세로써
七二	下	二三	주은 에	죽은때에
八二	下	一四	看目	着目
九一	下	一	同文 에	同文改譯에
同	同	同	로되엿다	으로되엿다
九四	下	末	二十六號	二十五號
一〇二	下	五	너회	너히
一〇三	上	末二	에루살넴	에루살넴에잇
一一六	上	二	스데빈	스데반

頁	段	行	誤	正
一三三	上	一	할수 는	할수잇는
一三五	下	八	하엇다	하엿다
二一三	下	初	第四、祈禱	第四祈願
同	同	二	주옵시고	주옵시고
二二五	上	十六	몬서	몬저
二二六	下	十六	며희	며의
二二七	上	三	第五、祈願	第五祈願
二二八	上	初	念恤	矜恤
同	下	一一	保持	維持
二三一	上	一六	는 은	는것은
同	同	末三	준깃갓	준것갓
同	下	初	第六、祈願	第六祈願
二三三	上	末四	하는때에	하는대에
二三五	下	四	解譯	解釋
同	同	一二	永遠히 삽	永遠히잇삽
二三七	下	末二	다시리옴	다사리옴
二三八	下	八	流行이	流行이頻數
二四〇	下	一一	너가	며가

昭和五年一月二十八日(第三種郵便物認可)
昭和六年十一月三十日印刷 十二月二日發行

編輯發行兼印刷人 金敎臣

城西通信 〔甲〕

一九三一年九月二十八日브터同十月五日外지 記者는金剛山旅行中이엿음으로 十月第一日曜日集會는中止하게되엿다。途中、高城邑에到着하엿을때에 金成實兄이 멀니邑內外지出迎하이 學生中의少數信徒와祈禱를함께할수잇섯음은 비록期待하엿든일이엿으나 또한感激에넘치는일이아닐수업섯다。더시公務의餘時를엇어 三日浦畔에連續하야一望無際한金兄의開墾地를구경하고 一夜를留宿하면서 信仰과産業問題에關한十數年間努力의貴重한經驗談을들을수잇섯음은 나의게對하야金剛山우엣金剛山이엿다。

其他、金剛山周圍에는 末輝里에金永祿氏淮陽邑에張良德氏、神溪寺上雲庵에安英俊氏通川碧山里에朴在奉氏、同長龍浦里에金世煥氏、歙谷에玄炳讚氏와 元山에朴承傑氏、韓俊明氏、白南柱氏等여러분이 或은祈禱에或은實際傳道에精進中이라함을들엇으나 多忙中、맛나뵈는즐거옴을 가지지못한것은 큰遺憾이엿다。溫井里에서金玄氏의親切한案內로써 氏의經營하는如如園을參觀할수잇섯음은意外의깁븜이엿고 余輩와갓튼全然門外漢으로하여금 佛敎의域內에接近하는機會를갓게하는것을多謝。歸途에安邊邑外의 우리信仰의老父全啓殷牧師께 뵈옵고저하엿으나期於코다하지못하엿다。

十月五日밤에歸京하니 未見의兄弟로부터如左한意外의편지가 待하고잇음을發見하다

『처음말슴드리나이다。 日前에偶然히書店에들녓다가 貴誌를發見하옵고 朝鮮에는聖書雜誌가업는줄만알앗든 저로서 大端히깃벗사오며 特히 內容에잇서서 福音的이오日本으로보면 無敎會主義色彩를띈것이 여간맘에合하는바가아니엿나이다。더구나 貴下의努力과 神의도움으로 三十二號外지 자라온것은 압흐로無限이 쌔들수잇는生命의우에 터닥고섯음을알겟나이다。

나도基督者의一人이오나 現代敎會는 넘새가나고 沒落頹廢하는現狀이라 도모지 그안에서 지내가기가 信仰을生命으로삼는 聖徒로서 견댈수업는바이오며 큰落望을 가지게하나이다。果然이步調로나가다가는朝鮮敎會의運命도 몃칠못남엇다고 할밧게업슴니다」何如튼 예수는밋으면서 所謂敎會라는데는 발을드려노키가실어 얼마나寂寞한눈으로 어듸 반가운소리가업는가 어듸同志가업는가고 두루살피든中에 貴誌를맛나오니 몹시 즐겁습니다。信仰의同志가모여主의福音을 그대로傳하는것 얼마나高貴한일이오릿가。

나는 아직도 貴下에對하야 모든것을모로오니 부대仔細한事情을 咨別하야주시면貴下의指示ᄯᅡ라 엇더케든지行動을取할생각임니다。貴誌는 어느敎派에屬한것은아니겟지요」그러고 엇던形式으로集會를하며 禮拜를보시는지요。여러가지를 드름으로써 나는압흐로貴下의말슴을ᄯᅡ라 여러信友와함께共同戰線에 나슬外함니다。 開闢社內 崔京化』

一讀하고서 놀나지안흘수업섯다。無敎會主義인故로信徒가 이것을攻擊하며 特別한運動을標榜하지안는外에 廢刊을慫慂하는親知가잇는것을 걱정할동안에 이걱정이잇는緣故로 반가워하는同志도생긴다。아모敎派에屬한것도업시第三十五號의編輯을마치려할때에 記者또한놀난다。如何히하야今日外지成長하엿는가 今後經營은若何한가?全然未知數다。預算도업거니와 決算은勿論收支를超越한計算法이다。今日外지에約千五百의資金을費하엿고 그誌代收入은近日에至하야겨우郵料에充當할만치되엿으나 누가巨資를提供한바도업섯고 將來의具體案이作成된바업것만 今日外지자라왓고 또主님許하시는날外지자라리라。勿論印刷費其他聖朝誌의關한限、一分의負債도업다。이처럼하야 一朔에한사람或은두어사람식 새로운同志를주심을밧으니 有朋自遠方來不亦悅乎어든 하물며 主께서許與하시는친구의 그高貴함은또한格別하지아닐수업다。不義한財物노써親舊를엇으라」는것은(路十六·九)우리의게文字대로그樂을맛보게하며 唯一한利潤이오享樂이다。

本誌定價(送料共)

一　冊　十五錢
六　冊(半年分先金)　八十錢
十二冊(一個年分先金)　一、五〇錢

昭和六年十一月三十日　印刷
昭和六年十二月　二　日　發行

京城府外龍江面孔德里一三〇
編輯發行兼印刷人　金　敎　臣

京城府西大門町二丁目一三九
印刷所　基督敎彰文社

京城府外龍江面孔德里活人洞一三〇ノ三
發行所　聖書朝鮮社
振替口座京城一六五九四

『聖書朝鮮』第三十五號　昭和六年十二月一日發行（每月一回一日發行）

（定價十五錢）

昭和七年 一月一日發行（每月一回一日發行）

聖書朝鮮

第參拾六號

一九三二年 一月一日發行

目次

京城 聖書朝鮮社 發行

나의 祈禱

呀ㅣ主하나님이시여 나에게 信仰만으로써사는 永遠한生命을 주시옵소서 信仰으로써 全世界를征服하는權能을 주시옵소서、그리스도만 信從하는일이 나의生活의全部가 되게하시옵소서 主의完全을 向하야 恒常突進하는生活이 나의信仰의 糧食이되게하시옵소서、나의길이 眞理요 나의生活이生命이요 나의存在가 主의榮光이되게하시옵소서。呀ㅣ主여 나에게 謙遜의恩惠를 주시옵소서 兄弟를 섬기는謙卑를 주시옵소서 謙遜하야 自高自慢함이 없게하시오며 溫柔하야 毒氣가없게하시옵소서。아ㅣ主여 願하옵나니 謙遜하되 卑屈하지말며 溫柔하되 怠弱하지말게하시옵소서 兄弟의 不義함을謙遜으로責하게하시오며 兄弟의惡毒을 溫柔함으로 和하게하옵소서 兄弟의罪를 代身悔改하는 사랑을주시옵소서 아ㅣ主여 主께서도 잘아시옵거니와 나는輕薄한者올시다 愼重을 주시옵소서 나는 잘變하는者올시다 忍耐를 주시옵소서 나는 多煩한者올시다 沈默을 주시옵소서 그리하여야 나의信仰이 主를因하야 겨우자라겠나이다

아ㅣ主여 내가 이와같이 不足하고야 어찌 主의榮光을 堪當하오리까? 아ㅣ主여 내가 눈을감고 主만을 信從하게하시오며 입을 다물고 主만을 思慕하게하시옵소서 그리하시오면 主의恩惠로 겨우信仰의人이 되겠나이다 信仰으로의義를 完成하겠나이다 아ㅣ主여 나는 貧窮한者올시다 나에게 生命과眞理의 豊富를주시옵소서

아ㅣ主여 肉의我는 十字架에 못박아 完全히죽이사 肉은없는者와같이하시옵소서 肉의我는罪에서 完全히 絶滅하시고 靈과眞理로만 充滿하게하시옵소서 나의存在가眞理가되여서 살게하시옵소서 生命에 삼키워살게하시옵소서 聖靈의引導대로 살게하시옵소서 主의사랑을 일우워 살게하시옵소서 그리하시옵시면 이몸이主의 榮光을 나타내리이다 이몸이 主의사랑을 讚美케하리이다 이몸이 主의 聖意를 일우리이다 이몸이 主의 말씀을 말하리이다 이몸이 主의 恩惠를證據하리이다 아멘

누가天國에들어갈가?

張道源

現代朝鮮敎會의 所謂信者들은 敎會에熱心으로 出席하며 憲法에規定한法例대로 洗禮問答이나畢하였으면 基督信者가 된줄로自認하며 永遠한生命에參與한줄로 自慢自足한다 그렇나 그리스도는 저의를 아지못한다하며 하나님은 저의를依然히罪人으로定하셨다 그런故로 예수께서 自己를隨從하는 무리들에게 親히 가르쳐말씀하시기를『主여主여하는者마다 다天國에 드러갈것이아니라』하셨다。

果然 그러하다 主여主여 하는者마다 다天國에 들어갈것이아니다 오직 물과聖神으로重生한者라야만 天國에 들어갈것이다 即永遠한生命으로 다시난者라야만 永遠한生命의天國에 들어갈것이다 물은 悔改의씻음을 가르친것이오 聖神으로난者라함은 永遠한生命의靈으로 다시난者를 가르침이니 即靈界의入門을 말씀한것이다。

그런즉 敎會에熱心으로出席하며 敎會의法規대로 完全히盡行하야 敎會의團員이되였음으로써 永遠한生命의天國에 들어간者라고 誤信하지말것이다 如此히誤信하는者는 스스로亡하는 禍가있을것이다 그런故로 너의는 몬저自己를罪에서 悔改하야 예수의十字架贖罪로因하야 罪의赦宥함을 받고 聖神으로因하야 永遠한生命으로의 다시남을 받으라 그리하면 반듯이 天國에 들어가리라。

이에서 말하는悔改라함은 普通一般으로 通用하는後悔와는 그意義가 크게相異한것이다。

이에서말하는 悔改라함은 人間은 하나님께對하야 나면서부터 完全한罪人임을 認識하며 이罪로因하야 永遠한死亡에까지 다사림을받는直感에서 無限한苦痛을煩勞하며 이苦痛의煩勞에서 堪當치못하는 恐怖와失望과落膽의悲哀에서 하나님을 向하야 罪의容赦를 받으려는 懇切한渴急을 가지고 祈禱하며 罪의結果로하야받는 永遠한死亡의 다사림에서 完全히救援을 받지아니하고는 살수가없도록 救援의要求가 絶頂에達하였을때에 하나님은 우리에게 要求가 생기기前에 발서 預

備하야두셧든 獨生子 예수그리스도의十字架의贖罪眞理를 나타내신다 이十字架上贖罪眞理를믿을때에 우리의 罪의全部가 無爲히即刻的突變으로 죽어간곧없고 다만十字架上으로부터흐르는 寶血만이 無限한權能으로 우리를삼키고 주장하야 罪에서의 完全히自由하는 能力이 있게하시나니 이 모든일들을總稱하야 悔改라한다。

故로 悔改에는 반드시 罪에서의 完全히自由하는能力의所持를要한다 如斯히 罪에서의 完全히自由하는能力이없으면 이는 아직도 悔改한사람이라 稱하지못한다。

如此히 그리스도의 十字架上贖罪의眞理를 믿음으로부터오는 無限한能力이 우리를主管하야 罪에서 完全히自由하게하는事實을 罪의赦宥의證據라稱한다 如此히 罪의赦宥함을받은 證據가없으면 아직도 罪人으로의 定함을받아 死亡에게다사림을받는者다 故로 如斯히 罪의赦宥함을받은 證據가없으면 아직도 義롭다함을 받지못하야救援에 들어가지못한者다 이일은 果然不可思議的神秘의일이다 이事實은 經驗한者外에는 理解할者가 一人도없다。

二

또『靈으로新生한다』함은 在來의罪의人間은 그리스도와한께 十字架에 못을박아 完全히죽고 하날에있는 永遠한生命의本源이 그永遠한生命의씨(種子)로써 새로創造한 新紀元의 새人間을意味한것이다。

이生命은 하나님을 사랑하며 예수그리스도를 信仰하는靈이다 이靈은 죽엄을알지못하는것이 그本質이며 罪와不義를 容納하지못하는것이 그本能이다 故로 이靈은永生이다。

그런故로 예수께서 親히말삼하시기를 물과靈으로 新生한者라야만 永生하는天國에 들어갈것이라하셧다 即罪에서의 完全히赦宥함의證據를받은悔改의人 永遠한生命의씨로써 새로創造함을받은 新紀元의新人間이라야만 天國에 들어갈것이라하셧다。

그런故로 自己가 하나님께對하야 完全한罪人임을認識하며 그罪로因하야 永遠한죽엄의 다사림을받아 無限한苦痛을實感하며 罪에서의自由함의能力을 熱心으로 要求할지라도 救援을얻지못하며 天國에 들어가지못한다。

반듯이 예수의 十字架上으로부터 흘으는寶血의贖罪의權能으로 罪의赦宥함을 받은確證과 靈으로 다시남의 新生命의所有者라야만 天國에 들어갈것이다 그런故로 設或罪을認識하며 罪로因하야의苦痛을實感하며 罪에서의赦宥의 要求가懇切하며 敬虔한마음으로祈禱하며 熱心으로 聖經을닑을지라도 예수의十字架上으로브터 흘으는寶血의贖罪、即罪의赦宥함을 받음의確實한證據가없으면 이는아직도 悔改의人이라稱하지못한다

이는 아직도 肉의人이오、死亡의 다사람에있는者요 罪人으로의取扱을 받는까닭이다 即罪에서의 自由를얻지못한者요 永遠한生命으로의 다시남을받지못한者오 天國에는相關이없는者오 그리스도가 『알지못한다』하는者다 如此한者는 아모리敎會를主張하며 敎會事業에有功하며 傳道事業에熱心하였을지라도 永遠한生命의天國에는 들어가지못할것이다。

또예수께서 말삼하시기를 『肉으로난者는肉이오 靈으로난者는靈이라』 하셨다 肉은 아담의血統에

누가天國에들어갈가?

屬한者를 가리치심이오 靈은 그리스도에게 屬한者를 말삼하심이다 即아담의 血統으로 난者는 무엇이던지 다肉이다 精神、思想、良心等全部가 다肉이오 그리스도에게로 좇아난者는 무엇이던지 다靈이다 肉體까지가 靈이다 商業、農業、工業、勞働、學術研究等의 一切事가 다靈의일이다 故로 肉으로난者는肉이오 靈으로난者는靈이다 肉으로난者는 死亡의人이오 靈으로난者는 生命의人이다 然則 死亡의人이 生命의人으로 다시낳지않이하면 天國에 들어가지못하며 罪의人이死亡에서죽고 生命으로의復活을 얻지못하면 天國에 들어가지못한다 아담의人이 그리스도의人으로 다시낳지않이하면 天國에 들어가지못한다 在來의罪人은 完全히죽고 죽은者中에서 永遠한新生命으로 새로낳지않이하면 天國에 들어가지못한다 然則 主여主여하는者마다 天國에 들어갈것이아니오 새로운生命으로 다시 두번난者라야만 天國에 들어갈것이다。

呀ㅣ現今朝鮮敎會의兄弟들아 速히悔改하야 罪의赦宥함을받고 새生命으로 다시남을얻으라 罪

三

의人을 十字架에 못박아죽이고 生命으로의復活을받으라 그렇지아니하면 天國에 들어가지못하리라。

呀ㅣ朝鮮敎會의兄妹들아 兄妹들에게 무삼印證이 있기로 예수를 그리스도救主로尊奉하며 하나님을 아바지로讃頌하느냐? 十字架의贖罪를 認識하지못하며 永遠한生命으로의 새로남의經驗을 갖지못한者가 예수를 救主로尊奉하며 하나님을 사랑의아버지로 讃頌하는것이 現今朝鮮敎會의信者들이아니냐?

十字架上寶血의贖罪를 알지못하며 永遠한生命으로의 다시남을 經驗하지못한者가 예수를 救主라稱揚함은 迷信이오 天國을所望함은 情慾이다 如此한者는 敎會의儀式으로된信者요 敎理로된敎人이다 그리스도는 저의를 알지못한다 永遠한生命에는 相關이없는者다 敎會는如此한者들을 信者라 名命할지모르나 그리스도는 如此한者를信者로하지않이하셨다 故로 敎會와信仰은 別個의것이다 敎會를 主張하며 敎會事業에有功한者라도 救援에参與하지못할者가多하다

누가天國에들어갈가?

四

呀ㅣ現今朝鮮敎會의形便을 살펴보라 罪의何者임을 알지못하며 罪로因하야 죽엄의다사림의 苦痛을體感하지 못하였으며 十字架의 죽엄과 生命으로의復活을 體驗하지못한者가 牧師나長老가되여 敎會를治理指導하며 信仰보다 智識을주장하며 福音보다 農村事業을 高唱하는者가 有名한牧師로 尊敬을받는것이 現今朝鮮敎會의現狀이아니냐? 生命보다 敎會團體를 貴히녀기며 信仰보다 事業을重히 녀기는것이 現今朝鮮敎會의狀態가아니냐? 生命은 잦아가고 信仰은腐敗하야가되 主日學校 靑年會 少年會等의 宣傳擴張과 社會改良事業에熱中하는것이 現今朝鮮敎會事業의全部가 아니냐?

呀ㅣ朝鮮敎會의兄妹들아 速히罪를悔改하자 十字架의贖罪를믿자 生命으로의復活을받자 虛妄한것을버리자 信仰으로 돌아가자 事業心을 버리자 純福音으로 나아가자 世上을向하야 完全히죽자 그리스도께 絶對順從하자 그리하면 하나님이 朝鮮敎會를 復興식히시리라。聖神이 우리를引導하야 天國에 들어가게하시리라。

山上垂訓研究 〔十二〕

金 敎 臣

豚에게 眞珠

馬太七章六節

거룩한것을 개게 주지말며
너히眞珠를 도야지앞에 던지지말라
저의가 그것을 밟고
도리켜 너히를 물어찢을가 念慮하라。

第七章以下에는 實際問題를爲主하야가르치시고 其中第一節브터十二節까지는 特히「對人關係」의敎訓이다。처음에남을審判하지말라(一―五節)하야 品行이端正하고 信仰이敎篤한사람으로서 가장危險한點을 깊이警戒하시고。둘재로注意할것으로써「거룩한것을 개게 주지말며 너히眞珠를 도야지앞에 던지지말라」하셨다。一見 이敎訓은「남을審判하지말라」는主旨와 서로矛盾하는듯하고 사랑의救主이신 그리스도의말슴으로는 合當치못한感이不無하나 그렇나人生의實際問題로서 이敎訓이必要한것임은 가리울수없는事實이다。

이한節을 잘解得함에는 爲先「거룩한것」과「眞珠」가 무엇이며 「개와도야지」가 무엇을意味한것임을잘알어야하겠다。

「거룩한것」이라함은to hagion. (the holy.)이니 元來聖殿에獻祭하엿든肉片이나빵을 일카른것인데(레위기二十二〇二、예레미야十一章十五、학개二章十二節) 即하나님께屬한것이란뜻으로브터 한울나라의眞理를말한것이며 眞珠는 그리스도의敎訓中에

『또天國은 맛히 조흔眞珠를求하는 장사가極히 값진眞珠하나를 맞나매 가서 제있는것을 다 팔아 그眞珠를 삼과 같으니라』

는(太十三章四十五、六) 譬喩로써보아도 天國福音을標示하심이分明하다。

「개」라한것은 獨特한境遇에는 그리스도가 가나안女人、即異邦人을 개라고稱한때가있었고(太十五章二十六節) 바울이 肉體를依支하야 割禮를主張하며 靈으로禮拜하지않고 어떤山이나 어떤會堂에서禮拜하여야할것을固執하는 行惡하는일군들、敎會主義者、儀式主義者、캐슬릭主義者들을稱하야「개들」이라고(빌닙보三章二節)하였다。또將次나타날새예루살렘에서는「개와 복술과 행음한者와 殺人

한者와 우상에게절하는者와 맛거즛말을조와하야 지어내는모든者가」城밨에있으리라(默二十二章十五節)하야 하나님을몰으고 眞理를不辨하고 헐된것을 지어내는것이 개의 重要한性質인것을알수있다。그런데 개는 眞理에對하야無關心할뿐만아니라。도리혀眞理를거사리고 도야지와같이眞理에對하야 反逆하는習性이있음을 알어야할것이다。

대개 義의道를알고도 받은거륵한命令을저바리는것보다 알지못하는것이 도로혀저히게낳으니라。참속담에닐으기를「개가 그토한것을 도로먹고 도야지가 씻었다가 다시더러온구뎅이에 누었다」하난말이 저의게應하였도다。

하니(베드로后二章二十一、二節)이것은特히 墮落信者、背敎者를 개와도야지세 比한것임은勿論이다。이와같이 以上의「거륵한것」眞珠 犬 豚等의意義를 알고보면 이한節句에包含된敎訓도自然히明瞭하여질것이다。眞理를思慕함이없고 귀에거사리는苦言을 敢當할수없는者에게 誠意로운忠告를주거나 天國福音을傳하는일은、「거륵한것」과는相極이되는犬에게(出二十二章三十)거륵한것을더지며、寶物과合當치못한豚에게(箴十一章二十二、同十五章十二節)金環을 주는것과같아야 單只쓸데없는 헐된일일뿐만아니라 도리혀 忿怒를激發식히게되는수도있다는것이니(路十一章四十五節)日常目擊하는事實이다。

또한動物學上의習性으로보와 도야지는鈍感、貪慾、陋劣한者이니 이것은 차라리 世慾에沒頭하야 利息이불지않는 眞理니福音이니하는 일에는 돌아볼餘裕도없는俗人、未信者에比하고 개는銳感敏活、暴惡함이 닻이背敎者가 聖書와信仰經驗의 幾部分으로써 順良한傳導者를 嘲弄하고逆襲함으로써快感을貪히는光景과恰似함이있으니 도야지는 未信者 개는墮落信者의뜻으로取하야

너의眞珠를 도야지앞에 던지지말라
저의가 그것을 밟고
거륵한것을 개게 주지말라
도리켜 너희를 물어찢을가 念慮하라。

고읽는것도 解讀上에 한方法일것이다。

그런데 重大한問題가 發生하는것은 眞實한忠言을發하며 더욱이眞理를말하고福音을傳하려할때에果然사람을擇하야할것인가、또한擇한다면 무엇

으로써 개와도야지를分辨할標準을定할것인가 하는難問題가 생긴다 바울은

이사람에게는 死亡으로좇아死亡에이르는香氣가되고 저사람에게는 生命으로좇아生命에이르는香氣가되나니 누가이것을堪當하리오

하야(고린도后二章十六節) 사람을가리지않고 누구에게든지 福音을傳하였든것이며 또『道를傳播하고 때를얻던지 못얻던지 온전히힘쓰고 오래참음과 가르침으로 警責하며 儆戒하며 勸하라』하였다(듸모데后四章二節)。그리스도自身도

너히는 온天下에다니며 萬民에게福音을傳하라

고(마가十六〇十五節)命하였고 가나안女人에게對하야 처음에는「아히들의떡을取하야 개게던짐이맞당치않다」하섰으나 그女人이「主여옳소이다 마는 개도제主人의床아래떠러지난부스럭이를 먹나이다」고對答하였을때에 態度를急變하야「女人아네믿음이 크도다 네所願대로되리라」하야(馬太十五章二十一―二十八節) 그對接이 달아졌었다。

그렇면吾人은 信者로서 或은傳道者로서實際에 臨하야「거룩한것을 개게 주지말라」는것과「天下萬民에게 福音을傳하라」는教訓과의矛盾을如何히處理할것인가。

첫재로 輕率하게他人을 개나도야지로決定할것이아니며 또한判定할수없음을 알어야하겠다。가나안女人도 하나님의選民과對立할때에 개라고稱함을받았으나 그렇나 바리운것이아니오 即時恩惠에參與함을얻었다。其他亦是개나도야지에屬할稅吏와娼妓等도 오히려學者와바리새教人보다率先하야救援을받었으니 吾人이準據할바一般原則은亦是「때를얻던지 못얻던지」誠心誠意껏 온전히힘써勸할것뿐이다。

但 實地事實노써 德을怨望으로갚고(예레미야六章十節)眞理와福音을排斥하며 毀謗하고弄絡하며 穢劣함과 참혹함을加하며 義를말하는者를迫害하야 마지않하는種類의人間이 實在함은 그다지稀罕한바가아니다。特히一旦基督信者되였든者가背教墮落者된後에는 人生大學의修業이나마친듯이 大悟의境에나到達한듯이 一種確信과快感을가지고、食物을期待하였다가失望하고逆襲하는野犬과같이「거룩한것」을주는者에게自慢或은反抗을表한다。

山上垂訓研究　八

이런때에도 善을行함에는 때의利不利와相對者의善惡을 가랠것이없다하야 友誼와情實에連綿되여 한가老婆心으로써 도야지에게眞珠를 주려고 千篇一律노하는것은 決코眞理에忠誠된바가아니오 또한 그리스도의敎訓에忠實한것도아니다。 그리스도는 그弟子들을派遣할때에

차라리 이스라엘집에 잃어버린羊에게로가라

하시며 또

아모城이나村에 들어가던지 合當한사람을차자 너의 떠나기까지 거기서머믈나

하셨고

내가너의를보냄이 羊을일히가온대보냄과같으니 그런故로 智慧는배암같고 順함은비둘기같이할 것이오 사람을삼가리。

하셨다(馬太十章)」 그럼으로福音을傳하는일을 넘어 熱情的으로 無分別노하야 自己自身이侮辱을當할뿐더러 하나님의 거륵한것까지 蹂躙을當하게하며 光輝를잃게함은 비록兄弟를사랑하는 眞心으로出發한바일지라도 그것이 배암의智慧로움이없는同時에 하나님의神聖하심을汚損하는 惶悚한結果가되는것을 알어야할것이다。

그럼으로 基督者도 이와같은不信不順의 개와도야지의種類에對하야는 하나님이 뎌들을對接하시는方法에依함이 가장適合한길이다。曰

그런故로 하나님께서 그사람들을 그情慾대로 더러운일에 내여바려두사 저의몸을 서로辱되게하다

하였으니(羅一章二十四節)不信의徒輩를制禦함에는 此보다 더善한길이없고 此外에別途가없다。이것은 누구를사랑하고 누구를미워서가않이다。放任함으로써 或은다시悔改하고 救援에參與할수도있는故이다。篤信한基督者는 種種他에無類한基督敎의道德律노써他人의不德을檢責함에急하려는傾向이있으니 第一節노브터五節까지의「남을審判치말라」는敎訓이必要한것처럼、熱烈한信者는 種種사람과境遇도不辨하고 한가福音을累說力辯함으로써 成事되는줄노만알음으로 聖物의濫用을防止하며 하나님의尊嚴과福音의眞價를理解하기爲하야 第六節의거룩한것을 개게던지지말라는 敎訓을 銘心할必要가있다。

祈禱의根據 太七章七―十一節

(參照、馬可十一章卄四、路加十一章九―十三節)

七、求하라 또한주실것이오 차자보아라 또한맛날것이오 門을두다리라 또한열어주실것이니

八、求하난이마다 어들것이오 차자보난이가 만날것이오 두다리는이의게 열어주시리라。

九、너희中에 아달이 떡을달나하면 돌을주며

十、생선을달나하면 배암을줄사람이 누가잇겟나냐

十一、너희가惡할지라도 조흔것으로子息에게 줄줄알거든 하물며 하날에게신 너희아바지쎄서 求하난者에게 더욱조흔것으로 주시지안켓나냐。

祈禱에關하야는 救濟禁食等의一般善行과한께 祈禱의內的動機와外的態度며 祈禱할內容卽主祈禱全文으로써 第六章初頭에서周密히가르치신바있었다 그런데只今第七章에至하야 萬古에比類업는敎訓을 거의完結하려하실때에 他人에對한實際的規範數件을添述하시다가 突然히 다시한번祈禱에關한重大한奧義를나타내었었다。文章으로보나 意味로判斷하나 主祈禱의部分과도關聯된것이업고、連接된七章初頭의「審判하지말나」하며「거륵한것을개게머지지말나」는敎訓과도 何等直接相關된痕跡을볼수업시 沙漠을젖히는 오아시스(泉地)처럼 솟아나온다。聖書의重要한眞理는 種種이와같이突現하는수가많다

山上에서가르치시는 그리스도의說敎를 그足下에서直接들은사람들은勿論이어니와 二千年後의今日에 馬太의記述한바를읽는우리들도 다같이늣기지아닐수업는바가있음은 족곰이라도誠實한態度로써 이에對하는者마다實感하는바다。보라「艱難한者가福이있다」하며 「逼迫當할때에깃버하고 즐거워하라」하였으니 世上의標準과逆轉함이甚하지아니한가。兄弟를미워하는者마다殺人한것이오 女人을보고淫慾을품는사람마다 이미姦淫을犯하엿다하니 그앞에서戰慄을禁할者누구며 惡人을對敵치말고 왼편빰을돌여向하면서 逼迫하는者를爲하야祈禱하여야하겠고、「너의義가 서기관과 바리새敎人보다낫지못하면 決斷코天國에들어가지못할뿐더러「하날에게신 너의아버지의 온전하심과같이 너의도온전하라」하였으니 누가能히堪當할터인가。天國市民의幸福은知悉하엿으나 그 들어가기困難함

에 大概는失心하지안할수업시된다。그리스도의天國律法은肉을넙은人間에게는 넘우도純潔한것임을發見할때에 우리는 자조「그런즉 누구가能히救援을언으리이까」는(馬太十九章卄五節) 疑問을反復하지않을수가업다。이때에 失望의골짝이로붙어 希望의峯上으로 익그는牧者의소리가 即

求하라 또한주실것이오
차자보아라 또한맛날것이오
門을두다리라 또한열어주실것이니
求하난者마다 엇을것이오
찻아보난이가 만날것이오
두다리는이의게 열어주시리라

는福된音信이다。人間의能力으로서는到底히企圖할수겁는難事業이라도 하나님의全能하심을 힘닙을때에 人間으로하여금至難한일을成就식히신다。求하라(aiteite, ask)함은넙설노써 祈求하라는것이오 찻아보라(zeteite, seek) 함은 발을運步하야 잃었든것을찻는것처럼 祈求하라함이오 門을뚜들인다(krouete, krock) 함은 손을들어뚜들이면서 又叅하기를祈求하라는 (叅照고린도后六章十七)것이니 玆에祈禱의必要를提示하시는同時에 祈禱는懇切하여야 할것을가르치었었다。「友誼로因하야서는 니러나주지아니하나 그懇切히求함을因하야 니러나그쓰려는대로주리라」(路加十一章八節)하엿으니 사람의人情도이런거든 하물며 하나님아버지께서 忍耐함으로懇求하는者를 돌보시지안하시랴。祈禱는一言一句가切實하여야하겟거니와 또한應答을받을때까지 오래참음으로써祈禱하여야할것이다。故로예수께서

제자들노하이곰 恒常祈禱하고 게으르지말나하야 또比譬를베프사 갈아사대 엇던城에 한法官이잇서 하나님을두려워아니하고 사람에게無禮하더니 그城에한寡婦가잇어 자조와서갈아대 내怨讐를 잡아주소서하되 오래許諾지아니하다가 後에속으로생각하대 내가 하나님을 두려워하지아니하고 사람에게禮를아니하나 다만 이寡婦가 나를번거하게하니 내가반다시그원수를 갑하줄것은 늘와서내게괴롭게할가두려워함이로다。主또갈아사대 不義한法官의말을들으라 하물며 하나님께서그擇하신者들이 밤낫비난대 비록오래참으시나 맛참내 갑하주지아니하시겟나냐

하셨다(路十八章)。祈禱는切實하야 應答을받지않고는 말지않을覺悟로始作할것이오 一旦始作한祈禱는 人間的打算으로써 中途에斷念하지말것이要訣이다。그럼으로『무엇이던지 빌고求하는것을 어

미받은줄노믿으라 그러하면받으리라』(馬可十一章廿四)하엿고『두마암을품어 모든일에定함이업시 바다물결이바람에밀여搖動하난것같은사람은 아모것도主께언기를 생각지말나』(야고보一章五—八節)한다。

以上第七、八두절수에서 祈禱의必要와 祈禱의態度가切實할것을 가르키시고 다음에節九、十、十一節노써 基督者의祈禱는何故로應答이잇는가 效驗이잇는가함을證明하시엿다。即祈禱의根據를提示하서다。

떡과돌、생선과배암을比較하시고 또路加에는「알을달나하면 젼갈을주겟나야」는一節을加添하엿으나 要컨대이런것은外形으로類似한物品을對立식힌것뿐이니 物件自體에큰意義가잇는것이아니오「아버지된者의心情」이注意할바이다。即보다더善한것을求하는아들에게 보다더惡한것은 一切주지안코오히려惡한것을請求할때에라도 더善한것으로써주랴는것이「아버지된者의心情」이라는東西古今에通하는 元亨利貞을말하신것이다。이로써子息된者의求하여야할것도 自然히明白하여젓다。아달이 그아버지께求할것은 큰것이나적은것이나 靈에關한것이나肉에關한것이나 永遠한것이나一時의것이나 그求할바種目에制限이없을것은勿論이다。저것을求하면高尙하게보힐가 이것을求하면鄙陋하게보힐가하는念慮와思案을 오르내릴處地가아니다。그러나孝誠있는아들은 아버지의깃버하시는것을爲先祈求할것이다。모든要求의根本되는 하나님의義와그나라를求할지니 餘他는또한 必要한대로더하야주실것이오「天父께서求하는者에게 더욱靈을주시지않겠느야」하셨으니 「山上垂訓」을向한우리의渴急함도滿足함을받고、넘침이잇을것이다。

『너의가惡할지라도』한「너의」는 그리스ㄷ以外의全人類를指示한것이다。그안에는 베드로、요한、야곱等도包含되엿음은勿論이다。이런말이世上人心을收攬하려는政治家나宗敎家의입으로서는 나올수업는말이다。그러나 그리스도는種種明白히말슴하셨다 人間은生來로惡한것이라고。事實父子의情과같은것은天然界에서볼수잇는 가장아름다운善性의하나이라할수잇다。그러나이父子의情에도 오히려 [illegible]이잇고 不純이석겨잇음을未免한다。果然엘니바스의말한바와같이「사람이무엇이관대 깨긋하며

祈禱의 根據 一一

女人의게서난者가무엇이관대公義로오리오。볼지어다 하나님은 그거륵한者들을오히려믿지아니하시고 모든하날이라도그보시기에不淨하거든……」한것이(욥第十五章十四、五) 事實이다。사람은如何한聖者일지라도 하나님앞에對立할때에 저히는모다惡한者가아닐수업다。그런惡한者로서도오히려 그아들에게 善한것으로써줄줄알거든 하믈며完全하시고至聖하신하나님께서야 밤낫으로懇求하는者에게더욱조흔것으로주시지않께느야 하는것이 基督教의祈禱에效驗이잇다는理論이오 根據다。至極히簡單明瞭한論法이다。頭腦로써이것을討論하고嘲笑하는者에게는「미련한것이되고」(고린도前一章十八)「死亡으로좇아死亡에니르난香氣가될」뿐이오 이道理를마음에받아 믿고、믿음으로宇宙를보는者에게는「하나님의權能이되고」「生命으로좇아生命에니르는香氣가되나니 누가이것을堪當하리오」(고린도後二章十二節以下)다。

求하라、善한것을求하라、 그리하면期於코 더욱조흔것으로 주시리라。그러나믿지않는바는아니면서도 때로는 마음에願하는바를祈禱로나타낼能力

좇아업서지고 머리는숙어지고祈禱의궤는다시취세우기어려운때가적지안함을經驗한다。이런때에爲先첫재로記憶할것은 바울의말한바

> 이와갓치 聖靈도또한우리 연약함을도으시나니 우리가 마땅히 빌바를 아지못하나 오직聖靈이 말할수업난歎息으로 우리를爲하야 親히祈禱하시나니라

는 (羅八章二十六節)것이다。나單獨히努力으로써義務로의祈禱를力行하기前에 聖靈이親히 나를代身하야祈禱하고잇음을 깨달아야하며 不信의이스라엘百姓이 埃及을떠나約束의가나안까지 到達함에는「아 이百姓의罪는큰罪로다。그러나願하옵건대 더들의罪를赦하시옵소서。不然하옵거든 하나님의記錄하신冊中에서 나의이름을抹消하시옵소서」(出三十二章三二、民十一章十五節) 하든모세의熱禱가잇섯음이오。放湯한貴公子오가스틴이 後日人類의大師父를成함에는 그慈親모니가의持久한 눈물노의祈禱가있섯던것이다。基督信者가自己單獨으로서信仰을維持한줄로自信하엿다면 이것은적지않은偏見이아닐가。自己의豫測노못하엿을때에 보도듣도못하든사람 特히自己가미워하는사람或은怨讐로녀기는나랏사람의手帖이나祈禱人名簿中에記錄되여서 하나님

앞에奔願받았슴으로今日의信仰에있다는것을 全然否認하야낼이가누구일까。祈禱中에 가장하나님이 깃버하시는것은 사람이自己自身에關한祈禱보다 他人을爲하야 或은怨讐들爲하야祈願하는일이다。萬一自身의일노써祈禱에倦怠한때에는 한동안自己일을제쳐놓고 남을爲하야 미워하는者의福을爲하야祈禱하고있으면 自己일은旣知未知의사랑하는이들과 더욱確實한聖神이 대신하야祈禱하시리니 그리하면祈禱의힘은恢復되고 祈禱의應答은 더욱確實하야질것이다。

다음에記憶할것은 「더욱좋은것으로」주신다는것이다。基督者의祈禱는 요術師의箱子와같이注文한대로나오는 百發百中하는것으로써壯하게녀기는것이아니다。차라리 사람의註文대로는應치않하시고「더욱좋은것으로」써 주시는故로 基督者는躊躇업시다시勇氣를가다듬어祈求하는것이다。百發에五十中을不得할지라도 아니 百發에一中도업섰을지라도「더욱좋은것을」주시는아버지신故로 安心하고大膽하게求한다。不然하고、求하는대로주었다면 人間은每日떡보다石塊를달냈을것이오 생선보다배암을 덤쳤을것이다。그러나當幸으로基督敎의하나님은 압바아버지심으로 많은그릇된要求는嚴酷하게拒絶하시고 「가장좋은것으로」만주셨다。故로實際問題로서信者가一日의勞를마치고就床하려할때며 或은一年의業을다하고除夜의鍾聲을들을때에 저가祈禱한대로應하였드면戰慄할일이얼마만이며 차라리祈禱가不成就하얐음으로感恩의눈물을쥐짜는일이 더많치아는가。그럼으로 祈禱의應答을 한가外形만으로서淺薄히判斷하고 落望하야서는안된다。언던境遇에는祈禱가即時에應答되는때도있거니와 언던때는數年、數十年의時日을要하는수도있으며 或은求한바의模樣을變하야나타나는수도있고 或은全然拒絶當하는수도있으니 이는大槪「우리가맞당히빌바를아지못하는」까닭이다。그럼으로使徒바울은「이것이 내게서떠나기를 내가세번主께懇求하얐더니내게닐으시기를 내恩惠가네게足하니大旣내權能은弱한데서온전히일우어진다」(고린도後十二章八、九、)하야肉身의病苦를爲하야祈禱하던것이不應된것을 오히려感謝하얐다。이리하야 그靈은가장高潔한자리로躍進하얐다。求하다 또한주실것이다。더욱좋은것으로주실것이다。

已所欲施於人 (太七章十二節 路六章三十一節)

十二、그런故로 무엇이던지 남의게 對接을밧고져 하난대로너하도 남을對接하여라。이는律法과 先知者의大旨니라。

國文聖經에는第七章七節브터十二節까지 한句節노되여잇으니 祈禱에關한敎訓으로解釋하면 別노다른複雜한問題가 생기지않안다。 그러나 첫머리의『그런故로』라고譯한oun,(therefore)字가어대를받는것인가하는解釋이 學者間에 區區하야或은조선聖書와가치 第七節以下를밧는것이라고 하며 (內村)。 或은山上垂訓全體即第五章十七節 (或은二十一節) 以下의大旨를要約한것이라하며 (루터、마이엘) 或은第七章一節以下를밧는同時에 第五章十七節以下의全敎訓을總括한것이라하며(벵겔)、또칼빈과같이 「그런故로」(oun) 는無用한字라하야 이것을除外하고 第十二節을全然獨立한一句로보는이도있다。各其相當한論據를固執함으로 其優劣을斷定키困難하나 언젯던 이節노써 山上垂訓에大段落을짓는重要한句節노看做하는點은 거의一致하는듯하니 文典上의是非는 學者의闡明을待하기로하고吾人은모름즉이 本節에담긴바實質的貴重한意義만을詳考할것이다。

第七節以下의 祈禱의關連한것으로보는이는「남에게對接을받고저하난대로」라는「남의게」는하나님의게라고換置하고읽기를要求한다。 그리하면 하나님의게對接받고저하난대로 너히도남(他人)을待接하여라」는뜻이된다。 十一節에記錄된바와如히血肉의父母보다도 더完全無缺하시고 至善至聖하신하나님의心事를본받아 하나님께서 온갓善한待接、特히지은罪에對하야 寬大한赦宥받기를願하는것처럼 남을寬容하라는뜻이니『하나님이 이갓치우리를사랑하엿으니 우리가서로사랑함이맛당하도다』(요한一書四章十一)하며 『그런故로 사랑함을닙은子女같이너의는 하나님을본받고』(에베소五章一)라는等聖句와並想하면 이解釋中에도貴重한眞理가잇음은勿論이다。

루터 마이엘等에依하면『이는律法과先知者의大旨니』라는것이 第五章十七節에『내가律法이나先知者나廢하려온줄노알지말나……』。고始作한以下全文을要約한것이라하며 벵겔은 이우에第七章初頭

에잇는사람對接하는法의　要訣임을添釋하엿으니內容으로는大同小異한것으로볼수잇다。　卑近한日常生活에생기는大小事件에適用하면「남의게對接받고저하난대로　남을對接」할진대　이웃집사히에分爭이업슬것이오　나라와나라가平和할것이다。嚴肅한意義로써律法全體를總括하는　것으로보면　所謂西人이稱하는바黃金律(The Golden Rule)이니　「둘재는그와같으니　이웃사랑하기를　네몸과같이하라하엿으니 이두가지誡命이律法과先知者의大綱이니라」(太廿二章三十九)는것과一致하며　바울의이른바『너히가아모사람의게던지　빗지지말고　오직서로사랑함을빗지라。남을사랑하는者는律法을다　일우엇나니姦淫하지말며　殺人하지말며　도적질하지말며　탐내지말나한外에또다른誡命이잇을지라도　곳「리웃사람사랑하기를自己몸과같이하라」하신誡命中에다드러갓나니라。사랑은리웃을　害롭게하지아니하나니그런故로　사랑은律法을온전히일우나니라』(羅十三章八―十)함도이뜻이다。

萬一이것을前後와關連업시　全然獨立한一句로보와도人類의所有하고잇는敎訓中에最大의敎訓임은不變할것이다。이때에聯想되는것은于先孔夫子의「己所不欲勿施於人」이라는　우리의耳目에　익숙한句다。其他西歐에도　이와近似한金言이古代부터傳하여왓으나　大槪는孔子의말과갓치消極的으로表現되엿다한다。그럼으로基督敎徒가예수의敎訓이積極的인點을擧하야他聖者의追從을不許하는　獨特히高貴한것임을자랑하면 他方에異敎徒들은　己所不欲勿施於人이나己所欲施於人이나　大差업다하야期於코이두敎訓을同一한水平線우에세우고저힘쓴다。萬若差異업는것으로보히면同一한水平線우에取扱함도無妨한일인주안다。吾人은偏狹한宗派心으로써　如此한無益한形骸를爲하야싸홈、우리나랏　墓訴訟과같은雜鬪的싸홈에는　參與하기를不願한다。다만實際問題로써　特히靈界에關한消極이란것과積極이란　것은地와天이差異잇는것처럼判異한것을　日常生活에經驗하는것만은事實이다。世間은喧騷케하는禁酒斷煙의소래만놉고　그實現을보기어려운것은周知의事實이다。萬一저들이積極的사랑의衝動에充溢하엿다면有害無益한禁酒斷煙뿐이랴　一步를나아가　바울과같이偶像의祭物을먹음도可하고　또는全然히肉食을

廢함도自由로될것이다(고린도前八章十三)惡을禁하고律法을직히려함은努力이過大함에比하야効果가稀少한일이오 是에反하야 善業에 躍進할동안에는不知不識中에惡行을떠나게되는事實은 多少라도自己修養或은敎育事業에從事하여본者의共通히깨달는바다 얻던篤信者가「나의일이窮迫하야 兄弟를爲하야祈禱할餘裕가업다」하면서熱心히祈禱한다더니 더는다시他人을爲하야 祈禱할餘裕를發見치못하엿을뿐더러乃終에는自身을爲하여서도 祈禱할수업는地境까지沈滯하여젓다。 마는 하나님과他人을爲先念慮하는사람의生活內容은恒常充實하엿다(太廿七章四十二 고后六章十節)

우리는 輕薄하고高慢한基督敎國民들이 걸핏하면異敎徒(Heathen)라稱하야 孔孟老莊이나釋加 소크라테스도一括하야亞弗利加土人과같은未開人으로取扱하려하는蠻行에는 甚히憤懣을늣기는바이다 吾人은孔子의敎訓의尊貴함을認識함에 决코他人보다 떠러지기를願치안한다。 그러나只今論議하는消極과積極에는天壤의差가介在함을 말하지아늘수가업다。 特히靈界에關하야는積極은天이오 消極은地ㅣ다。 己所欲을施於人이란것은果然靈界의機微에觸한일이업시는能히말할수업는地域이다。 實노「하날노서온者라야하날消息을如實히傳할수잇는(요한傳六章四六)故이다。

穿門狹路로

太七〇十三、十四節。
(參照、路十三〇廿二—三十節)

一三、좁은문으로 들어가랑。死亡으로인도하난문은 크고그길이 넓어 그리로 들어가난 사람이 만코

一四、生命으로 인도하난 문은 좁고 길이 험하야 찻난이가 적으니랑。

人生行路의困難한것을 種種「蜀道之難」으로써比喩함을 듣는다。蜀道가 얼마나 險難한것인지를分明히 알지못하는 우리는 人生의險路에서 困窮할때마다「蜀道란、흠픽도 險峻한가부다」하고멀ㅣ니 西邊에 山西臺地를 그려본다。 그러치안어도 平坦大路를 願하는것이 行客의 떳떳한情이어늘 基督은 그따르는者들에게 何必曰 좁은門과 險한길을 指示하시는고?

大河는 流水의 淸濁을 가리지안는다。 그럼으로 「淸濁倂呑」은 經世大家의 第一要素로 通稱한다。 純潔을思慕하는마음을所持하면서 世上에서成功하려할때에 맛나는 第一難關은 「淸濁倂呑」이란「變態」術이다。 江水 흐르기始作한곧에서 淸潔치아닌者업는것처럼 人生行路의始初에는 義를思

墓치안할者 적엇으리라。純潔을保存하랴면 大流가 될수업고 大流를成하랴면 흐린것도 謝讓할수업다。그럼으로 世上이 滔滔하게 大衆으로合流하며 檢潮器보다도 더銳敏한 洞察力으로써大衆의 向方을測하야 浮標와如히 干滿에 浮沈을 가치하니 그안에 義가잇을수업고 純潔을 찾을수업고 오직「妥協」과「圓滿」이 年輪처럼 歲歲에 增殖할 뿐이다。차라리 人生의行路에 大路와大衆만이目標되엿든들 人生煩悶의半分은 업서젓을것이오 行路는 平坦하엿을것이다。그러나 基督은明白히標示하신다「狹路로서 少數를覺悟하라」고。이로부터 人間은 大衆과 少數와의 두갈내로分流하지 아니치못하엿다。

人間最大의特權은 選擇의自由에 잇을것이다。慈母의乳房의左右를擇함으로부터 學校의選擇、專攻의選擇、職業의選擇、配偶의選擇、書籍의選擇、良友의選擇、企業의選擇等 其他日常生活에 起床으로부터 就床할때까지며、乃終墓地의遺言까지人生이其實은 選擇의連續이다。이보다 더큰特權이 업는同時에 이처럼 重大한責任도 다시업다。人生의成功과失敗라함은 實相은 時時刻刻에當해오는 選擇의結果일뿐이다。

우리는 信仰의祖上아브라함과 그同行하던 족하 롯이 벧엘山麓에 장막 쳤을때에 그叔任間에選擇하던光景을 連想할수잇고 또 沃土와都會地를 擇하엿던 롯의運命까지도 記憶할수잇다(創十三、十四章)。

우리各自의眼前에는 아브람과롯이 가젓던것처럼 多數의 六畜은업스나 그러나 曠野엔가? 沃野엔가? 하는 問題는 남아잇다。人生에 난以上에는 누구나例外업지

(1)大門、廣路로서 大衆과함께 死亡으로갈것인가
(2)窄門、狹路로서 小數와함께 生命으로갈것인가

하는 二途의一을擇하여야할 運命에 노혀잇다。오ㅣㄴ世上의 智者와賢者가 異口同音으로 前路를擇하라할때에 그리스도는 홀ㄴ서서 웨치신다

좁은門으로 드러가라!
生命으로引導하는門은 좁고 길이險하고
찻난 사람이 적으니라。

그理由若何한가? 只今詳細히說明하기前에爲

山上垂訓研究

先 聖書原文의 字意와 譯文을 明白히하여야解讀을容易하게할수잇겟다。

문(門)이란 말은 그리스도가 種種쓰셧다。요한福音第十章처음에 「羊의 우리의門으로 들어가지아니하고 다른 곧으로 넘어가는者는 도적이오强盜나。문으로 들어가난이가 羊의牧者니라』고하신뒤에『내가 羊의 문이라』하시고(七節)。또

내가 곳 문이니 누구던지 나로말매암아 들어가면 救援을얻으리라

하셨다(九節)。이것이 곳 同十四章六節에 잇는

예수 갈아사대 내가 곳 길이오眞理오生命이니나로말매암지아니하면 아바지께로 올사람이업스리라。

는것과 같은 뜯인것은勿論이다。그럼으로詩人도

이는 여호와의門이니 義人이 들어가리로다。

라하였다(百十八篇二十節)。이러한뜻으로서의門이다。牧場에出入하는正門이오 義人이 들어가는門이오하나님 아버지께 나아가는 唯一의門인대 그門은 即예수그리스도自身이라하신다。그러고 좁은문이라고 自稱하신대에 注意할것이다。

十四節下半에 「길이 험하야…」한譯文은 多少不明한듯하다。우리가 常用하는 뜻대로하면 길이험하다함은 都會地보다 鄕村道路를聯想하게하며 或은 急勾配의山路、礫塊轉轉하는길 雨後의低濕한軟泥等 自然的條件으로서 險하게된것을想像하나 原文에tethlin.mene.란字에는 첫재로 群衆이 서로밀어서 좁게한다(Make narrow)는 뜻이있다。마라손選手가 市街地로 달녀들올때에 街路의兩側으로 구경군이 밀녀들어 選手의通過를妨害케하는것이나 或은 脚戲 庭球 其他興行物等을中心으로하고 周圍의觀覽者가 重疊相壓함으로 漸漸 욱어저드는模樣을 생각하면 길이 험하다고譯한 톄슬리메네 의本意를 좀더彷彿하게할줄안다。이런意味로보면 京城市街의中央인 南大門通、鍾路通、本町通等이 다 험한길 即 좁은길이다。톄슬리메네의 둘재뜻은 壓迫으로부터逼迫이란意味가있다。이두가지 뜻을並想하면서 좁은門으로서 험한길로 가라는 그리스도의 말삼을받으면『信者의 世上에서받는待接에 對照하야깨달을바가있을것이다。

「찾난이가 적으니라」하면 當初부터 찾기始作하는이도없다 는듯이 들닐수도있으나 原文에는 「發見하는이」가 적으니라 하얐다。文法上으로現在分詞形으로되여 「發見하는이」가 적으니라고한대에 豊富하고 微妙한內容이 실녀있나。

以上의 「문」、「협하야」、「찾는이」等의意義를앎으로써 十三、十四節의大意는 매우明白하야졌을줄안다。다만 남은問題는 實際人生의生活에서 좁은門과 좁은길은 如何한 境遇인가? 그좁은길은 如何히하야 通過할수있는가 하는것을 實生涯에빗취여보고저한다。

假令 現代의 普通世間에施行하는 敎養을받은 一個靑年紳士가있어 禁酒斷煙과 一夫一婦主義等같은것은 宗敎、信仰云云할것이아니고 常識으로라도 斷行하여야할것이라하야 이를實行하였다하라。于先은 저의端正함을 같으로稱讚하는者도없지못하려니와 그러나 저의 가는곧은 漸漸孤獨하여지지 않을수업시된다。저가萬一 同窓會에參列한다면 會는 저의緣故로 冷水를 뿌린바가될것이오 더가萬一 忘年會에 나간다면 더가拒絕하는 一杯酒의結果로 座席에는 霜雪이結하야興도없고 樂도없게됨을 볼것이다。萬事이調子로되여어울닐수없는氷炭과 汕水임을體得할때에 自他를爲하야 저는不得已 宴席、社交에興味를잃게된다。

又況 그리스도안에있는 信仰을告白하고 自我를否定하며 肉을죽이는 重生의生涯에 立할때에는 그通過한門은 가장적은문이오 그걸는길은 가장좁은길인줄 알것이다。『약대가 바늘구멍으로나가난것이 부자가 하나님나라에 드러가난것보다쉬우리라』(太十九〇廿四) 하엿고 『우리가 하나님 나라에들어가랴면 여러가지 患難을 겪어야할것이라』(使十四〇廿二)하얐으나 넘우도 그길이 좁은데서窒息할번할것이다。저보다 앞서서「예수는 하나님의獨生子인것이分明하다」고 證明하면서 傳道하던者와 저와함께 十字架의예수를 붙너悔改의祈禱를드리든者들은 바ㅣ르서 狹窄한信仰에서脫出하야 或은鬪將으로 或 文士로 或은學者로 自由롭、濶步할때에 저만 홀노 때로自我를咀呪하며때로하날을怨望하면서 步一步로狹谷를 向하니 曰 福스럽도다 가난한者는 心靈에。……

山上垂訓研究

福스럽도다 哀痛하난者는。……………
福스럽도다 溫柔한者。云云。
하야 一般大多數와함께 外的、內的幸福에서滿足지못하고 그以上의것을求하지않고는 견대지못하며 律法의形式的骸殼에서 自足할수업서 (太五〇一七以下) 하나님의嚴前에서 行爲의動機를 聖化식히고야말여하며 (六章一ー十八) 그나라와 義를求하는生涯를 살고저하니 저편이大路인때에 이편은狹路요 저편에大衆이움즉일때에 이편엔少數者이엿다。저가 四十萬都市에잇으나 同途할一人을찾지못하며二千萬同胞다하고十八億人類다하나 그들의思潮와저의言行과는 마치「南行車와北行車가相違하듯」하야到底히平行할수없으니 저는 때로 詩人의입을빈다。

내가惡人의興旺함을보고 교만함을분히녀였도다。저의가죽을때라도 困苦함이업고 힘이건강하도다
………저의가 널아대 하나님이엇지알니오하며 至極히높으신者가知識이잇으리오하도다。볼지어다 이사람들이惡人이오 늘平安하며 그財物이 날노 더하도다。
오직、나는、 헛되히 마암을、 깨끗케하고、 헛되히、 손을、 씻어、 無罪함을보았도다。

하야(詩七十三篇)詩人은 自己로서는 아모리해도行할수없는惡行邪念이라도 世人의大多數는 이것을行하고泰然自若할뿐더러 오히려 그마음은便하여지고 그財產은增殖되여가는것을보고 깊이懷疑에싸혀어 自己는空然히潔白하얐든것을 後悔하는心情에至한다。이것이狹路로行하는者의特質이다。何故로 生命에至하는길은 좁고험하고 오는이가적고、死亡에至하는길은 넓고 쉽고 가는이가많으며 또現世에서「살진것으로 그눈이 솟아나고 언은것이 생각하난것보다 지나도록」祝福받은것처럼 보히는것인지?

내가 이理致를 알고저하야생각하니 내目前에甚히 어려움이 되도다。
果然어렵다(十六節)。그러나乃終 이理致가알녀진다
다만내가 하나님의聖所에들어가서 그마참이언더한것을 비로소 깨달었도다!
이때에疑雲은消散하고 찬미는솟아올은다(十七節以上)
主께서 참 저의를 밋그러질곧에두사 침륜에빠지게 하시나이다。
아하! 저의가 경각에 채궤하야 놀나고 놀

남으로 아조 멸망이되었나이다。
꿈꾸고 깰것같으니 主께서깨사 그形像을가볍
게 보시리로다。

하나님의聖所에 드러가보니 넓은門으로서 大路를行하든 大衆의末路는死亡이라한다。그런故로 좁은문으로 드러선少數者여 길이험한것을 겁내지말고 少數를覺悟하고 오로지前進하라 그길이生命의길이니라고。이것은現代思想과 크게背致됨을인다。그러나 이는理論이아니오 生命의事實이다 그리스도는 嚴然하게宣言하셨다。狹路로서少數者가生命에 이를것이라고。그러고聖書에關하야立論할진대 누가能히 이見地에反對할者인고? 現代의基督敎會는 門戶를크게하고 通路를넓히하자는淺薄한데에서 깊이懺悔할必要에 잇지안할가。

路加는特히 理論을避하고 事實노써促迫하였다『좁은門으로드러가기를 힘쓰라。』고。數學問題의計算이아니다。于先너부터 드러가기를힘쓰라。그럼如何히 힘쓸가。한가 坂途險路에 奮鬪努力으로難業苦行을 일삼을것인가。아니라 이미少數를覺悟하고 狹路를나갈때에 거기에는 그리스도가함께하시리니 너의멍에는 意外에輕하고 그길은 오히려平坦하리라(太十一〇廿八以下、요한書五〇三)

로마書研究 〔九〕

在日本 張 道 源

第十回、하나님의震怒의現顯

第一章二十四ー二十七節研究

24 그런故로 하나님께서 저의들을 그마음의情慾대로 놓아 서로 그몸을辱되게하는 더러운일에 내여바려두섯다。

『그런故로』다함은 前節에對한말삼이다 即저의가썩어지지 아니하는 참하나님의榮光을 變하야썩어질 物體의形像으로代身하야 偶像을崇拜하는故로 그偶像崇拜의結果로하야 二十四節의事實이잇었음을 意味하는것이다 저의는 하나님을떠나暗黑과愚昧에墮落하야 하나님을알기를願치아니하고 不義와悖逆으로만 일을삼는다 그런故로『하나님께서 저의들을 그마음의情慾대로놓아 서로그몸을辱되게하는 더러운일에 내여바려두셨다』如此히 저의가 그情慾의所欲을 딸아 마음대로한부로行動하야 그몸을害하며 辱되게하야不幸不運에 빠지며 悲痛의눈물의골짝이에 陷入하는것은 저의들의 自由行爲의結果인同時에 또한저의가하나님께로부터 떠난結果、罪의罰이다。 저의가하나님을順從하기를 願치아 함에 하나님께서 저의가받은마음대로行하게 내여바려두신의結果이다 사람이 하나님께로부터 떠러질때에一切의善을喪失하는것이며 一切의權能과生命은 絕滅되는것이다(하나님 한분外에는 善한者가없음이니라(누가十八장十九)

사람이 하나님을떠나 스사로 背逆하는者가될때에 발서罪의勢力은役事하며 하나님의刑罰은始作된것이다 저의가 하나님의崇嚴을敬拜하지아니하며 그의豊盛하신 恩惠를感謝하지아니할때에 저의는 발서 하나님께로부터 끊어진者다。

如此히 저의는 하나님께로부터墮落하야 肉의情慾을따라罪를行하는者다 그러하야 情慾의불붙는狂盛을따라 肉體의尊重을失하며 肉體의情慾을遂行하야 不義의交際를行하며 몸을辱되게하는 모든醜惡한일에 耽溺되나니 이것이곳 하나님의震怒하시는罪의罰이다 사람이서로그몸을 辱되게하며 醜惡한일에 耽溺하게放任하야 바려두시는일이 발서 하나님의 震怒의일이다

바울은 사람들이 肉體의所慾을따라 汚穢의海로急走하는것을 하나님이 그대로放任하야두신일、이것이 하나님의震怒다고主張하얐다。

이는 하나님이 저의들을 汚穢의海로放逐한것이아니며 저의가 汚穢에耽溺하는것을 袖手傍觀하시는것이아니다 저의가 淪亡을向하야 快走하는것을 聖手를擧하야 抑止할것인대 하나님께서 聖手를擧하샤 抑止하시지아니하시고 聖手를거두셨음을 意味하는것이다 이는 저의가 발서하나님의 聖手의引導를받지아니하고 스사로 하나님을떠나 偶像을崇拜하는結果의 必然的事實이엿는까닭이다 그렇다고 하나님이 저의를 永永忘却하야바리시는것은아니다 저의가偶像崇拜의結果로因하야必然的으로 生起는事實임으로抑止의聖手를거두신것뿐이다 이는個人이나 國家나 民族이나極度로腐敗亂倫하여질때에하나님께서 取하시는最後의手段이시다 그리하야 저의가 極度의困難과暗黑과慘憺에서 或悔悟의時期가이기를 기대리시는 最後의 一種의手段이시다 如此히하나님의震怒가 現顯하는裏面에는 또한 하나님의 참사

랑이 動하고잇는것이다。
25 저의가 하나님의 眞理를變하야 거즛것으로 박고며 造物主를 바리고 創造함을받은 萬物을敬拜하며 섬기는도다 造物主는 永遠히 讚頌할이시로다 아멘

此二十五節은 前節의反覆이다 살아계신 眞理의 참하나님을바리고 거즛된 偶像을崇拜하는者들에게 잇서서 必然的으로 잇어지는 人間의事實을말하는것이다

如此히 저의가 二十四節의結果로하야 暗黑愚昧에빠저서 살아계신 眞理의참하나님을 崇拜하지아니하고 偶像을崇拜하는일에 墮落된것이다。

그結果로하야『저의가 하나님의 眞理를變하야 거즛것으로 박고며 造物主를 바리고 創造함을 받은萬物을 崇拜하며 섬기는일에』빠진것이다。

呀ㅣ萬物의靈長이라고 自誇하는人類가 즐거움과 깃뿜으로自進하야 土木金石等으로 造刻한 禽獸의形像앞에 무릅을꿇고 福을祈求하게된일은 眞實노 북그러운일이며 辱된일이다

사람이 살아계신 참하나님께 對한敬虔한마음과 眞理를探求하는 正直한 마음만잇으면 偶像崇拜에關한暗昧쯤은 스사로 밝히움을 받을것이다。그러나 사람이 스사로 마음門을닷고 참하나님을 否定하며 自己를爲하야 奉仕할神을 自手로 造刻하여놓코 그앞에 무릅을꿇고 절하며 福利를 祈願하는것이다。

살아계신 참하나님의實在를 否認하는無神論者의 實際生活은 다偶像崇拜인것이다 崇拜할바의 살아계신 하나님을 崇拜하지아니 하고 崇拜하지못할것을 崇拜하는것은 발서心靈의病的狀態다 사람은 心靈이病드럿으면 그사람의 모든생각은 발서 다病的인것이다

사람은心靈이 病的이엇서 人間의모든不義汚行과 敗倫亡德은 이로좇아나는것이다 凡百의 不義汚濁과 千萬의敗倫亂行이 다崇拜할것을 崇拜하지아니하고 崇拜하지아니할者에게 崇拜한結果로좇아 生긴것이다

偶像崇拜는 하나님以外의것에게 依賴하는것은 勿論何者하고 다偶像崇拜인것이다 名譽 地位 財力 權勢力 利慾等도 亦是偶像의一種이다。

『造物主는 永遠히 讚頌할이시로다』오직禮拜하
실이는 造物主 하나님 한분뿐이시다 사람에게
永遠히讚頌을 받을만한價值를 所有한者는 造物
主하나님 한분뿐이시다 造物主하나님 한분以外
의것에게 信賴하며 崇拜하며 讚頌하는것은 발
서眞理를써난일이오 生命에서 끈허저서되는일이
다 迷誤에빠저서잇는일이다。

造物主하나님 한분外에 다른것에게 머리를
숙여 절하는것은 곳罪다

罪는 하나님을 하나님으로하야 禮拜하지아니
하며 그聖을敬慕하지아니하며 그恩惠를感謝하지
아니하고 그에게 돌닐榮光을 다른것에게 돌니
는것이다 이를稱하야不虔이라한다

사람은 하나님께 敬拜하지아니하야 罪의것이
되는것이다 사람이 敬虔하며 讚頌할이는 오직
하나님한분뿐이시다。

26이를 因하야 하나님께서 뎌희를 북그러운
慾心에 내여바려두심애 女人은 順性의用을
變하야 逆性의用으로하고。
27男子도 쏘한 그와갓치 女人의順性의用을
바리고 서로 情慾을 불붓듯하게하며 男子
가男子로 더부러북그러운일을行하야 그不義
함에 合當한報應을 自己몸에 받나니라

二十六、七節은 二十四節에對한 具體的細說이
다。뎌희가 하나님을 信從하기를 실혀함애 하
나님은 怒하샤 뎌희를 뎌희의情慾대로行하게내
여바려두신것이다 그러하야 뎌희가 하나님이업
시 살게되엿스며 眞理를떠나 迷誤에빠졋어 온
갓북그러운일들을 거듭行하게된것이다。

『북그러운慾心』이라함은 人間의常識的判斷으
로도恥辱으로確定通用할만한 男女間의性的慾求의
濫用을말하는것이다 男女의亂倫惡德을 指稱함이
다即禽獸라도 敢行하지못할 男女情性의荒亂을謂
함이다。

二十七節의『不義』라함은 眞理를抑塞하는 偶
像崇拜를指함이다『不義에合當한報應』이라함은하
나님을 背反하고 眞理에拒逆한結果、 亂倫悖德
에浸潤된것과 하나님이 怒하샤 뎌희의情慾대로
行하게 放置하신일을 意味하는것이다

城西通信

一九三一年十一月十五日(日曜) 午前은梧柳洞에 午後는本宅에서集會하고 밤에는洞內長老敎敎會에서說敎하다。甚히奔走하야沈着함이업슴을늣기는때에 平壤으로브터聖誕祭의出講을誘引하는某兄弟의書狀이來到하야如此히하다가는畢竟余輩도「禍잇을者」로맛칠것을깁히놀내엿다。○未知의兄弟로브터「愛人을戀慕하는사람과갓치 우리人間은 한번보지도못하고듯지도못한사람(人格)을찻고저애쓰며 그를맛나지안아서는안될것갓치思慕해지며 不絕이 그를머리속에그렷다지웟다하며 未知의人을認識에서찻고저하는것갓습니다。그래서 잇서야할同志면同志、先生이면先生이업는故로해서 그를맛나랴고찻다가그를맛나지못하면失望落伍하는者업지안은가합니다。反對로 맛날때에는 그에게無雙한깁븜이될것이며新生命을엇는듯한感이不無할것이외다。이例는그리스도업시살던바울에게볼수잇고 또우리에게서볼수잇는것이아닌가합니다。生은先生님을뵈온적이업습니다。그러나異常한것은내가차자야되겟다고애쓰든사람가운데한분이아닌가합니다。저의게잇서야할先生님을맛난바를感謝하는바올시다。나의靈은 몹시그립게찻던이를맛난것이올시다。……云云」。

廿三日(日曜) 午前午後의聖書硏究會如前樣。廿九日(日曜)도梧柳洞과活人洞의兩集會如前하다 듯는이들의熱誠에對하야 가르키는者의諸般不足한것을 主압헤깁히罪悚不已

十二月一日(火曜) 겨우第三十五號出來하야日字대로發送함을得하다。五日(日曜) 午前九時半에梧柳洞에集會。午後集會는 모세五經의大意도講了하엿고 大部分學生들이學期試驗과冬期休業期에入함으로 今日노써今年度集會를畢하는同時에 聖書硏究會는一旦解散을宣하얏다。主의許하심을엇더 明年에다시開會할때를當하더라도 義理와因習에拘束됨이업시 眞實노要求하는者만이모히기爲하야 新年에一新을企圖하려는것이다。

山上垂訓硏究도 겨우本號로써그重要한部分은畢하게되엿다。남은部分은畢竟一二回로서終結될터이다。今年은 아모것보다도 나에게는「山上垂訓年」이엿다。山上垂訓냄새에저리게된一年이엿다。元來余輩는多數의註釋冊을가지지못하엿을뿐더러 一卷註釋(J. R. Dummellows The One volume Bible Commentary)外에는 如何한著書가잇는지듯지도못하엿고본일도업섯다。그런대昨今以來로必要에따라 一卷式二卷式보게되고 그것도大槪는偶然히만흔註釋冊을山積하이두고使用치안는兄弟의恩惠가잇서 其中에서몟卷주어내이구경한것뿐이다。馬太七章解釋을쓰고보니 約十四五種의參考書가机上에쌋여저잇다。그大槪는오랜時代의著作이다。루터、칼빈、마이엘、벵겔、고데諸先生께서爲主로가르킴을밧엇다。그럼으로余輩는 前人未見의「獨創」으로써자랑하지못한다。正確한意味에서「獨創」이란것은매우困難한일임을아는故이다。生物界의細胞에遺傳質의影響이大多한것처럼 精神界에도 遺傳과蓄積의影響이甚大함을밋는다。故로余輩는奇拔한新說을唱導하려하기보다于先人類의大敎師들이가르킨中에서 時間의試鍊을經過하고도 오히려光輝를일치안는明瞭한眞理를 그릇됨이업시傳하기를努力하려고한다。甚히平凡한일이나 天才가아닌凡夫의일은 이보다지나갈수업다。萬一余輩의쓴것에도毫毛의獨創的것이잇다하면 그것은甚히적은것이오 敢히자랑할수업는것임을自認하는바다。竿頭進一步는말하기쉽고行하기極難한故이다。

十二月十三日(日曜) 梧柳洞集會도今日노써나의責任은被免하기로하다。

本誌定價(送料共)

一　冊　十五錢

六　冊(半年分先金)　八十錢

十二冊(一個年分先金)　一、五〇錢

昭和六年十二月廿八日　印刷

昭和七年　一月　一日　發行

京城府外龍江面孔德里一三〇

編輯發行兼印刷人　金　敎　臣

京城府西大門町二丁目一三九

印刷所　基督敎彰文社

京城府外龍江面孔德里活人洞一三〇ノ三

發行所　聖書朝鮮社

振替口座京城一六五九四

讀者에게

一九三二年度브터 本誌의外貌에 多少의變化가 생겻음은 보이는바와갓고 五號活字에 한글綴字法을施行하게된것도 亦是變動의한아이다。마는 이러한外的變動보다도 聖書朝鮮의內的變化에더큰것이생긴바잇섯다。그詳細는 차츰讀者諸君에게도 알여질것이어니와 爲先次號以後로는로마書硏究外에 山上垂訓硏究의後를니어 創世紀로브터 各卷의大旨를紹介할터이며新約聖書의改譯(意味와語句)과 改書(綴字法으로)를發表하겟고 紙面이許하는대로 聖書에記載된植物 動物等博物에關한것도硏究하려한다。誤譯 誤綴 誤植이 잇거든 發見하는대로 通知하여주면 追後로正誤할때에多大한援助가되겟나이다。內的으로聖書解釋上의重大한問題와함께 外的으로印刷綴字의仔小한點에이르기까지 眞理를밝히고正確을期함에、잇는힘을다하야 이에當하려하니讀者도이를諒하고加禱와協力함이잇기를바라나이다。

集會案內

講師 金敎臣

場所 市外孔德里一三〇

日時 每日曜日午后二時

但一月은第二日曜(十日)브터始講。聖書全六十六卷의 一書一講은 舊臘中에 모세五經을畢하엿고 以下여호수아 부터今年中 連續講義할터이다

出席者는 舊新約聖書와讚頌歌를携帶함을要함

一九三二年一月一日

聖書朝鮮社

謹賀新年

一九三二年正月一日

聖書朝鮮社

追而、本誌를받으시는이에게는聖誕、年始의賀狀을略함니다

『聖書朝鮮』第三十六號 昭和七年一月一日發行(每月一回一日發行) (定價十五錢)

昭和五年一月二十八日 便物認可)
昭和七年二月一日發行(每月一回一日發行)

聖書朝鮮

第參拾七號

一九三二年 二月一日發行

目次

京城 聖書朝鮮社 發行

나의 祈禱

主여 世上에完全한것이 하나도없으나 오직 信仰만은 完全한것이로소이다 이것이 主의것이오며 主의 깃버하시는것이올시다 이것이 主께서 나에게 恩惠로下賜하신것이올시다 主께서 나에게 주신이信仰은 그本質이 발서 完全한것이로소이다 故로 나의信仰은 그本質인 完全을 向하야 每日 凡事에 完全을切要하고있나이다 나의信仰은 本能的으로 完全을切求하고있나이다

그렇나 나의信仰은 根本的으로 不完全한肉에 담기여있나이다 根本的으로完全한것이 根本的으로 不完全한肉에 담기여서 싸우면서있는것이 나의 生活의全部였나이다 그렇나 最后의勝利는발서 本質上으로 信仰에있슴을 믿나이다 不完全한肉이 完全한信仰에게 다스리움을 받아 삼키워진것은眞實이였나이다 이는 主께서 발서 내안에 일우신일이였나이다 그렇나 나의 지금感하는바로는 肉이强하고 信仰이弱하오며 眞理로는 信仰이 肉을 다사리면서 있는것이였나이다

그렇나 或으로는 信仰은 微微한것으로서 肉의全部가 나를 다스리는것같이 感되여지나이다 그리하야 이것이 나에게無限한苦痛이되나이다

呀ㅣ主여 願하옵건대 내가 聖神을 順從함으로 肉體의慾心을 일우지못하게하시옵소서 (갈五장十六) 오직 主예수그리스도로써 모든것의 모든것으로하야 肉身의일을 爲하야 情慾을 行하지못하게 하시옵소서 聖神을 拒逆하야 싸우는 肉體의邪慾을 멀니 물니치게 하시옵소서 聖神을힘닙어 肉에對하야는죽고 信仰으로는 生長하는者가되게하시옵소서 나의 肉의全部를 完全히 主와함께 十字架에 못을박아 죽이시고 나를 罪와肉의法에서 完全히 自由하게하시옵소서

呀ㅣ主여 主께서 나의 모든것의 모든것이되사 나를 取하신 聖意를 完成하시오며 榮華를 主께서 獨히받으시옵소서 이것이 나의 存在였으며 이것이 나의 生命이였나이다 主께서는 이것을爲하야 나를 取하셨사오며 나는 이것을爲하야 主의것이 되였나이다 主여 主만이 나에게서 永遠히 榮光을 받으시옵소서 아멘 (張道源)

信仰

信仰은 그리스도自身이다 그리스도自身이 靈으로 우리의안에臨在하야 우리의生命이 되야서 일하시는일이 信仰이다 信仰은 即永遠한生命이다 그리스도自身이 靈으로 우리안에 臨在하야 우리의生命이 되여주시지 아니하시면 信仰은있을수없다 그런故로 信仰은 即그리스도自身이니 即完全이다 永遠한生命이다

이世上에 完全한것이 하나도없다 그렇나 信仰만은完全한것이다 故로 하나님은 信仰을 義로定하셨다 하나님은 完全한것이 하나도없음으로 義에對하야는 全然히 所望이없는 人間에게 信仰을惠與하야 義를얻게하셨다 이信仰으로써義를完成하게하셨다 信仰이아니고는 하나님의 義롭다하심을 얻지못한다 이는 義는完全함에있고 完全한것이라야 하나님께 義롭다함을 얻는까닭이다 本來 이世上에 完全한것이 하나도없으며 義人이一人도없엇다

그렇나 信仰의人만은 完全의人이다 義의人이다 信仰은 그本質이 完全한것이다 完全한것이 없는곧에는 義가없다 그런故로 하나님은 모든人間에게 信仰을 惠與하사 모든人間은 信仰으로써 完全에 니르며 義를얻게하셨다 信仰은 사람에게서 生起는것이아니오 하나님의 恩惠로因하야 옿으로부터 받는것이다 信仰은 사람에게서 生길수잇는性質의것이아니오 全然히 딴世界의것으로서 새로받아야만 잇는것이다 하나님은 우리人間을 至極히사랑하사 義롭게하시랴고 그리스도를 우리에게 信仰으로하야주셨다

하나님은 우리人間에게 그리스도를 信仰으로주시기까지에 여러時代를通하야 여러가지 貌樣으로 일하셨다 모세를 通하야 律法을주어 罪를 알게하시고 유대敎의 贖罪祭를 通하야 罪의處分에對한 生命의要求를 니르키시고 예수의十字架上죽엄을 通하야 贖罪함을 얻게하시고 復活을 通하야 그리스도를 信仰으로받게하셨다

그리스도自身이 우리의信仰이시다 우리는 그리스도를 가저서 信仰이잇고 그리스도를 가지지몯하야 信仰이 없는者다 (張道源)

너는悔改하라

너는悔改하라

主여 어대로 가시든지 當身을 따러가겠나이다 故로 나도 반다시 當身과같이 賤待를 받을것이오 쫓김을 받을것이며 따림을 입을것이오 죽임을 當할것이올시다

그런則 예수를믿고 따러가는것이 榮光이아니오 恥辱이며 깃븜이아니오 苦痛이며 尊貴가아니오 卑賤이다

그렇나 너는 凌辱의예수를 따러가며 苦痛의 예수를 따러가며 貧賤의예수를 따러간다하면서도 오히려 그內心에는 榮光을求하며 尊貴를바라며 喜樂을要하니 禍가있을이로다 네가 잘못 따러감이여 結局은滅亡하리로다

네가 예수를 따러가는것까지가 肉의動機며 네가 예수를 따러가랴는 生覺까지가 肉의生覺이다 肉의運動이다 故로速히悔改하고 바른데로도러오라 네가 只今 世上을바리고 예수를 따러 天國을向하야간다하나 實狀은 그길이 그릇되엿으니 悔改하고 다른대로 도라오라

二

네가 只今 따러가는 그리스도는 世上에는 無用한 그리스도가아니며 머리둘곳이없는 그리스도가아니라。世上에는 必要不可缺의것으로 尊敬을 받는 그리스도며 가는곧마다 先生으로 接待를 받는 그리스도라。罪人을爲하야 代身贖罪祭物이되신 그리스도가아니다 하나님의獨生子그리스도가아니다 죽엄에서 죽엄을 니기고 復活하사 靈으로 우리의 生命이 되여주신 그리스도가 아니다 將次世上에 降臨하사 公義로써世上을 審判하실 그리스도가 아니다

네가 따러가는 그리스도는 사람을 섬기랴는 그리스도가아니오 사람에게 섬김을 받으랴는 그리스도다 兼卑하야 나자지랴는 그리스도가아니다 高慢하야 높아지랴는 그리스도다 自己의生命을 내여바리신 그리스도가아니라 사람의生命을 取하랴는 그리스도다 獨生子의榮光을 바리신 그리스도가아니라 榮光을求하는 그리스도다 如此히네가 따러가는 그리스도는 길이오 眞理오 生命이신 참그리스도가아니다 悔改하고도라와 十字架를지고 골고다를 向하야突進하라

聖書研究의目的

一九三二年一月十日 다시研究會를開始하는날

金 敎 臣

우리의 이모임은 聖書를研究하는모임이다。世上의所謂「禮拜集會」도아니오 所謂傳道集會 도아니오 勿論所謂「復興會」도아니다。人體의熱이四十度를지나면危險한것처럼 信仰의熱도 그度를지나치면 大概는危險한일이많다。그럼으로 우리는人工的으로復興의熱을加하지않을뿐아니라 될수있는대로冷水를치면서 冷靜한中에서聖書를배우라는것이다。 때로는 배운바語學的知識의(不足한대로)全量을털어붙이고 前置詞一語를論究하기도하며 때로는 아는바科學的知識을(無識한대로)總動員하야 創世紀一章을批判하기도하면서 風琴도없고 찬양대도없는데서 約二時間의講義를連續한다。無味乾燥하기가 모래밥보다더하다。

그러면 우리는 研究에研究를積하야 큰識者가되거나 或은幽玄深遠한悟道의境에達하야 호을로그道心을弄樂하라함인가。 決코아니라。 勿論聖書를單히歷史나文學으로배워도 無益한일은아니나 그것은차라리 他에有利한方便이있을것이다。우리가聖書를工夫하는것은 사람이사람다운生活하기爲하야 또그生活하는能力을얻기爲하야서다。이目的以外의것으로써 聖書를工夫한다면 二時間連續講義는고사하고 一年二年或은十年數十年을繼續研究한대도結局多大한所得이없을것이오、이目的을確的히세우고 날마다살기爲하야 살힘을얻기爲하야 聖書를工夫한다면 비록우리의語學이貧弱한것이오 우리의知識이不完全한것일지라도 聖書에서얻을것은無限不盡할것이오 自他를有益케함이많을것이다。

우리中에서 每主日함께 工夫하던 한兄弟는信仰에熱心한다하야 聖書와 찬송가를 그父兄께押收當하고 信仰의抛棄를强要당하였다하니 이럴때에聖書를떼치면 聖書는單只죽은 文字가아니오 산能力으로 肉迫함을깨달을것이다。世上이基督敎를容納하는것은 禁酒斷煙과品行方正으로써 보담더安全하고幸福스러운生活에 이르는方便으로보히는때까지다。그以上에超脫할때는 昨日까지許容하던父兄도 今日에는壓迫을시작하며 前主日까지贊同

聖書研究의目的

하던敎會에서도 오늘부터逼迫하게된다。그러나禁酒斷煙과品行方正만한程度의것을얻을라거든 구태여基督敎에올必要는업는것이오 煩悶을除하고 幸福을逐求하라는所願으로聖書를研究하엿어는 聖書는언제까지든지暗黑한冊으로 남아있을것이다。

마는 患難이이마에다코 飢餓가目前에臨하거나 病床에서皮骨이相接하고 故友와同族의게塵埃같이되였을때에 聖書를펴처보면 그一篇一章과一節一句가 다光明이오能力일것이다。故로우리朝鮮에서 聖書를第一잘안사람은 近日에註釋冊을많이읽은牧師들보다도 지금부터三四十年前에獄中에서死刑宣告를기다릴동안 聖書單한卷만을繙讀한罪囚들이였다。 只今우리와함께工夫하던어린兄弟중에 信仰의연고로 逼迫이시작된것을 우리의共通한事變으로當하면서 聖書를펴처봅시다。 우리가 家庭의子侄로서 人類의一員으로서 살길과 살힘이그안에있나없나?

爲先우리가 알어야할것은 사람은萬物의靈長이라하며 父母에仁慈하지않인이가업다하나 問題가한번基督敎를믿는데及하면 그信仰을障害하기爲하야

四

서는 平日에仁慈하던그父母가 仁慈하지않일뿐일가 實노狸狼보다도陋劣惡毒한方法으로써 그子侄의信仰을奪取하려한다。生物中에 가장毒惡한것은其實은禽獸가않이오 人間이다。何故인지 몰으나 이는萬古의事實이다。故로聖書에曰

빛이 어두운데 빛우이되
어두운것이 깨닷지못하더라

하며(요한傳一〇五)

빛이世上에臨하되 사람이 제行하난일이惡함으로 빛보다 어두운것을 더좋아하니 이것이罪를定한것이라。

惡을行하난사람은 다 빛을뮈워하야 빛으로오지아니하나니 그하난일이 책망을불가두려워함이오

한것이(요한傳三章十九、二十節)納得이되며

나를 인하야 너히를욕하고 핍박하고 모든惡하다하난거즛말로 비방하면 너에게福이있나니 깃버하고 즐거워하라

한것이(太五章十一節) 무삼消息인지 깨달아진다。奇異하고도神通한것은 古今을通하야 「모든惡하다하

난 거즛말노비방한다」는일이다。

그러면 信仰을因하야 이럼 핍박을當할때에 우리信者는如何한態度로處할가 勿論우리는 오래因習된 우리나라在來의教訓에依하야 어대까지든지 힘을다하야父兄께或은教會에順從하기를힘쓸것이다 輕率한反抗은 勇氣도아니요 眞理도아니다。再諫三諫하야 듯지않거든 爲先「曲而從之」하면서라도 사랑과德으로써 誤解를풀고眞理를是證하도록힘쓸것이다。吾人은確實히 아름다운教訓下에서 자라났음을 共賀할일이다。

그렇나 「曲而從之」는 最高理想의道德律은아니다 忠節을다하기爲하야는 孝道를犧牲하지아니치못하였음은 엇지 우리忠武公한분뿐이였으랴。孝道옿에忠道가있는것은孝子國사람들이 다 잘아는事實인것처럼 神意를爲하야서는 他에아모것도躊躇할바가없엇든것은 이스라엘百姓들의 일즉이實行하던일이다。人生의道는 曲而從之에 끚일것인가或은 그우에갈이있는가。具體的問題에直面하야聖書를 들처보면

예수갈아사대 엇지하야 나를차지섰나잇가내가 내 아바지집에있서야쓸줄을 아지못하였나잇가

하시니(路二章四九)「兩親은 그 하신말삼을 깨닷지 못하였다」한다。이것은 예수十二歲때에 愴惶하게 차저온肉身의父母께對한 대답이였다。大體骨肉의關係란것은 얼마나한程度로깊은것인가。다시聖書의가르킴을보자。

나의母親과 동생들을보라。

누구던지 하날에게신 내아바지 뜻대로하난者가 내兄弟요 내누의요 내母親이니라。

하시사(太十二章五十節) 예수가 그骨肉을생각하는法이 이만춤하셨으니 孝子가많기로東西에 은둘이오 族譜의發達로世界에冠絕하며 生前死後에骨肉과姻戚에 엉키워풀니지못하는 朝鮮사람의귀에는 매우 섭섭히들니는말슴이다。마는 骨肉의關係가 이以上의것이라고 누가果然斷言할수있을가。다시 드르라

내가世上을 和平케하려온줄알지말라 和平케하려온것이아니요 兵器를 나라키려왓노라。내가 온것은 아달이 아비와不和하며 딸이 어미와 不和하며 며느리가 시어미와不和하게함이니사

聖書研究의目的

람의 怨讎가 그집안식구리라 하시니(太十章三四―三六節) 眞理니信仰이니 하는일은 이와같이嚴肅한일이다。아 孝子의나라 朝鮮百姓으로서 누가能히 참아예수를믿을소인가。또말슴하시기를

아비나 어미사랑하기를 나보다더하난者는 내게合當치아니하고 아달이나 딸사랑하기를 나보다 더하난者도 내게合當치아니하고………제목숨을 앗기는者는 장차 잃어바려고 나를爲하야 목숨을잃어바리난者는 차지리라。

하시면서(同三七―三九節)

죽은者들은 저히죽은者를 장사하게하고 너는가서 하나님의나라의 道를전파하라。

손에 장기를잡고 뒤를도라보난者는 하나님의나라에 合當치아니하니라。

하야 一路精進을 재촉하신다(路九章五九節以下)

聖者란시쓰가 法庭에서最後에 입었든 옷을벗어그肉身의父親께던지고 斷然히聖者의길을出發하였음에는 비록우리가 본받지못할망정 거기에理由가없지않었음은 누구나 다같이認證치아닐수없는

六

事實이였다。平穩無事한때에는 暗昧에閉鎖되였든聖句도 一旦事變에부다치여 읽을때에는 寶庫의門은 열니고 眞理의光輝는百倍로 나타나고 眞理에依據하야 一步를行하는者에게는 眞理를行하는能力이 湧然히加하여진다。一步를나아감으로힘은加하여지고 힘이있음으로 다시 더높은眞理의嶺頂로 向하게되니 이른바「가진者에게는 다시더주시고 없는者에게서는 가졌던것까지 빼앗는다」는것이다。

그럼으로 信仰生活에 家庭안으로서 或은外로서 患難핍박이發生하는것은 두려워하기보다 차라리 반가워할일이다。이를因하야 聖書研究의目的을達할수있는故이다。學問의銳敏한 메쓰로서信仰을檢討批判하는일도可한일이오 家庭內의反對도可하며 社會國家의强壓도 歡迎할바이다。吾人이볼쉐비씨즘을 歡迎할무삼理由가있다하면 그는우리信仰의眞僞를判別하며 鍛鍊하기爲하야서다。早晩間한번은 赤裸體로서審判台앞에서서 眞僞虛實을 가리울수없이 審判받을것임을確信하는 우리는 願컨대 하루라도速히 科學으로서든지 핍박

으로서든지 國家的壓迫으로서든지 우리信仰이헌된것이라면 그鍍金을 벳겨주기를 바라지아닐수없다。風波여 오라!

이렇게말하면 實로强大한信仰力을所持하고서大談豪語하는듯하다。우리도信仰의初期에는 大端强力을가진줄노 알었섯다。그러나 數年의信仰生活을經驗하고보니 나의信仰이란것은 逼迫하기도前에 崩壞할만한軟弱한것임을發見하였다。우리도學生時代에는 괘單純하고義勇스러운信者였든줄노記憶한다。그렇나 實社會人되고家庭人된後로 어느덧 녯記憶은 夏日의蜜蠟처럼 形骸조차 볼수없이되고 부질없이複雜하고辯明이많이붙는 信條가되고말었다。불쉐비씨즘의撲滅政策을當하기前에自滅할만한 微微한信仰이다。

그렴吾人이 風波여 오라! 하며 핍박과患難도聖書硏究의材料로하야 能히 이기여넘치면서 모든事變을合同하야 人生의道를찾으며 道를行하는能力의原料로 잡아쓰랴는確信의根據는 어듸있는가。일넛으되

하나님이 미리아신사람을 미리定하사 그아달의모냥을본받게하시고 ……
그미리定하신이를 또한부르시고 부르신이를또한의롭다하시고 의롭다하심을받은이를 또한영화롭게하섯나니라。

는故이다(羅八章廿八―三〇節)。우리의손으로 鐵棒을잡고달니면 十分間을견대기도어려우나 저개 손목을잡이주었으니 握力이없는者도 달니울수있다 우리의悔改와決心으로 말미암음도아니오 굳센意志의作定에依함도아니오 어모內的價値의發露로된일도아니오 한가 하나님편에서 미리아셨고 定하셨고 부르셨고 義롭다하셨고 영화롭게까지하셨으니、우리가 그리스도예수안에있는믿음은 熱帶地方의大蝙蝠과 南米地方의惰獸가 쉴때나 잘잘때나 죽은뒤에도 樹枝에 톱을걸기만하면 그냥다러워있는것과같이 如何한知識의冷水를뿌러던지 무거운逼迫이오던지 참말 바울과함께

누가能히 우리를對敵하리오………
누가能히 罪를定하리오………
누가能히 우리를 그리스도의사랑에서끊으리오
患難이나困苦나逼迫이나飢饉이나赤身이나危險이나 칼이랴

고(同三十一節以下)장담할수있고 비록우리가 한숨과

눈물의 골작이를지날境遇를避치못한다할지라도乃終에는

> 이모든일에 우리를사랑하시난이로말미암아 우리가 이김을엇고도 더욱남음이 있나니라。

는確信이있는故이다。 깊이確信하기는

> 死亡이나生命이나 天使나權勢잡은者나 이제일이나將來일이나能力이나 높음이나깊흠이나 創造함을받은 달은아모물건이라도 우리주 그리스도예수안에잇난 하나님의사랑에서 우리를能히 끈지못하리라

는事實에 盤據하였음으로 아모런事變이라도 두려움업시 正面으로當하면서 信仰生活을前進할수있다。 勝利는 발서確然하다。 요한도이에應하야

> 대개 하나님께로 난자마다 世上을이기나니 世上을이기난이김은 곳 우리의 믿음이라。

하였으며(一書五章四節) 그리스도께서도親히

> 世上에 있을때에 너히가患難을받으나 安心하라 내가 世上을이기였노라

고(요한傳十六章三三節) 적게믿는무리들을 힘주시였다 우리가 無味乾燥한듣한聖書研究는 또다시시작하는것은 이勝利生活에進就하는 거름거리다。

山上垂訓研究 八 〔完〕

金敎臣

僞先知者를 삼가라。 太七〇十五ー廿三節

(叅照路六〇四十三ー四五節)

十五、거즛先知者들을 삼갈지어다 羊의옷을닙고 너히게 나아오나 속에는 노략질하라는 일히라。

十六、그맺친 열매로 저의를알지니 가시나무에서 엇지葡萄를 따며 엉겅퀴에서 엇지 無花果를 따겟나냐

十七、이와가치 됴흔나무마다 아름다운 열매를맺고 못된나무가 惡한 열매를 맺나니

十八、됴흔나무가 악한열매를 맺지못하고 못된나무가 아름다운열매를 맺지못하난지라。

十九、아름다운 열매를 맺지아니하난 나무마다 찍어불에던지리니

二〇、이런故로 그매친열매로 저의를 아나니라。

二一、나다려 주여 주여 하난자마다 天國에다들어갈것이아니오 다만 하날에게신 내아바지의 뜻대로行하난者라야 들어가리라。

二二、그날에 여러사람이 나다려닐아대 주여 우리가主의일홈으로 先知者노릇하며 주의일홈으로 사귀를 좇치며 主의일홈으로 여러가지 能한일을行치아니하엿나잇가 하리니

二三、그때에 내가 저히다려 밝히말하대 내가 너의를 도모

지 아지못하나니 不法한일 하난者들아 내게서 떠나가라 하리라。

金屬이高價한것일수록 鍍金品이混雜하며 寶石이稀貴한것일수록 贋造物이생겨나는것처럼 人間이萬物의靈長인탓으로 鍍金한聖者와贋造한英雄이 叢生하였으니 이는 오로지人間價値의高貴한바임을是證한것이라할가。金銀玉石의眞僞는 試金石이나硬度計로써 判別할수도있다하것만 人物의眞僞를 이처럼簡單히判別할度量計가 있다함을 듣지못하였다。寶物의贋眞을 에써分別하랴는사람은人類의極少數者에限한일이오 그것을알엇거나 몰앗거나 生命에關係한일은아니다。마는 僞人의眞僞를判別하여야할것은 사람된者로서 한사람도例外없이 힘쓰지아니치못할일이오 또한 이일의成敗는 곳人生의成敗가되는일이다。人生에이일처럼重大한일이없으니 또한極難하기도 짝이없다。古人은 盤根錯節을맞나면利器를區別할수있다하였으나 人物은事變과患難을當하였어도 容易히眞僞가判然하여지지안한다。오히려僞物이行世하고眞忠의人이바리움이된다。壬辰亂에當한李舜臣의境遇가어찌史上에稀罕한일이라하랴。이에人生의苦惱가있고悲哀가있고 寂寞이있다。

洗禮요한이弟子를 예수께보내여『맞당히 오실이가 선생님이오닛가 우리가 다른이를기다리오릿가』하고 물엇을때에 저의게는形言할수없는苦惱가있었거니와 이에對하야『너히가가서 듣고보난것으로 요한에게 고하라』는(太十一章三、四)밖게는더할說明도 證明도 못가졌든 그리스도에게는 寂寞의感慨가없지못하였었다。判斷을그릇되게하면일히를羊인줄로誤認할수도있으며 또한賢明을欽하면그리스도와食卓을함께하면서도 드듸여後悔를千歲에남기는수가全無하리라고 斷定키는어려우니 山上垂訓을 맞후려하실때에 附錄第一로써 穿門狹路로行하기틀 단속한後에 特히附錄第二로 僞先知者들삼갈것을添하였으니 敎訓의周到綿密함이如此하였다。以下本文에就하야 僞先字句의意義를詳考하려한다。

거즛先知者(Pseudoprophetes, False prophet.)가무엇인것을 알냐면 僞先 先知者가 무엇인것을알아야하겠다。先知者라고번역한原文은 prophetes

山上垂訓研究 一〇

인대 中國과朝鮮에서는 先知者라고번역하엿고日本文聖書에는預言者라고번역하엿다。푸로떼테쓰에未來의일을미리말하는者라는뜻이잇음으로 預言者라고번역함이 本意에갓가운듯하나 이것도本意의一面을表示함에不過한것이요 prophetes.에는 其外에도 代言者(하나님의) 沸騰하는者 보는者等의重要한意義가包含되엿고 다시이것을廣義로解釋하면 指道者、義士、愛國者等의內容도含蓄되엿으니 適宜한譯文을發見하기는 困難한字다。(先知者에對한詳細한것은 本誌第三、四號 咸錫憲兄의先知者研究參照)

푸로떼테쓰의以上모든內容을念頭에두면서 이처럼人類社會에重要한任務를가진者를假裝한者가 거즛先知者이니 高貴한것일수록 鍍金、贋造物을삼가야할것도勿論이다。但馬太七章十六節의僞先知者는特히 僞基督敎敎師로解할것임을 支持하는이도잇으니(마이엘)實際問題로서는 無難할것이다。

거즛基督敎敎師가出現하리라함은 예수自身이자주明言하신바다。馬太二十四章에도『조심하야남에게 迷惑하지마라。대개 여러사람이 내일홈으로와서 널아대 「나는그리스도라」하야 여러사람을迷惑케하리라』(四、五節)하셧다。또 거즛敎師의特色은 이렇다하엿다。

대개 거즛 그리스도와 거즛선지자들이니러나큰징조와 異常한일을보이여 택하신자에게도迷惑하게할수만잇으면하리라

하야(同二十四節) 近日에所謂성신받은男女가雨後의竹筍처럼 各地各敎會에輩出하야「큰徵兆와異常한일을 보이여」自己의 참된基督敎敎師인것을證據하는일이流行할때에 特히 그리스도의警戒하신말숨을 細密히吟味하여볼必要가잇다。現代朝鮮基督敎界가 一方에서 社會奉仕와農村問題에日夜로沒頭하야 輕薄浮虛한舶來品의基督敎를 世間에流布할때에 他方神靈한편에서는「큰徵兆와 異常한일을 보임」으로써 空虛한데를 채우려하니 前者가 可히議論할價値도업는 거즛 基督敎인同時에 後者도 또한 可懼할만한 危險한基督敎라아니할수업다。「큰徵兆와 異常한일을보임」은 거즛先知者가 特히잘하는일인故이다。

거즛敎師의 또한가지色彩는 저가즐겨「羊의옷을」닙는일이다。「羊의옷」이라함은 文字대로羊皮

옷을닙는것이아니다。先知者라고 곡 羊皮옷을닙는것은 아니엿다(太三章四節)。故로이것은象徵的意義인것이分明하다。外貌로서 시침이뚝따고 潔白함과溫柔함을 옷닙듯이한者를 가리친것이다。그러나 그「속에는 노략질하랴는 일히」가 들어있다한다。原來노략질할터이거든 徒黨을모우고銃劍을잡고나서 馬賊에投身하거나 高官大職에올나無辜한百姓이膏血을搾取하거나 多種多樣으로 그目的을達할길이많것만 「노략질하는」일과는 가장因緣이없을듯한先知者의職分에 古來로「羊의옷을닙은 일히무리」가 絶踵치않었음은 또한神奇한일이라할것이나「일히가羊을잡고 무리를헤치리라」(요한十章十二節)하신그리스도의말슴대로、「내가떠난後에 악한일히가 너의중에 들어와서 그 무리를 앗기지아니할줄아노라」(使二十章廿九節)한 바울의豫言대로、오늘날까지 이일만은 變함이없다。고양이나 범의발톱이털이사히에 감추인것처럼 거즛先知者의 노략질하랴는톱은 十字架를象徵하는溫柔한表情과 社交에能爛한親切한態度와 神學과外國語에能通한온갓知識等으로써 감추여있다가 저들이地位를爭奪하기爲하야 青年의前程을埋葬하고 일히의本能을滿足식히기爲하야 하나님보다도自己의膓腹을 禮拜하기爲하야 노략질을 시작할때는 털사이에숨겻든虎狼의톱이 날카로움보다도 더猛烈한暴威를發揮한다。생각만하여도 몸솔이치는일이다。

그렁면 거즛敎師와 참敎師를識別하는方法은如何한가。그것은「그 맺힌열매로 저의를알지니」라「맷친열매」라함은 勿論外貌風彩도아니오 標榜하는主義信條도아니다。 地位와職業도아니오 事業의成敗도아니다。事業은惡人도大成할수있고 善人이不成하는수도있다。「열매」라함은 한生涯의總括이다。이行爲저行爲의可否가아니오 全生涯의大方針과 그性質의總決算이다。故로「알지니」는未來動詞다。現在存命中에는 爲人의眞僞를分別하기極難하다。저의死後에라야 至公無私한時間의陶汰에依하야 確然히 그鍍金은벗겨지고 眞珠는光輝한다 特히最後의審判에서 하나님의判定을待하야 羊과일히와 알곡과쭉정이는 석길수업시 分離될것이다。참으로『짠샘이 단물을 내지몯하나니라』(야

山上垂訓硏究

고보三章十二節) 하며『聖靈의열매는 사랑과 喜樂과 和平과 忍耐와 慈悲와 양선과 忠誠과 존절』 인것이 (갈나듸아五章十九—廿三節) 나타난다。

十六節、가시나무에서 엇지葡萄를 따며 엉겅퀴에서 엇지無花果를 따게나냐

함은 種類가달은植物에서 同一한果實을 딸수없는것처럼 人間이組織한宗敎에서 하나님이啓示하신宗敎의結果를 얻을수없으며 倫理的敎育으로서 純福音의結實을 얻을수없으며 時代的思潮인共産主義等屬에서 基督敎의結實을期待할수없음을 가리친것이오

十七、됴흔나무마다 아름다운열매를 맷고못된나무가惡한열매를 맷나니

라한中에 「좋은나무」라함은 健全하고 젊은나무요 「못된나무」라함은 老枯하거나 病衰한나무다 同一한種類의果木이라도 健全한時期에라야 아름다운열매를 맺는것처럼 同一한基督敎敎師라도그 聖靈의指導에있을때와不然한때에依하야 判異하고 生命에넘치어있는때와 不然한때에依하야 그맺는 열매가 全然닮아진다。故로敎師의眞價는 제가敎會機關의高位에居하거나 神學的知識이豊富하였거

一二

나 或은前에非凡한信仰經驗을 가지였드라는것等으로判斷할것이못되고 오로지 現在에 聖靈의指導下에있는가 그리스도로 말미암은生命에넘처있었어 結實하였는가에依하야 識別할것이다。爲人의眞僞에關하야 最後的斷定을말하기는 至難한일이나 다만

十八、조흔나무가 惡한열매를 맷지못하고 못된나무가 아름다운열매를맷지못하는지라」

는法則에依하야

二〇、(이런故로) 그 매친열매로 저이를아느니라」

다。第十九節은거즛先知者가地獄에定罪될것을가리친것인데 (太三章十、요한傳十五章二、六節參照) 第十六節로서二十節까지에 必然的으로 論理的關連된것은 아니고 突然히連想된思想이記入된것임으로 十九節은括弧內에넣고 第十八節과第二十節을連結하야 읽을것이다。

第二十一節로 二十三節에至하야 果實의明喩로 말슴하신意義가 무엇인것을 다시한번統括的으로 適確하게 提示하셨다。그리스도의聖意에合하야天國百姓될者는 누군고하니 勿論 單只닙설로써主여主여 부르짖는者가아니오 하나님의뜻대로行하는者라야한다 (羅二章十三、야고보一章廿二、廿五、同二章十四

節)。 그렇나 하나님의뜻대로行한다함은 主의일홈으로先知者노릇하며 사귀를좃치며 여러가지能한일을行하는것을 稱함은아니다(路十三章廿五—廿七節)。特히默示받은것이나 自己의確信을强硬히主唱함으로써 하나님의보내신者인것을辯明하려함은 일즉이참된先知者예레미야가 指摘한바와같이「허탄한默示와 복술과 허황한것을 自己마암의짓으로써」가장眞實한것인줄 自信한것뿐이다 (예레미야十四章十四節同二十七章十五節)。 偽先知者의特色은 自己自身이偽物인것을疑心할餘地없이 徹頭徹尾하게自己를굿세게確信하는點에있다。 行爲의矛盾을念慮할만한者는 아직不徹底한偽先知者다。 感知함도없고 危懼함도없이盤石같은確信으로써 끝가지先知者임을自任하는데에 偽敎師의氣品이있다。 世上은이렁偽敎師를容認할뿐더러오히려歡迎하나 하나님은自己百姓을아신다(듸后二章十九節) 斷然히「내게서떠나라」웨치신다(太十三章四十一節、同廿五章四十一、詩六篇八節)。 우리도또한 하나님과함께惡을行하는者들 (太六章一—十八參照) 을삼가고 참된善行(고前十三章一、二、約十四章廿三節)으로結實하는者들을發見하여야하겠다。

實行하라

太七〇廿四—廿七節 (參照路六〇四六—四九節)

二四、그런故로 내말을듯고 行하난者들은 맛치 지혜잇난사람이 집을 반석우에 지은것 갓호리니
二五、비가나리고 장마물이나고 바람이붙어 그집에 부듸치되 문허지지 아니하난것은 반석우에세운 연고요
二六、내 말을듯고 行치아니하난자들은 맛치 어리석은사람이 집을모래 우에 지은것갓호리니
二七、비가나리고 장마물이나고 바람이붙어 그집에 부듸치매 문허지러니 그문허짐이 대단하니라。

山上垂訓을 畢하려하실때에 銘心하여야할 세가지要緊한일을 添述하셨다。其一은「좁은문으로서 험한길로行하라」함이오 其二는「거즛敎師들을삼갈지어다」함이오 其三은「내말을듯고 實行하는者가되라」。하심이다。 實노 心靈을透視하는能力을가진者로서야비로소 네리울수있는處方이라할가。果然저自身이「곳 길이오 眞理오 生命이」신까닭이다。

山上垂訓을 들든者나 後日에이것을읽는者들의共通한傾向은 그敎訓이 넘어純潔하고 넘어嚴肅함을因하야 到底히人間으로서는實行할수없는것이

니 한가 아름다운詩歌나 高遠한理想의一種으로 알아 이것을實生活에서는敬遠不問하거나 不然하면 其一部分을割引하며緩和식히어 人間的細工으로써蛇足을添加하려하니 다 實行을廻避하랴함은 一般이다。

그렇나 그리스도가 「그럼고로 내말을듣고」라하야 以上에旣述하신敎訓全體의結論을지으시며特히生命에들어가는要件을提示하시는中에「내말을듣고行하는者」와 「듣기만하고行치않는者」를 알곡과 쭉정이처럼嚴別하심에는 큰理由가있었다。「盤石웋에지은집」과 「모래웋에지은집」을比較한것은 파레스틴地方에서 흔히볼수있는事實로써 前者의健實性과 後者의虛妄性을比較한것뿐이니 이것은朝鮮에서도 建築工事에種種볼수있는事實이오 그盤石과 모래와 비와 장마와 바람等에 一一히 베드로니 敎會니 사탄이니하는 奇怪한說明을添附할必要는없을것이다。

感謝할것은 무릇重大한眞理、人間의누구나없이 알아야할眞理는 思索과辯論과推理로써把持하게않되였고 오직卑近하고平凡한敎訓을生活하는者들이 所有하게되여있는事實이다。家庭에서 참다운孝道의生活을하는者에게는 보다더偉大한忠臣의道가自然히具備되여지는것처럼 儒佛敎在來의敎訓에서그形骸에죽지않고 그精神에산者、朝鮮人中에朝鮮人된者가 基督敎에接할때는『이사람이 참으로이스라엘사람이니 간사한것이없도다』하야 (約一〇四七) 그리스도의迎接함을 받을것이다。

眞理가 優秀한頭腦를가진者에게만 앎여지는種類의眞理는 알어도좋고 몰라도좋은것이다。마는 無學하고 素朴한者일지라도 健全한心情을所有한者에게는 다 알수있는種類의眞理가있다。이것이야말노 日光 空氣 水火等과같이 人間生活에暫時도缺할수업는眞理요 그리스도의敎訓은 이럼種類의敎訓이다。故로

十字架의道가 滅亡하는사람에게는 미련한것이되고 救援을얻는우리에게 하나님의權能이되나니 記錄하였으대

내가智慧있난사람의智慧를 멸하고 총명한사람의 총명을폐하리라

하였으니 智慧있난사람이어대 있으며 선배가

어대있으며 이世代에辯士가 어대있나뇨。하나님께서 이세상의智慧를 미련케하신것이아니뇨 하나님의智慧에합당한것은 이세상이 自己지혜로 하나님을아지못하난고로 하나님께서世上이 미련하다하난 전도로 믿는사람을 구원하시기를깃버하심이로다。

유대사람은 이적을求하고 헬니사람은智慧를차지나 우리는十字架에못박힌 그리스도를傳하니 유대사람에게는 거리끼는것이되고 異邦사람에게는 미련한것이되되 오직부르심을받은사람에게는 유대사람이나 헬니사람이나 그리스도는 하나님의權能이오 하나님의智慧니라。대개 하나님의 미련하다하난것이 사람보다智慧있고 하나님의弱하다하난것이 사람보다强하니라

하였다(고前一章十八—二十五節) 教訓은 腦髓로서만 理智的으로그完美한點을理解함에끄치면 그것은삸것이아니오 實行에符合할수없는것이나、福音의眞理가 心臟의鼓動에까지그躍動을 함께할때에 저는비로소 眞理를納得한者요 그眞理가生活에具現하지않고는마지못하는者가된다 이것이 이른바

그렇나 나는 그(하나님)를알고 또 그말삼을직히노라

하야(約八章五十五) 그리스도가 하나님께對한生活이오

너희가 나를사랑하면 나의게명을 직히리라

하야(同十四章十五) 우리가 그리스도의教訓에對한生活이여야할것이다。하나님과 그리스도와 우리의關係는

너희가 내誡命을직히면 나의사랑안에있난것이 내가 아바지의誡命을직히여 아바지의사랑안에있난것같으니라。

는(同十五章十) 대로다。이까지이르지않고는 하나님을 믿는다할수없고 예수의教訓을 알었다할수없다。最高의眞理를把持함에는 腦보다도 手足의勤勞한生活로서、思考보다도實踐으로서 다할수있도록 되여있는까닭이다。

사람이 하나님의뜻대로 行하려고하면 이教訓이 하나님께노서왓는지 내가스사로 말하는지

알니라

하신것은(約七章十七節) 山上垂訓을 吟味納得하는때에 더욱그렇다。實行하는者에게라야 眞理의門은 열여진다한다。福音의奧義에到達하는길이 少數天才의思索의완弄物이아니오 多數凡夫의實踐躬行의報應으로 열여지는것은 感謝한일이다。그러나果然實行할能力이 우리에게있는가。들은대로行하는者를지혜있는사람이라하시고 박석옿에집지은者라하신다면 우리는 어리석은者요 모래옿에 집을지은者라는自歎이 나오지않는가。

이에 「行하난者」라는字意를 再考할必要가있다行한다함은 文字대로 形式대로 傳統대로行하는것이 참말行하는것이아님은 山上垂訓全體를通하야 그리스도가飜復力說하신바요 特히第六章上半의「行爲와動機」에關하야詳述하였음으로 行한다는內的意義는 다시重言치않기로한다。다만「行하는」이라는poiei 는 文法上 第三人稱單數現在時直說法能動詞로되여있음에注意하랴한다。即 敎訓을實現하야完了하여놓기를 要求하신것은아니다。지금이敎訓을 大主旨로하야 實行하려는生活을要求하신것이다。余輩는 이렇게解釋함으로써 聖書의峻嚴을毛毫라도割引하랴는것은 決코아니다。高山은探險者의能力에依하야 高度를上下하는것이아니다。비록一人의實行者도없다할지라도 山上垂訓의崇高의度는 永遠에亘하야 그純粹함을保持할것이다。거긔에 人間의能力을算段하야 取捨萎縮을試하려함은 愚之極이다。

다만 如何히하면 이敎訓을 틀님없이 本旨대로읽을수있을가하는點에對하야 山上垂訓을 모세律法의一層嚴肅한것으로보아 空然히自他의靈魂을괴롭게만하는律法主義的解釋보다。聖書全編을貫徹하는恩惠主義의見地로서 「듯고 行하는者」라는一句를읽는것이 그리스도의聖旨인줄노안다。具體的으로 「듯고 行하는者」를聖書中에서 찾아보면

오호라 나는괴로운사람이로다 누가 이死亡의몸에서 나를구원하랴

하야(羅七〇廿四) 絕望의골작이에서 헤매이며

내가 이미 얻었다함도아니오 온전히일우었다함도아니라

고(빌三章十二) 告白하면 大使徒바울이 또한不屈하고

兄弟들아 나는 아직내가取한줄노녀이지아니하고 오직 이한일만하야 뒤에있는것을 잊어바리고 앞에있는것을잡으랴고 표대를向하야다름질함은 하나님이 그리스도예수안에서 웋으로 부르사 賞주심을 얻고저함이니라。

한 바울의넋이가 이것이 를넘없이 「行하는者」의넋시인줄로안다。 그리스도가「지혜있는사람이집을반석웋에 지은것같으」다하신것은 完全無缺한 귀신같은사람이아니오 이 바울과같은따위人物을 가리치신줄로안다。 이點으로보와 自我를責함에急하야 發憤忘食하든孔子는 바울에갓가운 넋이를 所有한「行하는者」였고 「이人生의日中」에 聖山의 處女峯을向하야 直路를찾느라고 헤매이든 로마의詩聖단테도 또한 틈임없이「行하는者」였다。

祝福으로 시작된山上垂訓은 「行하는者」로서맛쳤다。 生命의나라에들어가는條件으로서 道德的完全이나哲學的博識이나藝術的天才가要求되였드면人類의大多數는落望하였을것이나 當幸히「行하는者」로서盤石웋엤집이라하셨다。 이보다 반가운音信이 어대있을가。落心치말고 다시上峰을向하야올으라 善한일을시작하신이가 기옇고完成하시리라 (고前九〇廿五—廿七、路十八〇二七節)

印象

太七〇二八、二九節

二八、맛참 예수ㅣ이말삼을 끚이시매 무리들이 그가라치심을 이상히녁임은

二九、그가르치시는것이 권세잇는자와갓고 서긔관과 갈지아니함일너라。

「무리들이」다는ochloi는 群衆、大衆等의뜻인데그數에一定한限度가 없음은勿論이다。故로數百으로부터 數千以上의多數한사람들이 예수의 이敎訓을들었든모양이다。 그런데 山上垂訓의內容이 넘어崇高함을因하야 엇덩게하든지 이敎訓은少數의基督信者에게 나린敎訓이지 이런高尙한敎訓을一般群衆에 주엇을수없다고解釋하야 當時에들은者는少數者뿐이엿을것이라고推測하고저하며 예수의弟子와非弟子를嚴密히區別하고저한다。 그러나二十八節에群衆이라는글자가잇음으로 또엇던學者는當時예수의周圍에는 群衆이 첩々으로環座하엿는데 예수에게갓가운內側으로는 弟子들의一團이環座하고 外側으로一般大衆이서섰을것이라고推測함으로써 强혀이節句와自己네의推量을調和식힐랴고힘쓴다。或은그랬을는지도알수없다。或은 그렇치않고

누구던지熱心스러운者가(비록異邦人이였을지라도)前列에나아가 傾聽하였을것이오 熱心없는者는(비록아부라함의子孫이였을지라도) 멀ㅣ니側面으로서서 듯는둥마는둥하는 견방진者도있었을것이다。古來의有名한先生들과 大註釋家들이 요론따위問題에걸여서 깡일깡일하면서 弟子圍과非弟子圍을期於코色別하야보랴고 各自의固執을부려 마지않는긋은 余輩無識한者로서는 甚히納得함에困難한일이다。大體로 아브라함의子孫이란누구인가(요한傳八章三四―四十節)。하물며 예수의弟子란누구인가。그敎訓을배와行하려는者면弟子가아닐가。

이따위버릇으로써 基督敎徒가敎徒以外의人을異邦人(heathen)稱하야蔑視하며 天主敎徒가新敎徒를 新敎徒가舊敎徒를抹殺하려하며 長監兩派가聖潔敎會를無視하면 聖潔敎會가自存하는等等의 宗敎業者特有의銳敏한神經이 날로尖端化하여간다。余輩自身도 한基督信者인줄로自信하는者이지만그렇나余輩들爲始하야 今日所謂基督의일홈아래에모히는各敎會의信徒들이 以往 栗谷이나退溪先生門下에모혔든生員들보다 優良한사람들이라고는 아모리해도 믿어지지않는다。이敎人들께는 高尙한敎訓을받을資格이있고 저生員들께는理解할能力이全無하였을이라고믿기는 太陽이地球를돈다고믿을이만치어려운일이다。鳴呼余輩의不信이至此함인가

예수의가르치심에는「권세있난자와같고 서기관과같지아니하였다」한다。서기관들의가르침은 今日의學者들이 敎壇에서講義함에近似하였을것이다。古來의有名한學說을一々히紹介하야 知識의陳列을할뿐이고 거긔는熱도없고責任도없는것이 長技였다。그러나 예수의가르침에는 권세있었다한다。

권세란무었인가。exousia에는能力、權威、嚴重、道德的或은靈的權威의 뜻이있다。權威라하면 交通巡査가南大門通이나光化門通에서서 팔을들어行客을指示하는것을聯想한다。이것도一種의權威가않임이않이다。또動物園에서獅子의얼굴을凝視하여보면 저는確實히動物界의王者인權威를 그容貌에띄고낫다。그렇나 예수의權威란 이렇따위것이였을가。基督敎에는 옛날先知者時代로붙어 두가지種類의權威가흘너왔음을볼수있다。하나는人工的權威니 이를테면 神學校卒業證書、其他學位、按手禮

等等으로써 權威를붙이는것이오、다른것은 하나님께서親授하시는權威니 모세 이사야 예레미야 아모스 洗禮요한 예수 바울의權威는 다 이後者에屬한것이였다。

그러나 하나님이親授하신 참된權威의模樣은果然어떠하였을가。眼光이烱々하야 그앞에서는 열굴도들者가없으며 武威當々하야 그앞에서는一萬무렆이自然히꿇려질만한風彩를돋운것이 하나님의權威일가。적어도 그리스도의權威는 그럲것이아니였을줄안다。

神學校와敎會와總會等에서製造한國産品이거나外國서輸入한舶來品의權威에 참것이없을것은勿論이어니와 이럲權勢를否定하면서 自己生來의宗敎的傾向이豐裕함을因하야 自稱하나님이주신權威를行使하는 當突한宗敎家가 種種出現하는것은 더욱可笑롭기도하려니와 두려운일이다。將軍이龍馬를타고 내달는것처럼 宗敎家는 이權威를잡아타고 百姓을呼令하며 친子를威壓하며 信徒를 旋風에몰아친다。可恐한일이아닌가。짐작건대 이「權勢」라는字로因하야 많은 一時的或은一生의精神病者를産出하였을것이다。今日의京城市內에서도復興會라고하면 대개는 이權威있는劇을演하야 音聲이높아 가람넘을쓰고 아웅하는것같고 毛髮이뛰놀고 肢體가痙攣하는데至하면 爲先聖神이내렸다고評論하는것이 마치 무당이 대 내린것으로써장하게녁임과같다。

예수는「권세있는者처럼」말슴하셨나한다。대개하나님外에 最高、無缺한權威를가졌든 예수의權勢란것은 어떤모냥의것이였든가。저는필경 自己의權威에依托하야 說敎하라는생각은 秋毫도없었을것이오、眞理와生命이躍動하며 流露하노라닛가自然히權威가添加하여졌을것이다。저가 사마리아女人과 이약이하실때에 녀인은말하기를「쥬여내가보오니 션지자로소이다」하고(요한傳四章十九)告白하였으나 權威를 위정나타내신데는 하나도없었다음행하다가 당장에잡힌녀인을 끄을고왔을때에예수는오직「몸을굽히사 손가락으로따에글시를쓰시」다가 마지못하야「너희中에罪없는사람이 몬저돌노치라」하시고 다시몸을굽히여따에 글시쓰신것이였다(同八章)。

아모權勢도行使함이없었으나 그중에權威가있었다。짐작건대 예수가 오늘우리사히에오신다하더라도 우리는 그를認識하기어려우리라。유대百姓과같이 쓸데없는固執과 지내간敬虔이 내종 예수를不信하고 하나님을거역함에至할것은 甚히두려운일이다

過剩自由의百姓

隣邦中國에서는 軍閥이各據하야 車馬壯丁其他의軍用徵收에 無辜한百姓이塗炭에든지 이미오랫다하니滿蒙과全中土에生을 이받은者는 이義務로써制限된自由를享有할수박게없이되엿고 日本青年에게는 兵役를치르기까지 許婚치않는것이常例라하니 저들에게는一旦援急한境遇에는 滿蒙의寒風에銃劍을집고나설義務가있는까닭이다。其他볼쉐비시즘下에 五個年計劃을進行하고있는 露西亞國民과퐛시즘下에「國外에無黨、黨外에無國」으로써邁進하는伊太利國民들이絶大한義務下에服從하고있음은勿論이어니와 世界에 가장自由를尊崇한다는英米兩國들도 저들에國家生活을完成함에必要할時에는名目의如何에不拘하고 그壯丁은 모조리兵卒이되고 그生産機關은一朝에 動員令下에運轉된다。

歷史다할만한歷史를가졋고 나라라할만한나라를形成하고서는 그青年과 그農商이 相當한義務와節制를입지않임이없셨고 또한 나라가없기로서有名한猶太人들은 그長子와 收穫의처음것은 의레히 하나님께받히는것이엿고 하나님앞에 盟誓한일은 追窮하는者없을지라도그래도施行치않고는살수없는者들이엿다 自己손으로自己의自由를묵거하나님祭壇에 받히고 可憐하게도義務에束縛된者되여 或은死地에躍進하며或은損失을自肯하며 甚至於사랑하는子女를殺傷하는일까지도不可避할일로行하여버렸다。國家社會에對한義務에服하거나不然하면 無形한하나님앞에自進하야自由를獻上 하엿었다。大槪는前者有形한義務보다도 後者無形한義務가 더强하고深刻하고慘酷하엿었다。

그런데 오직現代우리朝鮮百姓에게만은 저것도없고 이것도없다。아무런義務에도 拘束됨이없는絶對自由의百姓이다。徵兵義務를알지못하며 國家産業의强制도없고 又況뵈지않는神의拘束을받는따위百姓이아니다。發起하기도 쉽게하려니와 解消하기도自由로한다。間或예수믿는青年이있다면 大槪는結婚禮式을爲한方便에不過한다。禮拜堂或은公會堂에서맺은誓約은 쉬지와같이破棄되니當初붙어義務를지라는것이아니오 神을利用하려는것이엿든故이다。福音을爲하야十字架지는일을避함에는特히自由스럽다。무엇보다도「몬저가서 내父親을장사하기를」容納하라하며 「몬저도라가 내집안사람을作別하기에」(路九〇五九)몹시奔走하다。알지못하거니와如此히過剩自由의百姓도地球웋에 오래生存하라는것인가 아닌가?

마태복음(試譯)

第一章

一、아브라함과 다윋의 자손 예수 그리스도
의 세계라。二、아브라함이 이삭을낳고 이삭은
야곱을 낳고 야곱은 유다와 그 형제를 낳고
三、유다는 다마에게서 베레스와 세라를 낳고
베레스는 헤스론을 낳고 헤스론은 람을 낳고
四、람은 아미나답을 낳고 아미나답은 나손늘
낳고 나손은 살몬을 낳고 五、살몬은 라합에
게서 보아스를 낳고 보아스는 룻에게서 오벳
을 낳고 오벳은 이새를 낳고 六、이새는 다윋
왕을 낳으니라。 다윋은 우리야의 안해에게서
솔로몬을 낳고 七、솔로몬은 르호보암을낳고 르
호보암은 아비야를 낳고 아비야는 아사를 낳
고 八、아사는 여호사밧을 낳고 여호사밧은 요
람을 낳고 요람은 우시야를 낳고 九、우시야
는 요담을 낳고 요담은 아하스를 낳고 아하
스는 히스기야를 낳고 十、히스기야는 므나세를
낳고 므나세는 아몬을 낳고 아몬은 요시야를
낳고 十一、바벨론으로 잡혀갈때에 요시야는 여
고니야와 그 형제를 낳으니라。十二、바벨론으
로 잡혀간 후에 여고니야는 스알디엘을 낳고
스알디엘은 스룹바벨을 낳고 十三、스룹바벨은
아비훗을 낳고 아비훗은 엘니아김을 낳고 엘니
아김은 아소르를 낳고 十四、아소르는 사독을
낳고 사독은 아킴을 낳고 아킴은 엘니웃을 낳
고 十五、엘니웃은 엘느아살을 낳고 엘느아살은
맛단을 낳고 맛단은 야곱을 낳고 十六、야곱은
마리아의 남편 요셉을 낳았으니 그리스도라 하
는 예수 마리아에게서 낳시니라。十七、그런즉
모든 대수가 아브라함부터 다윋까지 열네대요
다윋부터 바벨론으로 잡혀갈때까지 열네대요 바
벨론으로 잡혀간후부터 그리스도까지 열네대라
十八、 예수그리스도의 낳심은 이러하니라。그모
친 마리아가 요셉과 약혼하고 성례하기전에 성
신으로잉태함이 되엿더니 十九、그 남편 요셉
은 의로운사람이라 들어내지않고 가만히 끊고
저하야 二十、이 일을 생각할때에 주의 사자
가 현몽하야 가르되 다윋의 자손 요셉아 네

안해 마리아 데려오기를 무서워마라。저에게 잉
태한것이 성신으로 되였으니 二一、아덜을 낳거
든 일홈을 예수라 하라 이는 자긔 백셩을 저
의 죄에서 구원하시리라 하더라。二二、이러한
모든것은 주께서 션지자로 하신 말슴을 일우려
하심이니 가르시되 二三、볼지어다 동졍녀가 잉
태하야 아덜을 낳으리니 일홈은 임마누엘이라하
리라하시니 번역한즉 하나님이 우리와 한께 게
시다 함이라。二四、요셉이 잠을깨여 일어나서
주의 사자의명영대로하야 안해를 데려왔으나 二
五、아덜을 낳기까지 동침하지않더니 낳으매일
홈을 예수라 하니라。

第二章

一、헤롯왕때에 예수께서 유대 베들레헴에서
낳시니 박사들이 동방으로부터 예루살렘에 이
르러 말하되 二、유대인의 왕으로 낳신이가 어
듸 게시뇨 우리가 동방에서 그 별을보고 저에
게 경배하려 왔노라하니 三、헤롯왕과 원예루살
렘이 듣고 소동한지라。四、왕이 모든 제사제장
과 백셩의 서기관을 뫃아 그리스도 어듸서 낳
시겠나뇨 물으니 五、가르되 유대 베들레헴이오
니 션지자로 이렇게 기록하였으되 六、유대따
베들레헴아 너는 유대 고을중에 가장 적지않
도다 네게서 임군이 낳서 내 이스라엘 백셩
을 기르리라 하셨나이다。七、이에 헤롯이 가
만히 박사를불어 별이 나타난 때를 자세히묻
고 八、베들레헴으로 보내며 싦어 가르되 가
서 애기를 자세히 찾아 맞나거든 내게 고하
라 나도 가서 그에게 경배하리라。九、박사가
왕의 말을듣고 갈새 동방에서 보이든별이 문
득 앞으로 인도하야 애기있는 곧까지 이르러
그우에 그치는지라。十、별을보고 가장 크게깃
버하더라。十一、집에 들어가 애기와 그 모친
마리아를 보고 업더여 애기께 경배하고 보배
합을열어 예물을 드리니 황금과 유향과 몰약이
러라。十二、꿈에 헤롯에게로 돌아가지말라 지
시하시니 다른 길로 고국에 돌아가니라。十三、
박사가떠난 후에 주의 사자가 요셉에게 현몽
하야 가르되 헤롯이 애기를 찾아 쥭이려하니
일어나 애기와 그 모친을 데리고 애굽으로

聖書朝鮮의今後

今後를말하랴니 以前에溯及함을暫許하라。一九二七年七月一日에 本誌의創刊號가 半島를向하야 첫소리를 웨치기시작하엿을때는 讀者이미아는바와같이 六人의同人으로되엿섯다。當初에는年四次로定期出版이든것이 一九二九年八月(第八號)以後로每月一回發刊케되엿다가 一九三〇年四月에至하야同人制로의聖書朝鮮은 一旦廢刊하게되엿섯다。그렇나 그廢刊된理由는 一時的事變에依한것임으로 或은不遠한將來에 이일을專擔할者가 나타나기를期待하는마암으로서 同年五月(第十六號)부터 余輩가單獨責任으로 繼續出版하는일을能事로삼아온것은 當時와其後第二十五號에發表한대로엿다。

本誌에姓名이關係된者中에는 聖書와神學의知識에素養이있는이도있었다。外國語에能通한이도있었고 사람으로서可히義롭다할만한이도있었고 傳道者의難關인生活問題에窮乏을免한이도있었고 特히傳道者의素質을 남보다넉넉하게이받은이도있었다。福音을朝鮮에傳하기爲하야는 本來所願이없음은아니엿으나 朝鮮을爲하야 예수를爲하야 聖書朝鮮을爲하야 願컨대가장完美한者로써 祭壇에바치여지옵소서 하고祈願치아니치못하엿다。마는人間의所願은無視하시고 그중에아름다운것有能한것은各其相當한理由로써 달니使用하시고 聖朝誌를爲하야는 달도차지못한余輩가 捕虜되여버렷다。禍있을진저魯鈍한자여。

以前까지는 달니사람을期待하는聖書朝鮮이엿다 今後로는 잘됏으나못됏으나 다시더기대릴수없이되엿다。생각하면本誌를爲하야 가엾은일이다。余輩의無學함과鈍筆을생각하면 前途오직캄〻하다。그렇나 이소라엘의不信으로써 구원이異邦에잇게하신하나님께서 나의跌蹉와추태를因하야 많은十字架兵軍을 이르키시면當幸。오직肥料나되기를。神學은몰으나 若干한語學과博物學으로써 百合花와葡萄나무의理致를工夫하겟고 說敎術은알수없으나 敎授法으로써 聖書의眞理를分配하게하고 떠들고宣傳하기보다 고요히硏究한結果의 冷靜하고正確한眞理를 실어보내는편지가되기를祈願이오、傳道한다기보다 學究가爲主될것이다。

廢物募集

地球上生産力에限이잇고 人口의增殖에限이업는까닭인지 景氣不景氣를論할것이업시 生活苦는年年이더하고 正當한勤勞로써衣食을求하라는소리는날로深刻하여진다。單히食을求乞하라는것이아니오正直한職業을달나는者에게 勞働을주어야할것은神人이함께늣기는바어니와 如何히하야 이모든要求에應할수잇는것인지 이는余輩의詳論하라는바가아니다。다만微力한者에게도此種의議論을避할수업시될때마다 切實히늣기는것은 相當한人物에게相當한要職을주라는「相當」이라는條件만아니면 世上이 비록야릇하다할지라도 아직도 할만한勞働이가득하다는것이다。

普遍的事實인지 局部的事實인지는몰우거니와 求婚女性의過剩이 한걱정거리라한다 그러나萬一人間의게서 虛榮心의根塊를摘拔하여버릴수잇다면이런걱정의大部分은除去할수잇을것임은 統計에나타난兩性의比例가證明하는바가아닌가。善良한仲媒者가되기어려움은 天生配匹을求하기어려운연고가아니오 그一方或은雙方의虛榮心을制禦하기困難한故이다

自殺을決心한靑年에게 萬端으로說伏하야겨우自決을斷念하게하고 自殺한식치고死者로서世上에處할方途를企圖하라한즉 어느덧저는死者인것은忘却하고 不時에산者가되여自己뿐아니라 全家族을 잘살니라고焦慮하며 現在뿐아니라未來까지잘살라고念慮하다가 다시自殺를決心치아니치못할경우로 輪轉하고야만다。

溺水한者가 죽은듯이하고잇스면 救援할길도잇것만 빠진者스스로가 살자고덴비면건지라는者까지도 함께빠저죽게됨과갓흔事實이적지안타。

우리는 입으로서는 如何히든지산다하나實際에는門閥에살라하며 出身學校에살나하며經歷에살나하며體面에살나하야 엇잿든相當하게살라하나 結局아모러케도살수업고 손에合當한職業도 찻기어렵게된다「秋收할것은 만으되일군은적다(路十〇二)」 한것은基督의歎息이엇다。「나의福音을爲하야生命을버리는者는 生命을엇으리라하얏다 참死者이오라 그대의就職은確實히擔保하리라

城西通信

一九三一年十二月二十五日(金曜) 每年聖誕節이돌아올때마다 洞內敎會의새벽찬양대에對하야 깁히感謝하지아닐수업다。今年도例年과갓치 午前四時半에 찬양대數十兄姉가門前을지나면서「우리구주나신날 목자영광볼때에 현사찬미하기를 예수과연나섯네」하는 반가운音波를傳하여주엇다。陵谷松林에는 솔닙마다 銀꼿갓흔 서릿발이버치고月色이寒氣를 몸에쏘는듯한中에 멀ㅡ니山上에서도찬송가소리가흘너오니 霜柱들이符音에和하는듯도하다。이날午后에 다음과갓흔書狀이잇어 人生의寂寞을깨트림이컷다。

肉으로의相對가업는 나의敬慕하는信兄! 日間에도새토운恩惠만이밧으실줄압니다、文化(文禍)의向上을좃차서 福音의眞理는더要求되나니 남달은朝鮮은 聖書化眞理化하여지이다。小弟는滅惡山小谷에初等敎育機關으로서잇는啓明學院에와잇는 初等敎育者로五山聖徒咸兄을通하야오는 朝鮮의新프로톄스탄트들의信仰書簡誌聖書朝鮮을 感謝히오직恩惠로 밧아보는 한無名한크리스챤이외다 나는世上에不幸한者로福音을듯고 親히보아그것을밋는者되엿습니다。福音으로因해서나는세상에만은친구를잃고 그것으로맷이어지는적은사람을찻습니다(그실은적은것이아니다)。그리고또세상에만은所謂基督信者들은敎會를가지며集團의宗敎的속들어난儀式과遺傳의形式을직히지만 내게는업스며 가질수도업스며 일부러가지려하지도안습니다。오직나하나이가는곳과 잇는곳이聖所가되게하며 나自身이곳그리스도를머리삼은敎會自體이지안이치못할것을압니다그러타고現代크리스챤의모임의一切를絕對否認排擊하는單獨的無敎會主義者는아니외다。아울러敎會와安息日을偶像과갓치崇拜하는敎會主義者나或은安息日宗敎家도아니외다。오직나는福音의眞理을通하야 나를살리는내적은生命의要求하는주를信仰하는獨立信者이어서足한것을압니다만일나와갓은信者가잇다해도決코信仰的野合은아니하려합니다、不信의枯草와갓흔朝鮮의열세길에信仰의불은붓기始作햇습니다。兄의使命은 弱하고적은小弟의것보다甚重하외다。健實努力하소서。主께서잇그러모와주시는대로 모이고맛나고사괴일것뿐입니다。우리가地上에서肉의因緣이업슬지도몰으는것이니다、맛나거나못맛나거나 그까짓썩을肉이야맛나무엇하리요 썩은냄새나피일것을……信兄! 祈禱의마음으로敎境에서게하신우리주그리스도의恩惠가 쏫까지繼續하시옵기를비옵니다。우리스사로取한일되지안케하시기를祈願합니다。果然兄은福音을爲하야세옴을넘어 반포하는者와使徒와敎師가되신이로소이다。 쏫까지주의祝福이게시옵소서云云。

願컨대 이와갓치 우리의友誼가 썩어질肉덩이에着眼되지말고 그속에假寓하고잇는靈

魂을 서로熱愛하는데까지深刻해지기를。「馬齡이三十」을지나「人生의日中에」갓가왓슴에놀나깨여. 毛虫갓흔一生에도 重大한劃期가생기고저하는一九三一年聖誕日아츰에 滅惡山谷의未知의친구는 이날을알고며진글월인가. 몰우고며진것인가。歎息도쓸데업스니 쓰으는대로쓰을일뿐이다。今日安邊老牧師賜書感謝。

十二月廿八日(月曜)正午에. 宋斗用兄의急電을밧고府內昌信洞에쒸여가니 長女錫子(出生後二百二十日)가 午前八時에別世하엿섯다 宋兄夫妻께도 처음當하는일이오 慰勞할處地에잇는余輩도前例를몰으는職務엿다。그저 함께愴惶하고哀痛하며 함께彌阿里墓地에埋葬하엿슬뿐이엿다。

三一年은 深刻한事變으로써 終幕을닷치고 새로히생긴것은 聖朝誌의獨擔이엿다。

一九三二年正月二日(土曜) 五山咸錫憲兄來書에曰「……이제聖書朝鮮을밧어드니 無量의感慨잇습니다。한便으로는出嫁식힌딸을接하는듯하여喜悲交出하고 그러나한편으로는그前보다 該誌의使命의至大함을더욱알게됩니다。兄님 아우의사람으로서의 생각을말하면 兄을爲하야未安함이만습니다。그는그重荷를메이는兄의모양을보고섭니다。聖朝誌의使命을생각하면할스록兄님이가엽습니다 一便으로敎育의일이잇고 一便으로이것이잇고 兄님의짐이實로甚大한줄을압니다。누구누구하던者들이정말緊急한때에는다물너서고 지기어려운짐을兄에게다써메여노흔듯한感이나서못견대겟습니다。맘이조코責任感이깁엇던탓으로難處한 남의뒷일을맛타노코힘들어하는사람을보는것갓습니다。兄님 이는人情에서나온생각에不過한줄압니다。兄이이륵짐은 單純한責任感에서만은아니지요。主하나님이지우시너지시는것인줄압니다。그가세우면넘어트릴者도업고 그가넘어터리면세울者도업습니다。朝鮮사람의近況을보고살느福音의眞理의必要함을더욱늣깁니다。바라건대兄의우에今年에 特別한恩惠잇기를 不足한아우도兄을爲하야 特別히祈禱하겟습니다」云云 五山學校의 非常한時運을當하얏슴으로 이글을보내려든余輩가 도리혀밧게되엿다。創刊當時의光景과 今日의事態와를並想하야 實로感慨無量이다。余輩도이짐을避하려고애쓰기는一般이엿다。마는本來魯鈍한者라미처避하지못할동안에捕虜되여잇슴을發見하엿다 가장不足하고懦弱한者의억개에메워지는聖書朝鮮의身勢를생각하면가엽기도하나 이것도亦是그리스도의것이라면 榮譽를밧기보다羞辱을當하는것이 그運命일가하야 今後의運命을갓치하면서「잡혀죽을 양과갓치」쓰는대로소리업시 쓸이올뿐이다。

讀者의感想如左一束。

聖誌十二月號는恩惠로拜讀하엿음니다。새해에우리의聖誌社에만은 恩惠를許諾하시사 당신의聖意로의聖化大業에쑥준한努과熱과信을가지게하소서합니다。말은풀밧갓흔朝鮮의열세길에信仰의불은붓기始作하얏나니 中央에잇는우리聖誌의使命이큼을아옵니다。주당신이하시지안이면안될것이오나 그의許諾의聖意를밧은聖徒의使命이적지안을것이외다。風前燈火갓흔저ㅣ불들써지지안이하도록 우리聖誌는기름에代用이라도되소서。그리하야사나운狂風에라도써지지안코더일어날强한불이되게하소서。그리하야完全히타버리고聖書朝鮮꼿聖化樂園이되기를——미른풀밧에불에代用꼿불을노코잇는新프로테스탄트들의所望이다。現代의敎會야! 너는人間劇의終幕에무슨役割을하고잇나뇨? 黃海道 金享道。…

……그리스도의집흔要求에게신先生님感謝합니다。肉으로는對面치못하엿으나 靈으로 한하나님과갓흔聖靈의역사로 다아실줄밋습니다。뜻밧게外金剛神溪寺上雲菴에잇올때에聖書朝鮮이라는冊을밧어 감사히읽고 써라서만은혜밧엇슴을감사합니다。이제한번서울가면방문하겟음니다。…바라건대 주님의은혜중에서聖靈의역사로쓰시는聖書朝鮮이날노그리스도를몰우는者들에게 전파되기를바람니다。咸北慶興 安榮俊。

……不足함을不覺하고어두움에싸저잇난小生은痛哭과喜悅로써聖誕을지내고또한新年을마지라고함니다。果然아니울수업나이다。過去三十年生活을생각하니 아니울수업나이다 三十年生活이모다空이로소이다。失敗로도라가고말엇습니다。信從、회개、로력、계획、職業모다그릇습니다……아ㅣ聖書朝鮮아 너와나와는인연이깁도다。나는너다려말하기를親舊라불은다。아니그보다先生이라불우며하나님이내게주신선물 寶物이라고하고십다。하나님이너를세상에서게하사 榮光을밧으시라고하시며 또한나의靈을궁흉히녁이사 주신선물이로다。聖書朝鮮第三十五號는 나의마암을쪽에고 회개를일으키니 다시感謝하지아닐수업다。三十五號에山上垂訓研究(十一)는果然나의信從信賴가空虛함과懶怠함을다시深覺하야悔改케한다。聖書朝鮮三十五號山上垂訓을連三次읽은後에쓴것。一月四日

京仁線梧柳洞. 成百庸

이가치읽고 이갓흔힘이된다면 記者의 잔이넘치지안일수업다。아모러한犧牲이라도 앗길것이업다。기름이되고、불이되기위해。近來에創刊號부터찻는讀者가종々잇는데아직은이에酬應할수잇다。염녀도못하엿든곳에서새로운친구가생기는일이 奇異하고도「亦悅乎」

山上垂訓研究總目錄

(題目)	(章節)	(號數)
緒言	太五、六、七章	二四
心靈에貧者	太五〇一―三	同
哀痛의祝福	五〇四	同
溫柔한者	五〇五	二五
義에飢渴한者	五〇六	同
慈悲하는者	五〇七	同
見神의幸福	五〇八	同
平和의福音	五〇九	二六
正義의勝捷	五〇十―十二	同
地의鹽世의光	五〇十三―十六	同
新舊道德의衝突	五〇十七―二十	二七
殺人치말라	五〇廿一―廿六	同
姦淫과離婚	五〇廿七―三二	二九
盟誓하지말라	五〇三三―三七	同
無抵抗	五〇三八―四二	三十
怨讐를사랑하라	五〇四三―四八	三一
善行과動機	六〇一―一八	三二
其一、救濟	六〇二―四	同
其二、祈禱	六〇五―八	同
(附)主祈禱研究	六〇九―一三	二六
緒言	同	同
稱呼	六〇九	同
第一新願	同	二七
第二新願	六〇十	同
第三新願	六〇十	三二
第四新願	六〇十一	同
第五新願	六〇十二	三三
第六新願	六〇十三	同
其三、禁食	六〇十六―十八	同
寶物을天에쌓호라	六〇十九―二四	三四
念慮하지말라	六〇二五―三十	三五
몬저그義를求하라	六〇三一―三四	同
남을審判치말라	七〇一―五	同
豚에게眞珠	七〇六	三六
祈禱의根據	七〇七―十一	同
己所欲施於人	七〇十二	同
窄門狹路로	七〇十三、十四	同
假先知者를삼가라	七〇十五―廿三	三七
實行하라	七〇廿四―廿七	同
印象	七〇廿八、廿九	同

로마書研究

第一回、叙言		二七
第二回、바울의自己紹介	一章一―七	二八
第三回、바울의自己紹介	同	同
第四回、바울의自己紹介	同	二九
第五回、바울의自己紹介	同	三〇
第六回、바울의自己紹介	同	三一
第七回、本書翰의動機	一章八―十五	三三
第八回、主題의提示	一章十六、十七	三四
第九回、異邦人의罪	一章十八―廿三	三五
第十回、하나님의震怒	一章廿四―廿七	三六

五山聖書研究會

講師　咸錫憲
場所　京義線古邑驛前五山村
每日曜午前十一時브터一般集會
每木曜日午后七時브터英文聖書講解。

京城聖書研究會

講師　金敎臣
場所　市外孔德里活人洞本社
每日曜日午后二時　創世紀로브터
一冊一講으로連續講義中。

本誌定價(送料共)

一冊	十五錢
六冊(半年分先金)	八十錢
十二冊(一個年分先金)	一、五〇錢

昭和七年一月廿九日　印刷
昭和七年二月一日　發行

編輯發行兼印刷人　京城府外龍江面孔德里一三〇　金敎臣
印刷所　京城府西大門町二丁目一三九　基督敎彰文社

京城府外龍江面孔德里活人洞一三〇ノ三
發行所　聖書朝鮮社
振替口座京城一六五九四

昭和五年二月二十八日(第三種郵便物認可)
昭和七年三月一日發行(每月一回一日發行)

聖書朝鮮

第參拾八號

一九三二年三月一日發行

目次

京城 聖書朝鮮社 發行

나의 祈禱

主여 우리의 生命이 어대에 있나이까? 누가길우시나이까? 우리의 生命이 우리의것이 아니며 우리가 길우는것이 아니로소이다

우리의 生命이 主께있사오며 主께서 길우시나이다 그렇나 우리는 우리의 生命이 우리에게 있는줄로 아오며 우리의 生命은 우리가 길울것인줄로 아옵나이다 그런故로 내가 무엇을먹을까? 무엇을 마실까? 무엇을 입을까? 念慮하나이다 아침부터 저녁까지 念慮로써 不信을 채우나이다 우리가 심으고 길삼하야 그努力의結果、衣食을 得하야 우리의 生命을 保全하는줄로 아옵나이다 그런故로 主를 信賴하지아니하고 우리의 技能을 依支하나이다 내가 나를依支하오니 걱정과 念慮뿐이로소이다 아ㅣ主여나는 生命을 求하는者가안이오 衣食을 求하는者이오며 生命을 爲하야있는者가안이오 衣食을 爲하야 있는者올시다 닭과같이 땅만 들여다보고 먹을것만 求하는者올시다 衣食을爲하야 生命을 버리는者올시다 呀ㅣ主여 生命은 우리의것이안이오 主의것이오며 우리가 길울것이안이오 主께서 길우실것이올시다 그런故로 우리는무엇을 먹을까? 무엇을 입을까? 念慮하지말고 主님만을 믿게하시옵소서 主의것을 主께서 길우실것이온데 누가 念慮함으로 그生命을 一毫라도 더하겠나이까? 아ㅣ主여 不信에 있어서 虛된일을 하였사오며 罪에있어서 滅亡을 取하였나이다 呀ㅣ不信에 있어서 念慮와虛妄을 行하야 스스로 受苦하였나이다

아ㅣ主여 이제부터는 내가 來日일을 爲하야무엇을 먹을까 무엇을 입을까 念慮하지말고 먼저 그生命만을 求하게하시옵소서 生命을 주신이가 또한 그生命을爲하야 必要한것을 豊盛히 주실줄로 믿고疑心치 말게하시옵소서 主께서는 우리의 生命을 爲하야 우리보다도 먼저그所用되는것을 아시오며 우리의 生命을 爲하야 必要한것을 그때를 따라 豊富하게 주실것을 믿게하시옵소서 主여 내가 衣食을 爲하야念慮함으로 不信을 行하지 않게하시옵소서 아멘 (張道源)

로마書研究

張 道 源

第十一回、하나님의刑罰

第一章二十八ー三十二의研究

28또한 저의가 하나님 알기를 싫어하는故로
하나님께서 저의가 惡한마음을 받은대로 合
當치못한일을 行하게 내어버려두셨으니
29即모든 不義 惡毒 貪心 暴虐이 가득하고
嫉妬 殺人 紛爭 詭計 刻薄이 가득하고
30讒言하는者 毁謗하는者 하나님의 미워하시
는바된者 凌辱하는者 高慢한者 자랑하는者
惡한것을 짓는者 父母를 拒逆하는者
31頑固한者 背約하는者 無情한者 無慈悲한者라
32이와같은 일들을 行하는者는 맞당히 죽을
것으로 하나님이 定하신줄을 알면서도 저
만行할뿐안이라 또한 그일을 行하는 사람
들을 깃버하나니라

이제 此二十八節을 一讀하야 생기는 所感은 『하나님은 無慈悲하신者이시다』라하는 感이다『저의가 惡한마음을 받은대로 合當치못한일을行하게 내어버려 두셨다』함은 眞實로 無慈悲한者의 일이다 그렇나 하나님은 無慈悲하신 하나님이 안이다 決斷코안이다 저의가 하나님을 알기를 싫어하는故로 하나님께서 反感的으로 저의가 惡한마음을 가진대로 合當치못한일을 行하는데에까지 내어밀어서 놓으신것이안이다、저의가 하나님 알기를 싫어하는故로 그結果로하야 하나님의 사랑으로 行하시는 敎訓 引導 警告 懲戒 反省 責望을 받지아니하고 더욱 頑惡하야지는故로 하나님은一時그손을펴사 저의의 마음대로의 行動에 放任하야 두셨다、即저의가 하나님을 알기를 싫어하는故로 하나님은 손을펴사 저의를 놓으심으로써 저의를 罰하신것이다 저의는 하나님 알기를 싫어한結果로하야 罪의 至甚한대에至하야 드디어 하나님의 震怒를 일으킨것이다

그런故로 此二十八節은 하나님의 無慈悲가안이오 하나님의 震怒하심의罰이다 하나님은 怒여워하시는 하나님이오 無慈悲하신 하나님은 안

이다 罪를罰하시는 하나님이오 내어버렴으로써 罪를行하는대까지 너르게 하시는 하나님은안이다 하나님이 저의에게 『惡한 마음을 받은대로 合當치못한일을 行하게 내어버려두시는』罰을 行하심은 사랑이신 까닭이다

罰의目的은 反省心을 일으키랴는것이다 即悔改를 催促하는것이다 그런故로 罰은 愛의半面이다 罰은 亡하게하랴는것이안이오 救援하랴는것이 그本意며 罰은 死亡으로 몰아넣는일이 안이오 生命으로 引導하는일이다」

하나님의 無慈悲가안이다 罪에對하야 하나님의 義를 낱아낸것뿐이다 저의가 하나님을 排斥하면 輕忽히 녁임으로 하나님이 저의를 向하야 震怒를 베풀어 그罪를 罰하신것뿐이다 二十八節 以下에記錄된 一切不義와非行은 그것이 罪그自體가안이오 저의가 하나님을 輕忽히 녁이며 排斥한罪에對한 審判이오 刑罰이오震怒이다 即저의가 하나님께對하야 罪를犯하였음으로 그罪에對한罰로하야 있는것이다

아ㅣ現在에있어서 不義와非行을 行하면서 하나님의 震怒와刑罰이 없다고 하는者들아 너의가 지금 行하면서있는 不義와非行 그것이 곳 하나님의 審判이오 刑罰이오 震怒이다

二

二十九ㅣ三十一節은 저의가 하나님을 輕忽히 녁이며 排斥한罪에對한하나님의 刑罰로하야 저의에게 있어서 行하는바 合當치못한일 即不義와非行의狀態를 說示한것이다

『惡毒』은 惡이行爲로하야 밖에 낱아나서 事實的으로 사람을 傷害하는것을 指하는것이다

『貪心』은 他人의 所有物을 自己의것으로 만들고저하는願 又는 그願을 實現코저하는 모든 心事를 指하는것이다 이心事가 行爲로하야 밖에낱아나는것이 竊盜强盜다

『暴虐』은 아직 行爲로하야 밖에 낱아나지아니하고 마음속에 潛在하야있는 惡意를 말하는것이니 即惡行이안이오 惡性이다 모든 惡行을 產出시기는 惡事의根源을 指하는것이다

『妬忌』는 他人의善한것을 볼때에 惡意로解하지아니하면 마음이 平安치못한心事、他人의優秀强點을 볼때에 마음이 괴롭고 배가 아프며 답

々하고 暗黑한생각이 일어나는것을 指함이니이것이 行爲로 낱아나서 最甚한데에 至하면 殺人을 行하는것이다

『殺人』은 妬忌를 徹底히 實行한 行爲니 가인이 그兄아벨을 죽인것이 그가장 좋은 例의一이다

『紛爭』은 妬忌가 行爲로하야 밖에 낱아났으나 아직은 殺人하는데까지 니르지아니한 동안의 모든行爲를 指하는것이다

『詭譎』은 거짓과陰險한 手段으로써 사람을 속이는 모든 奸詐한行爲를 指하는것이다

『刻薄』은 모든事件에對하야 惡意로써 그것을抑壓하며 눈어짜서 善의寬容을 막는것을 指함이니 即自己心中의惡을 他人에게 던져서 影響을주는惡한行爲다

『讒言』은 公然하게 사람을 責망하지아니하고陰密한中에 사람을 惡評하야 陰害하는行爲이니間接으로 他人을 中傷하는行爲다

『毁謗』은 公然하게 사람의惡을 宣傳하야 正面으로 사람의名譽와地位를 中傷시기는 行爲이니 即사람을 中傷시기랴는 惡意로써 사람의惡을公衆에 宣傳하는것이다

『凌辱』은 사람을 賤視하며 사람에게 侮辱을加하며 非禮를行하며 사람을 愚弄하는것이다

『高慢』은 自己의優越感을 가지고 사람을 對하는것이니 高慢이 마음안에 있을동안에는 사람에게 害를주지아니하나 自己自身이 此를因하야建德上여러가지 損害를 받으며 間接으로 不義의源泉이된다

『자랑』은 自己가 가지고있는 優越感의高慢이밖게 낱아나 사람을 對하야 大言壯談하는 行爲이니 凌辱과같이 高慢으로부터 오는것이다

『惡한것을 짓는者』는 恒常 他人에게對하야 惡事를行하랴고 繼續的으로 計劃하는行爲다

『不孝』는 父母에게對한 背逆不順從의行爲다

『頑固』는 世態와 事物에對하야 何等의批判없이 自己의愚見대로만 나아가며 暗昧한생각대로만 行하야 社會의公平한判斷을 逆流하며 人類社會文化를破하는 愚昧한思想이다

『背約』은 約束한것을 實行하지아니하는 不誠

實의行爲이니 友人同僚間에對한 不忠이다

『無情』은 人間의 自然的愛情의 缺陷을 意味하는것이다 親子、夫婦、兄弟間에 自然的本能으로있을바 愛情의缺欠을 말하는것이다

『無慈悲』는 沒人情의冷酷을 意味하는것이다 卽 불상히 녀겨야할 地位에있는者가 불상한者를불상히 녀기지아니하는것을 謂함이다 卽奴隸에對한 主人의壓迫、上流人士의 下等階級에對한侮辱 有權力者의 被治者에게對한壓制、弱者에게對한强者의暴力等이다

三十二節에 『이와같은일들을 行하는者는 맞당히 죽을것으로 하나님이 定하신줄을 알면서도 저만 行할뿐안이라 또한 그일들을 行하는사람을 깃버하나니라』하였다

이에『죽을것으로』라한 이『죽음』은 何者를意味하는것이냐? 法律上死刑을 意味하는것이냐? 人間의自然的死를 意味하는것이냐? 法律上死刑도人間의自然的死도 안이다 何故냐하면 以上에 列記한 惡事中에 法律上死刑에 該當한것은 極히 적으며 이모든 惡事들을 行한者라도 自然的死는 當하며 此惡事를 行하지아니한者라도 亦是人間의自然死는 同樣으로 當하는까닭이다 然則이에 말한『죽음』은 永遠한 죽음 靈魂의滅亡을意味하는것이다

又 此三十二節에對하야 問題되는것은 異邦人이 果然『이와같은일을 行하는者는 맞당히 죽을것으로 하나님이 定하신줄을』아느냐? 알지못하느냐?하는것이다

異邦人이라도 不義를行하면 그結果로하야 靈魂의滅亡을 받을것으로 하나님이 定하신줄을 알지못하지 아니할것이다 이는 저의 異邦人中에도 哲人達者도 있으며 賢人君子도 있으며 宗敎家도 있어서 恒常저의를 向하야 不義의結果를說하며 死後靈魂의刑罰을 說示하야 저의로하야금 現世에서 不義를 버리고 善을行하도록敎導하였음이다

그런故로 異邦人들도 不義를行하면 그靈魂이 하나님앞에 永遠한 죽음의 刑罰을 받을줄을 안다 如此히 알면서도 저의만 行할뿐안이라 이와같이 行하는者를 또한 깃버한다

聖書의大旨

金敎臣

세상에 가장 귀한것이무엇이냐 고 물으면 혹은 金銀美畓이나 金剛石라듸움 같은것이 貴한물건이라고 대답할수도 있겠지만 그래도 뜻있는이는 書籍이야말로 人類의所有한물건중에 第一귀즁한것임을 否認할수없다。그럼으로古人은 書中에自有千鍾祿 書中有女顔如玉이라하야 글의貴한所以를 일즉부터唱道하였고 近代의賢者칼ㅣ라일은 「書冊의集合이 現代의眞正한大學이라」하야 書籍으로써 大學建設의最大要素를 삼았다。事實現今各國의最高學府에는 그心藏과같은것이 古今의珍書를蒐集한圖書館이오 初等中等의普通敎育이딴것은 實質的으로 文字解讀의能力을修練하야 自由롭게涉閱할讀書力을 準備하는것이라하여도 過言이아닐것이다 人間의生活에敎育이없을수없고 敎育의高低는莫論하고 書冊을要치아님이 없으니東西의賢者들이 書冊을가장귀히녀김은 그럴듯한일이다。

書冊의稀貴한것은 高價를要하며 高價를주어도 얻기어려운것이있을뿐더러 幸여古來의珍書를 많이蒐集하야 所謂汗牛充棟의藏書를 가졌다하여도 이것을讀破하는 人間의能力과時間에는 本來制限이있다。八十餘歲까지 讀書를끊지않기로有名하였든虞翁은그死後의調査에依하야 全生에約一萬卷을涉讀하였음이判明되였다한다。萬卷의책을六十年間에 읽는다하면 每年에百六十六卷以上을읽을元氣로써突進하여야하겠다。多少다도 책을읽어본이는每年百六十餘卷식읽는일이 그일만하여도 쉬운일이아닌것을 알수있다。하물며虞翁는 日沒함이없다는大英帝國에 宰相되기가前後四次에及하였다하니 그勢力이果然絶倫에近하였다。

글란스톤翁의 壽와聰明과勢力으로도 一平生에僅々히一萬卷을 넘지못하였다。一個人의涉讀한것으로는 그量이決코적은것이안이나 東西古今의名著珍書의數가尨大함에比하면 特히知識의進步와機械의發達로써 거의無際限으로多量産出하는現代新刊書籍의 山海와같은數量에 比較하면 萬卷書籍도 오히려湖海의一滴에不過한것이다。Ars longa,

聖書의大旨

vita brevis란것은 特히讀書子의歎息인듯하다。又況虞翁의壽는古稀를넘었고 그聰明과精力이또한絕世의것임에랴。

이럼으로 時間과精力에 制限된人間살림에서 書籍의眞價를 가장如實히享有함에는 量으로多數한冊子를閱讀하기에汲々하기보다 차라리質로써 萬古에不滅할大文字를選別하야 精讀熟誦함이 勞少하고効大한길이될것이다。어떻게하면 一生에一萬卷以上을讀破할가하기보다 어떻게하면 一平生에참으로有益한書籍百卷、或은十卷을發見할수있을까하는것이 焦眉의問題가되여야하며 單一卷이라도果然가장偉大한책一卷을發見하였다면 저는 店頭에露轉하는 有害無益한印刷物千萬卷을藏置하니보다 成功한者이다。二千萬동포와 二十億萬人類中에서 진정한친구 한사람 얻기가 極難한것처럼人類의數보다더많은書冊中에서 一生涯의친구될만한一卷書를 얻기가極難한일이오 一生의運命을左右하는 重大한事業이다。

「文豪칼ㅣ라일은「英國이印度帝國을喪失하고라도英國임에는別差없으나 萬一沙翁의作品을喪失한다

六

면 英國의英國된所以가消失된다」하였으나 이는曲言도안이오 必曰極論이라할것도없고 著述品의眞價를 오로지맛본자의 當然한結論이였다。沙翁의戲曲이 果然印度帝國보다 더큰것이라면 단테의神曲은 몬•부란보다 더높을것이오 소크라테스의「對話」는 地中海보다더깊을것이며 賢帝아우렐류스의冥想錄은 南阿聯邦을 덮을것이오 미호메트의코란經은 아라비야半島보다 지날것이며 釋加의八萬大藏經는 印度洋을가리우고도 넘치겠고孔子의論語는 崑倫山脈의南北平原을 덮고도 오히려 東海에 뻗힐터이며 其他傳記 歷史 詩歌 科學等에 或은 南北米洲의新大陸에比할것도있으며或은濠洲와 그린란드에 견울만한것도 있으나 羅列하면羅列할수록 우리는 맞히 金剛山中에서 萬二千峯의高低를 分別하랴함과같이 群峯의偉觀에壓倒되고 말것이다。마는 金剛을보는이가 毘盧峯을擇하야 山內의萬二千峯과 山外의嶺脈水系를一瞥에統括하듯이 一卷으로써 百千의大著作을統率할만한世界大의冊이있으니 그것이 곳 冊中의冊이란 바이블 即舊新約聖書한책이다。

聖書一卷속에는 데칸高原의棉花와 간지쓰河畔의茶葉뿐이안이라 메소포다미아의豐沃함도 그안에잇고 楊子江岸의殷盛함과 미시십피流域의雄大함도 그속에含蓄되엿으니 沙翁의作品이印度帝國보다貴重하다하면 聖書一卷은 世界全體보다重且大한것이아닐수없다。이世界大의書册中에서 그無盡藏으로 包容한富源을認識하고 그寶庫를開拓함으로써 極度로瘦瘠한半島의生靈으로하여금 營養에넘치도록 하고저하는企望으로부터 本誌의存在가發源된것이다。故로聖書에對한吾人의認識은 單純한机上의理論이안이다。全信仰과全生命이 그動靜을聖書와한께한다。

近來에 尖端을行하는風潮가 宗敎界에까지侵入하야 「第三轉期到來」의警鍾을亂打하면서 聖書에依據하던 루터改革時代는 발서지나갓고 高等批判學에依하야 聖書의權威는 地에墮落하엿으니 信者들은 모름즉이聖書信遷의迷夢에서覺醒하야 信仰生活의根據를 聖靈의役事에任置할것이라云々하는 가장銳敏한改革運動者가 踵續輩出하는모냥이나 余輩는依然히 루터의徒輩임을固執한다。루터야 왓든지갓든지 聖書는依然히聖書임에 틀림이없다。時期를맞낫든지 못맞낫든지 하나님의말슴은如前히 하나님의말슴이다。聖書가 참으로聖書라면 비록高等批判에依하야 支離滅裂하게되엿다하여도 그찢어진 半句一字에서까지 生命의샘이흐르고흘어 마지아니할것이다。그럼으로余輩는 二十世紀뿐안이라三十世紀가온다하여도 차라리基督敎를믿을진대 聖書에依據하는態度에는變함이없을것이다。

聖書의價値가 다시比較할物件이없으리만치特出한것인줄은 信者보다도 不信社會에서까지 널리認定하는事實이오 무릇五百餘國語로飜譯되여 名實이具備하게 全人類의册이되엿고 東西의別과 文野의差를論할것이없이 모든百姓이共有하게되엿으나 果然舊新約六十六卷을 通讀하는이는 매우稀少하며 所謂信者中에도 幼稚園과主日學校에서이야이로서는 片々을記憶하면서도 聖書全篇의大旨에通達한이는 심히적다。故로以下에 創世紀부터默示錄까지의槪綱을 工夫하려한다。

聖書는 舊新約을合하야單卷이되엿으나 이것은

聖書의大旨

八

단순히 外形만 한冊으로만들었다는것이안이라 그 內容까지도 一貫한것이다。筆者의數가 凡四十四人이오 처음쓰기시작하여서부터 나종까지 略二千年의時日이걸렸으나 그中心問題가恒常「基督」에 焦集되여 씌어젔음은 맞히一個人의 記者가固定된한思想을 表現하기爲하야 단숨에執筆한것같이되였으니 舊新約全書는 完全히한 책으로되였다。

同時에 舊約에屬한三十九卷과 新約에屬한二十七卷은 비록 그내용이類似하고 그長短이不同할지라도 한卷한卷이 각각獨立한單冊으로되여있다。舊新約全書가 六十六卷으로되였다함은 大著述을 便宜上으로 編、章、節에分配하는것과는 全然다른意義로 完全히獨立한六十六卷이 모여서 完全히統一된聖書全卷이되였다。이는聖書가 사람의思想으로編纂된것이안이오 하나님의啓示로씌어진것임을 낱아내는 무엇보다도現著한事實이다。그럼으로 聖書의硏究는 部分的으로細密히工夫하는同時에 全體를通한大旨를 把持하고있어야 光明을 얻을수있다。便宜上 大觀하기爲하야 左와如히區分하면 大綱을잡을수있을가한다。

甲、準備 (舊約三十九卷)

一、律法 (모세의五經)

창세기 출애굽기 레위기 민수기 신명기。

二、史記 (가나안以後의國民生活十二卷)

여호수아 사사기 룻기 삼우엘전 후、열왕기상 하、력대상 하、에스라 느헤미야 에스더

三、詩歌 (信仰體驗의記錄、六卷)

욥 시편 잠언 전도 아가 애가。

四、豫言 (實際의敎訓、十六卷)

이사야以下 말라기 까지大小豫言書。

乙、完成 (新約二十七卷)

五、基督의出現。共觀福音三卷과요한福音一卷。

六、福音의傳達。使徒行傳一卷。

七、理論과實踐。로마書부터 유다書까지大小書翰二十一卷。

八、總結論。 默示。

創世記大旨

創世記는 그位置가聖書全編의初頭에있을뿐안이라 그內容이 그名稱과같이 모든創設과元始에關한記錄이다。宇宙天體의構成으로부터 그안에있는生物과人類의始原、罪惡과墜落의始原、悔改와信賴의始原、文化와始原、社會의始原等 다 이冊에서發源하였으니 基督敎徒가 創世記를알지못하고서는 新約全書도完全히 알기어려움은勿論이오 모름즉이 健實한宇宙觀、人生觀을把握하랴고할만한者로서 創世記를不知한다면 그知識은畸形을未免할것이다。

十八世紀以降으로 무릇 온世界에 創世記一章처럼 各國智者術學의總攻擊에暴露된書籍은 다시없었을것이다。一時는 多數의學者가 모세의無智를指摘하고 聖書의創造說은 거의粉碎되여버릴번하였었다。그러나 科學은日進月步하야 第二十世紀를넘어서면서 새로이長足의發達을遂한地質學의闡明에依하야 前日의科學說은 다시顚伏되고 한동안은埋葬된줄로알앗던 모세의創造說이 다시光輝를발휘하게되엿다。佛國의古生物學界의大家쿠비에는말하기를

모세는 애급의모든知識으로養成되여 彼의時代를超越하야 한가지宇宙創造觀을後世에 남겻다 그確正한것은 可驚할모냥으로 날로々々證明된다。生物이 차츰々々創造된順序를示指함에는 近代 地質學上硏究는創世記와全然一致한다。

고告白하였다。故로 創世記를아는일은 純信仰以外에 自然科學에對한興味도 多大한바가있다。

그러면 創世記는 難解한科學書籍인가。勿論안이다。그內容의大部分은 個人의傳記아니면 民族의歷史가씨어있다。아담의傳記、노아의傳記와 그子孫들의歷史、아브라함 이삭 야곱 요셉及이스라엘十二祖上의歷史等이니 創世記記者의目的은다른나라 愛國的文士들이하는法대로 神話나譬喩로써 그祖國歷史를裝飾하랴는것이안이오 史實을事實대로 編纂하려하였다。그러고 人類의歷史를記述하려하야 宇宙創造부터起筆하였으니 이는가장完備한史書라할것이다。HG웰쓰와같은 現代의史家가이筆法을模倣하야 滿天下의警異가되고있음은

또한無理한일이안이다。創世記는 史實을記述하였음이 그 한가지特色이다。

歷史라하야 必曰無味乾燥한것은안이다。假令始祖아담해와의夫妻와 에덴동산의記錄을보라(三章) 이것을文學的見地로볼때에 地上의樂園으로서 누가能히 이보다完美한것을 筆寫할수있을까。또는 아브라함이소돔 고모라를爲하야 하나님께義人의代贖을懇請하는데를보라(第十八章)。그切切한音聲이 읽는者로하여금 尙今도鼓膜을 울리는것같지않은가。또한다시 아브라함이 그晚年에얻은嗣子이삭을 祭壇에 묶어받히는 光景을읽고(第二十二章) 어찌 주먹에 땀을잡지않을수있으며 요셉의十二兄弟가 異域애굽에서相逢하는小說以上의事實에感觸하면 누구라 요셉과같이 울곧을찾지않고견대며(四十三章三十節)또그第四十五章은手巾을적심이없이讀過할수있을가。聖經이라고하면 大槪는義務로써 읽을것인줄로만아나 實相은 그런것이안이오興味不盡하는 大文學인것을알것이다。到處에서 心琴이울리움을깨달을 것이다。

그렇나 創世記의 무엇보다도重要한意義는 모든現狀과事變의低流에潛在하고있는 靈的敎訓에있다。하나님은創造하시고 그우에萬物을支配하도록人間을두었으나 人間은 그祝福을누리지못하고 不信으로因하야 墮落하기시작하였다。始祖아담이墮落한後에 人類는여러번 그잃어버렸던幸福을恢復하랴고努力하여보았다。或은社會를形成하야 文化施設을整備하며 或은人力의强大함을表現하야有名한비벨塔도 쌓아보았다。그렇나 하나님의形象대로創造된자들이 하나님을排離하고는 아모런幸福도 얻지못하고 오히려一般的腐敗와墮落은 날로더하여갈뿐이였다。故로 하나님은地上에人間을創造하신것을後悔하셨다(六章六節)한다。마는罪의더하는곧에 恩惠도더하야 하나님은「녀인의후손은네(蛇)머리를상할것이라」(三章十五節)고約束하셨고아담과노아의子孫들에게失敗하신後로도 아브라함을擇하야 約束을새롭게하시고 이삭과야곱과요셉들에게恩惠는連綿하야나렸다。그럼으로 이책을「最初의福音書」(Protcevangel)이라하며 新約中에六十餘번이나引用되였다하니 創世記研究의緊要함은可知로다。

大觀하기爲하야 如左히 抄錄한다。

一 創 造 (一•一—二•二五)

甲、天地水陸과植物動物及人間의創造(一•一—三一)

休 息 (二•一—三)

乙、創造의절차(二•四—七) 에덴동산 (八—十七)

生物의命名(十八—二十)女人의創造 (二一—二五)

二 人類의墮落 (三•一—六•四)

甲、始祖아담 해와의墮落과 放逐(三•一—二四)

乙、아담子孫의失敗 (四•一—六•四)

가、最初의殺人犯 (四•一—十五)

나、가인의後裔 (十六—二四)

다、셋의后裔— (四•二五—五•三二)

라、人間文化의爛熟 (六•一—四)

三、노아洪水 (六•五—十一•三二)

(一)하나님의後悔와 世界革新의決心 (六•五—十二)

(二)노아의信仰、方舟에들어가다 (六•十三—七•十

(三)洪水(七•十一—八•十四) 노아의祭壇 (十五—二二)

(四)하나님이 노아를祝福하시다 (九•一—十七)

(五)노아의餘生과 그后裔 (九•十八—十•三二)

(六)바벨塔、人間의失敗(十一•一—九)셈의世系(十—三二)

四 아브라함의歷史 (十二•一—二五•十八)

(1)故鄕을떠나 애급까지放浪함 (十二•一—二十)

(2)叔姪의分家—롯은沃土요단江畔을擇하고

아브라함은 가나안으로 (十三•一—十八)

(3)아브라함이롯을救援함 (十四•一—二四)

(4)하나님의約束、아브라함의信從 (十五•一—二一)

(5)사라와하가、하가이스마엘을낳음 (十六•一—十六)

(6)아브라함과사라의改名、割禮設定 (十七•一—二七)

(6)세天使接待와 소돔城을代贖함 (十八•一—三三)

(7)소돔 고모라의滅亡、鹽柱、(十九•一—三八)

(8)아브라함이사라를 누이라僞稱함 (二十•一—十八)

(9)이삭의誕生、이스마엘의放逐 (二一•一—二一)

아브라함과 아비멜렉의盟誓 (二二—三四)

(10)이삭을 번제로들임 (二二•一—十九)

나홀의子孫 (二十—二四)

(11)사라의葬事(二三•一—二十)이삭의結婚(二四•一— 七)

(12)아브라함의再娶、死亡、子孫 (二五•一—十八)

五 이삭의傳記 (二五•十九—二八•九)

(1)에서와야곱을낳다 (二五•十九—二七)

에서가長子의명분을팔다 (二八—三四)

創世記大旨

(2) 하나님이 이삭을 祝福하심 (二六·一—二二)
아비멜렉과의 誓約 (二三—三五)
(3) 祝福의 橫領 (二七·一—四十)
야곱이 라반에게 避身함 (四一—二八·九)

六 야곱의 傳記 (二八·十—三六·四三)

(1) 밧단 아람 라반의 집에 寓居함 (二八·十—三一·五五)
가、벧엘에서 得夢 (二八·十—二二)
나、娶妻와 子女及財産 (二九·一—三十·四三)
다、라반의 집을 逃亡함 (三一·一—五五)
(2) 에서에게 和解를 請함 (三二·一—二十)
이스라엘로 改名 (天使와의 씨름) (二一—三二)
에서와 和解함 (三三·一—十七)
(3) 가나안으로 歸鄕 (三三·十八—三五·二二)
야곱의 子孫과 이삭의 死 (三五·二三—二九)
에서의 子孫 (三六·一—四三)

七 요셉의 傳記 (三七·一—五十·二六)

(1) 요셉이 埃及으로 팔니다 (三七·一—三六)
兄들이 미워함 (三七·一—四)
요셉의 두가지 꿈 (五—十一)
보듸바에게 팔니다 (十二—三六)
(2) 유다와 다마 (三八·一—三十)
(3) 요셉의 꿈이 實現됨 (三九·一—五十·二六)
가、요셉이 侍衛隊長官의 近侍됨 (三九·一—六)
나、誘惑을 물리치고 寃罪로 入獄 (七—二三)
다、獄中에서 解夢 (四十·一—二三)
바로의 꿈을 解釋하고 家宰되다 (四一·一—四六)
七年豊作과 七年凶作 (四七—五七)
라、야곱이 十子를 埃及으로 보내다
第一回 (四二·一—三八)
第二回 (四三·一—三四)
요셉의 策略과 유다의 誠實 (四四·一—三四)
마、異域에서 兄弟相逢하는 情景 (四五·一—二八)
바、야곱 一家 七十人이 埃及移住 (四六·一—三四)
고센따에 定住 (四七·一—十二)
사、요셉의 經濟政策 (十三—二六)
아、야곱의 晩年 (四七·二七—三一)
요셉의 아들을 祝福 (四八·一—二二)
이스라엘의 열두支派를 祝福 (四九·一—二八)
자、야곱의 遺言과 埋葬 (四九·二九—五十·十四)
차、요셉의 寬大와 死亡 (五十·十五—二六)

피하야 내가 네게 니르기까지 거긔있으
라 하시니 十四、요셉이 일어나서 밤에아기
와 그 모친을 데리고 애굽으로 떠나가 十
五、헤롯이 죽기까지 거긔 있었으니 이는 주
께서 선지자로 하신 말슴을 일우려 하심이니
닐었으되『애굽에서 내 아덜을 불렀다』하셨나
니라 十六、이에 헤롯이 박사에게 속은줄을 알
고 심히 노하야 사람을 보내어 베들레헴과 그
모든 지경 안에 있는 산아이를、박사에게 때
를 자세히 물은대로 두살부터 그 알에로 다
죽이니 十七、이에 선지자 예레미야로 하신 말
슴이 일우어졌나니 닐었으되 十八、『라마에서울
며 크게 슬어워하는 소리가 들리니 라헬이 그
자식을 인하야 울며 자식이 없는고로 위로를
받지아니한다』하셨나니라 十九、헤롯이 죽은후
에 주의사자가 애굽에서 요셉에게 현몽하야 가
르되 二十、일어나 아기와 그 모친을 데리고
이스라엘따으로 가라 아기의 목숨을 해하려하던
사람들이 죽었나니라 하시니 二一、요셉이 일
어나 아기와 그 모친을 데리고 이스라엘 따
으로 돌아오니라、二二、그렇나 아켈라오가 그 부
친 헤롯을너어 유대 임군 됨을 듣고 거긔로
가기를 무서워 하더니 꿈에 하나님의 지시하
심을 받아 갈릴리 지경으로 떠나가 二三、나
사렛이란 동리에와서 살으니 이는 선지자로 하
신 말슴에『나사렛사람이라 닐갈으리라』하심을
일우려 함이러라。

第三章

一、그 때에 세례 요한이 유대 광야에 이르
러전파하야 가르되 二、『회개하라 천국이 가까
우니라하니』三、이는 선지자 이사야로 말슴하
신것이니 닐었으되『광야에 소리 있어 웨처 가
르되주의 길을 예비하며 그 첩경을 곧게하라』
함이라。四、이요한은 약대털옷을 입고 허리에
가죽띠를 띠고 음식은 메뚜이와석청이러라。五、
이때에 예루살렘과 온 유대 와 요단강사방에
서 다 나와 六、각각 제죄를 자복하고 요단
강에서 요한에게 세례를 받으니 七、바리새교
인과사두개교인이 세레를 받으려 많이 옴을 보

고 싫어가르되『독사의종류들아 누가 너의를 가
르쳐장래에 노하심을 피하라 하더냐 八、그런
고로 회개함에 합당한 열매를맺고 九、마음에
생각하쳐를「아브라함이 우리조상이라」하지말
라。내가너의게 이르노니 하나님이 능히 이돌
로도 아브라함의 자손이 되게 하시리라。十、
이제 도끼를 나무 뿌러에 놓았으니 좋은 열
매를 맺지아니하는 나무는 다 찍어 불에 던
지리라。十一、나는 물로 세레를 주어 너의를
회개 하게하거니와 내 뒤에 오시는이는 나보
다 능력이많으시니 나는 그 신을 들기도 감
당치 못하겠노라 그는 성신과불로 세례를 주
시리니 十二、손에 키를 들고 타작 마당을 정
하게 하사 알곡은 뫃아 곡간에 들이고 쭉정
이는꺼지지않는 불에 태우시리라。』十三、이 매
에 예수 갈릴리로부터 요단강에 이르러 요한
에게 세례를 받으려하신대 十四、요한이 사양
하야 가르되『내가맞당히 그대에게 세례를 받
을 터인데 그대가내게로 오시나이까』十五、예
수 대답하야 가르시되『이제 허락하라 우리가 이
와같이 모든 의를 행하는것이 합당하니라』하
신대 이에 요한이 허락 하거늘 十六、예수께
서 세례를 받으시고 곳물에서 올아오실새 한
울이 열리고 하나님의 신이 비둘기 모양으로
나려 그 우에 임하심을 보시더니 十七、한울
로부터 소리가 있어 말슴하시되『이는 내사랑
하는 아덜이오 내 깃버하는자라』하시더라。

第四章

一、그 때에 예수 성신에게 이끌리어 광야에
가사 마귀에게 시험을 받으실새 二、사십일을
밤낮으로 금식하신 후에 주리시더니 三、시험
하는자가 예수께 와서 가르되「네가 만일 하
나님의 아덜이거든 이 돌을 명하야 떡이 되
게하라』하니 四、예수 대답하야 가르시되『기
록하였으되 사람이 떡으로만 살것이 안이오 오
직하나님의 입으로 나오는 모든 말슴으로 살것이
라 하였나니라』하시거늘 五、이에 마귀가 거룩
한성으로 데려다가 성전 곡대이에 세우고 六、
가르되『네가 만일 하나님의 아덜이거든 뛰여
네리라 대개 기록하였으되「하나님이 너의를 위
하야 그 사자들에게 분부하사 손으로 너의를

받드러 발이 돌에 부더치지않게 하시리라」하
였다하니』 七、예수 니르시되『또 기록하였으되
「주 너의 하나님을 시험치말라」 하였다』 하신대
八、마귀가 또 데리고 매우 높은 산에 올아
가서 천하 만국과 그 영광을 보이어 九、가
르되『만일 내게 업디여 절하면 이 모든것을 주
리라』 하니 十、이에 예수 말슴하시되『사탄아
물러가라 기록하였으되「주 너의 하나님께 경배하
고 홀로 그를 섬기라」하였다』하시니 十一、이에
마귀는 예수를 떠나고 천사는 이르러 수종들더라
十二、예수께서 요한의 가침을들으시고 갈릴
리로 돌아가사 十三、나사렛을떠나 가버나움
에 이르러 살으시니 그 따은 해변이오 스불론
과 납달리 지경이라 十四、이는선지자 이사야
로 하신말슴을 일우려하심이니 닐었으되 十五、『해
변에 있는 스불론 따와 납달리 따와 요단강
건너편 이방 사람의 갈릴리여 十六、어두운데
앉은 백성이 큰 빛을 보았고 죽을 지경과 그늘에
앉은자에게 빛이 빛우이였도다』하였나니라。
十七、이 때부터 예수 비로소 전파하야 가
르시되『회개하라 천국이 가까우니라』。 十八、갈
릴리 해변에 다니시다가 두형제를 보시니 베
드로라하는 시몬과 그 동생안드레라 저의가 바
다에 그물을 던지니 곳어부라。 十九、말슴하시
되『나를 따라오너라 내가너의로하여금 사람을
낙는 어부가 되게 하리라』하시니 二十、곳 그
물을버리고 좇으니라。
二一、거긔서 더 가시다가 다른 두 형제를 보
시니 세베대의 아덜 야고보와 그 동생 요한
이라 저의는 그 부친 세베대와 한께 배에서
그물을 깁는지라 부르시니 二二、곳 배를 떠
나 아버지를 작별하고 좇으니라。
二三、예수께서 온 갈릴리에 두루 다니사 저의 회
당에서 가르치시며 천국복음을 전파하시고 백성중
에 모든 병과 약한 것을 고치시니 二四、스문이
수리아 온 지방에 퍼진지라 모든 앓는자를 예
수께 데려오니 이는 온갓 병들어 고통하는자
와 사귀들린자와 간질하는자와 풍증든자라 저
의를 고치시더라。 二五、갈릴리와 데가볼리와 예
루살렘과 유대와 요단강 건너편에서 허다한 무
리가 좇으니라。

마태복음

第五章

一、예수께서 무리들을 보시고 산에올나가 앉으
시니 제자들이 나아오거늘 二、예수입을열어 가
르쳐가르시되 三、『복스럽도다마음이 가난한자는。
천국이 저의 것이오 四、복스럽도다 애통하는
자는。저의가 위로함을 받을 것이오 五、복스
럽도다 온유한자는。저의가 따를 차지할것이오
六、복스럽도다 의사모하기를 주리고 목마른것
같이하는자는。저의가 배부를것이오 七 복스럽
도다 자비한자는。저의가 자비함을 받을것이오
八、복스럽도다 마음이 청결한자는。저의가 하
나님을 볼것이오 九、복스럽도다 화목하게 하
는자는。저의를 하나님의 아덜이라 닐칼을것이오
十、복스럽도다 의를 위하야 핍박을 받는자는
천국이 저의것이오 十一、나를 인하야 너의를 욕
하고 핍박하고 모든 악하다 하는 거즛 말로비
방하면 너의가 복된자니라。十二、깃버하고 즐거
워하라 너의가 한울에서 상받을 것이 크리라 너의
전에 있던 선지자들을 이같이 핍박하였나니라。
十三、너의는 따의 소곰이니 소곰이 만일 그

一六

맛을 잃으면 어찌 다시 짜게 하리오 후에는
쓸데없어 밖에 버리어 사람의 밟힘이 되리
라。十四、너의는 세상의 빛이니 산우에세운 성
이숨기지못할것이오 十五、사람이 등불을 키어
서 말알에 두지아니하고 오직등경 우에 두어 온
집안사람들에게 빛우이나니 十六、이같이 너의
빛을사람 앞에 빛우이게 하라 그 사람들이 너
의 착한 행실을 보고 한울에 게신 너의 아
버지를영화롭게 하리라。
十七、내가 률법이나 선지자를 폐하려 온줄로
알지말아라 폐하려 온것이아니오 완전케 하려
왔노라。十八、진실로 너의게 닐으노니 천지가
없어지기전에는 률법의 한점한획이라도 능히 폐
하지 못하고 반드시 다 일우리라。十九、그러함
으로 누구던지 이계명즁에 지극히 적은것 하
나 이라도 범하고 또그같이 사람을 가르치는
자는 천국에서 지극히 적다 닐칼을 것이오 오
직 누구던지 이 계명을준행하며 가르치면 이사
람은 천국에서 크다닐칼으리라。二十、내가너의게
닐으노니 너의 의가 서기관과 바리새교인보다 낫
지못하면 결단고 천국에 들어가지 못하리라。

두렵고 떨림으로 너의 救援을 일우라

(빌닙보二장十二절)

張 道 源

『두렵고 떨림으로 너의 救援을 일우라』함은 바울이平生高調하야오든바 福音主義로보와서는 理解하지 못할點이있으며 調和식히기 어려운點이 있다 從來의主張하든바 福音主義로 보와서는너무나 行爲本位의 自力主義가 아닌가하는疑問이 생기지아니할수가없다

바울은 恒常主張하기를 救援은全然히 하나님의恩惠로 말미암아 일우워지는 하나님의일이오 우리 사람便에서의 努力으로되는일은 絶對아니라고하였다 로마書、갈나듸아書等에 사람의努力으로 救援을얻는것이아니오 信仰으로만 救援을 얻는것이라고 强硬히主張하여왔다。救援은 우리 사람의狀態如何를不拘하고 하나님便에 있어서 하나님의聖意대로만 되는일이라고 主張하여왔다。에베소二장八절에 『대개 너의가 恩惠를 因하야信仰으로 말미암아 救援을 얻었나니 이는 너의에게서 난것이아니오 하나님의 賜物이라』(듸모데후一장九절 듸도三장五—七절 로마三장二八) 如此히 福音主義立場의 바울로서 『두렵고 떨림으로 너의 救援을 일우라』함은 너무나 調和되지아니하는 矛盾이아니냐? 너무나 自力主義、行爲本位主義가아니냐?

그러면 바울의 福音主義와『두렵고 떨림으로너의 救援을 일우라』하는 行爲本位의自力主義와의間에는 如何한 關係가있으며 此句를 如何한意味로解하야 二者의調和를 衡平하겠느냐?

이것이 一大問題다 此問題는 聖書硏究上에 等閑히하지못할 問題일뿐만아니라 우리의 信仰生活上에 莫大한關係를 가지고있는問題이다

此聖句에對한 疑問에對하야 깊이詳考하야볼것은 『두렵고 떨림으로』라하는말의原意에있다 此原語의『포보쓰』(phobos)는 恐怖를意味하는말인대 宗敎的意味로 使用될때에는 魔鬼의誘惑은强하며 自己의意志力은 弱함을知하고 罪에빠질가 戰々兢々함을 意味하는것이라고한다

此聖句는 前後文脈上關係로보와서 아직 救援

두렵고떨림으로너의救援을일우라

에 이르지못한 未信者가 救援에 이르는 道理를 敎示하는것이안이오 이미 救援을 받은信者가 하나님께 順從하며 忠誠껏섬길바의 態度에 對한敎示임을알것이다

그렇면 하나님의恩惠로因하야 救援을얻은者가 自己의意志力의弱함을알고 惡魔의誘惑에 끌리여 罪에빠질가 두렵고 떨림으로 救援의完了를向하야 마음이恒常緊張하야있는것이 救援을얻은者의 救援에對한 忠實한態度가아니겟느냐? 救援의完成을向하야 恒常 두렵고 떨림으로 緊張하야있는것이 信者에게있을바 當然한일이아니겟느냐?

『救援은 하나님의恩惠로 받은것인대 永遠히 變하지아니하며 如何한事變이 起할지라도 예수 그리스도안에있는 하나님의 사랑은 우리를 바리시지아니한다』는 福音主義의甘酒에醉하야 得意揚々하며 恩惠의慣習에 中毒되야 怠惰의生活을 徒送하는것은 信者에게 있을수없는일이아니겟느냐? 何等의價値없는者를 하나님이 恩惠로써 救援하야 하나님의 子女를삼으셨으니 그恩惠를 感謝하야 自己를絕對服從하는종으로하야 하나님께 밧어서 하나님을 榮華롭게하며 하나님의聖意를 일우기에 全力하야 或하나님의聖意에合當치못한일이 있을가하야 두렵고 떨리는마음으로 凡事를行하지아니하겟느냐? 何等의價値가없는者가 하나님의恩惠로써 救援을얻었으면 救援을얻은그가 더욱 하나님의恩惠가 고마워서 하나님의聖意를 行하랴고 더욱 戰々兢々하면서 있는일은 信者에게 있어서 本能的으로 있어지는일이아니겟느냐?

하나님의恩惠는 如何한 極惡非道의罪라도 充分히赦하신다 萬人의殺人者 千人의婦女를 姦淫한者라도 하나님은 充分히赦하신다 사람의道德的行爲의如何는不關하시고 다만 聖意대로의 恩惠만으로써 救援에 니르게하신다 그런故로 感謝와깃붐으로 主께順從할것이며 더욱〱 順從하기爲하야 두렵고 떨림으로한것이다

하나님의恩惠로 救援을얻엇다는것은 至極히簡單한것이다 그렇나 至極히簡單하면서도 無限한內容을 가지고있는것이다 救援이란것은 하나님과의關係에서 完全히 떠러저서 永遠한 죽엄의

것으로써 그全部이든것이 하나님과의 사괴임에 들어가 永遠한生命으로의 創造를받아 新人으로의誕生을 얻었다는것이다

如此히 救援이란것이 永遠한生命으로의 新創造的新人誕生이면 永遠한生命으로의 新創造的新人의 今后問題는 無限한成長과 健全한發育이다 生命에는 每日持續의 成長이없으면 그生命은 中途에서 枯渴되야 버리는것이오 또한 健全한 發育이 없으면 그生命은病的인것이다 그런故로 福音主義의 甘酒에魔醉되야 恩惠〱하면서 恩惠만으로만 된다는 敎理에만 말라붙어서 그生命의 成長發育에對한 必要를 니저바리는 것은 形骸만 남은 죽은信仰이며 날마다〱 當하는 人生의 모든事變을通하야 두렵고 떨리는마음으로 救援의完成을向하야 健全한發育을하면서 살아있지아니하는것은 病的信仰이다、

그런故로 信者는 救援의完成을爲하야 그받은바生命을 成長發育식혀서 如實히 信仰的生活을 하지아니하여서는 아니된다

옳다 하나님의 恩惠로써 信仰으로만 救援을 얻는것이다 救援을 얻음에는 信仰만으로써 足한것이 옳다! 然而 信仰은 生命인同時에 即生活이다 하나님의뜻만을 目標로하고 사는生活이다 하나님의뜻을 爲하야서는 두렵고 떨림으로 사는生活이다 이生活은 救援에參與한者에게 있어서는 當然히 있을生活이다 그렇나 往々히 만흔信者들은 이當然한生活을 이저버리고 恩惠로만 된다는敎理에 말라붙어서 生命은枯渴되고 信仰生活은 何等의內容을 가지지못한 空虛뿐인 故로 바울은 이에『두렵고 떨림으로 너의 救援을 일우라』하야 信仰生活의內容을 맑하야 저의信仰으로하야금 救援의完成을向하야 突進함은 無限하고도 富豊한內容을가진 산信仰生活이게한 것이다.

그런즉 바울의 平生主張인 福音主義와此聖句와의間에는 一見矛盾되는것같으나 其實은 何等의矛盾이 있지아니할뿐만아니라 참福音主義를爲하야서는 福音主義의誤解、或은福音主義의 中毒者를 防止或은警醒을 식히는 不可不無의一言이라 하지아니할수없다

두렵고떨림으로너의救援을일우라

두렵고떨림으로너의救援을일우라

「두렵고 떨림으로 너의 救援을 일우라」함은 信者로하야금『하나님의 恩惠로말미암아 救援을 얻는다』는福音을 疑心케하며 否定케할랴고 하는 말은 決斷코안이다 即救援에는 사람의努力이絕對必要하니 너의가 救援을爲하야서는 두렵고떨림으로 絕對努力하야 穫得하라는 警言은決코안이다

이는 實狀 사람의努力으로가아니고 하나님의恩惠만으로만 救援을 얻은者가 그救援에對하야 取할바의 信仰生活의態度를 말하는것이다 即救援에關한問題가안이라 信仰生活의態度問題다 即救援을얻은 하나님의子女들의 聖化에至하는 日日의生活의內的態度를 示하는것이다

信者가 自己의弱함을 깨닫지못하고 사람이 하나님의뜻을 順從하기에 얼마나 어려운일임을 니저버리고 사람의肉이 眞理에對하야 얼마나 어두운것임을 삶이지아니하고 마귀가 우는獅子와같이 삼키랴고 두루다니면서 우리를 誘惑하야 될수만있으면 우리안에 일운바 하나님의뜻과救援을 빼앗으랴고全力하며 우리를 誘惑하야 하나님의聖意대로 順從하지못하도록 쉬지아니하고 힘써일하면서있는 魔鬼의實在를 믿지아니하고、하나님의恩惠로써 나의救援은 일우웠으니 나의救援은永遠히 나의앞에 굳었노라、即나는救援을 얻어두었노라、하고 得意滿々하야 平安히 安心하고 安逸의生活을送하면 可하겠느냐? 救援이란것은 金塊와같이 딴々한것의死物로서 金庫안에 넣어두워 足한것이겠느냐? 救援은 金덩어리와같이 固定한것이안이라 얻어두어서 足한것이안이다 救援은生命의問題다 救援에屬하야 비로소 信者가된다 信者에게는信仰生活이있다 信仰生活의內容은 두렵고 떨림으로 그救援의完成을 目標로하고 突進하는대에있다

그런故로 此『두렵고 떨림으로 너의 救援을 일우라』하신敎訓은 眞實로 貴重한警鍾이다 우리는恒常 이렇게 살아서 信仰의內容을 充實하게 하지아니하여서는아니되겠다 날마다〱 두렵고 떨림으로 救援을 일우면서 살지아니하여서는아니된다그런故로 바울은 이에『두렵고 떨림으로 너의 救援을完成하라』强調한것이다

二〇

此에『두렵고 떨림으로 너의 救援을 일우라』함은 너의가 모든일을 힘써行함으로 救援을 얻으라는 意味가안이다 救援은 우리가 두렵고 떨리는 마음으로 힘써行하는 行爲의功業으로 얻을性質의것이안이라 善한行爲、뜨거운熱心、哀慟의눈물들이 救援을 얻게하는能力이없다 다만 十字架上예수의寶血만이 우리를 모든罪에서깨끗게한다 예수의寶血로의 씻음을 받는일은 信仰으로써되는일이다 信仰이 생기는일은 聖神의役事로되는것이다 如此히하야 救援은 絶對他力인 하나님의役事로되는것이다 사람이 救援을 얻는 일은 사람의力量이 밀이지못하는일이다

그런故로 此『두렵고 떨림으로 너의 救援을 일우라』하신것이 行爲本位의 自力主義가 아님은明白한것이다 바울의 從來主張인 福音主義와 何等의矛盾이없으며 調和되지아님이 없음을알것이다 모든 疑心이解氷될것이다

우리의救援은 罪의赦宥함을받아 하나님과의 사괴임을 얻어서 完成된것이안이다、이것이 救援의始作이다 이始作으로브터 救援은 一步々々前進하야 完成의日에 至하는것이다 그런故로 救援의始作에屬한우리가 그完成의日을向하야 더욱 〈自己를 깨끗하게하며 거룩하게하기를 두렵고 떨림으로하지아니하겠느냐? 그런故로 바울은 救援의初步에서 滿足하야 怠惰하지말고두렵고 떨림으로 緊張되여있어서 救援의完成을目標로하고 나아가면서 있으라는것이다

하나님은 信者의안에 役事하사 그救援의始作으로브터 救援의完成을向하야 進步하랴는志望을 니르키시며 救援의完成을 目標로하고있는 信仰的行爲를 行하게하야 그救援의完成을 計하시는 것이다

그러하야 救援의完成의根底는 하나님의 聖意에만있는것이다 하나님께로브터 始作되야 하나님의 促進을받으며 하나님의 引導를 받아서 하나님의 뜻대로完成되는것이다

다만 사람은 우에서 行하시는대로 順從하며 우에서주시는대로 받으며 勉勵하시는대로 努力하야 信仰生活의內容을 豊盛케할것뿐이다 故로 바울은 『두렵고 떨림으로 救援을일우라』하였다

復興會의感想

金敎臣

復興會라는것은 어떠한사람들이要求하는것이며 어떠한資格을가진이가 어떠한方式으로引導하는것인지 都是旣得知識도없고 引導한經驗은더욱全無한우에 혹시傳하는말을들으면 近來에米國에修學한某有名한復興牧師와같은이는 그壇上에서活動하는것이 맛히最近에流行하는力技選手가 그力量을競爭하듯이힘쓰며 或은柵內의원숭이가觀客을 즐겁게하기爲하야曲藝를演하듯이하니 그것이야참으로聖神의權能이아니고야 어찌할수있으랴는評判임으로 余輩는復興會引導를 아주斷念하여버렸었다 그런데 市外某敎會에牧會하는이로부터 聖書朝鮮의讀者인緣由로써 懇切한請託이있었음으로于先 復興會라고하면 우리同志中에 健實히引導하는恩惠를받은이가있음을 紹介하려하였으나 그도容納하지않고 「復興會」라는名稱은 안부처도좋으니 어떤集會가될넌지 어쨌든인도하라는附託에 不得已 지

二二

난一月末의五日間集會를引導하기로되였다。第一回集會에서 謝罪하는듯이 如左히實相대로 述懷하였다。

本敎會牧師말슴에 이번이集會는復興會가안이니 인도하는이의任意대로하라 하심으로 堪當하고왔읍니다。 나는本來復興會의經驗이라고는全無합니다 다만多少間아는것이라고는 學校에서生徒들께가르치는敎材를取扱하듯이 聖書를敎科書로하야 그一章一節을解講하는일이라면 얼마쯤할수있을가하야 왔읍니다。 그렇니 座中에萬一 今番集會에서 크게復興되기를期待하시는이가있다면 卒然히失望이크게될터이니 애초에그런큰期待는撤回하여두었다가 後日에能力있는牧師를待하야 큰恩惠를받기로하고 今番에는섭섭하나마 모래밥씹는일같은 聖書講義로써 용서하여주어야하겠읍니다。

또復興會라고하면 모다울구불구하면서 如醉如狂한데까지가야 洽足하여하는모냥인듯하나 내가 그러한무슨能力을所持하였다하여도 그것은謹愼하는것이 좋을가합니다。一時에火熱하였다가 不日間에다시冷却하는따위復興會를하기보다 차라리

올으는熱에다 冷水를끼치고끼쳐서 맞히堆肥싸인것이 차츰〳〵熱度가높아지듯이 우리도會合하였을때보다 散退한後에 孤獨할때에 괴로운中에서先生의指導가없을때에도 漸漸熱이올아가는따위集會를하여야하겠읍니다。그렇게하는데는 冷靜한頭腦로써 聖書本文을깊이〳〵吟味하여주는것이 가장捷經일가합니다。

近來에 아모일에던지尖端을行하기를즐겨하는이들은 예수믿는일에도 洋式또는半洋制쯤을좋아하는模樣이나 그것도그럴必要는없는줄압니다。聖書를배우는데 손벽치고 발구르며 주지노름하지않고는 안될法은없는줄압니다。聖書가르치는사람은이왕날書堂訓長처럼 매채를잡고앉었고 배우랴는사람은 이왕날栗谷이나退溪先生의門下에負笈하든態度로 나아가면 우리朝鮮사람이 基督敎를硏究하는態度가天眞스러울줄압니다。云々으로써序言을베프른後에 豫定대로聖書를講解하였다。줄리는이도있는듯하였다。

이옥고閉會後에 敎會의中堅될만한兄弟數人이舍舘에尋訪하고서 하는말은

우리牧師님은 어떻게말슴하셨는지몰우나 우리는今番에復興會가있기를期待하고있었읍니다。聖書工夫라고하면 우리敎會에서 小査經會와大査經會가있어 철수마다직혀오며 주일날이면주일공과를工夫하는터이니 敎人들도 그우에 더聖經工夫할必要가없고 興味도가지지안습니다。또復興會라고하면 하는法이그렇지안습니다。우리도二十餘年동안 만흔復興會에도叅與하여보았으나 이런復興會는처음보았읍니다。그래도 우리는 크게恩惠밧기를期待하고 있던터이였읍니다。明日부터는좀달니方法을變通하여야하겠읍니다云々。

이였다。나는衷心으로慚愧하였다。「그런故로처음부터 復興會引導는못하겠다는것을……」하고 치원하고싶엇으나 치원받을사람도없엇다。사람으로의心情으로는 即時에席을蹴하고歸來할터이였으나 한번맡은일이라 肉의憤氣대로할수도없엇다。그대로每日새벽五時半과午後七時半의二回식 끝까지繼續하였다。晝間은學校에出勤하면서。

一月三十一日새벽最終기도회에는 特히聖靈의役事現著하였다。閉會後에 은근한感謝를交換하는兄

姉도있엇다。 그중最後에 남은一人은、가까히나아와 기도하기를特請하니 저는 첫날저녁에 二十餘年間敎人된經驗으로써 復興會의慣例를빙자하야 余輩의未熟을曉諭하던 敎會의柱礎되는兄弟엿다。하나님의恩惠가各人各樣으로 낱아나는줄을몰으고 얼마만한偏狹한經驗을가지고 어리석고방정맞인소리를吐하엿다는것을 눈물로써痛悔하고 意外의恩惠에浴하엿음을 眞心으로謝하엿다。余亦是이런일이있기는 도모시意外千萬이엿다。우리는謝過하는者 容恕하는者의區別이없이 다만 하나님의말슴의權能이至大함을 한께놀래면서 한동안時間의遷移도깨닫지못하고 彼此의깊은곳에있는 괴로움과 깃븐것을相通할수있엇다。

이와같이하야 一生에처음引導한復興會도 한동하야有益한結果들 맺인줄안다。他人이얼마나한恩惠들받엇는지는且置하고 나自身은 크게배움이있엇다。처째로 手段方法의優劣과 聽衆의興味如何에도關係할것이없이 充分히聖書를알아 오로지그뜻대로만講解하면 雖曰洋式說敎法을不解한다 하더라도 福音에는福音固有의能力이있어 悔改도일어날수있으며 復興도생길수있음을證驗하엿다。結果의如何에焦心할것이없이 福音만을말하면 그結實은自然히葡萄나무에葡萄가맺히고 無花果나무에無花果가맺히는듯이 되여지니 이렇다면果然「時를得하엿든지不得하엿든지 福音을傳할수있다」는것을알엇다。이外에무슨技術이나方策을要한다면 吾人은福音의傳道를斷念하지아니치못할者이다。

두째로는 나의靈的貧弱을切感한일이다。사람을敎導하랴할때에 自我의空虛함이 가장確然히낱아난다。福音이倉庫에貯藏한物品化하여서는 何等所用이없음을十二分으로늣겻다。사마리아女人에게나 書記官과祭司長에게나 한글같이自由롭게 眞理의양식을 먹여주실수있든 主예수의生命이極히그리워 못견듸엿다。글씨로나 말로나 男女老少한자리에서알야면 爲先내속에福音이生存하여야하겟다。

세째로少弱한農村敎會에는 都市의大敎會에보다果然세상의빛이오 따의소금인 참聖徒가 到處에散在하엿음을發見함은 큰힘이오慰勞가되엿다。참福音만唱導하면眞理의子는眞理를分別함을볼수있음은愉快한일이엿다。이리하야余에게는復興이되엿다

編輯方針

漢文字를덜쓰고 읽기쉽도록쓰라는注文이 종종잇옵니다。힘써實行하라고하면서도 잘 實行되지안흐어서 걱정이오 今後로도 더욱힘써 可能한程度까지漢字를除하고 쉽게 쓰라고합니다。

또이런附托도잇엇다。「한가지特請하옵기는될수만잇다면 山上垂訓、로마書硏究等의 聖書硏究를記載하실적에 다른글의 쯧페繼續하야 실지말고 시작과마침을分離하야주시면 今後合本할때에 大端조흘줄로아옵니다。實例 第三十七號八頁의山上垂訓硏究를 九頁初頭에시작함과 結末은그페지쯧흐로마추어주시면便宜하겟나이다」云云、元來余輩는 文筆의能이업슬뿐만아니라 雜誌編輯과가튼 일에는 素人中에도素人이다。文章의結尾를 自由롭게伸縮하기는容易한일이아니나 右에 指示한바 初頭에서시작하라는것쯤은 듯고보니 발서알엇어야할일임을깨달앗다。今後로는 될수잇는데까지 後日合本할境遇를생각하면서編輯할터이다。

馬太福音試譯은 한글의敎養을밧은 中等學校上級程度의靑年이 在來의朝鮮文聖書를 읽기에 화가나서 어떠케하면 우리도 좀 더正確하고 읽엄즉하며 알암즉한聖書를갓일수잇을가 他人은모르거니와 나흘로읽을 것이라도 爲先만드러보리라하야 쓰기시작한것을 强히本誌에發表하기로한것이다。大槪는 한글로改書하엿을뿐이나 甚한데는原文에對照하야改譯한데도잇다。特히이것은後日에合本하면 그대로聖書될수잇도록編輯할 方針이다。綴子法만아니라 譯文에關하야서도 讀者의自由로운批判을期待하나이다。

綴字法에關하야

今年一月號以來로 本誌는新綴字法에依하야쓸것과 同時에讀者諸君의協助를期待하는 뜻을發表하엿든바 或은周到綿密한正誤表를 보내준이도잇고 또는多大한誠意로써 우리가「小事에까지忠實하자」는趣旨를贊同하며自發하야協同을約束한이도잇엇습니다。이처럼하야 內容과印刷에兼하야 一點一劃이라도 等閑히합이업시 記者와讀者가서로緊張한中에서 正確을期하라고힘쓸수잇게됨은 眞理를愛好하는者의 가장愉快한일입니다。더욱 持久的으로諸君의協力잇기를바라나이다。

그런데 발서報導하엿서야 할것은 六號活字에限하야서는 今月號까지 한글活字가 準備되지못하엿음으로 多大한勞力으로正誤하여주신것도 今番에正訂할수업섯읍니다。但彰文社印刷所에서도 年來의因緣도잇거니와 特히今後로는本誌와有機的活動을相約하엿으며 다음부터는各種活字에不足함이업도록準備하기로되엿으니 이點을諒解하기를바라나이다。

또 本誌記者는 한글에對한見識이淺薄하고 本誌는한글을專門으로討議할餘白이업습니다。그럼으로 新綴字法에關하야 學說이 區區한問題는 便宜上 張志暎氏의意見에準據하기로하며 標準語는 서울말을쓰기로합니다。正誤할때에도 이것은含意하여주시오

本誌殘本代金

創刊한지五個星霜을지난今日에至하야 朝鮮도바야흐로本誌의存在를認識함인지 近來에至하야 그創刊號부터찻는이가 半島의內外에생기게되엿다。따라서 번번이照會에答狀할것을 左와가치摘記한다

一、現今까지는創刊號로부터 全部잇읍니다。

但어떤號는殘品이極少함。

一、定價는如左。

(1)創刊號—第七號一冊貳拾錢(郵稅共)
(2)第八號以下 一冊十五錢(仝)

但一時에注文時는(合本이아님)

(1)創刊號—第廿三號 二、三〇(郵稅共)
(2)廿四號—第三五號 一、五〇(郵稅共)

其他에合本으로된것은(洋製布表紙)

第一卷(創 — 十 二 號) 定價一圓九十錢 送料二十錢
第二卷(十三—二十三號) 定價一圓七十錢 送料二十錢
第三卷(廿四—三十五號) 定價一圓九十錢 送料二十錢

其外에 傳道用으로本誌舊號를使用하시라는이에게는 直接本社로相議하시는대로 可成便宜를도모하겟습니다。

本誌의取次販賣店은如左。

京城府鍾路二丁日九一
朝鮮耶蘇敎書會
電光二七五 振替京城四〇八一

但舊號及合本은本社로直接注文에限함

城西通信

一九三二年一月三日(日曜) 새해 처음주일임으로 硏究會는쉬고 梧柳洞에갓더니 遇然히여러兄弟會合하야 新年기도회가되엿다 座中에鎭南浦方面에서온이가잇어 平壤乞人姜萬英氏의逸話를紹介하야 一座가깁히 感激하엿다。氏는敬虔한聖潔敎會牧師의子弟로서일즉 東京에留學한後 일부러狂人행세하면서 乞人의一團을指導하며 먹고남은것과 입고남은것이업스면 自己는먹지도안코 입지도안는다하며 그座右에는「잡바저도 코가터지는사랑이 이 얼마나한사랑인고」라고銘記하여잇다云云。

一月十日(日曜) 午後二時에 聖書硏究會를開始하다。聖書硏究의目的을다시明確히하다。十六日五山咸兄편지의一節에曰「主日硏究會는昨週에新年第一回를하엿습니다。會員은異狀이업섯고 이一年은 죽도록忠誠하자는것을말하엿습니다(默二章八ー十一節)。英語聖書硏究會는休暇中暗記로宿題를내엿섯는데사랑章 고前十三、바울의아데네雄辯(使十七章)、더구나 요한十七章 예수의祈禱全章等 實로진진한선물이엇습에놀내고 깃버하엿습니다。참으로 넘치는恩惠라하겟습니다」云云。聖書는 한갓 讀解함으로써滿足할것이아니다。熱讀하고筆寫하며暗誦할것이다。우리讀者諸君도 五山聖書硏究會員에게본밧음이잇어 우선右記한章節부터 聖句를暗誦하는習慣을 부치면若何乎。

十七日(日曜) 半後二時에 舊約聖書를續講하야 여호수아의大旨를述하다。翌十八日아츰에西大門刑務所에 어떤친구를面會하고저往返하다。出入口를通過하면서 威儀當當하게門을직히는監守를처다볼때마다 詩聖단테를생각지아닐때업고 장차나타날地獄을聯想하야 셸리지아닐때가업다。

二十四日(日曜) 午前十一時에 洞內長老敎會에서說敎하고 午後二時에 聖書硏究會에서 사사기를工夫하다。

「山上垂訓讀後感」이라하고 左의一文이오다。回顧함에 一九三〇年新秋에 樂園醫院一房에서開講의座에參席함이聯想됩니다。以後一年以上 貴誌를通하야 一號도偏落이업시拜讀하게됨을 感謝하야마지안커니와 每號硏究를接하야 其中에서吾人이普通觀念으로解讀하든聖句가 雲泥의異感으로 別解됨을深覺하오며 過去에吾人이 一、二의部分解釋을읽은바有하나 大概는今日의學理를背景하고粗雜한解釋에不過하니 今番의貴硏究를읽고彼等의拙劣함을唾棄하야 마지안합니다。

貴誌의山上垂訓을讀할時에는 吾人의良心을極限으로刺戟하야 肉의生命은 靈의實彈에命中하야 靈魂의血汗을쏘리게함이여 眞理의力에征服됨이速하도다。基督敎의入門에선吾人은 正路를明示한靈界의案內인此山上垂訓을精讀 耽讀함에 偉大한礎石을잡앗습니다。最後로 이垂訓의講究에 先生의肉身의苦도多한줄알고 連하야新年에康健을祝하나이다。

一九三二、一、二四、李 芝 鎬謹呈。

本來사람을相對로하는일은아니나 記者도사람이다。筆端이 무겁고거츠른것을생각할때는 今月限으로斷念할決心도 업는것은아니나 이처럼 그리스도압헤率直하게展開한靈으로사괴는兄弟의感懷는 記者로하여곰祈禱의翅를 다시가다듬게하는일도적지안흐다。

一月廿七日(木曜)夕부터同三十一日아침外지京仁線어떤敎會에就하야 午前五時半、午後七時半으로 每日二回式五日間集會를引導하다。後에들으니 이것이復興會엿다한다。사람은어떠케되엿든 나自身은確實히復興되여젓다。

三十一日午前十一時에는梧柳洞에서集會하고 同日午後二時에는 本社에歸着하야 聖書硏究會에서 룻기를講하다。今日第三十七號發送事務畢하다。

本誌定價(送料共)

一　冊　十五錢
六　冊(半年分先金)　八十錢
十二冊(一個年分先金)　一、五〇錢

昭和七年 二月廿九日 印刷
昭和七年 三月 一日 發行

京城府外龍江面孔德里一三〇
編輯發行兼印刷人　金 敎 臣

京城府西大門町二丁目一三九
印刷所　基督敎彰文社

京城府外龍江面孔德里活人洞一三〇ノ三
發行所　聖書朝鮮社
振替口座京城一六五九四

昭和五年二月二十八日(第三種郵便物認可)
昭和七年四月一日發行(每月一回一日發行)

聖書朝鮮

第參拾九號

一九三二年 四月一日發行

目次

京城 聖書朝鮮社 發行

余輩의 分野

數年前일이다。高等普通學校生徒數十名과한께 佛國寺前庭에섰었다。老僧은 多寶塔、無影塔等을번갈아 가리치면서「저돌이 살었답니다。저꽃도살었답니다」하고說明하였다。石窟庵에올아갔을때에도 亦是마챤가지說明이였다「저佛이살았다、이佛이더살았다」고。젊은生徒들은 바람을먹는듯、煙氣를잡는듯하다가 博物先生에게質問하였다「大體로花岡岩을 살았다 살았다하니 무슨뜻이오니까」고。

案內者가 거짓말한것은勿論안이다。마는質問도宜當한質問이라 아니할수없다。언젠가高農出身甲乙丙三人이 某處에會合하야 各自의專攻한方面으로써 有神論無神論으로부터 基督敎信仰에까지 終日終夜盛大히論爭하는것을 傍聽한일이있었다。甲乙은基督信者오 丙은倫理學을專攻하는不信者였다。丙의結論은 이렇다「甲과乙은 다 같이朝鮮말을하나 알아들을수없는 조선말이오、알아듣도록 말하는것이안이오 위정 알아듣지못하도록하는말이라」하였다。

古來로有名한說敎者들은 흔이 血氣强壯한靑年들을向하야「너의는 죽은者니라」하고呼令하며 或은品行方正하고德業이兼全한君子를 붓잡고도「이惡毒한毒蛇의種類들아」하고 說敎하였다한다。이一聲에悔改하는者나、朝鮮말이면 다通할수있는者나、花岡岩塔이 살았다고하는 藝術家의말이 그대로納得되는者에게는 健康한者가醫師를不要하는것처럼 그以上蛇足을加할것이없다。그러나世上에는 藝術家뿐이안이오 宗敎家뿐이안이다。

花岡岩으로된 多寶塔이「살았다」고 하는藝術家의 말에對하야 「無生物인花岡岩」만을固執不通하는人間에게 「살았다」는句의前과後에 좀더添補할說明은없을가고생각하는것이 余輩의 족음한分野인줄로안다。極히작은分野이다。故로余輩의傳하는福音을 普通學校福音이라고 自稱하는버릇이있다。敢히雲霧의神祕中에飛躍하려고하지않고 卑近한日常茶飯事中에서 聖書의片句一語씩이라도 朝鮮것으로만들고저하며、平信徒의所有로하고저한다。決코 이것이最高最善의福音이라고는안한다。다만局限된分野에서 聖書를一般朝鮮人의冊이되도록하려할뿐이다。(고린도前十四章叅照)

出埃及記大旨

金敎臣

모세五經의第二書요 이스라엘歷史의繼續이다。特히 奴隷生活하든 애굽을脫出하는記錄이大部分임으로 「出埃及」이라고稱한것이다。

史實은 지금부터 大略三千五百年前事件을記錄한것이니 國史에檀君千年이꽃나고 箕子朝鮮이始興할때며 中國엔殷나라中葉이었고 孔子나釋加의誕生보다압서기도近千年되는때의일이다。이처럼上古에屬한史實은 아무런 훌륭한文章으로 記述하엿다하드라도 大槪는朦朧하기가煙霧를잡는듯하야特志家以外에는 읽어도感激이없고 들어도興味없는것이常則이엇만 이出埃及記만은 決코그러치않다。그記述의生々함과 그事實의天眞함이 맞히先日愛蘭自由國의總選擧結果를들으며 或은印度의消息에接한때나 上海와滿洲事變의號外를보는듯한緊張과興奮이없이는讀過할수없음을보아도 出埃及記가特異한冊인줄알것이다。果然聖書六十六卷中에서이冊처럼朝鮮人의全心全靈을 魔醉하는冊은 다시없을것이다。가령出埃及記第一章을 읽어보라。이는三千五百年의時間을隔하야 멀리 나일江畔에서일우어젔든史料라기보다 우리에게는 今日夕刊新聞에서 그날동안事變을 읽는感이 더욱切實하지않은가。또한第二章十二節以下에及하면 體鏡에對하니보다 더방불히게 現下朝鮮民族의姿態그물건이 나타났음에 놀랄것이다。무릇 亡한나라百姓이란것은 外人을對하야는謙遜하나 同胞끼리는頑强하기짝이없으며 敵을對하야는卑怯하나 兄弟相奪할때는 義勇强烈하기虎狼이보다더하며 大同團結로 大事에當할줄은全不知하나 小黨分派로서 內訌을일삼는때는 핏줄을세우고 날뛰는법이다。嗚呼라 古代이스라엘民族性이 어찌今日朝鮮의 지게꾼싸움 新幹會解消싸움 老會總會의싸움等과 그처럼도 방불하였든고。

出埃及記四十章가운데記述된史實은 다음에 그槪綱을添附한바와같이 三部에分할수도있고 或은前篇後篇으로二分할수도있다。三部에나눈다면 첫째는 이스라엘百姓이 애굽에서奴隷生活하든때요(一―十一章)둘째는 애굽을떠나 시내山까지脫出

하는記錄이오 (十二―十八章)셋째는 自由를얻은 後에 시내山下에서訓鍊받든生活을 記錄한것이다 (十九章以下)。

記事는大體로 이스라엘歷史에關한것이다 모세라는人物이 처음부터 끝까지 그核心이되여있음을알수있다。우리는 이스라엘歷史를工夫하는同時에 모세라는 一大偉人을아는것도 적지않게興味있는일이다。世上에偉人이란것이 不少하였으나大概는一方一局에制限된者이었다 學者로서 軍人으로서 政治家로서 藝術家로서 或은宗敎家로서 各々그方面에優秀한者는 드물지않으나 「全人」으로서는 어데인지充足지못함을 늦기지아닐者는極히적다。世上에는 上簇하게된 누에와같이 거의透明하게된聖者가 없지않고 殘灰와같이纖弱한大學者가 적지않다。그러나 出埃及記를通하야 날아난모세는 單只一個僧侶가않이었을뿐더러 한갓宗敎家뿐도않이었다。深遠하고刷新한學識이있었으나 한갓思想家에 꽂이지않었다。저는天外에冥想하는者인同時에 偉大한實際家이었다。저는코으로숨쉬고 血管으로熱血이도는 一大「全人」이었다。所聞대로가事實이라면 印度에이와近似한小모세가一人이있는듯하나 其外에는東西古今에 모세와同型의人物이있었다함을 알수없으니 이는吾人의寡聞을責할것인가。偉人이란 엇던것인가 모세와같은이가眞正한偉人이니라 하야 過言은아닐줄안다。

出埃及記의後半은 有名한十誡로부터 以下大小多樣의律法을가르쳤다。今日所謂法治國에서 法律의惠澤을입고있는者는 直接間接으로 이冊에關聯이없을수없다。그럼으로所謂基督信者보다 不信者인法學者가 周到綿密하게 이冊을研究하고있음은 종종信徒를놀래는事實이다。現代에가장進步된法理學上의重要한問題가 이冊에서부터發源한것임을볼때에 信者된者가 出埃及記研究를等閑히못할것임을알것이다。

그러나이처럼細密嚴格한律法과 偉人모세의生涯와 이스라엘百姓의歷史等의現象속으로潛流하는가장重大한意義는 奴隷이스라엘을釋放하야自由의選民으로引導하시는 하나님의經綸實現에있다。紅海를것넌猶太百姓이 오히려埃及을戀懷하야마지안은것처럼 우리의靈도朝夕에埃及의肉을戀慕하야마지

아니하니 우리도各己모세가되여서、家庭에서自我
에서出埃及하여야하겠다 解脫하여야하겠다。
出埃及記의槪綱을摘記하면 以下와같다。

一 奴隷生活의慘狀(一・一―十一・十)

甲、壓制日甚(一・一―二二)
이스라엘子孫의繁盛함 (一・一―七)
人口增殖할수록 바로의暴虐은愈甚 (八―二二)

乙、모세(二・一―十一・十)
가、前半生――誕生(奇異한運命)(二・一―十)愛國心
을못익여殺人함(十一・十二)亡國民의特色(十三、四)
미듸안으로逃避、娶妻生男(十五―二二)、이스라엘
의怨聲이 하늘에達하다 (二三―二五)
나、聖召(巨人모세의準備)
가시덤불火焰中에서顯神、召命(三・一―十)모세세
번謝退하다
第一回 自身이小弱하다는理由로
「여호와協力하심과神名啓示로써 달래다」(十
一―二二)
第二回 이스라엘民衆의不信任을理由로。「세
가지異蹟의權을授與하야 달래다」(四・一―九)
第三回 辯才없음을理由로。「아론을補助로添
伴하게하야 嚴命하시다」(十―十七)
마、애급으로歸還、同胞의信任・(十八―三一)
첫째번釋放交涉의破裂과迫害加重 (五・一―二三)
여호와의重命 (六・一―十三)
모세 아론의世系 (十四―二七)
하나님의激勵、모세 아론의年齡 (二八―七・七)
라、둘째번釋放交涉
十二奇蹟――모세와애급術客의競技(七・八―十・二九)
長子를擊殺할것으로써威嚇하다 (十一・一―十)

二 애급脫出記(十二・一―十八・二七)

甲 紅海까지 (十二・一―十三・十六)
가、逾越節의制定、其意義、長子의災殃(十二・一―三十)
나、脫出애급「正月十四日」(三十一―四二)(라암셋―숙곳)
다、逾越節에關한細則 (四三―十三・十六)

乙 紅海橫斷 (十三・十七 十五・二十一)
가、여호와 雲柱와火柱로引導함(十三・十七―二二)
(숙곳―에담)
나、이스라엘百姓은건네고애급人은溺死
(十四・一―三一) (비하히롯―紅海)

出埃及記大旨

다、모세의노래(十五·一—十九) 미리암의노래(二十·廿一)

丙、紅海에서 시내 까지 (十五·二二—十八·二七)

가、이스라엘百姓의不信、마라에서水의奇蹟 (十五·二二—二七) 〔수르—마라—엘림〕

나、뫼추리와만나의異蹟 安息日制定 (十六·一—三六) 〔신曠野〕

다、맛사(므리바)에서 水의異蹟(十七·一—七)〔르비딤〕

라、아말렉사람을擊退〔모세의祈禱의効〕 (八—十六)

마、모세의장인잇으로의來訪、千夫長 百夫長 十夫長의任命과事務分掌 (十八·一—二七)

三 選民의 재契約과訓鍊

가 시내山曠野에張幕〔出埃及한지석달만에〕시내山우에서 모세가聖旨를받어傳함 (十九·一—二五)

나 十誡 (二十·一—十七)

다 禮拜、道德、訴訟에關한律法 (二十·十八—二三·九)

安息年、安息日、祭日、犧牲에關한規定 (二三·十—三三)

라 이스라엘百姓의宣誓、契約의피、모세登山하야四十日四十夜 (二四·一—十八)

마 聖幕에關한律法 (五·一—三十一·十八)

(1) 聖幕의規模 (五·一—二七·二一)

四

材料 (五·一—九)

聖所——法櫃、贖罪所、床、燈台 (二五·十—四十)

聖幕——열폭의幕、열한휘장、設計數字、聖所와至聖所의幕 (二六·一—三七)

聖幕의庭、燈火 (二七·一—二一)

(2) 祭司 (二八·一—二九·四三)

아론及그子孫의聖別、制服 (二八·一—四三)

祭司聖別의儀、祭司의所得과所行 (二九·一—四三)

(3) 細則——香壇、獻品、浴盤、기름、香、安息日 (三十·三十一)

바、契約의破棄、再定

이스라엘百姓의背信〔金송아지鑄製〕

石板破碎 (三二·一—三五)

여호와棄約、모세의懇請 (三三·一—二三)

모세再次登山、契約의再授 (三四·一—三五)

사、聖幕에關한 細則과實行 (三五·一—四十·十六)

聖幕完成〔애굽出發後第二年正月元日〕(四十·十七—三八)

利未記大旨

金 敎 臣

前書出埃及記가 格別한感興으로써 讀者를牽引하야마지않음에反하야 레위記는어지간하게隱忍自重하는이라도 通讀하기極難하리만치 無味乾燥한律法冊이다。 昴宿의數를計算함으로써 視力을檢査한다는方式으로하면 레위記를始終如一하게通讀함으로써 各自의忍耐力、敬虔性을檢査할수있을것이다。 레위기는 이러틋이現代人에게 特히諸般儀式에興味없는新敎徒들은 거의無用한冊子로思料하기쉽다。

그러나 레위기는 모세五經의第三經으로서 그位置가中間이되였을뿐안이라 모세五經의中心이오實로舊約全書의中心이되여있다。 이沙漠과같은冊이이地位를차지하였음에는 큰理由가없을수없다。 以下에 그理由몇가지를 찾아보고저한다。

「레위기」라는題目은 元來야곱의第三子의일음이레위인데 (創二十九章三十四節) 그後裔에 아론과모세가났었고 그子孫들이代々로祭司가되여 祭事와犧牲들이는일을專擔하였고 이冊에記載된것은 大部分祭事에關한規律、祭司의任務及獻物에關한律法等을細密히制定한것임으로 「레위」라는稱號를 붙이게된것이다。

레위기全篇二十七章의內容은 以下에大綱을抄錄한바와같거니와大概五篇에난을수있다。 第一篇은여러가지祭祀의種別과祭事드리는禮法이오 (一—七章)、 第二篇은祭司의職任에關한規定이오 (八—十章)、 第三篇은一般人民의聖別에關한制法인데十一章에서부터二十二章에亘하야 가장細密하게써있고 이冊의中心되는 問題인것을一見可知할것이다。 以上三篇은 레위기의本文이라할만한主要한部分이오 다음第二十三章以下는 附錄으로볼만한것인데 다시二分하야 第四篇으로、當然히직혀야할節期(二十三章)第五篇으로 諸般敎訓集 (二四—二七章)이다。

現代의實際生活에關連한法律書籍이라도 特別한專門家以外에는 乾燥無味한條文에不過하는데 하물며 레위기는 三千餘年前에이스라엘百姓을爲하야制定되였든律法이라。 今日우리들께 何等상관이

없음은勿論이오 그名稱은法律이나 其實은 在來의儒家에서發達하여오던 祭祀式床에果菜餠飯의陳設法을詳記한것에近似한것이 大部分이다。그러니 읽는대야 別般有益함이없을것은勿論이나 이細密하고復雜한儀式으로 具形한그속에內在한靈的意義에는 決코적지않은敎訓이있다。新約이「精神」이라면舊約은「體型」이다。레위기의精密한儀式에訓練된後에히브리書第八、九章을읽으면 舊約과新約과와關係가明瞭하여질것이오 그리스도와 우리靈魂의關係가밝아짐이甚大할것이다。

朝鮮在來의舊道德이衰退함을딸아 우리의 큰損失의하나은「神聖」이란것을 알수없게된일이다。日進月步하는諸般新知識은 너나없이吸收하게되었으나「神聖」한것이무었인지알수없게된것은 智愚를不問하고 맟한가지다。前日에朝鮮人은 그父兄의姓名을 입밖에못내였으니 맟히 猶太民族이여호와神의일음을 發音치못하였음에恰似하였고 先祖의祭祀나 山神佛位에祈願할때에 必然코數日前부터齋戒沐浴하고丹心致誠하는習慣이있었을時代에는 敢히 말하지못할것이있음을알었고 敢히보지못할것이있음을알었고 敢히만지지못할것이있음을알었고 딸아서 레위기第十章에 나답과아비후가懲罰當한것을읽어도 納得할수있었고 罪의結果는피를要하며 그리스도의代贖이 우리靈魂에不可缺할關係를가진것도 깨닫기어렵지않었을것이다。

贖罪問題는 罪의性質이如何한것이며 人生의事實이 얼마나嚴然한것인것을認識하는 程度에딸아 그理解의度를 달리한다。우리와같이神聖한것이무엇인지를分辨치못하는世代에生長한者는 모름즉이利未記를熟讀하야 每年七月十五日에壯嚴無比한贖罪祭를들이든 當時의光景과 四十五回나「贖罪」란文字를使用한本意를깨다르면 引하야新約의그리스도의十字架上죽엄이 큰힘이될것이다。

贖罪로써 하나님앞에赦宥함을받은百姓은 의레히聖潔하여야할것이다。故로 레위기에는 大凡八十七回의成聖(Holiness)이란字가 씨어있다。『나여호와 너의하나님이 거룩하니 너의도거룩하라』는것이 이冊의骨子다。또한 그順序에注意할것이다。사람이거룩하여서 거룩한神을思索한것이안이오 하나님이거룩하시니 百姓도거룩하라하며 道

德的으로完全하였으니 하나님과和平하여졌다는것이안이오 于先하나님과 和平하였으니 거룩하게되였다。 레위기의內容을抄錄하면 그槪綱은如左하다

一 祭祀의種別과祭事法

甲 祭祀의種別 (一・一―六・七)

가、燔祭 (一・一―十七)
獻物 (一―二) 牛 (三―九) 羊 (十―十三)
禽 (十四―十七)

나、素祭 (二・一―十六)
細粉과油 (一―三) 구은것 無酵餠 (四―九)酵와
蜜은禁物 (十一) 鹽과初熟한果穀 (十二―十六)

다、平安祭 (三・一―十七)
牛(一―五)羊、어린羊(六―十一)山羊(十二―十七)

라 贖罪祭〔過失에對하야〕 (四・一―三五)
祭司長의境遇 (一―十二) 會衆 (十三―二一)
族長 (二二―二六) 百姓 (二七―三五)

마、贖愆祭〔故意의犯罪에對하야〕(五・一―六・七)
贖愆祭에該當한罪目 (五・一―五) 어린羊이나
山羊으로 (六) 禽 (七―十) 細粉 (十一―十三)
神聖한것을犯한境遇 (十四―十八)
僞證한때 (六・一―七)

乙 祭事들이는法 (六・八―七・三八)

가、燔祭法 (六・八―十三) 參照一・一―十七
나、素祭法 (六・十四―十八) 參照二・一―十六
〔祭司長의素祭法〕 (六・十九―二三)
다、贖罪祭法 六・二四―三十) 參照四・一―三五
라、贖愆祭法 (七・一―十) 參照五・一―六・七
마、平安祭法 (七・十一―三八) 參照三・一―十七

二 祭司任職

(1) 아론과 그子孫의聖別 (八・一―十三)
(2) 祭司의贖罪祭와燔祭 (八・十四―二一)
(3) 聖職任命〔수羊의피〕 (八・二二―三六)
(4) 祭司의職務始作 (九・一―二四)
〔附〕 나답과아비후의懲罰 (十・一―二十)

三 百姓의聖別

(1) 生理衞生的聖別
가、食物 (十一・一―四七)
나、女人(妢娩後)의成潔 (十二・一―八)
다、癩病의檢驗 十三・一―五九)
라、癩病의成潔 (十四・一―五七)

利未記大旨 八

마、男女의不潔에서成潔 (十五•一—三三)

(2) 宗教的聖別

가、祭司長의成潔 (十六•一—十四)

나、百姓의成潔 (十六•十五—二八)

다、每年직힐贖罪日 (十六•二九—三四)

라、禁食血、禁食屍 (十七•一—十六)

(3) 日常生活(因習、惡風에서)의成潔

가、不當한結婚에서 (十八•一—十八)

나、不當한享樂에서 (十八•十九—三十)

다、나 여호와 너의하나님이 거룩하니 너의도 거룩하라「利未記의中心」(十九•一•二)

라、여러가지訓戒 (十九•三—三七)

孝道、安息日、偶像、犧牲 (十九•三—八)

秋收、虛僞、盟誓、竊盜、勞賃 (十九•九—十三)

不具者에對하야 正義、貶論 (十四—十六)

友愛、愛隣。雜種、交織 (十七—十九)

녀종의姪行、開墾、禁食血、卜術 (二十—二六)

身體髮膚不敢毁傷、娼妓、敬老 (二七—三二)

旅客을敬愛하라 度量은正確 (十九•三三—三七)

마、몰록과 박수에關하야 (二十•一—八)

바、不孝、姦淫、男色、獸慾、不淨 (九—二一)

順從과成潔 (二二—二七)

사、祭司의責任과 그職分 (二一•一—二三•三三)

四 맛당히 직힐節期

(1) 安息日「第七日」 (二三•一—三)

(2) 逾越節「正月十四日」 (二三•四—五)

(3) 除酵節「正月十五日」 (二三•六—八)

(4) 秋收節 (二三•九—十四)

(5) 五旬節 (二三•十五—二二)

(6) 라발節「七月一日」 (二三•二三—二五)

(7) 贖罪節「七月十日」 (二三•二七—三二)

(8) 聖幕節「七月十五日」 (二三•三三—四四)

五 教訓蒐集

(1) 油燈、陳餅 (二四•一—九)

(2) 聖名을呪咀함은不赦 (二四•十—十六)

(3) 殺人及傷畜의報償法 (二四•十七—二三)

(4) 安息年「七年一次」禧年「五十年一次」 (二五•一—十三)

(5) 贖地、贖宅、及法律準守의勸勵 (二五•十四—二七•三四)

二一、옛사람에게 하신 말슴을 너의가 들었나
니「살인치 말라 누구던지 살인하면 심판을 받
게 되리라」하였느니라 二二、그러나오직 나는너
의게 너르노니 형제에게 노여워하는 자마다
심판을 받고 또 형제를 미련한 놈이라하는자
는 맛당히 공회에 잡히고 또미친놈이라 하는
자는 지옥 불에 들어가게 되리라。二三、그럼으
로 예물을 제단에 들이랴고 거긔 있을때 너
의 형제가 너의를 원망 하는것이 생각 나거
든 二四、예물을 제단 앞에 두고 먼저 가서
형제와 화목하고 그 후에 와서 예물을 들이
라。二五、너의를 송사하는 사람과 함께 길에
있을때에 급히 사화하라 그 송사하는자가 너
의를 법관에게 내어주고 법관이 관예에게 내
어주어 옥에 가둘가 염녀하라。二六、진실로 너
의게 너르노니 너의가 호리라도 남기지않고갚
기전에 결단코 거긔서 나오지 못하리라。
二七、또「간음치말라」하신 말슴을 너의가 들었
나니라。二八、그러나 오직 나는 너의게 너르노
니 음욕을품고 녀인을 보는 사람마다 마음에
이미 간음을 하였나니라。二九、만일 너의 옳은
눈이 너의로 범죄하게 하거든 빼어 버리라 너
의온 몸중에 하나를 잃은것이 온몸이 지옥에
빠지는것보다 유익하고 三十、또한 만일 너의
옳은 손이 너의로 범죄하게 하거든 비어버리
라 너의 온몸중에 하나를 잃은것이 온 몸이
지옥에 빠지는 것보다 유익하리라。三一、또말
슴이 있으되「누구던지 안해를 버리거든 후서
를 주라」하였느니라。三二、그러나나는 너의게
너르노니 누구던지 음행한 연고 없이 안해를
버리면 이는 저의로 간음을 하게 함이오 또
누구던지 버린 녀인에 장가드는자도 간음을 범
함이니라。
三三、또 옛 사람에게 하신 말슴을 너의가
들었나니「맹세를 저바리지말고 너의 맹세한것
을 반드시 주 앞에서 지키라」하였으나 三四、
그러나 오직 나는 너의게 너르노니 도모지 맹
세하지 말라 한울로도 맹세치말라 이는 하나
님의 보좌요 三五、따로도 맹세치말라 이는 하
나님의 발등상이오 예루살렘으로도 맹세치말라

마태복음

이는 큰 일군의 성이오 三六、네머리로도 맹세
치말라 이는 한터럭도 능히 히고 검게 못함
이라。三七、오직 너의말이 옳은 것은 옳다 하
고 안인것은 안이라만 하라 무엇이 던지 이
에서 지나면 악으로 좇아 나느니라。
三八、또 하신 말슴을 너의가 들었나니「눈은
눈으로 갚고 니는 니로 갚으라」하였으나 三九、
그러나 오직 나는 너의게 니르노니 악한사람
을 대적하지말라 누구던지 너의 옳은편 뺨을
치거든 원편까지 돌려 향하며 四十、또사람이
너의를 송사하야 속옷을 가지고저 하거든 겉
옷까지 가지게 하며 四一、또 누구던지 너의를
억지로 오리를 가자 하거든 그 사람과십리를
동행하고 四二、네게 구하는자어든 주며 네게
꾸고저하는자어든 물러치지말라。
四三、또 하신 말슴을 너의가 들었나니「네
이웃을 사랑하고 네 원수를 미워하라」하였으
나 四四、그러나 오직 나는 너의게 니르노니
너의 원수를 사랑하며 너의를 핍박하는자를 위
하야 기도하라。四五、이같이 한즉 너의가 한울

一〇

에 게신 아버지의 아들이 되리니 대개 하나
님이 해를 악인과 선인에게 빛위게 하시며 비
를 의로운자와 불의한자에게 주시나니라。四六、
너의가 너의를 사랑하는자를 사랑하면 무슨 상
급이 있으리오 세리도 이같이 아니하나냐 四七、
또 너의가 너의 형제에게만 문안하면 무엇이
남보다 지나리오 이방사람도 이같이 아니하나
냐 四八、그럼으로 한울에게신 너의 아버지의 온
전하심과 같이 너의도온전하라。

第六章

一、삼가 남에게 보이랴고 사람 앒에서 의를
행하지말라그러하면 한울에게신 너의 아버지께
상급을 얻지못하느니라。二、그런고로 구제할때
에외식하는자가 남에게 영광을 얻으랴고 회당
과 거리에서 하는것같이 너의 앒에 나발을 불
지말라 진실로 너의게 니르노니 저의는 저의
상급을 이미 받았나니라。三、너의는 구제할때에
옳은손이 하는 것을 왼손이 모르게 하라。四、
이렇게 하여야 너의 구제함이 은밀 할지니 은
밀한중에 보시는 너의 아버지가 갚으시리라。

五、또너의가기도할때에 외식하는 자와 같이하
지말라 저의는 사람에게 보이랴고 회당과 거
리 어구에 서서 기도하기를 좋와하느니라 내
가 진신로 너의게 니르노니 저의는 저의상급
을 이미 받았나니라。 六、너의는 기도 할때에
골방에 들어가 문을 닫고 은밀한 중에 계신
너의 아버지께 기도하라 은밀한중에 보시는 너
의 아버지께서 갚으시리라。七、또 기도 할때에
외방 사람과 같이중언부언 하지말라 저의
는 말을 많이 하여야 들으실줄 아나니 八、
그럼으로 저의를 본받지말라구하기전에 너의
쓸것을 너의 아버지께서 아시나니라。 九、그
런고로 이렇게 기도하라
『한울에 계신 우리아버지여 너름을 거륵하
게하옵소서。
十、나라이림하옵시며 뜻이 한울에서 일운것같
이 따에서도 일우어지이다。
十一、오늘 우리에게 일용할양식을 주옵시고
十二、우리가 우리에게 죄 지은자를 사하야
준것같이 우리죄를 사하야 주옵소서。

마태복음

十三、우리를 시험에 들지말게 하옵시고 다만
악에서 구하옵소서。〔대개 나라와 권세와 영
광이 아버지께 영원히 있사옵나이다。아멘〕
十四、너의가 남의 죄를 사하야 주면 너의 천
부께서 너의죄도 사하야 주시려니와 十五、너
의가 남의 죄를 사하야 주지 아니하면 너
의 아버지도 너의 죄를 사하야 주지 아니
하시리라。
十六、금식할때에 너의는 외식하는자와 같이 실
심하는 모냥을 하지말라 저의는 얼골을 변하
야 금식하는것을 남에게 보이랴고 하나니 내가
진실로 너의게 니르노니 저의는 저의 상급을
이미 받았나니라。
十七、금식할때에 너의는 머리에 기름을 바르
고 얼골을 씻으라。十八、이는 금식하는 것을
남에게보이랴고 함이아니오 다만 은밀한중에 계
신 너의 아버지께 보임이니 은밀한중에 보시
는 너의 아버지께서 갚으시리라。
十九、보물을 따에 쌓아두지말라 좀이먹고 동
녹이쓸고 도적이 구멍을 뚫고 도적질하는 곧
이니 二十、오직 보물을 한울에 쌓아두어라 이
는 좀도 못먹고 동녹도못쓸고 도적도 구멍을

一一

마태복음

뚫고 도적질못하는 곧이라。二一、대개 너의 보
물 있는 곧에는 너의 마음도 있나니라。二二、
눈은 몸의 등불이니 그런고로 너의 눈이 성
하면 온몸이 밝을 것이오。二三、눈이 흐리면
온몸이 어두울것이니 그런고로네게 있는 빛이
어두우면 그 어두운 것이 얼마나 어둡겠나뇨
二四、한 사람이 두 주인을 섬기지 못할 것이
니 혹 이를 미워하며 저를 사랑하거나 혹 이
를 중히 녁이며 저를 경히녁임이라 너의도 하
나님과 재물을 겸하야 섬기지 못하나니라。
二五、그런고로 대개 너의게 니르노니 목숨을 위
하야 무엇을 먹을가 무엇을 마실가 몸을 위
하야 무엇을 입을가 염녀하지말라 목숨이 음
식보다 중하지 아니하며 몸이의복보다 중하지
아니하냐。二六、공중에 나는 새를 보라 심으지
도 않고 걷우지도 않고 곡간에 모아 들이지
도 아니하되 천부께서 기르시나니 너의는 새
보다 귀하지 아니하냐。二七、너의중에 누가 염
녀함으로 목숨을 일각이라도 더하겠느냐。二八、
또 너의가 어찌 의복을 위하야 염녀하느냐 들
에 백합화가 어떻게 자라는가 생각하여 보아
라수고도 아니하고 길쌈도 아니하나니라。二九、

그러나 내가 너의게 말하노니 솔로몬의 지극
한 영광으로도 입은 것이 이꽃 하나만 같지
못하였나니라。三十、적게 믿는이들아 오늘 있다
가 내일 아궁에 던지는 들 풀도 하나님이 이
렇게 입히시거든 하물며 너의야 더욱 입히지
아니하시랴。三一、그런고로 염녀하야 니르기를 무
엇을 먹을가 무엇을 마실가 무엇을 입을가 하
지말라。三二、이는 다 외방 사람이 구하는것이
오 이 모든 것을 너의 천부께서 너의 쓸것
인줄을 아시나니라。三三、너의는 먼저 그 나라
와 그 의를 구하라 또한 이 모든 것을 너
의게 더하시리라。三四、그런고로 내일 일을위하
야 염녀하지말라 내일 일은 내일 염녀할것이
오 한날 괴로움은 그 날에 족하니라。

第七章

一、심판을 받지아니하랴거든 남을 심판치말라
二、남을 심판하는 심판으로 너의도 심판을 받
을 것이오 남을 헤아리는 헤아림으로 너의도
헤아림을 받을것이라。三、어찌하야 동생의 눈
속에 있는 티는 보고 네 눈 속에 있는 들
보는 깨닫지 못하느냐。四、네 눈 속에는 들보가

로마書研究

張 道 源

第十二回 유대人의罪戾

第二章一—十六의研究

바울은 一章十八節로부터 本論에入하야 몬저 異邦人의不信의罪를 擧論하였다 저의가(異邦人들)하나님을 順服하는일이 人生의 最大幸福인줄을 깨닫지못하고 도로혀 하나님 알기를 싫어함애 그結果로하야 하나님께 버려움을 받아 偶像崇拜와 不道德의黑暗에 빠진것이라고 論하였다

바울은 當時의 로마 헬라의 偶像崇拜의迷信과 亂倫敗德의 不道德을보고 이것은 저의가 하나님 알기를 싫어할뿐만아니라 도리혀 어리석은것으로 녁임으로 하나님께서 저의가 惡한性品을 받은대로 放任하야 버려둔것의 結果라고 論하였다

人間이强혀 하나님을拒逆할때에는 하나님께서 暫間 저의를 放任하야 두시는것이라고 바울은 보았다 이것이即 저의의不信의罪를 罰하시는 하나님의刑罰이라고 바울은論하였다

이것을直感한 바울은 高聲大責하야曰『지금너의가 行하는바 不虔不義、敗倫亡德은 너의들의 不信의罪로因하야 臨하는 하나님의刑罰이오 또한不遠한將來에 嚴酷한最後의審判이 待하고 있다고』警告한것이다

이제 바울은 二章一節에入하면서 一步를更進하야 自己同胞유대人을向하야 저의도亦是 罪人인것을論하기로하였다 저의는特히하나님을아는選民이오 律法을 가진民族이라고 自誇하는 유대人의罪惡을 彈劾한것이다 異邦人의 偶像崇拜의迷信과 墮落腐敗를非難하며 異邦人의罪惡을 指摘하야 그滅亡을 評論하며 異邦人은罪人으로判斷하면서 스스로 저의는 獨也淸獨也潔하다고 自處하는 유대人을向하야 바울은 論鋒을轉換하였다 獨히 異邦人만 滅亡의審判을받을者가안이오 유대人도 같은審判을 받을者며 異邦人의宗敎와 文化만 迷信과不道德으로 腐敗墮落한것이안이라 유대宗敎도 全然히 맥혓다 生命은枯渴되고 形骸만 남은骸骨이다 그런故로 生命으로의審判 眞

理로의審判이 臨할때에는 異邦人이나 유대人의 差別이없이 다한갈같이 定罪함을 받을것이라고 바울은 論하야 유대人의罪들 指摘하였다 하나님이 萬一公平無私한이로서 善을報하고 惡을罰하신다면 유대人이나 異邦人이나 다差別이없이 正義를行한者만을 義人으로視하실것이다 律法을 가지고 犯法한者나 律法없이犯法한者나義를알고도 行치아니한者나 義을알지못하고 不義를行한者나 다가치差別없이審判하실것이다

行함이없이 律法을가졌고 義가무엇인을 안다는것만으로써는 그罪가赦宥될理가없다 特히異邦人의罪를 非難하면서 저의도 또한 그와같은 罪를行하는者는 自己가 自己의罪를定하는것이된다

유대人이라도 하나님의選民으로서 律法을 가졌음에不拘하고 律法을직히지아니하고 犯法한以上에는 異邦人과같이 罪아래에 다스림을 받을것이다 如此히 사람이 罪의다스림에서 解放을받는일은 律法을完全히 實行하거나 又는 그리스도의福音으로因하는外에는 他道가없다

十六節에至하기까지에는 一般的原則을 供述한것이오 누구라고 指摘하야 明記되여 있지는아니하다 그런故로 이것이 누구를向하야 述한것이냐하는데에對하야는 學者間에 異論이많다고한다 그러나 前後의關係上으로보든지 全體의意味上으로보든지 言語의調子上으로보든지 如何한方面으로보든지 유대人全體를向하야 述한것임은疑心이없다

如此히 十六節에 至하기까지는 유대人이란말을 使用하야 直接저의를 責망하지아니하고 다만『남을 判斷함으로 네가 네罪를定하나니 그는判斷하는 네가 같은일을 行함이니라』하는原理를 提示하야 間接으로 유대人을責망하였다

그러나 十七節에至하야서는 間接射擊을止하고 正面攻擊을行하였다

1그런故로 他人을判斷하는사람아 누구던지
네가 핑게하지못할것은 他人을判斷함으로
네가 네罪를定함이니 그는 判斷하는네가
같은일을 行함이니라

『그런故로』라함은 一章十八節以下와連絡되는말이다 一章十八節以下에 記錄된 모든 迷信 腐

敗汚穢 不義들을行하는 異邦人을 유대人들은 批難하야叱責하며 定罪하야判斷한다 即異邦人들은 하나님의審判을 받을罪人이라고 判斷하는者다 如此히 유대人은 異邦人의罪行을 判斷하는者다 저의가 異邦人의罪行을 判斷하면서 또한 저의自身이 그와같은罪를 行하는者다 그런故로 二章初頭에 『그런故로』 라한것이다

『他人을 判斷하는사람아』함은 偶像崇拜 亂倫敗德의汚穢不義를 行하는異邦人을罪人으로 評判하야 得意揚々한 유대人을 暗指하는것이다

『네가 핑계하지 못할것은』함은 選民인 유대人이라도 律法을 가졌음을因하야 하나님앞에 罪가없는者라고 主張하지못할것을 말하는것이다

何故냐? 하면 律法을가진저의가 律法이없는 異邦人의罪惡과不義를 判斷하면서 저의가 또한同一한罪惡과不義를 行하는까닭이다 故로 異邦人의罪를判定하는것이 不知中에 自己의罪를 判定하는것이된다 即自己가自己를 罪人으로判定하여놓고 어찌自己는 罪가없는者라고 핑계하겠느냐?유대人은 아브라함의子孫이오 하나님의選民이오 律法을가진者임을 자랑하는者다 그러나 律法은 完全히實行함으로써 자랑할것이오 가졌음만으로써 자랑할것은안이다 저의는 아브라함의子孫이오 하나님의選民이오 律法을가진者라는外的聖을가지고 하나님앞에 너머진者요 사람앞에高慢한者다

2、이런일을 行하는者를 定罪하는 하나님의審判이 眞理대로된줄을 우리가안다

『이런일』이라함은 一章十八節以下에 記錄된諸種의罪惡을 指하는것이다 이런일을 行하는者를 하나님이 罪로定하시는일은 眞理대로된일이다 하나님의審判은 하나님 自身의義로써 이런일을(一章十八절以下의諸種罪惡)行하는者에게 對하야行하는 審判이다 即하나님 自身의義로써 사람의行爲에對한 審判이다 그런故로 하나님 自身의義로 빛위어보아서 이와相違한것인以上에는 國籍如何와 血統如何를 不關하고 그行爲를 罪로定하는것이다 此 하나님의審判은 眞理에틀림이없는 完全한審判인줄을 우리가아는것이다

即 이런일을 行하는者를 하나님이 自己의 義

로써 빛위어서 罪로定하는 하나님의 審判이眞理대로 된것인줄을 우리가안다 하나님의審判은 사람의審判과같이 自己가 惡을行하면서 同一한 惡을行하는者를 叱責하는審判이안이다 사람의審判은 義를가지지못한者가 他人의行爲를 批判하는 審判이다 그런故로 眞理대로되여있지아니하나 하나님의審判은 義自身이 사람의 모든行爲를 判斷하는審判인故로 眞理에 틀림이없는 眞理대로의審判인것이다

3、이런일을 行하는者를 判斷하면서도 이같은일을 行하는사람아 네가 能히 하나님의審判하심을 免할줄로 생각하느냐?

이런일을 行하는異邦人에게 對하야는 하나님의審判이 반듯이 있을줄을 저의가안다 그러나 그와같은일을 行하는 저의에게는 하나님의審判을 免할줄로안다 이는 저의가 아브라함이子孫이오 選民이라는 優越感의高慢에서 속히우는일이다 그런故로 바울은 同胞를向하야 너의가 이런일을 行하는異邦人이 하나님의審判을 받을줄은알면서도 그와같은 不義를行하는 너의는 하나님의審判을 免할줄노 생각하느냐? 하나님의審判은 不義를行하는者우에 臨하는것이다 그러면 같은不義를行한者中에서 너의만은 審判을免할理由가 어듸있느냐? 고責망하는것이다

유대人은 아브라함의子孫이오 律法을가진 特別한選民이라는 理由로써 異邦人과 別異하야 審判을 받지아니하고 미새야王國에入할줄로 信한다 그런故로 저의가 優越感을가지고 異邦人은 罪人으로 判斷하면서 저의는 聖潔한民族으로自處하는것이다 아ㅣ律法은 律法을完全히行한者에게라야 자랑이 되는줄을 알지못하는 유대民族이여 너의의禍가 至極히 크도다 맛히 今日의 基督敎人들이 믿음으로 救援을 얻는다는 敎理를 外的으로만 삶아가지고 敎會에入敎하였고 洗禮를 받았으며 靑年會々員이오 傳道隊々員이되였으니 救援을 얻은것이라고自信하고 安心하는것과 같은類의禍다

그런故로 바울은 三節에서 『너의가 하나님의審判하심을 免할줄로 아느냐』라고 暗中에 叱責으로써 저의를 肉迫하야反省을促한것이다

4、 又는 네가 하나님의 仁慈하심이 너를 引導하야 悔改케하심을 알지못하고 그의 仁慈하심과 容納하심과 길이 참으심의 豊盛함을 蔑視하느냐?

『仁慈』라함은 하나님의完全한사랑으로의 넓으신恩惠를指하는것이다 유대人의 不信背戾의所行을보아서는 곳 저의를 滅亡식혀서 아깝지아니하나 하나님의 完全하신사랑은 오래 견대며 길이 참으시면서 저의가 悔改하도록 恩惠우에 恩惠를 더하야왔다 그러나 저의는 하나님의 仁慈하심으로 되는일인줄을 알지못하고 도로혀하나님이 罪를罰하지 아니하심을 理由로하고 하나님의 能力을蔑視한다 저의는 하나님의仁慈하심이 저의가 悔改하고 도라오기를 눈이빠지도록 기대리심을 깨닫지못하고 罪를悔改하지아니할뿐만아니라 더욱〳〵마음을 頑惡하게하야 하나님의사랑을 排斥하고 罪의無底坑을 向하야一步一步 더 나아간다

그러나 하나님은 사랑만으로의 하나님이 안이오 또한 義의 하나님이시다 그런故로 하나님이 仁慈하심과 容納하심과 길이 참으심만으로써 끝까지 저의를對할것이안이라 마지막 嚴酷한審判의一日은 있는것이다 저의의 모든行爲가 最後審判의此一日을 기대리면서 그날의 하나님의震怒하심이 더욱 嚴酷하도록 싸호면서 있는것뿐이다 그런故로 마지막 끝날에는 저의유대民族에게도 하나님의 嚴酷한審判이 있을것을 暗示하야 저의를 肉迫하는것이다

마지막 끝날에 하나님의審判이 모든 不義한者우에 나타날때에 同一한不義를行한 유대民族에게도臨할것이다 하나님은 律法을 國法으로하는 民族이라는條件으로써 律法을犯하고 不義를行한者를 義로온者처럼 보아주시지는아니한다

아ㅣ두렵고도 무섭도다 審判의그날이여 그때에는 不義를行한 모든者의運命이 至極히 悲慘한대에至하리라 그때의 不義를行한 모든者의運命은 國籍의如何와 血族의如何를 不問하고 다한결같이 永遠한滅亡의悲慘에 빠지리라

5、 다만 네가 頑固와悔改치아니하는 마음을 좇아 自己를爲하야 하나님의 怒하심을쌓

아 그義로오신審判을 나타내는 震怒의날을 기대리나니라

하나님의사랑은 無限하다 씃치업는사랑과 넓으신恩惠로써 하나님은 끝이없고 오래 기대리면서 저의들이 悔改하기를 待望하셨다 그러나 저의는 頑固한마음을가지고 하나님의 恩惠와사랑을 굳게對敵하며 罪를悔改하지아니하는마음이 狀態대로 끝까지持續하야있다 이頑固한마음과 悔改하지아니하는마음은 하나님의震怒를 쌓는것이며 結局은 하나님의 嚴酷한審判을 기대리는것뿐이다 저의가 頑固한마음과 悔改치아니하는마음을좇아 不信不義를 行하면서있는것은 自己를爲하야 하나님의震怒를 쌓으면서있는일이다

하나님의審判의날은 한번있다 이震怒의날은 不義한者를 刑罰하기爲하야 반다시 한번올것이다 하나님은 이날이 臨하기前에 저의들이 悔改하기爲하야 길이 참고 오래 기대리면서 그날을 延長하는것이다 그러나 저의는 이것을 깨닫지 못하고 하나님의 能威를 蔑視하고 頑固한마음과悔改하지아니하는마음을좇아行하야 結局震怒로써審判하는 그날을當하고마는것이다

「頑固한마음」이라함은 從來의宗敎儀式에 慣習이되야 옛儀文만 굳게붓잡고 固執하야 慣習에젖고 儀文에붓잡히여서 산새로운것이올때에 이것을 막아버려서 산 새것에서는 落伍가 되는者를 말하는것이다。유대人은 유대敎의禮典에慣習되고 儀文에붓잡히여서 참律法의精神은 알지못한것이다 律法의참精神은 사람의不義을 나타내며 罪惡을審判하랴는것이다

6、하나님께서 各人에게行한대로 報應하시대

此六절의『各人에게 行한대로 갚는다』는말에對하야 많은 사람들이 種々의疑念을 가지고있다 그것은 此六절의語句가『사람이 義롭다함을 얻는것은 律法을行함으로 말미암는것이안이오 믿음으로 말미암는것이라』하는 로마書의根本敎義와衝突이된다는것이다 그러나 이疑問은 此六節의所說의目的에對한 誤解로써 생기는것이다

次에 깊이 注意할것은 此六節은 사람이 行함으로써 義를 完成할것이라는 敎義를 主張하는말이안이라 割禮를 자랑하며 選民을 자랑하

면서 空言空文으로써 能事를삼는 유대民族들의 頑慢을 깨트리랴는目的으로써하는것이다

유대民族은 割禮가있는選民이오 아브라함의子孫으로서 律法을 가진民族이라는 特異한優越感을가지고 自高自慢하야 異邦人은 그렇지못한民族임으로써다 不義한者요 嚴重한震怒의審判을받을 罪人이나 저의는 特別한選民으로서 獨히義로운民族이오 將次 하나님앞에 큰償을 받을民族으로 自處하는者다 如此히 저의가 頑慢하야 굳어저서 悔改치못하는民族이된것이다

如此히 저의가 自高頑慢하야 悔改할줄을 알지못하게된理由는 律法을 가진選民이라는것이다

그런故로 바울은 此六節을提示하야 하나님은 律法의有無로써 審判하는것이안이라 各々 그行한대로 審判하신다 故로 律法을 가진選民이라도 不義를 行하였으면 嚴酷한刑罰을 받을것이오 律法을 알지못하는 異邦人이라도 義를行하였으면 義人의冕류冠을 받을것이다 그러면 하나님앞에 償給을 받는대에 律法의有無가 무삼相關이있느냐? 律法은 가졌으나 行함이없는유대人들아 하나님의 律法을 國法으로 가진民族이라는것이 너의에게 자랑될것이 무엇이 있느냐? 하야 저의 그릇된 信念을 打破하고 유대人의 啓蒙運動을 目的한것이다

그런即 此六節은 審判의原理를 說明한것이 안이오 유대人들의 그릇된 信念을깨트리고 眞理의 새로운 새福音의啓蒙을 目的하는것이다

7、참고 善을行하야 榮光과 尊貴와 썩지아니함을 求하는者에게는 永生으로 갚으시고

8、오직 黨을 지어 眞理를 順從치아니하고 不義를좇는者에게는 震怒하심과 憤으로써 갚으시리라

六節에提示한바와같이 하나님께서 各사람에게 行한대로 報應하실진대 유대人中에도 救援을 얻는者도있을것이오 滅亡을 받는者도있을것이다

그러면 어떠한者가 救援을 얻으며 어떠한者가 滅亡을 받을것인가?이에對한解答이 此七八節이다 即참고 善을行하야 榮光과 尊貴와 썩지아니함을 求하는者는 永生을 얻을것이오 眞理를順從치아니하고 不義를좇아 行한者는 滅亡

을 받을것이다 그러면 割禮가있는 유대人은 救援을얻고 割禮가없는 異邦人은 滅亡을 받는다는 유대人의 깊은信念은 迷妄誤想이아니겠느냐?옳다 割禮있는者는 救援을얻고 割禮없는者는 滅亡을 받는다고 誇稱하는 유대人의 迷妄誤想을 打破하기爲하야 此七、八節을 提示하야 割禮의代에 行을 絶叫한것이다

참고 善을行한다함은 善을行하되 百折不屈하며 堅忍不拔하는 勇敢과 忍耐로써 患難困苦와 惡魔의誘惑을 絶對抵抗하고 나아가겠는것을 意味하는것이다

『榮光』은 하날의 光明으로써 充滿케한 完全한聖潔無疵의 狀態를 意味하는것이다

『尊貴』은 하나님의 嘉賞下에 永遠히 누릴名譽를 받는일이다

『썩지아니함』이라함은 永遠히 變하지아니하며 永久히 없어지지 아니하는것을 意味함이다

百難을 니기며 千波萬濤를 排除하고 참고善을行하야 此三者를 求하는者에게는 하나님께서 完全無欠한生命을 報與하야 永遠히 살게한다

그러나 黨을 지어 眞理를 順從치아니하고 不義를 좇는者에게는 震怒와 憤으로써 갚으실것이다

『黨을짓는다』함은 하나님의聖意와 眞理를 重히녁이지아니하고 自己의生覺과 意見을 主張하며自己의私利를 營爲하기爲하야 同類를糾合하며 從黨을組織하야 黨의大衆的勢力으로 眞理를 拒逆하는行爲를 謂함이다

『眞理를 順從치아니하고 不義를 좇는者』라함은 그사람의 生活의根本方針이 不義에隷屬되여있는者를 謂함이니 即不義를 主人으로하고 거기에 隷屬되여 不義가 支配하는대로 順從하는것을 人生의原理로하는者를 云함이다

이것이 罪中의罪요 諸種罪惡의根原이다 이根原에서 떠러저서 眞理에 도라와 隷屬하는것을 悔改라고稱한다

『怒와憤』怒는憤보다 弱한것이오 憤은 怒보다 强한것이니 暴發的激念을 云하는것이다 사랑으로써 길이 참고 견대면서 悔改하기를 기대렸으나 結局은 悔改치아니하고 審判을 받게되는

데對한 愛의反動的激念이다

來世가있고 永生과 滅亡이있으며 來世의審判을信하는 유대人에게 就하야 유대人이라는特權으로써 永生을 얻지못하고 各々個人의 行爲如何를 딸아 永生을 얻는다는것처럼 恐怖할일은없다 유대人에게 就하야서는 하나님앞에 審判을 받는다는것처럼 恐怖스러운일은없다 그런故로바울은 저의에게 恐怖心을 니르켜서 罪를悔改하게하기爲하야 律法의有無로써 永生을 얻는것이안이라 各人의行爲如何로써 永生을 얻는것이라고 提唱하야 저의의 머리속에 깊이 박힌 傳統的유대敎思想을 뽑아 버리라는것이다

9、모든 惡을行하는 사람에게는 유대人으로브터 헬라사람에게도 患難과 苦痛이있고

10、오직 善을行하는 모든사람에게는 유대人으로브터 헬라 사람에게도 榮光과 尊貴와 平康으로 갚으시리라

九、十節은 七、八節의 말삼을 反復하야 말하는것이니卽하나님의 審判의普遍性을 強調하는것이다

惡을行한者는 유대人이나 헬라사람이나 區別이없이 그行한대로 患難과 苦痛을 받을것이오善을行한者는 유대人이나 헬라人이나 다區別이없이 그行한대로 榮光과 尊貴와 平康을 받을것이라는 하나님의 審判의普遍性을 力說하야 하나님의審判은 國籍의差別로써 行하는것이안이라普遍的 又는個人的行爲의如何로써 行하시는것이라는것을 力說한것이다

11、대가 하나님은 外貌로 사람을 취하지아니하신다

하나님은 사람을 外貌를보고 擇하시는일이없다 不完全한사람에게는 사람을 外貌로취하는일이있으나 完全하신 하나님께는 있을수없는일이다 이觀念은 舊約聖經에 나타나있는것이다(申命記十章十七)舊約에能通한 유대人은 잘아는聖句다故로 저의는 이聖句에對하야 反對하지못한다그런故로 바울은 이聖句를 가지고 저의를치는武器를 삼았다『하나님은 사람을 外貌로 取하지아니하신다』이는 너의가 잘아는말삼일뿐안이라 너의가 信하는바가안이냐? 그러면 割禮를받

은者라는 外的條件으로써 어찌 天國에 들어가겠느냐? 外貌로 사람을 取하지아니하시는 하나님의 審判座앞에서 割禮라는 外的條件을 가지고 어찌 審判을免하겠느냐?

12、무릇 律法없이 犯罪한者는 또한律法없이 亡하고 무릇 律法이있고 犯罪한者는 律法으로 審判을 받을것이니

13、하나님 앞에서는 律法을 듣는者가 義로운 사람이안이오 오직 律法을 行하는者라야 義롭다하심을 얻나니라

十一節에서 발서 유대人은 反對할餘地가없다 그러나 저의中에도或 유대人은 律法을 가졌고 異邦人은 律法을 가지지못하였은즉 이것이 하나님의 特別한 聖意의選擇이다 故로 律法을 가졌다는 外的條件만으로도 넉넉히 救援을 얻을것이라고 主張할者가 있을넌지 알지못한다

故로 바울은 十二節을 更述하야 律法이없는 異邦人은 律法이없이 亡할것이오 律法을 가진유대人은 律法으로써 審判을 받을것이라고하였다 律法을 알지못하고 犯罪한 異邦人은 勿論亡할것이다 그러나 律法은 들었어도 犯罪한者는 반듯이 律法으로써 審判을 받을것이다 이는 하나님이 저의게 律法을 주신것은 律法을가지고 자랑하라고 주신것이안이오 律法대로 實行하라고 주신것이다 故로 律法의 자랑할것은實行에있다 그런故로 律法대로 實行한者는 律法에依하야 義롭다하심을 얻을것이오 律法대로實行치못한者는 律法에依하야審判을 받을것은 當然한일이다 너의가 律法대로 實行하였느냐? 그러면 永生을 얻을것이다 律法대로 實行치못하였느냐? 그러면 審判을 받을것이다 그런故로 『律法을 듯는者가 義로온사람이안이오 오직律法을 行하는者라야 義롭다하심을 얻느니라』 此十三節은 十二節의理由를 說하는것이다

玆에 注意할것은 바울이 舊約的因果報應의理를 主張하는것도안이오 行爲로써 義를完成하랴는것도안이다 다만 유대人들이 割禮라는外的條件에 붓잡히어서 內的生命에對한眞通을 막는故로 이頑慢한癖을 깨트리랴는것이 主目的이다

二二

祈禱

張道源

祈禱하는일은 極히어려운일이다 難事中의難事다 살아게신 하나님만을 向하야기도하기가 甚히어려운일이다 하나님이 들으시는줄을 確實히믿고祈禱하기가 極히 어려운일이다 應答을받는祈禱를하기가 甚히 어려운일이다 能力을 얻는祈禱를하기가 極히 어려운일이다 긔도로써 하나님을 맛나는 祈禱는 容易한일이안이다 應答을 받지못할지라도 끝까지믿고 祈禱하는일은 至極히 어려운일이다。

그러나 쉬지말고 祈禱하라 恒常기도하라 凡事에祈禱하라 祈禱는信仰의呼吸이다 그런故로 하지아니치못하여 하는일이다 偶像을崇拜하는 迷信者와같이 무삼 慾望을 채우랴고 行하는 祭祀가안이다 祈禱는信仰의呼吸이다 故로 하지아니치못하야 自然的으로있는일이다

그런故로 應答을 받지못할지라도祈禱하라 能力을 얻지못할지라도 祈禱하라 確實히 믿어지지아니할지라도 祈禱하라 祈禱하기 실흘지라도 祈禱하라 하나님의 存在까지가 疑心날지라도祈禱하라 祈禱할말이없을지라도 祈禱하라 그리하면 信仰의生氣는 祈禱로써 呼吸되리라 生命의呼吸이되는祈禱는 能力있는祈禱를일우는니라 能力있는祈禱는 모든것을 일우는니라

아ㅣ祈禱하라 쉬지말고祈禱하라 凡事에祈禱하라 熱心으로祈禱하라 精誠것祈禱하라 마음과뜻을다하야祈禱하라 落心하지말고 祈禱하라 失望하지말고 祈禱하라 몸을받혀 祈禱하라 자지말고 祈禱하라 밤을새여가면서 祈禱하라 일삼아祈禱하라 祈禱의能力은 祈禱로써 얻는니라 祈禱를 많이하는者에게 祈禱의能力이 생기는니라 그런故로 祈禱를많이하라 祈禱를많이하는者가祈禱의指力을 얻느니라

能力있는祈禱는 하나님과 交通하며 能力있는祈禱는信仰을 니르키며 能力있는 祈禱는生命을吐하며 能方있는 祈禱는感動力이많으며 能方있는 祈禱는 하날의것을 가저오며 能力있는 祈禱는 眞理의밝히움을 받으며 能力있는 祈禱는聖神이 함께하시나니라

聖書敎理問答

問 救援이라함은 무엇이냐?
答 罪의赦宥함을받아 義롭다함을얻는일과 永遠한生命을얻어 永生하는일이다 即모든罪의赦宥함을 받는일뿐만안이라 永生한生命의주심을받는일이다。(로마五장一、요한장三十六)

問 罪의赦宥함을받는다함은 무엇이냐?
答 罪없시함을 받기爲하야 罪를悔改하고 마음을도리켜 예수를믿고 주신聖神을 받는일이다 (행三장十九、二장三十七)

問 永遠한生命이라함은 무엇이냐?
答 홀노 하나이신 참하나님을 아옵고 또보내신者 예수그리스도를知함이다 (요十七장三)

問 어떻게하여야 救援을 얻느냐?
答 主예수를 믿으라 그리하면 네가 救援을얻으리라 (행十六장三十一)

問 예수를 믿는다함은 무엇이냐?
答 예수를 받아들여 自己의生命으로하며 主로섬겨絶對服從하는일이다 (요一장十二)

問 믿음은무삼일을하느냐?
答 (一)믿는사람은 永遠한生命을 所持한다 (요한六장四十七、三장三十六)
(二)永遠한生命을얻고 定罪하는대에 니르지아니하며 死亡에서나와서 永生에 드러갔나니라 (요한五장二十四、)
(三)믿음으로 말미암아 그리스도를 마음에居하게하느니라 (엡三장十七)
(四)믿음으로 말미암아 救援을얻느니라 (엡二장八)
(五)滅亡하지아니하고永生을 얻느니라 (요한三장十六)

問 信仰의目的이 무엇이냐?
答 (一)그리스도의 일홈을爲하야있다 (새三장十七)
(二)하나님의 榮光을 나타내기爲하야있다(고전十장三十一)
(三)하나님이 榮光을 얻으시기爲하야있다(벳前四장十一、二장十二、마태五장十六)
(四)하나님께 榮光을 돌리기爲하야있다 (로마十一장三十六)

城西通信

一九三二年二月二日(火曜)先日末의過度한勞力으로 一時에疲勞가發하야 病席에누엇을때에 未見의兄弟로부터 如左한消息이잇어 病席에서도 내잔이넘침을感激。

선생님의 놉호신姓名은 임이聖書朝鮮을通하야알엇고 咸先生께서도 만이들엇기때문에 비록 낫은알지못하오나 제가 선생님으로섬긴지는 발서전부터엿읍니다。하나님의 은혜가 선생님우에나려 하나님의귀한말슴을證據하게하며 이말슴을 우리도聖書朝鮮聖紙를通하야 알게되엿으니 깃부고즐겁습니다。聖書朝鮮을刊行하는것이 世人은적게보나 우리에게는큰일인줄압니다。萬若主의能力이갓치하시지안으신다면 一時間이라도 계속할수업는것을 집히압니다。그러기때문에落心할것도업고 世上의어떤事業과가치 계획할것도업는줄압니다。하나님의命令을따라서 종노릇할것박게업습니다。

『저는咸先生님宅에서 지금은 聖經을읽고잇읍니다。本來는上級學校入學準備가目的이엇으나 物理 化學 英語보다도 聖經이나에게生命을주며 眞理를주며 내눈을밝게하여 하나님의榮光을볼수잇게하며 내귀를밝히사 주의敎訓을듯게함인줄 집히깨달엇기때문에 이편을擇하엿읍니다。智識도必要하나 하나님의眞理가主장이되지안으면 오히려 내몸을亡치는것이며 내靈魂을죽이는것인줄알엇읍니다。저는生命의雰圍氣속에서每日每日지나오니 깃분것은 말로다할수업읍니다。萬若제가五山에오지안엇던덜 永遠히썩을것을 五山서卒業하엿기때문에咸先生님의門下生이되엿기때문에 永生을알엇으니 그리고發見하엿으니 咸先生님의恩惠도感謝하거니와 이모든恩惠를주신하나님께感謝합니다。지난一週間은 새벽六時부터七時까지祈禱會를모혀서 만은은혜를밧엇고 지금聖書研究會는二十餘人씩넘습니다。이것이五山에잇기때문에 캄캄한밧안에잇는적은촉불갓해서 비록微々한것갓흐나 五山을밝힐수잇는것인줄압니다。이生命의물근원을찻으려오는사람은 점점그數가만아지는듯합니다。…』

압섯든者가떠러지고 뒤섯든者가압선다함은此를일카른것인가。先哲은後進이可畏라고警戒하엿거니와 幾多의先輩가 아직逡巡未決하고 쟁기잡은대로 뒤도라보아마지안하는때에 高普를卒業하는어린兄弟하나가斷然코平素의志望을變更하야 그一生을聖書研究에밧치게되엿다한다。亦是半島의빗은西北인가。五山을밝히는빗이 嶺南과關東을빗우이는날도 不遠에올것이다

二月七日(日曜)病後가되어 聖書講義는쉬고 월리암•틴델의事蹟과 五山聖書研究會의이약이잇섯다。同十三日(土曜)咸兄으로부터 루비곤河를것넛다는通知잇엇다。人生七十年間細胞分裂을繼續하고 古稀를祝하는이도잇으련만 願컨대單七年間이라도 루비곤河를것넌者의 確固한武步로써 渾身邁進하는生活者가되고지고。今後의五山에 우리의關心은倍前하지아니치못함이잇다。

二月十四日(日曜)午後二時에 삼우엘上을講하다。聖書를講解하는일은 맛히 큰鑛脈을發見함과갓다。파면팔수록金玉이不盡하니 舊約聖書도 이처럼緻密하고濃厚하게珠玉이박혓든가하고 講述하면서도 놀래지안일수업다。同二十一日 日曜)에는 삼우엘下講義。同二十八日(日曜)에는列王記上을講하다。

本誌定價 (送料共)

一 冊 十五錢
六 冊(半年分 先金) 八十錢
十二冊(一個年分先金) 一、五〇錢

昭和七年 三 月三十一日 印刷
昭和七年 四 月 二 日 發行

編輯兼發行人 京城府外龍江面孔德里一三〇 金 敎 臣
印刷者 京城府西大門町二丁目一三九 金 在 瓛
印刷所 京城府西大門町二丁目一三九 基督敎彰文社

京城府外龍江面孔德里活人洞一三〇ノ三
發行所 聖 書 朝 鮮 社
振替口座京城一六五九四

五山聖書研究會

講師 咸 錫 憲
場所 京義線古邑驛前五山村
每日曜日午前十一時부터一般集會
每木曜日午後七時부터英文聖書講解

京城聖書研究會

講師 金 敎 臣
場所 京城府外孔德里一三〇本社
每日曜日午后二時
聖書一書一講으로連續講義中。

梧柳洞聖書講座

日時 每日曜日午前九時半
每月第二、第四日曜日에는 金敎臣擔當의舊約研究、其他는 宋斗用擔當으로禮拜集會。

詩篇研究號

第 一 篇 三十四號
第 十 二 篇 二十二號
第 十 三 篇 二十五號
第 十 九 篇 二十三號
第四十四篇 三 十 號
第九十三篇 創 刊 號
第百二十一篇 第 五 號

로마書研究號

바울의自己紹介 第二七、二八、二九、三十、三十一號까지
本書翰의動機 第三十三號
主題、異邦人의罪 三十四、五號
震怒、刑罰 三十六、三十八號

山上垂訓研究號

二四、二五、二六、二七、二九、三〇、三一、三二、三三、三四、三五、三六、三七

本誌舊號代金

(1)、創刊號ㅡ第七號
一冊金貳拾錢(郵稅共)
(2)、第八號以下
一冊金拾五錢(郵稅共)

年度本(一時에註文時)

(1)、創刊號ㅡ第廿三號
二十三冊代金貳圓三十錢(郵稅共)
(2)、第廿四號ㅡ第三十五號
十二冊代金壹圓五十錢(郵稅共)

合 本(洋製布表紙)

第一卷(創ㅡ第十二號)
定價一圓九十錢(送料二十錢)
第二卷(第十三第廿三號)
定價一圓七十錢(送料二十錢)
第三卷(第廿四ㅡ三十五號)
定價一圓九十錢)送料二十錢)

取次販賣店
京城鍾路二丁目九一
朝鮮耶蘇敎書會
振替京城四〇八一

『聖書朝鮮』第三十九號 昭和七年四月一日發行(每月一回一日發行)
(定價十五錢)

聖書朝鮮

第四拾號

一九三二年 五月一日發行

目次

京城 聖書朝鮮社 發行

살랴 죽을랴?

『살기爲하야먹는가 먹기위하야사는가』함은 오란課題요 各其自己流의答案이있었다。이제 크리스챤을向하야 『살랴는가 죽을랴는가』고 試問하면 어떠한 대답이 나올까。

그러찬어도 다른隣邦들보다 窮乏하기짝이없든半島의살림사리가 景氣인둥不景氣인둥하는 流行語의意義조차 詳考할餘裕없이 世界的不景氣의大旋風에 휘몰려치게되였다。못살든친구가 더못살게되여진것은 이르 헤일수도없거니와 꽤 잘살든親戚들까지도 文字대로의赤貧으로 踵接하야 돌아오는냥은恐怖의感이없이는 참아 견듸여보고있을수없는事態가 안인가。於時乎 생각한다 協組運動? 農村事業?어떻게하면 저의들께 일럼을주어 生途를 열게할까。溺者는 건저놓고야볼것이다。굶는者에게는 빵을주어놓고야볼것이다。누가이일에焦急을感하지아널이있으랴。온 基督敎會가그振興策을講求할때에 于先農村事業을建議하며 各地의基督敎靑年會에서 丁抹國視察談이盛行하는것은 至當한일이라아니할수없다眞情으로나온것이오 事理當然한일이다 누가是非하랴。

그러나 먹는일과 사는일에關하야는 基督敎보다 더有力한宗敎와思潮가많다。보라現代에流行하는某某主義者들이 그所信을傳播함에씩々하고眞實됨에比하야 所謂基督敎徒들의此種事業이란것이얼마나微溫的인가。余輩는斷言하기를躊躇치안한다 人生의主要目的이 먹고 살랴는것이라면 어서基督敎를버리고流行하는某某主義者로改宗할것이라고。적어도 저의는 그主義의現實性이的確하고 그言行이眞摯하다。朝問道면夕死라도可하다함은 基督敎에서멀지않다。原來基督敎는 죽는길을가리친것이다。基督敎를現世살림에利用하야潤澤을加하랴니 無能力하게되여버렸다。그리스도의一生은 골고다까지의直行이였다。베드로、바울其他初代信徒들의基督敎는살고 더잘살랴는基督敎가안이였다。루터는살랴고외름쓰會議에臨한것이안이었다。生命을求하는者는잃으리라고警告하신主예수는 무엇보다도먼저 우리生命을받히기를要求하신다。特히飢渴에臨한半島의크리스챤은 모름즉이 죽기를志願할것이다。

復活

죽었든자가 다시 살아나는일을 어떻게하면 合理的으로信仰할수있을까?復活은 어찌하야可能한가? 曰

어리석은자여 네가 뿌리는種子가 먼저죽지아니하면 살아나지못하겠고 (고前十五章三六節)

내가 진실로진실로 너의게 니르노니 밀알하나이 따에 떠러저 죽지아니하면 그냥 한알대로있고 죽으면 열매가 많이 맺힐터이라고(約十二章二四節) 聖書의대답은明白하다。其他에細胞의生命機能의神秘며 微生物의生命保存力이며原素 電子의配合의様式等 科學上歸結도 고린도前書第十五章에쓰인 使徒바울의論旨를 도울法은있을망정、全然히 이와拒逆한다고는 보이지안한다信者는 공연히 科學을排斥하기보다 이것도 感謝로써 배우고 찬송의材料로 사용하는것이當然하지안을까。

그러나 나에게 科學的知識이없거나 或은있드라도 그知識과聖書와 調和되지못할때에는 어찌할까。無識이또한可하다。내가能히 一行書를읽지못하고 一口의辯論으로써 信仰을辯護하는術이없어 親戚故友와其他

나를 보는자마다 나를 비웃으며 넙술을비주거리고 머리를흔들며 니르되「여호와를 의탁하라 건지시리라 여호와가 저를 즐거워하시니 구원하시리라」

하면서嘲弄하여도(詩二十二篇七、八)可하다。진실로主그리스도가 十字架우에서받은嘲笑가 이것이었다(可十五章三一、三二)。아이로의집에갔엇을때에도「비웃음」을當하고 아무答辯도없었다。예수爾來로基督敎徒에게「嘲弄」은附帶物이오 偉大한信者일수록 더큰嘲弄을받았다。何故오? 不可能을 믿는故이었다하물며 죽어가는事實을보면서 復活을믿을때에信者에게對한嘲弄은 그極에達한다。果然

나의 모든 뼈가 어그러지고
내 마음이 황밀과 같아야 배속에서녹으며
내 혀가 니틀에 붙었으며
내가 내모든뼈를 력력히 헤겠으니
저의들이 無禮히 나를 보나이다

多數救拯論

라는것은 信者가世上에서받는 對接그대로다。 그러나 主예수는 말슴하시기를

두려워하지말고 오직 믿으라!

하셨다(路八章五十) 理解하라는것이안이오「오직믿으라」하셨다。 硏究하라 思索하라 證明하라 辯駁하라는것이안이오「오직믿으라!」하셨다。 膽大하라 浩活하라 征服하라 追擊하라는것이안이오「오직믿으라!」하셨다。 默默한中에서 오직믿고만있으라한다 이것은人間의게서 나온말은안이다。 사람의권면이안이오 그리스도自身의音聲인「오직믿으라」는 이一聲의波動이 나의心靈에 如何히振動하는가 에依하야 世界는二分하고야만다。 오직믿는자에게는 다른 아모有益함이없을지라도 그리스도가 손을펴처잡으시고『일어나라』고(路八章五四) 웨치실때에 야이로의딸과같이 默默한中에서 죽음을征服하고 일어나『내가 쥬의일홈을 내兄弟에게 전파하고 회중에서 찬송하겠 이다』하면서(詩二十二篇二十二)凱歌를 부를것이니 그때엔 다시 嘲弄도없고 눈물의 흔적도 못볼것이다。 할렐누야 할렐누야!

多數救拯論 二

(한讀者의質疑에答하야)

元來나는死後問題에關하야 知識이매우淺薄합니다。가보고온것처럼 確然하게細密하게 이약이하기를願치않고 또不可能합니다。다만나의믿음으로는「베드로前三章十九節及同四章六節의境遇는 믿든者는勿論이오 未信者에게까지及하는것인줄로압니다。하나님의사랑이地獄에까지現할것인지는『地獄』이란槪念에따라달으게되겠지만 어쨋든救援받지못할이는한아도없을것인줄로믿습니다。即萬人救拯論을取합니다。그러니단테의煉獄說은勿論容納할수있읍니다。이것이非聖書的이라하더라도 어짤수없는 나의信念이외다。나는나의救援을確信합니다(그리스도의十字架로)。그러나萬一人類中에한사람이라도滅亡할사람이있다면 나의救援을믿을수없게됩니다。聖書에는 小數 多數救拯論이 다相當한根據가있음으로 聖書的이란點은 彼此一般이될것이오。다만 各自의받은바恩惠에따라 믿음의態度를決定함이 좋을줄압니다。

바울의生涯

스토ㅣ커敎授著
柳錫東譯

第一章 그의歷史上地位

一、어떤사람의生涯는 이를硏究하면 그가時代의要求하는事業을하기爲하야 特히이世上에오게되엿다는印象을준다。例를들진대 우리가宗敎改革史를信仰의눈으로읽으면 法王政治의拘束을깨트리고 恩寵의福音을다시傳布하기爲하야 歐洲各國에루ㅣ터쓰윙구리칼빈녹쓰같은偉大한人物을同時에일이킨攝理에놀래지아니할수없다。또福音主義의復興이英國에일어난後蘇國에들어가在來의無味한溫和主義의支配를없새버리랴할때 이新運動을自己마음속에잘同化식힐力量과 이것을自己故鄕坊々谷々에傳播할同情과感化力을가진 토마스챠ㅣ므스가일어나게되엿다。

二、이러한印象을 使徒바울의生涯는 누구보다도더깊이준다。基督敎가아즉그初創時期에있을때에바울은基督敎를爲하야나오게되엿다。勿論基督敎가弱하야그것을維持함에사람이絕對로必要하다는것은안이엿다。基督敎自體속에 漸次스스로나타날神聖하고永遠한生存力이있는것이다。그러나 하나님이그가가지신目的에適合한手段을쓰신다하면 바울이舞臺에오르는때 基督敎는그精神을體得하야그것을世界一般史에結合식힐才能있는사람을絕對로要求하엿다。바울이即이基督敎가要求하는사람이엿다。

三、基督敎는바울속에無雙한크리스챤性格의典型을얻엇다。勿論基督敎는그創立者가完全한人格의標本이다。그러나그는우리와같지아니하야 처음부터그에게는싸울罪惡과不完全함이없었다。그런대基督敎는우리와같은不完全한人性을가지고무엇을만드는가를뵈일必要가있었다。바울은即이必要를채운사람이다。그는나서부터無限한精力과精神을가져엇다。그가크리스챤이아니되엿더래도 勿論顯著한人物이되엿을것이다。다른使徒들은 만약基督敎가그들을有名하게아니하엿드면 갈릴리시골에서니름도없이一生을지냈을것이다。그러나다소의사울의니름은基督敎가없었어도 어떠한훌융한人物이되여 이저지지아니하엿을것이다。基督敎는바울을얻어 그것이

가지고있는全力을世上에表示할機會를얻었다。 바울自身亦이것을알었고이에對하야謙遜하게말하였다。「내가긍휼함을넙은것은 예수그리스도께서 몬저내게 일절참으심을보이사 후에주를믿어 영생얻는자에게 본이되게하심이니라。」

四、 그의回心은 基督敎가 最强한偏見이라도征服하고偉大한性格이라도一瞬間에永遠히變革하야 그典型을만들수있는힘을가졌다는證明이된다。 바울의性格은强烈하고獨創力이있어 누구보다도더 다른사람밑에가기가어려웠다。 그러나그는한번基督에게接하자 그힘에完全히征服되여 그後로는 그는世上에對하야다만基督의反響과反射가되기만바랐다。이와같이基督敎는 바울을完全히征服하야 그힘을뵈었는대그뿐만안이라그것은바울을完全히感化하야새사람을만들어 그힘에지지안는그價値를뵈었다。基督敎는바울의限없이渴望하던마음을滿足식히여그는죽을때까지한번도 이滿足이살어짐을 말하지아니하였다。그素質은元來좋았으나 이에基督의靈이들어가자그것은白熱化하야天下에無比한것이되였다。 바울이바울같이됨은 基督의感化때문임은 바울自身이나또다른사람이나疑心할수없다。 그一生의標語는 그가말한「내가산것이안이요 내안에그리스도께서 산것이라。」하는것일것이다。 實相基督은그속에完全히形成되여 우리는그속에서基督의性格을배울수있으며아마初步者는基督自身의生涯에서보다 바울에서 더基督을배울수있을것이다。 基督自身속에는모든德이混合하고融和하야 初步者가그偉大함을엿보기가어렵다。 이는맞히라파엘의그림이너머完全하야 익지안은눈에는알수없는것같다。 그러나바울에는 크리스챤性格의가장重要한 要素의몇이 確然히나타나누구나이를안볼수없다。 이는맞히루벤스의그림의가장顯著한特點이 보는사람에게는다알수있는것같다。

五、 다음에基督敎는바울에게서大思想家를얻었다이는特히當時에必要한것이었다。 基督이世上을떠나자 그를代表하라고남은사람들은無識한漁夫들이었고 大部分이知識에優越한사람들이안이었다。 어느點으로보면 이事實이基督敎에게獨特한榮光을준다。事實基督敎는代表者의才能에依하야 世上의大感化力의하나인地位를얻은것이안이다。 權力이안이고能力이안이고 다만하나님의靈으로 基督敎는이世上

에樹立된것이다 ○그러나우리가回顧하면 當時에달은典型과敎養을가진使徒가얼마나必要하였음을 明白히볼수있다○

六、基督은아버지의榮光을한번으로完全히나타내고그의救贖事業을完成하였다○ 그러나이것만으로는不充分하였다○ 그의出現의뜻을世上에說明할必要가있었다○ 이世上에있었던그는누구인가? 그가한일은무엇인가? 이質問에對하야 最初의使徒들은簡單한通俗的對答은할수있었다○ 그러나그들은이對答을世上의知者를滿足식힐樣式으로만들知力도敎養도가지지못하였다○ 多幸히이質問에科學的으로正確히對答하는것은救濟에는必要하지아니하다○ 예수가하나님의아들이고그가罪를없애기爲하야죽음을알고믿으며 그를救主로믿고信仰으로써거룩하게되였으나이것을 틀림없이說明하지못하는사람이萬餘人이넘울것이다○ 그러나基督敎가道德으로만안이고知力으로도이世上을征服한다면 敎會가救主의全榮光과그의救濟事業을正確히世上에對하야說明함이반듯이必要하다○ 勿論基督自身은 自己가어떠한사람이며또한自己가하고있는 白日과같이明瞭한일이어떠한것인가를잘알고있었다○ 그러나그는自己마음全部를弟子들에게말할수없었으니 이果然그가地上奉仕를하는때가장切痛한一面이였다○ 弟子들은그것을가질수없었다○ 그들은너머單純하고偏狹하야그것을받을수없었다○ 그는그의最深한思想을말하지못하고그냥가슴에품고이世上을떠나며그敎會가發展하는동안에는聖靈의引導로반듯이이를알게되리라믿었다○ 그들은그가말한것도充分히理解하지못하였다○ 勿論最初使徒團中에 無上한能力과思索의高峰에올아갈才能을가진사람이하나는있었다○ 基督의말이요한의마음속에들어가 半世紀동안있다가 지금우리가가지고있는그의福音과書翰이라는可驚할樣式으로되였다○ 그러나요한의마음도敎會의緊急한目的에는適當치아니하였다○ 그는너머高尙하고神秘하고異常하였다○ 그의思想은只今도小數의高尙한마음들만이 가지고있다基督敎々義의要領을처음쓰는사람은좀더넓고큰思想家이여야하였다○ 바울이即이사람이였다○

七、바울은生來의思想家이다○ 그의마음은大段히넓고힘이있었다○ 어떤問題든지하나잡으면 그의最初의根源과 그의終末의結果를다알기까지는 쉬

지않고思索하였다。基督이하나님의아달인것만알고서는　그는滿足하지아니하였다。그는이것을各要素로分解하야그意味를正確히알지않으면안되였다。基督이贖罪하기爲하야죽었다는것만믿고는　그는滿足하지아니하였다。그는더나아가 어찌하야 基督이죽어야하며　또그의죽음으로罪가없어지는가를探求하지않으면안되였다。이思索的才能은그가나서부터가질뿐안이라　이技能은敎育을받어養成되였다。다른使徒들은無識한사람들이였다。그러나바울은當時의敎養을充分히받었다。律法學者學校에서　그의思想을어떻게排列하며어떻게말하며어떻게辯護함을배웠다。우리는이結果를그書翰에가졌으며이書翰이야말로世上에있는가장優良한基督敎의說明이다。이書翰을바로본다면　그는말할것없이基督自身의敎旨의繼續이다。그속에는基督이말하지않고地上에서그냥가지고간思想을包含하였다。勿論基督自身은그보다달으게또한더낫게말하였을것이다。바울의思想은그의個性의色彩가濃厚하다。그러나그要旨는基督自身이말하였드면　의레히表現하였을그要旨이다。

八、基督이說明치아니하고남겨놓은큰問題가特히하나있다。即그의死이다。그는죽기前에이를說明할수없었다。이것이바울의思索의中心問題가되였다。基督은어찌하야죽었으며　또한그結果는어떠한가를그는說明하랴하였다。實로基督에 對하 야서바울의쉬지안는探求心이洞察치못한點이없었다。

우리가그의十三書翰을年代順으로排列하면　그마음이이問題에對하야漸々深刻하여갔음을알수있다。그의思索은두가지로進步되였다。하나는그가基督을아는知識의自然的進步인대그는恒常自己自身의經驗을率直하게썼다。또하나는　그가繼續하야여러가지誤謬에부디치게되였는대　이는그의眞理에對한理解力을북돗고發展식히는攝理의手段이되였다。이는맞히敎會에서誤謬가일어날때는恒常그것이敎義의鮮明한陳述을하게하는手段이되는것과같다。그러나그思索의主動的刺戟은그生活과같이基督이였으며　그를基督敎思想家로만든것은　그가이無窮無盡한問題에一生을받힌까닭이다。

九、셋재로　基督敎는바울에서異邦人宣敎師를얻었다。高尙한思索力과偉大한實際的活動力을具備한사람을얻기는어려운것인대　바울은이것을具備하였

다。그는敎會의最大한思想家일뿐안이라 敎會가가진第一位의活動家이다。우리는이제까지바울이敎會에들어올때 그를기달이고있는思索的事業을생각하여왔으나 그事業에지지안는偉大한實際的事業이또한그를기달이고있다。即異邦의福音傳道이다。

十、基督이出現한大目的의하나는 猶太人과異邦人을分離하는담을부시고 救濟의天恩을種族과言語의區別없이全人類에게줌에있었다。그러나基督自身은이變化를實現할수없었다。그가다만이스라엘집의잃은羊에게만오게된것은 그의地上生活의異常한制限에하나이다。福音을파레스틘밖에가지고가 이國民저國民에게傳함은 그것이얼마나그의따뜻한사람다운마음에 適合한일인가를想像할수있다。좀더大膽히말하면 그가만약더살수있었드면 그는반듯이이것을그의生涯의事業으로가졌을것이다。그러나그는生涯의中途에죽게되여 이일을弟子들에게남길수밖에없었다。

十一、바울이舞臺에오르기前에발서이事業이始作되였다。猶太人의偏見은어느程度로없어지고 基督敎의宇宙性은幾部分間實現되였다。베드로는처음으로異邦人에게洗禮를주어敎會에들어오게하였다。그러나最初의使徒들은이緊急한때에不適하였다。그들가운데에는 度量이커서猶太人과異邦人이全然히같음을깨닷는同時에이를躊躇않고實際로適用하는사람이없었다。그들가운대에는異邦人의改宗을大規模로實行하는대必要한여러가지才能을가진사람이없었다。그들은갈릴리漁夫들이여 다만故鄕파레스틘地境안에서 갈으치고說敎함에適合하였다。파레스틘밖에는希臘과羅馬의大世界가있다。莫大한人口權力文化快樂實業의世界가있다。이곧에福音의使命을가지고가는사람은 變通自在하여야하고敎養이있어야하고廣大한同情心이있어야하고寬大하여야한다。猶太人에게猶太人이될뿐안이다 希臘人에게는希臘人이되고 羅馬人에게는羅馬人이되고 野蠻人에게는野蠻人이되여야한다。猶太會堂에서律法學者와對戰할뿐안이라 法廷에서驕慢한法官과對戰하며 學問의首府에서哲學者와對抗할수있어야한다。水路로陸路로旅行할수있으며 어떠한境遇에있어서도마음을動치아니하며어떠한困難이라도무서워하지아니하여야한다。이러한範圍의사람은最初의使徒團에는없

었다。基督敎는이러한사람을要求하였다 바울이即이사람이였다。

十二、처음에는어느使徒보다더 猶太人의排他主義의特性과偏見에固着하였었으나 그는이先入主의가시덤불속에서길을열어 基督속에全人類의同權을承認하고 이主義를徹底하게適用하였다。그는異邦傳道에心醉하였으며 그의一生의歷史는그가얼마나그의天職에忠實하였든가를말하는歷史이다。그와같이눈이單一하고마음이全一한사람은없었다。그와같이恒常不屈하는超人의精力을가진사람은없었다。그와같이山으로쌔인困難을깃브게맞은사람은없었고그와같이無限한苦痛을질겁게받은사람은없었다。바울속에서예수그리스도는이世上에傳道하였다。그는바울의손、발、혀、머리、마음、을써서 그가地上에서는使命의制限을받어成就치못하였든그事業을成就하였다。

第二章 그가無意識中에한事業의準備

十三、成年이된뒤에回心을한사람들은恒常그以前生涯를돌아볼때는슯븜과븟그럼을禁치못하고 될수

있으면이것을抹殺하여버렸으면하고願한다。바울도이느낌을많이가졌었다。그는죽는날까지 지낸濫用한날의記憶에부대끼여 自己는使徒中가장적은者이고 自己는하나님敎會를逼迫하였음으로使徒될價値가없다고 잘말하였다그러나이憂鬱한느낌은全部가다옳은것이안이다。하나님의目的은甚히깊어 그는自己를몰으는무리에게도씨를심으신다。이씨는그들의하나님몰으는生涯가끝난後오래되여야겨우익어열매를맺게된다。바울이만약回心時의生涯를將次오는生涯에適當한準備로지내지아니하였더라면 그는그같은사람도안되였섰고 또한그같은事業도못하였을것이다。그는무엇을準備하고잇는지몰앗었다。그가自己將來에對하야생각한것은 하나님이생각한것과는달앗었다。그러나사람의目的을세우시는하나님이게시여 그는몰앗으나 그를하나님箭筒에넣는磨光한화살로만들었다。

十四、바울의生日은正確히알수없으나實地로使用하는데는아무不便없는 近似한날자로는 이를定할수있다。紀元三十三年에스데반을돌로친사람들이그옷을바울의발앞에던진때 그는「젊은사람」이였다。이말

은希臘語에서도英語와같이二十內外로부터三十內外로解釋할수있다。 이境遇에는後者를取함이아마適當할것같다。 바울은이때나或은좀음後에샌니드림(古代에루살렘最高法院兼最高評議會)의一員이였음을믿을理由가있는대 이職分은三十未滿사람이받을수없는것이고 또한좀음後에샌니드림으로부터크리스찬을逼迫하라는任命은아주젊은 사람에게맡길수없는것이다。 스데반을죽이던때 그가이러한可痛한役割을演한後約三十年 紀元六十二年에羅馬獄中에서 스데반과같은理由로死刑宣告를기달이면서 그의最後의書翰을빌레몬에게쓸때 그는自己를늙으니라고붙었다。 이말亦解釋範圍가넓다。 그는많은困難을적금으로일즉이늙었을것이다 六十이안되고서는「나이많은바울」이라아니하였을것이다。 이렇게計算하면그가예수와거진같은때에出生하였다는結論이된다。 兒孩예수가나사렛길가에서놀았을때 兒孩바울은레바논봉오리저편故鄕길가에서놀았을것이다。 이두兒孩는全然히달은生涯를걸을것같이되였을것이다。 그러나이두生涯는 攝理의神奇한配置로反對流域에흘러오는河川과같이將次는本流와支流로써合하게되는것이였다。

十五、 그의生地는小亞細亞東南길니기아골의首府닌다소이였다。 이都會는海岸에서數哩떠러진沃野가운대시두너스시江兩岸에서있다。이江은住民 들이여름저녁마다집웅에올아가 落日의照映을바라보던近隣에서있는눈에쌔인山峰도ㅣ루스에서흘어왔다。 江은都會우에서는바우우에떠러저큰瀑布를만들고 아래에서는배가通하게되였다。 市內에서는兩岸이陸揚場이되여各國의商品이쌔였고거리에는各種의服色과各國의말을하는水兵과商人이늘뇌였다。 이都會의商業은그地方에許多하게낳는木材의廣範한賣買이고또近處山에만히길으는山羊의優良한긴털의賣買이였다 이羊毛는織物과其他여러物件으로만들고바울이後에그의職業으로한天幕은亦이羊毛에서맨든것인데 이는地中海沿岸에主要한商品이였다。 다소는또한大運輸業의中心이였다。 都會뒤에「길니기아문」이라는有名한通路가있어이는山을지내小亞細亞中部地方에일으렀다。 그리하야다소는이地方의物産이모여서는東部西部로허터지는貨物集散地이였다。 住民은많었고또富裕하였다。 多大數는길니기아土着民이였으나가

바울의生涯 一〇

장富裕한商人들은希臘人이였다。이곧은羅馬統治下에있어다소는自治의特典을가졌었으나 거기에는羅馬統治權을明示하는것이많이있었었다。住民의數와種類는英國의그라스코와같이 다소가商業의中心일뿐아니라學問의中心인까닭에 漸々늘어갔었다。그는아덴스아렉산드리아와같이當時三大大學都市의하나인데知識의卓越함에는다른二大學을이기였다한다。거리에는各國에서온大學生이뫼이매 이는青年의마음속에學問의價値와目的에對한思想을일어나게하였다。

十六、누가이곧을異邦使徒에生地로가장適當하다아니생각하랴 그는生長하면서 不知不識間에 各階級各種族사람과만날準備를하고 形々色々의性質에同情하며 아주틀린習慣과風俗이라도容納할準備를하였다。後年에그는恒常都市를사랑하였다。그의主가예루살렘을避하야 山옆이나湖水가에서說敎하기를좋와하였으나 바울은恒常大都會로만도라단였다。안듸옥 에베소 아덴스 고린도 로마等舊世界의首府가 그의活動의舞臺이엿다。예수의말삼에는시골香趣가가득하야들의百合花、牧者를쫓난羊、밧둑에섯는播種者 그물을던지는漁夫같은조용한田園美와質朴한勤勞의그림이가득하나 바울의말에는都市氣分이充滿하야 거리의騷音과雜響이들리는것같다。그는比喩를 武裝한軍人 鬪技場의競技者家産과宮殿의建築 凱旋將軍의祝捷行列같은人間의活動光景과敎化生活의實例에서많이取하였다 이와같이바울의成年時期에兒孩때聯想이긋침없이일어났다。

十七、바울은 自己가大都市의市民님을어느때에자랑한거와같이 自己生地에對하야 自矜을가졌었다그는天性으로깊은愛國心을가졌었다。그러나이것은길니기아와다소를爲하야서가안이였다。그는生地에있어서는한異國人이였다。그父親은當時異邦各都市에흐터져 貿易과商業에從事한多數한猶太人의하나였다。그들은聖地를떠났으나그것을잊지아니하였다。그들은同居하는人民들과團合하지아니하였으며 衣服飮食宗敎其他여러가지特點에있어서 特異한族屬으로남어있었다。勿論大體로보와그들은파레스틴에남어있는猶太人들보다는 宗敎的意見에對하야는嚴格하였고 外國風習에對하야더寬大하였다그러나비울의父親은緩漫하여저버린사람은아니였다。

그는宗敎에對하야嚴格한派이엿다。 그가파레스틴을떠난것은그의아들나키얼마前일이다。 이는바울이自己를히브리사람중에히브리사람이라말하엿는데 이니름은 파레스틴猶太人이나또한파레스틴을떠난지얼마안되는猶太人에限하야쓸수있는것이었다。 그母親에對하야는족음도알수없으나 그가자라난家庭이많은著名한宗敎敎師들을낸家庭과같이 敬虔하고德性있고多少嚴格한主義를가지고信者의特色을固執하는家庭이었음을알수있다。 그는이精神에젖었다。 그가그의出生都市에서永久히잊지못할많은印象은받었으나그마음의땅과都市는파레스틴이고예루살렘이었다。 그의젊은想像의英雄은결쉬여스、호따슈스、혀큐리스、아기레스가안이고 아브라함、요셉、모세다윗에스라이었다。 그가過去를돌아볼때그눈은混雜한길리기아의歷史에가지않고明朗한猶太人의歷史의내를갈대아우로根源까지치어다보았다。 그가未來를생각할때그눈에오르는默示는예루살렘에即位하야鐵杖으로萬國民을다시리는救世主의王國이었다。

十八、 同居하는多大數우에높이선精神的貴族主義의느낌은 그가周圍人民들의宗敎를보아 漸々깊어갔을것이다。 다소는堂々하나 말할수없이卑劣한바알崇拜를하는種族의中心地임으로一年에몇季는祝祭의舞臺가되여 近隣地方사람들이모여들고 우리가想像도할수없는 道德上至極히끄러는秘密儀式이있었다。 勿論兒孩는이不義한秘密의속은보지못하였다。 그러나그가그國民에特有한蔑視를 가지고이偶像崇拜에서돌아서自己家族이이스라엘의거륵한자를禮拜하는족으만한會堂이異徒敎의燦爛한 宮殿보다훨신나음을알만하게는 이를보았다。 後年에그神學의基礎가되고그事業에根本的刺戟을준 人性이떠러질수있는深所와따라그것이要求하는全能한救濟力에對한그의確信은多少이初年經驗에서얻은것이다。

十九、이에兒孩가從事할職業을決定할時期가왔다。 이는어느生涯에서나重大한危機인데 決定如何에重大한關係가있다。 바울에對하야가장自然스러운生涯는商人이되는것이었다。 父親이商業에從事할뿐안이라그繁盛한市況이大商家가되라는野心을일으키고 또이兒孩의活動力은반드시成功을하게될것이다。 또한父親은이外에子孫에게傳해줄商人에게特히有用한權利를가졌다。 그는猶太人이었으나羅馬市民이었음

으로 그子息은羅馬各處에旅行할權利를갖게되엿다。그父親이어찌하야市民權을 얻게되엿는지는알수없다。아마삿던지或은國家에한큰功勞로써얻었던지또한딴方法으로써얻었을것이다。어떠턴지그子息은自由民이었다。이는價値있는權利이였으며父親이願하는대로난아니었으나 바울에게큰도음이되엿다。바울은商人이아니되기로決定 되엿다。이는父親에强硬한宗敎的意見에나 母親의敬虔한野心에나 或은自身의질김에依하였을것이다。그가大學에가 傳道師敎師法律家의셋을하나에兼한라비가되기로 決定되엿다。兒孩의精神과能力으로보와이는果然賢明한決定이었고 人類의將來를爲하야限없이重大한것이었다。

二十、이와같이俗業에從事하게될機會는免하엿으나그는聖書에對한準備를하기前에實務에對하야배우게되엿다。猶太兒孩들은어떠한業務에從事하게되던지必要한때쓸수있게 한業을배우난것이規定이엿다。이規定은閑暇하면危險한데빠지기쉬운青年時期에있는사람에게일늠하게하고富者와學者가이마에땀을흘이어糊口하는사람들의느낌을多少알게하는 用意를가졌다。바울이하게된業은 다소에아주흔한 二地方의名産인羊毛로天幕을만드는것이었다。이하기시른일을하기始作할적에는父親이나 그나이것이後年에얼마나큰일을하게될런지를몰았다。그러나이는그가傳道旅行을하는동안生活維持의手段이되고 그當時基督敎의傳播者가利己的動機에서하는것이라는疑心을받지아니함이必要한때에그가高貴한獨立을할수있게하였다。

二十一、집을떠나라비가될敎育을받기前에 바울이다소大學에다녔는지안다녔는지가自然問題가된다。시온山에서소사나오는우물옆에가기前에 그는헤리온山에서흘러나오는知識의우물을마셨는가。그가希臘詩人에서數次引用한事實로보면 希臘全文學을알은것같다。그러나그의引用句는 希臘語를使用하는사람은누구나때々로쓰는簡易하고平凡한것이며그書翰의文體와用語는 希臘文學體가안이고 當時흐터진猶太人들이一般으로쓰는히브리聖書希臘譯—七十人譯聖書體이다。아마그의父親이子息을異敎徒大學에보냄을한罪로생각하였을것이다。그렇다고 學問의中心地에서生長한그가그곧學者的氣風의影響을안받았다고볼수는없다。그가아텐스에서한演說은 그

가할다고안하엿으면쓴文體보다더雄大한것을알수있었을것이며또한그같이銳敏한마음이　그가쓰고있는言語의偉大한文物에對하야　全然無識하엿다고볼수는없다。

二十二、다소의學者的氣風이그에게준印象이　이外에또있다。이곧大學은족으만한論戰과競爭에有名하야　이는각금學者의조용한隱遁生活을깨트렷다。이四方을떠들석하게한喧嘩는　그書翰의한特色을만든　修辭家의術法과雄辯家의헛된辨論에對한輕蔑은처음으로그마음속에서생기게하엿을것이다。그의눈은날카롭고正確하야　一個의兒孩에지내지못하엿으나　그들입에서는훌륭한修辭가나오나　그들靈魂이얼마나적고　그들生活이얼마나卑賤한지를洞察하엿을것이다。

二十三、猶太라비를敎育식히는大學은예루살렘에있었는대바울은約十三歲때거긔에갔다。그의聖都到着은예수가十二歲때처음올아간그해일것이다。바울의이때經驗은記錄함이없어알수없으나　나사렛兒孩에수가그民族의首府를처음보고느끼고感激이가득한마음이었을것이다。宗敎的性向을가진猶太兒孩들에게는예루살렘은萬事의中心이엿다。豫言者와列王의발자취가　거리에울리고　神聖하고崇高한　記憶은담과建物에뵈엿다。예루살렘은참으로無限한希望에빗나그들마암을빼엇다。

二十四、當時예루살렘大學長은가장著名한敎師의하나이엇다。即가말리엘인데　바울은이敎師앞에서敎育을받엇다한다。그는同時代사람들에게「律法에完全한者라」하는날카름을받고　지금猶太人한테는大라비로알려있다。그는高尙한人格과深奧한知識을가젓고先祖의傳統을頑强히固執하는바리새敎人이엇으나다른偏狹한敎徒들과는달라　希臘文化를容納하야이들끄러들안이하엿다。이같은사람이바울같은넓은마암에준影響은컷을것이다。바울이一時는頑迷한熱狂信徒이엇으나　後에는모든偏見을없애버리게되엿는데　이렇게됨에는그先生의힘이적지아니하엿을것이다。

二十五、라비가工夫하는課程은길고特異한것이엇는데　聖書硏究와　賢人과敎師의聖書註譯硏究가그의全部이있다。聖書의敎訓과賢人의格言을暗誦하고爭點에對하야討論하며　敎師뿐안이라學者들의猛烈

한質問에對答하야學生들은知力이날카러워지고 見地가넓어졌다。바울의後年에볼수있는 强大한記憶力 犀利한論理 豊富한思想 問題를取扱하는獨特한方法같은그의知力의特点은벌서이學校時代에날아나先生들의깊은興味를잇끌었을것이다。

二十六、그는이곧에서後日에必要한것을많이배웠다그는特히異邦人의宣教師이나 本國人에對하야도또한큰宣教師이었다。猶太人이사는都市에가면그는公人으로서는반드시猶太人教堂에서第一먼저날아났다라비의教養을가져그는말할機會를얻고 猶太人의思想樣式과推理形式에能通하야 그는聽衆의注目을一身에끌었다。또한聖經知識이豊富하야그는聽者들이絕對權威로서生覺하는것으로써많은例證을하였다果然그는基督教의偉大한神學者가되고 新約의中心筆者가될그릇이었다。新約은舊約에서나온것이다。舊約은全部가豫言이고 新約은그의完成이다。故로新約을만드는者는 基督教를깊이알음은勿論이어니와舊約을또한깊이알아야한다。바울은記憶力이가장旺盛할때 舊約에對한知識을全部 自由自在로쓸만큼얻어自然舊約의語法은그의思想의言語가되였다。그는律法豫言詩各部分에서自由스럽게引用하야이것으로써글을썼다。이와같이勇士는어느곧에쓸런지알지도못하고 聖靈의甲옷을입고武器를찾다。

二十七、이러하는동안에그의道德的宗教的狀態는어떠하였는가。그가宗教의教師가되랴고 工夫하고있을때그自身은事實敬虔하였는가。聖職의準備를시기랴고父母들이大學에보낸子息들이全部다敬虔한것은안이고 또한都市에는青年을첫거름에바로墮落시기는誘惑이가득히있다。教會의大教師中에는聖오가스틴과같이 罪惡에더렵힌前年生을가진이가있다。그러나바울은青年時代에이러한墮落이없었다。그가心中에서는情慾과激烈히싸웠을것이나 그의行動은恒常純潔하였다。當時예루살렘은道德을배우기適當한곧은안이었다 外面으로神聖하나內面으로는墮落하야救主가 數年後에大攻擊을하게된예루살렘이였다。僞善의中心地이며 有能한青年들은宗教의무거운짐은피하고그의報賞받을方法을容易히배웠다。그러나바울은이러한危險속을無事히지내여後에그가自己예루살렘生活에는아무흠이없다고自矜할만하엿다。

(未完)

民數記大旨

金 敎 臣

모세五經의第四書다。第二書인出埃及記에 連續하야 이스라엘百姓의 가나안따 行進을 記錄한 것이다。全篇三十六章의內容을 一瞥하면 그槪綱은左와같다。

一 整頓과出發準備（一·一—十·十）〔시내에서〕

(1) 國勢調査〔第一回〕（一·一—四六）

가、調査한場所、時日、標準（一·一—四）

場所、시내들

時日、出埃及後第二年（紀元前一四九〇年）二月一日

標準、二十歲以上의壯丁만。但레위族은除外함。

나、各지파의 族長指名（一·五—十六）

엘리술〔르우벤지파〕 슬루미엘〔시므온지파〕（五、六）

나손〔유다지파〕 느다넬〔잇사갈지파〕（七、八）

엘리압〔스불론지파〕 엘리사〔에브라임지파〕（九、十）

가말리엘〔므낫세지파〕아비단〔벤야민지파〕（十、十一）

아히에셀〔단지파〕 바기엘〔아셀지파〕（十二、十三）

엘리아삽〔갓지파〕 아히라〔납달리지파〕（十四、十五）

다、調査實施（一·十七—十九）

모세와아론의統括。各族長의分擔計數（十七—十九）

라、各지파의二十歲以上男丁의實數（一·二〇—四六）

르우벤 지파에서 四六五〇〇人（二十、二一）

시므온 지파에서 五九三〇〇人（二二、二三）

갓 지파에서 四五六五〇人（二四、二五）

유다 지파에서 七四六〇〇人（二六、二七）

잇사갈 지파에서 五四四〇〇人（二八、二九）

스불론 지파에서 五七四〇〇人（三〇、三一）

에브라임 지파에서 四〇五〇〇人（三二、三三）

므낫세 지파에서 三二二〇〇人（三四、三五）

벤야민 지파에서 三五四〇〇人（三六、三七）

단 지파에서 六二七〇〇人（三八、三九）

아셀 지파에서 四一五〇〇人（四〇、四一）

납달리 지파에서 五三四〇〇人（四二、四三）

以上十二지파都合 六〇三五五〇人（四四—四六）

마、레위 지파는不計數（一·四七—五四）

레위 사람의任務（一·四七—五一）

레위 사람의陣地（一·五二—五四）

民數記大旨 一六

(2) 各軍隊의配列〔법궤장막의周圍에〕(二•一—三四)

가、第一隊〔법궤의東편에〕 (二•一—九)

유다陣〔方伯나손〕 七四六〇〇人(二•一—四)

잇사갈陣〔方伯느단엘〕 五四四〇〇人(二•五—六)

스불론陣〔方伯엘리압〕 五七四〇〇人(二•七—八)

以上第一隊都合 一八六四〇〇人(二•九)

나、第二隊〔법궤의南方에〕 (二•十—十六)

르우벤陣〔方伯엘리술〕 四六五〇〇人(二•十—十一)

시므온陣〔方伯슬루미엘〕五九三〇〇人(二•十二、十三)

갓 陣〔方伯엘리아삽〕 四五六五〇人(二•十四—十五)

以上第二隊都合 一五一四五〇人(二•十六)

다、레위사람의陣中位置〔前後陣의中間〕(二•十七)

라、第三隊〔법궤의西方에〕 (二•十八—二四)

에브라임陣〔長엘리사마〕四〇五〇〇人(二•十八—十九)

므낫세陣〔方伯가말리엘〕三二二〇〇人(二•二〇—二一)

벤야민陣〔方伯아비단〕 三五四〇〇人(二•二二—二三)

以上第三隊都合 一〇八一〇〇人(二•二四)

마、第四隊〔법궤의北方에〕 (二•二五—三一)

단 陣〔方伯아히에셀〕 六二七〇〇人(二•二五—二六)

아셀陣〔方伯바기엘〕 四一五〇〇人(二•二七—二八)

납달리陣〔方伯아히라〕 五三四〇〇人(二•二九—三〇)

以上第四隊都合 一五七六〇〇人(二•三一)

바、全軍營의隊伍整列完結 (二•三二—三四)

四個軍團의總都合 六〇三五五〇人(二•三二)

레위族은數外。各軍은 그旗下에動靜(二•三三—三四)

(3)、宗教的準備

가、祭司長(三•一—四) 레위族(五—十三) 레위子孫의計數及配列(十四—三九) 맏아들의計數〔二二二七三人〕와贖錢(四〇—五一) 그핫의子孫의任務(四•一—一五)엘느아살의任務(一六—二〇) 게르손子孫의任務 (二一—二八) 므라리의子孫이할일(二九—四•四九)

나、軍營의成潔 (五•一—三一)

生理的不潔에서(五•一—四) 犯罪에서(五•五—十)

異姓關係의猜忌에서 (五•十一—三一)

다、個人及레위族의淨潔 (六•一—八•二六)

스스로聖別하는法 (六•一—二一) 祝福(二二—二七)

方伯들의獻品(七•一—八九) 燈잔놓는法(八•一—四)

레위族의淨潔 (八•五—二六)

라、出動準備完了

逾越節〔正月十四日夕時〕遵守하기를再命 (九•一—四)

구름이 이스라엘子孫을引導함(九•一五－二三)
銀라발의使用(十•一－十)

二 曠野四十年〔시내에서모압까지〕

시내로부터 가나안近邊까지(十•一一－十九•二二)

가、 시내曠野出發〔第二年二月二十日〕(十•一一－一三)
行軍의順序(十•一四－二八) 모세가호합을 挽留하다
(十•二九－三二) 行軍繼續(十•三三－三六) 〔**파란曠野**〕

나、 群衆의不平과天罰(十一•一－三)〔**다베라**〕에곱戀慕
(四－九) 모세의憤懣과呼訴(十－十五) 任務分掌 (十六
－三〇) 모추리毒食(十一•三一－三五) 〔기브롯핫다와
－하세롯〕 미리암과아론의不平(十二•一－一六)

다、 探偵軍派遣 (十三•一－十四•四五)
探偵간사람들의名錄(十三•一－一六) 任務(一七－二〇)
四十日間探偵〔신광야－르홉－하맛－헤브론－에
스골〕(十三•二一－二五) 二樣의報告(十三•二六－三三)
不信의騷擾와刑罰 (十四•一－四五)

라、 目的地에到着한때의諸般規律 (十五•一－四一)
各種祭祠의規例(一－三一) 法의峻嚴(三二－四一)

마、 反逆과 그結末 (十六•一－十七•十三)
고라、다단、아비람、론等의反逆(十六•一－二二)

反亂에對한 하나님의審判 (十六•二三－五〇)
아론의 집행이로써 權威立證 (十七•一－一三)
아론及레위族의職權 (十八•一－三二)
聖別하는法 (十九•一－二二)

三 가나안邊方에서

曠野의最後一年 (二十•一－三六•一三)

가、 신曠野가데스에서 미리암의葬事(二十•一)
乏水로因한 會衆의不信(二十•二－六)岩水와 모세의
不信(七－一三) 에돔의拒逆(一四－二一) 아론의死와
엘르아살의就任 (二十•二二－二九)

나、 征服과進軍
아랏王〔가나안族〕征服(二一•一－三) 〔**홀마**〕
이스라엘不信과火蛇의禍〔모세의銅蛇로救援〕(四－
九) 進軍〔호르山으로부터 비스가山까지〕 (二一•十
－二十) 호르山－오봇－이예아바림－세렛골짝이－
아르논시내언덕－브엘〔우물노래〕－맛다나－나할
리엘－바못－모압－비스가山
아모리王시혼征服〔야핫스－아르논－얍복－ 헤
스본〕 (二一•二一－三〇)

民數記大旨

바산王옥을征服「아모리—야셀—바산—에드레」(二一·三一—三五)

다、발람의豫言 (二二·一—二四·二五)

모압王발락의對이스라엘政策「발람招聘」(二二·一—四一)

발람의獻祭와譬喩 (二三·一—三〇)

발람의率直한豫言과발락의憤懣 (二四·一—二五)

라、싯딤事變

이스라엘의墮落「雜婚、偶像」(二五·一—五)

天罰로죽은者二萬四千人 (二五·六—九)

비느하스의집에永遠한祭祠長職任 (二五·十—一五)

미디안사람征服 (二五·一六—一八)

마、國勢調査「第二回」(二六·一—五一) 모압들에서

(1) 르우벤子孫 四三七三〇人 (二六·一—一一)

(2) 시므온자손 二二二〇〇人 (二六·一二—一四)

(3) 갇 자손 四〇五〇〇人 (二六·一五—一八)

(4) 유다자손 七六五〇〇人 (二六·一九—二二)

(5) 잇사갈자손 六四三〇〇人 (二六·二三—二五)

(6) 스불론자손 六〇五〇〇人 (二六·二六—二七)

(7) 므낫세자손 五二七〇〇人 (二六·二八—三四)

(8) 에브라임자손 三二五〇〇人 (二六·三五—三七)

(9) 벤야민지파 四五六〇〇人 (二六·三八—四一)

(10) 단 자손 六四四〇〇人 (二六·四二—四三)

(12) 아셀자손 五三四〇〇人 (二六·四四—四七)

(11) 납달리자손 四五四〇〇人 (二六·四八—五〇)

以上都合 六〇一七三〇人 (二六·五一)

第一回調査보다 一八二〇人減少(參照一·四四)

기업의原則及레위族의計數 (二六·五二—六五)

바、가나안侵入의準備

(1) 기업의原理(二七·一—一一)모세의後繼者(여호수아)選任 (二七·一二—二三)

(2) 各種獻祭 (二八·一—二九·四〇)

盟誓의意義 (三〇·一—一六)

(3) 미디안으로부터요단江畔까지征服。捕虜及戰利品의分配規定 (三一·一—三一·四二)

애굽으로부터요단江畔까지行軍日記(三三·一—四九)

가나안의許與及分配 (三三·五〇—三四·二九)

레위族의市、逃避의城、딸의기업(三五·一—三六·一三)

以上에서 이民數記의骨子를본바와같이(大概三部分으로되어 첫째는 紅海岸에서 鵬程의出發을

準備하든때요 둘째는紅海岸으로부터 모압들邊方까지進軍하든것이오 셋째는 모압들에서 가나안족속들과 衝突하면서 約束의따으로侵入하려고準備하든때까지 記載되였다。

民數記라는名稱은 그第一章과 第二十六章에서 男丁을計數하였다는記事로부터 그렇게名稱하게되였으나 全篇三十六章에比하면 이國勢調查를記錄한部分은 매우적은部分이였다。그러나 第一回調查는 이스라엘百姓이 空前絶後한 大異蹟으로써 紅海를陸地같이 것너온後에 奴隷의鐵鎖는完全히 끊어버렸으나 또다시 시내半島橫斷의險을眼前에두고 기운을 가다듬을때에 計數한것이오第二回의調查는 曠野에서 四十年間의 漂浪生活을보내다가 드듸어 約束의따 가나안으로들어가려할때에 計數한것이엇다。前後二次가 모다重大한時期에處한 重大한事件이었음은勿論이었다。이것이書名까지 民數記라고稱한所以이다。

調查한結果는 戰場에 나갈수있는 二〇歲以上의男丁만이 第一回에는六十萬三千五百五十人이었고 曠野四十年을지낸後의第二回調查에는 前回보다 一千八百二十人이減少하였다。四十年後의人口가增殖함이없고 도리혀減少된것은 不信에對한天罰과 地方的苦疫과 戰爭等에서 없어진것이였으나 大體로前回와거의相等하게 六十萬以上이오 二十歲以上男丁이六十萬以上이되는民族은 그老幼와婦女까지合하면約二百萬은넘우리라한다。이같이 混雜한大衆을引率하고 曠野의荒凉한天然과싸우며 前路를가루막는外敵을征服하면서行進한이스라엘의 새로운出發點마다 一絲不亂할調查와整理를보면 이스라엘百姓은 單只구름기둥이나 紅海의 물을 갈르는 超人間的奇蹟으로만運行하야 人形과같이 演役하였거나或은神秘奇怪한神話나傳說같은 百姓이안이라 가장實際的國民이었고 健實한百姓이있든것을 알수있다。그引導者인 모세가 또한非凡한實際的人物이었든것도 아울러推測할수있다。

猶太人들은 民數記를「曠野에서」라고稱한다하니 이冊의大部分이 시내에서부터 요단江까지의曠野漂浪生活을記錄한것 인까닭이다。地形으로보아도 시내半島의幅이 過히넓지않은것인데 그안에서四十年間을徘徊하였다함은 何故인가。論不勿信의緣

民數記大旨

故였다∨古來로 英國의歷史는海를離하야論할수없다는것처럼 이스라엘歷史는曠野를離하고는論할것이없었다。 그리스도에게 四十日의曠野가必要하였든것처럼 이스라엘百姓에게는 四十年間沙漠에서訓練하며 그믿음을洗煉할必要가있었다。 苦痛은苦痛이었으나 貴重한四十年이었다。 하나님은 그사랑하시는選民을 꿀이흘으는 가나안따으로단번에引導하여버리시지않고 위선四十年間을 曠野에서 울고부르짓게하야 그靈魂들을 몬져準備하게하였다。 찬송할지어다 하나님의智와愛의比할데없으심을。

그러나 이스라엘의 四十年間曠野生活은 失敗의記錄을 남길뿐이었다。 埃及을떠날때의 이스라엘民衆의勇氣와 紅海를건낼때의 그 믿음은 시내曠野에 미처帳幕치기前부터 懷疑와不信에墮落하야 자주 모세와아론에게 不平을말하며

누가 우리에게 고기를주어 먹게할고 우리가생각건대 애급에있을때에는 갑없이 생선과외와 수박과 부초와 파와 마늘을먹었드니이제 이만나外에는 우리눈앞에 다른식물이없으매 우리氣力이 쇠약하도다。

하야 肉的이오現世的인 애급을戀慕하기가 한두번만이안이였으니 (十一章四ー九、十四章、二十章一ー十三節) 等이런때마다 指導者모세는 여호와께엿자오대

주 어찌 주의종을 괴롭게하시나이까 어찌하야주앞에서恩惠를얻지못한나로하여금 이모든百姓다스리는重任을메게하시나이까。……
주 만일 이같이나를대접하실진대 청컨대내게은혜를 베프사 즉시나를죽여 이괴로움을보지않게하옵소서

라고(十一章十一ー十五節)애걸하야 마지안하였다∨實로믿을수없는것은 群衆의信仰이오 實로同情할것은指導者의處地였다。 모세는本來爲人이『天下萬民보다 심히 謙遜하다』하였 것만(十二章三節) 民衆은모세와아론을對敵하야『너의가 분수에지나난도다 회무리가 다 각각거륵하고 여호와그중에게시거늘 너의가어찌하야 스스로높은체하야 여호와의총회보다뛰여난다하느냐』고 (十六章三)하였다。 그러나하나님은 公義로써審判하셨다。

있는데 어찌하야 동생다려 말하기를 네 눈
속에 있는 티를 빼라 하느냐。五、외식하는자
여 네 눈에서 들보를 먼저 빼어라 그 후에
야밝히 보고 동생의 눈에서 티를 빼리라。
六、거륵한것을 개게 주지말며 너의 진주를 도
야지앞에 던지지말라 저의가 그것을 밟고 도리
켜 너의를 물어 찢을가 염려하라。
七、구하라또한 주실것이으 찾아보아라 또한 맞
날것이오 문을 두더리라 또한 열어 주실 것이니、
八、구하는이마다 얻을것이오 찾아보는이가 맞
날 것이오 두더리는이에게 열어 주시리라。九、
너의중에 아들이 떡을 달라하면 돌을주며。一〇、
생선을 달라하면 배암을 줄사람이 누가 있겠
느냐。一一、너의가 악할지라도 좋은 것으로 자
식에게 줄줄 알거든 하물며 한울에 계신 너
의아버지께서 구하는자에게 더욱 좋은 것으로
주시지 않겠느냐。一二、그런고로 무엇이던지 남에
게 대접을 받고저 하는대로 너의도 남을 대
접하여라 이는 율법과 선지자의 대지니라。
一三、좁은 문으로 들어가라 사망으로 인도하는
문은 크고 그 길이 넓어 그러로 들어가는 사
람이 많고 一四、생명으로 인도하는 문은 좁고
길이 험하야 찾는이가 적으니라。
一五、거즛 선지자들을 삼갈지어다 양의 옷을 입
고너의게나아오나 속에는 노략질하랴는 이리라。
一六、그맺힌 열매로 저의를 알지니 가시나무에서
어찌 포도를 따며 엉겅퀴에서 어찌 무화과를 따
겠느냐。一七、이와같이 좋은 나무마다 아름다운
열매를 맺고 못된 나무가 악한 열매를 맺나
니 一八、좋은 나무가 악한 열매을 맺지못하고
못된 나무가 아름다운 열매를 맺지못하는지라。
一九、아름다운 열매를 맺지아니하는 나무마다 찍
어 불에 던지리니 二〇、이런고로 그 맺힌 열매
로 저의를 아느니라。二一、나다려 주여 주여 하
는자마다 천국에 다 들어갈 것이안이오 다만
한울에 계신 내 아버지의 뜻대로 행하는자라
야 들어가리라。二二、그 날에 여러사람이 나다려
니르되 주여 주여 우리가 주의 너름으로 선
지자노릇하며 주의 너름으로 사귀를 쫒으며
주의 너름으로 여러가지 능한 일을 행치 아

마태복음　二二

니하였나이까 하리니、二三、그 때에 내가 저의다
려 밝히 말하되 내가 너의를 도모지 알지못
하나니 불법한일하는자들아 내게서 떠나가라하
러라。二四、그런고로 내말을 듣고 행하는자들은
맞히 지혜 있는 사람이 집을 반석우에 지은
것같으리니、二五、비가 내리고 장마물이 나고 바
람이 불어 그 집에 부더치되 문어지지아니하
는 것은 반석 우에 세운연고요。二六、내 말을
듣고 행치아니하는자들은 맞히 어리석은 사람
이 집을 모래 우에 지은것같으리니、二七、비가
내리고 장마물이 나고 바람이 불어 그 집에
부더치매 문어지리니 그 문어짐이 대단하니라。
二八、맞힘 예수 이말씀을 그치시매 무리들이
그 가르치심을 이상히녁임은、二九、그 가르치시는
것이 권세 있는자와 같고 서기관과 같지아니
함일러라。

第八章

一、예수 산에서 내려오시니 허다한 무리가 좇
는지라。二、한 문둥이가 나아와 절하고 가르되
「주께서 만일 하고저 하시면 능히 저를 깨끗하
게 하시리이다」하거늘 三、예수 손을 펴서 만
지시며 가르시되「내가 하고저하노니 깨끗함을
받으라」하신대 즉시 문둥병이 깨끗하여진지라。
四、예수 너르시되「삼가 사람에게 너르지말고
다만 가서 제사장에게 네 몸을 보이고 모세
의 명한 예물을 들여 뭇 사람에게 증거하라」
하시더라。五、예수께서 가버나움에 들어가시니
한 백부장이 나아와 간구하야、五、가르되「주여
내 종이 반신불수 병으로 집에 누어 몹시괴로
와하나이다」。七、가르시되「내가 가서 고쳐주리
라」하신대、八、백부장이 대답하야 가르되「주
여 제집에 오심을 감당치 못하겠사오니 다만
말씀만 하셔도 제 종이 낫겠삽나이다。九、대
개저도 남의 수하에 있고 제 알에도 군사가
있으니 이다려 가라하면 가고 저다려 오라하
면 오고 제 종다려 이 것을 하라하면 행하
나이다」하니 一〇、예수 들으시고 긔이히 녁여
좇는자 다려 너르시되「내가 진실로 너의게
너르노니 이스라엘 사람중에 한번도 이같은 믿
음을 맞나보지 못하였노라。一一、너의게 또 니

르노니 동편서 서편까지 허다한 사람은 나르
러 아브라함과 이삭과 야곱과 같이 천국에 앉
거니와、 一二、 나라의 본 자손들은 밖앝 어두운
데 쫓겨나 거긔서 슳비 울고 니를 갈리라」。
一三、 예수 백부장다려 니르시되「가라 네 믿는대
로 되려라」 하시니 곳 그시로 종이 나으니라。
一四、 예수 베드로의 집에 들어가사 그장모가
열병으로 앓아 누은 것을 보시고、 一五、 그 손을
만지시니 열병이 물러가는지라 일어나서 예수
께 수종들더라。 一六、 저녁이 되매 사귀 들린 여
러 사람을 데리고 예수께 오거늘 예수께서 말
슴으로 사귀들을 쫓아내시고 병든자들을 다고
치시니 一七、 이는 선지자 이사야로 하신 말슴
을 일우려함이니 닐었으되 『우리 연약한 것을
친히 담당하시고 우리 병을 질머지셨다』 하시더라
一八、 예수께서 허단한 무리가 에워쌈을 보시고
명하야 저편으로 건너가라 하시니라。 一九、 한 서
기관이 나아와 예수께 말슴하되 선생님이어어
듸로 가시던지 저는 좇으리이다。 二〇、 예수 니르
시되 여호도 굴이 있고 공중에 나는 새도 집이
있으되 오직 인자는 머리 둘곧이 없다 하시더라。
二一、 제자중에 또하나이 가르되 「주여 나를
용납하야 먼저 가서 부친을 장사하게 하야주
옵소서」 하니、 二二、 예수 가르시되「죽는자로 저
의 죽는자를 장사하게 하고 너는나를 좇으
라」 하시더라。 二三、 배에 오르시매 제자들이 좇
았더니 二四、 바다에 큰 놀이 일어나 물결이 배
에 덮이되 예수는 주무시는지라。 二五、 그 제자들이
나아와 깨우며 가르되 「주여 구원하소서 우
리들이 죽겠나이다。 二六、 예수 니르시되「적게 믿
는자여 어찌 무서워하는냐」 하시고 곳일어나서
바람과 바다를 꾸짖으신대 아조 잔잔하거늘
二七、 사람들이 긔이히 녁여 가르되 「이어떠한사
람이건대 바람과 파도도 순종하는고」 하더라。
二八、 또 예수께서 건너편 가다라 따로 들어
가시니 사귀 들린 사람 둘이 있어심히
사오나와 사람이 능히 그 길로 지나가지못하
더니 무덤에서 나와 예수를 맞나매、 二九、 소리
를질어 가르되 「하나님의 아들이어 우리가너와
무슨 상관이 있나뇨 때가 니르기전에 우리를

괴롭게 하랴고 여긔 왓나뇨」하더니、三〇、맛힘
멀리서 많은 도야지 떼가 먹는지라。三一、사귀
들이 예수께 간구하야 가르되「만일 우리를
쫓아내실진대 도야지 떼에 들여보내소서」한대
三二、저의다려 가라하시니 사귀들이 나와서도야
지게로 들어가는지라 도야지 떼가 다 비탈로
급히 네려달아 바다에 들어가서 물에서몰사하
거늘、三三、도야지 치던자가 다라나 읍에 들어
가 이 모든 일과 사귀 들린자의 당한 일을
말하니 三四、일읍이 다 예수를 맛나랴고 나가
보고 그 지경에서 떠나시기를 간구하더라。

第九章

一、예수께서 배에 오르사 건너가 본읍에 니르
시니、二、사람들이 반신불수 병으로 상에 누은
사람을 데려오거늘 예수 그 사람들의 믿음을
보시고 반신불수다려 니르시되「소자야 안심하
라 네죄를 사하엿나니라」。三、서기관 몃 사람이
마음에 니르되「이사람이 참람하도다」。四、예수
그 생각을 알으시고 가르시되「너의가 어찌

마음에 악한 생각을 하느냐。五、네 죄를 사하
엿다 하는 말과 일어나 다니라 하는 말이
어느 것이 더쉽겠나뇨。六、너의로 인자가 세상
에서 죄를 사하는 권세가 잇는줄을 알게 하
려라」하시고 병든이다려 말슴하시되「일어나
상을 가지고 집으로 가라」하시니 七、그 사람
이 일어나 집으로 돌아가거늘、八、무리들이 보
고 놀랍게 녁이며 이런 권세를 사람에게 주
신 하나님께 영광을 돌려 보내더라。
九、예수거긔서떠나가시다가 마태라 하는 사람이
세관에 앉은 것을 보시고 니르시되 나를 좇으
라 하시니 일어나 좇으니라。一〇、맛힘 예수 마
태의 집에서 앉아 음식을 잡수실새 여러 세
리와 죄인들이 와서 예수와 그 제자들로 한
게 앉앗더니、一一、바리새교인들이 보고 그 제자
다려 니르되「어찌하야 너의 선생은 세리와
죄인들로 더불어 잡수시느냐」하거늘。一二、예수
들으시고 니르시되「성한 사람은 의원이 쓸데
없고 병든 사람이라야 쓰느니라。一三、『나는 자비
함을 즐겨하고 제사는 즐겨아니하노라』하신

城西通信

一九三二年三月六日(日曜)午後二時의聖書硏究會에서 列王記下를工夫하고 今後當分間은休會하기로하다。同十三日(日曜)集會업시지나다。

▽三月十五日(火曜)在東京崔泰瑢氏로부터그主幹誌「靈과眞理」第三十九號를寄來하다。그中에「聖書朝鮮의金敎臣에게들임」이라는公開狀이 실려잇섯다。聖朝誌第三十七號의「聖書朝鮮의今後」라는글을 읽은後로 聖書朝鮮誌에對한認識을 달리하야 前日에廢刊하기를勸告하든態度를取消하고 今後로는聖朝誌의讀者가되겟다는뜻이엇다。基督敎의眞理를證據하기爲하야외로이세움을밧은崔兄을通하야 이러한認識을밧게됨은 主그리스도안에잇서 나에게넘치는感激이엇다。우리는聖書에關하야見解를同一하게못하며 信仰上重要한體驗의軌道를全然一致하게하지못함이잇스나 그리스도에게 사로잡혀 임의죽은者인點에 잇어저는先進이오 余輩는바야흐로一步를 내듸된者다。仁慈하신主그리스도는土器의破片갓흔罪人도 다시退步하기를許치아니시리니 十字架가過重하면 途中에써수러저죽게하시리라。願컨대 친구들은 肉의人、自由의人、世의人으로 다시地上에서 찻는일이업슬지어다。

三月十六日(水曜)啓明學院金亨道兄으로브터來書曰『……小弟의使命도亦是兄과갓치이福音의全精神인 福音으로의眞理와信仰에잇고 한글綴字에對한是非를論함에잇는것이아니오니 그리알아두소서。그리고 한말슴더하옵는것은三月號通信에도말슴한바와갓치우리말을純粹하게쓰시는것이 조켓읍니다。創刋辭에 나타난말슴그대로하시는것이 퍽有益할줄밋습니다。小弟도山間僻地火田民部落에까지 몰려들어와서 말로또글로 主의福된消息을傳하고저하오나 퍽힘듭니다。福音의平民化와平民의生活을福音的眞理化하도록해보려하오나 그亦力不足이외다。그러고온전한信仰으로말하면 저들은 뜻하지안는奇異한迷信에 썰어지나니 오직마음이괴로울것뿐이외다。그럼으로 쥬께비옵기는 쥬당신께서깨닷게하시고 밋게하시지아니하시면 깨달아알자도업고 밋을자도업사오며 깨닷게하겟다 밋게하겟다하는사람의努力은無用의것이오니 人知의迷妄이甚한것이로소이다 願컨대 聖意대로完成하시옵소서。아멘

三月二十日(日曜)今日도 集會업섯다。馬太福音에依하면 洗禮요한의預言이란것은「悔改하라!天國이갓가오니라』(三•二)하엿고 예수의傳道要領도『悔改하라•天國이갓가오니라』(四•一七)하엿다。지극히簡明한것이엇다。그런故로 그 웨침에는 힘이잇섯다。

三十日브터二日間은校正의날이엇다。한讀者로부터激勵의말이「……生은前三月號를拜讀하고 不忘하는記憶은 先生이筆端으로役事하시는것만하여도 擧頭할餘暇를가지지안으리라고생각하엿것만 車타고市外에出役하시는牧會의農軍됨을主께感謝함이잇읍은 다름아니라 吾人은書齋의閑居를獨樂하며 學理의究想만으로 不健全한學說을發表하야異端의類에歸하기보다 우리主님生涯그대로를본밧아 祈禱하고生命의道를 저녁부터아침까지傳함이 主가最後로徒使團에信托하신바에顧從하는길이라고斷言합니다。우리가만이할것가운데 第一은祈禱하고主의말슴보고傳하는것이主業이라고하여도 누가否하다할이가업을줄아나이다。그러하야 우리는肉體의事에對하야 엇더한關係에잇을지라도 信仰을所有하는것과 發表하는일에對하야 엇더한方法으로든지 우리가副業으로取扱하지말고專業으로힘써야하겟나이다。우리는 만은讀經과隱密한懇禱가有하다하고 世上을向하야眞理를證據함이업다하면 이는不俱의信仰이라아니할者가 어대잇겟슴니까 참말우리는밥만먹어서도 안되고 물만마셔서도안되고 가만이잇기만하여도안될것이안이겟슴니까 宇宙를所有하고도生命을失하면無益함과갓치 宇宙大의硏究를發表함보다 一人의靈魂이死亡에서生命을所有하는것을 하나님께서는더욱깃버하실줄압니다。그리하야 우리는生命을所有함과生命을살리는하나님의事業에忠實하옵시다。붓으로傳하든지 말로傳하든지 聖朝誌는不斷의役을力行하야 眞理의證據者가되기를바라나이다」云云

四月三日(日曜)新學年度에 우리聖書硏究會도시작되엿다。午前은梧柳洞에서 午後는活人洞에서 復活하게하시는 그리스도의權能을 말하다。眞理를말함은 甚히快한일이다」

宋斗用兄의父親께서 지난四月二十七日午前十時에 別世하섯다。享年七十五。急報에놀라 京仁線梧柳洞驛前開峯里一五四番地宋厚用氏(斗用兄의伯氏)宅에모혀 喪主를도아밤을새기二回、同二十九日새벽에는 入棺으로부터埋葬까지 專혀同志四五人으로畢하다。우리는朝鮮에낫으나朝鮮의禮節을안쓰고、基督敎人이나敎會流의儀式도 몰랏다。儀式에對하야는 全然히原始人이오 野人임을自覺하다。

詩篇研究號

第　一　篇　三十四號
第十二篇　二十二號
第十三篇　二十五號
第十九篇　二十三號
第四十四篇　三十號
第九十三篇　創刊號
第百二十一篇　第五號

로마書研究號

바울의自己紹介　第二七、二八、二九、三十、三十一號외지)
本書翰의動機　第三十三號
主題、異邦人의罪　第三十四、五號
震怒、刑罰　三十六、三十八號

山上垂訓研究號

二四、二五、二六、二七、二九、三〇、三一、三二、三三、三四、三五、三六、三七

本誌舊號代金

(1)、創刊號ー第七號
一冊金貳拾錢(郵稅共)
(2)、第八號以下
一冊金拾五錢(郵稅共)

年度本(一時에註文時)

(1)、創刊號ー第廿三號
二十三冊代金貳圓三十錢(郵稅共)
(2)、第廿四號ー第三十五號
十二冊代金壹圓五十錢(郵稅共)

合　本(洋製布表紙)

第一卷(創ー第十二號)
定價一圓九十錢(送料二十錢)
第二卷(第十三ー第廿三號)
定價一圓七十錢(送料二十錢)
第三卷(第廿四ー三十五號)
定價一圓九十錢)送料二十　錢

取次販賣店
京城鍾路二丁目九一
朝鮮耶蘇教書會
振替京城四〇八一

京城聖書研究會

每日曜日午后二時부터(約二時間)
京城府外孔德里活人洞에서

梧柳洞聖書講座

每月第二、第四日曜午前九時半
京仁線梧柳洞驛前應谷에서

昭和七年五月三日　印刷
昭和七年五月五日　發行

京城府外龍江面孔德里一三〇
編輯兼發行人　金教臣
京城府西大門町二丁目一三九
印刷者　金在瓛
京城府西大門町二丁目一三九
印刷所　基督教彰文社
京城府外龍江面孔德里活人洞一三〇ノ三
發行所　聖書朝鮮社
振替口座京城一六五九四

昭和五年二月二十八日(第三種郵便物認可)
昭和七年六月一日發行(每月一回一日發行)

聖書朝鮮

第四拾壹號

一九三二年 六月一日發行

目次

京城 聖書朝鮮社 發行

青年의宗教

世上에는 信仰을가진것이없고 宗教를批評만하는 所謂「識者」가많다。 맞히 밥을먹지는않고 씹기만하다가 吐하여버리는것처럼 彼等은 各種宗教를 檢討만하고돌아다니는것이 日夜의事業이다。 彼等의論斷에依하건대 基督教는青年에게適當하고 佛教는老人에게適合하다한다。 그理由는 世故人情에通達함이없이 單純한青年期에는 基督教가오히려 素朴한青年들의熱情을 끌기에可當하나 人生의半을지난中年以上으로서 人生의裏面의裏面까지知悉한老成한者가 安住할곳은 오직深淵같은佛教가있을뿐이라고。

或은 그럴런지도모른다。 사람이 한번老衰하여버리면 다시基督教에돌아올수없다함은 아마도 事實일것이다。 그러나 이것은 基督教가淺薄하고佛教가深遠하다는理由는못된다。 다만基督教信徒나非信徒나古今을通하야許認하는것은 基督教는特히青年의宗教라는事實이다。 利害에淡薄하고正義에湧躍함은 이것이青年의벗이오 因習을排하고眞理에就하며虛僞를破하고實質을取하려함은 青年의意氣오 過去의經驗속에 脂垢로써神經을隱蔽치않고 銳氣潑潑한感受性으로 眞僞實虛를判別하는것이青年期의本能이안인가。 이러한青年期의人間이 特히基督教가안이고는 滿足할데를 얻지못한다함은 基督教의一面을 잘證明한것이라아니할수없다。 이것이基督教가 特히青年의宗教라는것을 吾人도承認하는한가지理由다。

또한가지理由는 基督教가 青年의宗教인同時에 基督教는青年으로하여금 永遠히青年으로 머물으게한다는事實이다。 진실로基督教信者일진대 저는비록古稀를넘을지라도 오히려青年일것이다。 人生의秘裏에通하였다하여도 그것이 크리스챤의心情을曇暗케할수는없을것이다。 저는 大使徒와같이『오직이한일만하야 뒤에있는것을 니저바리고 앞에있는것을잡으랴고 표대를向하야다름질』하는 野心滿滿한人生의選手일것이다。 이點에있어서 우리는楚國賢人老萊子가 七十에오히려五彩衣를입고 親前에서 嬰兒戲를作하였든것처럼 크리스챤은 하나님앞에서永遠히青年일것이다。 基督教가青年의宗教라는識者의論評을甘受하는所以다。

故崔泰珠君을 思하고

張道源

崔泰珠君은 죽었다고한다 崔泰珠君의 죽었다는消息은 昨日에야(五月二日)비로소 「靈과眞理」誌를通하야들었다 該雜誌의記事를通하건대 崔泰珠君은 四月十八日에 죽었다고한다。나는 이消息을듣는瞬間에 나의 가슴은 限度없이 뛰며 나의 精神은 아득하여졌다。나의 눈에서는 理由도없는 無意識的의 눈물이 흐른다。나의 心境은 답답한지 시원한지 分辨할수없는地境이었었다。生時인지 夢中인지 저가죽었는지 내가죽었는지 分別할수없는 精神狀態이었었다。암만하여도 죽은것같이 생각되여 지〃아니한다。 이것은 나의精神上昏迷狀態었었다。

아ㅣ崔泰珠君은 죽었다。발서 四月十八日에 죽었다。이나라에서 저나라로 옴겨간 사람이되였다。靈的으로만 사괴일수있는者요 썩은내암새나는人間的으로는 사괴일수없는 聖者가되였다。내가 저에게 對한모든人問的作爲는 저에게 到達치못하는 높은곧 거륵한 世界의사람이되였다。

나는 이제부터는 저를 思慕할때마다 저나라를 希望하지아니할수없게되였다 그러하야 今後저와 나와의 사괴임은 반드시 저나라를 前提로하고하는 거륵한 사괴임에 나아가게되였다。나는 저를 思慕할때마다 저나라를 한번더思慕하게되여졌다。

그리하야 저의 죽엄이 實狀은 나를 저나라로 더가까히 끄으러 올려가는일이되였다。저는나보다 몬저 거륵한世界에 옴겨가서 나를 그世界로 끄으러 올여가는일을하고 있는者다。하나님이 있게하시니 이世界에 있거니와 나도저와같이 速히平和한世界 義로운榮光의나라로 옴겨가고싶으다 榮光스러운主님의 平和로우신 품속이 더욱思慕된다

崔泰珠君은 靈과眞理誌主幹崔泰琮君의同生으로서 咸鏡南道永興郡仁興面東原里에서 農業에從事하고있는 無敎育한 一個靑年의無名信者다 無名의信者라면 이야말로眞實로 無名의信者다 敎會에敎籍도 가지지못한 無名의一個平信者다。

故崔泰珠君을思하고

地位도 名譽도 事業도 가지지못한者는 人生으로서의失敗한者라고하면 저는果然失敗한者이다 完全히 失敗한者다 저는 地位도 가지지못하고 名譽도 가지지못하고 事業도 가지지못한者다

그러나 저는 산信仰을 가진者다 저는 이산信仰에 붙잡혀서 人生의全部를失한者다 저에게도若干의野心은있었다 저의안에가지고있는 信仰으로써 이時代를 征服하고저하는 若干의野心은 가졌었다。저의안에있는 信仰을 學的으로 나타내랴는野心으로 東京尋常小學校夜學部에 入學하야 苦學한일도있었다。그러나 저의全部는 다 하나님앞에 깨트리움을받고 마랐다 如此히 저는 산信仰의所有者라기보다 산信仰에게 絶對侮辱을當하면서 종노릇한者다。저는 이信仰에게 끄을리어서 絶對服從하지아니치못하야 信仰의것이되여진者다 저는 現代朝鮮基督敎界에서 볼수없는 딴光明의 빛속에서 산者다。저는 이빛에 빛우임을 받지못하야 죽는苦痛을感하며 이빛에 빛우임을 받아있는때는 人生으로는 最高成功者이라고 膽大히 부르지지면서 산者다。

二

如此히 저는 이世上에 있으면서 발서 딴世界에 산者다。저의 죽엄은 千九百三十二年四月十八日이안이라 이光明한 새빛을 보든그때며 이信仰에 붙잡히든 그날이였었다。

如此히 저는 人生으로하야서는 아모것도 가지지못한 失敗者이면서도 何等의不平과不滿을 感하지못하는完全한 歡喜와希望을 가진者이였었다 저는 시골 農村에서 農事하면서 다만 몟사람의 信仰의友를 가졌음을 最大의事業으로하고 하나님의 아시는바된것으로써 人生의最高成功으로하고 完全히 산者다。

저은 信仰에成功하기爲하야 肉의全部를 否定하고 人生으로의 失敗를자랑한다 저는 저의 뜻한바나 計畫한바일 그뜻대로 그計畫대로 되지아니하고 깨트리움을 받을때에 나는 나의일에서 씻기움을받는 洗禮에 나아가노라고讚頌하며 感謝함으로 살아온者다。

그리하야 저의一生은 人生의 모든事變이 저의 信仰을 건드리는대에 이르지못하고 다 信仰앞에 깨트리움을 받는生涯로 마쳐버렸다。

生命의宗教

張道源

基督敎는 生命의宗敎다 그저生命의宗敎가안이라 새生命의宗敎다 在來의生命말고 딴새生命의宗敎다 第一次創造의生命、即被造의生命말고 宇宙萬有를創造한生命의宗敎다 基督敎는 이生命을中心으로하고있는宗敎다

그런故로 基督敎의 信仰이란것은 새生命을 새로히 받아 새世界에서 새로히 사는일을 말하는것이다。故로 基督敎의中心은 이生命이다。이生命은 永遠한生命이다 完全한生命이다 靈的生命이다 即거륵하시고 完全하신 하나님에게만있는生命이다 即하나님自身의生命이다。即하나님自身이다 하나님의權能으로 지으신生命이안이라。하나님自身의生命이다 이生命이 우리人間에게(모든被造物)있어서는 그리스도가되는것이다 하나님自身에게만 있을生命이 우리에게 와서살아줄때는 그것이곳 그리스도가 되는것이다 即그리스도란말은 하나님의生命이 사람의(被造物의)生命이되여주셨다는말과 같은말이다 故로그리스도가없이는 基督敎가없는것이다 即基督敎의中心는 그리스도다。基督敎는 하나님自身의生命이 사람의生命이 되여주시는 事實에있는宗敎다 이事實만가졌으면 이는 그리스찬이다 聖書와宗敎를非定하여도 이는그리스찬이오 十字架의敎를 不信하여도 이는그리스찬이다

聖書가 學的으로 깨트리움을 當할지라도 저의 그리스찬됨에는 何等의影響이없으며 十字架上贖罪論의敎理가 學的으로否認되드라도 저의信仰에는 何等의動搖가없을것이다 基督敎는 聖書에屬한宗敎가 안이며 敎理에 붙잡힌 宗敎가안이다 基督敎는 그리스도宗敎다

或者는말한다 바울의十字架上贖罪論이 깨트려지면 基督敎는 깨트려질것이라고하야 基督敎의土臺를바울의贖罪論에둔다 尤甚한者는 基督敎는바울이創始한宗敎라고한다 바울의贖罪論이 깨트려진다는데서 基督敎가 깨트려질것은 무엇이냐바울의贖罪論이 神學的으로 깨트려진다고하자그렇다는데서 우리의 信仰이(生命)깨트려질것은무엇이냐?

우리는 우리를 經驗한바에、우리는 하나님과같이 거륵한者가안이며 義로운者가안이며 眞理

生命의 宗敎

四

로운者가안이며 完全한者가안이다。그러함에도不拘하고 하나님과같이 거룩하시며 義로우시며참되시며 完全하신者에게만있을 하나님自身의生命이 우리의生命이 되여주시는일은 即하나님이우리의모든罪를完全히 赦宥하신證據가안이냐? 하나님의生命이 被造物의生命이 되여주시는일은 그리스도시다 如此히 基督敎는 贖罪의敎理에 있지아니하고 그리스도에게있는것이다 그러면 바울의贖罪論이 깨트러진다고 이事實이 깨트러질理는없는것이다。이生命의事實을 떠나서 基督敎는있지못하는것이다 基督敎는 이生命의事實읔土臺로하고있는宗敎다 이새生命의事實이 있는곧에 基督敎가있고 이새生命의事實이 없는곧에 基督敎의存在는認하지아니한다。

나는 日前에 某靑年이 某牧師를 向하야 如左한質問을하는것을 보았다 今日의科學이 生命을發明하야 科學的으로 生命을 만들수가있으며 이生命을 永遠히延長할수가있다고하면 그때에 基督敎는如何히되겠읍니까? 即所用없이되야基督敎가 문허지々아니하겠읍니까? 하는질問이다 이질問에對하야 牧師는 그렇理가없다 다른것은 다만드러도 사람의生命은 만들수가없다고斷定하야말한다 그靑年(敎會信者)은 안이올시다 萬一그렇다면말삼이올시다……한측 牧師는다시 더굳게 固執을한다。絕對그렇게될理가없다고固執을한다 그靑年은다시疑心이찬얼골로 萬一그렇다면 그때에 基督敎는如何히될까요? 하고 다시謙遜히 묻는다 牧師는그靑年을對하야 信仰이없다고한다 그靑年은信仰이없다고하는 牧師의말에는 다시말을못하고信仰이없다는 牧師의武器下에서 自己의疑問과思想을 沒殺식히는것을 보았다

그때에 나는 그靑年을向하야 今日의科學이 生命을 만드러내며 그生命을 永遠히延長할수있다고하드라도 基督敎存在에는 何等의影響을 받지아니함니다 何故냐하면 基督敎는 새生命의宗敎인까닭이올시다 即基督의中心은 그리스도이신까닭이올시다 在來人間의이生命말고 딴새生命의宗敎인까닭이올시다 基督敎는 生來의生命即現在우리에게있ㄷ 이肉의生命 이것을 永遠히 살리랴는宗敎가아이오 生來의肉의生命을 非定하고새生命으로의 살리움을 받으랴는것이올시다 在來人間의肉的生命을 中心으로하고 存在한宗敎가안이라 그와는 全然히 다른 딴 새生命을(即그리스도)中心으로하고있는宗敎올시다 現在의이生命은問題가 되지아니함니다 라고 말읔하였다。

옳다基督敎에는 生來의生命이問題가안이다 다만 그리스도를 生命으로하고사는事實이問題다。

로마書研究

張 道 源

第十三回 유대人의罪戾

第二章十四―十六節研究

14萬一律法이없는 異邦사람이 本性으로 律法
의일을行한즉 이사람은 律法이없을지라도 自
己가(良心、理性이)自己에게 律法이되나니라
15即저의 마음에 사겨있는 律法의일을 나타
냄으로 그良心이 證據가되여 自己생각에옳
고그름을 分別하리니

十四節十五節은 前數節의註로보와可한것이다 十三절에서『사람이 하나님앞에 義롭다함을 얻는일은 律法을 들은者가안이오 律法의精神을 實行한者라』고主張하였다 그런故로 유대人中에도 義롭다함을 얻지못할者가있고 異邦人中에도 義롭다함을 얻을者가 있을것이다

何故냐? 하면 律法을가졌다는 外的條件으로써 하나님은 義로녁이시는것이안이라 律法의內的인 精神의實踐窮行으로써 義로녀기는까닭이다 그러면 異邦人中에서라도 律法을가졌다는 外的條件은 가지지못하였을지라도 律法의精神을가졌으면 이는 律法을가진유대人에 不劣할것이다 그런故로 律法이없는 異邦人이 良心으로 律法의精神을 實行한즉 이사람은 律法이라는 外的條件은 가지지못하였을지라도 그良心이 저의게 律法이되는것이다 이것이 十四節의 精神骨子다

그러면 律法을 가진유대人이나 律法이없이 良心을 가진 異邦人이나 다分別없이 律法을 完全히 實行하여야할 義務를 가졌다는것은 다覺悟하고 是認하는것이다 이것이 十五절의 精神骨子다

그러면 하나님의 本意는 律法이라는 外的條件에있지아니하고 律法의內的精神을 實行함에있다 유대人은 律法이라는 外的條件을 가졌음으로써 義에對한思慕와 善을行하여야할줄을 知하였고 律法없는 異邦人은 良心으로써 義를思慕하며 善을實行하여야할줄을 知하였다 그러면 律法을 가진 유대人이나 律法없이 良心을 가진 異邦人이나 律法의精神을 實踐完行하여야할줄을 知한點은 다같이一般이다。

로마書研究

그런故로 結局은 律法을 가진유대人이나 律法이없는 異邦人이나 分別없이 다같이 律法아래에있는者다 然則 유대人이나 異邦人이나 다같이 律法아래에있어 律法으로의 審判을 받을것이다 律法으로써의 審判을 받는그날에는 유대人이나 異邦人이나 差別이없이 다한갈같이 그 行한대로의 審判을 받을것이다 그러면 유대人의 律法을 자랑할것이 무엇이냐? 律法이없는 異邦이라도 良心의 가라침을 받아 律法에命令한바 義를行하면 이는 律法이 없으나 律法을 가진者가안이냐?

16이는 내福音에 말한것같이 하나님이 예수
그리스도로말미암아 사람의 隱密한것을 審判하시는날에 될것이다

以上에서 사람이 하나님앞에 義롭다함을 언는일은 律法이라는 外的條件을 가졌음에있지아니하고 律法의命令한바 그義를實行하는데에있다고主張하였다 그러면 사람이 하나님앞에 義롭다함을 얻는때는 언제이냐? 이에對한것이 十六節이다 十六절에서 如此히 그때를말하였다

六

그時日은 하나님이 예수 그리스도로써 모든사람의隱密한것을 審判하시는날이다 그날은 即이世上의끝날이다 그때에 그리스도는 審判主로오실것이오 하나님은 그리스도로써 모든사람의內心에 숨겨있는 隱密한것을 審判하실것이다 如此히 이世上은 끝날이있다 그끝날에는 하나님은 그리스도로써 全宇宙를 審判하실것이다 그때에 모든사람은 그行한대로의 審判을 받을것이다

以上 數節에 二大主張이있다 其一은 異邦人에게도 律法이있다는主張이오 (異邦에게는良心이律法이된다는것) 其二는 最後의審判날에 義롭다함을 받을者는 律法의義를 實行한者다 그런故로유대人과異邦人의差別이없이 律法의命한바義를實踐完行한者가 義롭다함을얻는다는 主張이다

이에 한가지注意하야둘것은 行한대로 審判을받는다는말은 行爲의善惡으로써 救援의標準을定한다는것이안이라 律法을가졌음의選民을 자랑하면서 空文虛儀를 能事로하는 유대人을戒責하는것이다유대人이라도律法의義가없으면無用함을云함이다

바울의生涯 [二]

스토ー커敎授 著
柳 錫 東 譯

二十八、宗敎生活에는 確信이 그의基礎가되는것인대 바울이 집을떠날때가지고온確信은 사람은 하나님의愛護라하는賞을받아야만 사는보람이있다는것이었다。이確信은 그가成長함을딸아 漸々熱烈하여져서渴望狀態에까지 이르게되였다。그는 先生들에게 賞을얻는方法을 물었다。先生들은律法을遵守하여야된다고 卽答하였다。이는果然무서운對答이었다。이律法이라는것은 그글字가表示하는普通의뜻뿐만안이라 모세의모든儀式과 猶太敎法師가만든千萬의規律까지도 包含한것임으로그것을遵守하는것은 銳敏한良心을가진사람에게는人生이煉獄이되는것이었다。그러나 바울이 이困難에저서避할사람은 아니였다。그는 하나님의愛護를 얻의라고決心하였다。하나님의愛護가없으면現世는空白에지내지않고 永遠은暗黑에지내지않었다그는 律法을遵守하는것이 그의目的을達하는길이라면 躊躇않고걸으랴하였다。이律法을遵守함에그一個人의希望이달렸을뿐안이라 또한 그國民全體의希望이달렸다。그國民들은 律法을遵守하는百姓에게만 救主가온다고 一般으로믿었고 또 한사람이 單一日이라도 律法을完全히遵守하면 그의德으로 그들이待望하고있는王이 오게된다고믿었다。바울이라비의敎育을받은結果는 이義의賞을얻으랴渴望하게되고 그는이것을 그의人生의目的으로삼고 學校를떠났다。이외로운學生의決心은 人類를爲하야 重大한것이었다。그는 여러가지心內의苦悶을겪거 이救濟의길이 헛되임을 證據하고또 그가새로發見한 더낫은길을 人類에게 가리칠 사람이었다。

二十九、바울이 何年에 예루살렘大學敎育을맞었으며 그後에곳 何處로갔는지 알수가없다。젊은라비들은 卒業後에 現今우리나라神學生들貌樣으로 四方으로흩어져猶太各地方에서 各其實際일을 始作하였다。그는 아마 故鄕길니기아에돌아가 어느敎會에서 일을하였을것이다。어떠턴지그가 數年동안은 예루살렘과파레스틴을떠려저 있었었다。이數年은 洗禮요한의運動과 예수의傳道가 일어난해임으로 바울이 近隣에있고서는 이兩運動에 벗으로나敵으로나 關係아니하였을수 없

바울의生涯

을것이다。

三十、그러나 바울은 오래지아니하야 예루살렘으로 돌아왔다。現時에 學問、商業에優秀한人物들이 倫敦에모여드는것과같이 當時에 律法에卓越한人物들은 自然히예루살렘으로모여왔다。그는 예수死後 몇일안되여 猶太敎의首都에이르렀다。그는 이大事變과 이大事變으로써終結된그의經歷에對하야 바러새親舊로붙어이야기를들었을것이다 그는아즉 自己宗敎에對하야 아무疑心을 가지지아니하였다。그러나 그가발서 甚한心的苦鬪를하고있음은 그의글에서 볼수가있다。人生의幸福은 하나님의愛護를받아야만 누릴수있다는 確信은굿굿 하였으나 律法을遵守하야 이 그가切望하는地位에到達하랴는 모든努力은 그를失望시길뿐이었다。그가律法을遵守하랴고 힘을쓰면쓸수록 罪는그속에서 더욱〱勢力을피었다。그의良心은 罪의意識에壓倒되고 하나님안에 쉬이는靈魂의平安은 그가到底히잡지못할 賞이었다。그러나 아즉 그는敎堂의가르침을 疑心치아니하였다。이것은舊約史와 全然一致되는것으로 그는알았다。그가舊約史를누렬어볼때 거기에는 聖者와豫言者들이嚴然히서 그들이말한方式의神聖함을 證據하고있고 그方式뒤에는 律法授與에自身을示顯하는 이스라엘하나님이 거룩하게 서있다。故로그는 自己가 하나님과和平하게되지못함은 오로지 自己가心性의惡과充分히싸우지않고 또律法의敎訓을마음껏尊敬치않은 까닭인줄로알았다。이모든그의不足을 補充하야 畢竟에 그로하여금 古代의偉人들이서있는 그恩寵의자리를 얻게하는奉仕는 없었는가 그가 예루살렘으로돌아갔을때 그의心境은 이러한것이었다。그런대 예루살렘에는 十字架에죽은예수를 猶太民族의救主로믿는一派가일어나고있어 그는이를놀래고또분히생각하였다。

三十一、基督敎는 생긴지 겨우二三年에不過하야 그것은 예루살렘에서 고요하게 자라고있었다。「펜테고스트」날 基督敎說敎를들은사람들은 地方各處에 이消息을가지고갔으나 그의代表者들은 아즉 그의生地에남아있었다。當局者들은 처음에는 이를逼迫하랴하고 그의敎師가公然히나타나면 이를抑制하랴하였었다。그러나 그들은마음을變하야 가밀리엘의忠告에좇아 이를等閑視하기로하고 그냥두면 自然消滅하리라고믿었다。여기에 또한

基督敎徒는 注意를하야溫順히나갔다。外形에있어서는 그들은依然히 嚴格한猶太人이고 律法에熱心하야 會堂禮拜에參與하고 猶太儀式을遵守하며 敎會當局을尊敬하였다。이는休戰狀態로볼수있고 이따문에 基督敎는 暫間은 조용하게生長하였다。그들은 다락에모여서 會事를하고 昇天한主에게 祈禱를하였다。참 아름다운光景이다。新信仰은天使와같이 그들사이에나려와 날개로 純粹의이슬을 그들靈魂우에뿌리고 平和의靈을 그들謙卑한 모임우에돌게하였다。그들은 사랑에 넘치고 示現하는靈感에찼다。그들이 모이는곧마다 主는한께 게셨다。果然 이 地上天國이었다。周圍예루살렘사람들이 世慾에잠기고 刻薄한宗敎生活을하는동안에 이少數의謙卑한靈魂들은 人類의幸福과 世界의將來를 그속에담고있는 한秘義를 가지고 感謝속에 살았다。

三十二、그러나 休戰은 오래繼續되지못하야 이 平和의場面에 恐喝과流血의悲劇이襲來하게되였다 基督敎는 性質上 이러한休戰을繼續할수없었다。그것은 世界를征服하는能力을가졌음으로 모든危險을무릅쓰고 그것을傳播아니할수없었다。福音自由의새술은醱酵하야 早晩間 猶太律法의 形式을 깨트러지 아니할수없었다。畢竟 敎會에 이攻勢의傾向을 體現할한사람이 일어났다。이는스데반인대 그는 基督敎徒團의實務를보게 選定된七執事의一人이었다。그는 聖靈에充滿한사람이었고 能力이있는사람이었다。다만 이能力은 그가夭折함으로말미암아 暗示만하였고 發展은못시기었다。그는 敎會로다니며 예수의救主임을 說敎하고 律法拘束에서解放할매가到來함을 公布하였다。猶太正統派의戰士들이 그와會戰하였으나 그들은 到底히 그의雄辯과거룩한熱心을 當할수없었다。辯論에敗하매 그들은 다른武器를잡아 當局과人民을충둥그려 그들이熱狂하야 殺人까지하게만들었다

三十三、이러한論戰이 이러난敎堂中에는 바울의同鄕人길이기아사람들의 敎堂도있었다。바울은 이敎堂의 라비의一人이었고 스데빈의論敵의一人이었을까。이는分明히알수없는일이나 論戰이暴力戰으로될때 바울이前線에서 있었음은事實이다。스데반에게 먼저 돌을던진證人들은 옷을벗어 그발앞에 두었다。바울은 이不當한死刑을執行하는 殘忍한光景속에 이 일홈도없는加害者群과는 조곰떠러저 鮮明한存在로써 서있었다。그의발앞에는 여러빛갈의옷이 쌓여있고 그의눈은 죽으면

바울의生涯

서 무릅을꿀고「主여 이罪를 저사람에게 돌려 보내지마옵소서」라고祈禱하는 聖殉敎者우에 向하였다。

三十四、이때의그의熱心은 特히 當局의注意를 끌게되였다。그러하야 아마그는 샌니드림에 座席을얻게되고 얼마아니되여 그는 그곳에서 基督敎徒에反對하는投票를하였다。이제 當局은 基督敎를根絶시기라고決定하였는대 이일을 그에게 맡기라하였다。바울은 여기에應하였다。그는 이것이 하나님의事業인줄만었다。그는 누구보다더 基督敎의要旨를 잘알았음으로 만약 이를抑制하지아니하면 이는반드시 그가 가장神聖하다고생각하는 모든것을 顚倒시길것이라고 생각하게되였다。그의눈에는 律法의廢止는 救濟의길의消滅이였고 十字架에죽은救主의信仰은 이스라엘의 거룩한希望을 冒瀆하는것이었다。그리하고 그는 이일에對하야 個人的興味를 깊이 가졌다。이적지 그는하나님을 깃브게하라고힘을썼으나 그의努力이 恒常 不足하였음을 늣겨왔다。이제 그는 한번훌융한奉仕를하야 過去의未及함을補充할 唯一無二의機會가온줄알았다。이는 말하자면 그의熱心에 刺戟을주는 靈魂속에생기는 苦悶의鐵杖이었다。

어떠튼지 그는 무슨일이든지 不徹底하게할사람이안이었다。그는 自己일에 突進하였다。

三十五、이리하야 일어나는光景은 果然무서웠다。그는 敎會로 집으로 돌아다니며 男女를끌어내어 獄에넣고 刑罰을주었다。死刑에處한者도있고 極惡한것은 救主의일홈을 冒瀆하게 强迫한者도있다。예루살렘敎會는 分碎되여 加害者의손을겨우免한무리들은 近邦으로흐터졌다。

三十六、이것을 바울이 그의使徒的生涯에對하야 無意識中에한 準備의最後場面이라하면 이는 너무無謀한것같다。그러나 이는 事實이었다。그는 逼迫者의生涯에 들어가자 自己가이적지길름을받은 信條를가지고 一直線으로 걸어나갔는대 이는 도로혀 그에게 그信條의틀림을 가르처주게되였다。또 惡에서善을끄집어내시는 至極히높으신榮光을가지신 하나님은 그에게慈悲하신役事를하시여 바울의마음에는 이슳븐일때문에 自己가迫害한兄弟中 가장적은者에게라도 깃버奉仕하랴는 至極한謙遜함이생기고 남은時間을節用하야써 過去의濫用한時間을補充하랴는 熱心이 일어나게되였다。實로 이슳븐일은 그의後年의活動에 對하야 끊임없는拍車가되였다。

一〇

聖書槪要(四)

金 敎 臣

申命記大旨

申命記는 예수그리스도가 特히愛讀하시든冊이다。聖書全體를 어느分部이랄것이없이 익숙하게 誦讀하시었을터이지만 그중에도 申命記는 格別히愛讀하시어 거의그句節全文을暗誦하시었든듯하다。그럼으로 曠野에서四十日夜를 惡魔에게試誘當하시었을때에 造次之間에도 그 넙술로 뛰어나온擊退의彈丸은 全혀 이冊에서나온聖句이었다。

(1)사람이 떡으로만 살것이안이오 오직하나님의넙으로나오는 모든말슴으로 살것이라。

(2)쥬 너의하나님을 시험치말라 하였다。

(3)쥬 너의하나님께 경배하고 홀로그를섬기라。

하신 連三次發하신答辯中에 第一과第二答은 申命記第八章三節과 同第六章十六節을 그대로引用하신것이오 第三答은同六章四、五節을要約한것이었다。其他에도 山上垂訓으로부터 그리스도의言行中에處々에引用되였음은勿論이오 使徒들의書翰中에도 申命記의句節이 經이되고緯가되여있음을 보아도 그리스도를알며 新約을研究함에 申命記가 密接한關係있음을 알것이다。

그것은 申命記라는 名稱이意味하는바와같이申命記는 即重命記이다。舊約聖書의 가장獨特한點은 그律法의嚴然함에있고 그律法은 모세五經으로써 根源을 삼는다。五經中에도 出埃及과 民數記等은 各其現場의記事임으로 그峻嚴崇高한當時의光景을 그대로傳하는益은있으나 記事가넘어細密하고 繁雜하여서 律法의部分만을 詳考하기에는 散雜한感이없지않다。그러나 申命記는 巨人모세가 二百萬大衆을引率하고 曠野四十年의漂浪生活도 거의 끝날때에 임의 自己自身은 約束의따 가나안으로 들어갈수없음을알았으나 紅海橫斷爾來로 許多한異跡과恩寵으로 낮이면 구름으로 밤이면火柱로 先導하여주시든 여호와하나님의 體驗을못가진 第二國民들을向하야 四十年間에發生한 가장重大한事實과 第一繁要한敎訓을 한꺼번에要約集結하야 傳하고간것이 이冊이

聖書概要

되였으니 人之將死其言也善이라、果然 이申命記는 單히 모세律法을拔蒐하야 重命하였달것뿐안이라 實로 舊約全體의 精神을集結한것이다。故로 舊約聖書를알랴면모세五經을알아야하겠고 모세五經을 알랴면 申命記一卷을精讀하는것이 捷經이될것이다。舊約聖書當時의예수께서 申命記를特히熟讀하셨음은 理由없는일이안이였다。

申命記의內容은 以下에抄錄한바와같이 卷頭에 簡單한序文이있고 卷末에모세의最後事跡을記錄한 附錄이있다。그中間에있는本文(一・六―三〇・二〇)은다시大略三分할수있으니 첫째는 第一章六節부터第四章四十三節까지에서 過去의 이스라엘歷史의概綱特히曠野四十年間의 하나님의攝理를闡明하야 律法授受의背景을 確然케함으로써 새로운國民에게 準備知識을주고 둘째로 第四章四十四節以下 第二十六章十九節까지에 十誡로비롯하야 律法의大小를 거의盡述하였으니 이部分이申命記의核心이라할것이다。셋째로第二十七章으로부터 第三十章末까지에 總括的으로 律法의實行을慫慂하야마지아니하였으니 이것이單只 無味乾燥한條文의羅列에그치지않었음은 世間識者의編纂한法律書와는그類를달리하는所以이다。

申命記의法律이 拒今略三千五百年前에施行하든 法律임에도不拘하고 그內容이 今日가장進步한法律書보다도特出한바있음은 左와같은數節로보아도 可히알수있다。

사람이 매돌이나 그 웃짝이나 뎐당잡지말지니 이는 그生命을 뎐당잡음이니라(二四・六) 그사람이 만일 가난하거든 그 뎐당을 머물러두지말고 반드시 해질때에 그뎐당을 돌려보내라 (同一二、一三節)

하야 社會生活의安全을保障하랴는 文明國民法의 본이되였다。 또한

아비를 자식의罪로인하야 죽이지말고 자식을 아비의罪로인하야 죽이지말것이오 각사람이自己의罪로因하야 죽임을당할지니라(同一六節)

한것같음도 最近까지三族을滅하든나라百姓의眼目으로보아 實로隔世의感뿐이랴。又況

어느사람이 새집을짓고 落成式을行치못하였느냐。그사람은 맛당히 집으로돌아갈지니두렵건

대 自己가싸우다가죽은즉 다른사람이落成禮式을行할가하노라 어느사람이 葡萄園을부치고그實果를먹지못하였느냐 그사람은 맛당히집으로돌아갈지니 두렵건대自己가싸호다가죽은즉 다른사람이먹을까하노라。

어느사람이 女子에게 빙폐하고 장가들지못하였느냐 그사람은 맛당히집으로돌아갈지니 두렵건대 自己가싸호다가죽은즉 다른사람이 장가들까하노라。

하야(二〇・五—七節)住宅을新築한者、農穀을未收한者及訴婚者(二四章五節參照)等에게는 徵兵을猶豫한다는것을 陳中에서宣言하라는것이다。뿐만안이라。

만일 네가 길에서나 나무에서나 따에서나새깃(巢)을만났는대 그안에 삭기나 알이있어 어미새가 새끼나알을 품었거든 그어미새와 새끼기를 兼하야取하지못할것이오 반드시 그어미새를 놓아주고 다만 그새끼만取하는것이可하니 그러하면 네가福을얻고 네날을길게하리라。

하였다(二二・六、七)이와같은律法中에 그 얼마나人道의精神이徹底하였는가를窺知할것이다。

申命記大旨

申命記의內容을抄錄하면如左하다。

一、序 文 (一・一—五)

著者、모세 場所、모압曠野 (一・一—二)

年代、埃及出發後第四十年[紀元前一四五一年]十一月一日 (一・三—五)

二、本 文 (一・六—三〇・二〇)

(1) **準備的敎訓** (一・六—四・四三) [이스라엘民族史의槪綱]

가、하나님의契約의由來 (一・六—八)

나、各支派族長의任務分掌의來歷 (一・九—一八)

다、敵地探偵史 (一・一九—四六)

호렙山으로부터가데스바네아 까지進軍(一・九—二一)

十二人斥候의 에스골偵探 (二二—二五)

不信仰의結果로 進就不能 (一・二六—四六)

라、曠野漂浪生活略史 (二・一—三・二九)

에돔[에서의子孫]과 다투지말라 (二・一—八)

모압[롯의子孫]을 괴롭게하지말라 (二・九—一五)

암몬[롯의子孫]을 不侵略 (二・一六—二三)

헤스본王시혼 侵略記 (二・二四—三七)

바산王옥 侵略記 (三・一—一一)

侵略한領土의地域及分配 (三·一二—二〇)

後繼者여호수아의選定 〔모세祈願의拒否〕(三·二一—二九)

마、모세이스라엘百姓의信從을慫慂함 (四·一—四〇)

〔附〕 逃避의城 셋을區別하다 (四·四一—四三)

(2) 律法의集約 (四·四四—二六·一九)

甲、律法授受의年代와場所及光景 (四·四四—五·五)

律法授受의時代及場所 (四·四四—四九)

律法授受의光景(五·一—五)

乙、原則的律法 (五·六—一一·三二)

가、十誡 〔모세律法의根幹〕 (五·六—二一)

나、十誡親授의由來及遵受할義理 (五·二二—三三)

다、律法實踐의實際的細訓及警戒 (六·一—一一·三二)

內心的警戒〔全心全靈全力으로愛神〕(六·一—二五)

外的警戒〔異邦偶像을嚴戒〕(七·一—二六)

恩寵의記憶〔떡으로만살지않었다〕(八·一—二〇)

自己義의固執을破棄 〔史上의實例〕(九·一—二九)

十戒再刻、祭司長及레위族選別 (一〇·一—一一)

過去恩惠와未來契約을爲하야(一〇·一二—一一·一七)

聖書研究를힘쓰라 (一一·一八—二五)

祝福과咀呪를 앞에두노라 (一一·二六—三二)

丙 實用上細則 (一二·一—二六·一九)

A、宗敎에關한規律 (一二·一—一六·一七)

偶像撲滅及禮拜所設定 (一二·一—一四)

피는禁食、聖物은聖所에서먹으라(一二·一五—二八)

異神을崇尙하지말라 (一二·二九—三二)

偶像敎의豫言者及都市處置 (一三·一—一八)

死者를爲한迷信을禁함 (一四·一—二)

飮食物에關한規定 (一四·三—二一)

十一條規定 (一四·二二—二九)

每七週年解放制度 (一五·一—一八)

처음난家畜의聖別 (一五·一九—二三)

逾越節〔아빕月〕、七七節、張幕節 (一六·一—一七)

B、政治에關한規律(一六·一八—二二二三)

裁判長과官吏의公正〔禁賄物〕 (一六·一八—二二)

異神崇拜의男女는死刑 (一七·一—七)

高等裁判〔祭司長의職權〕 (一七·八—一三)

君王의推戴及君王의權限 (一七·一四—二〇)

祭司長과 레위族의分깃과任務 (一八·一—八)
異邦의惡習弊風을除去하라 (一八·九—一四)
참先知者와 거즛先知者 (一八·一五—二二)
逃避의城의設定과 그効用 (一九·一—一三)
地域境界標는不可移動 (一九·一四)
立證法과僞證者處理 (一九·一五—二一)
戰時便法 (二〇·一—二一·一四)
長子의特權及不孝子의處刑 (二一·一五—二一)
死刑屍體의處理法 (二一·二二—二三)

C、個人及社會生活에關한法規 (二二·一—二六·一九)

人畜禽獸에對한憐悶의情 (二二·一—八)
混雜은不可 (二二·九—一二)
累名쓴夫婦關係、姦淫、强姦、破倫(二二·一三—三〇)
聖會及陣中에叅列할資格 (二三·一—一四)
逃走한奴隷는寬待할것 (二三·一五—一六)
淫猥、取利의禁制 (二三·一七—二〇)
誓約의神聖 (二三·二一—二三)
葡萄園、穀圃等侵害한者의犯罪與否 (二三·二四、二五)
離婚法及新婚者의徵兵猶豫法 (二四·一—五)
사람을盜賊한者와癩病處理 (二四·七—八)
生存保障法 (二四·六、十—一五)
連座法廢止 (二四·一六)
依托할데없는者를特別考慮 (二四·一七—一八)
穀圃와果園을秋收할때에 餘殘 (二四·一九—二二)
笞刑은四十을限度 (二五·一—三)
踏穀하는소에게망얽이를씌우지말라 (二五·四)
兄弟立嗣의規例及破廉耻한女人處分(二五五—一二)
公正한度量衡과 正當한敵對行動(二五·一三—一九)
初實과十一條를獻納할때의心志 (二六·一—一五)
하나님과選民의關係 (二六·一六—一九)

(3) 律法의總括 (二七·一—三〇·二〇)

律法을銘心할것 (二七·一—一〇)
信從의祝福、背逆의咀呪(二七·一一—三〇·二〇)

三、附 錄 (三一·一—三四·一二)

모세의後繼者任命과律法의傳授 (三一·一—三〇)
모세의讚美와祝福 (三二·一—三三·二九)
느보山上의眺望과巨人의最後 (三四·一—一二)

獨座斷想錄

金 亨 道

一、내肉의地上生活로因하야 煩多한생각을하는兄弟에게。

兄弟들은 나의肉의 地上生活을爲하야 얼마나 祈禱하엿기에 그와같은생각을하는가。나는 지금 이炎天의 무더운 녀름날에도 칩고사나운 겨울날의 찬바람같은人間의冷對를받는다。그러나 나같이醜惡하고罪가많은者에게는 반드시 이러한일이있을것을알며 이와같은 일로서야 당신의恩惠를깨닷겠음으로 행하시는 사랑의攝理이신증게로 믿어 감사히받고참으며 사랑의攝理이기때문에참을만한恩惠까지 허락하시는줄믿는다。지금 나는 忍耐의途中에있어 장차주의 震怒를 면치못할世紀末的人間과世事는 그리스도를信從하는일에對하야 큰魔物이요宗敵으로알고 오직眞理로眞理에正進하여야할恩惠를깨닫습니다。(어면여름날에)

二、믿음의所得

나는외로운者이다。지극히 슲븐처지에있어 煩惱하는者이다。病난者요 不足한罪人이다。그러함으로 나는 眞理를찾고 眞理를찾기때문에 그리스도를찾아믿는者되엿다。그를믿지 않을수없어서 믿는者다。그러나 마지못해믿는 체면보장的信者는않이다。나는그리스도를믿음으로因하야 많은친구를잃었다。肉親의家族과도分散이된모양이다。名譽도地位도事業도 세상에對한 나의모든것은이제 믿는일하나이 모다삼켜버렸다。

三 욥과같은朝鮮

試練中에있는 욥의財産과 그子女같은朝鮮의所産과 그아들딸들은 人間으로의 쓰라린苦痛、과 煩惱、말로다할수없는病苦의奧惱、……。이제 하나님만이하실일이남았다。舊約時代의 豫言者같은 사람도必要하거니와 하나님의 恩惠의賜物이신그리스도福音의使徒는 목마른者에게 물같고 캄々한밤길에 燈台같이要求되는것이다。生命水흐르는 시냇가로오라 하나님의燈台로연하야배저어라。그리하면 욥의 後에받은福以上의榮光이 우리에게 있을것이다。

여호수아大旨

모세의五經中에서 모세自身의傳記를 詳考하야 일즉地上에棲息한人類中에 가장偉大한偉人모세를 알며 모세라는人物을通하야 하나님의經綸이 이루어지는일을보는것이 一大興味이었든것과같이 모세五經의 다음에있는 여호수아 에서도 그一個人의傳記로보아도 대단한興味가있다。

여호수아는 年少한몸으로 巨人모세의뒤를니어 하눌에별같고 海邊의 모래와같이많은 이스라엘民族의 第二代의指導者의重任을메었다。凡事에있어서 創始者가되는일은 勿論어려운일이다 모세가되기는 여호수아되기보다 勿論어려운일이었다 그러나 創始者로서 燦々한功績을 남긴이는世上에 그數가적지않다。一家一門의始祖로나 一校一派의創立者或은一國의創始者로서 世上에永久히그名聲이 자자한이는鄕間과史上에 흔이보는바다。그러나 第一世의光輝가 넘어燦爛한까닭인지 第二世의地位로서 能히그任務를 完全히다하였다할만한이는 東西史上에 比較的그例가稀罕한듯하다

오직 우리 여호수아는 이重大한第二世의任務를 다하기에 가장適當한人物이었다。저가 모세의죽은後에 하나님께서 받은使命은

……눈의아들 여호수아를命하야갈아사대 오직 너는極히强하고膽大하야 내종모세가 네게命한 律法을 다 직혀行하야 左右편으로 치우치지 말어야 가난곧마다 형통하리라

는것이었고(一章一—七) 그百姓들이 여호수아께對한態度도

누구든지 당신의命을拒逆하며 당신의시기시는 모든말슴을 順從치아니하는者는 죽임을當하리니 오직 당신은强하고 膽大하쇼서

라는(一章十八)盟誓대로였다。 여호수아의一生은 이것이全部이었다。左편이나右편으로 치우치지않고 오직 傳受한律法을遵守하야 앞으로突進하였을뿐이오 命令에對하야「何故」라는理由를 묻지않었다 世人이 이를稱하야 軍人型의人物이라하나 그보다도 于先여호수아는 信仰型의人物이었다。예수께서『이스라엘사람중에 한번도 이같은 믿음을 맛나보지못하였노라』고 (太八章五—十三)激賞하신

百夫長이軍人型이라는것과 末年에얻은 외아달이식을「何故로」라는反問이없이 燔祭로받이랴고모리야따를向하든 아브라함의信仰型에는(創二十二章)물이안이오 하나인것이있었다。第二世의指導者에軍人이오信仰人인 여호수아를가지었든 이스라엘百姓의幸福은 또한格別하였다。

여호수아가 軍人型의性格을所有하였을뿐만안이라 저의一生은 거의戰場에서始終하였다。비스가山頂에서 約束의따가나안을 멀리 眺望함으로써滿足하지아니치못하였든 모세의後를니은여호수아는 들을지나고 요단江을건너 가나안百姓과白兵戰을演하지아니치못하였으니 第一章으로五章까지는 그 侵入하든記錄이오 第六章으로十二章까지는 그 征服記라할것이며 第十三章以下는 領土分配及最後袂別의光景을 記述한것이다。그戰況은一二의失敗와困境이없었음은안이나 大體로보아到處에서快勝의凱歌를 부른記錄이다。가나안先住民族의墮落이甚하였든것과 하나님이 特히이스라엘에게恩寵을베프시기爲한까닭이었으나 여호수아의軍隊가向하는곧에는 連戰連勝이오 實로破竹之勢로서 聯合軍과散兵을擊退하였다。戰爭이란 이와같은것이라면 果然 軍人이안인怯夫라도 出戰하고싶으리만치 快戰快勝하였다。그러고 如此한戰鬪는 오늘날 그리스도의 十字架旗下에뫃인基督者들의靈魂속에서 싸우고있는것이다。우리의싸움싸움은『血肉을對敵하는것이안이오 政事와權勢와어두운대서世上을主管하는者와空中에있는惡한神을對敵함이』다(에베소六章十二)。靈界의戰記로볼때에 여호수아는 크리스챤에게 特別한興味를 이르키는冊이다。

但 아이城을攻略한때에 이스라엘軍隊는前無後無한慘敗의悲歎을맛본일이있었다。그記事는第七、八章에詳細한바와같거니와 아이사람에게追擊當하였을때에 이스라엘百姓의肝膽이 녹아 물같이되였다하며 (七·五以下)長老들은 여호수아와 옷을찢고 띄끌을 무릅쓰고 요단江을건너온것을後悔하였다한다。그런데 그敗戰의原因은 갈미의아들아간이란者가 여호와께받일物品을 私慾으로自己장막속에隱置하여둔까닭인것을發見하였다(七·廿一)即敗北의原因은 이스라엘陣中에있음을알아 그罪를

摘發處斷한後에 다시士氣를回復하였다한다。武戰에서도 如此하였거든 하믈며 靈戰에서랴。吾人의信仰戰線에活氣없음은 아간과같이 私慾을爲하야 감춰둔緣故가안인가 깊이反省할것이다。

여호수아의概綱을抄記하면左와같다

一、요단江彼岸까지行軍 (一・一—五・一五)

(1) 動員準備 (一・一—一八)

가、여호수아의任命式 (一・一—九)

나、動員令[모압을떠나 요단江을건너라] (一・一〇—一一)

[附]루우벤、갇及므낫세지파에對한 여호수아의特別한軍令과 그 百姓들의誓約 (一・一二—一八)

(2) 斥候隊의先發 (二・一—二四)

가、斥候二人을 라합이收容[여리고] (二・一—七)

나、斥候隊와 라합의契約 (二・八—二二)

다、偵探軍의報告[시팀에서] (二・二三—二四)

(3) 요단江橫斷 (三・一—四・一八)

라、싯딤으로부터 요단江邊까지 (三・一)

마、요단橫斷의準備와方法 (三・二—六)

百姓의齋戒와 법궤의前進

다、하나님의激勵 여호수아의傳令 (三・七—一三)

라、요단江流停止 (三・一四—一七)

마、異跡의記念으로採石 (四・一—九)

바、全軍徒步越江 [여리고들까지進軍] (四・一〇—一三)

사、第二世指導者여호수아의權威確立 (四・一四—一八)

(4) 길갈에서進軍準備 (四・一九—五・一五)

가、길갈에駐屯[一月十日]과記念의立石 (四・一九—二四)

나、여호와의權威四圍를壓함 (五・一)

다、新國民에게割禮施行 (五・二—九)

라、逾越節을지킴[一月十四日夕] (五・一〇—一一)

마、만나끝이다[따의所産을먹은後로] (五・一二)

바、天使여호수아에게現顯 (五・一三—一五)

二、가나안征服 (六・一—七・二四)

가、여리고城의陷落 (六・一—二七)

戰略의啓示(一—一一)、攻略의方法(一二—一九) 城의陷落과 라합의救援 (二〇—二七)

나、아이城의攻略記 (七・一—八・三五)

이스라엘軍의敗戰(七・一—五) 여호수아及長老들의落心(六—九) 敗戰의原因(一〇—一五) 아간의罪와 그處分(一六—二六)

아이城의陷落(八・一—二九)에발山上의記念碑(三〇—三五)

다、가나안列國의動搖와分裂

聖書槪要

聯合軍으로對抗하랴는計劃（九•一ー二）

기브온의降服歸化（九•三ー一五）盟誓의神聖（一六ー二二）

기브온族이生命을保全하고奴隷되다（二二ー二七）

라、援兵派遣

五個國聯合軍과 기브온과의戰爭 （一〇•一ー五）

여호수아가기브온軍을援助大勝 （一〇•六ー九）

우박의異跡（一〇ー一一）日月이佇立（一二ー一五）

五個國諸王의敗亡（一〇•一六ー二七）

七個國王征服後에 길갈로凱旋（一〇•二八ー四三）

마、메롬溪邊의激戰

列王의聯合軍組織（一一•一ー五） 激戰과大勝（六ー九）

하솔과其他諸國의征服 （一一•一〇ー二〇）

아낙族의滅絕 （一一•二一ー二三）

바、이스라엘의征服한地域

모세가征服한요단江東편의二王國 （一二•一ー六）

여호수아의征服한요단江西의三十一王國（七ー二四）

三、가나안分割（一三•一ー二二•四五）

分割하는大方針 （一三•一ー一四•五）

갈렙의깃 （一四•六ー一五）

유다의깃 （一五•一ー六三）

〔갈렙의딸의깃〕

二〇

요셉의깃 （一六•一ー一七•一八）

에브라임의깃（一六•五ー一〇） 므낫세의깃（一七•一ー一八）

실로에서聖幕建立 （一八•一）

七지파의깃 （一八•二ー一九•五一）

벤야민의깃（一八•二一ー二八）시므온의깃（一九•一ー九）

스불론의깃（一九•一〇ー一六） 잇사갈의깃（一九•一七ー二三）

아셀의깃（一九•二四ー三一） 납달리의깃（一九•三二ー三九）

단의깃 （一九•四〇ー五一）

逃避의城六個建設 （二〇•一ー九）

레위의깃 （二一•一ー四二）

하나님의平和 이스라엘에臨하다（二一•四三ー四五）

四、附錄（二二•一ー二四•三三）

가、루우벤、갓 무낫세의半지파等歸還（二二•一ー一〇）

나、外敵平征後에 骨肉相爭乎 （二二•一一ー三四）

다、여호수아의訣別辭 （二三•一ー二四•二八）

過去의恩寵（二三•一ー一四） 하나님의約束（五ー一六）

세겜大會에서이스라엘歷史復誦（二四•一ー一三）

하나님의約束을새롭게하다 （二四•一四ー二八）

라、여호수아의年齡、死와葬式 （二四•二九ー三一）

마、요셉의骸骨을세겜에埋葬 （二四•三二）

바、엘르아살의死와埋葬 （二四•三三）

뜻을 가서 배우라 대개 내가 옳은 사람을 부
르러 온것이 안이오 다만 죄인을 부르랴고왔
노라 하시더라。
十四、그 때에 요한의 제자들이 예수께 나아
와 가르되 우리와 바리새교인은 자조 금식하되
그대의 제자는 금식을 아니하니 어찌함이니이까
하니 十五、예수께서 저의다려 니르시되 혼인 치
하하려 간사람이 실랑과 한께 있을때에 어찌
슳버하리오 실랑이 이별할 날이 니르러니 그
때에는 금식할지니라。十六、새감으로 헌옷을 깁
는자가 없는것은 기운것이 그 오을 당기어 해여
짐이 더함이오。十七、새술을 헌가죽부대에 넣지않
는것은 부대가 찌어저술이 쏟아지고 부대를 바
릴가 두려워함이니 새술은 새부대에 넣어야 둘
이다 보전하느니라。
十八、예수 이말슴을 하실매에 한 관원이와서 절
하고 가르되 내 딸이 방장 죽었사오나 오셔서
그 몸에 손만 대시면 살겠나이다하니 十九、예
수께서 일어나 좇아가시고 제자가 또 가더니
二十、열두해를 혈루증으로 앓는 녀인이 예수뒤
를 좇아와서 그 옷가를 만지니 二一、제 마음에
그 옷만 만져도 낫겠다 함이라。二二、예수 돌
아보시며 가르시되 딸아 안심하라 네 믿음이
너를 낫게 하였다 하시니 그시로낫더라。二三、
예수 그 관원의 집에 들어가사 피리부는자들
과 무리가 훤화함을 보시고 二四、가르시되 물
러가라 이 아이가 죽은것이 안이라 잔다 하
시니 저의들이 비웃더라。二五、무리를 내어 보
낸 후에 예수께서 들어가사 그 아이 손을잡
으시매 곳 일어나는지라。二六、그 소문이 온 지
경에 퍼지더라。
二七、예수 거긔서 떠나가실새 두 소경이 따
라오며 소리질어 가르되 다윗의 자손이어 우
리를 불상히 녁이소서 하더니 二八、예수께서집
에 들어가시매 소경들이 나아오거늘 예수 니
르시되 내가 능히 이 일할줄을 믿느냐 대답하
되 주여 그러하오이다 하니 二九、예수께서 저
의 눈을 만지시며 가르시되 너회 믿는대로되
라 하신대 三十、그 눈들이 밝은지라 예수 엄
히 경계하시되 삼가 사람들로 알게 하지말라

하셨더니 三一、저의가 나가서 그 소문을 온 지경
에 전파하더라。
三二、저의가 나갈때에 사귀들려 벙어리된자를
예수께 데려오매 三三、사귀가 쫓겨나니 벙어리
가 말하거늘 무리들이 긔이히 녁여 가르되 이스
라엘 가운데서는 이런 일을 처음 본다 하되
三四、바리새교인은 가르되 저가 사귀왕을 빙자
하야 사귀를 쫓는다 하더라。三五、예수께서 모
든성과 촌에 두루다니시며 회당에서 가르치사
천국 복음을 반포하시고 백성의 모든병과 약
한것을 고치시니라。三六、무리들이 목자없는 양
과같이 고생하며 유리하는것을보시고 민망히녁
이사 三七、이에 제자다려 니르시되 추수할것은
많으되 일군은 적으니 三八、그럼으로 추수하는
주인에게 간구하야 일군을보내어 추수하게 하
야주소서 하라 하시리라。

第十章

一、예수께서 열두 제자를 부르사 더러운 귀
신을 쫓으며 모든 병과 약한 것을고치는 권
능을 주시니라。

二、열두 제자의 니름은 이러하니 첫재는 베
드로라하는 시몬이오 및 그 동생 안드레와 세
베대의 아들 야고보와 및 그 동생 요한과 三、
빌립과 비돌로매와 도마와 세리 마태와 아패
오의 아들 야고보와 다대오와 四、가나안 사람
시몬과 및 예수를 잡아준 이스카룟 유다라。
五、예수께서 이 열둘을 내어 보내시며 명하야
가르시되 외방 길로도 가지말고 시마리아 고
을에도 들어가지말고 六、차라리 이스러엘 집에
잃어버린 양에게로 가라。七、가면서 반포하야 말
하되「천국이 가까왔다」하고 八、병든자를 고치며
죽은자를 깨우며 문동이를 깨끗하게하며 사귀
를 쫓아내되 너의가 그저 받았으니 그저 주
어라。九、너의 주머니에 금이나 은이나 동을 가
지지말고 十、길에서 쓸 전대나 두벌 옷이나 신
이나 지팽이를 가지지말라 대개 일군이 제먹
을것을 받는것은 맞당하니라。十一、아무 성이나
촌에들어가던지 합당한 사람을 찾아 너의 녀
나기까지 거귀서 머물고 十二、들어가면서 그집
이 평안하기를빌라。十三、그 집이 합당하거든 평

안함이 림하게하고 합당치아니하거든 평안함이
너의게 돌아오게하라。十四、누구던지 너의를 영
접치아니하거나 너의말도 듣지아니하거든 그집
이나 성이나 떠날적에 너의발에 몬지를 떨어
바리나。十五、내가 실로 너의게 니르노니 심판날
에 ‖소돔과 고모라‖ 따의 형벌이 그 성보다 견
듸기쉬우리라。十六、내가 너의를 보냄이 양을 이
리가운데에 보냄과 같으니 그런고로 지혜는 배
암같이하고 순함은 비둘기같이할것이오。
十七、사람들을 삼가라 저의가 너의를 공회에
잡아가고 저의회당에서 채찍질 하리라。十八、또
너의가 장차 나를 인하야 감사와 님군에게 잡
혀가서 저의와 외방사람들에게 증거하리니 十九、
너의가 잡힐때에 어떻게 말하며 무슨말을 할가
염려치말라 곳 그때에 무슨말할것을 주시리니
二十、말하는이는 너의가 안이라 오직 너의 아버
지의 성신이시니 곳 너의 속에서 말슴하시는자라
二一、장차 형제가 형제를 죽는데 내어주며 아비
가 자식을 그렇게하며 자식들이 부모를 대적하
야 죽게하리라。二二、너의가 내 니름을 인하야모
든 사람에게 미워함을 받을것이나 나종까지 견
듸는이는 구원을 얻으리라。二三、이 성에서 너
의를 핍박하거든 저 성으로 피하라 내가 진
실로 너의게 니르노니 ‖이스라엘‖ 모든성을 다
다니지못하여서 인자가 오리라。
二四、제자가 선생보다 높지못하고 종이 상전
보다 높지못하나니 二五、제자가 선생같고 종이
상전같음이 족한지라 집 주인을 ‖바알세붑‖이라
하였거든 하물며 그 집사람이랴 二六、그런즉 저
의를 두려워하지말라 감추인것을 들어내지못할
것이없고 숨은것을 알지못할것이없나니 二七、내
가 너의게 어두운데서 니른것을 광명한데서 말
하며 너의가 귀속으로 들은것을 집우에서 펴
치라 二八、몸은 죽여도 영혼은 능히 죽이지못
할차를 두려워하지말고 오직 몸과 영혼을 능히
지옥에 멸하시는자를 더욱 두려워하라。二九、참새
두마리가 한푼에 팔리는것이 안이냐 너의 아버
지께서 허락지 아니하시면 그 중에 하나도 따에
떠러지지아니하고 三十、너의 머리털도 다 헤시
나니 三一、그런고로 두려워하지말라 너의가 참

새 여러마리보다 귀하니라。三二、누구던지 사람앞에서 나를 아노라하면 나도 한울에 계신 내아버지 앞에서 저를 아노라할것이오 三三、누구던지 사람앞에서 나를 아지못하노라 하면 나도 한울에 계신 내 아버지 앞에서 저를 아지못하노라하리라。

三四、내가 세상을 화평케 하려온줄로 알지말아라 화평케 하려온것이 안이오 병기를 일으키려 왔노라。三五、내가 온것은 아들이 아비와불화하며 딸이 어미와 불화하며 며누리가 시어미와 불화하게 함이니 三六、사람의 원수가 그집안 식구리라。三七、아비나 어미사랑하기를 나보다 더하는자는 내게 합당치아니하고 아들이나 딸 사랑하기를 나보다더하는자도 내게 합당치아니하고 三八、십자가를지고 나를 좇지안는자도 내게 합당치아니하고 三九、제 목숨을 아끼는자는 장차 잃어버리고 나를위하야 목숨을잃어버리는자는 장차 찾으리라。

四十、너의를 영접하는자는 나를 영접하는것이오 나를 영접하는자는 나를 보내신이를 영접하는 것이니라。四一、선지자의 너름으로 선지자를영접하는자는 선지자의 상을 받을것이오 의인의너름으로 의인을 영접하는자는 의인의상을 받을것이오 四二、또 누구든지 제자의 너름으로 이소자중 하나에게 냉수 한그릇이라도 주는자는내가 진실로 너의게 니르노니 그 사람은 결단코 상을 잃어버리지아니하리라 하시더라。

第十一章

一、예수 열두 제자에게 명하심을 맞히시고 거긔서 떠나사 가르치시며 반포하시랴고 각성에가시더라。

二、요한이 옥에 있어 그리스도의 행하심을 듣고 그 제자들을 보내어 三、예수께 여쭈어 가르되 맞당히 오실이가 선생님이오니까 우리가 다른이를 기다리오리까 四、예수 대답하야 가르시되 너의가 가서듣고 보는것으로 요한에게 고하되 五、소경이 보며 안진방이가 걸으며 문둥이가 깨끗하며 귀먹어리가 들으며 죽은자가 살아나며 가난한이에게 복음을전한다 하라。六、누구던지 나를 인하야 범죄하지아니하는자는 복이 있도다 하시고 七、저의가 떠나매 무리들에게 요한을 가르쳐 말슴하시되 너의가 무엇을

城西通信

一九三二年四月四日(月曜) 어떤兄弟로부터本誌第三十九號에쓰인 余輩의 글中에서用語의不當한것과 文의構成이不可한點을指摘하야 好意의忠告를준이가 잇섯다。깁히感謝하면서 內心에생각하니 世上에 余輩보다無謀한者는 마치못할것을 깨달앗다。文筆에從事할因緣(素養)이없는點으로는 余輩의右에出할者 全無할것을確信하면서 文章도모르고 修辭學도모르고 한글에關하야는 張志暎氏著 朝鮮語綴字法講座 라는一卷뿐으로써 每月平均 一萬五千字式 綴하고잇스니 無謀하다면可할까 當突하다면可할까, 하고십허 自顧해한다면 또奇特하다고나할까。

四月十日(日曜) 午前은梧柳洞에서「여호수아」를講하고 午后는活人洞에서「歷代上」을講하다。十五日(金曜)한未知의兄弟로부터來書曰『저는 일즉이 張牧師님을通하야 先生님의놉흐신聲華를飽聞하엿사오며 또이어서聖朝紙로因하야先生님의信仰을實地로敬慕하고잇는중이올시다。肉身으로는 뵈옵지못하엿사오나 靈的生命으로는 血管을通하고잇는줄아나이다。貴誌經營은世間에所謂事業과는 딴것인줄아나이다。 다른事業家들眼目에는보이지아니할만큼微弱할는지도몰으겟나이다。그러나 나와가튼無智輩에게는 生命을延長함에 莫大한도음이잇슴이다。도음되는것을 枚擧하기는難事이올시다만 그一例를들면 이러하오이다。내가 얼마전부터廢物이됨을自認하고 或때로는 울기도하며때로는感謝한적도잇섯나이다。現代文明이進步함을따라 다른物品의廢物은 남김업시利用한다하나 그러나人間의屑物은 더욱々々所用업게됩니다! 나는 엇지할가하면서 눈물을아니지울수업나이다。그러나 나는 일변으로感謝함니다。感謝할거나 우리主예수그리스도로써하야 나의하나님께「네가人間에게는 발등상이되나 나는너를안다」하시며「나는너를불럿다」하신다。그러고 또貴誌二月號에 廢物募集이라고 쓴글을보고나는 깃버하며 즐거한것이 만엇습니다。비록 적은冊子에 실어오는것이나 그眞理의말슴은 나의生命우에 캄々한것을 깨트려주는힘이 偉大함이잇나이다。筆者先生님들우에 하나님의全能하신손이 늘한께하심을 感謝하오며 또기도하나이다。

一九三二四月十二日 ○ ○ ○

四月十七日(日曜)午后二時부터舊約研究의繼續으로 歷代下를講하다。○二十三日에左와가튼 獨立傳道者의 반가운소식에接하다『主님의恩寵이 親愛하신여러분께넘치시기를비옵나이다。저는主님의 부르심을밧아 밋음의弱함과能力에不足함을 깁히깨다르면서도 敢然히 이러나 中學生을中心하야 獨立傳道를始作코저함니다。前途洋々하고 希望이遠大한靑少年들에게 예수그리스도가要求됨이切實함을깨닷고 더욱 近頃에 中學生의風紀紊亂의소리 놉흠을들어 저靑年兄弟들에게 主예수를紹介함이 緊急합니다。저는 主님의捕虜가되여 四月二十四日(主日)부터 每主日午后二時에 鍾路中央傳道館內에서 傳道說敎를始作함니다。 弱하고無能한저를爲하야 懇切한기도로 도아주 기를비오며 兼하야學生들에게勸하야주시기를바라옴니다。

一九三二年四月二十二日 李德鳳白。

李德鳳氏는 일즉이 崔泰瑢·金成實諸氏와한께 水原農林學校에서同窓이엇섯다하며오랫동안 京城市內培花女學校에서 敎鞭을잡엇섯다。이제 驢馬를豫言케하며 路傍의돌멩이로하여금 찬송하게하시는 하나님의能力에 못이기어 敢然히京城市中央에서獨立傳道를시작하엿다。人情으로서는 저의前途에多難할것을생각하야 同情을禁치못하거니와 또한 하나님이 이半島를 못이저하시는양을보아 우리의感激이적지안타。親愛한基督信徒여 언제까지午睡를貪하랴는고。어서十字架旗下에 聚立하지안으랴는가。

四月二十四日(日曜) 午前은梧柳洞에서士師記를講하고 午后는活人洞에서 에스라研究。

五月一日(日曜) 午前은梧柳洞開峰里의宋厚用氏宅에서 追悼의뜻을兼하야 記念集會가잇섯고 午后는活人洞에서 느헤미야講義

詩篇研究號

第一篇 三十四號
第十二篇 二十二號
第十三篇 二十五號
第十九篇 二十三號
第四十四篇 三十號
第九十三篇 創刊號
第百二十一篇 第五號

로마書研究號

바울의自己紹介 第二七、二八、二九、三十、三十一號까지)
本書翰의動機 第三十三號
主題、異邦人의罪 第三十四、五號
震怒、刑罰 三十六、三十八號

山上垂訓研究號

二四、二五、二六、二七、二九、三〇、三一、三二、三三、三四、三五、三六、三七

本誌舊號代金

(1)、創刊號—第七號
一冊金貳拾錢(郵稅共)
(2)、第八號以下
一冊金拾五錢(郵稅共)

年度本(合本이안임)

(1)、創刊號—第廿三號
二十三冊代金貳圓三十錢(郵稅共)
(2)、第廿四號—第三十五號
十二冊代金壹圓五十錢(郵稅共)

合本(洋製布表紙)

第一卷(創—第十二號)
定價一圓九十錢(送料二十錢)
第二卷(第十三—第廿三號)
定價一圓七十錢(送料二十錢)
第三卷(第廿四—三十五號)
定價一圓九十錢(送料二十錢)

取次販賣店
京城鍾路二丁目九一
朝鮮耶蘇敎書會
振替京城四〇八一

集會案內

張道源牧師는 來六月八、九日頃부터 約一週間 釜山地方傳道師會의 集會를引導하도록되였다합니다。集會의詳細한點은 直接張牧師께로든지 或은慶南蔚山敎會로 問議하시고 讀者諸君의多數參席하기를 希望하나이다。

一九三二年六月一日 聖書朝鮮社

昭和七年五月三十日 印刷
昭和七年六月一日 發行

京城府外龍江面孔德里一三〇
編輯兼發行人 金敎臣
京城府西大門町二丁目一三九
印刷者 金在瓛
京城府西大門町二丁目一三九
印刷所 基督敎彰文社

京城府外龍江面孔德里活人洞一三〇ノ三
發行所 聖書朝鮮社
振替口座京城一六五九四

聖書朝鮮

第四拾貳號

一九三二年 七月一日發行

京城 聖書朝鮮社 發行

昭和三年二月二十八日 第三種郵便物認可

昭和七年 七月一日發行(每月一回一日發行)

地圖와信仰

世界地圖를펴치어들고 所謂宗敎分布圖라는것을엿보면 루터의나라獨逸과 칼빈 츠윙그리의나라 瑞西와 녹쓰 웨슬레ㅣ의나라英國과 現代에産業敎育으로써世界的模範國이라는丁抹及進就發展하는 和蘭 瑞典、諸威、等新敎諸國이 基督敎로써彩色되여있음은勿論이오 葡萄牙、西班牙、佛蘭西、伊太利等老衰한 舊敎國으로부터 발칸半島以東의希臘敎의스랍族이亦是同一한彩色으로되엿으니 現代世界文化의中心地인 歐羅巴大陸은 完全히基督敎라는盤石우에建立된것임을 否認할수없게된다。

다시 눈을돌려 大西洋저편新大陸을바라보면 史上에 그類例도드믄 淸敎徒의建立한北米合衆國을爲始하야 北에加奈陀와南에墨西哥及中米諸國과西印度諸島까지 北米大陸全體가基督敎요 南米大陸의全幅이 또한마찬가지로基督敎다。가장적은大陸이라는濠洲가基督敎요 뉴ㅣ지란드로부터 太平洋上에散在한 無數한섬々들이 거의다基督의너름아레에있다。暗黑大陸의稱이있는阿弗利加의南北은 발서基督敎化하엿고 사와라大沙漠以南의中部地方도 리빙스톤의足跡이다다른곧마다 슈와이첼의손젿이어르만진곧마다 그리스도의피가흐르지아닌데가없으니 阿大陸도발서 「暗黑」이라는別號를脫却할時運에臨하엿다。

한갓亞細亞大陸만은 基督의出生地인파레스틴과西南아세아大部分이回敎의領域임을비롯하야印度敎佛敎儒敎等이大衆을支配하고있는듯하나 이는皮相的外觀뿐이오 實質的으로는 亞細亞諸國도발서基督敎가안이고는 그存立할支柱를發見할수없이되엿음은 近日東洋諸國에流行하는所謂反宗敎運動이란것이 爲先그銳鋒을基督敎에만向하고 蜂起하는現像을보아도可知할것이다。即亞細亞에서도 求하라는者나 排擊하라는者나 宗敎라면基督敎가問題되엿다。 온地球의表面은文野의別이없이 基督敎의天地가되엿다。바야흐로基督敎徒의黃金時代가出現한듯하다。

그러면基督을믿는것은 世界最大富强國이基督敎國인故인가 英獨佛等先進諸國과 全世界의大多民衆이基督을崇拜하는故인가。안이다决코안이다。비록世界宗敎分布圖의色彩가今日과相反하야基督敎國이極少하여질지라도 아니 地球上에오직홀로 남은때에도信仰하는것이信仰이다。홀로설때에라야 참信仰이다 아브라함은 홀로믿었다。노아는篤信徒들의團體속에서信仰을扶持한것이안이었다。루터는時局의大勢를살피어하나님을믿는척한것이안이었다。全世界對一人으로 저는信仰한者다。알지못하거니와吾人은 이覺悟가있는가 없는가。

聖書槪要(五)

金敎臣

士師記大旨

士師記는士師들의行蹟을記錄한것인대 士師라함은 shophetim을七十人譯에 kritai, gudges. 로譯하야 다시士師라고譯하얏으나 原來猶太國에만獨特한것임으로 文字만보고서는 그實物을推像하기가容易하지않다。 이스라엘歷史에서도 士師란것은 모세나 여호수아와같이 特出한指導者로全民族의敬仰을받는(先知)者도안이오 또한 다음에出現할 다윗이나솔로몬과같은政治的大權을잡은王者도안이었다。 이兩者의過渡期에存在하였든 一種의指導者요 統治者이었는데 司法과行政을兼管한것으로보아서는 昔日의觀察使에近似하였으나 그보다도武將의特色이濃厚하였으니 우리의制度에比較하기보다 차라리士師의行蹟을읽는것이 士師라는槪念을納得하는捷徑이될것이다。

士師의治世는 記錄된바十四人(아비멜렉까지合算)을通計하야 二百九十九年이되나 實際上으로 여호수아의死後부터 삼우엘의王政制定에至하기까지約四百五十年間에亘하얏다。 이時代를稱하야 或은이스라엘의暗黑時代라하며 或은群雄時代라하니 이른바『그時에 이스라엘에王이없으니 사람마다 그所見에 옳은대로行하더라』(一七·六) 는것이士師時代의世相을縮少한것이오 따러서 士師記全篇을解讀하는中心句節이된다。 이스라엘民族이比較的少數로써 能히 시내曠野와 모압들의諸族과 잘싸와擊退하면서 約束의따 가나안까지侵入한것은 우에全能하신 여호와神의經綸이있었음과 아레에無類한指導者모세가있었음이大因이었으나 또한十二支派가各其 그族長或은方伯의指揮下에 잘順從하고團合하야 二百萬大衆의一擧手一投足이 全혀單一體의運動처럼되였든것도 看過할수없는偉力이었다。 果然저들은 曠野의天然的患災와 가나안邊方의强大한外敵에直面하였을때까지는 絶對로服從하는百姓이오「何故로?」라는返問이없는民族이었다。그러나 이스라엘이 꿀흐르는가나안에入足하야 祖上以來의遊牧의業을버리고 定住한農民으로化하였을때부터 民衆은발서 征服의大業이半途에있었음에도不拘하고 爭先하야各自의幸福을追求하게되며 兼하야

個人의自由를 享樂하라고하였다。그必然的形勢가「사람마다 그所見에옳은대로」任意로行하게되였다 모세와아론에게反逆하면서 自由와平等을主張하든 고라 다단等의思想은(民數記十六章)이時代에 遺憾없이發達되였다。그러나 이처럼 絕對의自由와平等을享樂한結果는如何한가。首領이없고 服從할法을 알지못한士師時代의이스라엘은全民族的으로나個人的으로 以前 모세 여호수아의專制時代에比하야 實狀幸福된것이라고없었을뿐더러 以後의삼우엘 다윗等의王政時代에比하야도 何等成事한것도없었고 오직얻은것은 宗教的墮落과 隣邦의侮辱뿐이였다。皮相的自由와平等을 叫呼하는者가必曰求하는바를獲得하는것이안이라함은 世界歷史와한께士師記가明示하는바다。

士師時代는大體로暗黑時代인이만치 本書의內容에는 政治的으로나宗教的으로나 이스라엘의不名譽스러운墮落과腐敗의記事가많다。그러나「罪가增加하는곧에恩惠도增溢하」는故인지 士師記中에繙復하는墮落記事의裏面에는 기어히恩寵의聖手와信仰의篤行이影子와같이添行하고있음을볼수가있다。出埃及以來의許多한異蹟과 嚴然한訓練으로써 여호와神의特別한選民된關係를體驗한일이없은 新國民들은 祖上의神이신 참된하나님을저버리고 異邦의偶像인바알神에게歸伏할때에 累次여호와께서怒發하셨으나 그러나 끝까지 必要한時期에 適當한士師를起用하사 不信中에서도 오히려悔改하고돌아와信仰의命脈을 이스라엘에서 끊지아니할機會를주셨고 士師中에 드보라、기드온、입다、삼손等四人은 特出한信仰의人이였다。放蕩子가父母의膝下를떠나랴는것같은 暗黑時代의어리석은이스라엘에對하야도 하나님의恩寵은이처럼綿々함이있었다

士師된者의爲人과 그들의行蹟은 더욱우리들께福된音信을傳하야마지안한다。士師中에도特히現著한事績을成就하였다는 드보라는纖弱한婦人이였고 기드온은小族의出身이였고 입다는娼妓의所產으로賤微한몸이였으며삼손은自少로品性이香氣롭지못한人物이였다。그러나 하나님이起用하실때에 能히四百五十年間의暗黑을빛우이는明星이될수있었다。人間의冗物인庶孫과惡品行의人物도 하나님의役軍됨에는何等碍害될이없다하나니 是曰福音이오 저들이出戰할때는 소체찍으로 六百名을 치거나 (三•

三〕、三百名以上의軍人을不用하였고 (七•一ー七) 삼손은空手로써三千名以上을一擧에復讐하였다。是曰武器의戰爭이안이오 信仰의戰鬪다。本文概綱左如。

一、序文〔士師出現까지의世相〕(一•一ー三•六)

甲、여호수아以前史要(一•一ー二•九)

가、유다의不徹底한征服(一•一ー二〇)

나、벤야민子孫의不徹底한征服(一、二一ー二六)

다、므낫세의不徹底한征服(一•二七ー二八)

라、에브라임、스불론、아셀、납달리等도亦是不徹底하게征服하고原住民族과雜居하다 (一•二九ー三六)

마、보김에서天使出現〔後日의患慮〕(二•一ー五)

바、여호수아의死〔百十歲〕(二•六ー九)

乙、指導者를缺한民衆의渾沌(二•一〇ー三•六)

가、新國民의墮落(二•一〇ー一三)

나、여호와의震怒(二•一四ー一五)

다、여호와의憐悶과士師制度始設(二•一六ー一九)

라、不徹底한征服의結果 (二•二〇ー二三)

마、異民族雜居의試練 (三•一ー六)

二、本文〔士師의治績〕(三•七ー一六•三一)

(1)、옷니엘〔첫재士師〕 (三•七ー一一)

구산리사다임〔메소보다미야王〕에게征服된後八年옷니엘〔갈렙의동생〕이救援하야四十年間平定。

(2)、에훋〔둘재士師〕 (三•一二ー三〇)

에글론〔모압王〕에게征服된後十八年에

에훋〔게라의아들 왼손잡이〕이에글론을暗殺하고요단江畔에서 모압사람一萬을죽여八十年間泰平

(3)、삼갈〔셋재士師〕 (三•三一)

소모는막대기로 블레셋사람六百名을죽여 이스라엘을救援하다。

(4)、드보라와 바락〔넷재、다섯재士師〕(四•一ー五•三一)

야빈〔가나안王〕에게壓制當한지二十年만에

드보라〔랍비듯의妻〕와바락이救援하다。

(야엘〔헤벨의妻〕이天幕말둑으로시스라를잡다)

드보라와바락의노래 (五•一ー三一)

(5)、기드온〔여섯재士師〕 (六•一ー八•三二)

이스라엘의內的腐敗와 미듸안人의侵入(六•一ー五)

이스라엘의罪惡을책망함 (六•七ー一〇)

天使가기드온〔요아스의아들〕을起用함(六•一一ー一六)

士師任命의表證〔火燒의奇蹟〕 (六•一七ー二四)

기드온의宗敎革新과民衆의激昂反亂〔여룹바알〕

(六•二五ㅡ三二)
여룹바알「기드온」의軍備收縮 「二萬三千名을三百名으로」 (七•一ㅡ七)
解夢으로勇氣를가다듬다 (七•八ㅡ一四)
기드온의미듸안夜襲 「라발、항아리燈」 (七•一五ㅡ二五)
세바、살문나를잡고숙곳、부누엘城의擊滅(八•一ㅡ二二)
기드온의末年「統治四十年」 (八•二二ㅡ三二)
附아비멜렉의陰謀 (八•三三ㅡ九•五七)
아비멜렉의陰謀 (八•三三ㅡ九•六)
요담의譬喩 (九•七ㅡ二一)
內亂及아비멜렉의一時的成功과失敗(九•二二ㅡ五七)

(6) 돌라「일곱재士師」 (一〇•一ㅡ二)
돌라「잇사갈사람」가二十三年間다스리다。

(7) 야일「여덜재士師」 (一〇•三ㅡ五)
야일「길르앗사람」이二十二年間다스리다

(8) 입다「아홉재士師」 (一〇•六ㅡ一二•一五)
異神崇拜와 불레셋、암몬人의壓制(一〇•六ㅡ一四)
이스라엘의悔改와 여호와의憐悶 (一〇•一五ㅡ一八)
입다「娼妓의아들」의放追及首領起用(一一•一ㅡ一一)
입다와암몬사이의平和條約「無効」(一一•一二ㅡ二八)
입다出陣의盟誓와大勝捷 (一一•二九ㅡ三三)
盟誓는不可退「딸을獻祭하다」(一一•三四ㅡ四〇)
입다의末年「統治六年間」 (一二•一ㅡ七)

(9) 입산「열재士師」 (一二•八ㅡ一〇)
벳을레헴사람으로 多男多女하였고 七年間士師

(10) 엘론「열한재士師」 (一二•一一ㅡ一二)
스불론사람이오 十年間다스리다。

(11) 압돈「열둘재士師」 (一二•一三ㅡ一五)
비라돈사람이오 多子孫하였고 八年間士師되다

(12) 삼손「열셋재士師」 (一三•一ㅡ一六•三一)
이스라엘의墮落과 불레셋사람의壓制四十年(一)
父母의敬虔과 삼손의出生 (一三•二ㅡ二五)
삼손의不法한結婚及離婚。獅子打殺。수수꺽기(一四•)
삼손이불레셋사람殺害「라귀顎骨로千名打殺」(一五•)
삼손이女人을因하야失敗。捕虜拔目(一六•一ㅡ二一)
삼손의長髮、復讎와死。二十年間士師(一六•二一ㅡ三一)

三、附錄「士師時代의事件一二」(一七•一ㅡ二一•)
가、미가와단지파의偶像崇拜 (一七•一ㅡ一八•三一)
나、레위사람과그妾事件及內亂(一九•一ㅡ二〇•四八)
다、벤야민지파는異邦人의딸을娶하다(二一•一ㅡ二五)

基督觀

在日本 張道源

基督敎는 그리스도自身이다 그리스도自身이곳그리스도敎다 그리스도自身이 없이는 그리스도宗敎가있지못한다 그리스도自身이 없이는 永生도없고眞理도없다 그런故로 사람이 그리스도를받지못하면 基督敎를 알지못하며 그리스도를 通하지아니하고는 永生을알지못하며 眞理를알지못하는것이다 그리스도로 말미암지아니하고는 하나님을 알수가없으며 自己自身도알수가없다 生도死도 알수가없다 그리스도自身이 곳眞理요生命이다 그리스도는 基督敎의 모든것의 모든것이니 곳始作이오 乃終이다

基督敎는 그리스도의敎訓을 一々히實行하는일에 重要點을 두지아니하고 그리스도自身을 먹고마시는일에 主眼點을두었다 그러하야 그리스챤이란것은 그리스도의敎訓을力行하야 그리스도와 倫理的關係를 가지는者가안이오 그리스도自身을 가지는者며 그리스도自身을 所有하는者일뿐만안이라 그리스도를 糧食으로하야 먹고마시면서 날마다날마다當面하는人生事變에서 不絶히生長發育의生活을하는者다

그리스도는 基督敎의敎祖가안이오 그리스챤의生命이오 또한糧食이다

그리스도는 釋迦나 孔子와 같이『너의는내가行하고저하는일을行하며 내가 말하고저하는것을말하야 나의敎訓을 지키라』하지아니하시고『나는하날에서 나려온 生命의糧食이니 너의는 나를먹고마시라』하셨다

如此히 基督敎는 佛敎나 儒敎와같이 倫理의宗敎、文化의宗敎 哲學의宗敎가안이라 그리스도自身을 먹고마시는生活에서 宗敎認識을 가지는宗敎다 그리스도自身으로 말미암아 宗敎意識을가지는것을 基督敎라한다 이것이 참基督敎다

예수를 單히 純人間으로하고(預言者、宗敎的天才) 그敎訓에만 重點을두며 最高의 道德理想으로하든지 又는高尙한 文化宗敎로하는것같은것은 基督敎를 바로 理解하지못하고 그릇됨이至極한者의일이다

基督觀

그러면 이제 우리는 그리스도自身에對하야 생각하여보기로하자。 그리스도는 누구시며 무슨일을 行하야 무엇이된者이냐?

그리스도는 누구이냐? 그리스도는 하나님의獨生子가 人間이되야 저의 가온대에誕生한者니 발서 人間性을 가진純肉이오 하나님은안인者다

그리스도는 무슨일을 行하였느냐? 그리스도는 하나님의獨生子가 純肉이된者로서 한번도 肉의뜻을좇아 行하지아니하고 하나님의뜻만을 行한者시다 그리스도는 人間性을 가진肉인故로肉의뜻이있다 이肉의뜻이 恒常모든人生事變에서 먼저發作하고있다 저는 하나님의獨生子가 肉이된者라고하야 하나님의뜻이 바로 저의게反映되야 每日當面하는 人生事變에서 하나님의뜻이 곳바로 먼저 알려지는것이안이라 저는 人間性을가진肉인故로 每日當面하는 人生事實에서 肉의뜻이 먼저와서 저를 어둡게한다 그러나 저는肉의뜻을 否定하고 하나님의뜻을 기다려서 맞힘내는 하나님의뜻대로만 完全히 行하야 人間으로서 罪와는絕對相關이없는 完全한生活을하야肉이 靈처럼 사는일에 成功한者다

그리스도는 무엇이 되였느냐? 그리스도는 肉인者로서 肉으로살지아니하고 靈으로 살아서 肉이 靈이되는일에 成功한者며 靈으로 우리의宗敎的對像이되신者시다

六

이제 예수의誕生에對하야 생각하여보기로하자 馬太福音一章十八節을보면 예수는 自然의法理를通하야 出生하지아니하고 그母親마리아가 요셉과 約婚하고成禮하기前에 聖神으로 孕胎함이 되였다고한다 이에對하야 起하는疑問은 예수가우리와 꼭같은人性을가진 純肉일진대 何故로 우리와같은自然의理法으로 誕生하지아니하고 聖神으로 孕胎하야 誕生하였느냐? 하는것이다 저는 聖神으로 孕胎한바가되고 우리와같은 理法으로 하지아니하였으니 우리와 꼭같은純肉이라고는認하기 어렵다는것이다 그러나 人類의始祖가 우리와같은理法으로 出生하지아니하고 하나님의大能으로 肉體는 흙으로만드시고 靈魂은 하나님의 氣運을 불어넣어서 만드렀다고 創世記는傳한다 그렇다고하야 人類始祖아담의人性을 否認

하겟느냐? 안이다) 사람의人性은 個人의出生하는 理法에있는것이안이오 人性을 形成하는 一定한 屬性에 있는것이다

예수의 肉體的誕生이 우리의出生法則과는 相異하다는理由로써 저의人性을 否認코저함은 不當한일이다 이것을 우리信者에게 憑하야말하자 信者마다 다 靈으로 重生한者가 卽罪人인녯사람이안이오 새生命으로 新生한者다 그렇다고 우리信者의人性을 否認하겟느냐? 決단코 안이다

이와같이 예수가 聖神으로 孕胎한바는 되엿으나 人性을가진 참人間인點은 우리와 꼭같으다 人性을가진 肉인以上에는 그肉이 예수안에서 일하는作用이 우리의안에서 일하는作用과 꼭같은作用을 하는것이다 맟히 信者와未信者間에있어서 靈性은 다르나 肉性은 꼭같은것으로서 꼭같은作用을 하는것과같은것이다 그런故로 예수에게 있어서 저가 聖神으로 孕胎한바가 되엿다고 그의肉이 普通人間의肉性과는 다른것이라고 主張하는것은 何等의理由가없는理論이다

又는 예수는 獨生子가 聖神으로孕胎하야 誕生한者인故로 저는 우리와같이 罪들犯할만한 素質을 가지지아니한者로 알기가쉽다 그러나 저도 人間이 된以上에는 우리와 꼭같이 罪를犯할수있는 素質을充分히 가지고있었다

예수나 우리나 人性을 가진肉인點은 꼭같으다 흙이 肉이된者나 로고쓰가 肉이된者나 肉이된것은 다같으며 普通自然의法則으로 出生한 人間이나 聖神으로 孕胎하야 誕生한人間이나 그 人間性은 꼭같은人間性이다 人間性인肉에 있어서는 그肉의作用이 예수나 우리나 꼭같은 作用을하는者이었었다 그런故로 우리와같은 普通人間이니 純肉인者이다

예수도 智慧와身體가 年齡을 따려서 자랐다 주리고 목마르며 疲困하고 앓브며 슬픔이있고 눈물이있으며 怒하고 憤내며 어두움이있고 알지못하는것이있으며 煩憫이있고 苦痛이있으며 惡魔에게 試驗을 當하는일이있었다 이것은 저가 完全한純肉인까닭이다 아모리보아도 저는 純全한人性을 가진 純人間이다 우리와 꼭같은 人間이다

基督觀

저는 참人間으로서 모든人間事變에서 人間生活을한者다 저는 로고쓰가 人間의假形을 넙고와서 獨生子의權能으로 모든人間事變을 通過한者가안이라 獨生子가 참으로 人間이 되여서 罪의根據地인 肉을가지고 人間의 모든事變을 通過하였다는것이다 卽獨生子가 참으로人間이되야 人間으로 人間의길을 通過하였다는것과 獨生子가 人間의假形을 넙고와서 獨生子의 權能으로 人間의길을 通過하였다는것과는 大端히 다른것이다

누가福音二章五十二節을보면 『예수께서 智慧가 加하고 몸의키가 자람애 사람과 하나님께 사랑을 받더라』하였다 이를보면 예수의肉體的發達이 普通사람과같은道程을 밟아 나아온것을 알수있으며 예수의心理發育과 精神發達도 普通사람과 다름이 없는順序로 되였음을 알것이다 저는如此히 저의 肉體的發達을 따러 저에게는獨生子의感이 왔을것이다

우리는 예수의 獨生子感에對하야 또한 생각하여보기로하자

八

예수의 獨生子感은 언제부터 생기었을것인가 함에對하야 언제라고確言하기는 어렵다 그러나 저는 智慧가加하고 몸의키가 자랐다는것의當然한일로 저는 나면서부터 獨生子感을 가진것이라고는생각하지못한다 저는 智慧와몸의자람을따러 認識할만한 어떤當然한時期에 저에게 「나는 普通凡夫가안이오 特別한사람이라」는것을 感得하였을것이다 卽獨生子感을 가졌을것이다 저의 가슴속에는 이獨生子感이 恒常꽉차저있어서 이獨生子感아 꽉차짐을따러 저에게는 漸漸다시말할수없는 確信이있었을것이다 이確信을따러서 또한저에게는 使命感이왔을것이다

내가 普通凡夫가안이오 하나님의 獨生子인즉 나에게 또한特別한使命이 있을것은當然한일이다 그러면 나의使命은 무엇인가? 내가 하나님의 獨生子인즉 이스라엘의歷史의中心이오 絶頂인메시야의事業이 나의使命이라고感하였을것이다

아ㅣ나는 하나님의獨生子로서 메시야의事業을 爲하야온者라는認識이 저에게 더욱完全明白하여질때에 저에게는 使命感으로오는 衝動에 피가끓

고 살이 뛰놀았을것이다 如此히 저는 使命感으로오는 青年의끝른血氣를 恒常抑制하야犧牲하고 하나님의 聖意의定한바 當然한時期의到來를 기다리고 있었을것이다 이렇게하야 그때를기다리기를 三十才되든때까지하였다

이렇게 때를 기다리면서의 三十才까지의 私的生活中에는 저의 유대敎의腐敗와 同胞의道德的墮落을보시고 몇番이나 憤慨하였으며 몇番이나 울었으며 몇番이나 대신悔改하였을넌지 알수없을것이다

예수께서 메시야에對한使命을 가지시고 社會의道德的墮落과 宗敎이腐敗를 볼때마다 피가끓고 살이떨려서 때에對한早急한 생각이있었을것이다 그러나 저는 이早急한 血氣의생각대로덤비지아니하고 하나님의뜻대로 定한바適當한時期가 오기를 기다리고順從하였다

아ㅣ때는 맞힘내 三十才라 曠野에서 웨치는 요한의소리가있었다 저는 요한의 웨치는소리를 듣고 非常한衝動을받아 요단江에 나아가서 요한의게서 洗禮를받었다

예수의受洗에對하야一大問題가생기는것은 요한에게 나아와서 洗禮를받는者마다 요단江에들어가기前에 요한에게 罪를悔改하였다(太三章6) 예수도 다른사람들과같이 洗禮를 받으려 나온以上에는 또한 罪를悔改하는일을 行하지아니하여서는아니된다 그러면 예수의 悔改한것은 무엇이냐? 참人間으로서 悔改할것만은 가지지못한예수에게 就하야 罪의悔改란것은 무엇이냐? 저는 이사야나 느헤미야와같이 百姓의죄를 하나님앞에 一一히 세면서 百姓을代身하야 대신悔改한것이다 即 메시야의使命感을가진저는 百姓의罪를 代身질머지고 요단江에나려가 요한에게 洗禮를받은것이다

예수의 이悔改의光景을 目見한 洗禮요한은 그即後에 예수를 가리처 證據하야가르되『世上의罪를 짊어지고 가는 하나님의 어린羊을보라』하였다 洗禮요한이 예수를 가리처 證據하야 가르되『世上의罪를 지고가는 하나님의 어린羊이라』한것은 예수의 受洗日의光景을보고 觀取한것이다 예수의 受洗日의 百姓의모든罪를 짊어

지고 代身悔改하는 그祈禱의光景을보는 요한으로서는 예수를 메시야로 알지아니할수가없다(요한福音一장十九ㅣ三十四절까지를叅考하야읽으라)

共觀福音書를 읽으면 예수께서 요단江에서 洗禮요한에게 洗禮를 받으신後에 곳聖神에게 이끌려어서 曠野에 나아가 四十日夜祈禱하는中에 惡魔에게 試驗을當하였다한다

예수가 요단江에서 요한의게 洗禮를받고 물에서 올아올때에 하날이 열리고 하나님의神이 비닭이貌様으로나려 自己우에 臨하심을 보시고 또 하날로서 소리가 있어 말하사대 이는 나의사랑하는아들이오 나의깃버하는者라 하시는소리를 들었다。매에 저의게 있어서는 神子感이더욱確實性을 가지게되며 神命의完全한啓示는 보았다 아바지의뜻으로 定하신때가 이때인가?이때인가?하고 恒常그때의 증候만을 엿보고 그때가 오기만 기다리면서있든 저에게 하나님의뜻으로 定하신 때의啓示는왔다 저가 私的生活中에서 三十年동안이나 잔잔히하면서 기다리든 그때는왔다 이스라엘의 歷史의中心이오 最高理想인 메시야事業 即全人類의救援의事業의 活動의 때는왔다

아ㅣ아버지의뜻으로 定하신때에對한 主의啓示는왔다 이때는 當起之時다 如此히 때를얻은 저는 메시야的活動에 들어가랴고할때에 聖神은저를 曠野로 내여모라 그곧에서 祈禱하게하였다 저는 그곧에서 四十日夜를 禁食하면서 祈禱하였다 저는「나는 하나님의獨生子로서 메시야의使命을 가진者인즉 畢境은 나로써 이世上이救援될것은 必定의일이다 그러면 이일은 어떻게遂行할것이며 이事業을爲하야는 무삼일을 할것인가? 即全人類를 罪에서救援하랴면 내가 무엇이되여야하겠느냐?」이에對하야 저는 아직 어두움에있다 眞理의밝히움을 받지못하야 困難을當하는者이다

如此히 저는 眞理를알지못하야 어두움에있어 困難을當할때에 惡魔는 와서 저를 試驗한것이다 이것을보면 저는 저의神格으로 모든事變을 보며 獨生子의權能으로 모든事變을 다스리는 許諾을 아버지께서 받지못한것이다 即메시야의事

業을 獨生子의權能으로써 行하는것이안이오 人子로써 行하는것임을 우리는 무엇보다도 더욱 確實히 알수있는것이다

예수가 메시야的活動에 들어가기前에 저는 惡魔에게 試驗을 받었다 이試驗에逢着하야 저는 무엇이되기로 決定하였느냐? 우리는 이에對하야 배움이있고저한다

저에게 第一먼저온 試驗은떡이다 저의 생각에는 메시야의事業은 人間에게 떡을주는일같이 생각이되여진것이다 即人間에게 떡問題의苦痛이 없게 經濟的分配를 均一히하야 떡문제로 오는 苦痛에서 人間을 完全히 解放시기는것이 메시야의 事業인줄로생각하였든것이다 이렇게하야 世上은救援되며 하나님의뜻은 일우어지어 樂園이 되는줄로 알었든것이다 저가 이렇게 생각하게 되는것은 理由가있다 當時의 유대人들의 메시야觀은 메시야가오면 異邦世界를 征服하고 그 百姓에게 物質的幸福을 더하여주는者로하였든것이다 그런故로 유대民族의一人인 예수自身도메시야事業은 異邦世界를 統一하고 그百姓에게物質的幸福을 提供하는일처럼 생각하였든것이다 그러나 저는 곳聖神의가르침을받아 하나님이 世上을救援하시랴는뜻은 유대人의理想과같이 淺薄한것이안이오 가장完全한根本的의것이였음을 깨달았다 그러하야 人類를救援하는일은 人間에게 떡을주는일따위淺薄한일이안이오人類에게 永遠한 生命을 주는일인것을 깨달았다

그러하야 저가 메시야의事業을 成就하랴면 저 自身이 生命自體가 되여야할것을 決定하였다

예수의 人類를救援하기爲하야 할任務는 人間에게 物質的幸福을 提供하는일이안이오 自己自身이 生命의本體가되여 저의들人類의救援을 爲하야 生命本體를 내여주는일이 되지아니하여서는 아니된다 於是乎저는『사람이 떡으로만 사는것이안이오 하나님의입으로 나오는말슴(生命)으로살것이라』고하야 第一試驗에서 勝利한것이다

第二로 오는試驗은 메시야의事業은 人類에게 永遠한生命을 주는일인즉 너는 너의 안에가진 하나님의 아들인生命으로써 人類에게 生命을주

어지금突變的으로 저의를 새로나게하야 人類의 救援을完成되게하라는것이다 그러나 저는 이試驗에서 곳밝히움을얻어 眞理를알었다

人類에게 永遠한生命을 주어서 새로나게함에는 저가 또한信仰自體가 되지아니하여서는 아니될것이다 저가 生命自體가되야 生命自體를 人間에게 주어 먹고마시게하되 저가 또한 信仰自體가되야 저의에게 信仰自體를 주어서 저의는 信仰으로써 生命을 받는者가되지아니하여서는아니된다 이는 信仰이안이고(예수自身)生來의 人間으로서는 새生命을받을素質이 絕對없는까닭이다 그러하야 저는 第二試에서 信仰自體를일운것이다 예수自身이 生命이오 信仰이 되여서 예수自身을 人類에게 내여주어 저의로 하여금 信仰自體인 예수를 받아信仰의것이되게하고 信仰에屬하야 信仰으로써 生命自體인 예수를 먹고마시게하는일이 메시야의事業인人類의救援이다

第三試驗은 저의게 이世上榮光이 그肉을根據로하고 왔어迷惑한다 저가 一時에는 世上榮光으로 試驗을받았다 그러나곳惡魔의試驗인줄을 알고『사단아 물러가라』하였다

저가 生命自體를 일우고 信仰自體를 일울지라도 肉이되야서는아니된다 肉이 生命에게 삼키움을 받고 信仰에게 다스리움을 받아서 靈이되지아니하여서는아니된다 그런故로 저는 肉이靈이되는일에 成功한者가되여야한다 이것이第三試에서 받은眞理다

右의三個의試驗에서 三大眞理의가르침을받아 메시야事業의活動의方向은 明確하여진것이다 今後저의 進路에對하야 何等의 어두움이없다 凡事에서 生命을 일우랴고하며 凡事에서信仰을 일우랴고하며 凡事에서 肉이靈이되랴는 生活이곳메시야의事業이다 이外에는 아모할일이없다

人類의完全한救援은 하나님의 恩惠의일로因하야 信仰을(예수自身)받아가지고 信仰으로써 (예수) 生命을(예수自身)먹고마셔서 肉인人間이 信仰의게 다스리움을받고 生命의게 삼키움을받아 肉이靈이되는일이다 이것이 메시야의 事業이다

예수는 三大試驗中에서 三大眞理를 배운後에 곳메시야事業의 活動의公生涯에 나아간것이다

바울의生涯 (三)

스토ー커敎授 著
柳錫東 譯

第三章 그의回心

三十七、이逼迫者의希望은 基督敎를撲滅시기는 것이였는대 이는 그가基督敎의特質을 알지못한까닭이다。基督敎는 逼迫을받어 더욱盛하는것이다。그것이 盛旺하야 亡한적은 가끔있었으나 逼迫받어 亡한적은없었다。『흐터진사람들은 四方으로가 이말을傳하였다。』이적지敎會는예루살렘城內에 隱閉되였었는대 이제는 全유대와사마리아와 먼베니기아와수리아를通하야 이곧都市 머곧村에서 福音의烽火가 暗黑속에번적거리기始作하고二三人이 다락에 뫃여서는 서로聖靈의깃븜을 이야기하였다。

三十八、이와같이 熱狂的信仰이여기저기發生하는 消息을듣고 그의全滅을바라는 逼迫者는 얼마나激怒하였을리。그는 이러한事實을보고도落膽치아니하고 더욱 決心을굳게하야그가미워하는무리를 그들이숨은 멀리멀리떨어진 僻地까지에도가모조리잡어내랴하였다。그는 이러한 殘忍한目的을達하기爲하야 異端을糺問하는器具를 몸에진이고異邦都市를 이곧저곧돌아다니였다。다매섹은 수리아의首府인대 여기에 避難者들이숨어서 많은猶太人에게傳道를하고있음을 듣고 그는 파레스틴內地에 居住하는猶太人뿐안이라 外地에居住하는猶太人까지다스리고있는 大祭司長에게가 그都市에서새길을걷는사람을보면 全部잡어묵거서 예루살렘으로끄을고올 權利를주는 公文을얻었다。

三十九、그가 重大한結果를지을 이旅程에올때心的狀態는 어떠하였는가。그는 稟性이高貴하고心情이溫順하였다。그러나 그가하고있는일은 人類中가장殘忍한사람에게야 適合한것이였다。그는良心의苛責이없었는가。없었다。記錄에依하면 그는 犧牲者잡으려 異邦都市를돌아다닐때 甚히激怒하였고 다메섹으로떠날매에도亦 恐喝과殺戮에마음을뺏기었다。그는 異端으로因하야 危險에빠지는 自己의그거륵한 目的을尊敬함으로 疑惑에잡히지아니하였다。그는自己의心情까지꺽거버리고

이러한殘忍한일을하였으니 그의받을賞은果然컸을것이다。

四十、그러나 이旅行中에 畢竟 疑惑이 그마음을 덮었다。旅程이一百六十哩以上이었난대 速力있는交通機關이없는 當時에는 적어도 六日은걸리었을것이다。같은 大部分이 砂漠속에있어거기에는反省에잠기는마음을 흩어지게하는것이 하나도없었다。이러한 避할수없는閑暇속에 疑惑이 이러났다。『채끝에송곳을 뒤발질하기가 어려우니라』라고主가 그에게말한것은 이무슨뜻인가。이形容은 東洋諸國의風俗에서 얻은것이다。소모는者는 끝에 날카라운쇠를셍군 기ㄴ막대를 가지고소를 가게 서게 또方向을같게하였다。소가 말을듣기싫은때는 이채끝송곳을차서 傷하고는성을내였다。故로主가그에게하신말슴은 良心의苛責을받어 傷하고苦悶하는사람의 活畵이다。그의마음에는 自己가 걸어가는 殘忍한길에 反抗하는생각이나기도하고 하나님을對敵하여 싸우지나아니하나하는疑心도일어났다。

四十一、어듸서 이러한疑惑이 일어난것인가를想像하기는어렵지아니하다。그샌니드림에 基督敎徒를放任하여두라고 勸告한仁慈와寬恕의 擁護者가말리엘의弟子이었다。또한그自身이大段히젊어서이러한무섭고싫은일에全然눈을 감어버리도록마음이硬化하지를아니하였다。그리하야 그의宗敎的熱心이極度에達하였으나 畢竟그의本性이發露하게되였다。그러나 그의良心의苛責은 十中八九는 基督敎徒의品性과態度를보고 이러났을것이다。그는스데반의 高貴한辯護를 듣고그의얼골이會議場에서 天使와같이빛나는것을보았다。또그가 死刑場에 무릅을꿇고안저 殺人하는者들을爲하야祈禱하는것을 보았다。이와같은場面을 그는逼迫하는동안에 많이目睹하였을것이다。이무리들이 하나님의敵으로보였을까。그가그들을 잡어投獄하랴고집에들어갔을때 그는 그들의共同生活을 엿보았다이러한 純潔과사랑의光景이 暗黑의權勢속에서 나올수있을까。그의犧牲者들이 泰然히죽음을마즈려가는 그平穩이 그가오래동안求하여도 얻지못한그平和가안이었을까。또한 그들의辯論은 그와같은마음에 많은影響을주었을것이다。그는 스데반이聖書를引用하야 救主가苦難을 받아야만한다고證據함을 들었다。初代基督敎徒의辯論의 要旨는

그들이試鍊을받아 有罪者로될때에 의례히 나사렛예수의生涯와酷似한 救主의生涯를그런 이사야五十三章같은 章句를引用하야呼訴하는것이었다。그는 그들의게서 그리스도生涯에對하야 여러가지이야기를들었는대 그人物은 바리새敎人들이 저에게 가르처준그의그림과는 判然달렀고 또 그들이引用하는 그들主의말은 그가 예수를想像하든 한宗敎狂의말이안이었다。

四十二、이러한것이 그가沈鬱한생각에빠저 前進할때 그를부대끼게한 反省이었을것이다。그러나 이것은다만 그를誘惑에잇끄는것이안이었을까 疲困한마음의病的空想이고 그를 天國奉仕에서끄집어내는 惡靈의속살거림이안이었을까。다메섹의光景은 砂漠中央에서 寶石과같이빛나 그를本精神으로들아가게하였다。그는同氣相通하는러비와이야기하고 또極度의努力을하야 이 孤獨에서자라난 空想을 쫒아버리랴하였다。그는速히거러갔다。東方의旅行者들이 大槪는참지못하야 낮잠을자서避하는 한낮太陽은 쉬지않고 都市門를向하야가는그우에 나려쬐였다。

四十三、사울이온다는消息이 다메섹에들려왔다 그리스도의적은무리들은 될수있으면 自己들을害하려오는 이 이러의길이 中絶됨을 祈禱하였다。그러나 그는 漸漸가깝게와 旅行은 이제끝나랴하였다。그가犧牲者를숨기고있는곧을보자 貪慾이제절로더일어났다。그러나 善한牧者는 이멸고있는무리의울음을듣고 그들을爲하야 이이러를對하랴나갔다。바울과그一行이 수리라太陽의한낮뜨거운빛을쪼이며갈새 忽然히 이强烈한光線을침침하게하는 한光線이 그들周圍에빛우이고 한震動이 그들이있는곧을 움직였다。그들은 대번 땅에엎드렸다 한소리가 사울의귀에만들린다。『사울아 사울아 네가 어찌 나를逼迫하느냐。』그는 눈을들어 이말을한光彩나는形相을보고『主여 뉘시오니까』하고물으니「나는 네가逼迫하는예수라』對答하였다。

四十四、이事件에對하야 그가後에 한말을보면 이는決코 예수의幻影만이 안이었다。그는 이것을 弟子들에게뵈인 昇天한救主의出現의 最後의것이라하였고 베드로 야곱 十一弟子와五百兄弟에게 뵈인出現과같은것으로 하였다。事實 이것은 榮化한그리스도예수가 自己가맞은 仲裁의座

를 그것이 宇宙의어느곧이었든지 이番에特히며나 이選別한弟子에게나타낸것이었고 太陽보다더빛난 그光線은 그의人性을쌓은 榮光이었다。果然이는 事實이었다。

바울에게한 그의말이 이러함을또附帶的으로 證據한다。그말은 히브리말이었든지 그렇지않으면예수가湖水가에서 群衆에對하야쓰고 또孤寂한砂漠에서 弟子들과이야기하든 아리미말이었다。그러하고 生前에 比喩로恒常말슴을하시든거와같이이番에도 그의叱責을 非常한比喩로써말하였다『네가채끝에 송곳을 뒤발질하기가 어려우니라』

四十五、이一瞬間에바울의마음에 일어난變化는아무리誇張하야도 過하지아니한것이다。우리는時計를標準하야 때를分、時、日、年으로난우어時間만같으면 의레히 같으려니생각하나 이는잘못이다。勿論普通때에는適合한것이나이것으로재면들리는때가있다。時間의참長短은그것이包含하는靈魂의經驗의量의多少로 아는것임으로한時間은決코다른한時間과：같지아니하며 어느때의한時間은數個月보다 기ㄴ때가있다。이리생각하면 바울生涯의 이한瞬間은 아마過去의全生涯보다 기ㄴ것이었다。外面의光線이 그의肉眼을 보지못하게한것과같이 啓示의射光은 甚히强하야 그理性의눈을아니 그生命自體까지도 태워버렸을것이다。그의一行이精神을차리게되여그를보니보지못하는지라。그들은 그의손을끄을고 市內로들어갔다。이 무슨變化일고。驕慢한바리새人이! 糺問者로써 盛大하게 거리를 지내는것이안이고 失神한사람이 벌벌떨며 잇끄는者의손에매달려어、더듬더듬걸어맞는사람이 놀라지아니할수없이되여 迎接하는집에 일으렀다。그는 집에들어가자곳혼자있을수있는房에들어가 캄캄한속에 외로히 고개를숙이고있었다。

四十六、그러나 外部는어두었지마는 心內는밝었다。그가보지못하게된것은그의마음을外物에햇갈리지아니하고 오직 心眼에나타난것에 集中식히기때문이었다。따러서三日동안 마시지도아니하고먹지도아니하였다。그는 꽃일새없이 솟아나는 생각에 全心을빼앗기었다。

四十七、그가 後에 世上에公布한眞理는 大部分은 이三日間에把握한것이라고 말할수있다。그의全神學은 그自身의回心에對한說明에지내지、아니한것이다。이제 第一먼저 그의前生涯는 결네와

같이쩟기여 그의발앞에 떠러졌다。 그의前生涯는 統一된것이였고 可驚할만큼完全한것이였다。 그것은 그가아는最高한啓示와一致한것이였고 不完全한것이였지마는 神意에適合한것이였다。 그러나 그러함도不拘하고 事實은 하나님의 聖意와啓示에正反對되는方向으로다러나 畢竟에는衝突이되여 停止하게되고分碎하게되였다。 그가생각하는完全한奉仕와服從은 그로하여금冒瀆하고、無罪한者를殺害하는罪를犯하게하였다。 이러한것이 律法의일을行하야義를求하는結果이였다。 그의義가오래동안求하던白熱點에이제達하게되는그瞬間에 그것은啓示의射光에마저검검한破片으로되여버렸다。 이果然 처음부터 끝가지 틀련것이였다。 律法으로써얻는것은義가안이고 罪와死뿐이였다。 이것은明白한結論이였다 그리하야 이것이 바울神學의一極이되였다。

四十八、 이와같이그의人生觀이 破碎되여 失心하게될그瞬間에 反對經驗이그에게일어났다。‖나사렛예수는 이 自己目的에致命傷을주는敵이지마는憤怒와復讐心을가지고 나타나지아니하였다。 의레히첫말이 復讐에對한要求일것이고 다만그말한마디뿐일것인대 그의얼골은 거륵한仁慈에넘치고 그의말은 그의逼迫者를念慮하여주는것이였다。 하나님힘이 그를地上에너머트리는그瞬間에 그는하나님사랑이 그를에워쌈을늣겼다。 이는 그가 이적지努力하였으나 얻지못한賞이였다。 그의이적지의努力이 하나님과對敵하여싸운것인줄을깨닫는瞬間에그는 이賞을잡었다。 그는하나님사랑에 안기여 이러났다。 그는 和睦하게되였고 永遠히바더들안者가되였다。 날이갈수록 이일이漸漸確實하여졌다。그는 힘써도얻지못한 平和와道德的能力을이제그리스도自身의努力없이 얻게되였다。 이것이 그의神學의他極이되였다。―義와힘은 하나님의恩寵을얻고 그의賜物을받기만하면사람의努力없이 그리스도안에서 얻는다。 이兩極속에는 많은時日이걸리어비로소 成就될여러가지것이있으나 바울의思想系는以後恒常 이兩極안에서돌아다녔다。

四十九、 三日이지내기前에 그는 한일을더 即自己一生을 이發見을宣傳하는대 바치어야하겠다는것을 알었다。 바울은 이러지않을수없었다。 그는 年來의宣傳者님으로 이러한革命的眞理를가지고서 펴치지않을수없었다。또그는 깊히感謝하는 따뜻한마음을가졌음으로 그가冒瀆하고 이世上記憶

에서사라지게하랴한예수가 거룩한仁慈로써 自己를마저 自己의잃은生命을恢復하야 恒常人生의賞이라생각하는그곧에 오르게하니 그는 全力을다하야 그에게奉仕할수밖에없었다。 그는또熱熱한愛國者이며 그의未來에對한視野는 救主의待望으로全部占領되였음으로 그가 나사렛예수가 그民族과全世界의救主로알은때 그는自然히 예수를알게하는데 一生을바치랴고하였다。

五十、이運命은 또 外部로부터 그에게明確히傳達되였다。아나니아는 다메섹에있는 基督敎徒의 이小團體의 指導者이었는대 異像으로써 바울의게일어난 變化를알게되고 命을받어 그의視力을恢復하고 洗禮를주어 敎會에들어오게하려갔다。하나님의使者가 自己를잡으랴고온사람에게 가깨히가는 이光景보다 더아름다운것이 어듸있으랴。 그는 事實을 알자 곳敵의모든罪를 容恕하고있고 달려들어크리스챤의사랑의손으로 그를끼안었다。 바울이 三日동안에 自己마음속에서받은容恕는確實한것이었으나 이제그外界에눈을뜨자 대번뇌인것이이적지보고있든異像과를려는것이안이고容恕와完全한사랑을가진얼골이었음으로 그것은더욱 確實하여졌다。 그는 아나니아로부터 救主가自己에게指定한將來를 알었다。그는 그리스도의너름을異邦과王과이스라엘子孫에게傳하는 그릇으로그에게取함이되였다。 그는忠誠을다하야 이使命을받았다。이때부터 그는죽을때까지 다만 한野心—그리스도예수께서 그를取하신뜻을 取하랴는—을가졌었다。

獨座斷想錄 (二)

金亨道

四、욥記讀後小感

…前略…이것은 其句句節이모다 人間苦에 시달려넘어져가는 나의靈을活躍케하였다。나의가슴속에가득차있는感慨、나로하여금 넘치는歡喜、或은悲嘆에들어가게하였다 아! 욥아! 너는참으로 나의案內者요 慰勞者로 나섰구나! 네가있음으로써 나의無勇柔弱한信仰은 膽大를보게하였다。 眞實로 너는現存한우리新프로테스탄트의信仰의現像이로다 말로다할수없는 現世人間 또 나를 그信仰으로感化한것 아는곳 욥記로다。人生의縮圖요 주의聖意의奧妙를 엮어出演한劇이로다。에덴

이現世되고 現世가 天國樂園이될 그뜻을充分이 낱아낸것이곳 욥記로다。

五、基督敎見解의一片과 現代敎會에對한小感

基督敎는貧者의宗敎요 弱者의宗敎며 病者와罪人의宗敎다。富者의宗敎가안이며 强한者의宗敎가안이다。또病없고 罪없다는善人의宗敎도勿論안이다。自由있는者의그것도안이오 不自由한奴隷를解放하여주며 죽게된사람을救援해주는救濟宗敎다。그러나 現代의基督敎는! 그것을宗敎로내세우고그眞理를말하며 信仰을主張하는敎會는—富者와强者를擁護하는團體요 病없고 罪없는美男善女만이몽인곧이다。그럼으로 現代의敎會는 基督敎的宗敎의眞理와信仰은말하나 內容에있어서는 우리가믿는基督敎와는矛盾된反基督敎的團體다。이른바—「너의는사람들앞에서 天國門을닫고 너의도 들어가지않고 들어가려고하는 사람들까지들어가지못하게하는도다」……또말슴하시기를 「너의가바다와陸地로두루단니며 敎友한사람을얻으면 너의보다倍나더地獄子息이되게하는도다」 하신말슴으로도 미루어 알수있다 果然 基督敎大監督、宣敎師、神學者牧師等—自稱曰聖職에있는敎職者는 그리스도의福音的眞理의公敵이다。이말이나의認識不足으로聖書의全精神과福音的眞理로의 基督敎 信仰上잘못된提示라면 神聖한敎會와 眞心誠意로濟衆信仰事業에活役하시는敎役者諸氏를爲하야 나自身의恥辱으로달게받고서겠노라。不然則 그대들의反省할바가적지않을것을믿는다。그대들은 人間劇의終幕에있어 무슨所任을하려는고?

六、宗敎의要求와信仰에對한나의小感

우리는 自己라는내自身의安心立命을爲하야 宗敎를要하며 信仰하는것은안이다。安心立命이란宗敎 그것때문에오는結果의附加物에 지내지못하나니 宗敎의要求와信仰은 사람인우리가 안이求하려해도 求하지않을수없고 信仰치않으려해도 아니할수없는 보다더큰生命의要求그것이니라。더切實하게말하면 刻苦莊嚴한人性곳神性의要求에서이니라。宗敎信仰이란 사람으로의 生命完成의目的그것이요 人生으로의生活을爲한處世方便은안이다 그대들의生命을爲하야 要求되는宗敎信仰을다시금

생각해보라。

七、現代敎會와聖書에對한小感

旣成的現代敎會人은聖書를들고읽으며 사람들앞에서 說敎는하나 聖書의全精神인生命의實體는否認하며 陳腐한敎理와 信條만을 自己도몰으게싱겁게다시말하면서 乾燥無味하게主張하고있나니 聖書는 現代旣成的成立敎會人의손에들어가서 거이無用의것이되고만다。 그럼으로 우리는生命의實體인福音的眞理의全精神을再讀하야 다시 일으키자 復活의事實을 證據하여 復活케하자 그러나 모든것을 주께서하시고저하지않으시면 할수없나니오직赤心으로 完全히 일우시옵소서하고 祈願할뿐이다。

八、現代敎會에나의바라는세가지

첫재、旣成宗敎의敎派를超越하야
　그리스도自身에 돌아오기를ㅣ

둘재、成立敎派의 敎理와信條를超越하야
　福音的眞理곳 聖書의全精神에돌아오기를ㅣ

셋재、階級的 敎職을超越하야
　信仰的平信徒에돌아오기를ㅣ

(東光六月號에發表되였든것중에서再錄함)

九、敎會人과社會人

現代所謂 基督敎會에서는(絶對的다ㅣ그러하다는것은안이지만ㅣ) 흔이말하기를 非敎人을 가르쳐서 세상사람이라 또異邦사람이라하야 敵對視하는所謂信者即敎會員이많다。 그와같이 非敎人側에서도 敎會라하면 또基督敎人하면 발서 油水不相容의것으로알아버리는 잘못이있다。 그렇다 그런일이없을수는없는일이라고 생각할뿐안이라 確實히있을일이다。 그리스도의福音的眞理가그러하고저自身이當한受難의事實이그일을證明하고도 남음이있다 그러하나 나는말한다。 現代敎會內에도그리스도의말슴하시고 實現하신바 救世人間의正道에 違反되는背敎者또背信者가있고 그들自身이말하는 세상사람중에도 眞實한 크리스챤이있다고 ……주의뜻은 사람의뜻과같이部分的이안이오 全的으로 人間世事를당신의聖意대로攝理하시니까ㅣ 오직우리는 그를信從할뿐이어서 足한것이다 現代의敎會는 아직도化石化한그誤信의不信에있으려는가?

보랴고 들에 나갔드냐 바람에 움직이는 갈대
냐 八、또 너의가 무엇을 보랴고 나갔드냐 아
름다운 옷닙은 사람이냐 아름다운 옷닙은 사
람은 대궐에 있느니라。九、너의가 어째 나갔드
냐 선지자를 보랴드냐 옳다 내가 너의게 니
르노니 이 사람은 선지자보다 나으니라。十、이
사람을 가르쳐 기록하였으되『볼지어다 내가 사
자를 너의앞에 보내노니 그가 너의길을 너의
앞에 예비하리라』하였나니라。十一、내가 진실로
너의게 니르노니 녀인이 낳은 사람중에 세례
요한보다 더 큰이가 일어남이 없으나 그러나
천국에서는 지극히 적은 자라도 저보다 크니
라。十二、세례 요한의 올 때부터 지금까지 천
국은 힘씀으로 얻나니 힘쓰는자는 빼앗나니라。
十三、모든 선지자와 율법에 미리말한것이 요한
까지 니르렀으니 十四、만일 너의가 그것을 즐
겨받을진대 오리라한 엘리야가 이 사람이니라
十五、귀 있어 들을자는 들을지어다。十六、이세
대를 무엇으로 비유할고 비유컨대 아이가 장
터에 앉아 제 동모를 불어 十七、가르되「우리
가 너의를 향하야 피리를 불어도 너의가 춤
추지않고 우리가 슳븐 소리를 하여도 너의가
가슴을 치지아니하였다」함과 같으니 十八、요한
이 와서 먹지도 않고 마시지도 안이하매 저
의가 말하기를 사귀가 들렸다 하더니 十九、인
자는 와서 먹고 마시매 또 말하기를「먹기를
탐하고 술을 즐기는 사람이오 세리와 죄인의
친구로다」하니 다만 지혜는 그행한 일로 의를
낱아내느니라。

二十、예수께서 권능을 가장 많이 베푸신 고
을이 회개치아니하거늘 그 때에 꾸짖어가르시
되 二一、화가 있을진저 고라신아 화가있을진저
벳새다야 너의게서 행한 모든 권능을 두로와
시돈에 행하였드면 저의가 벌서 베옷을닙고 재
를 무릅쓰고 회개하였으리라。二二、내가 너의게
니르나니 심판 날에 두로와 시돈의 형벌이 너
의보다 견디기 쉬우리라。二三、가버나움아 네가
한울에 오를듯십흐냐 음부에 떠러지리라 네게
서 행한 모든 권능을 소돔에서 행하였드면 그
성이 이 날까지 있었으리라。二四、내가 너의게

너르노니 심판날에 소돔따의 형벌이 너보다 견
더기 쉬우리라。
二五、그 때에 예수 가르시되 아버지여 천지
의 주재시니 이일을 지혜있고 통달한 자에게
는 숨기시고 어린 아의게는 낟아내심을 감사
하오니 二六、옳소이다 아버지 보시기에 이것이
합의하니이다。 二七、모든것을 아버지께서 내
게 주셨으니 아버지외에는 아들을 아는자가 없
고 아들과 아들의 소원대로 지시한자 외에
는 아버지를 아는자가 없나니라 二八、수고하
고 무거운 짐진사람들은 다 내게로 오라 내
가 너의를 편히쉬게 하리라 二九、나는 마음
이 온유하고 겸손하니 나의멍에를 메고 나
를 배우라 곳너의 마음이 편히 쉬기를 얻으
리니 三十、내 멍에는쉽고 내짐은 가볍다 하
시더라。

第十二章

一、안식일에 예수 밀밭 사이로 가실때에 제
자들이 시장하야 이삭을잘아 먹더니 二、바리새
교인들이 보고 예수께 고하되 선생님의 제자

가 안식일에 당치못한 일을 행하는도다 하거
늘 三、예수 가르시되 다윗과 및 그 동행한자
들이 시장할때에 행한 일을 닑지못하였느냐。
四、그가 하나님의 성전에 들어가서 진설한 떡
을 먹었으니 그떡은 다윗과 그 한께 간 사
람들이 먹기가 합당치 아니한 것이오 제사장
들만 먹을 것이라。五、또 율법에 제사장들이성
전 안에서 안식일 규식일 범하여도 무죄하다
함을 닑지못하였느냐。六、내가 너의게 너르노니
성전보다 더 큰이가 여긔 하나이 있나니라。
七、「나는 자비함을 깃버하고 제사는 깃버하지아
니하노라」하신 뜻을 너의가 알았드면 무죄한
자를 죄로 정하지아니하였으리라。八、인자는 안
식일의 주인이니라 하시더라。
九、거긔를 떠나 회당에 들어가시니 十、한편
손 마른자가있는데 뭇 사람이 예수께물어 가
르되 안식일에 병 고치는것이 합당하니이까 하
니 이는 예수를 책잡아 송사하려 함이라。十一
예수 가르시되 너의중에 누가 양 한마리가있
어 안식일에 구덩이에 빠졌으면 붙잡아 내지

않겠느냐。十二、사람이 양보다 얼마나 더 귀하
냐 그럼으로 안식일에 착한일함이 합당하니라
하시고十三、그사람다려 니르시되 손을 펴라하
시니 펴매 곳 다른 손과같이 성하더라 十四、
바리새교인이나가서 어떻게 예수를 죽일가 의
론하거늘十五、예수 알으시고 거긔를 떠나시니
사람이많이좇는지라 예수께서 병을 다 고치시
고 十六、경계하시되 소문을 내지말라하시니 十
七、이는선지자이사야로 하신 말슴을 일우려 하
심이라 닐렀으되
十八、나의 택한 종을 보라 나의 사랑하는자
요 내 마음에 매우 깃버하는자라 내가 내
성신을 줄터이니 저가 심판함을 외방 사람
에게 알게 할지라。十九、그가 다투지도 아니
하며 들레지도 아니하니 아무 사람도 길에
서 그소리를 듣지 못하리라。二十、상한 갈대
도 꺾지아니하고 꺼지는 등불도 끄지 아니
하기를 심판하야 이길 때까지 니르리니 二一、
또한 이방 사람이 그 니름을 바라리라。
하시니라。
二二、그 때에 사귀 들려 눈 멀고 벙어리된
자를 데리고 오거늘 예수께서 고쳐주시매 그
벙어리가 말도하고 보기도 하니 二三、무리들이
다 놀라 가르되 이 사람이 다윗의 자손이아
니냐 하니 二四、바리새교인은 듣고 가르되 이
사람이 귀왕 바알세붑의 힘이 아니면 사귀를
쫓아내지못하리라 하거늘 二五、예수 그뜻을 알
으사고 가르시되 나라마다 스스로 분쟁하면 멸
망할것이오 성이나 집이나 스스로 분쟁하면서
지못하나니 二六、사단이 사단을 쫓아내면 이는
스스로 분쟁함이니 그러하고야 저의나라이 어
떻게 서겠느냐 二七、또 내가 바알세붑을 힘닙
어 사귀를 쫓아내면 너의 자제들은 누구를힘
닙어 사귀를 쫓아내느냐 그럼으로 저의가 너
의 법관이 되리라。二八、그러나 내가 하나님의
성신을 힘닙어 사귀를 쫓아내었으면 곳 하나
님의 나라가 너의게 임하였으리라。二九、힘센사
람을 먼저 결박하지않고 어떻게 그 힘센사람
의 집에 들어가 그 세간을 륵탈하겠느냐 결

마태복음

박하여야 그 집을 륵탈하리라。三十、나와 한께
아니하는자는 나를 거역하고 나와 한께 걷우
지아니하는자는 흩이느니라。三一、그럼으로 내가
너의게 니르노니 모든 죄와 훼방하는것을 사
람에게 사하시려니와 셩신을 훼방하는것은 사
하시지아니할것이오。三二、또 누구던지 말로 인
자를 거역하면 사하시려니와 오직누구던지 말
로 셩신을 거역하면 이 세상과 오는 세상에
도 사하시지아니하리라。三三、실과를 좋다 하거
든 나무도 좋다 하고 나무를 좋지않다 하거
든 실과도 좋지않다 하라 그 실과로 나무를
아느니라。三四、독사의 종류들아 너의는 악하니
어떻게 좋은 말을 하겠느냐 마음에 가득한것
이 넙으로 나와서 말하는것이니 三五、착한 사
람은 착한 것을 쌓은데서 착한 것을내고 악
한 사람은 악한것을 쌓은데서 악한 것을 내
느니라。三六、내가 너의게 니르노니 사람이 무
슨 망녕된 말을 하든지 심판 날에 이로 인
하야 힐문을 받으리니 三七、너의 말로 너의를
의롭다 하고 너의 말로 너의 죄를 정하리라

二四

三八、그 때에 서기관과 바리새교인 중에서 누
가 말하되「선생님이여 우리가 이적을 보고저
하나이다」。三九、예수 대답하야 가르시되「악하고
음란한 시대가 이적을 구하니 선지자 요나의
이적 밖에는 보일 것이 없느니라。四十、요나가
밤낮 사흘을 큰 고기 배 속에 있었던 것같
이 인자도 밤낮 사흘을 따 속에 있으리라」。
四一、심판할제 니느웨 사람이 일어나 이 세대
사람을 정죄하려니 이는 저의가 요나의 전도
를 듣고 회개함이어니와 요나보다 더 큰이가
여긔 있으며 四二、심판할제 남방 녀왕이 일어
나 이 세대 사람을 정죄하리니 이는 그녀왕
이 따 끝에서 와서 솔로몬의 지혜로운 말을
들음이어니와 솔로몬보다 더 큰이가 여긔 있
나니라。四三、더러운 귀신이 사람에게서 나가물
없는 따로 다니다가 쉬기를 구하되 얻지못하
고 四四、이에 가르되 내가 나온 집으로 도로
들어가리라 하고 와 보니 그 집이 고요하고
쓸고 수리하였거늘 四五、곳 가서 저 보다 더
욱 악한 귀신 닐곱을 데려고 들어가서 거하니

城西通信

一九三二年五月八日(日曜)午前은梧柳洞에서 욥記를講하고 午后는活人洞에서에스더를工夫하다。女性의偉大한事業에놀라다。

十四日(土曜)午后八時부터 長谷川町公會堂에서 養正軍凱旋歡迎의밤 이란것이開催되여 이에參席하엿다。養正高等普通學校陸上競技部가 距今四年前부터大阪神戶間中等學校驛傳競走에出戰하야 連三年優勝한後今年四月에는 다시東京橫濱間驛傳競走에參加하야 多數한强敵을 물리치고새로운記錄으로快勝하얏스니 이로써關西關東에亘하야全日本中等學校를 完全히이긴것이라하야 今夜의會合이생겻다 그意義로보아 또尹致昊、宋鎭禹、아펜셀라諸氏의祝辭와갓치 半島의將來를爲하야慶賀할바잇슴은勿論이어니와 또한이會의主催者가京城市內의中等學校生徒들이어서 司會者로부터 신발장整理外지 各學校生徒의聯合으로分掌하야 或은熱辯을壇上에揮하며 或은樂隊로써 養正校歌를演奏하야平日의競爭者養正軍을爲하야 混渾共賀하는양은 눈물거움이업시는 견될수업섯다。

十五日(日曜)臨時로今日은集會업섯다。

二十一日(土曜)市內一讀者라는匿名으로써 聖朝誌四十號二頁下段에記載된『多數救拯論』을읽고「前부터先生을敬慕하든念을一朝에喪失하엿습니다」하며 「直感的으로非聖書的일뿐더러 極端의異端說이라고보앗습니다」라고하고 나중에는「妄想을取消하소서 萬若不然하거든 貴誌를 朝鮮靈界에 내어보내지마소서。하나님은 사랑의하나님인同時에 公義의神이오 震怒의神이심을記憶하소서。懇切히勸하노니 그異端의자리에서速히떠나소서 그誤謬說을即時取消하소서 업데여바람니다」라고 神怒를빌어威嚇하엿다。異端者稱號를밧기는 이번外지에두번재다。匿名인故로筆者는헤아릴수업거니와 一讀한後에感한것은心身이아울러健全(Sound)하여야하겟다는것이다。所謂찬송가와祈禱만하는것이健全한信仰生活이안이다。一定한職業、特히農工商의職을가지고 이마에땀흘리는生活이心靈의保健에도大端必要한듯하다。또한基督信者일지라도때로는 그讀書의範圍를 聖書以外에擴張하야 地歷、詩歌、自然科學等에도及하는것이保健上不可避할것인듯하다。必曰博學君子라야基督信者라는것이안이다。난장이頭骨이나庭球選手의팔처럼畸型的으로發達하기보다均衡을保하는것이 더要緊한듯하다할뿐이다。右匿名筆者는 萬人救拯論에關하야 좀더具體的으로充分한說明을發表하기를要求하엿스나 如左한理由로써 當分間은그要求에不應하기로하엿다。【一】은 모름즉이眞理를討議할만한爲人이거든 戶籍上에잇는住所姓名을明記하여提議할것이다。他人을異端者로論斷하고도 또한匿名으로써「더充分한說明」을要求하니 이보다卑怯하고利己的인일이업다。聖朝誌에記述하는바는 世間文士들이所謂創作品을 匿名或은雅號로써新聞雜誌에發表하는것과는 그質을달리하는것임을 讀者諸君도알아줄것이다。人生과宇宙의眞理를論議할때에 卷番妓生의雅號와갓흔것으로함은 余輩의견딜수업는일이다。의레히戶籍上名義를揭하야 一言一句의責任所存을鮮明히하고 誠意를披露할것이다、이것이對答을保留하는理由의一이어니와 萬一右匿名氏가 다시誠意잇는問議에及하거나 他讀者로써眞實히要求하는時에는 余輩의아는데外지詳述할準備가잇다。不答하는理由의【二】는某君의質議에對하야 結論만을第四十號에記錄하엿거니와大體로救援이라하면 一種賞品갓치 또는生命保險에든者가死後의契約金을밧는것갓치思料하는世代에잇서서「救援」이란것이都是나의興味를끄는問題가안인外닭이다。過去에어떤時期에는余輩도 나의自身의救援與否가晝夜로念頭에잇는最大問題이엇다。마는現在의余輩에게는 그보다더切迫한問題가目前에急한形勢로臨하엿슴으로 死後救援問題갓흔것은神學校先生님들께答案作成을委托하려는心境에至하엿다。即오늘을如何히싸울가 [illegible] 問題가主그리스도에게맷고잇는가?가現在의나를삼켜버린다。萬一내가 瞬間々々이主그리스도로말미암아 하나님을밋는맛음에잇고 그結果로每日사람답게 하나님의子女답게人生을生活하야罪와世上을이기고凱旋할때에그報應으로써 主께서나를「地獄」에投하야永遠히滅亡케하신다하면 그것도또한所願이다。要컨대今日의戰鬪、지금發射하는彈丸을的中시키라는焦準에 나의心身은集結되고저한다故로煩悶하는兄弟의如干한懇請이아니고는死後救援、數의多少等을逆算하여볼餘裕가업다。

新刊豫告

山上垂訓研究 全

金敎臣 著

本誌第二十四號以下에 連載하엿든것을 一卷으로 한것이다。可成的 難解한漢文을除하고 純粹한朝鮮文으로 쓰기爲하야 全部한글로改書하엿으나 內容은前과 나찬가지다。特殊한素質과 神秘한 體驗을 通過함이없이 普通朝鮮人으로서 基督敎를求하는이의 伴侶되고저하며 特히敎會나 青年會等機關에 接觸할機會없는이를 向하야 말하고저한것이다。四六版二百頁餘、定價未定。

—○—

聖朝文庫 第一卷

푸로레스탄트의精神

本誌에發表된 글中에서 重要한眞理를 簡明하게 記述한것으로써 擇하야 널리傳播하랴는 目的으로

追後로도 連續發刊할터이다。

集會에關하야

梧柳洞聖書講座 는從來每月第二第四日曜日마다 金敎臣擔任으로 繼續하든바 今番當地兄弟들의 非常한信仰復興에 臨하야 單只外來의援助를 不要하게되엿을뿐더러 나아가 宇宙的歡喜를웨치지않고는 견될수없는 形勢에至하엿음으로 今後當地集會는 全혀宋、柳兩兄이 擔當하겟고 機會있으면 遠近에不拘하고 福音을爲하야 싸울準備가 되여있다、大에크레샤의 核心은 이곧저곧에서形成하여진다 感謝感謝。

京城聖書研究會 는六月最終日曜日까지에 詩篇의 大要를講了하엿다。 舊約의 研究中에우리는 多大한眞理를 배왔다。七、八兩月間은 研究會를中止하고 主許하시면 來九月第一日曜日부터다시 繼續하고저한다。

本誌定價(送料共)

一 冊	拾 五 錢
六 冊(半年分)	前金八拾錢
十二冊(一年分)	前金一圓五拾錢

要前金。直接注文은振替貯金口座京城一六五九四番(聖書朝鮮社)로

取次販賣所 京城鍾路二丁目九一 朝鮮耶穌敎書會 振替京城四〇八一番

昭和七年 六 月 二十九日 印刷
昭和七年 七 月 一 日 發行

京城府外龍江面孔德里一三〇
編輯兼發行人 金 敎 臣

京城府西大門町二丁目一三九
印刷者 金 在 瓛

京城府西大門町二丁目一三九
印刷所 基督敎彰文社

京城府外龍江面孔德里活人洞一三〇ノ三
發行所 聖書朝鮮社
振替口座京城一六五九四

『聖書朝鮮』第四十二號 昭和七年七月一日發行(每月一回一日發行) (定價十五錢)

聖書朝鮮

第參拾四號

一九三二年 八月一日發行

目次

京城 聖書朝鮮社 發行

情과 理

모압따에流離하든나오미가 雪上加霜으로 그男便엘리멜렉과 두아들까지死別한後에 부끄러움을무릅쓰고 故鄕유다로向하야發程하려할때에 두寡婦며느리들이따르려하니 나오미는널으기를『너의는各各親庭으로돌아가라 願컨대 너의가임의죽은자와나를대접한것같이 여호와ㅣ너의게恩惠뻡으시기를願하옵고 너의로하여금各各남편을얻어 그집에서平安함을얻게하여주옵소서』하야(룻긔一章)입마추어作別하려하였다。그러나 두며느리는 그義로운決心을容易히斷念하고저아니하매 나오미는다시온갓理由를具述하야各各改嫁하기를勸하면서 乃終에는『……내가너의로因하야 괴로움이甚하도다』하야 가어코自己의人情으로써 젊은寡婦의道理를꺾으려하였다。倫理的標準의高下와信條上可否는次置하고 이東洋的家庭의活書中에서 그道理의明白함과 그人情의純厚함에 歎美의눈물이없이看過할수는없는事實이다。

돌으켜信仰의世界를살펴볼때에 누가能히 이明白한眞理의大道와 斷腸하는人情의葛藤에心腦함이없이견달수있을까。聖者는『사람이 젊어서 그造物主를記憶하는것이옳다』고가르치나 젊은人間이그造物主여호와를알고 主그리스도를믿고좇아가는길이 여간어려운길이안인것을알때에 吾人은輕率히勸誘할생각이消散할뿐안이라 오히려 그리스도를버리고 「各各남편을얻어 그집에서平安함을얻게하여주옵소서」라고慫慂할생각좇아 없지못한때가種種있다。이는信仰의뜨겁지못한까닭이라는誹謗을不免할른지몰ᅮ나 現實의生涯를보라。그리스도를좇는者의損失이巨大함과苦痛이深刻함에皮하야 世間에는얼마나많은靑年이 生鮮이물속에서놓이는것처럼 縱橫으로人生을享樂하야다시軌道를要함이없고 일즉深刻한煩惱를맛본적이없이 恒常그마음에願한것보다所得이過함으로 그눈이독수리눈보다 더솟아나지않었는가。故로人情으로서는 나의사랑하는兄弟에게 到底히 그리스도를믿기를勸할수없는것이 나의眞情이오實狀이다。人生의目的이幸福을求함이오安逸을貪함이라면 「나의親愛한同胞들아그리스도를믿지말라」고 大膽히放言한다。그러나 「뜻을決定하야 한께가고저하는」룻을 본받아 義의軌道를行하고저하는者있으면吾人도쓰라린가슴을制止하면서 基督을좇는者의勇氣를慶祝하는바이다。人情은人情으로서아름답다。그러나眞理는眞理로서더욱아름답고高貴하고 永遠하다。

慶南兄妹들에게

在日本 張道源

慶南兄妹들이여 主님께 忠實할지어다 너의가 確實히 새빛을 보앗느냐? 너의가 前에信仰하든 宗敎生活에서 感하지못하든 새로운 빛을 發見하엿다는感이 確實히 너의들의信仰生命에 經驗되여잇느냐? 果然確實히 너의信仰生活에서 經驗한 事實이어든 그事實을 밝히 들어내기에努力하라 即從來의宗敎生活에서 經驗하지못하든 새로운 經驗의事實(生命、光明、眞理、靈、肉)이라는 그 事實을 明々白々하게 把握하야 이것을分明히하라 即이事實을 너의들의 信仰生活에서 實現하야 滿天下大衆으로하여금 明々白々히 보고알게하라

너의들이 主張하는바 새宗敎의事實 即從來의 基督敎宗敎生活에서 經驗하지못하든 새로운經驗의 基督敎宗敎生活이라는 그事實을 너의들의實地宗敎生活에서 들어내여 從來의基督敎를 征服할만한것이없으면 이는空虛다 이는浮虛다 이는 도로혀 害다損이다

아ㅣ 나의사랑하는 慶南兄妹들이여 나는 確信한다 慶南에 새로운基督敎宗敎運動이왓다고 確信한다 나는 하나님이 이時代를向하야行하실바 새로운信仰運動을 慶南에서始作하셧다고確信한다

아ㅣ 나의사랑하는 慶南兄妹들아 너의는 새로운 聖靈의일을 보앗느니라 너의들이 幾十年을 두고祈求하든 五旬節은 왓나니라 昨年에 발서 너의中에臨하엿느니라 五旬節이 臨하매使徒들은 새술에醉하야 方言을말하고 유대敎人들은 異端이라하야 迫害하엿느니라

五旬節은 다른것이안이다 自己에게 滿足을주지못하는宗敎에 固執하야 良心은壓倒되며 靈魂은平安을 언지못하되 그宗敎에對하야 何等의疑問을惹起하지아니하고 暗黑에暗黑을加하며 苦痛에苦痛을加하는宗敎의 死生活에서 새로운宗敎의 發見을 보는일이다 即良心에自由를주며 靈魂에 空虛없는滿足한 씨원함을주며 그宗敎生活을爲하야 全心全靈全身을 받힐깃븜과 勇氣와 能力이 湧出하는 산生命의宗敎를發見하야 그宗敎를나의 宗敎로하고 從來의유대宗敎를 내여버리는일이 五

慶南兄妹들에게

句節의일이다 即從來의宗敎에서 自己心靈의空虛를 찾아내고 그空虛를채워주는 새宗敎를發見하야 從來의宗敎를 내여버리고 새宗敎에나아가서 새로운宗敎生活을하는일이 五旬節의일이다。

五旬節恩惠에對하야 最大防害되는것은 從來의宗敎에對하야 何等의空虛를感하지못하는일이다。又는 自己의靈魂에 滿足을주지못함을 感하면서도 그宗敎를固執死守하는일이다。

自己에게 宗敎的滿足을 주지못하는宗敎를固執하야死守함은罪惡이다。 저의는 宗敎를내여버리는일은 不信으로知하나 實狀은自己에게 宗敎的滿足을주지못하는宗敎는 躕躇없이 내여버리고 새宗敎를要求하는일이 眞實한일이다。 또한 하나님이 깃버하시는일이다。

아ㅣ慶南兄妹들아 慶南에五旬節은왔으니 五旬節에對한 大防害物을除去하라 너의들中에灰色分子가있느냐? 即半信半疑하는者가있느냐? 너의는 이恩惠에서 유대敎人의前轍을 밟지말어라 로마敎人의前轍을 밟지말지어다。 저의들의禍는至極히 컸느니라 오늘날에도 오히려깨닫지못하느니라

二

아ㅣ나의사랑하는慶南兄妹들아 너의는 五旬節을 보았느니라 五旬節을當한 너의들中에서 또한 스데반이 니러나야하겠도다。 아ㅣ慶南에있어 스데반의分을 맡은者야 너는 躕躇하지말고 돌에마저죽으라 돌에마자죽은 스데반이 요한 야고보 베드로 바울보다 더큰分을行한者니라。

五旬節後 使徒團에는 迫害가왔다 迫害를當하게된使徒들은 卑怯하야 內面에는 새宗敎基督敎를가졌으나 外形으로는 嚴格한유대敎人으로行勢하며 유대敎會堂에 出入하면서 유대敎儀式으로 하나님께 禮拜하며 유대敎當局에 理解를 얻으랴고努力하였다。 그러나 基督敎는 유대敎에對한 異端이라 유대敎와 基督敎가合할理가萬無하다。

基督敎는性質上으로 유대敎와妥合할性質의것이 안이다。 故로於是乎 스데빈은 니러나서 恩惠의福音을公布하야 유대敎律法主義를 깨트리고 律法의束縛에서 解放하라는 새로운宗敎運動을 니르켰다。 유대敎正統派들은 이運動을自由放任하야 둘수가없었다。 그래서 스데빈을 돌로처서 죽인것이다 이스데반이 죽음으로 基督敎는世界的

宗敎가된것이다。스데반의殉敎에서 卑怯한使徒들은 衝動을받아 부끄러운面目으로 스데반의 뒤를따러간것이다。아ㅣ스데반의 殉敎의죽엄이여眞實로偉大하도다。

아ㅣ慶南兄妹들아 너의는 卑怯하고巧妙한 使徒들의方法과態度를 取하지말고 스데반의 발자취를따르라 그러하면 너의가 使徒들의부끄러움을免하리라 아ㅣ慶南에멧 스데반이있느냐? 너의人生의길은 眞實로慘憺하도다。그러나 너의賞은 하날에서크리로다。너를 이땅에서 돌노치던者들이 하날에서 審判을받을것이오 너와같이 이새福音에叅與한者數中에잇든 灰色分子들은 하나님과聖徒들앞에서 부끄러움을 當하리니 그때에 너의榮譽는 하날使者들이 讚揚하리라。

아ㅣ慶南兄妹들아 너의는 學者가되지말고 信者가되라 神學智識을求하지말고 生命을求하라 體系있게理論으로組織하라하지말고 모순있게自然스럽게살라고하라 體系있는組織에는 사람의내암새가있고 모순있는生活에는 自然스러운 生命의躍動이있느니라 體系있는組織보다 矛盾있는生活이 더욱偉大하니라 사람은 體系있는組織을要求하고 하나님은 矛盾있는自然스러운生活을 깃버하시느니라 古來로基督敎는 體系있게敎理를 組織하다가亡하였느니라 너의는 칼빈이되라고하지말고 루터가되라 彫刻한骨董品이 되지말고 一錢의經濟的價値도認하지아니하는 泰山峻嶺에서 暴風에넘어저썩은枯木이되라。

아ㅣ慶南의兄妹들아 너의는 聖經을 주어마추어 敎理的으로 너의들의 信仰生活經驗을 說明하랴고하지말고 하나님이 살니시는대로살고 聖神이行하시는대로行하라 너의들의信仰生活이 聖經으로써 주어마추아 敎理的으로說明이되여야 산것이고 그렇지아니하면 죽은것인것이안이다。산것은산것이오 죽은것은죽은것이다 산것은 산대로살아야 산것이다。古來로 많은基督敎는 산生命을 聖經에 잡아넣어 마추랴다가 죽여버렸느니라

아ㅣ慶南兄姉들아 내가 慶南에對하야 가장근심되는것은 너의들의信仰이 神學的組織化에 흐를가두려워하며 實狀이없는 게와같이 바람에날려갈가두려워하노라 그러나 하나님은 살아게시다

信仰生活

在日本 張道源

信仰은 史的예수그리스도가 靈的으로人間안에 來在하야 人間의生命이되여서 人間으로 하여금 새로 다시나서 새로살게하는事實을 말하는것이다。即靈的그리스도를 生命으로하고 生活하는 人間生活을指稱하는것이다。

信仰生活이란것은 人間안에來在하야사는 이靈的새生命이 人間의모든事變을 肥料로하고 生命의本體인 그리스도의 完全한데를向하야 自己의生命의無限한 發展을식혀서 자라나 오를대로 오르게하는일을말하는것이다。即生命의必然的인바自己擴張을 말하는것이다。

即人間的으로 되는모든일을 肉으로하고 그리스도와의關係로 되는모든일을 靈으로하고 肉이靈에게 다스리움을받아 每日當面하는 人間事變에서 肉의뜻은물리처 肉은죽이고 靈의뜻을따러靈의살리움을 받도록 사는일을 信仰生活이라고한다

四

人生의一個事變이 올때에 一事件의處理에對하야 肉은 이것을肉의法대로 取扱할랴고한다。그러나 肉의法대로 그事件을取扱하지아니하고 靈의法대로 그事件을取扱하야 그事變에서肉은敗亡하고 靈은 더욱勢力을얻어無限히 살아오르는일을信仰生活이라고한다。

하나님이 우리안에 始作하야놓으신 새生命이 그生命의本體인 그리스도의 完全한데를向하야 날마다 자라올라가는 生命의途程에는 人間事變이라는事實이 介在하야 千波萬濤로 障碍하는것이다。그러나 이것때문에 障碍를받는것이안이다。도리혀 그것을肥料로하고 生命의本體인 그리스도의 完全한分量의채움을 받는일을指하는것이다

信仰生活이란것은 文字의意義대로 信仰으로써 사는生活을말하는것이다。即人間의一切問題를 信仰으로써 決定하야 人間의一切生活이 信仰으로의産物이되게하며 信仰自體는 人間의一切生活을 信仰化를 식힘으로 自體의生命을 一刻의停滯없이 無時로成長發育을 식혀가는 一種現像을말하는것이다。信仰은 信仰生活이 없이는成長發育을하지못하는것이며 信仰生活은 人間의一切事變과싸우는 싸움이없이는 있지못하는것이다。그런故

로 어떠한宗敎든지 그宗敎의價値를 定함에는그宗敎의信仰生活의內容如何로써 定하는것이다。

그런故로 信仰生命은 健全한信仰生活을要하는것이다。健全한信仰生活은 그信仰의對像如何에있다。信仰의對像을 바르게하야 그信仰은 無限한成長發育을하고 信仰의對像을 바르게못하야 그信仰은 健全한發育을못하는 病的인것이다。

信者는 누구든지 다새生命을받아 새로난者다即그리스도自身을 生命으로하고사는 宗敎的經驗을가진者다。『지금의나는 녯내가아니라 예수그리스도가 내안에 살아서 내가사는것이라』고 恒大히 말할수있는者다。그러나 그信仰의對像이 바른데에있지못하야 그信仰生活은病的이며 不健全한데에 빠저서 結局은 信仰生命이 全혀枯渴하야 죽는데에 이르는것이다。

信者는 누구든지 처음에는 새生命을받아 새로운光明속에서 自由롭게 自然스럽게 노래하며讃頌하였다。信者로서는 이經驗이없는信者가없다

信者는 누구든지 다 새로나는宗敎的經驗은가졌다。나는 在來의世界에서 옴겨서 새로운世界에 새로났다。나는 在來의 나의生命말고 딴새生命으로 산다。나는 在來의 녯나는 죽고 예수그리스도가 내안에 살아서 사는者라는 宗敎的經驗을 確實히한者다。저의는 이것을經驗하야나는 世上을 다이겼다고 感하는것이다。

그러나 이것은 信仰의完成된데가안이오 信仰이생기는 첫始作이다。이로부터 信仰生活은 初步를始作하는것이다。人間의어두움이 빛을感하는일이오 罪와죽엄이 生命을 맛보는첫일이다。

이것을 우리人間便으로보면 完全한成功이다。最高의完成이다。在來의罪와죽엄의 人間과는全然相關이 없이되는 새로운일이오 肉의世界에서는完全히죽는일이다。그러나 새生命便으로보면 이제 비로소 새로나는誕生의일을行하는것이다。새로운誕生이有하얐으니 이제부터는 健全한成長이있어야 할것이다。그런故로 이제부터는 人間의一切事變을 土臺로하고 成長發育하는 信仰生活이 있게되는것이다。

그런데 많은信者들은 이것이 信仰生命의始作임을생각하지못하고 在來의 녯사람이完全히 죽었다는便만생각하고있다。그리하야 많은信者들은信仰의生命發育에는 關心하지아니하고 等閑하다

信仰生活

六

그리하야 信仰의일이始作은 되엿다。만은그信仰의對像이 그릇됨을 따러서 그信仰生活에는 莫大한障碍를 받고있는것이다。如此히 新生命을받기는 받엇다。그러나 그生命의 發育에있어서는 充分한成長을 하지못하는者이다。저의안에 이生命이始作될때에 저들의 깃븜은比할대가없다。그 깃븜에感興되야 저의는熱心으로 傳道하게된다。처음에는 깃븜에感興되야 熱心으로忠誠되히 사랑으로傳道하야 그傳道하는일로써 그信仰의若干의健康을본다。即傳道함으로 信仰이 자라는것같다。이것을 經驗한 저의는 傳道하여야信仰이 자란다고主張하야 傳道에熱中함을 最高의生活로하고 信仰의對像을 傳道事業에둔것이다。

信仰의對像은 그리스도다。그리스도外에 다른것을信仰의對像으로하고살아서는 그릇된것이다。그리스도外에 다른것을 信仰의對像으로하여서는 그信仰이 健全한發育을못하는것이다。如此히 信仰의對像을 그릇되히하야 傳道事業 宗敎敎育事業 무슨運動等々에 熱中하는中에 이것들은信仰의糧食이되지못하야 저들의信仰은 榮養不足으로因하야 生命은빠지고 形骸만 남아서 저의안에 남아있는것은 죽은敎理뿐이오 無用한宗敎儀文뿐이다。그리하야 저들의 傳道事業 各種運動까지가 失敗에돌아가고마는것이다。

그때에 저의들中에 怜悧한者들은 일이발서 틀린줄을알고 네前의깃븜과 즐거움을 回復할랴고 또한 運動을 니르킨다。이것이 近日朝鮮에서盛行하는 所謂復興會다。저의는 復興會의信仰運動을行하야 神秘的感興으로 깃븜과즐거움을 가져온다。또한勇氣를얻는다。그러나 이것은 信仰生命의糧食인것이안이다。一時的感興인故로 그時機와場所를 떠나면 얼마안이되여서 곳다시짧아버려여서 또다시復興會의必要를 感하는것이다。그리하야 또다시復興會를하고 또다시反復하야 復興會가 또한一種의事業이되고마는것이 今日朝鮮基督敎界의信仰運動의現狀이다。

그러나 우리의信仰은 復興會나 査經會나 修養會로써 維持될性質의것이안이오 또한信仰生命의糧食을 이에서攝取할것이안이다。從來의朝鮮敎會의信者들의 信仰生活을보면 처음에는 다聖靈의일이있어서 生命이뛰노는 산信仰을가졋다。그러나 그信仰을가지고 어떻게살아야할바를 알지못하야 그生命이 充分한成長發育을못하고 或은收縮되야 有也無也의形態에있고 或은死殼化하야버리고만것이다。

基督敎는 生命이뛰노는 산信仰을가저서 다하는것이안이오 그信仰을가지고 살줄을아는 健全한信仰生活이있어야하는것이다。健全한信仰生活은 그리스도自身을 信仰生命의糧食으로하고 날마다날마다 當面하는人間의一切事變에서 자라오르는것이다。如此히 信仰은 그리스도自身을 生命의糧食으로하고 거게에서 榮養을攝取하면서 날마다 날마다 當面하는人間의一切事變을通하야 肉은죽을것으로定하고 靈만을 살려서 肉인人間이靈에게 다스리움을받아 靈대로살아서 肉인人間이靈이게하는대에信仰生活이 있는것이다。

聖經이나닑고 讚頌歌나부르며 祈禱나하면서 눈을감고 神秘的感興에醉하야 깃버뛰며 즐거워춤추는것이 健全한信仰生活이안이다。基督敎信仰은生命이다。生命인故로 生命의必然的인바活動이있어야한다。生命의活動은 人間의一切事變에서 그事變한아한아를 信仰生命으로써決定하야 一切事變이 다生命이되게하는것이다。그리하게하야 信仰生命은 그生活을爲하야 無限히 그릇된人間世上을 求하는것이다。無限히그릇되여있는 人間世上이없이는 信仰生活의內容이 貧弱한까닭이다。即人間事變이없이는 信仰生活의껀이가없는까닭이다如此히 基督敎信仰은 自體의生命을 成長發達케하기爲하야 人間世上을要求하는것이다。이는 信仰은 人間事變이없이는 信仰生活이 있을수없음이다。

如此히 基督敎信仰은 聖經을닑고 讚美歌나부르며 무릅을꿇고 눈을감고 祈禱나하면서 神秘的感興에醉하야 깃버뛰며 즐거워춤추는 夢世的生活이안이라 人間의現世的事 을 土臺로하고 날마다 날마다 完全을向하야 間斷없이 자라오르는現實的生活을하는것이다。

그런데 現今의朝鮮基督敎信者의大多數는 그信仰에 健全한信仰生活을 가지지못하야 그信仰은病的인것이다。그信仰은病的이되야 或은萎縮이되며 或은死殼化하야 根本된信仰生命에서는 떠러지고 꽉아진敎理만 붙잡고 虛僞에서 날뛰는것이다。그리하야 虛僞를가지고 地獄을向하야 暗黑에서 헤매면서 天堂을向하야 生命의거름을 걷

信仰生活

八

는줄노自認한다。그러나 그中에도若干의忠實한者들은 自己의空虛를 늣긴다。自己의空虛를 늣기면서도 어대가 空虛한지를 깨닫지못한다。또한 그空虛한대를 어떻게 채울바를 알지못한다。卽 自己의信仰이 어듸가 그릇되여졌으며 그信仰生活이 어듸가 삐뚜러졌는지를 깨닫지못한다。

그러하야 저의는 저들의 信仰을爲하야 査經會도차저다니며 復興會도 쫓아단닌다。그러나 그것도亦是信仰生命의 根本된糧食이안이오 一時的氣分運動인故로 그當時에는 무엇이 채워진것같으나 도라와서보면亦是空虛다。아ㅣ이空虛에 참生命糧食으로 채움을받는者가 참으로福있는者다

基督敎의信仰生活은 그리스도를 믿어서 人生을사는것이다。基督敎信仰生活은 그리스도를 生命으로하고 人間에있어서 그事實事實에서 하나님의뜻을 알아나아가는 實在生活이다。우리의信仰生活이 恒常生命이게하는일은 그리스도自身을信仰의對像으로하고 人生을사는일이다。

如此히 우리의信仰이 恒常生命에 살아있어서 날마다 더높은生長을하여야한다。信仰이 生命에 살아있어서 날마다 자라되 聖經만넑고 祈禱만熱心으로함으로써 자라서는아니된다。왜그러냐하면 우리가 聖經을쉬지않고넑으며 업대여熱心으로祈禱할때에는 자라나 그렇지못하야 聖經을넑지못할境遇와 업대여祈禱하지못할形便에 있어서는 그信仰이 자라지못할것이아니냐? 萬一그렇다면 基督敎는 佛敎僧徒와같이 山中에들어가서 讀經이나하고 祈禱나하여야 그信仰生活이 가장 健全한것이아니겠느냐? 그렇다면人生으로서의 基督敎信仰生活은 거의不能일것이다。

그러나 우리의信仰이 恒常生命에있어서 날마다 자라되 人生을사는대에서 자라야한다。卽一定한職業을가지고 平凡한生活을하는 그날그날에서자라야한다。一定한職業을가지고 平凡한生活을하여가는 그날그날에 當面하는모든問題를 信仰의說明을받아가지고 그問題를取扱하야 그一切事變이信仰의産物이되게하여야한다。卽信仰은 人生의一切事變을 問題로하고 信仰生活을하야 一切問題의事變이信仰의産物이되게하는대에 信仰生活의健全한生長發育이 있어야한다。이것이 나의말하고저하는바信仰生活이다。信者는 이렇게人生을살아서 그信仰은恒常生命이게되할수있는것이다。

바울의生涯 〔四〕

第四章 그의福音

스토-커敎授 著
柳錫東 譯

五十一、바울과같이 突然히 回心한사람은 大槪는 自己의經驗한것을 곳發表하랴는衝動이 强하게생긴다。이러한사람이 만약證據를한다면 그것은 깊은印象을주게된다。이는그의靈魂이 처음으로뵈이지안는世界의實體를 把握하게되여 그가 말하는바에는 엇지할수없는事實이라는늣김을주는 生生하고明明한것이 있는까닭이다。 바울이 即時이러한衝動에支配되였는지 아니되였는지는 確實히알수가없다。使徒行傳을보면「各會堂에서 즉시 그리스도를 說明하다」라고있음으로 우리는 그가 이러한衝動에 잇끌렸다고. 볼수밖에없게된다。그러나 自身의글을보면 同時에 그를壓倒한 딴 힘있는衝動이 있었든것을알게된다。그가 어떤衝動에먼지 끄을리게되였는가는 確實히 알수가없다。다른衝動이라는것은 그가 홀로조용히앉어自己가經驗한것의 意義와結果를 徹底히생각하랴는것이었다。그가이를必要하다고느낀것은 족음도異常하지아니하다。그는 前生涯의信條를 熱烈히믿었고 그것을爲하여는 모든것을 犧牲하였었음으로 이제 그信條가 突然히 破壞됨을보고는 그는 甚히動搖되였을것이다。또 이제 갑작이 그를빛우인 新眞理는 果然 遠大하고 革命的이었음으로 一時에 이것을 完全히 받어들일수는없는것이었다 바울은 生來의思想家이었음으로 그는 但經驗하는것으로만 滿足치아니하고: 그것을理解하고 確信하여야만 되였다。故로 그는 回心하자即時 아라비아로 갔다고 말한다。그가무슨目的으로간것은 말아니하나 그가그地方에서 說敎하였다는記錄이없고 또 이말이 그가 自己의 福音의獨特性을 激烈히辯護하고있을때 한것임으로 우리는 그가 自己가 가지게된 啓示의 모든 意義와關係를 思索하랴고 隱居하였다고 結論하여도 大誤는없을것같다。그는 默想하야 이모든것을 解決하였다。그리하야 다시 世上으로돌아올

때 그는그의獨特한基督敎의見解를가졌고 後年에 그의說敎의主旨가되는것을 꽉잡고 있었다。

五十二、아라비야라는글자는 여러가지로解釋되는 不明한것임으로 그의隱居의場所를 正確히 알수는없다。그러나 아마 시내山이 그의中心地가되는「彷徨地아라비야」이었을것이다。이곧은 偉大한記憶을가지고 또한啓示를받은 偉人들이居하든 聖地이다。모세가 타는가시덤불을본곧이고 山上에서 하나님과사괴인곧이다。엘리야가 失心하야 彷徨하다가다시靈感의우물에서 물을마신곧이이곧이다。이곧보다더하나님의사람의 後繼者가 瞑想하는되에 適當한場所는 없을것이다。마나가 네런골짝에서 여호와발아래에서 탄봉도리그림자밑에서 그는 自己生涯의問題를 생각하고생각하였다。이 眞理를說明하는獨創力은 專혀 眞理를 單獨히直觀하는데서 나온다는 훌릉한例이다。바울은 聖靈의特別한感動을받었다。이는 그의思索活動을不必要하게하지아니하고도로혀 그것에 獨特한熱을 주었다。그의福音의 明朗性과確實性은 이 孤獨한 思索生活에서 나온것이다。그의隱居는一年이

一〇

나 或좀더 繼續하였을것이다。그는 아라비야에서 다시다메섹으로돌아왔는대 그가回心한때부터 이다메섹을 最後로떠날때까지는 三年이라는歲月이지내었음으로 적어도 이中一年은 아라비야隱居에썼을것이다。

五十三、그의福音의要綱에對한 詳細한記錄은 이때를휠신지낸時期에 비로소나오게된다。그러나 이福音의要綱이라는것은 잘詳考하여보면 그의回心의要點을쓴것에不過하고 또그가 이時期에있어서도 回心의說明을 길게熱烈히 하였음으로 로마書 갈라듸아書에쓴 福音은 그가 처음부터 說敎한것과 實質에있어서는 족음도다름이없는것이다。故로 우리는 이書翰에서 그의아라비야時代의思想을 틀림없시 推測할수있다。

五十四、바울의思想의出發點은 그가兒孩때부터가지고있는 確信即敬虔한先祖時代부터 傳하여오는ㅣ사람의참目的과幸福은 하나님의恩寵을享受함에있다는것이었다。이는義로써얻을수있고 義로운者만이 오즉 하나님과和平할수있고 그의사랑을받을수있다。故로 義롭게되는것이 사람의最上

目的이다。

五十五、그러나 사람은 義롭게되는되失敗하야 하나님의사랑을못받게되고 드듸여 神怒를當하게 되엿다。바울은 基督敎以前人類歷史를 異邦人과 猶太人 두部分으로 檢討하야 이를證據한다。

五十六、異邦人이失敗하엿다。異邦人은 特別한 啓示를 받는便益을 가지지못하엿음으로 義를求할 預備條件을 죽음도가지지아니하엿다고 생각할수도있다。그러나 바울은 異敎徒도 亦 義를求할責任이있는것을 깨달을만치는 하나님을알엇다고 主張한다。그의造物속에 또사람의良心속에 사람으로하여금 이義務를알게할 하나님의啓示가 自然히 나타나 있다。그러나 異敎徒는 이光明을쓰지를 아니하고 自己마음대로 이것을꺼버렷다。그들은 하나님을아는知識을버려버리고 따러 이純粹한知識이 그들에게課하는制限을 깨트려버렷다。그들의 하나님의觀念이腐敗하여 그들은 不道德生活을 安心하야하엿다。따러 自然의報復으로 그들의知性이 暗黑하여지고 混亂하여졋다。그들의어리석음은 極度에達하야 하나님의 榮光스럽고 永遠한 性質을 사람、김성 새、爬蟲들의偶像으로 變하엿다。이知性의墮落은 더욱 深한道德的墮落을 생기게하엿다。하나님은 그들이버리니 그들을 하는대로두엇다。하나님의 이抑制하든恩寵이 없어지게되매 그들은 道德的隨落의深所로 떠러졋다。色慾과性慾이 그들을支配하게되여 그들의 生涯는 罪惡의덩어리가되엿다 羅馬書第一章끝에는 그들의狀況을 죽음도감추지아니하고써있음으로 이는惡魔의巢窟에서 벳게오지는아니하엿나하는느낌이나나 이는異邦人의歷史家의記錄이 歷歷히證明하는바이고 當時 文化한異敎徒國民의狀況을그대로쓴것이다。故로 이는 人類의半分의속임없는歷史이다。그들은 義에서떠러저 사람의모든 不義에對하야 한울로서나타나는神怒를받게되엿다

五十七、猶太人은 人類의 남저지半分이다。異邦人이失敗하엿는대 그들은成功하엿는가。그들이 異邦人보다 많은便益을가졋음은事實이나 그들은 하나님말슴을가지게되여 神性에對하야 到底히曲解할수없는明確한知識을가지고하나님의律法에 對하야도亦 明白한理解를가졋다。그러나 그들은

이便益으로써 무슨有益함이있었는가。律法을아는것과 그것을行하는것은 判然달은길인대 義는아는대있지아니하고 行하는대 있다。그들은이아는神意를 實行하였는가。바울은 예수가 律法學者와 바리새敎人의腐敗와僞善을攻擊한 그예루살렘에서 살었다。그는 그國民의代表人物들 生活을詳細히보았다。그는 猶太人全體를 異邦人과같은罪로써 꾸지짐을躊躇하지아니할뿐안이라 도리혀그들로말미암어 하나님일음이 異邦人속에 들엽혔다고말한다。그들은 自己들의知識을 자랑하고眞理의해를잡고서 異敎徒의罪를 餘地없이 暴露식혓다。그러나 그들의宗敎는 他人의行動을 嚴하게批判하는데不過하였다。그들은 自己들의行動을 이光明으로써 살피는것은 全혀이저버렸다。도적질하지말라 姦淫하지말라 또其他數多한誡命을하지말라고 恒常말은하면서 自己들知識이 무슨有益함이 있을까。그것은 그들을 더욱定罪할뿐이였다。이는그들의罪는 光明에反逆하는까닭이이다。異敎徒들은 알음이적음으로 그들의罪는 比較的惡意가없는것이나 猶太人의罪는 意識的이고故意의것이다。故로 그들의자랑하는優越은 도리혀 그들의低劣이된다。그들은 그들이輕視하는異邦人보다 더定罪함을받고 더甚한呪咀를받었다。

五十八、事實은 같은理由로써 異邦人이나 猶太人이나 다失敗한것이다。人間生活의 이 一潮流를 그根源까지 찾아가면 거긔에는 둘이안이고 하나임을 보게된다。이分岐하기前에 이兩便이다失敗하게큼 決定된事實이 이러난것이다。아담으로말미암어 全人類가 다失敗하였다。人類는異邦人이나 猶太人이나 할것없이 그로부터 弱한性質을받게되여 義를努力함으로써 達成할수없게되였다。人性은 靈이안이고 肉임으로 이無上한靈的成就를하기에는 不適한것이였다。律法은 이性質을變할수없었다。그것은肉을靈으로만드는 創造力이없었다。그것은 도리혀 惡을더加하게할뿐이고 罪를더지으게할뿐이였다。完全한記述은 健全한사람에對하여는 比할수없는 좋은指導者이나 病들은사람에對하여는 다만誘惑이된다。罪에對한知識그自體가 그것을犯하게하는誘因이되고 무엇을하지말라는命令그것이 도리혀病든사람에게는 그

것을하게하는理由가된다。 이것이 律法의効이다。 그것은 犯罪를倍加하고增進식혓다。 그러나 이것은 하나님의意圖이엇다。 이 그가罪를만든까닭이안이고 용한醫師가 때에는 앓븐곧을낫구기前에그것을곰게하는法을쓰는것과如히 하나님도人類를낫구기前에 異邦人은放任하여두고 猶太人은律法을주어 人性이 그가本來가지고잇는 罪의素質을 남김없이 發露식히게하엿다。 그러나 낫구는것이 恒常 그의참目的이엇다。 그는全人類를定罪하엿으나 이 그의恩寵을베푸르기때문이엇다。

五十九、 사람의窮極은 하나님의機會가되엿다。 그러나 이 救援의한길이 失敗에돌아갓음으로 하나님이또한길을 企圖한것이안이엇다。 律法은 救援의길로 그가意圖한것은안이고 救援의必要를說明하는手段에不過하엿다。 이제 律法의職分을다한때가이르매 하나님은 그가 人類를試驗하는오래동안 그의가슴속에 감추엇든目的을 達하게되엿다。 사람을 自己의참目的에서 떠러지게만드는것은 決코그의意圖가안이엇다。 다만 때로하여금 墮落한人類는 自己努力으로 義에達할수없다는것을 證明하게하는데에不過하엿다 그러하야 사람의義가失敗됨이 表示되매 그는 그의奥義 即하나님의義를 示顯하엿다。 이것이 基督敎이다。 이것이 基督의使命의全部이다。 그는 사람의幸福에 絕對必要하나 얻지못한것을 값없이賜物로써 사람에게주엇다。 하나님의行하심이고 하나님의恩寵이다。 사람은 自己가失敗하엿음을깨닫고 하나님으로부터 받음으로써 이것을얻게된다。 即信仰으로만얻게된다。「예수그리스도를 믿음으로 말미암어하나님의義를 모든믿는者에게 주시느니라。」

六十、 이것을받는사람은 即時 하나님과和平하게된다。 여기에 사람의幸福이잇고 이것이 바울이 律法으로써 義를求하던 目的物이다。「우리가 믿음으로 의롭다하심을 얻엇은즉 우리주 예수그리스도로 말미암어 하나님으로 더부러 화평함이잇고 또한 그를인하야 우리가 믿음으로 나아감을얻어 이은혜중에섯으며 또한 하나님의영광을바라고 즐거워하느니라。」이福音을알은사람의生涯는 歡喜와平和와希望에넘친다。 勿論苦難이 없는것은안이다。 그러나 발서 人生의참目的을얻

게된사람에게는 苦難이가벼웁게되고 모든일이다有益하게된다。

六十一、이 하나님의義는 全人類를爲한것이다猶太人뿐만안이라 異邦人을爲한것이다。이 人類의兩部分이 다 하나님의目的하신바와如히 義를얻을수없게 證明되여 그結果 하나님의恩寵이兩便에다같이 나타나게되였다。그리스도의事業은 아브라함의子孫을爲한것이안이고 아담의子孫을爲한것이다。아담으로말미암어 모든사람이죽었으니 이와같이 그리스도로 말미암어 모든사람이 살리라。異邦人은 救援을얻기爲하야 割禮를받을必要도 律法을직힐必要도없다。律法은 救援에屬한것이안이고 사람의失敗를宣言하는 豫備的手段님으로 그의職分을다하였으매 全廢되여야 할것이다하나님의義를얻는 사람便의唯一한條件은 信仰이다。이것은 猶太人과같이 異邦人에게도 大段쉬운것이다。이는 바울自身의經驗에서나온 結論이다。그가回心時에그리스도의게서 받은取扱은猶太人으로서가안이고 한사람으로서다。功勞로서救援을받는다하면 異邦人이나 自身이나 다같은資格이다。律法은 그를救援속으로 한거름도 드려가게아니하고 도려혀 그를 異邦人보다더 하나님으로부터 떠러지게하고 더깊이 定罪함을받게하였다故로 異邦人을 自己와같은 地位에놓어야 무슨有利함이있으랴。그는 自己가지금깃버하고잇는義를얻는데 사람으로서는누구든지할수있는일以外에한일은없다。

六十二、바울이 基督敎에對하야가진 無限한讚美는 福音속에이러한 하나님의 無差別한사랑이 나타난까닭이다。그가하나님에對하야 偏見을가졌을때는 그의同情心이 작고 좁고 極限되였었다。그러나 이新信仰은 그의마음을解放하야 自由스럽고깃븜에넘치는것으로 하였다。하나님은 그에게새하나님이되였다。그는 이發見을 오래동안감추워있다가 이제그와같은使徒들에게 나타난奧義라하였다。이는 歷史의秘義이고 이적지보지못한 新紀元을비롯하는것이라고 그는생각하였다王과豫言者가 알지못하는것이 그의게나타난것이다。이것은 新創造의黎明과같이 그를빛우었다。하나님은 이제 各人에게 人生의至上福ㅣ過去오

래동안努力하였으나 얻지못한 義를 주고있다。

六十三、勿論 이新紀元의秘義가 過去에 全然히 나타나지않은것은안이다 이것은 이미「律法과豫言者가證據한」것이다。律法은 이의必要를 말하야 消極的으로 이를證據하고 豫言者는 좀더積極的으로 이것을豫言하였다。例를들면 다윗은「일한것이없이 하나님께 의로 정하심을 받는자는 복이있다」고말하였다。아브라함은 더明瞭히 이를證據하였다。그는義로운사람이었다。그러나그가 義롭게된것은 일로가안이고 信仰으로이었다―「그가 하나님을 믿으매그의믿음을義로定하였느니라」。律法은 그가義롭게되는데에는아무關係가없었다。이는그後 四世紀後에 律法이비로소 생긴까닭이다。割禮도 또한아무關係가없었다。 이는이儀式이 생기기前에 義롭게된까닭이다。即 하나님이 아브라함을取扱한것은 猶太人으로서가안이고 한사람으로서다。故로 이와같은길로 하나님은모든사람을 取扱할것이다。바울이 律法의義의困難한길을 唯一의神聖한것으로알었을때는 아브라함과豫言者들이 그以前에 이러한길을 걸었다고 생각하였었다。그러나 이제 그들의生涯가 宗敎的歡喜와 神聖한平和를노래하는詩에 넘치게된것은 全然 다른經驗에서 얻은거인줄을 알게되고 自己自身亦 이러한經驗을하야 하날의平和가 그의마음을채우게되였다。그러나 그들은 다만 黎明의적은光線을알뿐이었고 完全한太陽은 그의時代에와 비로소 나오게되였다。

六十四、바울이 이救援의길을 發見한것은 實際經驗이었다。그가 처음 그리스도를만난때는 그리스도가自己를 오래동안求하여도얻지못하던 하나님과和平하는地位에 오르게함을 알었고 또한때가갈수록 그는 自己가 이地位에서 더욱더욱 人生의참幸福을누리고있음을깨달었다。故로 그의使命은 이發見을 하나님의義라는일음으로써 單純하게 實質的으로 紹介함에있었다。그러나 그와같은사람이 그리스도를가짐이 어찌하야 그의게對하야 그와같이重大한뜻을가지게되는가를 생각아니할수없었다。그는 아라비아荒野에서 이問題에對하야思索하였고 그의福音속에는 이에對한明白한對答이 있다。

바울의 生涯

六十五、아담부터 그의子孫들은 두 可痛할 遺産을받었다。하나는 罪의負債인대 그들은 이를죽음도減少하지못하고 더욱增加식힐뿐이고 또 하나는 肉의性質인대 이는義를行하지못하는것이다。이는 墮落한사람의 宗教的狀態의 二特點인대 이것으로말미암아 그의모든惡이 나왔다。그러나 그리스도는 새아담이고 人類의새首領임으로 信仰으로써 그와聯結하면 이와正反對되는遺産의嗣子가된다。第一아담의子孫으로나면 負債에잠긴집에난아들과如히 하는수없이罪에매이게되는것인대 이와같이 第二아담의子孫으로나면 그리스도가家長으로써 家族의共有物로만든 無限한功勞의遺産을가지게된다。이는 罪의負債를없애고 우리를 그리스도의義에 豊足하게한다。「한사람이순종치아니함으로 뭇사람이 죄인된것같이 한사람의순종하심으로 뭇사람이 의인이되였느니라。」아담이 그의子孫에게 하나님을떠러지고 義에不適한 肉의性質을 傳하여주었는대 새아담은 그의族屬에게 하나님을갓가히하고 義를깃버하는 靈의性質을준다。人性은바울에依하면 體、心、靈의三部分으로되였다。이 三分性은 그元來의構造는 主從의一定한關係로되여 靈이最上이고 體가最下이며 心이中間이었다。그러나 墮落하자 이順序가 없어졌고 모든罪는·體或은心이 靈의地位를빼앗음에서 생기였다。墮落한사람은 바울이肉이라일캇는 人性의 낮은두部分 即 世上과現時를보는便이 主位를占領하야 그의生活을 全部支配하고하나님과永遠을보는便 即靈은 地位를빼앗기어 無力하게되고 죽게되였다。그리스도는 그自身의靈으로써 사람의靈을잡어 그잃어버린主位를恢復식힌다。그의靈은 사람의靈속에居하야 그것에 活氣를주고 끊임없는힘을주어 靈은漸々人性의主要地位를가지게된다。이제사람은 肉이안이고 靈이된다。그는 하나님靈에 잇끌리어 더욱〳〵神聖한모든것과 調和하게된다。勿論 肉은 自己의主位를 쉬웁게일으랴고 아니한다。그는 靈을막고 꺽고하야 自己王座를恢復하려 싸운다。바울은 이싸움을 무서운迫力을가진글로 썼는대 크리스챤은 다 이러한깊은經驗을가지게된다。그러나 이싸움의結末은 定하여진것이다。罪惡은 다시는 그리스도의靈속에서사는사람을支配할수없고 하나님恩寵을받는자리에선 그들을 쫓아낼수가없

다。「사망이나 생명이나 천사나 권세잡은이나이제일이나 장래일이나 능력이나 높음이나 깊음이나 창조함을 받은 다른 아모물건이라도 우리주 그리스도 예수안에있는 하나님의 사랑에서 우리를 능히 끊지못하리라。」

六十六 이것이 바울이 아라비아에서研究하고後에끊지지아니하는熱心으로傳한福音의簡單한概論이다。 그의마음과 그의글은 猶太人으로서의獨特한經驗이 아니있을수없어 이때문에 우리가 어느點에서는 그의思想을 잘理解할수없다。猶太人이안이되면 救援을받을수없다는 그가어릴때부터가르침을받아오든 信條 또한 그自身이自由스럽게 關係를끊어버린 律法에對한古來의여러가지見解는近代人으로서는 到底히共感할수없는것이나 바울에對하야는 이러한 自己와反對되는 讒言이없어스면 그는그의神學을세울수없었을것이다。더구나 이러한謬見이 敎會內의黨派의標語가되게되여바울이 길고 무서운 싸움을하게되였을때에 그는不可不 自己神學을세워야만하였다。이로말미암어그의意向은明確하게는되였으나 現代人類의同感할수없는많은感情과信條가석기게도 되였다。그러나이러한不利한點이있으면서도 바울의福音은 人類에게對하야 無上한價値를가진所有物이다。그의人性의失敗와缺乏에對한 徹底한硏究 基督以前人類를敎育하는데나타난 하나님의知慧에對한 可驚할解明 하나님의사랑의깊음과넓음에對한說明은 이果然至極히雄大한啓示이다。

六十七、 그러나 바울의福音이 不滅의生命을가지게된것은 그의基督에對한見解에있다。福音書記者는 單純하고 極히아름다운붓으로 人子그리스도예수의地上生活의貌樣을 그리여 여기에 사람의行動의模範을求하게하였다。그러나 바울에게는 神子가 人類의救主로써成就한事業을 完全히알리게하는일을맡은사람이다。그는 그리스도의地上生活에對하여는 그것을잘알었음은 여기저기에말하였으나 한번도 그것을引用하지는아니하였다。그리스도는 그에게對하야는 다메섹途上에서그에게나타난 하날의光輝를가지고있는 榮化한하나님이었고 그에게하날의平和와 새生命의깃븜을준 救主이었다。敎會가그의머리를 靈魂을罪와死속에건저내는救濟者로써 또自己와 恒常같이있고各信者와같이일하고있는 靈化라는存在로써 完全한救援을하랴고다시올 萬物의主로써 생각하는것은이使徒를通하야 聖靈으로 가르침을받은것이다。

獨座斷想錄(三)

金亨道

一〇、金成實兄편지의一節

前略…信仰은事實이오 推想이나理論이나知識이안이올시다。信仰하는瞬間에 곳하나님을直視할수있으며 그와合一하여지는것이올시다。아ㅣ奧妙하도다。信仰의眞理여! 이世代가信仰의眞理를알지못하나이다。그럼으로生命이없고平安이없는不安恐怖의굴엉에빠진것이올시다。兄이여 信仰을굳게잡고信仰中에無限히包藏되여있는靈의寶庫를採掘하사이다。眞實로信仰以外에는아무것도取할것이없나이다。兄이여 眞實히믿으시오! 疑心없이믿으시오念慮하지말고믿으시오。쥬의全能에完全히信賴하소서 十字架를참으로믿으면 하나님의큰異蹟을보실것이올시다。우리는形的異蹟을求하지말고 오직믿음으로하나님의聖靈이 우리靈에行하시는生命의異蹟에 깊이注意하실것이올시다。쥬는 우리日常生活의平凡한事實中에서 實物로당신의權能과榮光을나타내시나이다。믿읍시다。하나님께는 믿음만을들이고 사람에게는 사랑을行하사이다。믿음과사랑 이것은二者가안이라 元來一體인것이올시다。믿음은곳우리가 쥬께對한사랑이오 사람에게對한사랑은 곳우리가 쥬께對한信仰이올시다。믿읍시다疑心없이 徹底하게믿읍시다。사랑합시다 自我를犧牲하야 피흘이기까지사랑합시다。이것이곳쥬께서 우리에게주신 十字架的生活이올시다。(下略)

十一、敎會의腐敗와社會의混沌迷妄에對한小感

敎會의腐敗와墮落에對하야 悲觀이나落心할必要는없다。웨? 그러냐하면 敎會가腐敗墮落한다고참의信者가같이썩어저넘어 갈것이않이니까ㅣ이때에참의信者는 나타날것이니까 오히려 어떤意味에있어서는 歡迎한다。當然히올일이요 있을것이다。淫亂無道한세상社會의混沌迷妄에對하야서도 그러하다。淫亂無道한세상이 混沌迷妄에빠질수록말없는일꾼은 그以上더깊은準備를해가지고 나설것이니까! 그러함으로크리스챤이됨을입은者는 반듯이모든것의 모든것을具備한第一人者되지않어서는不可하다。旣成的社會야! 敎會야! 썩을대로썩고墮落할대로墮落해라。審判의主는오신다、사랑하는兄弟여主를迎接하라

그사람의 후환이 전보다더욱 심하리라。이악한
세대가 또한이렇게되리라。四六、 예수무리들에게
말씀하실때에 그모친과 동생들이 밖에서서 예수
께 말하랴한대 四七、 한사람이 예수께엿주와 가르
되선생님의 모친과 동생들이 밖에 서서 선생님께
말하려한다하니 四八、 말하든 사람에게 대답하야
가르시되「내 모친이 누구며 내 동생들이 누구
냐」하시고 四九、 손을 펴사 제자들을 가르처 가
르시되「나의 모친과 동생들을 보라。五十、 누구든
지 한울에 계신 내 아버지 뜻대로 하는자가 내
형제요 내 누의요 내 모친이니라」하시더라。

第十三章

一、그 날에 예수 집에서 나가사 바다 가에
앉으시매 二、허다한 무리가 와서 모이거늘 예
수 배에 옮아가 앉으시고 모든 무리는 언덕
에 섰는지라。三、예수 여러가지 비유로 말씀하
야 가르시되「씨를 뿌리는 사람이 뿌리려 나
가서 四、뿌릴새 더러는 길가에 떠러지매 새가
와서 주어먹고 五 더러는 흙이 얇은 돌작밭에
떠러지매 흙이 깊지아니함으로 싹이 곳 나오
나 六、해가 돋아 쪼인즉 뿌리가 없어 마르고
七、더러는 가시 덤불속에 떠러지매 가시가 자
라서 기운이 막히고 八、더러는 좋은 따에 떠
러지매 열매를, 맺음이 혹 백배도 되고 육십
배도 되고 삼십배도 되느니라。九、귀 있는자는
들으라」하시더라。
十、제자들이 예수께나아와 가르되「어찌 그사
람들에게 비유로 말씀하시나이까」十一、예수 대
답하야 가르시되「천국의 오묘한것을 너의게는
알게 하되 오직 저의게는 주지 아니하나니 十二、
무릇 있는 사람에게는주어 넉넉하게 하되 무
릇 없는 사람에게는 있는 것도 빼앗느니라 十三、
그럼으로 내가 저의게비유로 말함은 저의가 보
아도 보지못하며 들어도 듣지못하며 깨닫지못함
이니라。十四、이사야의예 언이 저의게 일우었
으니 닐었으되
너의가 듣기는 들어도 도모지 깨닫지못하며보기
는 보아도 도모지 아지못하는도다 十五、이백성
들의 마음이 완악하여저서 저의 귀가막히고 눈

이감겼으니 눈에 보이고 귀에 들리고 마음에 깨
달아 회개하야 나의 고침을받을가 두려워한다。
하였으되 十六、너의 눈이 복이 있음은 봄이오
귀가 복이 있음은 들음이니라。十七、내가 진실
로 너의게 니르노니 여러 선지자와 의인들이
너의 보는것들을 보고저하여도 보지못하였고 너
의 듣는 것들을 듣고저하여도 듣지못하였느니
라。十八、그런즉 씨 뿌리는 비유를 들으라 十九、
아무나 천국 말슴을 듣고 깨닫지 못하매 악
한자가 와서 마음 속에 뿌린것을 빼아내나니
이것이 곳 길가에 뿌린 것이오。二十、돌작 밭
에 뿌린 것은 사람이 도를 듣고 즉시 깃븜
으로 받으되 二一、속에 뿌리가 없어 잠시 견
더다가 도의 연고로 환난이나 핍박을 당한즉
곳 싫어 버리는 것이오 二二、가시 덤불 가운
데뿌린 것은 사람이 도를 들으나 세상의 염
려와 재리의 욕심이 도를 막아 결실치못하게
함이오 二三、좋은 따에 뿌린 것은 사람이 도
를듣고 깨달음이니 열매를 맺음이 혹 백배도되고
육십배도 되고 삼십배도 되느니라」하시더라。

二四、예수께서 그들 앞에 또 비유를 베풀
어 가르시되『천국은 맞히 사람이 좋은 씨
를 제 밭에 뿌림과 같으니 二五、사람들이 잘
때에 제 원수가 와서 곡식 가운데 가라지를
뿌리고 갔더니 二六、싹이 나고 결실할때에 가
라지도 보이거늘 二七、집 주인의 종들이 와서
말하되「주인이어 밭에 좋은 씨를 심으시지아
니하였나이까 그러면 가라지가 어듸서 생겼나
이까」二八、주인이 가르되「원수가 이렇게 하였
고나」하니 종들이 말하되「가서뽑으리니까」하
거늘 二九、주인이 가르되「그만 두어라 가라지
를 뽑다가 곡식까지 뽑을가 염려하노라。三十、
둘 다 추수하기까지 한께 자라게 두었다가 추
수할 때에 내가 추수하는 사람에게 말하기를
가라지는 먼저 걷우어 단으로 묶어불로 사르
고 곡식은 걷우어 내 곡간에 넣으라」하리라』
三一、또 비유를 베풀어 가르시되 천국은 맞히사람
이 계자씨 한 알을 가져다가 제밭에 심은 것같으니
三二、이는 모든 씨 중에 제일적은 것이로되 자
란 후에는 나무중에 제일 커서 나무가 되매공중

에 나는 새들이 와서 그가지에 깃들이느니라。
三三、또 비유로말슴하시되천국은 맞히 녀인이
누룩을 가지고 가루 세말 속에 넣어 누룩 다퍼
지게 하는 것같으니라。
三四、이 것이 다 예수께서 무리들에게비유로 말
슴하심이오 비유가 안이면 저의게 말슴을 아니하
셨으니三五、이는 선지자로하신 말슴을 일우려하
심이니 닐었으되
내가 닙을 열어 비유로 말하고 세상 창조
함으로부터 감추인 것을 들어내리라。
하였느니라。三六、그 때에 예수 무리들을 떠나
사 집에 들어가시니 제자들이 나아와 가르되
「밭에 가라지로 비유하심을 풀어 니르소서」
하니 三七、대답하야 가르시되 「좋은 씨를 뿌리
는이는 인자요。三八、밭은 세상이오 좋은씨는 천
국의 자식이오 가라지는 악한자의 자식이오三九、
가라지를 심은 원수는 마귀요 추수할때는 세
상 끝이요 추수하는자들은 천사들이니 四十、가
라지를 걷우어 불에 사르는 것은 세상 끝에
도 이렇게 되리니 四一、인자가 장차 그 천사
들를 보내어 그 나라에서 모든 범죄케 하는
자들과 악한 일하는자들을 걷우어내어 四二、풀
무 불에 던지리니 거긔서 슯비울며 니를 갈
리라。四三、그때에 의로운 자들이 저의 아버지나
라에서 해와같이 빛위리니 귀 있는자는 들으라」。
四四、천국은 맞히 밭에 감추인 보화를 사람이
맞나매 숨기고 깃버하야 돌아가서 제 있는 것
을 다 팔아 그 밭을 삼과 같으니라。
四五、또 천국은 맞히 좋은 진주를 구하는 장
사가四六、극히 갑진 진주 하나를 맞나매 가서 저
의있는것을 다 팔아 그 진주를 삼과같으니라。
四七、또 천국은 맞히 그물을 바다에치고 모
든 물고기를 몰아서 四八、그물에 가득하매 언덕
으로 끌어내고 앉아서 좋은것은 그릇에 담고
못된 것은 버림같으니 四九、세상끝에도 이렇게
되리니 천사가 와서 의로운자중에서 악한자를
갈아내어 五十、풀무 불에 던지 리니 거긔서
슯비울며 니를 갈리라。五一、이모든것을 깨달았
느냐 하시니 대답하되 깨달앗나이다 하거늘
五二、예수 가르시되 그런고로 천국의 제자

마태복음

된 서기관마다 맞히 집 주인이 그곳간에
서 새 것과 녯 것을 내어 옴과 같으니라。
五三、예수 이 모든 비유를 맞히신 후에
거긔를떠나서 五四、고향으로 돌아가사 저의 회
당에서 가르치시니 사람들이 이상히 녀겨 가
르되「이사람은 이 지혜와 권능을 어듸서 언
었느뇨 五五、이는 목수의 아들이 안이며 그 모
친은 마리아라 하는이가 안이며 그동생들은 야
고보와 요셉과 시몬과 유다가 안이며 五六、그
누의들은 우리와 리웃이 안이냐 그런즉 이사
람이 이 모든것을 어듸서 얻었느뇨」하고 五七、
예수를 싫여버리거늘 예수 가르시되「선지자가
제 고향과 집 외에는 존경함을 받지아님이없
느니라」하시고 五八、거긔서 권능을 많이 행치
아니하심은 저의가 믿지아니함일러라。

第十四章

一、그 때에 분봉왕 헤롯이 예수의 소문을 듣
고 二、그 신하다려 니르되「이는 세례 요한이
죽은 가운데서 일어났으니 그런고로 이 권능

이 그 속에서 운동하도다」하니 三、대개 헤롯
이 그 동생 빌립의 안해 헤로듸아의 일로 요
한을 잡아 결박하야 옥에 가두기는 四、요한이
헤롯에게 말하되「그 녀인을 취하는것이 옳지
않다」함이라。五、헤롯이 죽이려하되 무리를 무
서워하기는 요한을 선지자로 녀김일러니 六、맞
힘 헤롯의 생일이 돌아오매 헤로듸아의 딸이
연석 가운데서 춤을 추어 헤롯을 깃브게 하
니 七、맹서로 허락하되 그 녀자가 무엇을 달
라 하든지 주겠다 하거늘 八、그가 제 어머니
의 시김을 듣고 가르되「세례 요한의 머리를
소반에 담아주소서」하니 九、님군이 근심하나 제
맹서와 연석에 한께 앉은 여러 사람을 인하
야「주라」명하고 十、사람을 보내어 요한을 옥
에서 목 베이어 十一、그 머리를 소반에 담아
다가 그 녀자에게 주니 그가 제 어머니에게로가
져가니라。十二、요한의 제자들이와서 시체를 걷
우어 장사하고 가서 예수께 고하니라。
十三、예수 들으시고 배를 타고 떠나사 따로 들
에가시니 무리들이 듣고 여러 고을로부터 걸어

正誤表 (第三十六號)

頁	段	行	誤	正
三	上	二	흘으는	흐르는
四	同	一八	않이하셨	아니하셨
五	同	五	너히	너의
同	下	八	조흔	좋은
六	上	一	조와	좋아
同	同	九	저히	저의
同	下	九	맞이	맞히
八	上	七	이스라에	이스라엘
八	上	九	차자	찾아
同	同	一六	分別노	分別로
同	下	一〇	않이다	안이다
九	上	一五	比類업는	比類없는
同	同	一九	업고	없고
同	下	二	업시	없이
同	同	八	업는	없는
同	上	一	업시	없이
十	同	五	할수가업	을수가없
同	同	一四	수업는	수없는
同	同	一六	넙설노써	넙술로써
同	同	二	업시	없이
一一	同	一一	주겟나야	주겠느냐
一一	上	一五	안코	않고
同	下	八	느야	느냐
同	同	一五	업는	없는
同	同	一八	한나	하나
同	同	二〇	꺽긋	깨끗
一二	上	六	업다	없다
同	同	八	밤낫	밤낮
同	同	九、一九	조흔	좋은
同	下	同	않께느야	않겠느냐
同	同	一	업서지고	없어지고
同	上	一六	눈물노	눈물로
一三	同	一	받앗슴	받았음
同	同	五	일노써	일로써
同	同	一五	躊躇업시	躊躇없이
同	下	一七	업셨을	없었을
同	同	四	마치고	맞히고
同	同	八	치아는가	지않은가
同	同	同	한가	한갓
同	同	九	로서淺薄	로써淺薄
一四	上	九、十	언던	어떤
同	同	六	노되여	로되여
同	同	同	別노	別로
同	同	七	않안다	안한다
同	同	一〇	가치	같이

正誤表

一四	上	一〇、一三	밧는	받는
同	同	一八	엇잿던	어쨌든
同	同	一九	짓는	짛는重要
同	下	同	句節노	句節로
同	同	四、五	：의게	：에게
同	同	一一	이갓치	이같이
同	同	一九	：말나	：말라
一五	上	五	업슬것	없을것
同	同	三、十一	：의게	：에게
同	同	一九	업시	없이
同	下	四	갓치	같이
一五	同	八、十	업다	없다
一六	上	六	언던	어떤
同	同	七、九、十九	업다	없다
同	同	一八	아늘수	않을수
同	同	一九	消極으	消極은
同	下	二一	實노	實로
同	同	一一	그러치안	그렇지않
同	同	二〇	업는	없는
一七	上	二、六、八、廿、		：없다
同	上	五	가치	같이
一七	下	一一	업지	없이
同	同	一四	노혀	놓여
同	同	一六	흘노서서	흘로서서
同	同	一九	찻난	찾는
一八	上	一三	업스	없으리라
同	同	一四	뜬인	뜻인것은
同	下	八、九	달녀	달려들어
一九	上	一一	빗취여	빛위여
同	同	一八	업시	없이
同	下	九	드러	들어
同	同	一五	불너	붉어
二〇	上	五、十五	업서	없어
同	同	一六	엇지알니	어찌알리
同	同	一九	날노	날로
同	下	六	싸혓어	쌓였어
同	同	一六	마참이언더	맞홈이어떠
二一	上	一四	안할가	않을까
同	同	一五	事實노써	事實로써
同	下	一四	삼는다	삶는다
二二	上	二	함애	하매
同	同	四	써러질때	떨어질때
同	下	一二	그럳다고	그렇다고
二三	上	三、十四	박고며	바꾸며
同	同	八	잇어서	있어서
同	下	五	놋코	놓고
同	同	一三	：이었서	：이어서
二四	上	六	쓴허	끊어
同	同	一七	더희를	저의를
同	同	二〇	갓치	같이
同	下	八	되엿스며	되였으며

二四

城西通信

一九三二年五月廿二日(日曜) 午前은梧柳洞에서삼우엘上을講하고 歸途鷺梁津에下車하야漢江畔 丘山에잇는 六忠臣墓에參拜하다

이몸이죽어가서 무엇이될고하니
봉래산데일봉에 락々장송되여잇어
백설이만건곤할제 독야청々하리라。

고 부르고간지五世紀에 朝鮮은저들의죽엄을充分히알어주엇나 或은將次알것인가。義人의墳墓를裝飾치안는點은 朝鮮人의唯一한美風이라할까、義人이거든朝鮮에날지어다。

한 山間兄弟로부터來書에曰「달마다밧는聖朝誌는 窮僻한山村에홀로와서잇는小弟에게唯一의벗이되나이다。날사이에도別故업시우으로의恩惠중에살줄밋습니다。小弟는 매우苦難中에잇습니다 지난日曜日에는六十老母와한가지로 풀뿌리를캐려갓섯습니다。이것으로肉의糧食에 한도움이될가하야。……이봄은왓스나 絕糧되여春耕을 못하는兄弟가만으며 生活를부지못하고 떠나는이도만습니다。가면그들의가는곳이어대일가?참으로안저보기에甚히민망합니다」云々。五月二十日

二十九日(日曜) 意外의患者가생겻슴으로集會를臨時中止하지아니치못하엿다。三十一日午前中에聖書朝鮮에關한 出版法抵觸으로因하야 警務局圖書課에呼出當하야 始末書를提出함으로써 겨우處刑을免하엿다。

六月五日(日曜) 午后에 욥을講하다。욥의深刻함과高遠함과老大함에比하야 講하는者의少弱함은 北漢山에對立한南山보다도甚함을늣겻다 偉哉욥이여。〇今夜에偶然한機會로 本間俊平氏의講演會잇슴을알고 市內旭町監理敎會에參聽하다。同八日午前八時半부터 本間先生을養正學校에請하야 六百餘名生徒들과함께 約一時間의講話를듯다。靑年의前程에希望을준것과 奉仕的生涯의指針에關하야 多年體驗으로솟아나오는 有力한印象을주어미지안엇다。

九日(木曜) 오래간만에 咸興李啓信君의消息을接하다『……回顧하건대 一九三一年四月廿一日에恩惠로聖書朝鮮誌가突當한以後로今日까지싸힌冊二十七卷이 저의머리겨테잇습니다。再讀三讀한데가大部分이고 쌔에는上熱、高熱도不知하고熱讀耽讀하게되는聖朝誌를밧을쌔마다 참으로感慨無量합니다。저는로마書硏究와山上垂訓硏究를第一만히읽엇습니다。初信者인저로서는 聖書를읽어도解得하기가어려웟습니다。예수가무엇인지?그리스도가무엇인지?聖書를읽어도알수가업섯습니다。그러나至今은聖書를읽으면大意나알게되여잇다고할수잇습니다。읽으면읽을수록참맘興味無盡합니다。每日五章은期於코읽을作定으로하고 或時에는五章以上을한꺼번에읽은때도종々하나이다。……聖朝誌를밧을때마다 저의生命은자랏습니다。一冊보다二冊五冊보다十冊、한冊식더밧을때마다 生命은더長成하엿습니다。一寸인지五尺인지、그는不知하오나 저의靈魂을剌戟함이實로多大하나이다。』云々하다가 彼의病勢가漸快하야 昨年十月以來로 服藥은中止하고 每日二三十分의日光浴도하고 坐食坐讀도할수잇슴을報告하야加禱하야주는兄弟들께衷心으로感謝를表한後에『今番 이病席이안이엇드면 저는基督敎를모르고 그냥亡하엿슬것이올시다。이러고보니 이病席이 여간고마워지지안습니다。하나님아바지께서 저를爲하야 特別한사랑으로 이機會를주신것이라고 저는感謝합니다。요한福音九章三九—四一節은 저의境遇를 들어내는것갓습니다。』하엿다。聖朝誌를通하야 舊新約聖書를알게되고 聖書를熟讀한結果로 三年을加療한後에겨우一日數十分間日光浴을하게되엿다는重患者의게서 如上한歡喜가湧出하게되엿다한다。可謂神奇乎 君의附請에依하야六月十日밤에 살前五章十—廿二節과 찬숑가百五十五章으로써特別祈禱會잇엇다。

六月十二日(日曜)午前中梧柳洞에서舊約工夫。同十九日(日曜)今日은梧柳洞으로부터柳兄의來援이잇서 近日의體驗으로나오는「信仰能力」의干證은 活人洞에모히는 적은羊무리를奬勵함이만앗다。柳兄은廿一日朝에東京을向하야出發하엿다。

二十六日(日曜) 午後二時에詩篇大旨를講하다。槪綱을提示하기에 가장困難한冊이엇다 數日來로聖朝第四十二號의校正又校正。

七月一日(金曜) 聖朝七月號發送。同三日(日曜) 今月부터休暇中은定期集會는中止하다。同十日(日曜) 午前九時에梧柳洞을參訪하고舊約工夫하다。

本誌定價（送料共）

一　冊 拾五錢
六　冊(半年分) 前金八拾錢
十二冊(一年分) 前金一圓五拾錢

要前金。直接注文은振替貯金口座京城一六五九四番(聖書朝鮮社)로

取次販賣所 京城鍾路二丁目九一 朝鮮耶穌敎書會 振替京城四〇八一番

昭和七年七月三十日 印刷
昭和七年八月　一日 發行

京城府外龍江面孔德里一三〇
編輯兼發行人 金 敎 臣

京城府西大門町二丁目一三九
印刷者 金 在 瓛

京城府西大門町二丁目一三九
印刷所 株式會社 基督敎彰文社

京城府外龍江面孔德里活人洞一三〇ノ三
發行所 聖書朝鮮社
振替口座京城一六五九四

『聖書朝鮮』第四十三號　昭和七年八月一日發行(每月一回一日發行)　(定價十五錢)

昭和五年二月二十八日第三種郵便物認可
昭和七年九月一日發行(每月一回一日發行)

聖書朝鮮

第四拾四號

一九三二年 九月一日發行

目次

京城 聖書朝鮮社 發行

患難來

일즉이 깊은煩悶을內心에感한일이없고 밖으로 窮乏과患難이臨한일이없이 平坦하고順調로운生涯를 보내는者가있어 그將來가 또한 그와같은生活의 延長일것이保證된다할진대 余輩는 强혀쓸데없는警鍾을亂打하야 行人의神經을騷亂하게하랴는者가안이다。 대개 健康한者는醫藥을不要함같이 따에滿足한者는 다시 한울을欲心치안일것이오 患難의苦痛이 없는者에게 그리스도가要求되지안일것임을아는故이다

그러나 甚한內的煩悶에괴로운兄弟여 罪의重荷에困疲한兄弟여『와 보라!』그리스도를(요한傳一·四六)。그는『곳 길이오 眞理오 生命이니』라(同一四·六)그리스도의 멍에를 메고 따러가면『너의 마음에 安息을얻을것이니』그 멍에는 쉽고 그 짐은 가볍은까닭이다(馬太一一·二九、三〇)。

前代未聞의大經濟的恐慌과破産의旋風中에被襲되여있는兄弟여 空然히喪氣焦思를일삼지말고 長夢을깨고 現實을直觀하라。『네가 헛된데對하야注目하겠느냐 財物은 맟히 自然히날개가낫어 독수리가 中天으로나는것 같으니라』는箴言은(二三·五)人生의事實이안이었든가。그럼으로『믿을수없는 財物에 所望을두지말고 오직 우리에게 모든것을 厚히주사 누리게하시는 하나님께 所望을두라』는(듸모데前六·一七)使徒의忠告에傾聽할지어다。『대개 헛된것은 사람의救援이니라』(詩六十篇十一節)

不治의病患에呻吟하며 時時로死의威嚇에 떨고섯는친구여 學識과地位와人間모든것의眞價가 病床에서 가장明確하게 들어나지않었든가。『眞實로사람마다 가장 强健한때에도 한숨뿐이로다』라는(詩三十九篇五)詩人의洞察에 秋毫의 에누리있었든가。故舊의慰撫와 모든人間的勢力이란것이 죽엄에直面한者에게對하야 무슨能力을發揮하였든가。『果然낮은者도헛되고 높은者도거짓되매 저울에 달면空虛보다도 가볍도다』(詩六十二篇九)。故로 친구여現實에돌아오라。죽엄을征服한者에게 「와 보라!」。

人間으로낫어 人間特有의煩惱에處하며 貧窮과疾病과患難을當함은 참人間의入門에선것이다。 그자리그대로가 하나님께뵈는至聖所가안인가。다만그리스도와한께하라『患難은忍耐를낳고 忍耐는鍊鍛을낳고 鍊鍛은所望을낳으』리라。患難에處한兄弟여基督에게와서 慰安을얻고能力을얻으라고勸하지안이치못한다

祈禱

張道源

祈禱는 우리의所願成就를 하나님께 祈求하는 일임은勿論이다 故로 祈禱로써 그宗敎의本質을 알수있는것이다 그祈禱하는바가 무엇을祈求하는가를知하야 그宗敎를判定할수있는것이다 病낫기爲하야 祈禱하면 그宗敎는 病을낫게하기爲하야있는宗敎요 장사가 잘되기爲하야祈禱하면 그宗敎는 돈버리를爲하야 있는宗敎다 社會事業을爲하 祈禱하면 그宗敎는 文化事業을爲하야있는宗敎다 靈의生命을爲하야祈禱하면 그宗敎는 靈의生命을爲하야있는宗敎다 사람의일을爲하야祈禱하면 그宗敎는 사람을本位로하고있는宗敎다 하나님의榮光이 萬有에게서 讚頌받으시기를祈禱하면 그宗敎는 하나님을爲하야있는宗敎다

如此히 宗敎는 그祈禱하는바로써 그宗敎의本質을 나타내는것이다 그러면 우리의祈禱하는바가무엇이냐? 即우리는 무엇을爲하야祈禱하느냐? 우리는 우리의祈禱하는바를 살펴서 우리의宗敎가어떠한宗敎인지를 스스로알것이다 肉을爲하야祈禱하느냐? 靈을爲하야祈禱하느냐? 이世上것을爲하야祈禱하느냐? 저나라의것을爲하야祈禱하느냐? 내뜻의成就를爲하야 祈禱하느냐? 하나님의뜻의成就를爲하야祈禱하느냐? 우리는 이것을 살펴서 우리의基督敎가 어떠한宗敎인것을알것이다

예수는祈禱의人이다 恒常凡事에祈禱하셨다 祈禱없이는 한일도스스로行하지못하셨다 그러면 예수께서는 恒常凡事에 무엇을祈禱하셨느냐? 예수는 恒常凡事에서『내뜻대로 마옵시고 아버지의뜻대로하시옵소서』하야 自己의몸과마음과 뜻을 다 하나님께받혀서 自己의全部가 하나님께 占領식히워저서 하나님의뜻대로만 되여지기를祈禱하셨다 우리는 예수의祈禱를보와서 예수의宗敎가 어떠한宗敎인것을알며 예수의宗敎가 어떠한宗敎인것을알아서 또한基督敎祈禱의本領을 알수있는것이다。또한 예수께서 證據하시기를『아들이 아버지의行하신일을 보고行한外에는 아모것도 스스로할수없나니 아버지께서 하시는것은 아들도 또한그와같이行하나니라』하야 어떻게祈禱하야사시는바를 말슴하셨다 예수께서는 때마다 山에가고 들에가서 피땀을 흘이시면서 해

祈禱 二

를지여가면서 祈禱하신것이안이라 恒常凡事에서 하나님의行하시는뜻을 살펴아는일을行하셨다 이것이곳예수의祈禱다 即恒常凡事에서 하나님의뜻을살피는일이 예수의 祈禱였었다 저는凡事에서 하나님의뜻을 알지못하고는 一擧手一投足이라도 自意로行할수없는故로 저는 恒常凡事에祈禱하는사람이었다 그리하야 저는 凡事에서 特別히祈禱할必要를 感하지못하도록 祈禱하는사람이었었다 저는 恒常凡事에祈禱하는사람이었든故로 저는 祈禱가없는사람이었었다。 그런故로 저가萬一 하나님의뜻을 밝히 알지못하거나 或은 實行할能力이 弱할때에는 저는 하나님의뜻이 어대에있는것과 又는 하나님의뜻을 實行할能力을 얻기爲하야 그聖意가 밝히 나타나기까지는 或은山에 或은들에가서 밤을새며 피땀을흘이면서祈禱하셨다

如此히 예수의祈禱는 凡事에서 하나님의뜻을아는일과 그뜻을實行할能力을 얻는일이었었다

이제 우리는 예수의祈禱의精神과 그祈禱의目的行爲를보와서 基督敎가 어떠한宗敎인것을 알수있으며 또한 우리의祈禱의精神과 目的行爲를살펴서 우리의宗敎가 참基督敎이냐? 안이냐? 함을 判斷할수가있는것이다

이제 우리는 예수의祈禱와우리의祈禱를 比較하야보자 우리의祈禱는 먼저自己의뜻으로 무엇이되랴는野心을가지고 하나님을 抑押하야 하나님으로하여금 自己의要求에順從케한다 그리하야 自己의要求대로되면 그祈禱는 能力있는祈禱로서 하나님에게 들런바되였다하고 自己의要求대로 일우어지지아니하면 그祈禱는無力한祈禱로서 하나님이 듣지아니한다하야 예수의祈禱와는正히 反對가되는것이다

또우리는 神秘玄妙한 雰圍氣에 들어가랴고 무릎을꿇고 눈을감고 업대여서 아침부터저녁까지所謂祈禱로써 해를마치는사람을가리처 篤信者라하며 自己自身도 또한이와같은祈禱生活을 할수있는때에 그信仰이 가장健全한生活을하고있는때라고생각한다 하나님의뜻을 알지못함에도不拘하고 又는 하나님의뜻을 實行할能力을 가지지못하에도不拘하고 自己의要求대로祈禱하며 하나님의뜻을 밝히알며 又는 그뜻을實行할能力을가졌음에도不拘하고 그聖意대로 順從하지아니하고 무

릎을꿇고 눈을감고안저서 해가지도록 祈禱만하고있으면 하나님이 어떻게 그祈禱를 들어주시겠느냐? 우리는 凡事에서 하나님의뜻을알아 그뜻대로順從하야 實行하는것이 곳 참祈禱다 우리는 凡事에서 特別히祈禱할必要를 感하지못하리만큼 하나님의뜻을 밝히알며 하나님의뜻을 實行하야 하나님의뜻이 한울에서 일운것같이 땅에서도行하여지는안에서 하나님과交通하야 하나이되여있는祈禱의生活을하고싶으다

祈禱는宗敎的神秘에 들어가랴는것이안이오 祈禱는 信仰의呼吸이다 信仰生活그것이 곳祈禱다 着實平凡한마음으로 언제든지 어떠한場所에서든지 어떠한境遇에서든지 祈禱할수있는것이다 卽 信仰으로써行하면 그일이곳祈禱다 農夫가 田畓을 가는일이나 商人이賣買하는일이나 會社員이 事務보는일이나 勞働者가땅을파는일이나 學者가 著述하는일이나 婦人들이洗濯하고 裁縫하는일이나 다一切凡事가 信仰으로行하면 그일自體가 곳 祈禱인것이다 特히 조용한골房에들어가서 무릎을꿇고 눈을감고 祈禱하지아니하였을지라도 저가 終日토록行한一切凡事를 信仰으로行하였으면 저는 終日토록祈禱한者다 그리하야 祈禱와生活을分離할수없는것이 참 基督信者의祈禱生活이다 萬一信者가 罪를犯하였으면 곳苦痛이오는것이다 이苦痛이곳祈禱다 이祈禱의結果 하나님의뜻을實行함으로써 犯罪의結果로오는 苦痛에서 解放을 받을것이다 그런데 많은信者들은 罪를犯하였을 때에 苦痛이온다 캄캄함이온다 그러나 이캄캄함과苦痛이곳祈禱인일은 經驗하지못한다 그리하야 캄캄함에캄캄함을더하고 苦痛에苦痛을더할뿐이오 祈禱의結果로오는 하나님의뜻의 밝히움과 하나님의뜻을 實行하는일에 나아가지못하는것이다 祈禱가있었으면 하나님의뜻을 밝히아는일과 그뜻을實行할能力이 갖후워졌을것이다 그런故로 祈禱가있은後에는 곳實行이있어야할것이다 實行이없는祈禱는있을수없는것이다

要컨대 基督信者의生活自體가 祈禱가되여서 크리스챤의生活은 祈禱의生活이되여야한다 그리하야 크리스챤의生活全體로써 祈禱하는 祈禱生活이되여야한다。特別한境遇外에는 祈禱의必要를感하지못하리만큼 그生活이祈禱化하여야한다 그렇다고 祈禱하지아니하는所謂信者를 말하는것은아니다 卽그렇다고 祈禱하지아니하는 所謂信者들

祈禱 四

은安心하지말라 너의는 밤을새여가며 피땀을흘이면서 特別祈禱를 많이하여야할지라 하나님의뜻을밝히알기까지는 特別祈禱가必要하니라

特別祈禱라하야 自己催眠狀態를 말하는것이안이며 宗敎的神秘玄妙에 들어가랴는것이안이다

祈禱는 하나님의뜻이 알려지기를 願하는것이오 그뜻을 實行할能力을 求하는것이며 그뜻이 일우워저감을 讚美하는일이다 그런故도 祈禱는 靈의糧食이다 祈禱는 그리스도와의 生命으로의 靈的交通에서 생기는일이다 祈禱는 사람에게서 생기는것이안이오 우에서오는것이다 聖靈이 우에서 祈禱할바를 뵈여주시지아니하시면 사람의게서 基督敎의祈禱는 생기지못하는것이다 即祈禱는 靈의要求다 聖靈의役事가없이는 靈의要求가 있지못하는까닭이다 하나님께對한 靈의要求가 곳祈禱다 靈이 우에서 보고 듣고 받은것이없이는 祈禱가 있을수없는것이다 故로 祈禱하는바가 靈의糧食이되여야한다 即祈禱의內容이 靈을살려야한다 祈禱의世界가 靈으로하야금 自由와滿足을 주는世界가되여야한다 靈의要求에서 祈禱가생기고 祈禱에서 靈의要求를 채워야한다 靈의要求에서 니러나지아니한祈禱、祈禱에서 靈의要求를 채우지못하는祈禱들은 基督敎의 祈禱가안이라 偶像敎의呪文이다 即迷信이오 自己催眠이다。如此히 祈禱는祈禱요 靈은靈이어서는아니된다 祈禱와靈이 하나이되여야한다 祈禱가迷信이되여서는아니된다 自己催眠이되여서는아니된다 祈禱는 靈을살려야하는同時에 또한 靈의自然스러운 生命의躍動이여야한다 祈禱는 靈의要求를 채워주는일인同時에 또한靈의要求를 니르키는일이되며 靈의要求를 더높은데로 끄을어올이는일이되여야한다 祈禱는靈이靈의世界에 들어가서 靈的으로사는 靈의生活이였어야한다

그런故로 靈에서 祈禱하는中에 부닷히는一切事物은 全部靈이었어야한다 即一切事物이 靈에게와서는 靈的으로 부닷혀저야한다 一切人間事變이 靈에게와서는 靈的으로 부닷혀지게하는일이祈禱다 祈禱는信者의靈的生活의總體다

이제 우리는 迷信의祈禱、偶像敎의祈禱에서 떠나 우리의靈을 살려주는 事實의祈禱에돌아가서 우리의生活總體가 祈禱의生活이되게하자 即聖意를밝히아는일 聖意를實行할能力 聖意가行하여저감을讚美하는일들을 祈禱에서 받아서우리生活의總體를삼자。

聖書槪要〔六〕

金 敎 臣

路得記大旨

渾沌하야範圍도없고秩序도없는中에서 偉大無比한宇宙創造의初一行부터起筆한聖書記者의붓은 救濟의書 모세五經을지나 史記여호수아 士師記에이르러도 그雄健하고峻嚴한筆勢에는變調가없었다 想像을超越하는異蹟이안이면 經驗에容納할수없는天變之災가出現하거나 或은征服、復讐、或은專制謀反等等의流血殺戮이 쉴새없이連續되였다。그演出된背景도 海波가안이면沙漠이오 山嶺이안이면曠野에서였다。이스라엘歷史그대로인니까 어찌할수는없으나 聖書읽는者로하여금 맞히層岩絶壁을머리우에처다볼때의不安과 天地를震動하는雷聲霹靂에 몸을가리운것이없는者의두려움이 없음이안이었다。

그런데 이 룻記에이르러서는 그光景이全然히一變하여버렸다。그안에는 戰爭이나殺戮의記事는다시찾을수없고 오직黃熟한田野에서 秋收에손바뿐일꾼들과 그뒤를따러 이삭주어몯으는婦女의一團이悠然한活畵를 이루어있으니 룻記를稱하야 一篇의田園詩라함도 理由없는일은안이다。僅僅히四章으로써되였으나 그文章의優雅함과 그情緒의切切함이 聖書中에도그例가드물다한다。헬몬山과레바논山의峽谷을 左衝右突하면서泡沫을날러든急流가 갈리리湖水에入하야 그明鏡같은湖面에 萬古의平和를 먹음은것처럼 峨嵯峻嶺에서發源한 舊約聖書의大流는 룻記라는小湖에 그氣勢를잠겨버렸다。룻이라는일음좇아 女性의일음그대로書名을지은것이니 名實이一致하게되였다。

룻의일음은 馬太福音첫머리에서 예수의世系中에있는것을 누구든지 잘記憶하는바다。

아브라함이 이삭을낳고……보아스는룻의게서
오벧을낳고 오벧은이새를낳고 이새는다윋을낳
으니라

고(二—六節)한中에있는룻 即다윋의祖上이오 예수의祖上되는룻의一生을記錄한것이 우리의 룻記四章이다。

聖書概要

六

룻記는 士師時代의 이스라엘百姓의一家庭記事이다(一章一)。故로士師記의附錄으로보아도可하며 삼우엘書의序曲으로吟味하여도 不可함이없을것이다。 그內容은簡單하야 벧을레헴住民엘리멜렉이란 猶太人이 그안해나오미와 두아들을다리고 異邦모압地方에流離하였다하니 우리朝鮮에서年年歲歲로經驗하는바 滿洲에流離하는 男負女戴한農民의一家族에 방불하였을것이다。年收가豊吉하였든지 두아들도各其聚妻(모압사람)시겨 네식구든것이여섯식구까지되였었으나 家運이기우려지는形勢는막을道理가없어 壯志를품었든家長엘리멜렉과 두아들까지 他鄕에서永永不歸의客이되고말었다。오직 남은것은寡婦三人！人生의悲哀 이다지甚할법도있을까。可憐한老寡婦나오미는 親戚故舊나의지할가하야故鄕벧을레헴城을向하야떠나니 한며누리寡婦는 나오미의懇切한勸誘를좇아情다운作別後에 親庭으로돌아가고오직 룻만은 죽기를한하고 시어미의뒤를딸어가 猶太나라律法에依하야 그 죽은男편의家督을 닛게하였다는것이 그大綱이다。

自來로春香傳을읽음으로써 男女 눈물을한께뿌리고 沈淸傳을口傳함으로써 老少 讚歎의心琴을맞후어 울려든朝鮮百姓으로서는 貞烈과孝誠을一身에具現한 룻의行蹟을洞察하는感覺이 格別히銳敏함에 階級의別과智愚의差를論할餘地없을것은 차라리當然한일이라할것이다。 그럼으로

……나를勸하야 어머니를 떠나 돌아가고 어머니를 좇지말라 하지마옵소서。어머니가 어디로가시면 나도가고 어머니가 어디서留宿하시면 나도류숙할것이오 어머니의百姓이 내百姓이되며 어머니의 하나님이 내하나님이되리니 어머니가 어느곧에서 죽으시면 나도죽어거긔 장사할지라。오직 여호와를 두고 맹서하노니 죽음 외에는 무엇이든지 우리를서로떠나게 못하리이다。

라는(一章十六、十七節) 룻의決心은 멀리異域에서古代에 일우어진희미한史談이안이오 우리어머니나할머니의事實이거나 或은鄕間에서朝夕에생긴生生한事件으로 肺腑의奧殿을 震動시기지않고는마지안한다。偉哉라烈婦의高貴한氣品이여。

士師時代의社會는 이스라엘歷史上에도 特別히

荒凉하고暗黑하야 貧富와貴賤을勿論하고 거의全部 腐敗하고墮落하였었다。 그러나 바알神에게 무룹꿇지않는者七千人을남기시는여호와께서는 士師時代의이스라엘도 영영저버리시지못하야 社會의表面으로볼때에는 完全히滅亡하게되였든이스라엘도 그社會組成의要素인家庭속에 家庭婦女의心靈속에서 여호와의 聖靈의役事를 끊지않으셨다。

나오미 一家族의記事는 그當時의敬虔한家庭生活의一例로보아 可할것이다。 며누리로서의 룻의奇特한行蹟은더말할것도없거니와 시어미되는 나오미도 히한한敬虔한夫人이였다。 죽은男便을爲하야는 그義理를다하였고 따르는 며누리를爲하야는 그情을다하였고 親族과長老들께對하야는 律法의規例대로順從하였다。 그럼으로 기우러지는自己一家를悲哀의골짝이에서救出하였을뿐더러 家庭으로부터家庭에 이스라엘本來의信仰生活을傳達하야 맞히石灰質地方에地下水가흐르듯하야 드듸어士師時代의暗黑을깨트리고 이스라엘有史以來로가장爀爀한王政時代를産出하며 그家庭의後裔에 信仰의大王다윋을낳고 人類의救主예수를낳았다。 社會의表面이腐敗하였을지라도 家庭의內幕이健全한동안은 그百姓의前途에 多大한希望이없지못함을알수있다 猶太의國家가解體된지 임의오랬고 其他에社會的으로格別한組織이없을지라도 오늘날까지 世界列強에게一大脅威를주면서 그百姓이存續할수있음은 이와같은敬虔한家庭이 숨겨있는까닭이안일까。

룻은本來모압女人이였으나 이스라엘사람과結婚하였다할뿐안이라 救主예수의世系中에班列하게되였다。馬太福音에依하면 예수의世系中에 女人의일음이 둘이있다。 하나는妓生라합이오 하나는룻이다。둘이 다 異邦人으로서 예수의祖上에列하였다고聖書初頭에明記하였으며 特히룻에關하야는 路得記一篇을特設하야 그傳記를 基督敎聖書中에傳하게하였다。 異邦人과의婚姻까지 絕對로禁止하든 律法의傳統으로써比較하야 矛盾이라면 大端한矛盾이다。 聖書記者는 좀더怜悧하게 흠없고티없는 예수의世系를編成할수는없었든가하고 애닯바하리만치 예수의世系는 律法을打破하고 傳統에어그러진것이다。 人間의 좁은생각으로서는 到底히容納할수없는 하나님의失策인듯하다。

그러나 예수의世系는 事實대로記錄한것이오 그대로 하나님은 그獨生子의世系를 滿足히녀기시었다。人名을列記한世系中에서 深奧한福音의原理는 발서 明示하셨다。猶太人된것을자랑하면서 모든異邦人을蔑視하든 베드로의徒黨은啞然自失할것이오 血統을자랑하는門閥이나 敎派를信憑하는敎徒나國敎에依支하든百姓이나 다 한께路得記의存在앞에 깊이反省하여야할것이다。예수는單히猶太人이나 基督敎國民의救主가안이오 또한同時에 異邦人의救主시오 傳統에屬하지않은者와 賤한身分인者와 無識者와 庶子와 貧者에게도 救主되심을 事實로써證明하셨으니 이것이偉大한福音이안인가。基督敎는 한民族뿐이나 한敎派만이獨占할 姑息的宗敎가 決코안이오 抱世界的、抱人類的、抱宇宙的大宗敎이오 全宇宙를主宰하시는 참하나님의啓示의眞理인것이 이러한傳記中에도 確然히 나타나있다。

內容은 極히簡單하나 例와如히分解하면 알에와같다。

一、룻의決心（一・一－二二）

가、엘리멜렉一家의流離（一・一－五）

凶年으로因하야 벧을레헴을 떠나다（一・一）

全家族四人〔엘리멜렉、나오미、말론、길욘〕（一・二）

엘리멜렉의客死（一・三）

二子의娶妻〔오르바、룻〕及死別（一・四－五）

나、나오미의悲痛한歸鄕（一・六－二二）

오르바의離別과 룻의決心（一・六－一七）

마라라〔나오미〕의歸還〔麥秋節〕（一・一八－二二）

二、룻의侍養（二・一－二三）

가、룻의이삭줍기〔遇然히보아스의밭에〕（二・一－一七）

나、善人보아스의厚意（二・一八－二三）

三、룻의家系에對한義務（三・一－四・一二）

가、룻이律法에依하야嗣子얻기를企圖함（三・一－一八）

나、룻과보아스의結婚〔律法的手續〕（四・一－一二）

四、烈婦의報應（四・一三－二二）

가、룻의生男〔오벧〕（四・一三）

나、祝福의노래〔七男보다낫은一婦〕（四・一四－一七）

다、베레스의世系〔다윋까지〕（四・一八－二二）

로마書研究 〔十三〕

牧師 張 道 源

第十四回 유대人의罪戾

第二章十七—二十九節研究

17然而 네가 유대人이라稱하며 律法을恃하며
하나님을자랑하며 18하나님의뜻을알며 律法을
學하야 善惡을分辨하며 19또 네가 스스
로믿기를 소경의길을 引導하는者요 어두은
곧에있는者의빛이오 20미련한者를 가르치는
者요 어린兒孩의先生이오 또한 律法에서 知
識과眞理와의 規模를가진者라하면서 21어찌
하야 다른사람은 가르치고 너는 스스로가
르치지못하느냐? 네가 盜賊질하지말라宣布하
고 너는 盜賊질하며 22네가 姦淫하지말라
말하고 너는 姦淫하며 네가 偶像을미워하
고 너는 神堂物件을 盜賊질하며 23네가律
法을자랑하고 스스로 律法을破하며 하나님
을 輕히녀기느냐? 24대개 記錄한말과같이
하나님의일음이 너의로 말미암아 異邦사람
中에서 誹謗을받는도다

저의는 유대民族으로서 하나님이 特別히 選擇하야 救援하시기로預定하시고 그救援의約束을 가진 選民이라稱하며 저의에게는 하나님께로서 받은바 神聖優秀한律法이있음을恃한다 即律法을 가졌다는條件으로 救援에對하야安心하는者다 이 世上에如何한民族이든지 救援의道理에對하야는盲者다 그러나 우리유대民族은 律法을가졌음으로 救援에對한道理와 하나님의聖意에對한經綸을안다 故로 救援에對하야는 念慮가없다고安心하는者다

또 저의들에게는 저의유대民族을保護하시며 引導하시는 여호와 하나님이 게심을자랑하는者다

저의는 救援에 對한 約束의選民이오 하나님의 直接敎訓인律法을가진百姓이며 絕大萬能의 여호와 하나님의 宗敎를가진民族인것은事實이다 저의는 他民族보다 特異優秀한民族인것은事實이다

그렇다고하야 優秀한特惠의民族인것때문에 도리혀 禍있는民族이되는것은 果然可畏할일이다

또 저의는 特異한恩賜를가진 優秀한民族으로서 他民族은探得할수없는 하나님의聖意를知하는

者이다 때매로 預言者를보내여 宇宙에對한 하나님의 經綸과 人類創造의意義와 人間에게對한 하나님의要求、命令과 人類의將來에對한 하나님의意圖와 人生의最大目的等을가르치어 저의로하여금알게하셧다 又는 저의는 每安息日마다 會堂에서 律法의가르침을 받고 律法의光明에빛우임을받아 事物의是非善惡을辨知하는能力을가진者다 即저의는 하나님의聖意를 認識할能力을가진者요 事物에對하야 是非善惡을 辨知할智力을가진者다

그러하야 저의는 開眼者요 光明中에있는者요 賢者요 成人이다 저의 유대人의눈으로보아서는 異邦人은 소경이오 어두은곧에있는者요 미련한者요 어린兒孩와같은者다 故로 異邦人은 靈魂의소경이라하고 저의는 그를引導하는者라하며 異邦人은 靈界에對하야는 어두은곧에있는者요 저의는 그들의빛이라하며 異邦人은 하나님과사람에게對한道理에對하야는 미련한者요 저의는 그를 가르치는者라하며 異邦人은 宗教的眞理와靈的知識으로는 어린兒孩요 저의는 그들의 先生이라하며 저의는 宗教的眞理와靈的知識을 俱備化한律法의樣式을 가진者로自處한다

옳다 유대民族은 他民族보다優越한點이많이있는民族이다 他民族이 가지지못한 宗教的眞理와靈的知識의俱像化인律法을 가진民族이다 異邦人을 指導할資格이있는民族이다 이는 自他가是認하는바다

그러나 實際上으로는 資格의缺陷을가진者로서 何等의實質을가지지못하였으면서도 스스로自高하야그指導者의高位에 있는줄로 誤想하고있는者다

故로 바울은 二十一節以下에서 저의들의 眞狀을暴露시겨서 저의는 자랑할것이없는것을 자랑하는僞善者임을 攻擊한것이다

너의가 異邦人의先生이오 指導者라고自處하면서 어찌하야 다른사람은 가르치고 너는 스스로 가르치지못하느냐? 남을 가르치는先生의位에있는者는 남을 가르치기前에 먼저 自己가自己를가르치는者가되여야 可한것이안인가? 自己가自己를 가르치지못하면서 남을 가르치는者는 僞善者가안이냐?

그런데 어찌하야 네가 盜賊질하지말라 宣布하고 너는 盜賊질하며 네가 姦淫하지말라 말하고 너는 姦淫하며 네가 偶像을미워하고 너는 神堂物件을 盜賊질하느냐? 네가 律法을자랑하고 스스로 律法을破하며 하나님을 輕히녀기느냐? 그런故로 유대人이라稱하는 名譽스러운 너의의일음이 異邦人中에서 賤히녀김을當하며 하나님 여호와의일음이 誹謗을받는도다

저의는 單只 律法에關한知識으로써 滿足하고 律法으로써 生活化를시겨서 律法化한生活이 저의에게 있지아니함으로 저의들의 生活은 凡凡하야 異邦人과다른것이없다 도리혀 異邦人보다 더卑劣하다 저의들의 卑劣한心理와 律法에違背된行爲를目睹하는異邦人은 저의들의 자랑하는選民의일음을 嘲弄하며 저의들의 하나님 여호와의 일음을 비웃는다 그러하야 저의 모든汚點은 即하나님 여호와의일음을 異邦人앞에서 侮辱하는것이다 하나님의價値를 떠러터리는것이다 即저의 모든 卑劣한心理와 非宗敎的行爲는 하나님 여호와自身에 侮辱을돌리는일이다

(註、二十二節에 偶像을미워하고 神堂物件을盜賊질한다함은 當時의유대人들이 異邦人의偶像崇拜를 미워하면서 偶像堂殿에있는 備品獻物等을竊取하며 又는 自己가 竊取하지아니하였을지라도 此種의贓物을 賣買하는일에從事하는惡風이유대人中에流行함으로 이일로因하야 유대人의名譽가異邦人中에서 많은侮辱과誹謗을받었든것이다)

25네가 律法을行한즉 割禮가有益하고 萬一律
法을犯한즉 네割禮가 割禮를받지아니함이되
나니 26그런故로 割禮를 받지아니한者도 律
法의義를 지키면 그割禮를 받지아니한것을
割禮를 받은것과같이 녀길것이안이냐?
27또한 本來割禮를받지아니한者가 律法을完全
히지키면 儀文을알며 割禮를받고도 律法을
破하는너를 判斷치아니하겠느냐?
28대개 外貌로 유대人되는것이 유대人이안이
오 外貌로 肉體에割禮를받는것이 割禮가안
이라
29오직 속으로 유대人되는것이 유대人이며 또

한 割禮는 靈에있고 儀文에있지아니하니 마음의割禮가 참割禮라 그칭찬 받음이 사람으로 말미암지아니하고 다만 하나님께로부터오나니라

유대人은 律法을가진者요 割禮를받은者라는 理由로써 將來의메시야王國에 無念들어가리라고自信한다 教法師가 그렇게믿고 그렇게가르치며 또한 百姓은 그렇게배우고 그렇게믿는것이다

유대人은 肉體의割禮그것으로써 사람이 하나님앞에 義롭다함을받는 唯一의功業이라고믿었다

그리하야 유대人은 그外的徵相인割禮에執着하야 그象徵의內的인 割禮의眞意義를忘却한것이다 割禮는 유대人의靈的聖別을 象徵하는外形的區別이다 割禮의本質은 象徵인割禮에있지아니하고 宗教的靈的生活에있다 即割禮의本體는 肉에있지아니하고 靈에있다 故로 割禮는 律法을完全히行하야 律法이生活化하고 生活이律法化하야 여호와宗教의律法的生活을 完全히하는者에게있어서비로소有意味한것이다 따러서 여호와의律法을 完全히實行하지아니하는者에게있어서는 그肉體의割禮를받은 유대人이라도 割禮없는異邦人과 조금도 다를것이없다 故로 割禮의價値는 割禮그일自體에있지아니하고 割禮의本質인靈的生活에있다 即割禮는 律法恪守의外的象徵이다 故로律法을行한즉 割禮가有益하고 萬一律法을犯한즉 割禮가割禮를받지아니함이된다 即律法을犯한割禮者는 받서割禮가없는者와같하야 그肉體의割禮가 쓸데없는것이된다 割禮의價値는 律法의精神과一致함에있다 割禮는 律法의實行을 前提로하고있는約束이다 그리하야 律法을行하는일은 割禮보다도 훨신價値있는일이다 그런즉 割禮없는異邦人이라도 良心으로써 律法에命한바義를行한즉 그사람의義가 律法의義를 가지지못한유대人의割禮보다 훨신價値있는것이된다 그런故로 割禮를받지아니한者도 律法의義를 지키면 그割禮를받지아니한것을 割禮를받은것과같이녀길것이안이냐? 又는 生來로割禮를받지아니한者가 律法을完全히지키면 律法의規文을알며 割禮를받고도 律法을犯하는 너를審判할資格이 있지아니하겠느냐? 律法의約束으로 割禮를行하게하신 하나님앞에서 萬人이 그

行한대로審判을 받을때에 너의들의 儀文과割禮가 무슨效力이 있겠느냐? 그때에 肉體의割禮를 자랑하든 너의 부끄러움이 割禮없는異邦人앞에서 얼마나 크겠느냐?

그런故로 外貌로 유대人되는것이 유대人이안이오 外貌도 肉體에割禮를받는것이 割禮가안이다 即肉體의血統과 國籍으로써 유대人되는것이 유대人의자랑이안이오 유대人의 자랑하는바는 하나님의 特別한選民임에있다 하나님이 유대民族을 特別히選民으로擇定하신것은 律法의義로의約束으로된것이다 그런故로 律法의外的儀文말고 內的精神에適合한宗敎的生活을하는者가참選民이다 即속으로 유대人되는것이 眞正한유대人이며 마음을다하고 性品을다하야 하나님여호와를 사랑하는것이 眞正한割禮다(申命記三十장六절)眞正한割禮는 儀文에있지아니하고靈에있다 肉體에있지아니하고 마음에있다(申命記十장十六절、예레미야四장四절)律法의精神을 속에품고 마음에사기는것이 唯一의眞正한割禮다(예레미야三十一장三十三절)

儀文의規定을따러行하는 割禮가眞正한割禮가안이오 聖神으로말미암아 그儀文의眞精神을잡아서 自己의生命으로하는 宗敎生活이 眞正한意味의割禮다 바울이二十九節에서 割禮는儀文에있지아니하고靈에있다함은 律法을外的으로는 잘지키나 內的으로는 직히지아니하는儀文의일을말하는것이다 象徵이나 規式이나 儀文의全體의價値가 그本體本質의目的精神에있다고하면 그象徵이나 規式이나 儀文에서 그目的精神이 除去되는때에는 規式 儀文그自身으로서는 無效한空文으로만남아있지아니하겠느냐?

그런故로 그賞讚은 사람의外貌만보고 그마음속은볼수없는 人間의認定에서 求하지아니하고 사람의 마음속까지를 뚫고보시는 하나님께 맡길것이다 사람의賞讚은 거즛되나 하나님의 賞讚은 참되시나니라

以上論述中 十七ㅡ二十四節까지는 유대人의 자랑하는것이 實質은없이自高하야 僞善을行하는罪惡임을指摘하고 二十五절以下는 律法은가졌으나 行하지아니하는유대人을 律法은없으나 良心으로써 律法의義를行하는異邦人과比하야저의를責한것이다

바울의信仰論

牧師 張道源

바울의基督敎에있어서 中心問題는 信仰이다 저의基督敎는 信仰을中心으로하고 經驗된宗敎다故로 바울의基督敎에서 信仰을 빼여놓으면 저의基督敎는空인것이다 即바울의基督敎는 그리스도를 믿는일을 中心으로하고있는宗敎다

그러면 바울의所謂信仰이라는것은 무엇이냐? 우리는 그信仰의內容을 分明히 알지아니하고는 저의 基督敎를 알지못한다 바울의基督敎를正解하랴면 바울의信仰觀을 完全히理解하여야할것이다

使徒時代에있어서 信仰을 基督敎의中心問題로한者는 獨히 바울뿐만안이라 모든使徒들이 다信仰의必要를力說한것이다 그러나 信仰이라는말은 다 같은말이나 그使用하는바內容의意義에있어서는 各各다르게使用된것이다 이는 저의가 各各맛본바 宗敎的經驗이各各相異한까닭이다

그런故로 新約聖書中에있는信仰이란말을 다同一한意義로取扱하야 解釋할時에는 原著者의本意를誤解할念慮가있다 그런故로 新約聖書中에使用되여있는 信仰에對한思想을 同一한것으로解釋하여서는 크게 그릇된것이다

이에 바울의 말하는바信仰이란것은 當時의다른使徒들이 말하는바信仰과는 그趣意가 大端히다른것이다 當時의유대人의社會에있어서 一般사람들이觀念하는바 所謂信仰은 敎理에對한智的理解와承認과同一한意味로使用되여있는것이다

假令『하나님을 믿는다』하면 이는 하나님의存在에對하야 何等의異議없이 確實히承認하는것을意味하는것이다 即그事實에對하야 智的判斷의結果 疑心없이是認하는것을信仰이라고한것이다

即當時의使徒中에있어서 유대派의思想을代表한야고보의信仰觀을 보건대 이와同樣의信仰觀이었었다 야고보書二章十九節에『네가 하나님께서 오직 한분이신줄을 믿으니 잘하는도다 사귀들도 또한 믿고 떠느니라』하야 唯一神의存在를 承認함을指하야 하나님을 믿는다고한것이다 如此

히 當時의 유대人들은 智的理解와承認을 信仰이라고한것이다

또 히부리書記者의信仰觀도 亦是야고보와類似한것이다 히부리書十一章一節에『믿음은 바라는것들의實狀이오 보지못하는것들의證據라』하야信仰의定義를下한것이다 如此한解釋에依하면 信仰은純全히智的心理作用이였고 사람에게서起하는것이다 야고보書一章六節로八節까지를읽으면 그것은 普通解釋하는 宗敎心理作用이다 如此히 使徒時代의유대人社會에서 觀念하고있는 所謂信仰에對한思想은 宗敎的心理作用과 敎理에對한智的承認을信仰이라고稱한것이다 그런故로 信仰即敎理承認이有할지라도 그에相伴한行爲가없으면 죽은信仰이라고한것이다 그런故로 當時使徒들中에있어서 信仰이救援의絶對條件이안이오 信仰은救援에至하는 한條件에不過하다고主張하는者가多有하야 行爲가없는信仰은 죽은信仰이라고 主張하는者도있으며 割禮가없는者에게는 信仰이無效라고主張하는者도있으며 律法을完全히行하지아니하면 救援을얻지못한다고主張하는者도있었든것이다 如此히 當時의유대人들는 하나님의 말슴하신바誡命과 그約束하신일은 眞實한것이라고 異議없이承認하면 이것을信仰이라고하였다 今日에도 오히려 基督敎界에서 敎理承認과 未來에對한宗敎的心理作用을하고있으면 이것을 훌륭한信仰이라고稱하고있다

그러나 바울의 信仰이란것은 獨特한意義가 있는것으로서 當時의一般信徒들이 觀念하고있는바 유대風의思想과는 大端히 그本質을 달이한것이다

바울의말하는바 信仰이란것은 예수 그리스도自身을 먹고 마셔서 예수 그리스도와 一體融合이되야 예수 그리스도가 곳 나의生命이되여서 從來의我는죽어버리고 내안에 예수그리스도로되는 새創造의 새사람이 살아있어서 이것이 그리스도自身을 生命으로하고 사는 生活全體를 말하는것이다 이것이 바울의 主張하는바 信仰이란것이다(갈二장二十ㅣ갈六장十四ㅣ十五、로마六장六ㅣ고린도후十三장五ㅣ參考)

바울이 말하는바信仰 即그리스도를 믿는다는

것은 그리스도의屬性과事業을 疑心없이 承認하는것을意味하는것이안이다 그리스도의 全人格的內在를말하야 저가 그리스도와 一致融合되여있는 痛切한親密의活事實을 意味하는것이다 即지금내가 肉體가운대에서사는것이 내가사는것이안이오 그리스도가 내안에 있어서사는것이라는 宗敎的活事實을 信仰이라고한것이다」

바울의 所謂信仰은 내가 肉體안에 있어서 사는것이 내가 사는것이안이오 그리스도가 내안에 있어서 사는것인즉 從來의 녯나는 죽어없어저버리고 그리스도로因하야 새로 創造함을받은 新生我가 誕生된것이다 即다시말하면 從來의 녯내가 나의生命이되지못하고 그리스도自身이 나의生命이되여서 그의게로브터 새로운 살러움을 받는것이다 그러면 크리스챤은 누구든지 다 그리스도의 內在의新事實로因하야 새로살리움을받는 新創造의것이다(롬六장一―十二)

그런故로 바울의 信仰觀에對하야는 바울에게있어서 經驗된것과같이 이것을宗敎的生活에서 實驗體得한者가안이면 누구든지 이에는 同意共鳴하지못하는것이다 即바울이 말하는바 信仰은그리스도의屬性이나 事業을論議하야 智的으로承認하는것을말하는것이안이오 그리스도의 全人格이內住하야있는 새로운實在로서 人生의生活內面을支配하고있는 산事實을말하는것이다

바울의 信仰觀으로보면 信仰이 있는者는 自己안에 그리스도가 全人格的으로臨在하야 있음을 가진者이다 그러하야 저는 그리스도의게로서 살리움을받아 사는者인것이다 그런故로 저의一切行爲는 그리스도의게로서 살리움을 받아서動하는者일것이다 그런故로 저의 一切行爲는 眞理의常道에 넘어가지아니할것이며 不美不潔에 迷惑되지아니할것이다 故로 信仰이 있는者는罪를犯하지아니한다고 바울이主張한것이다 信仰이 있는者의良心은 倫理와道德안에있지아니하고 그리스도안에있어서 저의 良心과 그리스도의靈의命하는바가一致하야 저는 倫理道德의人이안이오 그리스도의人이다 外部의 習慣이나 風俗이나 禮儀나 律例나 誡律로써 言語行動의取할바를 定하는것이안이오 內部에 있어서 살려주는生命의

(그리스도自身)自律로써 그言語行動을決定하는者이다 바울이「信仰의人은 律法에서 完全히解放되야 自由하는者라」함은 如斯히 外的習慣과 客觀的標準인 律例나 誡律에支配되야 있지아니하고 自己가 自身을 다스리는바의 主觀的內在의生命으로써 自身을律하는것을意味한것이다 故로바울의 倫理觀은 全然自律的이오 他律的이안이다 그러면 바울은 倫理와道德에서 自由하는者라하야 何等의 自身을誡律하는 標準이나 主義가없는者나? 하면 決斷코 그렇지아니하다 다만저의 行動을誡律하는標準은 內在的生命의自律에있고 外部的倫理道德의 習慣이나 律例에있지아니한것이다 그런故로 저는 良心의尊嚴을 더욱確立하야 그一切行爲가 良心的生命이되게한것이다

그런데 當時의 사람들中에 바울의 信仰論의深奧妙味를 充分히 깨닫지못하고 誤解하야 저는 律法을否定하고 제마음대로 放縱無度의亂倫生活을하는者라고 速斷하는者가 많이 있었든것이다 特히 第二世紀에至하야는 바울의 信仰論을 如此히 誤解하는者가 더욱 많았었든것이다

바울의 信仰論은 如此히 神秘深奧한것인故로當時의 많은 사람들은 洞察力의缺乏과 自己의淺薄한經驗에만 붙잡혀서 바울의 信仰思想을 洞察하지못하였다 故로 바울은 當時의信者들間에있어서도 많은 同情과同感을 얻지못하였다

바울의게서 直接受敎한者中에도 바울의 信仰觀을 正解한者가 極히少數의人이었었다 其外의大多數의人은 自己의게쉽게理解되는 當時의 通俗的流行인 유대敎的基督敎를取한것이다

當時의 유대人社會에 있어서는 基督敎內에도유대敎思想의 내암새가 充分히 있었든것이다

如此한 當時에處하야 유대敎의傳統思想과는 全然히 關聯을 끊어버리고 革命的으로『人類의救援에는 律法이何等의效能이없다』하야 律法은 全然否定하고 律法에서는 完全히 解放自由하야『人類의救援에는 오직 信仰만이라』고하는 바울의主張에對하야는 當時基督敎社會에서 相當한危險視가있었든것이다 그때 使徒團中에는 律法을全然否定하고 信仰만을高調하는 바울의思想은 더욱 信者로하여금 惡에引導하야 亂倫敗德의生活

을 奬勵하는것이라고 甚히 憂慮하는 유대敎傳統思想의 머이를 벗지못한者가많이있었든것이다 故로 바울의 信仰觀을 危險視하야 此와反對思想인 유대派의 야고보流의見解 即律法實行으로써 救援의必要條件으로看做하는思想이 實行上에 有益한것이라고 判定하고 大衆을 律法的基督敎로 引導하야 모라넣은것이다 그結果當時의大多數의基督敎徒는 基督敎로써 律法을嚴守함에있다고解한것이다 基督敎로써 律法을嚴守함에있다고解하는일은 初代基督敎內에있어서 一般으로通하여지는 意見으로서 第二世紀末까지는 바울과요한이를 除한外에는 누구든지 此에對하야는異議가없었든것이라하야도 過言이안이다

今日의基督敎界에 있어서도 信仰만을主張하는것은 危險한思想이라고 警戒하는者가 많이있으며 敎理와信條의承認으로되는 敎會員을否定하고그리스도의內住로 사람을 살리는 宗敎的生命의산事實을主張하는것은 敎會를破하는일이라고 危險視하야 絶對防止에努力하고있는者가 많이있음을 우리는目見하는바이다

如此히 初代의基督敎界에있어서 바울의 信仰觀이 異端視 或은危險視를當하고 있었든것이다 유대的律法宗敎의 傳統思想에서 解放을받지못한저의에게 있어서는 異端視 又는危險視하는것은當然한일이다 옳다 유대的律法宗敎思想에서 解放을받지못한 저의에게 있어서는 바울의 信仰觀이分明히異端이다 即傳統이없는 分明한 새것이다유대的律法宗敎의思想으로는 絶對理解되지못하는思想이다 純全히 다른宗敎經驗의思想이다

以上에論함과같이 바울의 信仰觀은 當時의信徒들의 信仰思想과는 그趣意를 아주달이한것이다

(1) 내가 그리스도와한께 十定架에못박혔나니그런즉 내가산것이안이오 내안에그리스도께서산것이라。이제내가肉體가운데사는것이 하나님의아들을믿음으로 사는것이니 그는나를사랑하사 나를爲하야몸을바리신지라。

(2) 그러나내게는 오직우리주예수그리스도의十字架밖에 자랑할것이決斷코없으니 그리스도로말미암아世上이나를向하야 十字架에못박히고 내가世上을向하야 또한그러하니라。

서좇거늘 十四、예수 나오샤 허다한무리를 보시
고 불상히녀기사 그중에있는 병인을 고처주시
니라。十五、저녁이 되매 제자들이 나아와 가르
되「이곧은 뷘 들이오 때도 저물었으니 무리
들을 보내여 마을에 들어가 먹을것을 사 먹
게 하소서」十六、예수 가르시되「갈것 없다 너
의가 먹을것을 주어라」하신대 十七、제자들이가
르되「여긔 떡 다섯개와 물고기 두 마리만있
나이다」하니 十八、가르시되「내게 가저오라」하
시고 十九、무리를 명하야 풀에 앉히시고 떡다
섯개와 물고기두 마리를 가지시고 한울을 우
러러 축사하시고 떡을 떠어 제자를 주시매 제
자들이 무리들에게 주니 二十、다 배불이 먹고
부스럭이를 주은 것이 열두 광주리에 차고
二一、먹은 사람은 녀인과 어린 아이 밧에 오
천명이나되더라。
二二、예수께서 무리들을 보내랴고 즉시 제자
들을 재촉하사 배를타고 앞서 건너편으로 가
게 하시고 二三、무러들을 보낸후에 예수 따로
산에 올아가 기도하시고 저녁이 되매 거긔서
혼자 게시더니 二四、배가 바다가운데 있어 물
결에 요동함은 바람이 거슬림이라 二五、밤 사
경에 예수 바다 우로 걸어서 제자들에게 오
시니 二六、제자들이 바다 우로 걸어오심을 보
고 놀라 가르되 요물이라하며 무서워하야 소
리지르거늘 二七、예수 즉시 니르시되「안심하라
내니 두려워말라」하신대 二八、베드로가 대답하
야 가르되「주여 만일 주시어든 나를 명하야
물 우로 오라. 하소서」한대 二九、「오라」하시니
베드로가 배에서 나려 예수께 가랴고 물 우
로 걸어가다가 三十、바람을 보고 무서워 빠저
가매 불어 가르되「주여 나를 구원하소서」하
니 三一、예수 즉시 손을 내밀어 붙잡으시며 가
르시되「적게 믿는자여 웨 의심하였느냐」하시고
三二、배에 오르시매 바람이 그치는지라 三三、배
에 있는 사람들이 예수께 절하며 가르되「진
실로 하나님의 아들이로소이다」하더라。
三四、건너가사 게네사렛 따에 니르신대 三五、
그곧 사람들이 예수신줄을 알고 사방에 보내
어 몯은 병든 사람을 예수께 데려오니 三六、

저의가 다만 예수의 옷가이라도 만지기를 간
구하야 만지는자는 다 낫더라。

第十五章

一、그 때에 바리새교인과 서기관들이 예루살
렘으로부터 예수께 나아와 가르되 二、「선생님의
제자들이 먹을 때에 손을 씻지아니하야 장로
의 유전한 말을 어찌 범하느뇨」하거늘 三、대
답하야 가르시되「너의는 어찌 너의 유전한 말
을 인하야 하나님의 계명을 범하느뇨 四、하나
님이 니르셨으되『네 부모를 공경하라』하시고
또 니르셨으되『아비나 어미를 훼방하는 자는
반듯이 죽이리라』하였거늘 五、오직 너의는 가
르되 누구든지 아비에게나 어미에게 말하되『내
가 부모에게 들여 유익하게 할것을 하나님께
들였다』한즉 六、그 부모를 공경할 것이 없다
하야 너의 유전한 말로 하나님의 말슴을 폐
함이니라。七、외식하는자들아 이사야가 너의를 가
르처 말한 것이 옳도다 닐었으되
八、이 백성들이 닙술로는 나를 공경하되 마
음으로는 나를 멀리하도다 九、다만 사람의명
한 것으로 도를 삼아 가르치니 헛되히 나
를 경배하는 것이라。」
하시니라 十、예수 무리를 불어 니르시되「듣고
깨달으라 十一、닙에 들어가는 것은 사람을 더
럽게 하지못하되 닙에서 나오는 것이 사람을
더럽게 하느니라」。十二、이에 제자들이 나아와 가
르되「바리새교인들이 이 말슴을 듣고 싫어함
을 알으시나이까」。十三、예수 대답하야 가르시되
「나무마다 내 천부께서 심으시지아니한 것은 뽑
힐것이니 十四、그냥 두어라 저의는 소경이 되
여 인도하는자니 만일 소경이 소경을 인도하
면 둘이 다 구덩이에 빠지리라」하신대 十五、
베드로가 대답하야 가르되「이 비유를 우리에
게 가르처주옵소서」十六、예수 가르시되「너의들
이 아직도 깨닫지못하느냐 十七、닙으로 들어가
는 것은 배로 들어가서 뒤로 내어버리
는줄을 아지못하느냐 十八、닙에서 나오는 것은
마음에서 나오나니 이 것이 사람을 더럽게 할
지라。十九、대개 마음에서 나오는 것은 악한생

각과 살인과 간음과 음란과 도적질과 거짓증
거와 비방이니 二十、이런 것이 다 사람을 더
럽게 하는 것이오 오직 손을 씻지않고 먹는
것은 사람을 더럽게 하지못하느니라」。
二一、또 예수거긔서 나가사 두로와 시돈 지
경에 들어가시니 二二、가나안 녀인 하나이 그
지경에서 나와서 소리 질러 가르되「주 다윗
의 자손이어 나를 불상히 녀기소서 내 딸이
흉악히 사귀를 들렸나이다」。二三、예수 한 말슴
도 대답지아니하시니 제자들이 와서 청하야 말
하되「그 녀인이 우리 뒤에서 소리를 지르오
니 보내소서」二四、예수 대답하야 가르시되「나
를 다른데 보내신 것이안이라 이스라엘 집에
잃어버린 양에게 보내심이라」하신대 二五、녀인
이 와서」예수께 절하며 가르되「주여 저를도
으소서」하거늘 二六、대답하야 가르시되「아이들
의 떡을 취하야 개게 던짐이 맞당치않다」하
시니 二七、녀인이 가르되「주여 옳소이다 마는
개도 제 주인의 상 앞에 떠러지는 부스럭이
를 먹나이다」하니 二八、그제야 예수 대답하야
가르시되「녀인아 네 믿음이 크도다 네 소원
대로 되리라」하시니 그시로부터 그의 딸이 낫
으니라。
二九、예수 거긔서 떠나사 갈릴리 바다 갓가
히 니르러 산에 올나가 거긔 앉으시니 三十、
허다한 무리가 예수께 나아올새 안진방이와 소
경과 벙어리와 상한자와 또 다른 병든자 여
럿을 데리고 와서 예수의 발 앞에 두매 고
처주시니 三一、벙어리가 말하고 상한자가 낫고
안진방이가 걸으며 소경이 보는 것을 무리가
보고 긔이히 녀기어 영화를 이스라엘의 하나
님께 돌려보내더라。
三二、예수 제자를 불어 가르시되「무리가 나
와 한께 있은지 사흘에 먹을것이 없으니 내
가 민망하도다 길에서 곤비할가하야 굶겨 보
내지 못하겠노라」三三、제자들이 가르되「들에있
으니 우리가 어듸서 이런 무리의 배부를만큼
떡을 얻으리이까」三四、예수 가르시되「너의게떡
이 몇 덩이나 있느냐」가르되「닐곱 덩이와 적
은 생선 두어 마리가 있나이다」三五、예수께서

무리를 명하야 따에 앉히시고 三六、떡 닐곱덩
이와 그 생선을 가지사 사례하시고 떼어 제
자에게 주시니 제자들이 무리들에게 주매 三七、
다 배 블이 먹고 남은 부스러기를 주은 것
이 닐곱 바구미에 차고 三八、먹은자가 녀인과
아이외에 사천인일러라 三九、예수께서 무리들을
흩으시고 배에 오르사 마가단 지경에 니르시
니라。

第十六章

一、바리새교인과 사두개교인들이 와서 예수를
시험하야 한울로부터 날아나는 징조 보이기를
청하니 二、예수 대답하야 가르시되「너의가 저
녁에 한울이 붉으면 날이 개겠다 하고 三、일
은 아침에 한울이 붉고 흐리면 오날은 날이
굿겠다 하나니 너의가 천기는 어떠한지 분별
하면서 때의 징조는 분별치 못하는도다。四、악
하고 음란한 세대가 징조를 보고저하나 요나
의 징조 밖에는 보일 징조가 없느니라」하시
고 떠나가시다。

五、제자들이 건너 편에 니를 때에 떡을 가
저오기를 니젔더니 六、예수 니르시되「바리새교
인과 사두개교인의 누룩을 삼가막으라」하신대
七、제자들이 서로 의론하야 가르되「이는 떡을
가저오지아님이로다」하거늘 八、예수 알으시고 가
르시되「적게 믿는자들아 어찌 떡이 없음으로
서로 의론하느냐。九、너의가 아직도 깨닫지 못
하느냐 떡 다섯 덩이로 오천 사람을 먹이고
주은 것이 몇 광주리며 十、떡 닐곱덩이로 사
천 사람을 먹이고 주은 것이 몇 바구미를 생
각지 못하느냐 十一、어찌 내 말한것이 떡을
위함이 안인줄을 깨닫지못하느냐 오직 바리새
교인과 사두개교인의 누룩을 삼가라」하시니
十二、그제야 제자들이 떡의 누룩이 안이오바
리새교인과 사두개교인의교훈을 삼가라고 말슴
하신줄을 깨닫더라。

十三、예수께서 가이사랴 빌립보 지경에 니르
러 제자들에게 물어 가르시되「사람들이 인자
를 뉘라하드냐」하시니 十四、가르되「더러는 세
레 요한이라 하고 더러는 엘리야라 하고 또

正誤表 (第三十七號)

頁	段	行	誤	正
二五	上	一一	完全한겄이	完全한것이
同	同	一八	없엇다	없었다
同	下	五、七	生起	생기
同	同	七、八	잇는	있는
同	同	十九	가졋서	가져어
同	同	二〇	몯하야	못하야
二六	上	一六、一八	도려오라	돌아오라
同	下	二	머리둘곳이	―곧이
同	同	一三	나자지랴는	낮아지랴는
同	同	一九	도라와	돌아와
二七	下	四	엇기爲	얻기爲
二八	上	三、一九	업는、업다	없는、없다
同	同	四	하였어는	하야서는
同	同	六	이마에다코	―닿고
同	同	七	同族의게	―에게
同	下	一、四	않일、않이	안일、안이
同	同	一二	뮈워하야	미워하야
二九	上	一一	난거춧말노	는거춧말로
同	同	一三、二〇	엇지	어찌
同	同	一六	없엇든	없었든
同	同	一七	끚일것	끝일것
同	同	二〇	차지셧나있가	찾으셨나이까
二九	下	一	있서야	있어야
同	同	同	나있가	나이까
同	同	四	차저온	찾어온
同	同	一一	은듬이	으뜸이
同	同	一六	드르라	들으라
同	同	一八	니라키려왓	일으키려왔
三〇	上	九、十	바리고	버리고
同	同	一〇	차지리라	찾으리라
同	同	二〇	아닐수	않을수
同	下	七	嶺頂로	嶺頂으로
三一	上	一	헐된	헛된
同	同	六、九	줄노	줄로
同	同	一九	일었으되	잃었으되
同	下	六、七	달니	달리
同	同	八、九、十	아니오	안이오
同	同	一〇	한가	한갓
三二	上	四	엇고도	얻고도
同	同	七	깊흠이	깊음이
同	同	一二	업시	없이
同	同	一五	이김음	이김은
同	同	二〇	乾燥한듣	―한듯
三三	上	一〇	몯하였다	못―
同	同	一一	엇거나、몰앗·	었거나、몰았
同	同	一二	아니다。	안이다。

正誤表

三三	下	九	뭇하엿엇다	못하였었다
同	同	一九	알냐면	알랴면
三四	上	四	갓가운	갓가운
同	下	二	이렇다	이렇다
同	同	一五、一七、	업는、업다	없──
三五	上	八	百姓이	百姓의
同	同	一七	덜이사히	터의사이
同	下	九	맷친열매	맺힌──
同	同	九、十、十一、十三	아니	안이
同	同	二〇	못하나니라	못하느니라
三七	上	二	좇치며	쫓으며
同	同	一〇	굿세게	굳세게
同	下	一四	듯고	듣고
三八	上	一	한가	한갓
同	下	八	알여	알려
三九	上	四	못하난고로	못하는고로
同	同	七	차지나	찾으나
同	同	二〇	왓는지	왔는지
四〇	上	三、五	열여	열려
同	同	四	완弄物	玩弄物
同	下	十二、十四	듯고	듣고
同	同	一、三	줄노안다	줄로안다
四一	上	七	넋시	넋이

二四

四一	上	一四	틀임	틀림
同	同	一五	맛쳤다。	맞혔다。
同	下	一〇	엇덯게	어떻게
同	同	一五	엇덩學者	어떤──
同	同	一八	서섰을	섰었을
同	同	二〇	그렇치	그렇지
四二	上	四	듯는둥	듣는둥
同	同	一八	일홈아래	일음알에
同	下	一四	않임이않이다。	아님이안이다。
同	同	一九	흘너왔음	흘어왔음
四三	上	九	權威일가	權威일까
同	下	三	마치	맞히
同	同	一一	이약이	이야기
同	同	一七	돌노치라	돌로치라
四四	上	一三	저들에國家	저의들의──
同	同	一六	歷史다할만	歷史라할만
四五	上	一六	요림을	요람을
四六	上	二、七、十一	아덜	아들
同	下	一五	드러니	들이니
四七	下	二	바치여	받히어
同	同	五	달니使用	달리──
同	同	一五	몰으나	모르나
同	同	一六	工夫하겟고	──하겠고

城西通信

○濟州島某敎會의某氏로부터 振替口座로先金三十錢을拂込하고서 聖書朝鮮誌二卷을注文한일이잇엇다。 그注文書의쯧에曰「…萬一信用잇게付送만하면 압흐로만히讀者가니러날줄로밋슴니다」라고。이「信用잇게」云云의쯧은무엇을指稱함인지未詳하엿으나 필경 三十錢을橫領하는일업시 先金바든대로現品을無違送付하라는뜻인듯하엿다。 이解釋에틀림이업다면 이注文書를바든事務員이 한동안感慨無量한姿態에 빠젓을것도 틀림업는事實이엇다。 聖書朝鮮을向하야 奇拔한思想이나深遠한研究의發表를注文한다면 그는모르거니와「一金參拾錢也」에 「信用」을云謂한다함은 이 무슨因緣으로선가? 그러나號를거듭하기 四十四回에 聖朝誌가 朝鮮에서바든待接은 이것에 지난것이업엇다。

이처럼 周到細心한注文者가잇는反面에어떤이는 매우投機的魂膽(?)을 發揮한듯하야或은一年分或은數年分을先金拂込하는이도잇으나 一 過大한先金은 오히려重荷가된다。聖朝社의「信用」이란것이 그러케多大한것이안이니 于先一年分以內의先金을拂込하여두면設或次號부터廢刊되는境遇에라도 그만한金額은還償될것이다。

○信用問題가낫으니말이지만 過去數年間에聖朝社는 만흔詐欺를當하엿다。 예수그리스도의祝福으로써始作하고 「아멘」으로써매즌親翰으로써購讀하기를請하여노코도 나종에는誌代를拂込치안엇을뿐인가 友誼外지喪失하게된일이 한두번만이안이엇다。特히聖書朝鮮을評價하야 오직眞理와生命을本位로하고잇는唯一無二의聖誌云々하든일수록 그발굼치로차는일이猛烈하엿다。

○近來에或時誌代의割引을要求하는讀者도잇다。農村의窮乏한實狀을報告함을보고는 그慘景에 가슴이쓰러오르는때가非一非再하더貧者에게 갑업시福音전하는일을 切願하면서聖朝誌는 함부로割引도못하며 함부로無代配付도못함에는如左한理由가잇다。실상聖朝誌는 그發刊하는일보다 分配하는일에 적잔케苦心한다。

(1)이런性質의雜誌는 時代의尖端을行하는것을자랑하는刊行物과달라 古本이라고無際限割引할理由를發見치못한다。할만한程度外지는 미리考慮告示한다。特殊取扱이업시一般讀者에게公平히 또事務를簡單히하고저한다

(2)現在의本誌定價十五錢은 그印刷實費의約三分一도못된다。이것도비싸다는이는購讀을中止하는수박게업다。物品의評價는 그所用하는이의必要의度에比例한다。

(3)貧者의倨慢은 富者의傲慢만치 그만치可憎한것이다。時代의風潮에따러 所謂基督者中에도 自己의貧困의理由로써 倨慢無禮를敢行하야마지안는者가種々잇다。 自己의貧乏은棟梁가치뵈고 聖朝誌發刊갓흔것은易々한일로안다。寄稿의勞를分擔하는이잇는外에는本誌의表紙가變色한以來로 本誌는完全히獨立無援으로 그달이잇는줄아나來月이잇을줄모르는處地에섯다。主그리스도압헤는 無益한종이 다만할일을함뿐이나(哥前九•十六)사람압페는輕蔑을當하기를願치안한다(同十五)

(4)願컨대本誌는「읽는」이에게「必要」한이에게만傳達하고저한다。이目的을達하기爲하야여러가지方法을試驗하여보앗으나 亦是親疎의別이업시 先金拂込으로自進請求하는이에게보내는수박게업엇다。今後如此實行。

(5)바울은 그書翰으로서는重하고 힘이잇으나 對面한즉 그體容이弱하고 시원치안타는것을當時의信徒들게批評밧엇다(고後十章十)라스킨氏도 讀者와面談하는것과 親友에게著書를읽히는일의無益함을 일즉이말하엿다한다。하물며余輩와가튼未熟한記錄을親友들께自進勸薦함은 괴로운일이다、故로一樣으로要求하는대로만 發送키로하니願恕諒

○前號에 上半期의正誤表를完結하라하엿으나 한글誤植이過多하야 一月號一卷에치만싯게되엿다。以下連號正誤次。正確하기를期하면서 校正미다五六回以上을通讀하것만亦是그모낭이다。事實은그러면서도 淡然히「聖朝誌는誤植이만타」는評을밧을때는 그冷情한態度에立腹치안는때가업다。願컨대誤植을云謂할때는 頁、段、行을明記指摘하야 그親切味를보이라。正確을期하라는心情을協贊하라

○七月末外지勤勞하고서 八月一日부터發熱하야數日間病席에누엇다。能律의點으로는말할것도업는魯鈍한馱馬이나 저쎤으로는 힘썻할일을다하다가 疲勞重積하야臥病하니體溫器에身熱은올라보이나 가슴에넘처흐르는것은感謝뿐이다。 願컨대 小人이閑居하야不善을行하는일이업시 無爲無用한細胞分裂만하다가朝鮮的還甲宴을設하는醜態를보이기前에 勞働場에서쓰흘러다가써숙러지기를。願컨대 하루밧비世上을써나서 그리스도와한께잇기를。이것이最善한일이다(빌립一章二三)

人類二十億中에 正確한意味로써健康한者라는것은極小數뿐이다。온人類가實狀은거의全部病者다。그런데自己몸이病床에누운때에라야 비로소數만흔患者、即全人類을向하야참다운同情의萠芽를본다。余輩가튼利己主義者요鈍感者에게는實驗이안이고는敎訓이업다大患은업엇으나每年二三次式 똑가튼모냥으로 疲勞의熱病이來襲하야 나를참人間의同類에歸還시키어주시니感謝又讚頌。

讀者의「聖書朝鮮」觀

(孤島에잇는未見讀者의 私信의一節이나 自他의鑑으로 全文을玆에揭한다)

(前畧)朝鮮에잇어서의聖書朝鮮의存在에對하야는 聖書朝鮮을읽어볼수록 그存在價値를無限히認定하나이다。信仰生命에불타는者 참된信仰生命에불타는 他自我에接할때 어찌同感치안으며 참된信仰을求하야마지안는者 어찌참된信仰의烽火를든者를바라볼때 仰慕치안으리이까? 同感이잇을때 共鳴이잇나니 참된信仰의횃불을든者를바라볼때 어찌敎派를무르며 敎會의안과박을云々하리이까 眞情한意味에잇어서 예수의生命、眞理道를學하기願하며 그것으로自我의生命을삼으려는者라면 모ㅡ든것이問題안될줄로나는생각하나이다。그러나世人은그러치아니하야敎派에막히고敎會라는境界線에막히어 往々히참된信仰家、참된예수의사람을저버리는일이만토다。嗚呼라現代의信者란 信仰을議論만하는者요 敎派의相異를分別하거나敎會의안과박을論하기에奔走하도다。그리하야참된靈의부르지짐이朝鮮의北에서南에서 東에서西에서들려오되 그부르지짐에 귀를기우려들으려하기前에 먼저敎派의國境、敎會의境界線을論하며 그人物의模樣을論하기에奔走하도다。그래서異端者라는名碑、無敎會主義者라는看板을걸머지워서基督敎信仰의世界에서하로밧비埋葬하기에汲々하여잇지안습니까? 이點에서보아 聖書朝鮮이밧는受難도 아마도적은種類의것이안이라고推測되나이다。그러나이모든苦難을通하야聖書朝鮮이수준히자라고잇는것만은慶賀를마지안는바이올시다。그리고압흐로所信대로의發展이잇기를祈禱하나이다。

朝鮮에잇어서의基督敎信仰運動은 이제부터라고미더짐니다。過去量的運動의形態를버리고 質的運動의第一段에발을들여노흔지 이미時間上으로얼마되지안으나 確然한事實만큼은認定치아니치못하겟다하노이다。이質的運動의一役割에擔當한것이 聖書朝鮮이라고나는미더짐니다。

나는밋음니다。그리스도의救援은敎會안에도잇고 박에도잇는것이라고。現代所謂敎會中心의宗敎家들은敎會를偶像化식히는일에만汲々하야 참된信仰의生命잇는集團體로의自由의境域을만들려는데에는 아주盲目的이엿고 오직敎會안에만 예수의救援이잇는것으로固執하는弊端에흘러잇읍니다。

또敎會의一員이되엿어聖靈의불에옴직이어敎會의不徹底한點이라든가 또는改造할點을痛論하는者有하면 발서無敎會主義나異端者라고名碑를붓치어排斥해바리고 마라버림니다。嗚呼라暗黑이머리를들고 光明은그빗을일헛으니罪惡이마음대로의行勢를演出하는現時代로소이다。

一便으로또한가지좀可惜한것은 참된信仰에옴직여지는信仰家라하야 若干의敎會의缺點이나 冷却한程度 더나아가指導者層의不徹底를發見한다면 곳無敎會主義니 敎會否定이니하야 信仰團體로서의敎會를否定하는데이르러바려서中間의溝渠만이커지는點이만치안은가하나이다 이點에잇어 이러한現實을明析하게統察하고 分岐에선信仰朝鮮을統率하야正當히指導할人物을要求한다고 나는미더지나이다。

여러가지點에잇어서 저는聖書朝鮮을向하야기다리는바가 퍽만타고생각하면서 간절히祈禱하나이다。

仁川灣德積島 ○○○

本誌定價(送料共)

一 冊 拾五錢
六 冊(半年分) 前金八拾錢
十二冊(一年分) 前金一圓五拾錢

要前金。直接注文은振替貯金口座京城一六五九四番(聖書朝鮮社)로

取次販賣所 京城鍾路二丁目九一 朝鮮耶穌敎書會 振替京城四〇八一番

昭和七年 八月三十日 印刷
昭和七年 九月 一日 發行

京城府外龍江面孔德里一三〇
編輯兼發行人 金敎臣

京城府西大門町二丁目一三九
印刷者 金在瓛

京城府西大門町二丁目一三九
印刷所 株式會社 基督敎彰文社

京城府外龍江面孔德里活人洞一三〇ノ三
發行所 聖書朝鮮社
振替口座京城一六五九四

昭和五年二月二十八日 第三種郵便物認可
昭和七年十月一日發行 (每月一回一日發行)

聖書朝鮮

第四拾五號

一九三二年 十月一日發行

目次

京城 聖書朝鮮社 發行

友人에게 告함

「無友不如己者」라는 敎訓을한번받은後로 나의切實한恐怖의하나은 交友의困難을念慮하는일이었다。萬一世人이 이러한聖賢의敎訓을 正確하게實行한다면 余輩와같이淺識不德한者는 一平生한사람의친구도얻을수없을것이無疑한故이다。或은現在余輩에게는 事實一人의친구도없는지모른다。그러나 當幸히 너른世上에는 이러한賢訓을文字대로履行치않는이도있는듯하야 少數이지만 德에높고 學에깊은이로서도余輩와같은者에게友誼를許하려하며 特히 「聖書朝鮮」을通하야 그리스도의十字架에서 友誼를交換할수있게된일은 나의過去의杞憂를一掃하였을뿐안이라 이少數의友人이야말로 나의地上生涯의全所有요全榮光이오全慰勞이다。基督을爲하야近親에게바림이되고 信仰으로因하야敎會의嘲弄꺼리가될때에 地上에서힘될것은 오직 이少數友人의洞察이있을뿐이다。친구들아 余輩의冷情함을責하기前에 于先余輩의周圍를살펴보라 余輩는決코 友誼를輕視하여도可한處地에있는者가안이다。

그러나實際로余輩는友誼에甚히冷薄한者인것을自認치아니치못하니 이것이悲痛한事實이다。친구들은前月의友誼、年前의友誼、或은十年前의友情으로써對할때에도 余輩에게는月前의友誼를記憶지못할뿐인가、昨日까지의自我를信賴하지못한다。나는每日自己를向하야絶交를宣言하는者요 每月聖朝誌를發送할때는絶緣狀을보내는심으로投送하지안이치못한다。實로悲痛한일이나 어찌수없이한다。先月까지의贊同者가今月에도協同者일것을 余輩는期待치안한다。余輩는聖句를解釋할때에 友人의信仰에調和식히며 社會에및을影響을考慮할餘裕가없다。다만標的을向하야發射하여볼뿐이다。그러고 놀라는것은 이렇게하여도달이가고 해가지난後에 絶緣되지아니한친구數人이 남는일이다。나는 이일을異蹟으로驚嘆한다。今後로도 余輩는 나自身을向하야、또敬愛하는親友兄姉를向하야 가장苛酷한絶緣狀을連發하려한다。願컨대 이일을行함에勇敢하고眞實하기를。또한願컨대 絶緣狀으로도 끊어지지않는友誼를、眞理로맺어진友情을、그리스도의十字架에달린友誼만을 保全하여주시기를。友情에厚하지못한者인것을 이에通告한다。

信仰은何者뇨?

張道源

基督敎의信仰이란것은 基督敎의敎理를 理解納得하거나 信條를承認하는일은안이다 基督敎의信仰이란것은 그리스도自身을受納하야들이는일이다 即 하나님이 그리스도로써 人間의안에 새로創造한 새生命이다 故로 信仰은 하나님의일이오 하나님의것이다 信仰은 사람에게서생기는 宗敎心으로의運動이안이오 우으로부터 새로지으심을받은 새生命이다 사람의宗敎心에서起하는 絕對者에게對한信賴가안이오 人間의게서는 絕對로생길수없는 새創造의 새로운人間事實이다

信仰은 하나님과 사람과의共同作業의結合이안이오 全然 하나님便에서만行하야 사람에게있게되는새創造의새事實이다 即사람이 하나님을 信賴함에 하나님이 저를 사랑하시며 붇잡아주시는、至誠이면感天의格으로 되는일이안이다 絕對하나님便에서만 自己의聖意대로行하시는일이다

信仰은 그리스도自身이 우리안에 사시는 새로운實在다 信仰은所謂그리스도와의 神秘的交通이안이오 그리스도自身이 우리안에臨在하야있는새實在로서 우리의生活內面을支配하시는事實이다 信仰은 그리스도自身이 人間안에內住하야 人間을 새로살려줄때에 人間은 새로살리움을받아그리스도自身의內住로써 生命으로하고 사는生活이다。即그리스도自身이 우리의안에臨在하야 우리의生命이 되여주시는일이信仰이다。

그리스도自身이 우리안에臨하야 우리의生命이되여주시지아니하시면 基督敎信仰은 우리에게 있어지지아니한다 基督敎의信仰은 그리스도自身을가지는일이다 故로 그리스도自身을所有하야 信仰이있고 그리스도自身을 所有하지못하야 信仰은없는것이다 如此히 信仰은 사람의게서 생길수있는性質의것이안이오 全然히 딴世界의것으로서 새로 받아야만 있게되는것이다

예수를 믿는다는것은 우리人間이 그리스도自身을받아서 在來의人間生活의原則대로말고 다른새로운生活原則으로사는것을말하는것이다 即在來의나는죽고 그리스도自身이 내안에와서 살아서

내가사는일을말하는것이다(갈나듸아二장二十절)

우리는肉으로하고 그리스도는靈으로하며 우리는죽엄으로하고 그리스도는生命으로하며 우리는罪로하고 예수는眞理로하야 每日當面하는 事事件々에서 우리는敗亡하고 예수는興盛하며 우리의일은 깨트려지고 그리스도의일만이일우워가는일을 原則으로하고 사는生活을稱하야 예수를믿는다고하는것이다

또 우리에게 信仰이 있게되는것은 聖神으로말미암아 되는일이다 絶對우리에게 있을수없는信仰이 우리에게 있게되는일은 聖神으로因하야그리스도가 우리의안에內住되는것이다 聖神의役事로 말미암지아니하고는 그리스도의內住가 決斷코있을수없는것이다 聖神은 眞理의神이니 그리스도가 우리에게 주시는神이다 이神은 그리스도를 우리안에居하게하시는神이오 그리스도를證據하시는神이며 그리스도안에있는眞理를 알게하시는神이다 이聖神의役事가없이는 그리스도의內住를가지는者가없으며 이聖神의證據가없이는 그리스도안에있는眞理를아는者가없다

信仰은何者뇨 二

即그리스도自身을 經驗하는데에는 聖神으로써만되는것이다 聖經을硏究함으로써되는것도안이오先輩의信仰經驗의書籍을넑음으로써되는것도안이오敎會에熱心으로出席하야 敎會의儀式과禮文을 敬虔한마음으로지키며 恩惠있는先生의說敎를 들음으로써되는것도안이오 다만 聖神의役事로써 個人의心靈안에 그리스도를 나타냄으로써 그리스도를經驗하게되는것이다

如此히 사람이 聖經으로도안이오 讀書로도안이오 說敎로도안이오 敎會의出入으로도안이오 다만 聖神의役事로써 나타내는바 그리스도經驗에튼튼히서서 그리스도를 아는信仰이다

그리하야 그리스찬은 그리스도로써 새로살리움을받는 그리스도經驗으로써 人生의一切生活을살리는生活을하는者이다 即그리스도로써 自己의一切生活을 살리는者다 故로信仰은 各各個人이그리스도와의 直接산經驗에있는것이오 사람의傳統에있는것이안이며 制度에있는것이안이다

故로信仰에는 그리스도自身이要求되며 聖神役事의도으심이要求되는것이다

나의信仰

柳錫東

恒常聖書를읽고 祈禱를하며 벗과만나면의레히 信仰의이약이를하고 서로勸勉의祈禱를하며 또가ㅣ끔 雜誌에信仰의글을쓰고 書信을쓰면의레히「主안에있는兄이여」하고부르면서 지금새삼스럽게무슨『나의信仰』이냐고하는 非難이있을넌지모르나 近日、나는 내自身의生活態度에對하야 느끼고생각하는바있음으로 내自身의모든것의源動力이되는「나의信仰」에對하야 自然히 쓰자는衝動이생긴다。 또外部에對하야는 나의信仰 即나의生活의動向如何를모르고 다만過去의交友關係로 나를容納하는悲劇이일어나있음을念慮하야 나의信仰을率直하게말하고자한다。最近에나는어떤信仰의벗과 아주立場이다름을알게된 쓰라린經驗을가졌다。그벗은十七年동안信仰生活을하여왔고 未久에그方面에大活動을展開할人士이다。또數個月前부터 日本靈界의人物로써 定評이있는一燈園의西田天香氏、神人의일카름을받는本間俊平氏가 朝鮮에와 웨치난데對하야 나는微微한一個書生이지마는 朝鮮사람으로서 나의信仰을 宣言할義務를느낀다。

여기에「나의信仰」이라는것은 바울의信仰이안이고 루터의信仰이안이고 우리몃々同志의信仰이안이고 또所謂無教會一派云云하는그一派의信仰이안이고 나라는存在를가진一個人의信仰이요 또나의過去의信仰이안이고 나의未來의信仰이안이고지금살고있는 나의現在의信仰이다。

福音書를읽으면 예수가 나를좇으라할때 아무말없이 即時 어떤兒孩와같이 모든것을다버리고 純眞하게좇는弟子들의態度가 甚히마암을이끈다。나도 저렇게되엿으면하는것이 恒常 나의所願이었다。聖書의記事뿐안이라 나의周圍에는 예수의말을듣자 곳예수를따른벗들이많이있고 그들은이世上의有利한條件을積極的으로버리고 信仰의길을勇士와같이걷는다。몃知人들은나보다 훨신後에聖書를읽이始作하고서도 예수를積極的으로따러가고있다果然「앞선者뒤되고 뒤선者앞된다」나의마음이아니탈수없었다。나亦예수그리스도를따르랴고甚히애썼다。世上을十字架에걸고 그가주는永遠의生命만

나의信仰 四

을얻으랴고힘것精進하였다。이것도좋고저것도좋으나나를救援하고 朝鮮을救援하는것은 예수그리스도뿐이니 이것을꼭잡아야겠다고 아침저녁브르지졌다。지금過去를回顧하면 거긔에는 생각만하기에도 견대지못할失敗의자최가 歷歷히나타나나 그慘敗속에도 예수를믿자하는努力만은뵈인다。우수운일이지마는 예수를求하랴고 四五日斷食한때도二次나있었다。잠을못자고 새벽까지 들에彷徨한때도있었다。聖書를읽어感激한結果 많은사람도不顧하고 大聲痛哭한때도있었다。그러나 그러나다헛된努力이었다。失敗가全部를덮어눌렀다。畢竟에는求하는마음까지없어졌다。글자대로의 暗黑속에잠기게되였다。단테가 人生中途에 어두운수풀속에 헤매인다고하더니 나는生理學上으로보와 가장生長의絕頂에達하랴는때 野心과希望이 中天까지떠올아야만할때 悲哀의골짝에파묻이게되였다。正히人生의破船이었다。信仰의覆船이었다。생각하고求하는것만은 人生의最後까지 가지게된다하며이것이있기때문에 人生의價值가있다는 그것까지도없어지게되였다。人生의水平線下에떠러저버렸다 사람의形相만을가진 人間이었다。말하자면 空氣빠진공이었다。옛날에教室에서 選擇의自由라는倫理學講義를들은적이있는대 이것은나에게는 因緣없는말이되였다。死보다더凶惡한狀態이라까 아、나는산송장이었다。四面이暗黑이고 上下가暗黑이고 中心이暗黑이었다。이때意外에 예수그리스도가 나타나 나의이 불상한者를 굴어다니고안었다。나는아니안갈수없었고 아니끌려갈수없었다。막다른골목에다다른나로서 意志이니 理性이니찾을餘裕가없는 짓밟힌나로서는 나타난예수그리스도안례밖에갈수가없었다。이것이나의信仰을가지게된길이다故로 나는믿으랴하야 따를랴하야 믿고따른것이안이라 四方의길이막히여 하는수없이 예수안례왔다。지금亦 딴되길이열리기만열리면 달어날作定이다。故로 일측이내가羨慕하든 積極的信仰 即第一좋은니까 信仰한다는態度、나의周圍에있는靈的勇士들이 가지고있는信仰에對하야 나의信仰은消極的이다。싫지마는 하는수없어서 말하자면이두저두할수없어 조밥을먹는格이다。그렇다 나의信仰은 消極的信仰이다。徹底한消極的信仰이다。

이것은나의生活의根本이고 나의思想의根本이다。따러나의全立場이다。 따러나의生命이다。 여기를떨때 나와는 모든것이틀린다。

數日前에 信仰과行爲에對하야 某先輩가쓴글속에「信仰은 하나님에對하야 行爲는사람에게對하야」라는말이있었다。나는하나님、사랑、을標準하야 信仰、行爲를輕快하게說明하는 그態度를大端히不滿히녁였다。 信仰과行爲! 이는基督敎의試驗石이라할만큼 큰問題이며 바울이 싸우고 오가스틴이 싸우고 루터가 싸운것이다。 消極的信仰을가진나는 이兩關係를어찌생각하며 實際어떠한生活을하고있나。이兩關係를論함은 即 나의消極的信仰의說明이고 나의生活의告白이다。하나님에게는信仰 사람에게는行爲하고 區別하는그마음의平穩과 그理性의움지김에對하야 한便훌륭하고나하는느낌이나면서도 나의信仰과는判然다른것이고聖書가가르치는眞理와는 어긋나는것은事實이다。하는수없어 예수그리스도를믿게된나는 하나님에게는 어떠하고 사람에게는어떠하자는 그러한心的平穩이없다。만약그러하였드면 나는 예수그리스도안에 올必要가없었다。지금이瞬間이라도 그러한態度로가게되면 나는지금선이立場에서 떠나고자한다。마지막살길이 예수 그리스도이여 나는지금있는이곧에있는것이다。예수 그리스도가全部이다。아침부터 저녁까지 예수 그리스도이고 하나님에對하야나 사람에게對하야나 예수그리스도이다。예수 그리스도가 나의義고 나의聖이고 나의知이고 나의生命이다。行爲的生活、道德的生活、努力的生活、信仰的生活에서 破船을當한나는 지금 예수 그리스도안에서 겨우숨쉬고살고있다 불상하기 짝이없는狀況이지마는 나로서는 어이할수없는事實이다。 바울 이 信仰으로 信仰에이른다 恩寵으로 恩寵에이른다 하는것은 나는이러한것인줄믿는다。「예수그리스도十무엇」은 不信의態度인줄로안다。나에게對하야는 예수그리스도뿐이다。예수그리스도있기때문에 나는지금 살고있고 보고있고 듣고있고 생각하고있고 걷고있다。行爲如何는 발서 나에게는問題가아니된다。나의品性如何、道德如何、行爲如何를 親切하게겨정하는분은 지금하나님右便에살아게신 예수그리

나의信仰

스도안에가 묻기를바란다。 그러면 聖書가 너의 이立場 너의이態度를 支持하느냐고 묻는人士가 있을지어다。聖書全部가 이를證明한다고 나는大膽히對答한다 舊約이 그러하고 더구나新約이그러하다。福音書에쓴 예수의說話와 行蹟、또그가 處女마리아에게나서 十字架에걸리어 三日만에復活한事實이 이를가르치고 書翰에나타난 바울以下의記者들의證明이 이를明示한다。疑心이나거든 마음을가다듬어 冷靜히 聖書를읽어보기를바란다 萬人을罪人이라 斷定한聖書가 이러한길以外것을 가르칠理가없고 全部의全部를期待하는 하나님이 이러한길以外것을 取할理가없다。人生은 平面的으로立體的으로 다만예수그리스도뿐이다。故로나에게對하야는 行動云云하는것은 不信의짓이다。 내自身이 어떠한物件인줄을 알지못하는 認識不足의짓이다。그러나 암만信仰이라하여서 行動이 없어서는하고 念慮스럽게 묻는人士가있을지어다 나는다시對答하고자한다。行動이어떠니하니 당신은 그만큼 自由가 있는사람이고 나는自由가없는 틈이없는 예수그리스도에 억매인奴隷임으로 그忠告는 虛事이고 도로혀 나의마음을憤나게한다고。나는電線에不過하다。그릇에不過하다。이것을 明白히 알어주기를바란다。

六

다음에自然問題가되는것은 道德과行動의最高水準을表示하는 十誡와 山上垂訓에對하야다。나는 이誡命을 神聖한것이라고생각하고 사람의子女로써의레히 지켜야만하는것으로믿는同時에 이것은발서 예수그리스도의 十字架로말미암어 없어진것이라고믿는다。따러 이誡命은 나를束縛하지아니한다。나는이誡命을超越하야 自由스럽게걷고있다 이것이 만약 나를죽음이라도 拘束하면 나는예수그리스도를믿지아니한다。예수그리스도는 발서 이誡命을 一字一劃도아니남겨놓고 지키어 十字架밑에밟어버렸다。예수그리스도가온後 誡命의世界는 사라지고 恩寵과眞理의 世界가出現하였다 누가다시 이것은하나님의말슴이니 또예수그리스도의말슴이니 지키라고 말하라는가 나는이를不信의짓이라고한다。十字架를無視하는冒瀆의짓이라고한다。나는自由의아들이다。十字架로因하야 道德世界以上의길을걷고있는 예수그리스도의奴隷이다。새生命에있끌리고있는 靈의아들이다。天國의百姓이다。그러면 나에게對하야 十誡와山上垂訓의必要가 없지는아니한가하고 묻는분이있을것이다。나는성낸다。君은必要不必要 以上 以外에嚴然히存在하여있는 한世上을보지못하는近視眼이라고。지금이誡命이 가지고있는洗禮요한의使命은말아니하고 다만 예수그리스도를믿는者에게對하야의使命을 생각하랴한다。나는이誡命을 사랑의선물로안다。하나님이 人類에게 준戀文으로안다。일쪽이 米國民主詩人 호이트맨 이 少年이가지고온 풀넢사귀를 하나님의우리에게준片紙라고 불은적이있는대 이誡命이야말로 即 聖書야말로하나님이 人類에게준 가장아름답고 좋은片紙인줄안다。故로 여긔에는必要 不必要를超越한 사랑의電波가일어날뿐이다。나는 聖書를읽을때 가슴이탐을늣긴다。나의生命은 그말을좇아 이리뛰고저리뛰고한다。正히 이生命의노래이다。詩人이「꿀보다더단律法」이라고노래하였난대 나는이誡命을眞理로 아니사랑할수없다。不可避의 나의마음의衝動이다。君이여 이世界를 亦君은必要 不必要道德、不道德의態度로 헤아리랴고하는고。君이여저리로가라。前에 나는몇信仰의벗들과같이 서로聖書에對한熱이없음을 이약이한적이있다。그런대때가와서예수그리스도의게 알리게된後로는 異常하게 내自身亦그理由를모르는대 聖書가나에게 飮食以上의것이되였다。이것이없으면 살수없이되였다。山上垂訓같이 嚴格한 사람의아들로써 견댈수없는것도 어느덧 나의노래로되였다。果然무서운變化다。나는이것을 예수그리스도가나의救主이고 그의말이 生命있는能力이니 그러하다고밖에說明할수없다。

지금 나는 나의消極的信仰에對하야 써왔는대이것을 一言으로表示하면 나는오직 예수그리스도의 功勞로써 지금살고있다는것 即그로부터오는 生命을받고있다는것이다。全혀被動的이다。이나의態度는 여러가지問題에對하야도나타나게된다나는萬人救濟을 確信하고있다。내便에아무條件없이 다만恩寵으로써 救援을받은나는 이世上에救援을받지못할사람을 想像할수없다。있다하면 나하나뿐일터이다。나의이말을謙遜의말로 取扱하는

나와信仰

사람은 예수그리스도의十字架의眞理를잡어보지못한사람이고 그의義와聖이그대로 우리의것이되는것을體驗치못한사람이다。생각하여보라 自己便에무슨救援을받을條件이있나 다만恩寵때문이안인가 이것이事實이라면 信仰有無를勿論하고 救援을받을것은 明白치아니한가 그러나 聖書에信仰있는者만이 救援을받는다고있지아니하냐고 그렇다。그렇게있다。그러나 同時에萬人이다 救濟받는다는節句도있다。다시君이말하는그信仰은 어떠한信仰인가。君은아침부터 저녁까지 祈禱를하고 勞働을하고 사람을爲하야 일을하고 또其他무엇무엇을하고 예수그리스도를따르기爲히야 이것도버리고 저것도버리었다하는 그信仰인가 아 말을그치자。나는萬人救濟를 自然히 생각하게아니되는信仰은 예수그리스도의十字架를 無視하는 至極히不信의것이라고斷言한다。또다시 君은君만救援을받고서 安然히있을수있는가。君의父母가 君의妻子가救援을받지아니하여도 君만信仰으로써 救援을받으면 그만인가。木石이안인사람으로서는그렇지아니할것이다。나는率直히말한다。信仰이있는나만이 救援을받는다하면 나는지금대번 信仰을버리고 君이말하는 一般의不信의徒와같이 滅亡의길을걸겠다。君은 다시물을것이다。그러면 아니믿으면어떠냐고 아 君이여 나는아니믿어도그만이면아니믿었다고。갈길없어서하는수없어서 믿었다고 처음부터 말을아니하였나。아니믿어도살수있는사람은幸福이고 나는不幸히 이믿지않을수없는길을밟게되였네。最後에不信者는 어면方式으로 救援을받게되느냐고물을터이니 이할수없는罪人까지도 完全히救援하시는하나님은 반듯이 우리理性이헤아릴수없는 奧妙한方法으로써 救援할것이다。그러한程度以上의것을 念慮하지말고 다만참信仰가지기를 힘쓸지어다。

八

消極的信仰을가진나는 聖靈에對하야도 獨特한要求를아니한다。普通사람으로써 누구든지다받을수있는 普遍的聖靈을받기를願하고 나안테만오고다른사람안테는 갈수없는聖靈은 나는求하지를아니하고 그것은一種의貪欲으로 생각한다。예수그리스도를알게된것 그이가아니면 살수가없게된것을 예수그리스도가 하나님께 나의知와 義와 聖

과 贖이됨을믿게된것을 나는 第一큰 聖靈의役事로생각한다。每日내가예수그리스도를 바라보고 사는것은 聖靈이 내속에서 움지김이다。내가힘써서 決心을하여서는 到底히아니되는일이다。또 聖書를 하나님의말로알고 그것을全部믿는것도이 聖靈의일인줄안다。또自然과人生에對한興味가일어나며 그속에 하나님의길을찾는것도 聖靈이 움지김인줄안다。人類사이에 일어난일로써 옛날부터 지금까지의 몯은것은 다우리의關心事가되여 그속에眞理를찾는것은 또한聖靈의일인줄안다。健全한常識은 聖靈이내려야만얻을수있는것이다。故로이러한常識을無視하고 무슨非常한 힘을期待하는것은 나는 聖靈을冒瀆하는것으로알고 不信의짓으로안다。듣건대 聖靈이내릴터이니하고 藏書를全部 태워버린迷信의徒가있다한다。나는希臘語를배우랴면 펜데코스트의聖靈의來臨을求하기보다 나의마음을가다듬어 其語의初步冊을읽겠다。나는汽車를타랴면 時間을聖靈의指示로알기보다 時間表를보겠다。나에게對하야는 萬般事가다 하나님뜻에 움지기고있는줄로앎음으로 그萬般事에對한正確한理解는 聖靈의힘이아니면 알수없는줄알고 또 그것을充分이使用함은 聖靈이 가르치는바로안다。그러나 내가 第一切實이늦기든것은 全人類의救主로난 예수그리스도를믿고 罪에서버서나 그안에살수있는者가되는 能力을주는聖靈의 來臨이다。其他는있으면 勿論좋거니와 없어도 그다지 恨嘆은아니된다。

다음에 祈禱는나의信仰生活의脈膊이고呼吸이다 예수그리스도를바라보고 그의게나의全部을던지어버리는것은 即나의祈禱이다。아침일즉이 고요한房속에서 하나님하고붙으는것은 또一刻을다투어일을하는勞働가운데에 하나님하나님하고 맡겨버리는것은 또自然속에엎대여 마음속에파묻혀있는모든秘密을吐露함은 또때때로 信仰의벗과 만나서로하나님께 靈魂을기우림은 얼마나질거웁고얼마나아름다운것이뇨。예수그리스도와一體가된 하나님의아들이 그아버지와만나는곧이다。그러나나는 祈禱自體가나를救하며 나에게能力을준다고는아니생각한다。하나님의恩寵으로써 나에게必要한것을다아시여 내가求하지아니하여도 必要한것을

나의信仰

다주시는줄로믿는다。聖靈을주시어 나를거륵하게하고 또日用의糧食을주시고 宇宙의奧義를가르쳐준다。故로祈禱의必要는없다고생각한다。또信仰이冷却하였으니 早天祈禱를하자하고 國難을當하였으니 徹夜祈禱를하자하고 其他月末祈禱、年末祈禱等云云하는데對하야 나는 나의눈앞에있는나의職責을忠實히하겠다。나는祈禱로써 하나님을疲困하게하고도싶지아니하고 또내自身도祈禱의疲困으로因하야 나의明白한義務를게으르게하고싶지도아니하다。하나님은 나의所謂祈禱보다 이일을참祈禱로들어주실줄안다。나는祈禱가特別한뜻을가지고있다고는아니생각한다。日常生活이 即祈禱인줄알고 日常生活을 예수그리스도안에하는사람만이참祈禱하는줄로안다。예수그리스도가 祈禱의사람이라는것은 그가여긔서祈禱하고 저긔서祈禱하였다는事實보다 그一生이 全部 祈禱自體이었다는뜻으로나는알며 主祈禱文을읽고 또그의祈禱에對한說話를보면 나는 나의 이意見을옳다고믿는다。

밀톤은 나의信仰의先生의하나인대 그의傳記를마손의것을 始作하야 여러種類의것을읽어보나도

一〇

모지祈禱하였다는一言隻句도發見할수가없다。그러나 나는이世上의 어느祈禱의人보다 그를祈禱의人으로믿는다。祈禱는信者의日常生活이다。祈禱는勞働이고 勞働은祈禱이다。지금나는祈禱의必要는없다고하였고 祈禱는生活이라는말을하였지마는나는靈魂의告白을恒常하나님께하고있다。即 祈禱를하고있다。矛盾이지마는 矛盾이안이다。必要不必要의世界를떠나 나는나의絕對信賴하는 하나님아버지께 모든말을아니할수없다。求하기도하고 울기도하고 웃기도한다。하는수없이 제절로나의祈禱가옮아간다。그리하고이것은 나의生活로써이고이속에무슨神秘的意義나 特殊한靈通의禪味를맛보든아니한다。

福音을받은者는 다한번式은 傳道에對하야 생각하는것같다。나亦 傳道에對하야 생각하는바있는대 이것이 또한 나의消極的信仰의表示가된다 나는傳道를行爲、事業과같이 亦必要한것으로아니역인다。다만 十字架를바라보고 아침부터 저녁까지 걸어가면 그만인줄안다。傳道를하야 하고 傳道의使命을받었다고떠드는것을 나는到底히理解

할수없다。 復興會니 大靈傳道니 하나님의使者가 왔느니 하고부르짖는 幸福스러운무리들은 나의 信仰으로는 받어되릴수없다。 傳道가무엇인가。 예수 그리스도를 믿는일보다 더큰일이사람에게있나

그러나 사람에게는 各各使命이있어 나는 傳道하는使命을받었으니 이것이當然하지아니하냐고묻는人士가있을지어다。 사람에게 예수그리스도를믿는것보다 더큰使命이있는가하고 나는反問한다。 나는傳道者라는特殊階級을否定한다。 사람은 예수그리스도만믿으면 그만인줄안다。 여긔에使命이있고 事業이있고 傳道가있다。 傳道者라하면 예수그리스도와같이 큰傳道者가 어대있으랴? 그런대 그는어떻게傳道하였는가。 여러가지說話가있고 여러가지奇蹟이있으나 그것은다附屬物이고 그의精粹는默默히 木工의아들로써 시골서 生長하야 畢竟에는十字架에서 죽는 無活動의、하나님만을 服從하는生活이다。 傳道가안이고 服從의生活이다。

다음에 바울은 어떠한가。 新約의大部分을 占領한 그의書翰을보고 또 바울 自身이「使徒된바울」이라 쓰기때문에大使徒인印象을주고 事實大傳道者이나 바울 自身은 예수 그리스도의奴隷의生活을 眞實히함에不過하였다。 다시말한다。 傳道者라는特殊階級을세우는것은 敎會精神의反響이다。 예수 그리스도가와서 傳道者、被傳道者의區別을없애버리지아니하였는가。 다시이區別을세우는것은 不信의짓이아니고 무엇이랴。 信仰이即傳道이다。 信者가即傳道者이다。 땅의소금이되고 빛이되는것이 即傳道이다。 이以上도안이고 이以下도안이다。 나는默默히 信者의거름을걷는다。 그러하야 나도다른사람과같이 使徒의하나이고 傳道者의하나인줄로確信한다。 兄弟들이여 하나님을믿읍시다。 自己信仰이니 自己使命이니하는것에 興味가좀혀없어지고 다만하나님에만熱이나게큼되옵시다。

생각하여보면 果然큰變動이내안에생기었다。 보지도못하고 듣지도못한일이 마음속에일어나고있다。 새 創造가始作되여있다。 나는이것이 어찌된일인지는알수없으며 나의理性으로써 到底히 說明할수없는것이나 이것이 내가 이두저두할수없어 예수그리스도의十字架밑에 자빠진때부터 인것만은 事實이다。 예수그리스도에있어서 나는발

서 義로운者가되고 거룩한者가되였다。예수의모든德은 即나의德이다。예수가十字架에걸리어 三日만에 復活한것은 即나의것이다。나는예수 그리스도의몸이되여 살고있다。그러나 내自身에對하여는 옛날과 죽음도다름없는 罪의덩치여 每日자빠지고 자빠지고하고있다。이것은 肉을떠나가기까지는 繼續될줄안다。그러나 예수 그리스도는 大磐石과같이 나를잡고있다。나를끌어안고있다。故로 나는 예수 그리스도로써 하나님앞에 呼吸하면서 이人生의길을걷고있다。바울의로마書七章끝에 絶望과感謝와 八章의大讚美는 即 나의것이다。큰손이 나를잡고있으니 나는 絶對로 미끄러지지아니한다。이러케된 나에게는 내自身은 발서興味가없을뿐안이라 진저리가나며 이世上몯은것이 亦아무愛着이없게된다。다만 예수 그리스도뿐이다。여긔에 나의生命과所望이 다결리어있다。「나는 그리스도와같이 十字架에 걸리었다。그러나 나는산다。아니 내가안이라 그리스도가 내안에산다。그러나 내가지금살고있는 肉의生涯는 나를사랑하야 나를爲하야 自己自身을받힌 하나님의아들을 믿는信仰으로써다」兄弟들이여 이것을理想이고 꿈이라고비웃지말라。나는 여긔에비로소 人生의참을發見하고 人生의現實을 보았다。나는 닥처오는몯은苦難을 죽음도避하지 안이하고 그대로받고있다。心臟을쏘는毒矢를가만히받고있다。지금선立場에서 一分도빗겨나지아니하고서 있는이대로 노래를하고있다。나는예수안에서 같이 現實主義가 된지를 이적지經驗하지 못하였다。弱한肉에서 일어나는 몯은欲心을 只今 예수、그리스도를 바라봄으로 없애고있다。이것이 現實의生生한局面이안이고 무엇이랴。

나의信仰은 一千九百餘年前 猶太國에서 十字架에걸리어죽어 三日後에復活하야 지금은하나님 右便에게시여 때 이르면 再臨할 예수 그리스도이다。나의變動無雙한 主觀的信仰이안이라 이 宇宙가사라저도 사라지지아니할 確固不變하는客觀的事實이 나의 救援의磐石이다。그리하야 이 救援을信仰으로써 나의生活에있어 끊음없이 實驗하고있다。맑쓰一派가 物質을客觀的事實이라하야 科學이 이것을把握할수있다는 以上 더 確

實하고現實的이다。故로 아무리 社會形態가變更이되드래도 依然히 存在하는信仰이다。最近에社會主義가 橫行하야 많은青年男女를 그祭壇에받히게하나 나의信仰은 秋毫도動搖아니할뿐더러 더욱더욱 굳굳하여가고 그들의渴望하고있는 理想社會의出現以上 예수그리스도의再臨과 人類와宇宙의復興을 思慕하고있다。社會主義의 巨匠들이 宗敎는不日間에消滅된다하야 던진彈丸은 目的地에半도到達치못하고中途에서 터저버리는格이다。宗敎는 曰自然의偉力때문에 曰社會的權力때문에 曰經濟的關係로 曰社會組織關係로 생긴것임으로 正確한科學知識이普及되고 사람이思索하고 또한指導하는階段에 이르면 없어진다고한다。近世의偉人들도 靈界에있어서는 三尺童子에不過함을슯버아니할수없다。社會主義亦 그리스도在世時代부터있든 人間本位主義의 支派의하나以外에 아무것도안이다。新奇한바가없다。바벨塔이문어진것과如히 未久에문어질줄안다。나는勿論 社會主義가 나의믿는信仰을 紊亂시키는範圍안에서는 싸울터이나 그러치안는程度에서는 나는近世의信仰을純金과같이 鍛鍊식히는 풀무로써 感謝를맞기지안이한다。社會主義여 너의칼을휘날리어 迷信을깨트려라。네가理解하고있는 그程度의宗敎를抹殺식혀라。敎會精神을 宗派心을 組織精神을 紛碎식혀라。現世味濃厚한 所謂宗敎를부셔라。옛날에信仰主義가墮落하야 이것을 그正位에恢復식히랴고하나님은 그의敵인道德主義를 일으킨일이있는대 現世와 姦淫한福音을 바루잡기爲하야 하나님은唯神主義의正面의敵인 社會主義를 내였는지도모른다。

唯物主義가 나의信仰의敵임은 事實이고 이보다더 하나님을없수히 역이는것은 없을줄아나여기에는 오히려 取할點이있으나 하나님하나님불으는一派에서 「예수그리스도十무엇」하는데 對하야는 憎惡의情이極度에達한다。가라대 敎會의振興策이라。基督敎의社會事業이라。基督敎의農村事業이라。理想村建設이라。이것이 무슨基督敎인가。二十世紀의常識을가진人士는 이看板을보고는 基督敎의門을아니열것이다。 다음에 예수그리스도에屬한것도같고 아니屬한것도같은 甚히 色彩不

鮮明한 一派가있다。基督敎의人間的解釋派이다。여기에 近日政治家或은 富豪의支持로써 이곧에오는 西田天香氏와本間俊平氏가屬한다。나는그분들이 何故로滿洲에가고 또朝鮮에오는지 그理由를알수가없으나 前者는 사람에對한 奉仕를主張하고 後者는사람에對한사랑을말한다。兩氏가다그範圍에있어서는 옳은줄알고 甚히共鳴을늣기는바도있다。그러나 兩氏가다 예수그리스도의信仰에全部를아니두고 그結果에 重點을두는것은 古來의行動主義에서 一步를더나가지못하였다。이意味에서 나는그들을 예수 그리스도의 敵으로알고그들이지금하고있는일은 一般民衆보다 낳은點은있으나 結局 自己의名譽의塔을쌓고있는것이다。故로 나는兩氏에게말하고자한다。그러한 길을傳하라고 老體를 이나라까지 가지고올必要가없다고。다만당신들의私費로 知己하나래도 얻을랴면別問題이다。우리에게는 生命의王 예수그리스도의길을 가지고있음으로 그以下의것에對하야는 아무興味가없다。 朝鮮에도 예수그리스도로말미암어 새로난사람들이 많이있음을알기를바란다。兩氏여 그러나 政治、經濟의關係를버서나 가슴속에서 일어나는사랑에못이기여왔다면 우리는 당신들이 傳하는길이 무엇이든지 誠意로써듣고자한다。

最後에그러나 最大의問題에對하야 생각하고자한다。晝夜나의念頭를 떠나지아니하는問題 即朝鮮에對하야 그는나의信仰으로써 어떤理解와 觀察과希望을가지고있나。覺醒時代를지낸朝鮮은 몇해前부터 實力養成時代에들어와몃겹으로쌓인 困難한 墻壁밑에서 여러가지로 呻吟하고있다。敎育을받어야하겠다는 熱이솟아가서 그結果一般敎養이 어느程度로 向上되였고 따러이곧저곧에 敎育機關이設置되였다。同時에 事業熱이불같이일어나 文化事業、救濟事業、農村事業、其他여러가지가생기게되였다。近代青年으로써 이敎育과 事業에마음을 아니태운사람은없을것이다。朝鮮은着着進步하는것같았다。志士들이 外部에內部에일어나이새로운거름을걷는 朝鮮의짐을兩肩에졌다。때에前부터들어와 隱然히 一部分의人士의마음을잡었던社會主義思想이 치밀어오는不景氣의 波濤를타고

各處에퍼저 有爲한青年의마음을 잡어버리고 또 한便에는 享樂主義의淫風이 太平洋沿岸에서불어와 時代相에부닷기어 이곧저곧으로 彷徨하는意氣없는 그늘을 좋아하는一群을 끄을어버렸다。朝鮮은이兩怪物에 붙잡히어 昏睡狀態에들어갔다 民族主義의旗발은 어대로갔는지 뵈이지도아니한다。이 正히 思想과生活의混沌狀態이다。이것을 누가救할는고 일즉이 한役割을크나적으나 演出한先輩들은 小成에洽足하야 겨우自己地盤을保障하기에餘力이없고 智識階級의青年들은 이兩怪物에中毒을當하고있다。또宗敎家들은 或은時潮에눈을감어 그새에鐵壁을싸놓고 或은時潮에배를띄워 그것과姦淫을하고 或은時潮에慘敗하야 信仰을버리었다。果然몯은것이딱한形便이다。더구나 이러한人物들밑에서 자라나고가르침을받고있는少年들의 現狀을볼때 悲劇의絕頂이다。近者에一部의人士들이 忠武公을받들어 무었인가를期待하는듯함이있었으나 이는豫言者를죽인先祖의아들들이 그紀念碑를세우는格이여 아무效果없을것이다。紀念館세우는되에는 그意味에서만은美點이있으나 紀念館을세우면하는 그마음은 반듯이社會科學의洗禮를받어 그空想과迷信을打破하여야한다。그리하고 忠武公이하든 그러한生活을 自己自身이一刻이速하게實現함이可하리라。그러면 朝鮮을 이混沌狀態에서 救하는길은무었이냐。다만한길이있다。生命의主 예수그리스도、歷史를支配하고있는王예수그리스도를받어디림에있다。그렇다。예수그리스도를믿음에있다。敎育을할라고힘쓰지마라。事業을할랴고힘쓰지말라、다만예수그리스도를믿어라

兄弟들이여 이 社會主義와 享樂主義와 또其他여러가지가交錯하야 웅지기는 이社會의한가운대서 大膽히 예수그리스도를믿는生活을합시다、여기에만 우리의希望이있읍니다。其他는 다 理性의錯覺에서 떠러지는落葉입니다。

「몯은肉은풀과같고
사람의榮光은 草花와같다。
풀은마르고 꽃은떠러진다。
그러나 主의말은 永遠토록있다。
이말은 即 福音이너의에게傳하여준것이다」

『彼得路一章二四—二五』

로마書研究 (十四)

牧師 張道源

第十五回 유대人의抗辯의答

第三章一ㅣ八節의研究

바울은 一章十八節以下에서 異邦人의罪를擧論하고 二章一節以下에서 유대人의罪를論述하는同時에 유대人의自誇인割禮가 유대人에게는 何等의用을하지못하는것임을 反駁할수없으리만큼證明하야 異邦人이나 유대人이나 다同一한罪人임을說示하엿다

그러나 如斯한侮辱을當한 유대人은 바울을向하야 抗辯이없지아니할것이다 萬一 유대人이 異邦人과同一한罪人으로서 유대人이나 異邦人이나 다同一한審判을 받을것이라할진대 유대人의優越性이어듸있느냐? 하나님의選民인特權이 어듸있느냐? 그러면 너는 유대人의選民임을否認하느냐 割禮의約束을不信하느냐? 유대人의選民임은 不可爭의事實이며 割禮는 此特權의證據가안이냐? 하는이抗辯에對하야 答辯하는것이三章一ㅣ八까지이다。

1、그러면 유대人의優越點이 무엇이며 割禮의有益함이 무엇이냐? 2、凡事에有益함이많으니 첫재는 하나님의말슴을 저의에게 付託함이니라

그러면 하나님의選民이오 割禮의民族인 유대民族이 果然異邦民族과 족음도 다른優點이없는民族이냐? 안이다 他異邦民族보다優越한點이 있는것은 旣定의事實이라는것을 바울은 確實히承認한다 故로第一節에서 『그러면』이라는말로써始作한것이다

第一節에『그러면』이란말은 그러면 유대民族은他異邦民族보다優越한點이없느냐? 안이다 『있다』라는뜻을暗示하는말이다 『그러면 유대民族의優越點과割禮의有益함은 무엇이냐?』 即여러가지有益함이있다 첫재로말하면 하나님의 말슴을 저의에게付託한것이발서 他民族보다 다른點이다 即다른民族中에는 하나님의말슴을 맡은民族이없다오직 하나님의말슴을 맡은民族은 다만 유대民族이있을뿐이다 유대民族은 特別히 하나님의말슴을 맡아保管하는民族이다 이點으로만보아서도

하나님의말슴의付託을받지못한 다른民族보다 훨신다른價値를 가지고있는民族이다

『하나님의말슴』이라는것은 舊約聖書全體를意味하는것이나 特히 메시야預言에關한것이니 卽人類의救援에對한約束의內容이다 그約束의內容은 일즉이 하나님이 아부라함에게 約束하셨고 또한 先知者들을通하야 그後孫들에게 들려주신것이다

3、萬一이에 믿지아니하는者가있으면 그를如何히할가? 그의不信이 하나님의眞實을 廢하겠느냐? 4、決斷코안이라 무릇 사람은 다 거즛되되 하나님은 眞實하시니 記錄하엿으되『하나님은 말슴하실때에 義라稱함을 얻으시며 審判할때에勝利를 얻으시리라』하였느니라

三節에서『믿지아니하는者라』함은 그리스도를 믿지아니하는者를意味하는것이다『믿지아니하는者가있으면 그를如何히할가?』함은 저의는 메시야(救世主)降臨의約束을받은民族이다 하나님은 그約束대로 예수를 救世主(그리스도)로 世上에보내셨다 그러나 저의는 예수를 그리스도(救世主)로믿지아니하고 도로혀 예수를 十字架에 못을박아죽였다 그러나 예수는 죽은가온대에서 復活하야 그리스도되심을 밝히 나타내시며 使徒들을 證人으로세워 저의에게 證據하였으나 저의들이 오히려 예수를 그리스도로 믿지아니하니 如此히 하나님이 그約束대로 그리스도를 보내셨으나 저의들이 그를믿지아니하면 하나님은 아브라함에게 約束하신 그子孫유대人의救援에對한約束을 如何히하겠느냐?卽저의와의約束을破하시겠느냐? 하는뜻이다

『그의不信이 하나님의眞實을 廢하겠느냐?』함은유대人이 그리스도를 믿지아니함으로 그結果 저의에게 하나님의震怒와刑罰은 오는것이라고하면 그러면 하나님의 眞實한것이무엇이냐?하나님은 일즉히 아부라함에게 約束하시기를 내가 네子孫을救援하시겠다고約束하시고 그子孫에게刑罰을하시는것은 하나님의背信違約이안이냐?하는뜻이다

第四節은 바울이 第三節의傲慢한質問에 怒心大發하야 一言之下에 決斷코안이라고 排斥하야

曰이것이무삼冒瀆이냐? 너의가 敢히 하나님께對하야 이런冒瀆을行하느냐? 너의가 사람의不信의責任을 하나님께 돌리라고하느냐? 이런不敬虔不遜의생각이어듸잇느냐? 天地는문어질지언정 하나님의約束은變하지아니한다 萬民이 다滅亡을받을지라도 하나님의約束은變하지안이한다 사람은 다거즛되되 하나님은 眞實하시다

第四節의後半節은 다윋王이 밧세바로더부러同統하매 先知者나단이 다윋의罪를責망함으로 다윋王이 크게悔改하고지은 有名한悔改의詩인대 詩篇第五十一篇第四節의말슴을引用한것이다 이詩의原意는 自己의罪를定하시는 하나님은 絕對義이시며 하나님의義로써 人間을刑罰하시는 하나님은絕對正義의審判主라는것을말하는것이다

다윋은 自己의罪를 깨다를때에 하나님의 無限하신사랑을깨다르며 하나님의絕對義를깨다랐다 故로 다윋은 사람의不義와不信은 하나님의義와眞實을 더욱 밝히나타내는것이라고하야 罪를感謝하였다 即다윋自身은 自己가罪人이였는故로 하나님은絕對義였으며 不義한人間을刑罰하시는 하나님의審判이 正義대로되였음을 밝히 깨달었다는것이다 即人間의모든罪는 하나님의 義와愛를욱더 밝히 나타내는 役割을하고있다는것이다

故로 바울은 이詩를引用하야 사람의虛僞와不信은 하나님의眞實을廢하지못할뿐만안이라 도로혀 하나님의眞實을 더욱 밝히 나타내는것이된다 即다시말하면 사람의虛僞와不信이 하나님의眞實을廢하는것이되는것보다도 도로혀 하나님의眞實을 더욱 밝히 나타내는役割를하고있는것이라는것으로써 『사람은 거즛되되 하나님은 眞實하시다』라는 自己의主張을强하게하는것이다

5、그러면 우리의不義가 萬若 하나님의義를나타내는것이라고하면 우리가 무엇이라고말할것인가? 震怒를베푸시는 하나님이 不義하냐?(이는 내가 사람의말대로 말하는것이다)

6、決斷코안이라 萬若 그렇다고하면 하나님께서 어떻게 世上을審判하시겠느냐?

바울은四節에서 『사람은 거즛되되 하나님은 眞實하다』라는것을主張하기爲하야 다윋의詩를引用하였다 『그詩의原意는 다윋自身이 罪를犯하였음

으로 하나님의 義와愛를 밝히 體驗하였은즉罪가있는곧에 하나님의 義와사랑이 더욱밝히 나타나진다는것이다』

그러면 사람의不信不義가 더욱 하나님의眞實을 나타내는것이라고하면 하나님은 사람의不義와不信을 깃버하며 助長할것이오 刑罰할것이안인것이안이냐? 그런데 하나님은 사람의不信과不義를罰하시니 이는何故냐? 이는 하나님의不義가안이냐? 함이此五節의質問이다 그러나 이論法은詭辯이다 이는 맛히不孝의子息이있는故로 父母의사랑이 더욱 밝히 나타나지는것인즉 父母가그不孝子息을 責할것이안이라 도로혀 그不孝子息에게 感謝를돌려야할것이안이냐? 하는것과같은論法이다 이에對하야 答한것이即第六節이다『決斷코안이라 萬若 그렇다고하면 하나님께서 어떻게 世上을審判하시겠느냐?』하는것이 即五節의答이다 即萬一사람의不義가 하나님의義를 나타내는것이라하야 사람의不義를 不義로定罪하지아니할진대 하나님은 끝날에 如何히全人類를審判하시겠느냐? 不義그것을 有價値한것이라하면 마지막날에 審判할餘地가없는것이안이냐? 아니다 사람의不義를 不義로定罪하는것이 하나님의義다

7、萬一 하나님의 眞實하심이 나의 虛僞로 因하야 더욱 나타나며 그榮光이 더하여질 것같으면 어찌하야 내가 罪人처럼審判을받으리오?

8、또(或者가 우리를 비방하야 이것을 우리의말이라고한다)『善을일우기爲하야 惡을行함이可하지아니하냐?』 이와같은者의定罪를 받는것이合當하다

七節의主意는 五節과同樣의것이다 바울은 다윗의詩를引用하야 사람의不義와虛僞는 하나님의義와眞實을 더욱 나타내는것이라고論述하여왔다 또한 罪人들은 이것을引用하야 第七節의말을發할수있는것이다 即우리의不義와虛僞가 하나님의義와榮光을 나타내는것일진대 우리는 하나님께盡忠한者인즉 刑罰을 받을理가없다는것이다 或者가있서 우리를誹謗하야말하기를 우리가『善을일우기爲하야 惡을行함이可하지안이하냐?』한다함은 當時의或者들은 바울의 律法打破 福音

提唱의徹底한福音主義 即如何한罪人이라도 信仰으로말미암아 義롭다함을얻으며 罪가있는곧에 恩惠가더욱豊盛하며 人間은無限히 그릇된罪人인故로 하나님의 無限하신사랑과義가 더욱 나타난다는 等 바울의主張을誤解하고『바울은 善을일우기爲하야 惡을行하여도可하다고 主張하는者라』고 宣傳하고있었다 故로 바울은 이것을八節에서말하는것이다

故로 바울은 當時에自己가받고있는 無理한非難攻擊: 이것을가지고 유대人을向하야 反擊한것이다 이와같은말을하는不信不義之輩는 定罪함을받는것이可當하다고痛論叱責한것이다

以上三章一—八節까지의抗辯은 二章에서說示한바에對한「但書」와 같은것이다 當時유대人의社會에 있어서 바울에게對한 멧가지非難攻擊이있었다 故로 바울은 自己의實際抗辯의經驗을利用하야以上四個의抗議를 假想的으로提起하고 이것을一一히答辯하야打破한것이다 如此히 바울의主張은 罪는그影響의善惡에關係하지아니하고 當然히審判할것으로써 原理로할것이라는것이다

바울의유대敎와基督敎와의關係論 二〇

張道源

바울은 本來유대敎信者다 普通信者가안이라 相當한 유대敎敎育을받은 敬虔하고熱心있는信者다 故로 유대敎의深奧한眞理를 깊이通한유대敎人이다 나이같은 年輩中에서 特히 여러同類보다 뛰어나게 祖上의遺傳과 몯은律法을 熱心으로지키며 유대敎에對한 몯은敬虔을다한結果、基督敎를熱心으로迫害한者다 (갈라듸아一장十三—十四、使徒行傳九장一—九叅考)

바울은 基督敎는유대敎와 相容치못할宗敎이며 基督敎를盡滅하는것이 하나님께對한忠誠을다하는일로確信하고 하나님께對한忠誠으로써 基督敎를迫害한者다、故로 저는 마음과 뜻과 精誠을다하야 基督敎盡滅에努力한者다 그러나 저는 結局基督敎에歸依하야 基督敎의最大使徒요 最大傳道者가된者다 然則 저가 마음과뜻과性品을다하야信奉하든 유대敎人으로서 自己가盡滅하라고迫害하든 基督敎에歸依함에는 또한相當한理由가있

을것이다 故로 저의 유대敎와基督敎와의關係論에對하야는 相當한尊重히할價値가있는것이다。

大體 宗敎에熱心있는 宗敎信奉者는 孰何를莫論하고 過去의傳統을尊重히하는것이며 過去의傳統을尊重히하는以上에는 그宗敎의敎理 制度 儀式等을敬虔히하며 此에對하야 强堅不拔의固執을가지는것이普通이다 이와같은 사람은 時의古今과 洋의東西를不問하고 頑固의人으로서,獨創의人이되기容易치못한것이다 故로 사람이完全하기前에 굳어저서는안이된다 故로 사람의第一큰禍는 宗敎的過去의傳統에붙잡혀서 頑固하게되는일이다 故로 恒常더높은것을求하면서 내여바리기爲하야 宗敎를가지는者이였어야한다

如此히 敬虔한바울이 몹은熱心과忠誠을다하야信奉하든 유대敎를바리고 自己가盡滅하랴고迫害하든基督敎에歸依함은 유대敎는全然그릇된宗敎요虛僞의宗敎라고判定하고 유대敎의歷史的價値를全然否認한것이안이라 바울은 유대敎로써 基督敎외入門或은預備的宗敎라고 생각한것이다 即유대敎는 人類로하여금 基督敎로引導하야 들어가게하는預備宗敎即橋梁이라고생각한것이다 萬一基督敎가 大學이라면유대敎는 小學이나中學의役割을하는것이라고생각한것이다(갈三장二十三ㅡ二十六四장一五절)

바울의考察에依하면 유대敎는未熟한未成年의幼稚한宗敎요 基督敎는 壯年時期에到達한健全한發育이있는宗敎다 故로 유대敎가 文化程度가低級에있을時代의 유대人에게는可合한宗敎나 그러나幼稚한兒童의時代를지나 壯年時代에到達한사람에게는 幼稚한兒童時代의그宗敎말고 壯年에게適當한宗敎가必要한것이다 即基督敎가要求되는것이다유대敎보다發達된基督敎가안이면 그時代사람의心靈을滿足케할수가없는것이다 그러나 人間은 유대敎時代를通過하지아니하고 一足高飛로 基督敎에到達할수는없는것이다。

故로 유대敎로써 完成된唯一의絶對的宗敎라고하면 이는 아직도 幼稚한程度에있어서 보다더높은것을알지못하고頑固하는 愚昧의至極한일이다그러나 유대敎로써 基督敎에引導하야들이는入門이오 預備的으로있는宗敎라고하면 이는 當然하

고健全한考察이다

如此히 바울은 유대敎로써 그릇된 虛僞의宗敎요 價値없는無用의宗敎라고 全然非定하지아니하고 유대敎의過去의功勞를 充分히認定하였다 바울은 유대敎의歷史的價値를認하는同時에 人類의進步와宗敎의發達을確認하였다

如此히 유대敎의役割은 基督敎의出現까지의準備行爲로써盡하는것이다 그런데 이제 基督敎의出現을當見하면서도 아직도 오히려 依然히 유대敎를固執하고 이에서 滿足하고저하는것은大誤謬의일이다

如此히 바울에게있어서 유대敎對基督敎의關係를 유대敎는 基督敎에至하는 唯一의預備入門이라고論하야 宗敎的進化로解釋함에는 바울에게 律法觀의特有한思想이있었다 이제 우리는 그律法觀에對하야 생각하여보기로하자

바울의유대敎와基督敎와의關係論 二

바울의律法觀은 律法과恩惠를對立식히며 유대敎와基督敎를對比하야 유대敎와基督敎를 全然分離를식힌것이다 유대敎와基督敎는 그本質이다르며 그目的이다른宗敎로서 二者가全然히相異한宗敎이다 하나님의大計의聖意로보아서는 歷史的關係가있으며 發達上階段이있는一體의宗敎로서聯絡이있는것이나 그個體의性質이나 目的으로보아서는全然相異한別個宗敎다.

律法은 유대敎로말미암아온것이오 恩惠는 基督敎로좇아온것이다 卽律法을주기爲하야 유대敎가있었고 恩惠를주기爲하야 基督敎가있는것이다 律法은 사람이自力으로써 律法을完全히行함으로 律法의義를實現하게한것이오 恩惠는 사람이信仰으로써(信仰은하나님이代價없이주시는永遠한(無限한)生命卽예수自身을받는것이다)하나님앞에 義롭다함을얻게하신것이다 卽律法은 사람이自力으로써 律法의義의實現을要하는것이오 恩惠는 하나님께서사람에게義를주어서 義롭지못한人間으로하여금義롭게하시는것이다

유대敎는 律法의實現을强要하야 사람으로하여금 律法앞에에 가두는일이오 基督敎는 새生命을주어서 人間으로하여금 律法앞에의 가치움에서 自由하게하는것이다

그런데 바울의律法觀에依하면 하나님께서 사

람에게律法을주어 사람에게서 律法의義의實現을 强要하야 사람으로하여금 律法알애에 가두어두심은 二個의目的을 일우랴고하신것이다 第一은 人間으로하여금 根本的으로不完全한것임을알게하며 第二는 人間으로하여금 本質的으로 罪人임을알게하시랴는것이다 即하나님께서 사람에게 律法(良心)을주신것은 사람이律法을 完全히行함으로 救援을얻게하랴는것이안이오 사람이律法으로因하야 自力의無能을 깨닫게하며 本質的으로罪人임을 알게하랴는것이다 律法自體의目的은 人間으로하여금 永生을얻게하랴는것이나 그러나 律法이있음으로 사람은 根本的으로罪人임이判明되여졌다 即사람이 律法을完全히行함으로 律法의義를完全히實現하는者이면 저는永生을 얻는者인것이다 그러나 人間은絕對그렇지못한者이다 그런故로 律法을 基準으로하고보아서는 人間은一人의例外없이 全部가 다 律法을犯한者인것이다 故로『世上에義人은一人도없다』고 바울이말한것이다 如此히 律法自體의目的과 그實施의結果는 正反對인것이다 故로 바울은 律法實施의結果로써 律法의目的과如히論한것이다

사람은 律法대로實行하야 義를完成하는者되지못하고 律法대로完全히實行하지못하야 罪를(律法)犯하는者이다 사람이 律法을完全히 嚴守하랴고努力하면 努力할수록 人間의自力으로는 絕對不能인것이 더욱確知하여지는것이다 故로 眞面目의人은 自己의絕對無能을自覺하며 律法에對하야는完全히罪人임을 痛切히感하는것이다 그리하야 自己를完全히 罪人으로否定하고 이罪人에서의救援을絕叫하는것이다

사람은 義에對하야 善한決心이있다 그러나 그안에 그決心을持續하야 恒常살려주는 生命스러운 산能力은없다 그리하야 사람은 善한決心까지에至하고는 다시 머살리움을받지못하고 冷却하야버리는것이다 故로 사람의 最高善、最高生力、最高義는 決心이다 사람은 最高로 決心까지에至하고는마는것이다 그런故로 眞面目의人은 決心으로써 義를完成하지못함을覺悟하고 自己를律法의義에對하야는 根本的罪人으로非定하야바리고 이罪에서의救援을他力에求하는것이다 絕對能

力者의能力으로의救援이안이면 到底히 自己는 自立할수는없는者임을 痛切히慟感하는것이다。

如此히 유대敎의眞髓는 律法에있고 律法의目的은 人間으로하여금 定罪하는대에있다 人間은 自己가罪人임을實感할때에 저는 이에서의 救援을받지아니하고는 견대지못하는者인것이다 於是乎 저는 救援의要求를 絶叫하는者로되는것이다 自力의無能을自悟하며 自己가根本的으로罪人임을實感하는者에게 있어서는 그救援을他力에求하며 絶對者의慈悲에依賴하게되는것이다 即無代價的恩惠의福音을切要하게되는것이다

故로 바울은 유대敎로써 基督敎의預備入門으로看做하며 人間이 유대敎를通過하지아니하고는 하나님의 無代價的恩惠의福音을 깨닫지못하는것이라고 論한것이다 即人間은 律法宗敎인(良心敎)유대敎를通하지아니하고는 恩惠宗敎인 基督敎를理解納得할수가없다는것이다。

人間은 不完全한것이다 故로 새로 다시完全한生命으로의지음을받아야하겠으며 人間은 根本的으로罪人이다 故로 罪에서의救援을얻어야하겠다 人間이 完全한生命으로의 새로지음을받는일과 罪에서의救援을얻는일은 하나님의 慈悲스러운恩惠가아니고는아니되겠다 그런데 하나님이 恩惠로써 人間을救援하심에는 自己의不完全을깨닫지못하며 自己의罪人임을 實感하지못하고 自己의自力으로서 넉넉히 律法의모든義를 完成할줄로아는人間과는 그距離가 너무나遠隔한것이다

그런故로 恩惠의福音으로써 人間을救援코저할때에 第一먼저必要한것은 人間에게 恩惠의福音의必要를切感케하는일이다 저의人間에게 恩惠의福音의必要를切感케하랴면 人間은不完全한것과 根本的罪人임을摘發하야 自力으로絶對不能을알게하며 저의들 罪人으로定罪하지아니하면아니되겠다 故로 人間으로하여금 自力의無能을알게하며 自己의罪人임을實感케하랴면 人間에게律法을주어서 저의로하야곰 律法알애에가두어 定罪하지아니하면아니되겠다 故로 律法의宗敎유대敎를주신것이다 然則律法宗敎유대敎를 주신것은 恩惠의宗敎로써 人類를救援하시랴는聖意의準備的作業이라고 論한것이바울의유대敎와基督敎와의關係論이다

城西通信

○本年休暇의八月은 간데도엽고 한일도엽시 더위를견더는것뿐이엇다。서울에今年가튼더워는近來에드문일이엇다하나 當할때는어렵고 지낸後는쉽게보이는것이人間의저울인듯하다。그동안 洞內靑年兄弟數人의請에依하야 每週火、金曜日저녁마다 에베소書를工夫하엿다。書翰中의一書를擇하야 基督敎의中心을紹介하라는企圖이엇다。저들이基督信者가되고안되는것은 余輩의알바가안이다。다만忠實히「授業」하엿을뿐이다」人事를다하고餘他는聖靈의役事에委托할뿐이엇다。

○敬畏할만한 監理敎會現職牧師某氏로부터中學校英語敎師로 轉職할所願이라는相議를接하고놀랏다、靈界를爲하야 寒心할일이나그牧會生活의窮困한實狀을알고는 또한同情을禁할수업섯다。米洲의不景氣風은 드디어朝鮮靈界의聖境까지風靡하고야말作定인듯하다。이模樣대로가면 甚大한影響이波及할것이겨정。그러나 하나님以外의것에依賴하엿든것은 早晩問그허된것이判明되고야말것이니 不可避할運命일써름이다。個人이나敎會나 物質界나靈界나 獨立獨步의必要한것을더욱切感하게된다。

○八月더위도 거의갈때의하루밤 두어친구와한께朝鮮劇場에서春香傳實演을구경하엿다。甲은評曰「이劇이現代에도價値잇다는것은貴族과賤民間에도 戀愛成立할수잇는것을表現한外닭이라」云々。乙曰「李朝末年의政治、社會의腐敗를如實히演出한것이 現代人의參考件이라」云々。余輩는처음부터 끗난뒤까지울고또울써름이엇다。戀愛의聖不聖可不可는別問題이다」다만獄中春香이乞人李道令을보고서 詛呪하지안엇을뿐인가「……잘되여도내서방이오 못되여도내서방이오」云々하야打算的母親을誨諭하든貞烈의言辭는 곳昔日의「욥」이 하나님께對한信仰을表白한貞烈이엇다。「내가赤身으로母胎에나왓스니 또한赤身으로돌아갈지라。여호와께서주시고 여호와께서 빼앗엇으니 여호와의이름을可히찬송하리로다……어찌이냐 우리가하나님께福을밧앗은즉 또한災殃을밧지아니하겟느냐」하야(욥記一、二章)賣笑婦的信仰을 울게하엿고룻이「……어머니가 어대로가시면 나도가고 어머니가 어대서留宿하시면 나도류숙할것이오 어머니의百姓이 내百姓이되며 어머니의 하나님이 내하나님이되리니 어머니가 어느곳에서 죽으시면 나도죽어 거긔 장사할지라。오직 여호와를두고맹서하노니 죽음외에는 무엇이든지 우리를서로써나게못하리이다」하는(룻記一章十六、七節)烈女의鐵石갓튼心情이 丈夫를哭하게하며「주여 뉘게로 가오리까 우리가」永生의말슴을당신이가젓읍니다。또 우리가 밋고 아는것은 당신이 하나님의 거룩하신자을시다」라는(요한傳六章六六以下)시몬베드로의心情을聯想하니 또한「베드로的痛憤」이업지못하다(可十四章六六以下)。「主外에 한을에누가 내게잇으리오、따에서 나의 깃버할者는 주박게 업삽나이다」라는(詩七十三篇)詩人의따呼함이 鼓膜을振動하는듯하고 曠野의試驗으로부터 十字架우에죽으실때까지唯一心으로 어린羊처럼 울리어가며 嘲弄을當하든 예수의姿態가 눈압헤뵈는듯하야못견더엇다。바울은信者를基督에게結婚시긴다稱하엿고 그리스도는自己와敎會를新郞新婦의關係로써稱하엿것만 嗚呼라 眞實하신主 그리스도압헤 나는울엇뿐이엇다。但後에야생각하니 余輩는觀劇家의資格을缺함이分明하엿다。 題目만可하면俳優의能함과졸함이 뵈지안는까닭이다

○어떤親戚의結婚式에主禮하라는交涉을밧고크게놀란일이잇엇다。余輩는牧師도안이오祭司도안이니 儀式執行하라는 大膽함에놀랏고 非크리스찬의結婚에基督者인余輩로써主禮케하라하니 그思想의奇拔함에놀랏다。回顧컨대 福音書에서「나의母親이누구며 나의同生들이누구냐……누구든지 한울에게신내아바지의뜻대로하는者가 나의兄弟요나의姉妹요나의母親이니라」는句節을읽은後로 余輩도親戚에게 「미친者」取扱을當하엿고故舊들은「넘金을세죽세죽하면서嘲弄」하엿엇다。歲月이如流함인가 基督의門을지킨지十餘年에처음으로基督의緣故로찻는일을보앗다。저들은內心으로余輩의偏狹을憐悶하면서도 子侄의敎育은 余輩의監督下에두는것이「安全」하다하며 저들은余輩의世間에不通함을비옷으면서도 夫配間不和한境遇만은 余輩를利用하야 그女便을基督敎人되게하라하며 그男便을說諭하는것이「有効」하다稱한다。基督敎의人生觀과信念을한께못하는이들의結婚式에基督信者를서게하라함은 무슨利潤이붓는일인지는모르나 固執不通을象徵하는意味로써장국에고추를치는이만한格式이나될가하고생각하면 世人의智慧란것은 果然헤아릴수업는것임을三嘆不已矣 利될것이라면 基督敎徒까지라도利用하야마지안한다。

○이번은 거의編輯을마치려할때에 柳錫東兄의貴重한信仰告白을밧앗음으로 이것을次號로밀기는 焦慮를참을수업고 半折하기에는文章이 넘우나一氣에벗티엇다。故로每號連載하든것도 全部次號로밀고 이번에全文을發表하엿다」하나님이하시는일에 사람의눈이놀라지안일것이업거니와 特히 사람의靈魂속에서하시는役事에 하나님의最大한異蹟을본다。

京城聖書研究會

講師　金敎臣
場所　市外孔德里一三〇本社
日時　每日曜日午后二時부터
　　　一時間半

舊約聖書의　一書一講을繼續中인데　十月第一日曜日은　傳道書를工夫할터이다。聖書의如何한部分을研究하든지　그中心은　恒常그리스도의十字架를主張하는데잇다。故로偏狹한것을　그特色으로한다。家庭的集會이나本誌讀者는　언제든지　出席할수잇다。

但　舊新約聖書와讃頌歌를必携帶。

缺禮의辭

本記者는　如左한日程으로　咸鏡線方面으로　다녀올터이나　多數한生徒를引率한우에時日이넉넉지못하야　沿線誌友들도一々히찻지못할터이오니　恕諒하여주기를　企望하나이다。

十月二日(日曜)午后十一時京城驛發。
同三日(月曜)午后七時咸北朱乙溫泉着留宿
同　四日(火曜)午前六時朱乙發。同午前九時會寧着。同午后七時會寧發。咸興向。
同　五日(水曜)午前八時咸南興南驛下車。
　同日午后咸興着、留宿。
同　六日(木曜)午前九時咸興發。同日新興郡水力電氣發電所見學、元豐驛留宿。
同　七日早朝漢垈發、午后八時咸興發歸京。

聖書會

講師　柳永模
場所　鍾路中央基督敎靑年會。
日時　每日曜日午后七時부터
　　　十時까지

一人의講話가안이오　一座의自由討論會라할것이다。至極히自由로운批判도잇고　質疑도交換되여　型도업고　傳統의拘束도업는것이　그特色이다。故로　傳受한信條를　그대로保持하라는　敬虔한信徒는　이에接近하는것이　危險하다할수도잇을것이나　모름직이眞理를探求하라는者에게는　한번通過하여야할洗禮가될것이다。세상에獨創的見識을云謂하는士가만으나　聖書에關한限에서　柳永模先生처럼獨創的見識을把持하신이를　余輩는아직朝鮮에서　볼수가업섯다。純粹한朝鮮사람으로서　老莊之學을究하며　佛敎를引例하야　基督敎聖書를談論하라는士는　他에엇기어려운機會일가하야　薦함을마지못한다。但　出席하기前에　同會의承諾을어더야한다고한다。또한同會에서는　에스페란토에依한聖書解說도　잇슬터이다。

出版延期

「山上垂訓研究」와　「푸로테스탄트의精神」의出版은　彰文社의「포인트」活字完成을待하야　印刊하기로하엿슴으로　多少遲延되겟나이다。

本誌定價　(送料共)

一　冊　　　　　　拾　五　錢
六　冊(半年分)　　前金八拾錢
十二冊(一年分)　　前金一圓五拾錢

要前金。直接注文은振替貯金口座京城一六五九四番(聖書朝鮮社)로

取次販賣所　京城鍾路二丁目九一
　　　　　　朝鮮耶穌敎書會
　　　　　　振替京城四〇八一番

昭和七年　九　月二十七日　印刷
昭和七年　十　月　一　日　發行

京城府外龍江面孔德里一三〇
編輯兼發行人　金　敎　臣

京城府西大門町二丁目一三九
印　刷　者　金　在　瓛

京城府西大門町二丁目一三九
印　刷　所　株式會社　基督敎彰文社

京城府外龍江面孔德里活人洞一三〇ノ三
發行所　聖書朝鮮社
振替口座京城一六五九四

昭和五年二月二十八日 第三種郵便物認可
昭和七年十一月一日發行(每月一回一日發行)

聖書朝鮮

第四拾六號

一九三二年 十一月一日發行

目次

京城 聖書朝鮮社 發行

섬들아!

마호메트는 대답하야가르되『세상에 제일더러운것은 타락한신자오。가장 아름다운것은 회개한죄인이니라』고 하였다한다。과연 具眼者의所見이라고 아니할수없다。그러나 나로하여금 인간세상의제일더러운것을 들라면 신도 사이의『宗派心』이라고하고싶다。舊敎徒가新敎徒에對한것과、第七日安息敎徒가 福音主義信徒에對하야 하는수작의 용렬하고추악함은 거증하야 말할것도없는바이어니와 다같이福音主義의新敎徒이면서도 長老、監理、聖潔敎等等이 서로攻守의戰略에沒頭하려함은무슨심사이며、하물며 旣成敎會의핍박에 머리둘곧도얻지못하야 헤매이는 자들중에까지도『宗派心』의움이 튼다함은 아무리好意로써본대도 「宗敎」그물건을唾棄하기싫고 인간세상까지도 저주하고야 말게한다。

이런때마다 우리의靈은大陸을 여이어 섬으로向한다。文化의꽃과 交通의便과 會堂의塔들은 다「海陸을다니면서 敎徒를募集하야 地獄의子息」을 만드는者들께 맡기라。그러고 監督과名士의踵跡이 및지못한孤島에서 純粹한사랑과 眞理대로의眞理를 양심의귀에 속살거리고저 소원이다。全羅南道莞島郡蘆花島에는 물론 교회도없고 오직국문으로 성경읽는 한가정이 있을뿐이라한다。옛날 우리의提督리순신이 거북선으로 수심을자이면서 戰略을策하든 全羅慶尙의多島海에서 이섬에서 저섬으로 永遠의經綸과平和의 복음을 전하는幸福은 얼마나할까。적어도 거긔에는宗派心의 爭奪戰에 부딪기지안인 천연스러운 령혼을볼수있을터이니 아름답도다 東海、南海、黃海의 섬들이여。

섬이란 바다에만 있는것이안이다。間島는大陸이로되 「島」字가붙었거니와 거긔서福音을爲하야 思想의怒濤中에 孤軍奮鬪하는兄弟는 나에게恒常 섬사람으로만記憶된다。四十萬大都市의鍾路中央에居處하되 「사랑饑饉」을 늣겨 이약이할사람을求하는이도 섬사람이다。가난한것이 섬이오。病患이또한섬이다。섬을 사모하야 이에이르니생각이 자연히 十字架의 그리스도에게 돌아간다。센트·헬레나島의 英雄나폴레온에게는 그래도數人의從者가있었고、島人로빈손·크루소에게는 情을通할새와 꽃이있었다。그러나 골고다의 예수는完全한의미의 섬사람이었다。섬에서 섬사람을 맞나지못하면 그리스도께돌아와 이약이하리라。

나의걸음

柳錫東

無力乎?

複雜하고多事하고時急하고 競爭이甚한 이때에 예수그리스도의十字架만을 바라보고있다니 사람이 왜그리無力하며 無心하냐고 一活動客이 親切히問責한다。果然無力하노라。無心하노라。羅馬의威力이四方에떨칠때 그의屬國인猶太의救世主라고 예수를 베들레헴마구깐에 出生하게한 하나님은 果然無力하고無心하노라。屠所에끌려가는羊과같이 아무不平없이 十字架에걸려 靑年의一生을맞훈 예수는 果然 無力하고無心하노라。예수그리스도의十字架밑에 업디어 數年을 아라비아에지낸 바울은 그가 基督信者를逼迫하야 고칠줄을모르든意氣揚揚한 사울時代에比하면 果然無力하고無心하노라。君이여 나는 君과같이 有力하고有心하기보다 하나님과같이 예수그리스도와같이 바울과같이 恒常 無力하고無心하겠노라。

無事乎?

青春에 健康과相當한敎養을가지고 아침부터저녁까지 예수그리스도만 찾고있으니 사람이 왜그리 無事閑暇하게지내느냐고 一老敎授가 아깝다고嘆息을한다。果然無事하노라。閑暇하노라。埃及의法律과理學과哲學을充分히理解하야 言行에非凡함이있으면서 四十年동안을 미데안平原에서羊을몰고다니든 모세와같이 훌론農村에서五六年을보낸밀톤과같이 一生을單語數字硏究에보낸 부라우닝의文法學者와같이 果然 無事하고閑暇하노라 老敎授여 나는하여야만할일이 하나도 없노라。내가할일은 全部예수그리스도가 하여버렸노라。나의人生의目的은발서達하였으니 六日까지創造를맞이고 七日에安息한하나님과같이 나도또한지금 安息日을當하야놀고있노라。

非常乎?

弱한肉을가지고 間斷없이 예수그리스도를바라보고걸어가니 어찌하면그러한 非常한信仰을가질수있느냐고 一信者가부러워녀긴다。果然나의信仰은非常하노라。물에빠진사람이 짚오락이하나에라도 매달리랴는것과같이 砂漠을旅行하는사람이 물에줄이여 이슬한방울이라도얻으랴는것과같이 病

나의걸음

二

에찌들리여 예수의옷자락에라도 대랴하는것과같이 果然非常하노라。그러나非常한信仰이안이랍。非常한慘狀이로랍。君이부려워할것이안이라 눈쌀을찌푸리고 멀리멀리다러날 불상한狀態로라。부려워할사람은 君이안이라 이 나로라。

感謝와歡喜!

活動家가嘲笑하며가버리고 老敎授가失望하고걸어가고 信者가놀라 다러난後 홀로끓어앉어 예수그리스도를바라보니 또다시 感謝와歡喜가솟아나온다。옆에서는새가울고 버러지가노래하며 구름이웃고 草木이讚頌을한다。果然 나의잔이넘친다。人生이란 이와같이 좋은것인가。이러한人生이면 몇千年몇萬年살아도 죽음도싫지아니하다。

믿는者있느냐?

信仰絶對主義를主張하는人士中에 往往히功利主義에빠저있는例를發見한다。믿어야만 나의行動이高尙하여진다。나의行動이 이렇게野卑함은 나의信仰이不足하야서다。아! 나의信仰을足하게하여주소서。隣人은사랑하는사랑이적다。同胞를사랑하는熱이없다。活動이不足하다。아! 熱熱한信仰을줍소서。이 合理的넌所願을通하야 우리가唾棄하야마지안는 福利를일삼는迷信이 五十步百步의差로나타난것이다。主가世上에오실때 믿음있는者를發見할까。信仰만을純眞하게求하는者가없는가。信仰이目的이고手段넌 兒孩와같은靈魂이없는가。信仰때문에 좋은行動일나네 地獄에빠저도關係없다는 眞實한者가없는가。信仰을求하는者여 너는 예수그리스도의十字架外에 너의信仰을가지고 地上天國을建設하랴는 어리석은者다。

무엇이所願이냐?

무엇이 우리의 最大의所願넌가。國家의旺盛인가。道德의向上인가。文化의發達인가。知識의充滿인가。理想的社會의現出인가。人格의完成인가。안이로라。안이로라。이所願때문에 基督敎에온것이안이로라。이所願이면 希臘의賢者가 羅馬의偉人이 支那의儒者가 印度의聖者가 充分히 達하여줄것이라。아! 우리에게 딴所願이있노라。사슴이 시내물을思慕하는것과같이 하나님을쉴새없이찾고있노라。그를아바아버지라불르며 그의품에안기고싶노라。아! 우리의所願은 이것뿐이로랍。

나의깃븜은?

때에 가는소리있어갈으되 아버지인나의깃븜은

너의들이 이일을하느니 저일을하느니 하는것보다 내 앞으로 돌아옴이다。너의들의所願은옳도다。오래동안彷徨하다가 돌아오는放蕩子의발소리를듣고 뛰여일어나는 아버지의마음이 即나의마음이다。잘왔노라。여긔너의들이입을옷이있으니 速히입고서 나의앞에나오너라。速히입어라。速히입어라。그리하야速히 나의옆에와앉아라。

예수그리스도의옷

하나님이주신옷 예수그리스도의옷 그의義와聖의옷을입고 하나님아버지앞으로나가겠나이다。이제우리의所願은達하였나이다。다시 예수그리스도의十字架를울어러보니 발서 하나님의아들이 되여있노라。아! 예수그리스도의十字架뿐이로라。이것을바라보고 나는아버지하나님앞으로 들어가노라。天上天下에 이옷밖에 우리가입고서 하나님앞으로나갈옷이없나니라。信仰의不足을嘆息하는人士여 이옷을입고 하나님앞에 나가소서。君이 생각하는때위의것은 하나님은 본체도아니하고 다만君이 그옷을입고오기만 기다리고있노라。기다리고있노라。

信仰의調和

解決치못한問題 成就치못한宿願 잊지못할눈물겨운事實이 마음을틈없이占領하나 한번 예수그리스도의十字架를바라보면 지금있는이대로가 感謝이고 이적지經驗치못한異常한깃븜이 全心身을울린다。이正히監獄속에서 歡喜에雀躍하는것과같다。나는 왜이렇게되는理由를 完全히說明할수없으나 이것이 事實인것만은 누구앞에서래도 證明을하겠다。욥이 저 말할수도없는 極度의艱難과苦悶을當하야 畢竟에는하나님을疑心하야 넘치는嘆息과不平을 抑止치못하드니 한번 하나님을보고서는 昨日의앓븜을、깜짝잊은듯이讚美를한다。果然暴風雨後의 맑게개인 가을날과같음이있다。不可思議의心境이다。信仰이란 悲哀의골짝에서 矛盾의그물속에서 일어나는調和의音樂이다。鬪爭속에서 나오는平和의노래이다。不完全한宇宙에서들려오는 偕調의音律이고 不備한人間의말속에서 삼겨나는聖書의統一이고 弱한人間의肉속에서 일어나는 예수그리스도의完全이다。信仰은調和의調和가안이라。矛盾의調和이다。말하자면 中世紀의煉金術의一種이다。벗이여 信仰의 이秘義를아느냐 몰으느냐?。

나의 걸음

信仰의積極性

예수와같이 自己過去에對하야 생각지아니한사람은없는것같다。人類傳記中 特異한事實이다。現在에살면서 未來를向하야 一直線으로突進하는形狀이다。福音書를읽으면 그의一生은 나는지금이일을하고 來日은또딴듸에가고 몃일後에는 十字架에걸려죽고 그後三日만에는復活하야 하나님右便으로가서 좀있다가는 다시온다는 急行列車的動向이다。이 全혀過去가없는사람같다。그를믿는우리가 이러한道程을걷고있다。過去를돌아볼餘裕가없이 그저앞으로 앞으로 다라간다。바울이 適切히例證한 競走하는選手이다。黃金時代이니 過去의恩寵이니하야 없어진骸骨에 陶醉하기에는 넘우나嚴肅하고彈力있는 信者의걸음이다。前進前進또前進。進步進步또進步。信仰은果然積極的이다。勇士의걸음이고 獅子의疾走이고 독수리의飛翔이다。예수그리스도의 急行列車에실려가는 우리가이럴수밖에 없는것이다。벗이여 十字架를바라보는平穩한우리가 이러한길에있는줄을보고 君의理性이 顚倒치는아니하는가。

信仰의自然性

四

하나님을 어찌하야믿느냐고 묻는 現代紳士가게시다。世上에 이러한異常한 質問이또어대있으랴。아버지를왜믿느냐。벗을왜믿느냐。果然어리석은質問이다。아버지는아버지니까믿고 벗은벗인니까믿는것과같이 하나님은 하나님이니까 믿노라。其外에아무理由가없노라。父母를自然히믿는것과같이하나님을 自然히믿노라。바람이부는것과같이 물이흐르는것과같이 太陽이빛우이는것과같이 兒孩가엄마엄마하는것과같이 저절로 아무努力없이 靈魂의本能으로써 믿노라。故로 하나님이 때에우리생각으로 아주 無慘한짓을할지라도 또事實로우리를地獄으로 집어넣는다할지라도 그가하나님인니까 믿는수밖에없다。罪에서버서난 우리의靈魂의傾向이 그렇게되여 버렸는것을 어찌할수없다。믿을수밖에없어서믿노라。紳士여 이對答으로써 滿足치못하거든、君의날카로운理性으로 君의父母에對한信賴를解剖하야써 人道學上의大貢獻을하기를바란다。

아 붓을던지자!

하나님이라하고 예수그리스도의 十字架라하고信仰이라하나 이것을들을者 누구인가 이것이없어도 그들은 몃千年동안 잘살어오잖었나。지금

모 結婚하고榮化를누리고 權力을잡고 가장幸福스럽게살고있지아니한가。하나님이무슨必要가있을까。예수그리스도가무슨必要가있을까。있다하여도 겨우 自己들의幸福이目的이안인가。아! 붓을던지자。붓을던지자。이百姓에이人類에 하나님이무슨關係가있으랴。現今의世界의어느구석에 하나님의길을 찾는者있느냐。不義가公然히國際的으로 橫行하고있지아니하냐。하나님의일음을義롭게하는者어대있느냐。自己의일음 自國의일음이標準이안이냐。이世上에 하나님이무슨因緣이있으랴。基督敎가 國體에맞는다하고「正直한多數가 잘믿는다고하야 感謝의눈물을흘이는先輩여 이事實을어찌보느냐。그安價한傳道를廢止하고 에레미아와같이 울어라。울어라。人類는그렇게쉽게 하나님을생각지아니하노라。二千餘年이지낸지금亦 예수를十字架에 거는人心이로라。하나님의知識이 世上을떠난지가 오라고또한甚하다。누가 하나님을알랴하느냐。人類는 하나님을떠났는지라。떠났는지라。누가 이사야五十三章을알겠느냐。누가 예수그리스도의十字架를알겠느냐。누가 하나님아버지의타는마음을알겠느냐。果然孤獨이로라。永遠한孤獨이로라。하나님은孤獨하고 예수그리스도는孤獨하다。그를따르는者 또한孤獨하다。아브라함하나뿐 노아하나뿐이아니었느냐。이孤獨의悲哀를 누가알겠느냐。아! 그러나 人類여들으라。너의의計劃이成就되지아니하고 이孤獨한 하나님의뜻이成就된다。너의들의計劃 그自體까지도 恒常하나님의目的成就의한手段이된다。果然무서운事實이다。人類여 이것을어찌하랴는가。그래도泰然히너의길을걸고가랴느냐。너의는 이것을보지못하고듣지못하느냐。聖書는 무엇이라말하느냐。自然은 무엇을明示하느냐。歷史는 어떻게움지겨왔느냐。小數의羊들은 왜끄칠새없이屠所에끌려가느냐。人類들아 그대들은눈뜬소경이안이고 들리는귀먹어리가 안인가。하나님의公義의道가 著々實現되고있노라。個人을보아라。家庭을보아라。社會를보아라。國家를보아라。世界를보아라。물이大洋을덮는것과같이 하나님의길이 그것을덮고있지아니하냐。

이 悲劇中에大悲劇이고 같은血肉을가진우리로써 참을수없는일이지마는 이公然한事實을알지못하는이異邦속에서 우리가어찌 하나님노래를불으랴。우리거문고를던지고붓을던지자。默默히 十字架의길을걷고만가자。벗이여 우리의 이心情을아느냐쫓으느냐。

바울의生涯【五】

스토ㅣ커敎授著
柳錫東譯

第五章 일군을기다리는事業

六八、이제바울은福音을가지게되여 이를異邦人에게傳하는것을 自己使命으로알게되엿다。그러나 그는그의特異한生涯를始作하랴면 아직오래기다리지아니하면아니되엿다。우리는以後七八年間은그의消息을들을수없으나 攝理의깊은뜻이있어 그의종을이와같이 오래기다리게한것같다。

六九、여기에私的理由가있으니 이는바울自身의心靈史에關聯되는것인대 기다리는것은 하나님이特別한事業에任命하는사람을訓鍊하는 一般的手段이다。公的理由가있으니 이는바울에對한 猶太當局의嫌忌가至極하야 그는到底히 基督敎活動이곳注意를喚起하는곧에서일을할수가없었다。그는처음에回心한다메섹에서傳道하랴하였으나 대번猶太人의激怒를사 避하게되였다。다음에 예루살렘에가自己의그리스찬임을干證하기始作하였으나 不過二三週日에 이곧이또한 그를容納할수없는곧이되였다。이 當然한일이로라。猶太人이어찌 最近까지自己들宗敎의第一鬪士이든그로하여금 그를내세워破滅시기랴고한 그信仰을宣布하게큼하겠는가。그는예루살렘에서避하야 故鄕다소로가 거기서몇年동안 隱遁生活을하였다。그는勿論自己家庭에서그리스도를證據하였을것이며 그가길리기아故鄕골에서福音傳道를하였다는表跡도多少間있다。그러나그가이러한일을하였다하드래도 이는新宗敎運動의主潮가아니었음으로 無名한사람의일로돌려보냈을것이다。

七〇、그러나이는그가몇해동안 숨어서지내게된推測되는理由에不過하다。이外에 바울의可驚할저偉大한生涯가 遲延되게된明白한理由가있다。이동안 人類歷史上가장重大한事變의하나인 革命이일어나 異邦人은그리스도敎會에서 猶太人과同權을가지게되였다。이大變化는예루살렘에있는 使徒團에서 일어났는데 第一使徒인베드로가 이役割을맡게되였다。그는욥바에서 깨끗한動物과깨끗지아니한動物의보자의異象을보와 이일에對한準備를

맞우고 가이사랴의異邦人고넬뇨와그의家族을 割禮없이洗禮만주어敎會에받어들였다。果然無限大한結果를내일큰革新이었다。이는 바울의傳道事業에必要한準備이었고 이最初의異邦人이 바울로써가안이고 베드로로써 敎會에들어오게된것은 얼마나賢明한하나님의配定인가는 將次일어나는事件이이를證明할것이다。

七一、이事變이일어나매 이正히바울이설舞臺로라。그가거긔에들어갈門은即時열리었다。가이사랴의異邦人家族의受洗와거의同時에 수리랴地方首府안듸옥市異邦人사이에 信仰의大復興이일어났다。이運動은 예루살렘에서 迫害때문에쫓겨온避難者들이始作한것인대 使徒들도이것을承認하야 그들이信任하는助手바나바를 예루살렘에서보내여 이를監督하게하였다。이사람은바울을알었다。바울이回心한後예루살렘으로와그곧그리스챤團에合하랴하였으나 그들은 羊의털밑에 이리의齒爪가감추워있음을疑心하야 그를至極히두려워하였다。그러나바나바는이몸은恐怖와疑心을이기고 이新回心者를받어 이약이를듣고 그를믿어 남어지사람들을說服하야 그를 받도록하였다。그러나 이렇게交際는始作되였으나 바울은數週日되자마자 예루살렘을떠나게되였다。이동안바나바가바울의人格에서받은印像은深大하였으며 그는이를잊을수없었다。그가안듸옥復興을監督하라오게되매 그는그일이넘어큼을알어 援助의必要를느끼게되였다。바울이야말로 그가要求하는 사람이라는생각이 그의게일어났다。다소는멀지아니하다。그는그를찾으랴고 그곧으로갔다。바울은그의招待를받어 그와同伴하야안듸옥으로돌아왔다。

七二、그가기다리고있든때는 이제다달었다。그는偉大한天性의熱心을가지고 異邦人을福音化하는事業에着手하였다。이正히適材適所이다。그의活動에應하야 運動은불일듯이하였다。弟子가多數히되고顯著히되여 異敎徒들은 그들에게크리스챤이라는새일음、以後恒常그리스도를믿는信仰의表章이된일음을 주게되고 人口五十萬이되는이안듸옥市는예루살렘대신에 基督敎의本府가되였다。暫時에大敎會가成立이되야 거긔에넘치는熱心은 한提議를하게되고 이것이 굳은決心으로되여 畢竟에異邦

에傳道師를보내게되엿다。自然히바울이 이指命을 받엇다。

七三、바울은이에그의一生의事業에當面하엿다。暫間그가出征하는世界를通覽하여보자。그가目的하는바에틀림이없엇다。바울의때에는 알련世界는至極히작어 單一人으로써世界를靈的으로征服한다는것은 不可能한일이안이엿고 또世界는그를征服하랴는새힘을받도록 完全히準備가되여있엇다。

七四、그는地中海를둘러싼狹小한 平圓面의陸地이엿다。當時地中海는 그일음이明示하는것과같이世界의重心이엿다。後에는勿論그重心이딴곧으로옴기게되엿으나。人類生活의興味는오로지 歐洲의南쪽나라와 이地中海의沿岸을만든 西部亞細亞와北部亞弗利加에集中되엿엇다。이小世界에는三都市가있어當時의興味를三分하엿다。即로마·아덴스·예루살렘인대 이羅馬人、希臘人、猷太人의三人種의세首府는 어떤意味에서든지 舊世界를支配하엿다。勿論各各當時文明의三分之一部分式을支配하엿다는것이안이고 各其가順番으로全體를支配하엿다는것이며 따려各其勢力이依然히남어있어 그의不滅의影響을주고있엇다

七五、希臘人은最初에世界를占領한民族이다。그들은銳敏하고天才가있는國民이고 商業文學藝術의完全한偉人이엿다。그들은大段일즉이 領土心을發揮하야 子孫들을 故國을멀리떠나 東西地方에新居地를發見하게보내엿다。畢竟에그들中에 이强한傾向을體現할한사람이일어나 武力으로써 希臘의領土를印度境界까지넓히게되엿다。알렉샌더大帝가죽으매이大帝國은四分五裂이되엿다。그러나 希臘의生活과影響은 그의軍隊가洪水의勢力으로支配한各國에서살어지지아니하엿다。수리아의안듸옥과埃及의알렉산도리아 같은希臘의都市는 東洋全體에勢力을가지게繁盛하엿고 希臘商人은各處商業中央地에많이있엇다 希臘의先生들은各地에서自國의文學을가르치엇고 이야말로 가장重要한일이지마는希臘語는 國民과國民사이에注意를要하는 말을할때에는의례히쓰는一般的用語가되엿다。猶太人까지도新約時代에는 原헤브루語는死語가되여 自己들聖經을希臘語로읽게되엿다。 아마希臘語는世界語中가장完全한言語일껏이다。그런대이말이 基督敎

가國際共通語를要求할때 全世界에傳派됨은 特別한攝理이었다。新約聖書는希臘語로썻으며 基督敎의使徒들은가는곧마다 이말로써傳道할수있었다。

七六、다음에는羅馬人의順番이와 그들이世界를占領하였다。元來는그들은 그들의일음이일어나게된都市와近隣에있든한民族이었는대 漸漸强하게되고發展되며 兵術과統治術에通達하야 畢竟에當할수없는征服者가되고 向하는곧마다 틀림없는地球의主人이되였다。그들은希臘을征服하고 東으로가알렉샌더와그後繼者가다스리든나라를占領하였다。實로 알게된全世界는 지브랄타海峽부터極東까지그들의것이되였다。그들은希臘人의天稟과快活함을가지지아니하였다。그들의特質은힘이고 正義이였다。그들의技術은詩人과思想家의것이안이고 軍人과裁判官의것이었다。그들은種族間의差別을없애여萬人間에에서로朋友가되게하였다。그들은全部한鐵則알에에屈服하였다。그들은各地方을道路로貫通하야이들로마에聯結시기었는데 그設計術이完全하고堅固하야 오늘날까지남어있는道路로있다。이大路를通하야福音이傳達되였다。羅馬人亦基督敎의先驅者가되였다。그들官憲은 여러곧에서 福音의最初의宣布者에게 많은便益을주고 또한地方法廷의不法한處分에對하야 많은保護를하였다。

七七、이러는동안에古代의 第三國民亦 世界를完全이征服하였다。猶太人은 希臘人과羅馬人과는닮아 武力으로써自己들을普及시기지아니하였다。그들도 數世紀동안 軍人의英雄이옴을기다렸으며그가만약오면그의武勇은 異邦人의가장有名한征服者라도壓倒할것이라고 생각하였다。그러나그는아니왔다。그들이文明의中心의地位를잡게된것은 아주잔잔하고고요한길을가지고서이었다。말라기부터마태에이르는四世紀間은 이에對하야聖經에아무記錄이없으나 이동안猶太民族에는 다른民族에볼수없는 特殊한風習의變化가일이났다。舊約聖書를보면 猶太人들은 파레스틴의좁은範圍를떠나지아니하고 主業인農事에從事하면서 外國民과混雜함을絶對로避하였다。新約聖書를보와도 그들은亦예루살렘에固着하야 自己들의孤別主義를嚴守하였다。그런대이제그들의風習과居住가完全히變動되였다。그들은農事를버리고 非常한熱心을가지고 商業에

從事하게되여大成功을하게되였다。이리하야그들은亞弗利加、亞細亞、歐羅巴各地各處로흩어지게되고重要都市에그들이없는곧이없게되였다。어찌하야이러한非常한變化가생겼는가는 大段히알기어려운일이고 만약이것을말하랴면長時間이걸릴것이다。어떻든지이일이일어났다。그리하야 이는基督敎初代史에가장必要한事情을일우게되였다。猶太人은그들이定住하는곧마다 會堂을세우고 聖經을읽고 唯一의참하나님에對한信仰을固執하였다。이뿐만안이라 그들의會堂은어대서든지 周圍의異邦民中에서改宗者를잇끄렀다。異敎徒의宗敎는 當時에는 崩潰狀態에있었다。弱小民族들은 征伐하는希臘人과羅馬人손에서 救援을얻지못하야 그들神에對한信仰을잃고 이征服者들도뜨한 다른理由로自己들神에對한信仰을잃게되였다。懷疑의時代이었다。宗敎는腐敗하고道德은墮落하였다。그러나 信仰을가지어야만할사람은恒常있었다。이들은宗敎를찾었다。많은사람들은 多神敎의하나님의 淺薄하고不可信의神話에서나와 猶太宗敎의純潔한一神敎에安心을얻었다。이宗敎의根本信條는 또한基督敎信仰의基礎이었다。基督敎의使者들이가는곧마다 그들은自己들과共通되는宗敎的생각을가진사람을맞났다。그들은처음說敎를의레히會堂에서하였고 그들을처음따른歸依者는猶太人이었고 改宗者이었다。猶太會堂은 基督敎가異敎徒에건너간 다리었다。

七八、이것이 바울이遠征에나설때의 世界이었다。그는各處에 이三民族의影響이및어있는 世界이었다。그러나이外에 닞어서는아니되는二種의族屬이있는대 이속에서初代說敎者에게많은歸依者가생기었다。하나는各地의元住人民이었고 하나는捕虜와그의子孫인奴隷인대 이들은主人의必要와마음에따러 이곧저곧으로恒常옴겨다니었다。貧者에게깃븐消息을傳하는것을 第一의名譽로삼는 宗敎는이被壓迫階級을看過할수없었다。勿論基督敎가 當時世界의運命을左右하는權力과싸운것이 많은注意를잇끄는것이나 그러나 우리는基督敎가恒常下賤한者의運命을바로잡고向上시기여서 最善의勝利를얻었음을닞어서는아니된다

로마書研究 (十五)

牧師 張道源

第十六回、萬人의有罪

第三章九―十八節研究

바울은 먼저異邦人의罪를論하고 次에유대人의罪를述한後 三章一―八節에서 枝葉으로流走하야 三四個의提議로自問自答하고 다시九節로부터本論에돌아와서 萬人有罪論을提唱하였다。 卽九절에서 人類는 다罪알애에있음을 主張하고 十節―十八節에서 舊約聖書의語句를引用하야 自己의萬人有罪의主唱을裡書하였다。

9、 그러면如何하냐? 우리는 저의보다 낫은것이없는者냐? 決斷코없다 우리 유대사람이나 헬라사람이나다罪알애에 있다고 발서말하였다

『그러면如何하냐?』함은 一章後半과二章에서 유대人이나 헬라人이나 다罪알애에있다고論하였다 이論述全部를 受納하면서 그러면 어떻게된것이냐? 네論述대로하면 우리유대人은 저의異邦人보다 낫은것이없는者가안이냐? 하는意味다

『우리는 저의보다 낫은것이없는者냐?』의『우리』는 유대人을指함이오 『저의』는 異邦人을指함이다 卽유대人은 異邦人보다 낫은點이없는냐? 하는뜻이다 此問에答하야 바울은『決斷코없다』고 斷言確定하였다 하나님께對하야 背逆不信의罪를犯하였음에있어서는 유대人이나 異邦人이나 다 差異없이罪人이다

하나님이 유대民族에게 말씀을付託하신일과그外여러가지恩惠로써 저의를引導敎訓하신點에있어서는 確實히異邦人보다 낫은地位에있다 그러나 하나님의恩惠를背反하고 不信의罪를犯한點에있어서는 異邦人과 다른것이족음도없다 卽하나님앞에反逆한者된一點에있어서는 異邦人이나 유대人이나 何等의區別이없이 一括하야 다罪人이다

맞히 現代의敎會에있어서 信者들이自己는 洗禮를받었으며 敎會의儀式을嚴守하였으며 十一條를献金하였으며 敎會에熱心으로出席하였으며 敎會의職分도가졌으며 聖經도잘안다하야 이것으로써 特權으로하며 이特權을가졌다하야 自己自身

로마書研究

은信者인줄로알며 그렇지아니한者를 不信者라하야 저의는 滅亡을 받을者로하며 自己는 救援얻을줄로自認하는것과같다 이것이特權은特權이다 그러나 하나님은 이것으로써 信者로하시지는아니하신다 예수그리스도로 말미암아 하나님과산사괴임에있지아니하면 하나님은 그를 信者로하시지아니하신다 그런故로 이러한 諸種의特權을具備하였을지라도 하나님이 信者로하시지아니하시는點에있어서는 如此한 宗敎儀式의諸種特權을具備하지못한者와何等의區別이나 差異가없이 다同一한不信者의取扱을받는것이다 如此히 바울은유대人이나 헬라人이나 다區別이나差異가없다고主張하고 곳舊約聖書의말슴을引用하야 『우리유대사람이나 헬라사람이나 다罪알애에있다고발서말하였다」라고한것이다

10、即記錄하였으대 『義人은없나니 곳하나도없으며』

11、깨닫는사람도없고 하나님을 찾는사람도없고

12、다迷惑되야 彼此에虛妄한者가되고 善을行하는者는없나니 곳하나도없나니라

一二

13、목구멍은 열린 무덤과같고 그혀로는 詭計를베푸며 입술에는 독사의毒이있고

14、그입에는 詛呪와惡談이 가득하고

15、그발은 사람의피를 흘니는대 빠르며

16、殘害와慘憺이 그길에있으며

17、저의는 平和의道를 알지못하며

18、저의 눈앞에 하나님을 두려워함이없나니』

라하시니라

以下十—十八節까지는 바울이 詩篇과以賽亞書等舊約聖書에서 多數의聖句를拾集하야 理論이正然하게綜合하야 自己의主張인 萬人有罪論의一大思想을開說한것이다 此舊約聖書의自由引用은 바울의萬人有罪論의斷定에 더욱有力하게擁護되여있으며 더욱强堅하게支持되여있다

第十—十二節은 詩篇第十四篇一—三節의 다윗의詩中에서引用한것인대 이詩는作者가 當時의大衆들의奸惡과腐敗한것이그極에達하야 이世上에는義人이하나도없으며 善을行하는 者하나도없으며 하나님을 찾는者도없음을보고 깊이憤慨하야쓴詩다

十節에서『義人은없나니 곳하나도없다』함은 萬人有罪의事實을 總括的으로斷定하야 말하는것이다『義人이라』함은 十一節以下에 次第로 나타나는不義의內容을觀念하고 此不義에對한積極的反對의것을意味하는것이다 即하나님의奧義를깨닫지못하며 하나님을思慕하지아니하는者를 不義로定하고 그結果로生起는몯은行爲를 罪惡으로定한것이다 그러고 이不義와罪惡의反對로 마음과 뜻과 敬虔을다하야 하나님을思慕하며 하나님께 自己全部를맡기고 거긔에서 平安을얻는 一切生活을 義라고한것이다 如此히 義는積極的行爲다 하나님을 찾아 그안에서平安을 얻지못하면 이는義人이안이다 故로 이에서 바울이 意味하는義는 道德的義가안이오 宗敎的義다 即惡을行하지아니하는義를意味하는것이안이오(普通一般的으로는惡을行하지아니하면義人이라한다) 하나님을信賴함으로얻는 平安과和平을意味하는것이다 그런故로 크리스챤을除한外에 義人은하나도없는것이다 如此히 하나님의奧義를 깨닫지못하며 하나님을 찾지아니하는者를 不義로定하면 萬人은 다不義의알에에있어罪人으로의審判을받을것이다

十一節에『깨닫는사람도없고 하나님을 찾는사람도없다』하야 不義의本領을曝露한것이다

『깨닫는사람이없다』함은 하나님의奧義를 깨닫는사람이없다는뜻이다 하나님은 우리人間이돌아오기를 熱心으로求하면서게시다 그러나 人間은그 聖意를깨닫지못한다 하나님의奧義는 우리人間이 每日當하는몯은事變이 우리가 하나님안에있는永生과平安을 얻도록役事하시는일이다 如此히 하나님은 우리人間으로하여금 하나님안에있는 永生과平安을 깨닫고얻도록 周圍環境을 만드러서 引導하신다 그리하야 우리의周圍環境의몯은事情은 하나님이 살아서 일하시는일이다 그러나 우리人間은 이것을 깨닫지못한다

또『하나님을찾는사람도없다』함은 敬虔한마음으로 하나님을 思慕하는사람이없다는뜻이다 하나님을 思慕하지아니하는生活은 萬惡의뿌리다

하나님을 思慕함이없는生活의結果는 積極的으로는 저의가 腐敗하여지고 消極的으로는 善을 行하지 못하는것이다 하나님을 思慕한다는것은

赤兒가 慈母의품을 思慕하는것과같이 하나님의품안을 떠나서는 絕對살수없는줄로알고 하나님의품안에있어서는 아모것도 가지지못하엿을지라도(即地位名譽知識財力權力等)平安과喜悅이 넘치며患難困苦迫害를當할지라도 平安과喜悅 所望과生氣가 넘치는故로 恒常그품안에있기를思慕하는것을말하는것이다. 그런故로 義人(信者)은恒常하나님의품안이思慕된다 그런故로 하나님의품안을 떠나서는 絕對살수없는줄로아는者가 義人이다

十二節에서는『다迷惑되야 彼此에 虛妄한者가되고 善을行하는者가없나니 곳하나도없나니라』하였다 이는 罪의一般的狀態를말하는것이다

『迷惑되야』라함은 目標를向하고 突進하여야할直路正道에서 脫線한者가되엿다는뜻이다 人生의目標를向하고 곧게突進하지못하고 左右로脫線하야世上의虛榮浮華에서 彷徨하는것을말하는것이다

『虛妄한者가되고』함은 原語에無益한者가되엿다는뜻이다 人間은彼我를勿論하고 누구나 다正道에서脫線하야 無益한者가되엿다는것이다 即人間은하나님께있어서는 全然無益한者가되엿다는것이다 例컨대 한時計를 어린兒孩가 自己의玩具로알고 가지고家外에나아가서 作亂함으로 그機械에녹이(銹)끼여서 無益한時計가된것과같으다 그時計가 어린兒孩의玩具로는 좋은玩具일른지모르나時計로하야서는 全然無益한것이다 이와같이 人生의正道에서脫線된生涯에있어서 그것이 惡魔의玩具로는 좋은것이될지나 하나님께있어서는 全然無益한것이되고만것이다 如此히 人間은 正道에서脫線되고 幸福과眞平安에 니르는길에서떠러저서 滅亡에 나아가는길에서 彷徨하는者가되야無益한것이된者이다 人間의惡한말과行爲는 總히이迷惑된마음에서 湧出하는것이다 그런故로 人間은 하나님의恩惠로 그리스도를通하야 이迷惑된데에서 救出함을받아야한다 更言하면 人間은다迷惑된者다 卽罪가있는者나 故로救援이要求된다는것이다 이것이 바울이 이로마書에서 말하라는中心思想인 信仰的救援一義의福音主義說의前提로있는것이다

『善을行하는者가없나니 곳하나도없다』『善』이라함은 잘된것 좋은것 可한것을意味하는것이다

이世上에는 하나님의聖意로보아서 잘된일과 하나님이 보시기에좋은일을行하는사람이없다 하나도없다 『善을行하는者가없나니 곳하나도없다』함은 하나님이 보시기에 좋고 아름다우며 可하고잘된일을行하는사람이 이世上에 하나도없다는뜻이다 果然 이世上에는 하나님이 보시기에 善한(創世記一장三十一節)善을行하는사람이없다 곳한사람도없다

하나님이 사람에게要求하시는善 예수그리스도가 나타내신善과같은善을 行한사람이古今東西에 한사람도없다 或은 사람이보기에는 善을行하는 善人이있다 그러나 그마음속에 숨어있는그動機를 깊이尋探하야본다면 그속에는 卑劣한것이潛伏하야있음을볼것이다 例컨대 或은自己의揚名을爲하야 或은自己의利益을爲하야 或은自己의自尊心의滿足을爲하야 善을行하는것이다 一毫의野心何等의策術없이 純眞한自然至純의善은없다

十三-十四節은 咽舌口唇等의發音機關의惡用 即 惡한말로써 犯行하는罪를擧示한것이다 이는 詩篇第五篇九-第十篇七-第百四十篇三節等의聖句를 引用한것이다

『목구멍은 열린 무덤같고 그혀로는 詭計를베푸며 입술에는 毒蛇의毒이있고』『무덤』은 사람을잡아삼키랴고 입을버리고있는 무섭고도 떨리는곳이며 또한 그속에는 썩은死體가있어 惡臭를發하고있는곳이다 사람의목구멍은 이와같하야 그속에는 참아듣지못할不潔한말과 사람을害하는 毒한惡臭가 가득하며 사람의全體를呑食하랴고버리고있는것이다 그런故로 그혀로는 詭計를베푸러 사람을속이며 讒誣하며 그입술에는 毒이있어 맛치 毒蛇의舌下에는 毒囊이있어 他者를害하기爲하야 準備하고 있는것과같이 그입술에는 自身을利하게하기爲하야 恒常他人을害하기에足한 用能을預備하야가지고있다는뜻이다 그리하야 그입에는 사람을詛呪하는일과 사람을害하는惡談이 가득한것이다

十五-十七節은 行爲로써 나타나는罪狀을말하는것이니 即 사람의罪生活의方面을述하는것이다 이는 以賽亞書五十九章七-八節을引用한것이다

『그발은 사람의피를 흘이는데에 빠르다』함은

自己 利慾을爲하야 無罪한 同族의피를 흘이며 自國의領土를擴張하기爲하야 隣邦의良民의피를흘이기를 꺼리지아니하는것을意味함이다 이世上에는 自己의利慾을爲하야 同胞의피를 흘이면 그를稱하야勇士라하며 自國의領土擴張을爲하야 隣國의良民을虐殺하면 이를稱하야英雄이라하야 千秋萬代로 崇拜한다 아ㅣ이러고야 어찌世上에서 義人을맛나며 善人을보리오? 아ㅣ世上에는 義人의그림자도없으며 善人의자취도없다

『殘害와慘憺이 그길에있다』함은 저들의 생각하는일이 곳사람을殘害하는일이오 저들의 劃策하는事業이 곳同族을慘憺케하는일이라는뜻이다

『平和의道를 알지못한다』함은 저의가 眞正한平和와幸福이 무엇이며 어듸에있는줄을 알지못하고 自己를爲하야 利慾의굽은길을만드니 그길에는平和와幸福이없다는뜻이다

十八節은 詩篇三十六篇一節의引用이니 萬惡의根本的原因을說示하는것이다

『하나님을 두려워하지아니한다』함은 하나님이 저의目前에 살아게심을믿고 敬虔한마음으로 그를禮拜하며 思慕하는마음으로 그를사랑하며 審判을 기다리는마음으로 그를順從치아니하는것을意味하는것이다

하나님을 두려워하지아니하는것이 몯은罪의總括이오原因이다 社會의腐敗와人類의墮落의原因은 眞實로無神論에있는것이다 많은사람들은 마음에 생각하기를 하나님이없다하야 宗敎는迷信이라고 한다 그러나 저의는 眞實로愚昧한者다 저의도 저들의墮落을안다 저의도 저의社會의腐敗를痛嘆히녀긴다 그러나 그原因은 하나님을 두려워하지아니함에있는줄은 깨닫지 못한다 그러나 하나님을 두려워하는사람은 暗黑한地上에있어서 天上의光明을보며 惡人橫行의世上에處하야 하나님의恩惠와사랑을생각하고 마음에慰安을얻으며 惡人들이 하나님의攝理를否定하며 그의審判을輕蔑할지라도 正義는最後의勝利임을 노래하는것이다 擧世皆濁이라도 獨也淸하는것이다

以上은 바울이萬人有罪論을主張한後에 舊約의聖句를引用하야巧妙히排列하고『人類는다罪人임을』引證하야 自己의主張을 더욱明白히한것이다

니케아會議

張道源

主後三世紀末四世紀初葉에至하야 알렉산드리아敎會를中心으로하고 基督敎界에는初有의敎理論爭이生起엿다 이는 알렉산드리아敎會의長老職에있는 아리우쓰(Arius)의基督觀과 正統派의基督觀이서로 容認치못할關係上 當時의알렉산드리아敎會의監督알렉산드는 아리우쓰는異端者로서 그運動이正統派의立場으로보아서는 大端히危險한것이라하야 곳命令을下하야그運動을抑壓한것이다 然而아리우쓰는 大衆의後援을 얻어가지고 監督의命令을順服치아니하고 自己의主張을 더욱强堅하게하며 그運動을 더욱積極的으로行함으로 敎會는二派로分立하야 論爭은더욱激烈하여진것이다

때에 알렉산드監督은 大憤慨하야 三百二十年에 아리우쓰長老들 異端으로定하야破門을식힌것이다 이로좇아 아리우쓰長老와알렉산드監督과의間에對한論爭은 더욱激烈하야彼此間에相當한威勢를가지고 서로 결우고있었다(아리우쓰는二百五十六年頃에 알렉산드리아에誕生하야 三百三十六年에 콘스탄틔노블에서死去하였다 彼가基督敎傳道 받기는 안듸옥의 루시안(Lucian)에게서받었다(루시안은二百四十年에生하야 三百十二年에殉敎하다)아리우쓰는 大神學者루시안의弟子로서 智力이俊秀하며 嚴正한修養家인同時에 大雄辯家大說敎家로當時의人氣를 크게끄을고있든 自由思想의大神學者이다)

當時의로마皇帝콘스탄틘(Constantine)은 敎會內의此基督論의敎理問題의論爭으로因하야 로마帝國의分裂이生길가憂慮하야 政治的手段으로 宮廷附牧師호시우쓰(Hosius)監督을 알렉산드리아敎會에派遣하야 論爭의問題를解決하며 兩派間의調停을식히고저努力하였으나 結局그周旋은空務에 돌아가고 何等의功을奏치못하고돌아왔다 때에 콘스탄틘大帝는 此論爭이 더욱重大化하여감을알고 國內의統一을傷할가 더욱念慮하야 此國家分裂의不詳事를未然에防止할랴는뜻으로 三百二十五年五、六月에 代表者의費用은全部自己가負擔하고 全國內의監督全部를 小亞細亞빗듸니아(Bithynia)의니케아(Nicaea)에招集하고 宗敎會議를開催한것이 即니케아會議이다

나케아會議

콘스탄틴大帝가 此니케아會議를招集한本意와目的은宗教的眞理를明確히하기爲함이안이오 政治的으로國內의治安을妨害할가하야 이것을防止하기爲하야宗敎會議를붙인것이다 政治家가宗敎를利用하는것이自古로이러한것이다 現今에있어서도 爲政家들이宗敎를利用하야 如此히 自己의政略이나野心을貫徹코저하는것이다 現代人은 此를指稱하야宗敎는阿片이라고하며 爲政者階級資本主義的爲政者를擁護하는者라고하는것이다

此會議에來叅한者는監督一人에各自長老二人從者三人을伴하기로許한것이다 그리하야來會者의總數는未詳하나 大略三百名內外로觀測하야 大差가없으리라고한다 此會에來叅한地方을列擧하면 如左하다 수리아 아라비아 페니게아 波斯 리비아 메소보다미아 小亞細亞 埃及 北亞弗利加 기리시야 판노니아 西班牙等이었다 當時의로마의監督셀베스털第一世는 老衰함으로 出席하지못하고 약이두쓰及약이켄듸우쓰의二長老로써 代理로出席케하였다 此會議에는 三派가있었다 即

1、正統派 알렉산드리아敎會의監督알렉산드를大將으로하고있는 알렉산드리아派(實狀은裡面에서無名人으로眞理를擁護아고있는者는 아다나시우쓰)(Athanasius)다

2、反對派 아리우쓰長老를 中心으로하고있는自由思想의異端派(此異端派의中心人物은 아리우쓰나 表面의統領者는 니코메디아(Nicomedea) 의유세비우쓰 (Eusebius)다 저는高門巨族으로 當時의衆望을一身에集得한大量의人物이었다)

3、折衷派 오리겐(Origen)派의監督들이此에屬하다。吾人이此會議에서 注意하야볼것은此會議의議事決定規定이었다 該議事規定法은如左의諸項이다

(1)、敎理問題에對하야는 全會員의一致로써決할事

(2)、長老와執事는 討議權은有하나 裁決權은無하고 裁決權은獨히監督에게限할事

此니케아會議의中心問題는基督論이었다 即하나님과그리스도는同一體이냐? 안이냐? 萬一同一體라면 그存在의狀態에對하야 如何한差異가있느냐? 萬一存在의狀態에對하야差異가있다면 그리스도와하나님과의間에는 同一體가안인것이안이냐? 又는萬一 그리스도가 被創造者로서 純然한人間이라고하면 此를宗敎的信仰의對象으로하는것은 非眞理

가안이냐?하는等問題를討議하야 이것을一定한結論으로歸着을식혀서 敎會內의敎理를統一식히라는것이 此會議의本意오目的이다 아ㅣ宗敎의信仰을個人의自由思想에一任하지아니하고 宗敎的會議의決議로써定하는일은 宗敎로써敎理化를식히며 人爲的決議로써 산宗敎를죽이는일이다 如何한時代에있어서든지 信仰의일을 宗敎的會議의大衆的決議로써規定하는일은 그宗敎로하여금腐敗케하는일이오 죽이는일이다 過去의 基督敎史上에있어서 如此한 宗敎會議의決定으로因하야 基督敎의眞理的發展에 얼마나큰害를주었는지 우리는 다思量할수없다 基督敎의眞理的發展을妨害한者는 基督敎會議처럼큰者가없다 基督敎信仰을 個人的經驗의自由思想에一任할때에는 異端이百出할憂慮가있다 그러나 異端은亡할것이오 眞理는興할것이다 異端을막는일은 하나님의일이오 사람의일은안이다 사람이異端을막으랴하야 사람의運動과合同協力으로 宗敎를人爲化를식히며 死石化를식히는일은自由思想에一任하는 것보다더큰害가있다

大體此會議에出席한大多數의會員은純然한神學論의格別한興味를가지고 眞理를爲하야論爭하랴는者가안이오 아리우쓰派와아다나시우쓰派의論爭을仲裁調停함을目的으로하는者이다 故로저의는 兩派의折衷을計하는者이다

니케아會議開會되자 아리우쓰는 大衆前에交々突立하야 雄辯과熱心으로 그리스도도 亦是被創造者오 永遠誕生者는안이라고하야 예수의人性만을强調하고 예수의神性은否定하였다 卽아리우쓰의 使用한用語에從하면 하나님과그리스도는 그本質이相類似한者요 決斷코 그本質이 하나님과同一한者가안이라는것이다 卽그리스도는 純全한被創造의人間으로서 하나님과같은者며 又는人間的特秀한偉人聖者로崇拜할것이오 하나님으로하야禮拜하며 信仰의對像으로하야 宗敎의生命으로할것은아니라고主張하야 熱烈한雄辯으로 그리스도의神性을否定하였다 此에對하야 알렉산드派傳統主義者는 極力盡忠하야 批判詰問하였다 그러나會衆의大勢는 아리우쓰派側으로 기우러저버렸다

然而 알렉산드監督의隨從者로하야同伴하였든青年執事아다나시우쓰가出現하야 그릇된會衆의形勢를全然轉換을식혔다 아다나시우쓰는起立하야 情熱한信仰과精鍊한論理로써 正統派의傳統的基督敎의基督論을 强堅히主張하였다『우리는 다罪人이다 罪人은 스스로自己를 罪에서 救出하지못하

는것이다 그러나 우리主예수 그리스도는 十字架上贖罪의 죽엄으로써 우리를罪에서 救援하셨다 이信仰은 使徒들로부터 敎父들에게 又는敎會에傳하야下來하는바요 또한 우리들도 이렇게믿는바이다 萬一이것을 믿지아니하는者가있으면 이는基督者가안이며 이렇게 가르치는者가있으면 이는異端者다 萬若主가우리를救援하시였으면 그는單히 人間만일수없다 單히 人間만으로서는 人間을罪에서救援할수없다 저가 우리를 罪에서救援하신者시면 저는 하나님이 되지아니하여서는 아니된다 아리우쓰派의主張하는바와같이 그리스도는 하나님과 類似한人間이안이오 正히 하나님이시다』라고。아다나시우쓰는 熱烈히傳統的精神을擁護하였나 於是平會議의形勢는全然變化하였다 正統派의사람들은 形勢의利함을보고 더욱猛烈히自說을主張하야 自說의高調點인『同質』의說을主張하였다

議長호시우쓰(Hosius)는 콘스탄틴大帝와協議하고會議의 決議案에『同質』이라는文字을揷入하야修正한後이것을議場에通過식혀서 絶對多數로써(反對者는僅히十數票)可決한것이다 이것이基督敎史上에有名한 니케아信條인것이다 이信條는 그리스도와하나님과의關係에對하야 主로하고決定한信條다 此會議에에서決議한決議案은 그리스도는 하나님의創造를받은被創造者가아니오 하나님과그本質이同一한者로서 하나님이 곳人間이된者라는것이다如此히 本會議는 그리스도의神性을肯定한것이다 그리하야此會議의結果勝利는 正統에돌아가게되고 아리우쓰派는敗北하게된것이다 그러나 宗敎上信仰運動의일이라 사람이會議決議로써는 征服되는것이안이다 故로 아리우쓰派는破門을當함에도不拘하고 아리우쓰主義는 反動的氣勢로複雜한波紋을니르킨것이다

콘스탄틴大帝는 곳 本曾議의 決議를批准하야 아리우쓰의文書를 頒布宣傳하는者는嚴重히處罰하며 命令에奉從치아니하는者는 死刑에處하기로決하고 아리우쓰 세우니쓰 세쿤드쓰의三名은 勅命에依하야 일루리아(Illyria)에放追되고 유ㅣ세비우쓰 세우구니쓰는 걸(Gaul)에放追되였다

아ㅣ世上은怪異하다 宗敎上信仰問題가 大衆的會議에依하야決定되며 皇帝의政權에依하야 擁護되는것은眞實로珍奇한일이다 이런珍妙한現象을보고는 白晝에독갑이춤추며 논판에세운 허재비들이腰切하지아니할수없다 ——(次號에繼續)——

다른이는 예레미야나 선지자중의 하나이라하며
이다」하니 十五、가라사대 「너희는 나를 뉘라하느
냐」十六、시몬베드로가 대답하야가르되「주는 그
리스도시오 사라계신 하나님의 아들이시니이다」
十七、예수 대답하야 가라사대「시몬바요나야 네
가 복이 있도다 육신이 이것을 네게알게한것
이안이오 한울에계신 내아버지께서 알게하심이
라 十八、나도 네게 너르노니 너는 베드로라내
가 이바석우에 내교회를 세우려니 음부의 권
세가 이기지 못하리라 十九、내가 천국 열쇠를
네게주리니 네가따에서 무엇이든지 매면 한울
에서도 매일 것이오 네가 따에서 무엇이든지
풀면 한울에서도 풀리리라」하시고 二十、이에제
자들에게 경계하사 내가 그리스도라 너르지말
라 하시더라。
二一、이 때로부터 예수 자긔가 반듯이 예루살
렘에 올아가 장로와 제사제장과 서기관들에게
고난을 많이 받고 또 죽었다가 제삼일에 살
아날 것을 제자에게 비로소 가르치시니 二二、
베드로가 예수를 붙들고 간히야 가르되「주여
이런 일을 멀리하소서 이 것이 주에게 및이
지아니하리이다」二三、예수 몸을 돌이키시며 베
드로다려 너르시되「사탄아 물러가라 네가 나
를너머지게 하는자로다 대개 네가 하나님의 뜻
을 생각지아니하고 사람의 뜻만 생각한다」하
시고 二四、그때에 예수제자에게 너르시되「아무
든지 나를 따라오려하거든 자기를 이기고 제
십자가를 지고 나를 좇으라 二五、누구든지 제
목숨을 살리려하면 잃을 것이오 또 누구든지
나를 위하야 목숨을 잃으면 찾을 것이니 二六、
사람이 만일 온 천하를 얻고도 제 목숨을
잃으면 무엇이 유익하리오 사람이 무엇을 주
고 제 목숨을 바꾸겠느냐。二七、인자가 아버지
의 영광으로 그 천사들과 한께 오겠으니 그
때에 사람마다 행한대로 갚으리라 二八、내가진
실로 너희게 너르노니 여긔 섰는 사람중에죽
지아니하여서 인자가 그 나라로 림하는 것을
볼자가 있느니라。」

第十七章

마태복음

一、엿새 후에 예수께서 베드로와 야고보와 그
동생 요한을 데리시고 따로 높은 산에 올아
가사 二、저의 앞에서 형상을 변화하시니 그
얼골이 해 같이 빛나며 옷이 히어 광채가 나
드라。三、때에 모세와 엘리야가 그 사람들에게
나타나 예수로 더불어 말슴하거늘 四、베드로가
예수께 여쭈어 가르되 「주여 우리가 여긔 있
는 것이 좋사오니 주께서 만일 원하시면 내
가 여긔서 장막 셋을 지어 하나는 주를 게
시게 하고 하나는 모세를 게시게 하고 하나
는 엘리야를 게시게 하리이다」하니 五、말할
때에 홀연히 빛난 구름이 가리우며 또 소리
가 구름 속에서 나와 가르시되 「이는 내 사
랑하는 아들이오 나를 깃브게 하는 자니 너
의가 저의 말을 들으라」하시거늘 六、제자들이
듣고 업더어 심히 두려워하니 七、예수 나아
와 저의를 만지시며 가르시되 「두려워말고 일
어나라」하시니 八、제자들이 눈을 들고 보매
한 사람도 보이지않고 오직 예수 뿐일러라。
九、산에서 네려오실새 예수 분부하야 가르

二二

시되 「인자가 죽은 가운데서 살아나기 전에는
본것을 아무에게든지 니르지말라」하시니 十、제자
들이 묻자와 가르되 「서기관이 어찌 엘리야가
먼저 온다 하였나이까」十一、예수 대답하야 가
르시되 「엘리야가 과연 먼저 와서 몯은 일을
회복하려라。十二、오직 내가 너의게 말 하노니
엘리야가 이미 왔으되 저의가 아지못하고 임
의로 대접하였으니 인자도 또한 그들에게 이
와같이 해를 받으리라」하시니 十三、그제야 제
자들이 예수 말슴하신 것이 세례 요한인줄을
깨닫드라。
十四、무리에게 니르시매 한 사람이 예수께와
서 꿇어 업더어 가르되 十五、「주여 내 아들을
불상히 녀기소서 저가 간질로 심히 고생하야
여러번 불에도 너머지며 물에도 너머지니 十六、
내가 주의 제자에게 데리고 왔으나 능히 고치
지못하더이다」。十七、예수 대답하야 가르시되 「믿
음이 없고 패역한 세대여 내가 얼마나 너의
와 같이 있으며 얼마나 너의를 참으리오 네
아들을 데려오라」하시고 十八、예수 꾸짖으시니

사귀가 나가고 아이가 그 때부터 낫은지라。
十九、이에 제자들이 예수께 나아와 종용히 가르
되「우리는 어찌 이 사귀를 쫓지못하였나이까」。
二十、예수 가르시되「너의 믿음이 적은 연고니
라내가 진실로 너의게 니르노니 너의가 만일
믿음이 한 겨자씨만치 있으면 이 산에게 명
하야 여기서 저기로 옴기라 하여도 옴길 것
이오 二一、또 너의가 못할 것이 없으리라」。
二二、갈릴리에 머물 때에 예수 제자다려 닐
어가르시되「인자를 장차 사람의 손에 잡아주
어 二三、저의가 죽이매 제 삼일에 살아나리라」
하시니 제자들이 심히 근심하더라。
二四、가버나움에 니르니 성전 세 받는 자가
베드로에게 나아와 가르되「너의 스승이 성전 세
를 내지 아니하느냐」二五、가르되「내신다」하고
집에 들어가니 예수 먼저 가르시되「시몬아
네 생각은 어떠하뇨 세상 님군들이 뉘게 관
세와 정세를 받느냐 자기 아들에게냐 혹 외
인에게냐」二六、베드로 가르되「외인이니이다」예
수가르시되「그러하면 아들은 세를 면하리라。
二七、그러나 우리가 저의를 거리끼게 할가 염
려하노니 네가 바다에 가서 낙시를 던져 먼
저 오르는 고기를 가져 닙을 열면 돈 일원
을 얻을 것이니 가져다가 나와 너를 위해서
주라」하시더라。

第十八章

一、그 때에 제자들이 예수께 나아와 가르되
「천국에서는 누가 크리이까」二、예수 한 어런
아이를 붊어 그 가운데 세우시고 三、가르시되
「내가 진실로 너의게 니르노니 너의가 도리켜
어런 아이들과 같지 아니하면 결단코 천국에
들어가지못하느니라。四、그런고로 이 어런 아이
와 같이 자기를 낮후는자는 천국에서 크리라。
五、또 누구든지 내 일음으로 이런 어런 아이
하나를 영접하면 곳 나를 영접함이니 六、오직
나를 믿는 소자 하나를 범죄케 하는자는 차
라리 큰 돌매를 그 목에 달고 깊은 바다에
빠지는 것이 나으니라。七、사람을 범죄케 함으
로 이 세상이 앙화를 받으리니 사람을 범죄

케 하는 것는 없음수 없으나 남을 범죄케
하는자는 앙화를 받으리라。八、만일 네 손이나
네 발이 너를 범죄케 하거든 찍어버리라 상
하고 절며 영생하는데 들어가는 것이 두 손
과 두 발이 있어 영원한 불에 빠지는 것보
다 좋으니라。九、만일 네 눈이 너를 범죄케
하거든 빼어 버리라 한 눈이 있어 영생하는
데 들어가는 것이 두 눈이 있어 지옥 불에
빠지는 깃보다 좋으니라。十、삼가 이 소자중에
하나도 없우히 녀기지 말라。十一、「내가 너의게
말하노니 저의 천사들이 한울에서 한울에 게신
내 아버지의 얼골을 항상 뵈옵느니라」。十二、너
의 생각에는 어떻겠느뇨 만일 어떤 사람이 양
일백 마리가 있는데 그 중에 하나가 길을
잃었으면 아흔 아홉 마리를 두고 산에 가서
길 잃은 양을 찾지않겠느냐。十三、내가 진실로
너의게 니르노니 만일 찾으면 잃지아니한 아
흔 아홉마리 양보다 더 깃버하리니 十四、이와
같이 소자중에 하나라도 잃어버리는 것이 한
울에 게신 너의 아버지의 뜻이 안이니라」。

十五、혹 네 형제가 네게 죄를 범하거든 가
서 그사람이 너와 홀로 있을 때에 책망하라
만일 들으면 네가 네 형제를 얻은 것이오。
十六、만일 듣지 않거든 한두 사람을 데리고 가
서 두세 증인의 닙으로 써 말마다 증참하야
十七、만일 그 말도 듣기 싫여하거든 교회에 말
하고 교회의 말도 듣기 싫여하거든 이방 사
람과 세리와 같이녀기라 十八、내가 진실로 너
의게 니르노니 무엇이든지 너의가 따에서 매
면 한울에서도 매일 것이오 무엇이든지 따에
서 풀면 한울에서도 풀리리라 十九、내가 다시
너의게 니르노니 너의중에 두 사람이 따에서
합심하야 무엇이든지 구하면 한울에 게신 내
아버지께서 저의를위하야 일우게 하시리니 二十、
대개 어듸든지 두세 사람이 내 니름으로 모
이면 나는 그 중에 있으리라。
二一、그 때에 베드로가 나아와 가르되「주여
형제가 내게 죄를지으면 몃번이나 용서 하야
주리이까 닐곱번까지 하오리이까」二二、예수 가
르시되「내가 네게 니르노니 닐곱번 뿐 안이

城西通信

○이번에「니케아會議」라는一文을쓰게된動機는 昨年冬期에 白南鏞先生이 慶南에在臨하야 集會를引導하실때에 基督의純肉論을唱하엿다고傳하는데 이것을因하야 慶南老會地域에서는 相當히問題가된모냥이며、或은白先生의純肉說을 아리우쓰의純肉說과가치基督의神性을否認하는것으로서 異端이라한다고傳한다。故로慶南兄弟들中或位는「니케아會議」의史上事實과三位一體論에對하야書簡으로問議한다。敎弟는此에應하야參考로이글을쓴다。次號에 아리우쓰基督論과니케아信條를쓸라고한다。(張道源)

○「석달만에」라는뜻을 朝鮮語學者에게물은즉「滿三個月」이라는뜻으로도쓰이고「第三月」이라는뜻으로도通用되는데 前者로쓰는때가머만타합니다。그럼으로北靑 李芝鎬氏의注意에써러 本誌第三十九號第四頁上段第十二行(出埃及한지석달만에)는(出埃及한後第三月에)로 訂正합니다。이처럼周密한讀者와서로對함을感謝하야마지못합니다。

○極貧이나重患中에잇는이에게本誌를보낼때는저의게서代金을要求하자는것이안이라、한갓그리스도로 말미암은慰勞와平康을 저에게分配하라는것뿐이엿다。그런데 앞에와가튼편지는慰勞를주자든자가도리혀 밧고야말게된다。『……別紙振替로 聖朝誌代一年分을付送하엿습니다 聖朝誌代를一日이라도速히付送할생각은切々하엿습니다마는 저의周圍가여러가지로許諾지안어서 마음이甚히不安하엿습니다。이事業이單獨히兄님께만屬한일이라면 그다지이처럼 마음을不安케할것이엇겟지오마는、이事業이 主의事業인연고이고、제가 信者된것도 이聖朝誌를읽는中에남들이야 무엇이라고하든지 저는 변룡할수업시 그리스도인이되여버리게하는貴誌의代金을 들이지안코 讀書함에는 甚히不安하지안을수업섯습니다云云』願컨대 本誌는비록數三人일지라도 이와가튼深刻한讀者의손으로傳達하여지기를。又曰『…저는病이全快되면父母와한께 農事하겟습니다。제가本來距離갓갑고便利한高普나商業學校를擇하지안코 不便이甚한農業學校에入學한것도 身邊과環境에따러 생각하는바잇섯든싸닭이외다。그리하야 農業學校第一、二學年에서는 農學을 참 잘研究하엿습니다。學校敎科書로는不滿足하야 每週마다圖書館에가서 農科에關한書籍을熱心으로工夫하엿습니다。그리하든저는 第三學年에들어서부터 저의思想이變動하기시작하엿습니다。「모든것은힘이다、團結하라」「破壞는建設이다」等々의소리가 어떤지 마음에合當한것가타야、한때는 學校工夫는全廢나 다름업시하고 農科는夢事가치생각하면서 지낫습니다。이처럼 저의身邊이 極한患難과死亡으로걸을때에 病으로말미암아 聖書를알게되고 農業學校入學할때의初志와가티 父母와한께農事를하게하오니 이것이 神이제에게 特別한사랑으로주신恩惠라고아니할수업습니다…』云云하고以下에 그耕作地와果菜等產品을報告하엿다。男女勿論하고 어머니의배박게나오면 마마를免할수업는法인것처럼、現代의靑年으로서는流行思想의潮流에걸리지안을수업스니、그것도時期가잇서 中等學校第三四學年때가 가장厄年인듯하다。그때는壇上에올으기만하면 開口一番에「階級打破」를부르지저上氣하며、紙筆를잡기만하면 푸로레타리아니辨證論的唯物史觀을弄絡하지안코는 가슴이 치밀어못견듸는時節이다 一生에 이時期를無事히通過함은 마마에걸렷다가無事保命하니만치하할일이오。基督敎信仰에들온後에·傳道의使命을밧앗다고 떠들거나、聖神을밧앗다고異能奇跡을行使하려고하거나、社會事業과農村問題演說로써奔走하기보다 兩親膝下에서 祖上傳來의農業에專心하겟다함은 爲先健全한信仰이라할것이다。하나님께서 한사람의靈魂을引導하시는데에 진실로 그지혜와기픔을헤아릴수업도다.할렐루야!」

○本社의모든일을一身으로하여야할記者가近日心身이虛弱해젓어 讀書執筆은最少限度로制限하여야하게되엿습니다。이로因하야 未備한點도잇슬머이오며、出版物等의發刊도多少延引될듯하오니 諒恕하여주기를바라나이다。私信의答書는本來忠實치못하엿는데、今後로도 本誌로써私信에代함을容納하여주시옵。

舊號廣告

로마書研究(續)

27. 28. 29. 30. 31. 33. 34. 35. 36. 38. 39. 41. 44. 45.

山上垂訓研究(完)

24. 25. 26. 27. 29. 30. 31. 32. 33. 34. 35. 36. 37.

舊約聖書大旨(續)

創世記大旨 三八號
出埃及記大旨 三九號
利未記大旨 同
民數記大旨 四〇號
申命記大旨 四一號
여호수아大旨 同
士師記大旨 四二號
路得記大旨 四四號

豫言書研究

一、先知者(上) 三號
二、先知者(下) 四號
三、偉大한解放者 十五號
四、아모스書研究(上) 卄八號
五、아모스書研究(下) 卄九號

詩篇研究

第一篇 三四號
第十二篇 二二號
第十三篇 二五號
第十九篇 二三號
第四十四篇 三〇號
第九十三篇 創刊號
第百二十一篇 第五號

天然과聖書

靈魂에關한知識의古今 (創)
地質學과하나님의創造 (四)
生命의階段 (七)
生命의發達 (九、十、十二、十三、十四、十六)
生命의所在地 (十七)
復活의事實과理論 (卄八)

歷史와聖書

하나님의攝理 (七、八、十一、十二)
成三問과스테반 (十四)
큰 食物 (十五)
二十世紀의出埃及 (十八)
푸로테스탄트의精神 (二十)
예수出現의宇宙史的意義 (卄四)

無敎會主義是非

敎會의古今 (十六)
長老派의敎會振興策 (一〇)
敎會中心의弊 (一五)
內村鑑三論에答하야(上、下) (一九、二〇)
푸로테스탄트의精神 (二〇)
敎會參訪에感想 (三五)

本誌定價 (送料共)
一 冊 拾五錢
六 冊(半年分) 前金八拾錢
十二冊(一年分) 前金一圓五拾錢
要前金。直接注文은振替貯金口座
京城一六五九四番(聖書朝鮮社)로
取次販賣所 京城鍾路二丁目九一 朝鮮耶穌教書會
振替京城四〇八一番

昭和七年十月二十九日 印刷
昭和七年十一月 一 日 發行
京城府外龍江面孔德里一三〇
編輯兼發行人 金 敎 臣
京城府西大門町二丁目一三九
印刷者 金 在 瓛
京城府西大門町二丁目一三九
印刷所 株式會社 基督敎彰文社
京城府外龍江面孔德里活人洞一三〇ノ三
發行所 聖書朝鮮社
振替口座京城一六五九四

昭和五年一月二十八日第三種郵便物認可
昭和七年十二月一日發行(每月一回一日發行)

聖書朝鮮

第四拾七號

一九三二年十二月一日發行

目次

京城 聖書朝鮮社 發行

나의 예수교

새로운 사상을품고 예수교회를 렬렬히 사랑하는이들중에는 기독교회의 침체한 현상을 타파하기위하야 종종 새로운 설명을 들려준다。 그들은 말하되『예전에는 예수교라고하면 밤낮천당천당하였지만 실상 예수교는 죽어서 천당가는것만이 목적 안이라 금주단연을 선전하며 관혼상제의 허례폐지를 주창하야 사회생활의 개선을도모함도 예수교의 본분이오 일부일부주의로써 가정내막을 다스리며 농촌사업에 진력하야 민족의 활로를 뚫거나 혹은 주일학교와 야학에서 국문을가르켜 문맹퇴치 운동에 크게 공헌하였으며 민족의식을 고취하야 큰 운동이있을때마다 예수교회가 중심될처지에서 일하였으니 이것이야말로「…따의 소금이오 세상의 빛이」라는 뜻이라 이러한 중요한 요소를 잊어버리고 시대에 뒤떠러진문제 죽은후에 천당간다는것같은 쾌쾌묵은문제를 교회에서 말하니까 오늘날같이 교회가 쇠퇴하여가는것이오。지난여름방학동안에 우리신학교학생들을 각지에 파견하야 강습소와 야학으로써 문맹퇴치 운동을힘쓰게하였드니 가는곧마다 대환영이었읍니다』云云、

그러스도를 사랑하고 교회에 충성한뜻으로 그생각이 이까지 발전되였으니 우리도 정으로서는 이런 신진사상가의 로력을 장하게 녀기지아니치못한다。문을 넓히고 길을 평탄히하여서라도 예수교회를 좀더 진흥시켜보겠다는 생각만은 가상한일이다。옳와같은 예수교는 과연 시대에 적합한 종교라할것이다。그러나 내가 예수교를 믿는것은 천당가는것만이목적이다。금주단연은 예수교에 전매특허권이있는것이안인줄로알며、허례폐지쯤은 게명구락부에서라도 의론만은할것이며、농촌사업강연회보다 소작롱제설안이 빠를듯하며、문맹퇴치운동에는 수십만 예수교도의 신 보다도 한 신문사의「브나로드」운동의 신 이 더능력이있는듯하며、민족의식고취에는 가장실제적인보천교나 천도교에 한거름 양보하는것이 온당할가싶다。다만 예수그리스도의 니름만이 믿어천당에 들어가는길이라함으로 할수없는죄인이 그를믿어 구원받으랴고 하는것만이 나의예수교다。(使四章十二節)

예수는누구냐

偉人이냐? 그리스도냐?

張 道 源

馬太福音十六章十三—十七節

예수께서 가이사랴빌닙보地方에 니르럿을때에 弟子들을向하야 무르신일이 잇엇다『世人들이 人子를 누구라하드냐?』하시니 弟子들이 이質問에對答하야 갈아대『或은 洗禮요한이라하고 或은 엘니야라하며 或은 예레미야나 先知者中의一人이라』하더이다하니 예수께서 다시 물어 갈아사대『너의는 나를 누구라하느냐?』하셧다 이質問에 시몬베드로 對答하야 갈아대『主는 그리스도시오 살아게신 하나님의 아들이시니이다』하엿다 이때에 예수ㅣ對答하야 갈아사대『시몬바요나야 네가 福이잇도다 肉身이 이것을 네게알게한것이안이오 하날에게신 내 아바지께서알게하심이라』하시고 저의對答에對하야 滿足해하셧다 우리는 이에對하야생각하여봄이 잇고저한다

『가이사랴빌닙보』 가이사리가 둘이잇다 其一은 파레스틘에잇는 가이사랴니 예루살렘西北七十哩욥바北三十哩의地點에잇는 地中海濱의一都市오 其二는 레바논山脈의麓에잇는 가이사랴니 예루살넴北百二十哩 갈닐니海北二十哩距離의地에잇는都府다 이都府는本來『판』이라는神을禮拜하는中心地로서 빠네아쓰라稱하엿으나 其后헤롯•빌닙보가 이都市를擴張하고 그일음을 가이사랴라고쳤다 그后에 다시 地中海濱에잇는 가이사랴와區別하기爲하야 빌닙보라는冠名을 붙혀서 빌닙보가이사랴라고 改名한것이다 이都市는 海拔千五百尺의高地로서 氣候가快適하고 風景이佳麗하며 土地肥沃하고 井泉이潤澤하야 穀物果實等이豐饒한곧이다 예수께서 이곧에 니르럿을때에 弟子들을向하야 世人들의自己에게(人子)對한評을듯고저하셧다 그때의人々들은 예수(人子)를信從치아니하는者들이라도 예수가 普通의凡夫가안이오偉人、宗敎家、天才、先知者임은否定하지아니하엿다 卽예수의倫理的人格의卓越은是認하엿다 故로當時의或人들은 當時의最大聖者인 洗禮요한에比하고 或人은 메시야의先驅者인 엘니야에比하고或人은 最大預言者인 예레미야에比하엿다 如何

예수는누구냐 二

든 當時의世人들은 예수를 人類中의最大의偉人으로는보았다 그러나 그리스도시오 살아게신 하나님의獨生子임은알지못하였다 예수께서 이世上에 알니고저하시는것은 自己가 絕世의偉人인點이안이오 살아게신 하나님의獨生子인 그리스도인것을 나타내랴는것이다 故로 弟子들의此對答에는 滿足치아니하시였다(예수가自身을가르쳐人子라함은 自己가 참으로人間에屬한者로서참人間이라는뜻이다)

이에 예수는 다시弟子들을向하야 그러면『너의들은 나를 누구라하느냐?』라고 물으셨다 이에 시몬베드로는 弟子들을代表하야 갈아대『主는 그리스도시오 살아게신 하나님의獨生子로소이다』하였다 이에 예수는 滿足하야 갈아사대 『人子가 그리스도요 살아게신 하나님의 아들입을아는 네가 眞實로福이있는者다 네가 이것을 알게되는일을 生來의人間인 너로서는 絕對알수없은일이고 다만 하날에게신 내 아바지께서 네게 알게함으로 네가알게된것이라』고하셨다

人間인 예수를 그리스도시오 살아게신 하나님의獨生子라고信仰하는일은 살아게신 하나님께로 말미암지아니하고는 있을수없는일이다 即人子인 예수를 그리스도로信仰하며 하나님의獨生子로禮拜하는일은 生來의人間인肉만으로는할수없는일이다 하나님께로부터새로난靈外에는할수없는일이다 그런故로 人子인예수를 神子로禮拜하며 그리스도로信仰하는일은 발서靈으로新生한 永生인것이다 故로예수를 믿는者에게는永生이있는것이다

예수當時의사람들뿐만안이라 現代의사람에게까지 時之古今을勿論하고 예수를아는일이 두가지로 난우어있다 其一은 生來의人間인肉으로의생각이오 其二는 하나님께로부터 새로난靈으로의信仰이다 肉으로의생각은 예수를 單히偉人天才宗教家預言者로만 알것뿐이오、靈으로의信仰은 예수는 單히 聖人君子天才 道德家宗教家預言者等의偉人으로하야 人間의班伍에列할者가안이오 메시야 救世主 그리스도 우리의信仰의對像인 하나님自身이라고 確信하는것이다

如此한 예수에게對한 두가지의見解는 信者와 不信者를區分하는基準이되는것이다

以上의두가지見解는 自古로부터 基督敎自體內에 恒常潮流하야 基督敎를二大派流로二分하여온것이다 基督敎界內에 派別이甚히많아 幾千幾百으로數할수있으나 此를大別하야말하면 以上의두가지見解에서不過할것이다 其一은 福音主義의信仰이오 其二는 人道主義思想이다(유니테리안思想) 福音主義의信仰은 人子(예수)를 하나님의아들로禮拜하며 그리스도로信仰하야 그의十字架上죽엄은 하나님이 萬民의罪를赦하시기爲하야 그아들을보내여 萬民의罪를代贖하게한救主라고確信하는것이오 유니테리안思想은(人道主義思想又는現代的基督敎神學) 예수는 그리스도도안이오 하나님의아들도안이오 우리와 꼭같은人間으로서 一種의偉大한宗敎的天才者다 故로 우리는 예수의偉大한人格을欽慕崇拜하며 그의道德的敎訓을 嚴守實踐함으로써宜足하다는것이다 그리하야 此二者가基督敎史上에있서 恒常鬪爭反目하야왔다 유니테리안은 福音主義者를 迷信이라고論駁하야오고 福音主義者는 유니테리안을 非基督敎, 僞基督敎라고評論하여왔다 (即新生命으로의救援이없은道德的宗敎, 人道主義的現世宗敎)。그러면 此二者가 다基督敎일수없다 甲이基督敎면乙은非基督敎 乙이基督敎면 甲은僞基督敎일것은 틀림없는일이다 그러면 이제 우리는 此二者中에 하나의바른것를擇하지아니하면아니되겟다

이제나의信仰하는바로써 말하면 유니테리안은 新生命으로의救援이없는道德的敎요 福音主義는 絕對無限의他者인 하나님과의 사괴임에서사는新生命의산事實을 가지고사는救援의宗敎이다 유니테리안에는 人道的溫味가있고 福音主義에는 信仰的芳味가있다 유니테리안思想에는 人間을罪에서救援하는能力이없고 福音的信仰에는 人間을罪에서救援하는能力이있다 유니테리안은 人間의理性을土臺로하고産出된 肉의思想이오 福音的信仰은 生來의人間의理性말고 옿으로부터 새로난靈으로써 靈的世界의事實을經驗하야얻은靈的生命이다

이제 史的으로 使徒時代의原始的基督敎에溯及하야보자。原始時代의使徒들에게있어서는 예수의一生生活中一一의行動이問題가안이고 다만그十字架와復活과昇天의事實이 몬은問題의中心이되였다

예수는누구냐

卽예수의一生生活中에 나타난 一一의行爲나 道德的敎訓이 베드로나 요한이나 비울에게 心的革命을起한것이안이오 福音的信仰이 저의로하여금 世界를動하게한것이다 그런故로저의가 一生에傳한것이 예수의地上生活에서 나타난 倫理的人格이나道德的敎訓이안이오 예수가 곳그리스도시오 살아게신 하나님의아달이심을 力說하야傳하는것이 저의의 一生事業이엇섯다

이제 우리에게問題되는것은 人格이라든가 品性이라든가 行爲라든가善이라든가 惡이라든가健全한道德이라든가 不健全한道德이라든가가 問題가안이오 하나님이 人類를救援하시기爲하야 일우어놓으신 救援의宗敎가 어느것이냐?하는것이問題다 어떻게하면 이世上으로하야곰 敎化를시켜 文化의世界를만들겟느냐?하는것이問題가안이오 어떻게하면 이世上을罪에서救援하야 하나님과의 산사괴임에있어서 永遠한生命의世界의事實을 經驗하게하겟느냐?하는것이問題이다 社會改良、文化運動이問題가안이라 人類로하야곰 絶對無限者와의交通을經驗케하는일이問題다

四

이제 우리는 馬太福音第十六장十三ㅡ十七절의記事에서 예수께서 베드로의 福音的信仰의告白을滿足히녁이시고 祝福하시면서 이信仰은 사람에게서는 날수없고 하나님이 알게하셔야만 사람에게있을것이라는말슴에 깊이注意하야 넑을것이다 옳다 예수께서 分明히말슴하셧다 福音的信仰은 하나님께서온것이오 유니테리안思想은 사람에게서난것이라고 밝히말슴하셧다。그러나 사람이理性을主로하고 判斷할때에는 유니테리안思想처럼 明哲하고合理한것은없으며 福音的信仰처럼愚昧하고 迷信인일은없다 그러나 福音的信仰은 드믄信者를救援하시는 하나님의能力이시다。卽福音的信仰은 滅亡하는者에게는 愚昧한것이되나 救援을얻는者에게는 하나님의權能이된다 卽救援의經驗을가진信者에게있어서는 福音的信仰은사람의理性에取하야는 愚昧한것이될지모르나 우리를救援하야낸 事實에取하야는 하나님의能力인것이確實하다 그런故로 우리는 유니테리안思想에迷惑되지말고 福音的信仰에確立하여야한다

그런데 近日에있어서 朝鮮基督敎界를 一觀하

건대 거의全部가 유니테리안思想이다 都會地敎會와農村敎會를莫論하고 거의全部가 이思想이다 近日에若干의知識을 가졋다는青年敎役者치고는 이 思想의洗禮를받지아니한者가없으며 特히外國에가서 神學을專攻하고왔다는先輩들은 더욱甚하다 그리하야 指導階級에있는人物치고는 이思想에占領되지아니한者가別로없다 그런故로 朝鮮基督敎界는 유니테리안的現代主義思想에埋沒되야 福音主義의信仰은 찾아보기가容易하지아니하다 그中에若干의福音主義의信者가있다 그러나 그도 그야말로 文字대로 福音主義의信者다 福音主義라는主義下에서 敎理와信條로써된 文字대로의福音主義信者요 果然그리스도와의 산사괴임에있어서 그리스도로써 生命呼吸하는 산信仰의참福音的信者되지는못한다 그리하야 저의는 聖經的이라는 盲目的盲從에서 그리스도의十字架와 復活과再臨을 입으로믿으며 말로傳하기는한다 그러나 몸으로는 聯合會에恭席하야 文化事業에努力하며 農村事業部、傳道振興方策硏究會의委員이되야 實地活動에着足하고있다 아ㅣ우리는 입으로믿으며말로傳하는것을信用할것인가? 實地에着足하야 몸소親히活動하는것을信用할것인가? 아ㅣ現代의朝鮮敎界의信仰上狀態는 眞實로可憐하다

現代朝鮮敎會全般을通하야 福音을말하기보다는 宗敎敎育 農村事業 文化事業을力說하며 예수가 그리스도이심을信仰하야 그리스도안에있는 永遠한生命을呼吸하는일보다는 敎化運動 地上天國運動 信者倍加運動 青年會組織하는일에奔忙하다 그리하야 도로혀 이것이 福音의中心이오 基督敎의重要精神이며 사람을救援하는일인것같이생각하고있다 이와같이 朝鮮基督敎는 全般的으로유니테리안思想에 蹂躪을當하고있다

아ㅣ朝鮮基督敎의敎役者들아 너의는 깊이悔改함이있을지어다 지금너의가行하는 모든集會와決議와組織과運動과硏究等은 全部사람의생각이오 사람의일이다 너의는 사람의思想과運動에서 멀니떠나서 옿으로부터오는 하나님의소리를 들으며 옿에서 주시는生命을받으라 이는곳永生이니 이永生을 받는者나다 예수는 그리스도시오 살아게신 하나님의아들이심을믿는者니라。

니케아會議【下】

張道源

아리우쓰의基督論

니케아會議는 前號에서말한것과같이 第四世紀初에 알렉산드리아敎會에서 正統信仰에對한 革命의自由思想家 아리우쓰의基督論으로因하야 召集한宗敎會議다 이會議의結果 아리우쓰의基督論은異端으로決議되야 彼는敗北하였다 이제吾人은 아리우쓰의基督論에對하여생각하여보자는것이다

아리우쓰의基督論은 그리스도는 처음도없고 乃終도없는 하나님과同質의것이안이오 始作이있는 者로서 하나님과는異質의것이었어야한다는것이다 卽그리스도는 하나님과同質의하나님이안이오 하나님의 지으심을받은被造者라는것이다 그리스도가 宇宙萬物보다先在한者요 萬物이 저로말미암아創造된것이다 그러나 그리스도도 亦是다른萬物과같이 어떤때에 하나님의뜻대로 無에서있게함을받은被創造者라는것이다 卽하나님이 自己의 聖意대로 그리스도를 生命으로創造하야 生命인 저로써(그리스도)其他一切萬物이 創造함을받게하였다는것이다 何故냐? 하면 萬一그리스도가 永遠前부터 하나님과같이있어서 無始無終한者라고 하면 우리는 獨立한 두人格의하나님의存在를認하지아니하면아니된다 萬一그렇지아니하고 하나님은 그本質과人格에對하야 不可分離의한분뿐이라고할것같으면 그리스도는 永遠前부터 하나님과같이있어 無始無終한者가안이오 그存在의始作이있었든者이었어야한다는것이다 卽하나님이 한분뿐이라고信仰하는以上은 그리스도를 또한 그와同質의하나님이라고信仰하는일은 人間의理知에 承認되여질수없는것이다

그리스도의 存在의始作이있다고하면 彼가存在하지아니한때가있었을것이안이냐? 그러면 저는無에서있게함을받은被創造者가안이겠느냐? 그러면그리스도도 一切萬物과같이 被創造者요 하나님은 안이라는것이 아리우쓰의主張하는基督論이다 卽 그리스도는 被創造者라는것이 아리우쓰의基督論이다 아리우쓰의基督被創造論은 오리겐의三位一體論의反動으로 하나님은 그本質과人格에對하야

不可分離의 唯一神한분뿐이시다 그런데어찌하야 하나님과本質이同一한 딴人格의하나님이 對等하야 存在할수있겠느냐?하야 그리스도는 하나님과同質인者로서 無始無終한者일수없다는思想이擡頭된것이다 要컨대 아리우쓰의 基督論의焦點은 그리스도가 하나님과同質인者로서 無始無終한者냐? 創造함을받은 被創造者이냐? 하는것이다

萬一니케아會議에서 아리우쓰의基督論이勝利하였드면 基督敎는救援의宗敎가되지못하고 그리스도는 一個偉人이나聖人에不過하였으리라

아다나시우쓰의基督論

니케야會議에서 아리우쓰의基督論을 論駁하고 眞理를擁護한者는 알렉산드리아敎會의二十七歲의 青年執事아다나시우쓰다 이제우리는 니케아會議의大勝利者아다나시우쓰의基督論을 또한研究하여보기로하자

아다나시우쓰의基督論을읽어 第一몬저痛感되는것은 저는 思索의人이안이오 信仰의人이며 正然한理論으로써理性의判斷을받으랴는者가안이오 宗敎的永遠한生命을 經驗으로써自己의生命으로하랴는者이다 저는 神學을論議하랴는者가안이오 宗敎的生命을 信仰生活에서實證하랴는者이다 故로 저의苦心하는바 中心問題는 그리스도가 果然絶對의神이냐? 又는單純한人間이냐?함에있지아니하고 그리스도는 果然하나님의獨生子가 人間이된者이냐? 안이냐? 하는實際問題에있다

萬一그리스도는 하나님의獨生子가 人間이되여나타난것이라고할것같으면 하나님은 발서人間의空想속에있지아니하고 나타난事實이되여진것이다

如此히 『그리스도는 하나님의獨生子 (하나님同質) 가肉인人間을救援하기爲하야 世上에降生하신者라』 하는것이 아다나시우쓰의中心思想이다 即萬一하나님의獨生子가 (被創造者가안이오하나님과同質인者即하나님自身이다) 果然純肉인人間이되였을것같으면 (純肉이란純字는뿐이라는純字가안이오참이라는純字다) 純肉인人間도 하나님과同質의것이될수있다는것을 暗示하는것이안일수없다는것이 아다나시우쓰의主張이다

아다나시우쓰가 神子化肉을主張하는것은 (그리스도하나님의아들이 『即하나님과同質인即하나님自

身이人間이된者라는뜻이다)그리스도를 救主로信仰하는까닭이다 即그리스도를 萬人의救主라고信仰할것같으면 저는 神子化肉이 되지아니하여서는아니된다 萬一 저가 神子化肉이안이면 人類의救主가되지못한다는것이아다나시우쓰의信仰經驗이다

아다나시우쓰의救援觀은 人間의神化作用에있다(神과同質의것이된다는뜻)即저의救援이라함은 惡人이善人이되며 邪曲한者가義人으로變化함을指稱함이안이오 生來의人間이 在來의그生命으로말고하나님의生命을 저의의生命으로所有하야 하나님과同質의것으로서 하나님과의無限한交通을가지고呼吸하는것을指稱하는것이다 그러면 肉인人間이하나님의生命으로新生하야 그와同質의것이되야 그와의無限한交通에서 사는者되자면 하나님自身이人間안에와서 人間이되여주시지아니하시면 아니된다는것이다 如此히 救援이라는것은 有限한人間이 無限한하나님이되는일이며 이救援의일을成就하는일은 그리스도에게있는일로서 그리스도는救世主라고할것같으면 그리스도는 하나님自身이되지아니하여서는 아니된다는것이 아다나시우쓰의主張이다 하나님自身이안이고 하나님의被創造物인者로서는 人間을 하나님과同質의것이되게할수없다는것이다 그러면 그리스도를 救世主로信仰한다면 그리스도는 被創造者가안이오 하나님과同質의하나님이되서야한다는것이다 即그리스도는 神子成肉이었어야한다는것이다 如此히 아다나시우쓰가 그리스도의 神子成肉을 强堅히主張히는것은 저는 그리스도를 救世主로信仰하는까닭이다 그리스도가 果然事實노救世主일것같으면(아다나시우쓰의救援觀에對한救主)그리스도는 神子가(하나님과同質의것)成肉한者가되지아니하여서는아니된다는것이다 即저의救世主라는意味는 肉의人間으로하여금 하나님과同質의것으로變化를식힌다는것이다 저의 人間으로하여금 하나님과同質의것으로變化시킨다는것은 人間의意志와性質이向上發達하며 進步改善되야 하나님의意志와一致並行되며 하나님의本質과一體融合됨을 말하는것이안이오 生來의人間生命말고 하나님의生命으로의新生을받아 하나님과同質의人間이됨을말하는것이다 以上에서論하여온바와같이 아다나시우쓰의救

援觀이 그러하고 그리스도는 이救援觀에該當한 救主라고信仰하는以上 그리스도는 하나님과同質의하나님이되여야한다 即하나님이 純肉인人間이된者가 곳그리스도가되여야한다 萬一그리스도가 하나님과同質인하나님이안이오 하나님의被創造者라고할것같으면 그리스도는 如此한意義의救援觀에該當한救主일수는없는것이다

以上에서論述함과같은 그리스도에게對한信仰을 가진 아다나시우쓰는 아리우쓰의 그리스도論(非同質被創造論)을 如左히論駁하였다

萬一그리스도가 하나님의被創造者로서 그本質이 하나님의本質과 다른것이라고할것같으면 저가 어떠케 被創造物로하여금 하나님과의永遠한交通에 있게하는救援의事業을 成遂할수있는가? 그리스도 저自身이被創造의一인以上 저는 저와그本質을달리한 하나님과 저와의間에는 無限한距離의間隔이있서 그사이에는交通이있을수없다 그리하야 이와같은 無限한距離의間隔에있는 저와하나님과의사이에는 또한 仲介者의必要를가지게되는것이다 그리하야 또한 저와하나님과의關係는 다른被創造와하나님과의關係와 꼭같다 이와같이 저와 하나님과의關係가 다른被創造와하나님과의關係와 꼭같을것같으면 저가 어떻게 萬人의救主가될수잇겠느냐? 故로 아리우쓰의主張과같이 果然그리스도가 被創造者일것같으면 저는 到底히人類의救主가 될수없는것은明白한일이다 그리스도를 우리의救主라고信仰하지아니하면 그는分明히異端이다 萬一그리스도가우리의救主시라고할것같으면 그리스도는 하나님과同質인하나님이시다 그리스도는 하나님과同質인하나님이였어야말로우리의救主가될수있는것이다 이는 하나님과同質인者로서 하나님과 저와의 사이에는何等의仲介者를要求할必要가 없는者라야 비로소 人類의救主가 될수있는까닭이다

故로 그리스도는 하나님과同質의것으로서 永遠前出生하야 無始無終한者다 그러면 그리스도가없었을때가있다는 아리우쓰의說은僞論이다 그리스도가 하나님의本質에서流出한者가안이오 無에서創造한者라는 아리우쓰의主張은妄想이다 그리스도는 하나님과相似한者요 同質은안이라는 아리

니케아會議

우쓰의主張은異端이라고 아다나시우쓰는 아리우쓰를論駁하고 그리스도는 永遠前부터 하나님과같이게시며 性質上하나님과同質인者로서 하나님과 父子一體의關係에있는者라고 强固히主張하야 니케야會議의勝利를得하였다

이와같이 아다나시우쓰의基督論은 사람의머리로의思辨의것이안이오 信仰上心靈의經驗에基因한것이다 저의心靈은 그리스도를因하야 救援얻은바 하나님안에있는새生命의事實을 證據하는것이다 그리스도에게서 하나님의本質을失하는일은 저의信仰生命의根底를失하는일이다 故로 아다나시우쓰는 이大眞理를爲하야 生命을내여놓고 굳게싸홨다

니케아信條

『우리는 獨一無二하신 하나님을믿는다 그는 뫼이는것과 뫼이지아니하는 모든萬物을 創造하신 全能하신 아바지이다 우리는 또 한분이신 主예수그리스도를 믿는다 저는 아바지께로부터낳신 하나님의아들이오 아바지의本質로부터 나신 獨生子요 神의神이오 光의光이며 眞神의眞神이

다 創造함을받은者가안이오 아바지와同一한本質에서난者다 하날에있는者나 땅에있는者나 萬物은 저로 말미암아 지움을받었다 저는 우리人間을爲하야 又는우리를救援하기爲하야 降世하사 肉이되며 사람이되셨다 저는 苦難을받으시고 第三日만에 復活하사 昇天하셨다 저는 산者와죽은者를 審判하려오시리라 우리는 또聖神을 믿는다。 그러나『저가 게시지아니한때가 있었다』하며『저가 나시기前에는 저가 게시지아니하였다』하며 『저는 無에서 創造함을 받었다』하며 或은『하나님의아들은 하나님과 다른 本質로되였다』하며『하나님의아달은 創造함을받었다』하며『變할수있는者라』하는者들은 公同的使徒的敎會는此를 詛呪할것이다』

此決議案에贊同하야 最初에署名한者는 호시우쓰요 此決議案에反對하고 署名을肯定치아니한者는 아리우쓰를鑵頭로하고 유ㅣ세비우쓰 되오그니쓰 마리쓰 떼오ㄴ쓰 세둔두쓰等以上六名이다

니케아會議에서 니케아信條가決定됨과共히 아리우쓰一派는放追되였다

예수그리스도의出生

柳錫東

大雨가올때 먼저바람이불고구름이모히는거와갈이 太陽이올을때 먼저一層더깊었든暗黑이漸漸사라져明星이東天에빛나는거와같이 歷史上重要한일이일어날때는반드시먼저그에對한準備가있고豫言이있고兆徵이있는것이다。古 中代에發達한占星術이全혀虛無한것이안이고沙翁의靈妙한筆致로써近代人의心情에깊이백히게된大悲劇發生前의天變地異의現像이 作者의空想만은안이다。時代가英雄을낸다는말도 人類의오래동안의實驗에서나온것이다。孔子가나올때에春秋의亂世가있었고 釋迦가나올때에印度의階級間과宗派間에亂脉이있었고 소크라테스가나올때에詭辨學者들의橫行이있었다。이 自然界의法則이고 人事界의定則인것같다。人類의王예수그리스도가出生한것도 人類歷史上의突變事件이안이고 오래동안움지기여오든하나님의經綸이成熟하야必然의자리까지오게되매 自然히생기게된것이다。오래동안많은帝國이일어나 世界統一을企圖하였으나그完全함을얻지못하드니 羅馬에와처음으로地中海를中心으로한世界統一의大業을成就하게되고이적지各國이서로言語의障碍로써充分한意思疏通을하지못하드니 希臘語가世界語가되여自由스럽게말하게되였다。또몇千年동안唯一神敎로써世界歷史上獨特한地位를占領하야 啓示와律法과豫言과禮拜로無二한宗敎的意識을發揮하든猶太民族은他民族暴政알에에呻吟하면서 救世主를懇切히기다리고있고 希臘羅馬의人民들은自己先祖들의偉大한頭腦와心情으로써나온道德、哲學、政治、詩로써는到底히없앨수없는空虛에삼킴이되여 限없는墮落속으로빠저갔다。또各處의弱少民族은大國의壓迫에서울고있고 各國의下流階級은그침없는奴隸生活에견디지못하였다。羅馬의外部的政治統一下에서 이러한內部的으로統一된人心의브르짖음이있었다。歷史上特異한事件이일어날라면 正히 이때이며 宇宙에事變이 일어나랴면 正히 이 또한이때이었다。옳도다。世界의이波動을自己心靈속에함뿍마시여 曉天의明星과같이世界를向하야 이를代言할巨人이羅馬에일어났다。일음은버―질 그는「牧歌」第四章에서 古時代가終幕

을내리고 한울에서새사람이나려와 新時代가始作된다고 힘있는붓으로새空氣에醉한듯이노래하였다。이 한울에서새사람이나려옴을바라는世界의부르지즘이었다。地上에나올수있은偉大한人物들은 猶太에서는勿論異邦에서도孔子、釋迦、소크라테스等으로다나와버려 이제는地上것이안인天上의것을가져야하였다。때는漸漸焦点까지흘어갔다。한울에서群星을壓倒하는燦爛한빛을放射하는한별이나타나고이에東方學者들은잠에서깨인듯이일어나黃金과乳香과沒藥을가지고 새사람을禮拜하랴고故鄕을떠나며 猶太牧場에서밤깊도록羊을지키고있는下賤한牧者들은天使의소리를들어喜消息에가슴을울리고 엘루실렘聖殿에서는 시메온과안나兩老人이祈禱를하며 그들이죽기前에 救世主가옴을 믿고있었다。또헤롯王廳에서는 猶太律法學者들이豫言書를읽으면서救世主올때와오는場所를생각하고있었다。때가찼는지라。때가찼는지라。人類의王예수그리스도는안이올수없었으며 그는畢竟自然과歷史의完全한配置가운대에 當時東西洋의中心地인猶太地方에서出生하였다。하나님의新創造가여거에始作되여 第一아담以後의그悲哀가사라지고 人類의幾千年間의깊은要求가이에들리게되여 그의깃븜이限이없었다。天上天下에우리가想像할수없는大讚美가일어났을것이며英國清敎徒詩人의「聖誕」의노래는 全人類의代表의소리이라고볼수있다。

이러한또다시類例없은嚴肅하고偉大한序幕을가지고人類歷史上에나타난 예수그리스도의使命은어떠한가。그의出生의意義는如何한가。우리는그의序幕속에即오래동안의人類의깊은渴望과期待속에 이에對한暗示를充分히얻을수있으나 聖書를들고보면더욱더욱그意味가明白하여지고正確하여진다。洗禮요한의父親사가랴가聖殿에이끌리어 우리를敵의손에서건져내어 하나님앞에終身토록거룩하고義롭게살게하고 우리罪를赦하고 暗黑과死속에앉인우리를빛우인다」고말하였다。洗禮요한은요단江에서「世上罪를지고가는하나님의어린羊을보라。이는하나님의아들이라」고웨쳤다。히브리書記者는「녯적에先知者들로여러번여러貌樣으로 우리祖上에게말습하신하나님이 이몬은날마자막에 그아들로우리에게말슴하셨으니 이아들을萬有의後嗣로세우고 또그로써모든世界를지으신지라。이는하나님의榮光의光彩시요 그本體의形像이시요」라고썼다。바울은「예수그리스도는 근본하나님의形像이었으나 하나님과同等됨을取할것으로녀기지안이하시고 오히려自己몸을비어 종의形像을取하야 사람의形體를일우었나니라」고말하였다。요한福音에는「로고스가肉身이되여 우리사이에居하야 恩惠와眞理가가득하매 우리가그榮光을보니 아버지의獨生子의榮光이러라」고있다。예수그리스도自身은「나는너의들이生命을가지고 더욱더욱豐足하게가지게하려왔다」。「나는한울에서 나려온生命의빵이니 이것을먹는者는生命을얻으리라」。「나는復活이고 生命이라」고말하였다。聖書의이말은果然무서운것이며 人類의입에서有史以來敢히나오지못한말이다。

第一에우리의罪를赦하는救主라고한다。人類의罪를하나안이남겨놓고全部自己自身이지고가는하나님의어린羊이라고한다。晝夜罪의奴隸가되여그안에서寸步도헤어나지못하야呻吟을繼續하는死의골작에빠진人類에게對하야 이보다더깃븐消息이또어되있으랴。밤이길어何時나이밤이가나하고轉輾反側하는苦悶하는靈魂이 멀리서들려오는닭의첫소리를듯는以上의깃븜이다。우리가自己自身을고요히살펴보고또猶太人의歷史로始作하야 世界의歷史를回顧할때 거긔에罪惡以外에무엇을發見하나。猶太民族같이하나님의公義와和平을求하고 世界의風潮에물들리지아니하야 오로지義와聖의生活을한사람들은없는데 그들의生活錄을舊約聖書에서살펴보면 그것이亦罪惡史라는것이가장適當한말같다。가인이아벨의피를흘인때부터始作하야 族長들과平民과 王과臣民과祭司長과平信徒들사이에 물결과같이움지기어마지아니한罪惡의波濤는 뉘있는者의마음으로傷하게함이甚하다。아담은어찌하였는가。노아는어찌아였는가。아브라함은어찌하였는가。야곱은어찌하였는가。요셉은어찌하였는가。모세는어찌하였는가。다윗은었지하였넌가。모든豫言者모든士師모든王은어찌하였는가。그들은오늘날까지 信仰의祖上이라는말을듣고 또한當時異邦에볼수없는光彩나는人格의所有者이었는대 亦그들의나음한편에强強히깃들이고있든罪의種子를看過할수없다。이시야가말한것과같다。「罪진國民이고不義에잠긴百性이고 惡을行하는種族

이고墮落한子孫들이다」。「머리우에서부터발알에까지罪의傷處가없는데가없다。」예레미아가말한「너의罪는 젓물로씻고 비누로씻는다하여도 나의앞에明明히있다」。「너의들이가는곧마다 길우에나山우에나수풀속에나 罪를犯하지아니한곧이없다。너의罪가나타났다」。「猶太의罪는鐵筆과金剛石끝으로記錄되였고 마음肉片과祭壇뿔에새겼느니라」는것이다。소름이끼침을느끼고 罪惡이그들의全部인것같음을깨닫는다。하나님의獨特한指導를받고 宗敎로써世界人類에게貢獻할使命을가진猶太民族이이러하다。이外에民族이야 말할것도없다。世界를征服한아렉산더를생각하고시-서를生覺하여보면 그들은各國을발알에눕어버린偉大한人物들이지마는自己마음속에일어나는조고만한慾心하나도制御치못한可憐한罪人이안인가。賢人哲人聖者라는아름다운일음을가진人類의敎師들도 그속을들여다보면罪惡에傷한곧을여러가지로감추랴고힘쓰는 壯大하나悲慘한光景을보지는아니하는가。또異邦사이에盛行한自己손으로만든偶像崇拜는어떠하며 極度에達하야自己들子女까지죽여바치는苛酷한짓은무엇이라고보나。폼페이에서나온여러가지發掘物에나타난奇奇한到底히눈을똑바로뜨고는볼수없는것들은 이 異邦人이墮落한程度를干證하는것이안인가。果然하나님은「그들을情慾대로더러운일에내어바려 저의몸을서로辱되게하셨으며」「그들을부고러운慾心속에내어버렸다」。正히 바울이羅馬書第一章十八節以後에詳細히그려내는그림그대로이다。罪惡이人類의마음을파먹음이 이와같이甚하고 人類歷史를支配함이 이와같이徹底하다。그리하야몇千年後의지금까지우리를꽉잡고놓지아니하야 우리마음속에 말할수없는쓰라림이있고 우리目前에는罪惡의行進曲의伴奏가일어나고있다。人類愛라國家愛라國際間和平이라니름들은다훌릉하나 그는即罪惡의손에노는人形들에不過한것이다。「義人은없다。하나도없다」。 人類에게만약한切實한要求가있다면 이罪惡의權力속에서解放當하랴는것일것이다。王者부터下賤한무리까지 賢者부터어리석은놈까지 어른부터어린아이까지 몇첩으로둘러싸고있는 이쇠사실의罪惡을똑똑끈어버리고自由스러운몸이되랴는것일것이다。다윗이「나의모든犯罪를없이하여주시옵소서 나의不義를맑앟게씻기시고 나의罪를깨끗케하여주사옵소서。우슬초로나를淨케하시고 물도나를씨기여주소서。나의罪에서얼골을가리우시고 몯은惡을없이하여주시옵소서」라고靈魂속에서타는祈禱를하였을때그는人類의渴望을代言한것이다。우리는이要求를들어주는사람이있어야비로소滿足이생긴다。帝王도싫고偉人도싫고其他云云하는無數의英雄들도싫고聖人들도哲人들도싫다。이들은다試驗에서落第한사람들이다。우리는이罪惡에서우리를救하는사람만을求하는지라。이제예수그리스도는萬人이 다 失格한이일을하여주는前無後無한사람이다。예수그리스도에서罪惡의쇠사실이뚝뚝붙어지고 우리는完全한救濟를받게된다。肉身이弱하야하지못한일을 예수그리스도가 비로소하게되였다。人類는創造以後처음으로罪惡의손에서버서나게되였다。人類에게서歡聲이아니일어날수없으며救主예수그리스도라고萬입이아니불을수없다。

第二에하나님이사람이되였다한다。永遠한存在者인하나님이 우리사람사이에居하게되였다한다。人類에게하나님을찾는以上의欲望과思慕가없는것이다우리는다만「하나님을뵈여주면足한」것이다。우리가사람으로써가질수있는모든것을가저도亦空虛함이마음을떠나지안이함을느낀다。傳道書記者가人間萬般事를다經驗하여보고後에부르는말은무엇인가「萬事가헛되고헛되고 또헛되고헛되여다헛뒤대屬하였도다。」라는것이다。헛되구나하는것이恒常우리마음에일어나고 到底히채울수없고慰安할수없는限없는空虛함과寂寂함이 全身을占領한다。政治에法律에科學에藝術에詩歌에哲學에陶醉하나亦後에얻는것은寂寂한한느낌이안이고무엇이냐。希臘의哲人들이一生의大業을하여놓고도 最後에그들입속에서나오는것은 다만한숨뿐이고 사람은아니나었드면第一幸福스럽다고하였다。有名한이야이지마는 사람은죽는것이第一좋은것이라하야 自殺한道德家들이多數이있다。人生의이悲哀의濃厚한色調는靈魂自體의하는수없는嘆息이다。아담이樂園을뒤두고넘은한울만을바라보고걸어나갈때에느끼든그것이 그後오래동안人類의運命이된것이다。白晝大路를걸으면서 靈魂의故鄕을追憶하야그곧에서물결치는소리를듣는것은愛蘭의一詩人만의神秘한興趣가안이다。우리는이空虛의느낌形言할수없는寂々한생각을무슨方法으로서

예수그리스도의出生

해도處分치못하면 人生은結局失敗되는것이다。成功이不成功에지지안이하는悲哀가되고 歡樂이깊어저서限없는悲愁가생기는것이人生의事實이다。奈巴倫이그生涯의끝에 예수그리스도를생각하고吐露한切々한感慨는 이 참사람의소리이다。우리는이靈魂의病空虛를만지면서 사슴이시내를思慕하는거와같이 하나님을찾고있다。우리의이러한悲哀의느낌은即하나님을찾고마지안는天地에울리는소리이다。하나님이어 하나님이여。가만히人類文化史를回顧하여보면 太古부터하나님探求의길이歷歷히보인다 어느民族이라도그思想의高低의差는있지마는거긔에반듯이하나님이라는무엇이있다。神話時代에는그것에適當한神이있고 科學時代에는또한그것에適當한神이있다。이하나님이라는생각을全然히떠난人類文化를想像할수없다。自然속에하나님을求하야노래한詩人이얼마나많은가。靈魂속에하나님의자취를찾은哲人이얼마나많은가。良心의소리에하나님의啓示를받은道者가얼마나많은가。「우리는하나님의아들이라」고말한것은 이全人類의마음에서自然히나온것이다。우리가만약一般人類에서猶太民族으로돌아가보면 거긔에는 다른곧에볼수없는明白한하나님의探求와따러그의속일수없는啓示에接할수있다。詩篇에나타난이民族의思想과思慕와切望과道念은한갓하나님에對하야일어난것이다。世界文學中이와같이하나님을對象으로하야노래한것은없다。果然猶太民族의特異한것이다。「나의靈魂이하나님을渴望하는도다살아계신하나님을渴望하는도다。언제나 내가하나님앞으로나아가나」。그리하야하나님은여러方法으로써이民族에나타났다。이스라엘을埃及에서이끌고나온하나님이고 그들의여러指導者에게明白한啓示를주은하나님이다。모세와이야기한하나님이다。이사야에게나타난하나님이다。에레미야를부른 하나님이다。이러한全人類의限없는하나님에對한思慕가있었고 따러거긔에對한적지아니한하나님의啓示가있었으나 이는不充分한것이었고 말하자면 幕을치고얼골을對하는種類의것이었다。사람에게말할수없는不滿과不平이있지아니할수없었다。여긔에우리가바라는그하나님이 우리와같은사람이되였다。예수그리스도는即이하나님이다。 이제우리는그를보고듣고만지게되였다。옛날에는 그를보면죽는다고까지한그무섭고두려웁고거룩한하나님이 지금에는 우리가벗으로서로이야기하게되고손을잡을수있게되고 그와같이飮食을나누게까지되였다。오래동안의人類의空虛는처음으로채우게되여 讚美는自然히일어나게되였다。아담과같이걷든하나님은 오래간만에사람과같이걷게되여 여긔저긔에聖地를일우게되고 樂園의恢復이書齋에工場에 農場에家庭에일우게되였다。깃븜에가슴을쥐고가든아담은이제깃븜의아들이되여노래하게되였다。예수그리스도는사람이된하나님이또라。

第三에生命의빵이라고한다。永遠한生命을주는生命의供給者라고한다。人類는生命이무엇인지를모르고다만生命같은것을求하여온지가 오래이다。律法과道德과禮拜와儀式이라는사람으로써생각할수있는最高最善한것을生命인줄로알고그러나生命의움지김을주지는아니하는것을가지고歷史와같이오랜동안걸어왔다。過去史上에나타난偉大한人類의大敎師들의嚴格한얼골들은 이것의代表라볼수있고 生命의定義와그定義下의規律있는生活들은一大壯觀이라고할수있다。晝夜를祈禱와禮拜에精進하야한갈같이지내가는人生의勇者들이고 人類의日常生活을떠나高木옹에살고深山에파묻히고苦行을唯一의것으로알고나가는修道者들의一群이다。그러나그決心과宣言의雄大함에比하야 그實生活이얼마나貧弱하며 또規則에억매이여一點의自由를가지지못한 奴隷生活의悲慘함이얼마나甚함이여。넘치고넘치여흘어가는물과같은豐足함이어듸있느냐。봄을當하야 도다오는새싹같은新鮮한맛이어듸있느냐。兒孩와같이아무생각함이없이自然스럽게되는 너그럽고純眞함이어듸있느냐。恒常기름없는機械와같이빽빽하고 秋霜과같이쌀쌀하고 嚴冬과같이冷冷할뿐이다。이것이生命일진대 果然生命을얻으랴고힘쓸者없을것이다。이러한以外에또한一群이있어 이들은肉의充足한生活을眞正한生命이라하야 자고깨는것이 이것에만集中이된다。文化生活이라는좋은니름이여긔에붙는것이고 享樂할수있는모든것을 모든機會를利用하야所有하랴한다。都市에떠다니는所謂紳士들의아렷다운貌樣이다。그들은健康을唯一의것으로삼고 이世上生命을언제까지든지保存하랴고不老草를求하여마지아니한다。果然安價한生命이고金錢으로써얼마든지살수있는것들이다。그런대 예수그리스도는참生命을주고 永遠한生命을준다。아무것에도拘束當하지아니하고自由스럽게움지기고 手中에無一物이라도가

예수그리스도의出生

장活潑스럽게發揮되는 生命다운生命을준다。人類가求하였으나얻지못하야 머나먼딴듸로彷徨하게만되였는대 이제예수그리스도는그生命을준다。예수그리스도에있을때 우리는비로소生命의如何함을알고 또그것에움지기게된다。우리는그로말미암아 거특한걸음을걷게되고 하나님아들로써 서로사랑하야마지안이하는者들이된다。믿고바라고사랑하는 사람의能力으로써할수없는 天的生活을하게된다。우리弱한肉身속에 生命의靈이充滿하야 罪惡에對한생각과感情과習慣이사라지고 오즉하나님만을思慕하는 異常한걸음을걷게된다。 果然예수그리스도는 生命의主이고 그에게오는生命은참것이고永遠한것이다。예수그리스도를所有하야 人類는永遠한生命을所有한것이다。人類의幸福이無限하도다。

예수그리스도의 出生의意義는 如此히深遠하고雄大하고高尙하야 暗黑을빛위는 太陽과같은것이고 地獄의中軸를꺾어버리는暴風雨와같은것이고몯은物件을싸버리는洪水와같은것이다。이에人類의運命이激變되고 하나님의性格이變革되였다。옛날의世界는머ㅣㄴ곧으로다러나고 새로운世界가눈앞에展開되였다。羅馬詩人이노래한 新時代가始作이된것이고 新紀元의鍾소리가宇宙를울린다。天使群의「지극히높으신하나님께榮光을돌려보내고 따에서는깃버하심을입은사람들이 平安한지라」부르는讚美의소리가새벽한울에높이들린다。여긔에소리를合하야아니노래할사람이어듸있으랴。오래前에이사야가豫言한「우리에게兒孩가나도다。아들이나도다。그는나라政事를억개에미었노라。그일음은 驚異할者이고 參謀이고全能하신하나님이고 永生하신아버지이고 平康의王이로다」는것이 一字의틀림없이이에實現되였노라。人類의王의王 예수그리스도가出生하였노라。 人類의罪惡을代贖하는救世主가出生하였노라。하나님이사람에 이르고 사람이하나님에이르는길을 열을 하나님의외아들이出生하였노라。人類에게生命을限없이주는 로고스가出生하였노라。人類여 있는소리를다내여 이萬有의主를讚美하라。시온의子女들아 이날에노래를그치지말어라

「예호와를讚頌하라。聖所에서하나님을讚頌하고 그能力있는穹蒼에서主를讚頌하라。라발소리로讚頌하고 琵琶와거문고로讚頌하고 소고치고 춤추며讚頌하라。여호와를讚頌하라。무릇호흡있는者여、여호와를讚頌하라」。

로마書研究【十六】

牧師 張 道 源

第十七回、律法의理由

第三章十九—二十節의研究

19대개 律法의말한바는 律法알에에 있든者에
게 말하는것인줄을 우리는 아나니 律法은
몯은 사람의입을 막아서 全世界를 하나님
앞에定罪하랴함이라
20何故냐하면 律法을行함으로써는 한사람도(肉
의人으로는한사람도) 하나님앞에 義롭다함을
얻지못함이라 대개 律法으로因하야 罪의認
識이生김이라

바울은 以上三章九—十八節까지의 舊約聖書의 말슴을 引用하야 萬人의有罪를主張하고 이主張을 더욱絕切케하기爲하야 律法은 우리로하여금 罪를깨닫게하는것이라고主張하야 하나님이 사람에게律法을 주신理由를 十九—二十節에서 說示한것이다

하나님이 사람에게 律法을주신理由는 사람이 律法을 完全히行하야 救援을얻게하기爲하야 주신것이안이오 사람으로하여금 다律法알에에있어 律法으로因하야 스스로 自己가罪人임을 깨닫게하기爲하야주신것이다 故로律法의目的은 全人類로하여금 義에對하야는 緘口無言으로 그입을 막아서 하나님앞에 罪人으로定하랴는것이다

十九節에서 말하는 律法이라함은 三章九—十八節까지에引用된 舊約聖經의聖句를 意味하는것인줄로 나는생각한다 이에對하야 學者間에여러가지說이있다 그러나 나는 다물리치고 以上과 같이解釋한다。

三章九—十八節까지에 引用된聖句의本意는 異邦人의罪惡을攻擊하는것이다 그런故로 유대人들이 이것은異邦罪人들의 罪惡을指摘하야 責망하는말슴이오 우리 유대人을指摘하야 責망하는말삼은안인즉『우리유대人은罪人이안이라』고 핑게할는지모른다 故로 바울은 十九節上半句에서 『律法에말한바는 律法알에에 있는者에게 말하는것인줄을 우리가안다』하야 이말슴은 律法알에에있는 유대人에게도 適用할것이라는것을 主張한것

이다 更言하면 이舊約聖經말슴의本意가 異邦人의罪惡을責망한것일지라도 聖經말슴인以上은 聖經앞에에있노라고 스스로자랑하는 유대人들도 이聖經말삼에對하야 異邦人과한께 反省하여볼것이며 自戒하야볼것이안이냐? 即聖經앞에에 있음을 자랑하면서 聖經의말슴으로써 自己를 빛이어보지아니하겠느냐?하는것이다 即어찌하야 異邦人의罪惡을 責망하는것이라하야 聖經말슴으로써 自己를 反省自戒하지아니하겠느냐? 그런故로 우리들은 이말슴은 律法앞에에있는 우리에게도 말하는것인줄을 안다는것이다 그리하야 自己의 無罪를主張하랴는 유대人의巧妙한抗辯을 何等의 抗辯할餘地없이 壓倒하야開口치몯하게한것이다

『律法은 몯은 사람의입을 막아서 全世界를하나님앞에 定罪하랴함이라하야 十九節上半句에서 異邦人이나 유대人을勿論하고 全人類를 律法앞에에 가두어두고 十九節后半句에서 다시 律法의目的을說示한것이다。

律法의目的은 全人類의입을막아 저의를 하나님앞에 罪人으로 定하는일이다 律法은 사람을 하나님의義로우신 審判座앞에서 義에對하야 告訴하는檢事다 그리하야 律法이提起하는條件의起訴에對하야 無罪를主張할者一人도없다 유대人이나 異邦人을勿論하고 律法에對하야無罪를主張할者가一人도없다 律法一擧에萬民이有口無言이다。律法의要求에 自己를빛여볼때에 萬民은 다自己가 律法의 要求에對하야도違犯한者임을 스스로깨달아 自己를罪人으로認할것이다 要컨대 律法의目的은 世界萬人의罪人됨을 立證하는것이다。即萬人을罪人으로定하는일과 萬人으로하여금 罪人임을自覺케하는일이 律法의主要目的이다 그리하야 律法은 하나님이 사람을救援하는完全한道가안이오 사람으로하여금 完全한救援의道를要求케하며 이에到達하는中道의 豫備로있게할것이다 바울은 갈나듸아書三章二十四節에서 『우리가信仰으로말미암아 義롭다함을얻게하기爲하야 律法은 우리를 그리스도에게로引導하는 蒙學先生이라』고 하였다 此갈나듸아書의律法觀을 잘理解하는者는 此로마書三章十九節의意味도잘觀取될것이다

此十九節에서 크게 注意하야넑을것은 『하나님

앞』이란一句다『사람의앞』이안이오『하나님의앞』이다 사람앞에서는 無罪를主張할者있을는지모른다 그러나 사람앞에서는 핑계할者가있을는지모른다 그러나 사람이 對象이안이오 하나님이對象이다 사람의뜻의要求에對하야가안이오 하나님의聖意의要求에應하야다 그런故로 사람앞에는 如何히 보이던지 그것이問題가안이다 사람이보기에는 聖人도있고 君子도있으며 賢人도있고 達士도있으며 偉人도있고 義人도있으며 高潔한人格者도있으며 深奧한識者도있으며 高越한道德家도있으며 天才의宗敎家도있을는지도모른다 그러나 問題의所在는『사람앞에』가 안이오 『하나님앞에』다 하나님보시기에는 聖人도없고 君子도없으며 賢人도없고 義人도없다 單 한사람도없다 하나님앞에는 하나님의聖意의要求에應되는 宗敎家도없으며 道德家도없다 그런故로 하나님앞에는 世人은 모조리다罪人이다 故로 問題는『하나님앞』에있고 사람앞』에있지아니하다 그런故로 律法은 뭇은사람의입을막아서 全世界를定罪하되 『사람앞』에서가안이오 『하나님앞』에서 定罪하는것이다

二十節은 十九節의理由를說明한것이다 律法의主要目的은 뭇은 사람으로 하여금 抗辯할餘地없이입을막아서 하나님앞에 定罪하라는것이다 그런故로 律法을完全히 行함으로因하여서는一人의例外없이 사람은 다罪人이다 何故냐?하면 律法(即道德)을 完全히行함으로써 하나님앞에 義롭다함을받을者가 生來의人間에는 한사람도없음이다 即人間은 나면서부터 根本的不完全한것이다 律法을完全히行하야 律法의義를完成할能力을가지지못한者다

人間은 나면서부터 罪의子息이다 人間은 萬一 한善業을 行하였으면 그善을行하였기때문에도로혀 더큰 두가지惡을犯行하는本質을가진者다

그러나 人間은 이것을깨닫지못한다 即自己가不完全한것이오 罪人임을알지못한다 그런故로 하나님은 사람에게律法을주어서(律法은即道德)사람에게서 律法의義를要求하신것이다 律法을行함으로律法의義를完成하지못할 根本的으로不完全한人間에게 律法을주어서 律法의義를 完全히 나타내도록要求하신目的은 人間으로하야곰 罪人임을

自覺케하랴는것이다 即人間으로하야곰 人間은 律法을完全히行함으로 律法의義를完成할能力을 가지지못한 根本的不完全한것임을 經驗하게하며 이 經驗의事實을因하야 自己는罪人임을認識하게하랴는것이다

하나님께서 사람에게 律法을주신理由는 律法으로써 몯은사람의根本的不完全한本體를 暴露시켜서 몯은사람으로하여금 人間이라는것은 根本的不完全한것이오 徹底的罪人인것을 經驗하게하랴는것이다 그런故로 律法의使命은 人間의本體를 暴露시기는것이며 律法의職分은 人間으로하여금 罪를認識하게하는것이다 律法은 사람에게 律法의義를實現케할能力을주는것이안이오 律法은 사람의마음의 깊은데를빛이여 사람으로하여금 自己의日常生活 그自體가 律法의要求하는바義에서 얼마나 먼距離의地에있으며 얼마나 反逆된行爲를하면서 있는것을알게하는探照燈이다 律法은 사람의義를 나타내여 賞하는것이안이오 사람의不義를 들어내여 定罪하는것이다 律法은 사람을 義롭게하는者가안이오 定罪하야 사람으로하여금 罪人임을 밝히認識케하는者다 그런故로 二十節下半에서『律法으로因하야 罪의認識이生긴다』한것이다 實로 罪의認識은 律法으로因하야 生起는것이다 故로 律法이없는곧에는 罪의意識이없으며 律法이없이는 罪의認識이생길수없다 罪의意識은律法의反映으로오는것이다 그런故로律法이罪를 만드는것이안이라 사람에게 根本的으로있은罪가 律法때문에 나타나진것뿐이다 比컨대面鏡이 사람의面上에欠點을 만드는것이안이다 面上에本來있든欠點이 面鏡때문에 나타나짐으로本人이보고 밝히알게된것과같다。

律法은 사람에게 그行할바行爲를示하야 이것의實行을强要하는것이다 그러나 이것을實行할能力은주지아니한다 故로사람은 律法을가짐으로義로워지는것이안이오 도로혀 自己의不義한罪를깨닫게되는것뿐이다 律法은 聖과義를要求한다 聖과義를行하고저하면 할수록 不可能함을發見하며 聖과義를標準할때마다 自己의不義를實感하게된다 그런故로『律法은行함으로써는 한사람도 하나님앞에 義롭다함을얻지못한다고한것이다

라 오직 닐혼번식 닐곱번이라도 할지니라 二三、
이런고로 천국은 어떤 님군이 종과 회계하는
것 같으니 二四、회계할 때에 금 만량중 빗진자
하나를 데려오매 二五、갚을 것이 없는지라 주
인이 분부하야 그 몸과 처와 자식들과 있는
것을 다 팔아 갚게 하라 한대 二六、그 종이
업더어 절하고 가르되 주여 내게 참으소서 다
갚으리이다 하거늘 二七、그 주인이 불상히 녀
겨 놓아 보내며 그 빗을 탕감하야 주었더니
二八、그 종이 나가다가 제게 백량 빗진 동관
하나를 맛나 곳 붙늘어 목을 잡고 가르되 빗
을 갚으라 하매 二九、그 동관이 업더어 간구
하야 가르되 나를 참아주소서 갚으리이다 하
되 三十、허락하지아니하고 이에 가서 빗을 갚
도록 옥에 가두거늘 三一、그 동관들이 그 하
는것을 보고 심히 민망하야 주인에게 가서 그
하든 일을 다 고하니 三二、이에 주인이 그 사
람을 블어다가 가르되 악한 종아 네가 빌기
에 내가 네 빗을 탕감하야주었거늘 三三、네 동
관을 불상히 녀기기를 내가 너를 불장히 녀
감과 같이 함이 맛당치아니하냐 하고 三四、주
인이 노하야 빗을 다 갑도록 옥졸에게 부쳤
으니 三五、너의 각 사람이 참 마음으로 형제
의 죄를 용서하지아니하면 내 천부도 이와 같
이 너의게 하시리라。

第十九章

一、예수 이 말슴을 맛히시고 갈릴리에서 떠나
요단강 건너 유대 지경에 니르시니 二、허다한
무리가 좇거늘 예수 거긔서 병인을 고치시더
라。
三、바리새교인늘이 예수께 나아와 시험하야 가
르되 사람이 아무 연고일런지 그 안해를 내
어버리는 것이 옳으니이까 四、예수 대답하야
가르시되 사람을 내신이가 처음부터 한 산아
이와 한 녀인을 만드시고 五、말슴하시기를 이
런고로 사람이 부모를 떠나서 안해에게 합하
며 둘이 한 몸이 된다 하신 이 글을 닑지
못하였느냐 六、이러한즉 둘이 안이오 한 몸이
니 그럼으로 하나님이 짝지어 주신 것을 사
람이 난후지 못할지니라 하시니 七、엿주어 가

마태복음

르되 그러하면 어찌 모세가 명하야 휴서를 주
어 버리라 하엿나이까 八、예수 가르시되 모세
가 너의 마음이 완악함을 인하야 안해 버림
을 용납하엿거니와 다만 처음에는 그렇지아니
하니라 九、내가 너의게 말하노니 누구든지 음
란한 연고 외에 안해를 버리고 다른데 장가
드는자도 간음을 행함이오 버린 녀인에게장가
드는자도 또한 간음을 행함이니라 十、제자들이
가르되 만일 사람이 안해에게 이같이 할진대
장가 들지안는 것이 좋삽나이다 十一、예수 가
르시되 사람마다 이 말대로 행하지 못하되 오
직 타고난자라야 할지니라 十二、대개 어미의 태
로 부터 고자된 자도 있고 사람이 만든 고
자도 있고 천국을 위하야 스스로 고자된 자
도 있도다 이 말을 받을만한 자는 받을지어
다。
十三、때에 사람이 어린 아이들을 데리고 와
서 예수께 손을 그 우에 얹으시고 기도하야
주시기를 원하매 제자들이 꾸짖거늘 十四、예수
가르시되 어린 아이를 용납하야 내게 옴을 금

치말라 천국에 있는자가 이런 어린아이와 같
으니라 하시며 十五、손을 그 우에 얹으시고 거
기서 떠나시니라。
十六、어떤 사람이 와서 가르되 선생님이어내
가 무슨 착한일을 하여야 영생을 얻으리이
까 十七、예수 가르시되 어찌 내게 착한 일을
묻느냐 착한이 하나이 계시니 네가 영생에 들
어가랴면 게명들을 지키라 하신대 十八、가르되
어느 게명이오니까、예수 가르시되 살인하지말
며 간음하지말며 도적질하지말며 거짓 증거하지
말며 十九、네 부모를 공경하며 리웃 사랑하기
를 네 몸과 같이하라 하셧나니라 하시니 二十
젊은사람이 가르되 이 여러 게명을 내가 다
지키엿아오니 아직도 부족함이 무엇이 있나이
까 二一、예수 가르시되 네가 온전한 사람이 되
고저할진대 가서 있는 것을 팔아 가난한이를
주라 그리하면 한울에 보화가 있을것이오 또
와서 나를 좇으라 하시니 二二、젊은 사람이 재
물이 많은고로 말슴을 듣고 근심하며 가니라
二三、예수 제자다려 니르시되 내가 진실로 너

나의近思錄에서

金亨道

「…너희가 피리를불어도 춤추지안이하며슬픈소래를발하여도 가슴을치지안는구나…」 이것이아말로참으로 豫言者의歎聲이요 아울러 史的歷代의모든偉人으로의 그때生活에對한 報酬가너무엇셧먼것을如實히 言表한노래다。그러하나그것은모다 時代의代表的人物로서 밧지아이치못할運命이요史實이다。

로미의 오쓰데아門前에 싸수투달려죽으면서도 쥬께感謝하며 님이잇는모든사람들을爲하야 祈禱한聖바울을생각한다。또나라에對한忠節로因하야 善竹橋에서 마자죽은圃隱鄭先生과斷頭臺에서목을잘리면서도自己所信을굴치안이한崔水雲을생각한다。希臘의大哲人쏘크라테쓰는『그럼너이들의생각에내가罪잡스으로죽어야마땅히겟느냐』고獄門압에와서아무罪업스이죽는先生을爲하야우든弟子들을激勵하고 죽음藥사발을달게밧지안엇는가?

偉大한先知者여!豫言者여!당신들의일음은오직세상과人類를爲한犧牲그것이외다。당신들의全生活은 오직人類의將來를爲햇고兒童을爲해슴이외다。自我라는自己을爲함이업는그리스도와폐스탈로치는 그最後를十字架와疎外그것으로終結하셧다。 그들과갓치참으로超人的神의사람들은모다 衆愚에게미옴밧고嘲弄밧고迫害까지를밧기爲하야낫든가? 그들이야말로大衆을爲하야 마음과뜻과忠誠을다햇건만無知한世人은 그들을죽이고말앗다。

하나님의사람 꿋人類의참아버지인어머니의사람들이여!당신들은衆愚의人間들을爲하야죽엄의쓴잔까지를달게밧으셧고 마음의病者와病床에누어苦生하는者、乞人群男女老物를한글갓치無敵의全的愛의품속에너어사랑하셧습니다。밤잠을못자며 치워할가 더워할가?진자리마른자리特골라누이며 病업시잘자라서 참사람이되라고밤으로낫으로祝福하시는 어머니의마음보다도優勝한마음으로無知無産인사람의아들과딸들의밟을길을보이셧고 갈길을닥아노코 가르치셧다。참으로敎育的聖者폐스탈로치는 그리스도의일을敎育의道에서順從하셧다。그리하야말로다할수업는苦難의一生을살아가면서도 오직마음에激勵를밧고慰勞된것은 오직하나님의完全無缺하신全的愛그것뿐이엇든것이다。 나의일이무엇이냐!神의일에比하면—하고苦痛의날에는하나님을생각하셧고 나의사랑이무엇이라!하나님의全的愛에比하면—하고 참아견듸기어려워 죽으려할때에는—하나님의愛의聖手에온전히自己의몸을내맛기며 그멧번이나自己의바라는일은부서저나가고 때로는同志間에멸시와嘲笑를當하이말라수드러진떡조각을구으며 祈禱하는일도얼마동안은繼續하엿을것이다。敎育的聖者우리폐스탈로치의그悲哀와 失望속에서도 오히려살아돌이나오는참어머니의마음……그마음이이말로세상의그무엇한데도부서지고 더렵히지안이할悲哀에서慰勞와失望에서新希望을不安恐怖中에서和氣을길러주시고 북도두아주시는知慧잇는참어머니의마음이다。萬目蕭條하야失望과貧困에잠겻고 白日下의저므는西天의붉은노을바라보는동안에脚下에는밧서캄캄한帳幕이襲해올때 그속에蕭然하야飢寒의疲困에고개숙은폐스탈로치의가슴에쓰라린波濤가치는것을참고나아간그것은 後生後生來後生인人子로도報答하지못할참다운人類의母性愛그것이다。失望中에悲哀中에 또平安히눈을감지못할歎息속에서 人類의敎育的聖者폐스탈로치는 더질듯한그쓰라린마음으로그몃번이나울엇을가? 親友여!同胞兄弟들이여……

하고—。十字架上에서 『自己를죽이는衆愚의人間을爲하야祝福하고『다!·일우엇다』하시고 나는이제부터永遠平和의樂園에서 편히쉬리라하신 그리스도와갓치—폐스탈로치도—凍死의쓴잔을밧으며 찬자리에서고요히最後를마추엇슴것이다。春風和氣에萬物이成生化育하야 제각기살꿋을차자 그生을享樂하는것을볼때 크고넓고깁고 또골고루된大自然의母性愛를알것이다。또하나는생각업는말발에밟히채와써러지는 路邊山路에적은풀꼿하나을집어들고한동안思索에잠겻든싸리발티將軍을생각한다。數千數萬의敵陣을向할때에는사람의목을써은풀베이듯하는將軍으로泰然히 애처럽게밟혀 채와썰어지는풀꼿에새삼스러히무슨同情을한것은안일것이다、거긔도그將軍의마음속에도 大自然의母性愛와가튼크고깁은心情을엿볼수잇는것이다。

아버지 폐스탈로치는 남달리눈에비치고귀에들리여 저自身을괴롭게하고 기쁘게도한것은宇宙萬有人間世事의깁은꿋에 사랑과義이신神의聖靈꿋眞理의內在活躍을본것이다。무엇보다도우리人類의아버지요 참어머니의마음을가진敎育的聖者 폐스탈로치를괴롭게햇고醉하게햇고어리석게햇고憧憬에미치게싸지한것은 人子들의마음깁은꿋에潛在한神의形態꿋生命의活躍을본그것이다。저는神의聖靈과갓치살아 그를順從歡慕함이업시는하로한시라도살지못하엿을사람이엇섯다。그리스도와갓치……

朝鮮의열세길에 널려잇는 만치못한나의信友들이여!親舊들이정말로朝鮮을사랑하며朝鮮을爲하야 일하려거든 大自然의母性愛꿋完全無缺하신 하나님의無敵의全的愛를그얼마간이라도논아가지자!衆愚의게죽엄의쓴잔싸지를달게밧은저들의마음을품자마일그러하지못할진대 모든虛名의虛世術을버리고차라리各自自身에忠實하야 自我라는自己의生命完成을爲하자!覺悟、決心、努力、忍耐로……

舊號廣告

로마書研究(續)

27. 28. 29. 30. 31. 33. 34. 35. 36. 38. 30. 41. 44. 45. 46.

山上垂訓研究(完)

24. 25. 26. 27. 29. 30. 31. 32. 33. 34. 35. 36. 37.

舊約聖書大旨(續)

創世記大旨 三八號
出埃及記大旨 三九號
利未記大旨 同
民數記大旨 四〇號
申命記大旨 四一號
여호수아大旨 同
士師記大旨 四二號
路得記大旨 四四號

豫言書研究

一、先知者(上) 三號
二、先知者(下) 四號
三、偉大한解放者 十五號
四、아모스書研究(上) 卄八號
五、아모스書研究(下) 卄九號

詩篇研究

第一篇 三四號
第十二篇 二二號
第十三篇 二五號
第十九篇 二三號
第四十四篇 三〇號
第九十三篇 創刊號
第百二十一篇 第五號

天然과聖書

靈魂에關한知識의古今 (創)
地質學과하나님의創造 (四)
生命의階段 (七)
生命의發達 (九、十、十二、十三、十四、十六)
生命의所在地 (十七)
復活의事實과理論 (卄八)

歷史와聖書

하나님의攝理 (七、八、十一、十二)
成三問과스데반 (十四)
큰食物 (十五)
二十世記의出埃及 (十八)
푸로데스탄트의精神 (二十)
예수出現의宇宙史的意義 (卄四)

社告

本誌記者는지난十一月初旬부터九州、大垣、東京地方에旅行하다가月末二十九日夕에야歸京하엿읍니다、거의一朔間社務延滯된것과本月號에未備한바잇음은이旅行까닭이오니海諒하여주시오。또沿道의誌友를一一히찻지못한것은公務를씌인바잇는故이오니此亦並謝하나이다。

一九三二年十二月一日 金敎臣

本誌定價 (送料共)
一 冊 拾五錢
六 冊(半年分) 前金八拾錢
十二冊(一年分) 前金一圓五拾錢
要前金。直接注文은振替貯金口座京城一六五九四番(聖書朝鮮社)로

取次販賣所 京城鍾路二丁目九一
朝鮮耶穌敎書會
振替京城四〇八一番

昭和七年十二月 一 日 印刷
昭和七年十二月 三 日 發行

京城府外龍江面孔德里一三〇
編輯兼發行人 金 敎 臣

京城府西大門町二丁目一三九
印刷者 金 顯 道

京城府西大門町二丁目一三九
印刷所 株式會社 基督敎彰文社

京城府外龍江面孔德里活人洞一三〇ノ三
發行所 聖書朝鮮社
振替口座京城一六五九四

성서조선(聖書朝鮮) 2/ 1931-1932
Sungseo Chosun 2/ 1931-1932

엮은이 김교신선생기념사업회
펴낸곳 주식회사 홍성사
펴낸이 정애주
국효숙 김기민 김서현 김의연 김준표 김진원 송승호 오민택 오형탁
윤진숙 임승철 임진아 임영주 정성혜 차길환 최선경 허은

2019. 1. 17 초판 1쇄 인쇄 2019. 1. 31 초판 1쇄 발행

등록번호 제1-499호 1977. 8. 1
주소 (04084) 서울시 마포구 양화진4길 3 전화 02) 333-5161 팩스 02) 333-5165
홈페이지 hongsungsa.com 이메일 hsbooks@hsbooks.com 페이스북 facebook.com/hongsungsa
양화진책방 02) 333-5163

• 잘못된 책은 바꿔 드립니다. • 책값은 뒷표지에 있습니다.
• 이 도서의 국립중앙도서관 출판예정도서목록(CIP)은 서지정보유통지원시스템 홈페이지(http://seoji.nl.go.kr)와 국가자료공동목록시스템(http://www.nl.go.kr/kolisnet)에서 이용하실 수 있습니다.(CIP제어번호: CIP2019001335)

ISBN 978-89-365-1337-5 (04230)
ISBN 978-89-365-0555-4 (세트)